新 내부감사와 경영진단 실무

남영호 저

도서출판 세명서관

머리말

21세기 세계 경제는 급변하는 경제환경의 변화 틀 속에서 급진적으로 글로벌화 되어 가면서 기업 간의 경쟁 또한 더욱 치열해지고 있으며, 이로 말미암아 기업은 새로운 환경 변화에 능동적으로 대처할 수 있는 새로운 경쟁구조 체제를 갖추기 위한 끊임없는 노력이 과거 어느 때보다도 심화하고 있다.

전 세계의 무역구조 역시 새로운 무역질서의 변화에 따라 서로 다른 나라의 기업들 사이의 치열한 경쟁을 불러일으켜 수많은 초국적인 기업이 등장하게 되었으며, 이러한 기업들에 의한 연구 · 생산 · 판매의 글로벌한 네트워크를 구축함에 따라 역동적인 기업경영환경의 변화를 지속시키고 있을 뿐만 아니라 이러한 무한경쟁시대와 급변하는 기업환경에서 살아남기 위해 대다수의 많은 기업은 경영체제의 탈바꿈을 통한 비효율적인 내부조직을 재정비하고 사업구조를 새로 짜는 등 새로운 경영시스템 구축에 박차를 기하고 있다.

그러나 기업경영이란 기업 내 · 외적으로 제약적인 영향으로 인하여 항상 여러 가지 문제점을 안고 있으며, 그 해결방안에 부심하고 있는 것이 현재의 기업경영환경이라고 할 수 있다. 이러한 상황에 대처하기 위하여 대부분 기업은 경영상의 문제점을 해결하기 위하여 자신의 기업 문제를 스스로 개선하기 위한 기능의 일부로서 경영혁신위원회 · 사무개선 · 내부감사 · 자체경영진단 등으로 조직화하여 경영개선에 힘쓰고 있다.

따라서, 기업은 내부통제조직의 일환으로 경영의 집행활동이 설정된 경영방침 · 계획 및 절차에 준거하여 수행되고 있는지와 집행활동이 능률적으로 시행되고 있는지를 그 조직 및 조직운용의 타당성 및 유효성과 관련하여 감사하는 내부감사기능의 중요성을 인식하여 조직 내에 내부감사담당을 설정하고 있다.

이에 더하여 기업은 불확실성이 증대되는 경영환경 속에서 계속기업으로서 경영위험에 빠지지 않고 정상적으로 진취적인 경영활동을 지속하기 위해서는 수시로 경영상태를 종합적으로 진단해 볼 필요성이 무엇보다 중요한 시점에 이르게 되었다. 자체경영진단이란 경영전략 · 프로세스 · 조직구조시스템 · 경영관리제도 · 기업문화의 바람직한 수준과 현상수준간의 Gap을 파악하여, 이를 토대로 경영개선의 기틀을 마련하기 위한 분석절차를 말한다. 기업이 자체경영진단을 하는 이유는 경영개선을 위해서는 경영설계를 한 후 실천한 결과를 정확하게 판단하고 진단함으로써 보다 나은 경영설계를 할 수 있기 때문이다.

이 책의 내용은 개괄적으로 총 3편 16 Chapter로 나누어져 구성되어 있다.

제1편은 내부감사의 기본적인 이론에 대하여 7개 부문으로 구분하여 기업 내부감사의 개요에서부터 감사보고서에 이르는 일련의 각 과정과 관련된 파트로써 Chapter 1 내부감사의 개요, Chapter 2 감사증거, Chapter 3 감사기술과 내부감사의 일반절차, Chapter 4 예비조사와 내부통제, Chapter 5 감사계획, Chapter 6 감사조서, Chapter 7 감사보고서로 나누어져 있다.

제2편은 부문별 내부감사절차에 대하여 6개 부문으로 구분하여 내부감사인이 현장감사에서 실제 응용하여 감사절차를 적용하여 실시감사를 진행하는데 관련된 부문으로 Chapter 8 인사조직 부문의 감사절차, Chapter 9 재무회계 부문의 감사절차, Chapter 10 마케팅 부문의 감사절차, Chapter 11 생산관리 부문의 감사절차, Chapter 12 정보시스템 부문의 감사절차, Chapter 13 수출입 부문의 감사절차에 관해서 설명하고 있다.

제3편에서는 자체경영진단과 관련하여 3개 파트로 구분하여 기업내부의 경영컨설턴트가 자체적으로 경영진단을 실시하는 것과 관련된 내용으로써 Chapter 14 경영진단, Chapter 15 경영관리 부문별 진단, Chapter 16 경영분석으로 대별해서 구성하였다.

제1편의 Chapter 1 내부감사의 개요에서는 내부감사의 목적과 조직, 그리고 내부감사의 기능에 관하여 이론적 개념정립에 힘썼고, Chapter 2 감사증거에서는 감사증거와 유형, 감사증거의 획득방법에 관한 기법을 체계적으로 설명하고 있으며, Chapter 3 감사기술과 내부감사의 일반절차에서는 감사기술의 종류와 선택 적용방법, 내부감사의 일반적인 절차에 관하여 기술하고 있다. 그리고 무엇보다도 중요하게 다루어야 하는 Chapter 4 예비조사와 내부통제에서는 내부통제조사의 평가와 내부회계관리제도에 관하여 알기 쉽게 설명하였으며, 그리고 내부통제 자체평가(CSA: Control Self Assessment)기법을 기업 내에서 자체적으로 구축하는 방법에 관하여 논하고 있다. Chapter 5에서는 감사계획의 설정요건과 감사계획의 실시계획 및 절차에 대하여 실무적으로 보다 쉽게 접근할 수 있도록 풀었으며, Chapter 6은 감사조서의 작성 목적과 Working Paper의 프로세스에 대하여 설명하고 있으며, Chapter 7은 감사보고서이다. 여기에서는 감사보고서의 개요에서부터 보고서의 형식과 보고서의 작성과 사후관리에 관하여 다루고 있다.

제2편의 부문별 내부감사절차의 Chapter 8에서부터 Chapter 13까지는 인사조직 부문 · 재무회계 부문 · 마케팅 부문 · 생산관리 부문 · 정보시스템 부문 · 수출입 부문의 실질적인 감사절차인 감사대상 · 내부통제 확인사항 · 감사지시서를 감사대상 항목별로 업무내용을 열거주의 방식으로 전개하여 현장 실시감사에서 내부감사인이 이를 그대로 적용할 수 있도록 하였다.

제3편인 자체경영진단 편의 Chapter 14 경영진단에서는 경영진단의 개요 · 경영진단의 절차와 경영진단 모형과 진단결과 평가, 그리고 경영진단보고서의 작성에 대하여 기술하였다. Chapter 15 경영관리 부문별 진단이다. 여기에서는 부문별 경영진단의 방법과 진단항목을 기획관리 부문 · 인사조직관리 부문 · 재무관리 부문 · 마케팅관리 부문 · 생산관리 부문으로 구분하여 정성분석과 정량분석의 평가기법과 평가방법을 자체 경영컨설턴트가 실제적으로 경영진단을 실시할 수 있도록 필요한 사항을 설명하는 데 노력하였다. 마지막 Chapter 16에서는 경영분석에 관한 내용이다. 경영분석의 개요에서부터 재무비율분석 · 손익분기점분석 · 원가분석을 각각의 지표별 · 항목별로 그 기법을 설명하는 데 치중하였다.

끝으로 이 책이 독자 여러분들께서 수행하는 내부감사와 자체경영진단 실무에 있어서 업무매뉴얼로서의 길잡이가 되고 나침판의 역할을 하는 데 부족함이 없도록 지난 수 개월간 고뇌하면서 집필에 전념하여 왔기에, 원고를 탈고하면서 지난 시간을 돌이켜 보면 원고작업의 어려움과 아쉬움이 새로운 감회에 젖게 한다. 또한 이 책이 출판되기까지 오랜 세월 함께 작업을 추진하고 진행해 오면서 늘 아낌없는 지원과 성원을 보내주신 세명서관 오영환 사장님과 편집부 직원들의 노고에 충심으로 감사의 인사를 드린다. 그리고 무엇보다도 독자 여러분께도 깊은 감사를 드리고자 한다.

2021년 5월 연구소에서

저 자

차 례

제 1 편 내부감사의 이해

Chapter 01 내부감사의 개요 ······ 19

01 내부감사의 개요 ······ 20
1. 내부감사의 개념 ······ 20
2. 내부감사의 의의 ······ 23
3. 내부감사의 기능과 역할 ······ 27

02 내부감사의 목적 ······ 32
1. 내부감사의 필요성 ······ 32
2. 내부감사의 특징 ······ 33
3. 내부감사의 중요성 ······ 34
4. 내부감사의 목적 ······ 35

03 내부감사의 조직 ······ 38
1. 내부감사조직의 개요 ······ 38
2. 내부감사조직의 필요성 ······ 39
3. 내부감사인의 업무관리 ······ 43
4. 감사규정의 제정 ······ 46

04 내부감사의 기능 ······ 78
1. 내부감사인의 구비조건 ······ 78
2. 내부감사인의 책임과 의무 ······ 79
3. 내부감사기능의 활성화 ······ 80

Chapter 02 감사증거 ······ 83

01 감사증거의 본질 ······ 84
1. 감사증거의 의의 ······ 84

2. 증거능력 ······ 85
3. 증거자료의 충분성 ······ 86
4. 증거자료의 수집 ······ 87

02 감사증거의 유형 ······ 90
1. 감사증거의 종류 ······ 90
2. 감사증거의 수집원칙 ······ 93
3. 합리적 증거 ······ 94

03 감사증거의 획득방법 ······ 98
1. 감사증거의 요건 ······ 98
2. 감사증거의 수집방법 ······ 98
3. 감사증거의 수집절차 ······ 99
4. 필수적 감사증거 ······ 102
5. 거래검증을 위한 감사증거 ······ 111

Chapter 03 감사기술과 내부감사의 일반절차 ······ 113

01 감사기술의 종류 ······ 114
1. 일반감사기술 ······ 114
2. 개별감사기술 ······ 116

02 감사기술의 선택과 적용 ······ 118
1. 감사기술의 선택 ······ 118
2. 감사기술의 적용 ······ 118

03 시사(試査) ······ 120
1. 시사의 의의 ······ 120
2. 시사의 종류 ······ 121

04 내부감사의 일반절차 ······ 125
1. 감사계획의 준비 ······ 125
2. 현장감사 ······ 127
3. 발견사항 보고 ······ 130
4. 감사 사후관리 ······ 131

Chapter 04 예비조사와 내부통제 ······ 133

01 예비조사 실시 ······ 134
1. 예비조사의 목적 ······ 134
2. 예비조사 추진법 ······ 134

3. 예비회의 ······ 136
4. 정보모집 ······ 137

02 내부통제조사와 평가 ······ 143
1. 내부통제의 의의 ······ 144
2. 내부통제의 조사 ······ 147
3. 내부통제의 평가 ······ 149
4. 부정행위와 내부통제 ······ 152

03 내부회계관리제도 ······ 174
1. 내부회계관리제도의 정의 ······ 174
2. 내부회계관리제도의 목적 ······ 176
3. 내부회계관리제도의 운영 ······ 178
4. 내부회계관리제도의 평가 ······ 179
5. 기능별 역할과 책임 ······ 181

04 CSA와 내부통제 ······ 184
1. 내부통제시스템의 새로운 평가기법 ······ 184
2. CSA의 접근법 ······ 185
3. CSA 실행 시 고려사항 ······ 187
4. CSA에 의한 내부감사의 실행단계 ······ 188
5. CSA의 장단점 ······ 190

Chapter 05 감사계획 ······ 191

01 감사계획 ······ 192
1. 감사계획의 의의 ······ 192
2. 감사계획의 필요성 ······ 193
3. 감사계획 설정요건 ······ 194
4. 감사계획의 구분 ······ 195

02 감사계획의 수립 ······ 197
1. 기본계획의 수립 ······ 197
2. 연도계획의 수립 ······ 199
3. 실시계획의 수립 ······ 199
4. 감사계획의 절차 ······ 201

Chapter 06 감사조서 ······ 203

01 감사조서의 의의 ······ 204
1. 감사조서의 정의 ······ 204
2. 감사조서의 기능 ······ 205
3. 감사조서의 목적 ······ 206

02 감사조서의 작성 ······ 207
1. 감사조서의 구비조건 ······ 207
2. 감사조서의 작성요령 ······ 208
3. 감사조서의 조직 ······ 210

Chapter 07 감사보고서 ······ 291

01 감사보고서의 개요 ······ 292
1. 감사보고서의 의의 ······ 292
2. 감사보고서의 기능 ······ 293
3. 보고기준 ······ 293

02 감사보고서의 형식 ······ 295
1. 공식보고와 비공식보고 ······ 295
2. 완결보고와 중간보고 ······ 295
3. 서면보고와 구두보고 ······ 296
4. 장문보고와 요약보고 ······ 296

03 감사보고서의 작성 ······ 297
1. 감사대상 업무의 개요 ······ 297
2. 감사목적과 감사범위 ······ 298
3. 발견사항 ······ 298
4. 감사의견 ······ 299
5. 권고사항 ······ 299

04 감사결과 관리 ······ 300
1. 시정조치사항의 점검 ······ 300
2. 이의신청 ······ 300
3. 신상필벌의 상신 ······ 301

제 2 편 부문별 내부감사절차

Chapter 08 인사조직 부문의 감사절차 ···· 321

01 인사조직감사의 개요 ···· 322
1. 인사조직감사의 의의 ···· 322
2. 인사조직감사의 기능 ···· 323
3. 인사조직감사의 목적 ···· 325

02 인사조직감사의 접근방법 ···· 327
1. 전략적 인적자원관리 ···· 327
2. 성과지향 조직시스템 ···· 328
3. 인사조직감사의 접근방법 ···· 328
4. 인사조직감사 실시상의 유의점 ···· 329

03 인사조직감사의 분류 ···· 332
1. 조직형태에 따른 분류 ···· 332
2. 감사대상(ABC)에 따른 분류 ···· 332
3. 감사범위에 따른 분류 ···· 334
4. 감사시기에 따른 분류 ···· 334

04 인사조직 부문의 내부감사절차 ···· 335
1. 인사관리 업무감사 ···· 335
2. 임금관리 업무감사 ···· 340
3. 교육훈련 업무감사 ···· 344
4. 사무관리 업무감사 ···· 348
5. 복리후생 업무감사 ···· 352
6. 총무서무 업무감사 ···· 358

Chapter 09 재무회계 부문의 감사절차 ···· 365

01 재무회계감사의 개요 ···· 366
1. 회계정보의 이해 ···· 366
2. 재무제표의 특성 ···· 368
3. 재무회계 부문의 감사범위 ···· 369
4. 감사대상 업무 ···· 370

02 AIS와 EDP감사 ···· 372
1. 정보시스템 내부통제 ···· 373

2. 정보시스템 내부통제의 평가 …… 374
3. 회계정보시스템(AIS)의 감사기법 …… 375
4. 정보시스템에 의한 감사 …… 378

03 입증감사 …… 380
1. 입증감사의 개요 …… 380
2. 입증절차 …… 381
3. 입증감사의 절차 …… 382
4. 입증감사 특수사항 …… 386

04 재무관리 부문의 내부감사절차 …… 388
1. 회계 일반사항 …… 388
2. 재무상태표 항목 …… 392
3. 포괄손익계산서 항목 …… 403
4. 원가관리 …… 408

Chapter 10 마케팅관리 부문의 감사절차 …… 413

01 마케팅감사의 개요 …… 414
1. 마케팅감사의 개요 …… 414
2. 마케팅감사의 구성요소 …… 416
3. 마케팅 부문의 감사범위 …… 418

02 마케팅감사의 프로세스 …… 419
1. 마케팅감사의 절차 …… 419
2. 마케팅전략 감사 …… 422
3. 마케팅계획 감사 …… 423
4. 마케팅 능률감사 …… 425

03 마케팅 부문의 내부감사절차 …… 427
1. 판매계획 …… 427
2. 제품계획 …… 432
3. 가격정책 및 유통경로 …… 440
4. 판매촉진과 광고 …… 446
5. 거래 및 채권관리 …… 452

Chapter 11 생산관리 부문의 감사절차 …… 459

01 생산관리감사 개요 …… 460
1. 생산관리 부문의 감사범위 …… 460

2. 표본감사 ········· 461

02 관리항목별 감사 중점사항 ········· 464
1. 생산관리업무 감사중점사항 ········· 464
2. 품질관리업무 감사중점사항 ········· 466
3. 기술관리업무 감사중점사항 ········· 467
4. 자재관리업무 감사중점사항 ········· 471
5. 설비관리업무 감사중점사항 ········· 477

03 생산관리 부문의 내부감사절차 ········· 482
1. 생산관리 ········· 482
2. 품질관리 ········· 489
3. 기술관리 ········· 494
4. 자재관리 ········· 499
5. 설비관리 ········· 504

Chapter 12 정보시스템 부문의 감사절차 ········· 509

01 정보시스템 감사의 개요 ········· 510
1. 경영정보의 개요 ········· 510
2. 정보시스템 감사의 의의 ········· 512
3. 정보시스템의 감사형태 ········· 514
4. 애플리케이션 감사 ········· 514

02 정보시스템의 관리 ········· 516
1. 정보시스템의 평가 ········· 516
2. 정보시스템의 보안 ········· 517
3. 정보시스템의 통제 ········· 519

03 정보시스템 부문의 내부감사절차 ········· 521
1. 정보시스템 정책 및 절차 ········· 521
2. 정보시스템 기획 ········· 525
3. 정보시스템 개발 ········· 534
4. 정보시스템 운용 ········· 546
5. 정보보안 ········· 563

04 정보시스템 감사보고서 ········· 567
1. 감사보고서의 구성요소 ········· 567
2. 감사보고서의 작성 ········· 569

Chapter 13 수출입 부문의 감사절차 ···· 573

01 수출절차 ···· 574
1. 수출계약 체결 ···· 574
2. 화환신용장(Letter of Credit) ···· 575
3. 수출승인 ···· 575
4. 무역금융 ···· 575
5. 적하보험 및 수출보험계약 ···· 576
6. 수출통관 및 운송계약 ···· 576
7. 수출대금의 회수 ···· 577
8. 관세환급 및 사후관리 ···· 577

02 수입절차 ···· 579
1. 수입계약체결 ···· 579
2. 수입승인 ···· 579
3. 수입신용장 개설 ···· 580
4. 운송서류 내도 및 대금결제 ···· 580
5. 수입통관 ···· 581

03 수출입업무 감사절차 ···· 582
1. 수출업무 ···· 582
2. 수입업무 ···· 590

제 3 편 자체경영진단

Chapter 14 경영진단 ···· 597

01 경영진단의 개요 ···· 598
1. 경영진단의 정의 ···· 599
2. 경영진단의 특징 ···· 600
3. 경영진단의 목적 ···· 602
4. 경영진단의 원칙 ···· 603
5. 경영컨설턴트의 요건 ···· 606

02 경영진단 절차 ···· 607
1. 제1단계/경영진단 준비 ···· 607
2. 제2단계/경영문제점 분석과 진단 ···· 610

3. 제3단계/경영개선안 수립 ······ 617
4. 제4단계/경영개선실시 지도 ······ 619

03 경영진단의 모형 ······ 621
1. PEST분석/거시환경분석 ······ 621
2. 산업구조모형/산업환경분석 ······ 623
3. 5 FORCE모형/경쟁구조분석 ······ 623
4. BCG · GE Metrics와 9 Building Block/사업구조분석 ······ 628
5. 7S분석/조직구조분석 ······ 634
6. 가치사슬분석/프로세스 분석 ······ 636
7. SWOT분석/경영전략분석 ······ 637

04 진단결과의 평가 ······ 638
1. 분야별 진단항목 ······ 638
2. 단계별 평가기준 ······ 647
3. 진단분석항목 ······ 648

05 경영진단보고서 ······ 653
1. 보고서 작성방법 ······ 653
2. 보고서의 작성요령 ······ 654
3. 진단보고서 ······ 656

Chapter 15 경영관리 부문별 진단 ······ 661

01 부문별 경영진단방법 ······ 662
1. 정성분석 ······ 662
2. 정량분석 ······ 670
3. 정성분석 평가방법 ······ 673
4. 정량분석 평가방법 ······ 675
5. 설문조사와 분석 ······ 676

02 부문별 진단항목 ······ 684
1. 기획관리 부문 ······ 684
2. 인사/조직관리 부문 ······ 698
3. 재무관리 부문 ······ 707
4. 마케팅관리 부문 ······ 715
5. 생산관리 부문 ······ 727

Chapter 16 경영분석 ········· 749

01 경영분석의 개요 ········· 750
1. 경영분석의 의의 ········· 750
2. 경영분석의 목적 ········· 751
3. 경영분석의 방법 ········· 753
4. 경영분석기법 ········· 755

02 재무비율 분석 ········· 761
1. 재무비율분석의 의의 ········· 761
2. 비율분석의 목적 ········· 762
3. 표준비율 ········· 762
4. 재무비율분석지표 ········· 764

03 손익분기점분석 ········· 777
1. 손익분기점분석의 의의 ········· 777
2. 손익분기점분석의 중요성 ········· 778
3. 고정비와 변동비의 분해 ········· 779
4. 손익분기점의 산출 ········· 781

04 원가분석 ········· 785
1. 원가의 개요 ········· 785
2. 원가분석의 의의 ········· 789
3. 원가분석의 목적 ········· 790
4. 원가분석의 방법 ········· 793

■ 찾아보기 / 796

제 1 편

내부감사의 이해

Chapter 01 내부감사의 개요 · 19

Chapter 02 감사증거 · 83

Chapter 03 감사기술과 내부감사의 일반절차 · 113

Chapter 04 예비조사와 내부통제 · 133

Chapter 05 감사계획 · 191

Chapter 06 감사조서 · 203

Chapter 07 감사보고서 · 291

Chapter 01

내부감사의 개요

01 내부감사의 개요 · 20

02 내부감사의 목적 · 32

03 내부감사의 조직 · 38

04 내부감사의 기능 · 78

01 내부감사의 개요

현대 기업경영은 경영합리화를 통하여 기업의 목적인 사회적 책임을 다하는 데 주된 목적을 두고 있다. 이러한 궁극적인 목적을 달성하기 위해서는 과거의 단순한 경영관리방식만으로는 만족할 만한 성과를 기대하기가 어려운 것이 오늘날 기업을 둘러싸고 있는 수많은 변수로 이루어진 환경요인이라 할 수 있다. 그러므로 기업 대부분은 관리적인 면에서나 기술적인 면에서 합리화를 위한 노력이 점차 가시화되고 있을 뿐만 아니라 모든 기업경영은 경제성장에 따른 기업규모의 확대, 경제 환경의 급변에 따라 시설증대와 관리의 복잡성을 초래하고 있으며 동시에 이에 대처하기 위한 경영쇄신과 기술혁신을 통하여 지속적인 경영혁신에 도전하고 있는 단계에 이르고 있다.

그러나 기업경영은 내외적으로 제반 제약의 영향으로 인하여 항상 여러 가지 문제점을 안고 있으며, 그 해결에 부심하고 있는 것이 현재의 기업경영환경이라고 말할 수 있다. 이러한 상황에 대처하기 위하여 기업 대부분에서는 기업경영상의 문제점을 해결하기 위하여 자신의 기업 문제를 스스로 개선하기 위한 기능의 일부로서 경영혁신위원회 · 사무개선 · 내부감사 · 자체경영진단 등으로 조직화하여 경영개선에 힘쓰고 있으나, 상대적으로 대부분 중소기업의 경우에는 경영관리상의 문제점개선을 위한 이러한 조직적인 기능을 갖추고 있지 못한 것이 또한 우리나라 중소기업의 당면한 현안 과제라고 해도 지나친 말이 아닐 것이다.

이러한 복합적인 기업 내부적인 요인들로 말미암아 기업 내의 자체기능을 통한 경영합리화방안 중의 하나로서 내부감사의 필요성이 증대되기 시작하였다. 그러나 아직 우리나라 기업의 대부분이 내부감사기능을 효율적으로 활용하지 못하고 있는 것이 또한 안타까운 현안이라고 하지 않을 수 없다.

1. 내부감사의 개념

감사의 개념에 앞서 감사의 역사적 배경을 살펴보면 오늘날의 감사는 이탈리아의 여러 도시에 있어서 공회계 등으로부터 발단되었고 직업 감사인의 기원도 역시 중세의 이탈리아라고 한다.

그러나 오늘날의 회계감사는 미국 · 영국 · 독일 등에서 기업회계를 대상으로 발달하여 온 것이다. 역사는 흐르고 있는 것이므로 감사 및 감사제노 또한 시대의 진전에 따라서 앞으로 더욱 변천하고 발달할 것으로 예견된다.

감사(Audit)의 정의는 시대와 환경에 따라서 타당성이 변질할 수도 있기 때문에 정의를 내린다는 것이 대단히 어려운 일이다. 따라서 감사론의 시조인 L. R Dicksee도 감사의 정의를 내리기를 망설이고 있지만, 미국 내부감사인협회(IIA : The Institute of Internal Auditors INC)에서는 "내부감사란 조직에 대한 서비스로서 경영활동 전반에 대한 검토를 위하여 조직 내에서 행해지는 독립적인 평가활동이다. 내부감사는 조직 내의 여타 통제의 효율성을 측정하고 평가하는 경영통제의 일종이다."라고 내부감사의 정의를 내리고 있으며 일반적으로 감사는 어떤 조직체의 업무 전반에 대하여 여타에 관여하지 않는 독립된 제3자가 그 업무의 적부와 정부를 검토 비판하는 행위를 말한다.

기업의 내부감사(Internal Audit)에서의 제3자는 주주총회에서 선임된 감사나 감사 부문에 종사하는 내부감사인이 될 수 있다. 내부감사에서의 비판은 감사인의 자의에 의한 것이 아니라 그 조직체의 합리적 운영을 목적으로 하는 어떤 기준에 입각한 것이어야 하며, 그 추구하는 목적은 종래와 같이 결함을 지적하는 데만 그치는 것이 아니라 문제점에 대한 해결방안을 강구하여 개선하도록 하여 조직의 합리적 운영을 기하도록 하여야 한다. 더 나아가 현대 기업경영에서 내부감사인의 역할은 조직 각 부문에서 발생할 수 있는 문제점이나 부문 경영활동이 기준으로부터 이탈하지 않도록 사전에 지도하고 진단(Consulting)하여 업무개선을 기하는데 더욱 큰 비중을 두는 쪽으로 발전되어 가는 것은 크게 다행스러운 일이라고 할 수 있다.

감사라는 용어는 "감찰 심사"에서 나왔으며 라틴어의 'audire(청취하다)'와 'revisere(다시 보다 : 확인)'에서 유래한 것이다. 그러므로 내부감사는 기업의 경영활동 각 부문의 제반 업무를 그에 관여하지 않는 독립된 제3자가 합법성 · 합리성 및 능률성에 비추어 검토 · 비판함으로써 합리적 경영관리가 이루어지도록 하는 것이다. 업무를 담당하는 담당자 자신이 업무 관계 서류나 장부기록 및 증명서류를 조사하여서 그 정확성과 타당성을 입증하고 또한 감사절차와 동일한 절차를 실행했다고 해도 그것을 감사라고 볼 수 없는 것이다. 그것은 다만 업무수행에 불과한 것이다. "자기 증명은 증명이 아니다."라고 하는 것과 같이 자기행위의 적정성을 스스로 역설하는 것을 다른 사람이 그대로 인정할 수 없는 것이다. 이와 같이 감사의 본질은 독립된 자격을 갖춘 제3자가 감사한다는 것에 유의하여야 한다. 감사의 개념을 이해하는데 있어서 감사와 유사한 용어들에 대하여 생각해 보는 것도 중요한 일이다.

검사(Examination)

감사와 검사를 구별하기란 대단히 어려우나 대체로 감사는 전체적인 성질에서 실시함이 통례이나 검사는 일시적이며 부분적인 성질에서 실시되고, 감사는 비판적 검증이며 감사인은 비판적 의견을 표명하는 것인데 반하여 검사는 사실을 음미하여 정부를 확인하는 데 그치고 비판적 의견을 붙이지 않는다. 그러나 감사와 검사를 엄격히 구분하는 것이 어렵다는 것은 부인할 수 없는 사실이다.

조사(Investigation)

어떠한 특별목적에 의해서 운영 · 회계 등에 관한 특별한 사항이나 문제에 대하여 진상을 명확히 하는 것이다. 따라서 어떠한 사항이라도 조사한다는 것, 특별한 목적으로 시행한다는 것, 특정한 사항에 대하여 실시한다는 점 등이 감사와 구분되는 사항이다.

그러나 범위의 광협이 있는 것이라던가, 비판적 의견을 첨가시킬 경우도 있다던가, 계속적이 아니고 일시적이라든가, 사전이나 사후 어느 때에도 실시할 수 있다는 점은 감사나 조사가 동일하다.

감정(Appraisal)

전문적 지식을 가지고 사실을 판단함을 가르치는 것이므로 감사인은 감정인이나 평론가가 아니다. 또한 법률가도 아니다. 따라서 감정과 감사는 구별되어야 한다.

관리(Control)

최소의 비용으로서 최대의 성과를 올리는 수단으로써 조직의 내부와 외부에서 하는 경제적 제 활동을 계속적 · 계획적으로 감시하여 감독하고 검증하는 것을 말한다. 관리는 각종의 경영활동에 적용되나 감사는 어떠한 사실의 결과를 일정한 기준에 비추어 재음미하는 것이다. 따라서 관리는 감사보다 넓은 뜻을 가지며 관리 수단의 하나로서 감사를 그 속에 포함하고 있는 것이다.

2. 내부감사의 의의

내부감사란 기업의 내부에 있는 조직구성원인 내부감사인에 의하여 행하여지는 경영활동의 감사를 말하는 것으로 자체감사라고도 한다. 외부감사는 '주식회사 외부감사에 관한 법률'에 따라 외부회계전문가에 의해 회계 전반적인 부문에 대하여 감사를 실시하는 것으로 내부감사와는 구분된다. 따라서 내부감사는 기업의 외부감사전문가가 실행하는 외부감사와는 달리 경영조직 내에 있는 감사담당자가 자기 기업의 내부통제조직을 조사 · 평가하고 조직내부의 각 단위의 효율성을 측정하는 한편 회계기록 및 기타 경영에 관한 모든 기록을 감사하는 것을 말한다. 내부감사는 조직목표의 효율적 달성을 위한 경영관리에 기여하기 위해 경영진을 대신하여 내부감사인에 의해 실시되는 내부통제조직의 운영상황에 대한 자체적으로 실시하는 감시 · 감독 및 점검 · 평가활동을 의미하며, 그 결과를 경영진에 전달하고 필요시 적절한 조처하도록 하여 조직의 합리적 운영을 기하도록 하는 데 그 목적이 있다.

특히 외부감사는 한정된 기한 내에 방대한 회계자료를 다루어 부실하여질 염려가 있고 외부감사가 지적하는 사항은 한정적이어서 비록 직업적인 전문가 집단이라 할지라도 기업의 특성이나 관례에 대한 숙지나 이해가 어려워 내부감사인에 의한 감사가 더 능률적일 수 있다. 또한, 회사의 규모가 방대하여짐에 따라 HQ에서 이들을 관장하려면 내부감사의 중요성은 더욱 크다고 할 수 있다.

| 외부감사와 내부감사의 차이 |

구 분	외 부 감 사	내 부 감 사
감사인	외부의 전문회계사(CPA)	기업 자체적인 내부감사인
감사범위	회계감사	업무감사 위주
감사목적	재무제표중심의 재정상태 감사 경영성과의 적정표시 여부 감사	부문경영의 종합적인 판단

내부감사의 새로운 패러다임 기업들이 계속적으로 도산하고 경영활동이 극도로 위축되는 상황이 반복되고 있다. 이에 대한 이유로 내부적으로는 내부역량의 부재나 기업주의 무리한 사업 확장과 자기자본의 취약성 등을 들기도

하고, 어떤 이는 과다한 정부의 규제나 관치금융의 악습 등이 기업 부도를 유발한다고 말한다. 우리 기업들은 지속적인 리엔지니어링을 통한 경쟁력 향상만이 무한경쟁시대에서 생존할 수 있는 유일한 방법임을 다시 되새겨 봐야 할 것이다. 경영자들은 그 기업의 차별화된 경영전략이 없다면 아무리 규모가 큰 기업이라도 모래 탑과 같이 일순간에 무너질 수 있음을 실감하고 있다. 이러한 경영환경은 우리 기업으로 하여금 위기의식을 불러일으키게 한다. 따라서 쉽게 허물어지지 않는 공든 탑을 쌓기 위해서는 다양한 경영환경에 신속히 대응할 수 있고 평소 책임경영을 실현할 수 있는 내부적인 통제시스템 구축이 절실히 필요하다.

기업경영의 투명성 제고

아직까지 우리나라의 기업환경은 소유와 경영이 명확하게 구분되어 있지 않은 것이 사실이다. 기업경영의 투명성을 보장하고 공정경쟁을 유도하기 위해 사외이사제와 사외감사제도 · 상근감사제 의무화 등의 제도적인 보완이 이루어진 바 있다. 미국의 경우 상장법인 이사회의 70% 이상이 비상근 사외이사이고 이들은 소액주주대표를 포함해 재무 · 법무 등의 전문가로 구성되어 있다. 이들은 기업의 중요한 경영활동에 대한 결정을 직접 내리고 감사활동도 병행한다. 국내에서도 사외이사제를 도입한 것은 전문 경영인 체제가 완비되지 않는 우리의 현실을 감안할 때 다행스러운 일이라 아니 할 수 없다. 그러나 중요한 것은 정부의 정책방향에 의한 형식적인 제도의 도입이 아니다. 기업경영에 대한 책임은 누가 지는 것인지가 중요한 일이다. 그것은 바로 기업의 최고 경영자 스스로가 질 수밖에 없다. 기업이 당면하고 있는 대내외 환경변화에 적절히 대응하려면 기업 스스로 정도경영의 필요성을 실질적으로 인식하고 변화해야만 한다. 많은 기업이 '기업윤리헌장 선포' 등을 통해 투명경영을 표방해 왔지만, 효율적인 내부통제시스템 구축을 위해 새로운 시각을 가져야 할 시점이다. 향후 효율적인 내부통제시스템 구축에 대한 중요성이 더욱 커질 것으로 보이며 그 이유는 다양하다.

첫째, 경영의 비리나 부실을 사전에 막고 기업을 건전하게 경영하도록 유인할 수 있는 제도적 장치에 대한 필요성이 커질 것이다.

둘째, 기업의 사회적 책임에 대한 요구가 증가할 것이다.

셋째, 민간주도의 시장경제체제로 전환됨에 따른 기업규모가 커지면서 기업경영이 복잡하게 변화할 것이다.

넷째, 소수주주의 권한이 강화되고 투자가들도 투자에 대한 위험을 회피하기 위해 합리적이고 투명한 경영을 요구할 것이다.

마지막으로 국제환경의 변화도 우리 기업들의 투명하고 공정한 경쟁관계를 요구할 것이다.

내부감사의 범위

미국감사인협회(AII)에서 정의한 새로운 감사 업무의 범위를 보면 다음과 같다.

■ 정보의 신뢰성과 완전성

내부감사부서는 재무정보와 업무운용에 관련된 정보가 어느 정도 신뢰할 수 있는지를 검토해야만 한다.

■ 관련 법규와 규제에 대한 일치성

내부감사부서는 각 부문의 시스템이 기업 외부적인 규칙과 일치하는지를 항상 검토해야만 한다.

■ 자산의 보호기능

내부감사부서는 기업자산의 실재를 확인하고 적절하게 자산을 보호하는 방법을 강구해야 한다.

■ 자원분배의 효율성

각 부문에서 경영자원이 경제적이고 효율적으로 활용되는지를 평가해야만 한다.

■ 비전과 목표에 대한 일치성

각 부문의 업무계획에서 결과에 이르기까지 기업 전체적인 목표에 부합하는지를 점검하여야 한다.

일반적으로 우리 기업의 경우 내부감사의 범위는 최고경영자에 의해 결정된다. 따라서 내부감사부서에 대한 최고경영자의 관리의지는 새로운 내부감사 기능수행에 절대적인 영향을 끼친다고 볼 수 있다. 우선적으로 최고경영자는 내부감사부서의 목적과 내부감사인의 권한 및 책임을 명확히 할 필요가 있다. 그리고 내부감사부서 자체적으로는 새로운 역할 수행을 위한 계획수립과 내부적인 감사정책 및 그 절차를 명확히 제공해야 한다. 이와 아울러 유능한 인재 선발과 육성에 필요한 프로그램을 개발해야 할 것이고, 외부감사활동의 접점에서 조정역할도 수행해야 할 것이다. 감사활동의 수행은 감사 업무를 계획하고 감사 관련 정보를 수집 · 분석 · 해석하고 현업부서와의 충분한 커뮤니케이션을 가진 후 감사결과를 보고하는 과정을 거치게 된다. 또한 내부감사 활동을 평가할 수 있는 자체적인 평가 프로그램이 있어야 한다.

내부감사의 핵심성공요인

최고경영자나 주주들이 선출한 이사회는 내부감사기능을 통해 내부통제의 효율성과 통제기능에 관한 양질의 정보를 얻고자 할 것이다. 내부감사부서가 새로운 역할을 수행하고 효율적인 감사프로세스를 구축하기 위한 핵심성공요인을 갖추기 위해서는 다음의 사항들이 요구된다.

■ 독립성 유지

내부감사부서는 감사대상 활동과 그 결과에 있어 완전히 독립적이어야 한다.

■ 탁월한 업무수행능력

내부감사부서나 그 구성원들의 역량이 다방면으로 뛰어나지 않고서는 고객부서에 대한 확신을 심어줄 수 없다.

■ 전문화된 감사도구의 활용

내부감사기능의 생산성을 제고시킬 수 있는 감사 소프트웨어나 IT자원을 적극적으로 활용해야 한다.

■ 용이한 정보자원의 획득

전문성 확보를 위한 시간비용을 줄이기 위해 다양한 내 · 외부 정보를 쉽게 획득할 수 있어야 한다.

■ 감사결과의 피드백

두터운 감사보고서가 목적이 아니고 지속적인 피드백을 통한 현업부서에 대한 실질적인 지원이 필요하다.

■ 감사프로세스의 유연성 유지

내부감사 기획 · 내부감사 프로그램 · 감사자원의 할당은 경직적이고 주기적이어서는 안 된다.

■ 글로벌 경영에 부합한 지원 프로세스 구비

국내경영환경에 대한 안목에서 벗어나 해외사업까지 지원할 수 있는 수준으로 발전해야 한다.

내부감사부서에 대한 새로운 시각이 필요하다. 내부감사기능이 코스트 센터로서의 기존의 인식을 불식시키고 통제에 대한 내부 컨설턴트로서의 역할을 수행할 때 진정으로 부가가치 창출에 기여할 수 있을 것이다. 이를 위해서는 최고경영자가 내부감사부서의 위상에 대하여 새로운 시각을 가질 필요가 있다. 이와 아울러 역량 있는 내부감사인의 선구자적인 노력을 통해 현업부서 직원의 신뢰가 전제되어야 할 것이다. 나아가서 주주 · 채권자 · 최고경영자의 이해관계를 균형 있게 반영하는 내부감사기능의 Best Practice를 기대해 본다.

3. 내부감사의 기능과 역할

내부감사의 기능

내부감사의 기능은 스텝적인 기능을 하는 것으로 제반 관리의 타당성과 유효성을 측정하고 평가함으로써 기능하게 되는 경영관리의 한 수단이며, 기타 제반 관리와의 관계로 내부감사의 기능이 이루어진다. 이와 같은 내부감사의 기능을 내부감사 이중관리의 기능이라고 하며, 또한 관리에 대해 관리를 하는 것이라고도 한다. 감사의 대상영역의 관점에서 요점을 설명하자면 다음과 같다.

- 회계자료의 검증
- 재산보전
- 준거
  - 회계절차의 준거
  - 업무 제철자의 준거
  - 정부의 요구에의 준거
- 검열 및 평가
  - 제반 방침 및 계획의 검열과 평가
  - 제반 기록 및 제절차제도의 검열과 평가
  - 집행활동의 검열과 평가

내부감사의 역할

내부감사는 기업의 가치를 높이기 위해 위험을 극소화하는데 그 역할이 있다고 보는 것이다. 즉 기업 내부의 Line부서가 수익성과 성장성을 위해서 존재하는 것처럼 내부감사는 바로 위험을 극소화하기 위해서 존재하는 조직이기 때문이다. 그러므로 기업이 성장하고 수익을 올리는 데 문제가 될 수 있는 위험을 식별하고 평가하여 위험을 관리함으로써 기업의 성장과 수익을 높여 궁극적으로 기업의 가치를 증대시키는 데 일익을 담당하는 것이다.

내부감사의 역할이 기존의 전통적인 회계나 재무 위주의 위험평가를 하는 역할에서 전사적인 위험관리 역할로 변화되고 있다. 다시 말하면 전통적인 준수감사나 적발위주의 감사에서 예방측면의 감사와 프로세스의 효율성제고 및 컨설턴트로 내부감사의 Skill이 변화되고 있는 것이다.

그러므로 경영층을 참여시키고 프로세스의 중점검토 및 현업부서가 자체 내부통제진단을 하도록 지원해 주는 역할로 변신하므로 위험평가는 이러한 변화의 핵심요소라고 할 수 있다. 따라서 향후 내부감사의 개선방향은 내부감사 역할의 변화에 따른 감사업무 범위의 재정립과 재정립된 업무범위 하에서 감사조직을 구축하고 감사인력의 전문화, 감사방법론 및 감사기법의 개선, 감사결과 보고절차와 외부감사인과의 공조 방안 등이 중요 사안이 될 것이다.

책임과 권한의 범위

내부감사인의 기능은 계통이나 업무활동의 기능이 아니고, 스텝 또는 조언적인 기능을 다 하는 것이다. 따라서 내부감사인은 사업체 내의 여타의 조직구성원에 대하여 직접적인 권한을 갖는 것이 아니다.

내부감사인은 자유롭게 제반 방침이나 계획과 절차에 대하여 검열하고 평가할 수 있어야 하나, 그의 검열이나 평가는 조직 내의 여타의 구성원에 대하여 그들에게 과해진 본래의 책임을 경감시킬 수 없다.

견제기능

지금까지의 내부감사는 주로 규정이나 지침의 준수 여부·부정 또는 비리적발 위주로 수행됐으며, 감사를 하면 무언가는 반드시 지적 사항이 있어야 한다는 부정적 이미지를 가진 것이 사실이다. 그러다 보니 내부감사를 가능하면 기피하려는 경향이 있다.

그런데도 견제기능은 일정 부분 반드시 필요하다고 본다. 조직 내의 시스템이 아무리 잘 되어 있다고 하더라도 그 시스템을 움직이는 것은 사람이고 사람에 관련된 문제는 항상 있게 마련이기 때문이다. 납품업체 또는 하도급업체와의 있을지도 모르는 비리에 대해 내부고발제도를 이용하여 감시함으로써 깨끗한 거래풍토를 조성하고, 조직 내부 구성원들 간의 여러 가지 윤리적 문제나 갈등을 해결해 줄 일종의 창구 역할을 수행하는 데 있어 내부감사의 역할이 매우 중요하다.

경영혁신 지원

고객 지향적이고 경영혁신의 선구자로서의 감사시스템이 필요하다. 과거의 내부감사기능은 감사기간 동안에만 현업부서와의 접촉을 가져왔던 것이 사실이다. 이로 인해 감사결과에 대한 피드백이 이루어진다고 하더라도 현업부서와의 공감대가 형성되지 않았던 경우가 많았다. 새로운 내부감사부서의 역할은 일방적이고 일시적인 감사활동에서 벗어나야 한다. 실질적으로 현업부서를 다각적으로 지원할 수 있는 지속적인 커뮤니케이션의 유지가 필요하다. 특히 내부감사기능이 조직의 일원으로서 함께 경영혁신에 기여하고 있다는 인식을 현업부서 구성원들에게 심어주는 것이 중요하다. 이를 위해서 내부감사부서는 지속적으로 고객부서의 니즈가 무엇인가를 고민해야 할 것이고, 경영혁신에 필요한 기술이나 관련 법규 · 선진사례 등을 통한 아이디어를 제공해야 할 것이다. 기업규모가 확대됨에 따라 경영효율성을 위하여 책임경영시스템을 채택하고 책임과 권한을 위양하는 기업들이 증가하고 있는데, 책임경영시스템 아래에서는 부문 간의 이익이 충돌하는 경우가 자주 발생하며 부문 목표를 지나치게 강조하다 보면 기업 전체의 최적화를 해치게 될 수도 있다.

특히 대기업의 경우에는 부문 간의 높은 장벽으로 인하여 커뮤니케이션이 잘 안 되고 업무의 흐름이 단절되기 쉽다. 업무분장이 아주 세부적으로 잘 되어 있지만 반면에 각 부문이 소극적으로 자신들의 업무만 챙기고 문제발생 시 책임회피 등 방어적인 입장을 취하는 부작용도 우려된다. 이처럼 경영효율을 높이기 위한 목적으로 도입된 제도가 잘못 운용될 경우 오히려 기업에 상당한 비효율과 낭비를 초래하게 되며 기업가치의 극대화라는 목표를 달성하는데 커다란 장애 요인이 될 수 있다.

내부감사는 이러한 조직구조나 프로세스상의 문제를 해결하기 위해 일종의 컨설팅 역할을 수행함으로써 경영상의 비효율을 제거하고 가치를 창출하는 활동을 수행하게 된다.

위험관리

최근 ERM(Enterprise Risk Management), 즉 기업의 위기관리와 관련하여 내부감사의 역할이 강조되고 있다. 기업은 재무 · 운영상의 위험 외에도 사회적 · 윤리적 · 환경적으로 많은 위험에 노출되며 때로는 생존에 영향을 줄 정도의 심각한 위험에 처할 수도 있다. IIA(The Institute of Internal Auditors) 보고서에 따르면 내부감사는 사업상의 주요 위험이 적절하게 관리되고 내부통제시스템이 효과적으로 운영되도록 하는 데 있어 조직 내 ERM활동들의 유효성에 대하여 이사회 또는 경영진에게 객관적으로 평가하여 보고하는 역할을 수행한다. 또한 NYSE(The New York Stock Exchange)는 거래소에 상장된 모든 회사는 위험관리와 내부통제시스템에 대한 평가를 경영진과 감사위원회에 제공하기 위하여 내부감사기능을 유지하도록 요구하고 있다. IIA 연구결과에 의하면 미국에서 언론사태 이후 회계투명성 강화를 위해 제정된 회계제도개혁법인 Sarbanes-Oxley법에서 요구하는 수준을 충족시키기 위한 내부감사기능의 유지비용이 기업 연간 수익의 0.03%에서 0.2%까지 발생할 것으로 예상했다. IIA가 600여 개 기업을 대상으로 수행한 연구결과에 의하면 82%의 기업들이 위험평가에 기초하여 연간감사계획을 세우는 것으로 나타났다. 이러한 위험평가를 통해 영역을 선정하고 체계적으로 감사활동을 수행한다고 한다. 그러나 국내 기업의 경우에는 위험관리에 기초한 내부감사가 아직까지는 널리 활용되지 않고 있는 것 같다. 이는 대부분 기업의 내부감사기능이 부정 및 비리수습 측면의 대응이거나 경영자의 요구사항에 대한 과제수행에 치중하다 보니, 정규적인 내부통제 및 내부감사기능이 약화되고 특수목적감사가 주된 업무처럼 되는 경우가 많기 때문이라고 보인다.

위험관리에 기초한 효과적인 내부감사가 이루어지기 위해서는 각 사업 부문의 이슈 및 위험과 관련된 정보들이 내부감사에 반영되어야 한다. 또한 전사적인 위험평가가 내부감사뿐만 아니라 다양한 경영의사결정에 활용될 수 있도록 조직 내부에서의 지속적인 커뮤니케이션이 활성화되어야 한다. 인력 · 인프라 · 프로세스의 강화가 동시에 이루어져야 함은 물론이다.

정보기술 환경의 감사시스템 구축 정보기술을 활용한 리엔지니어링 활동은 내부감사 프로세스 자체의 정보기술 활용도를 높일 뿐만 아니라 정보시스템 감사에 대한 필요성을 부각시키고 있다. 인터넷 · 통합 데이터베이스 · 그룹웨어 · 클라이언트 서브를 통한 네트워크 환경은 기업 내의 모든 활동에 변화를 야기하고 있다. 이에 상응하여 내부통제상 오류나 문제가 발생하였을 경우 이를 제대로 발견하지 못할 통제위험이 발생할 가능성 또한 높아졌다. 내부적인 기밀정보의 누출이나 현실적으로 부적합한 프로그램의 도입, IT자산의 파괴 및 도난, 정보시스템의 마비로 인한 업무의 중단 등의 위험요소는 정보시스템이 통합되면 될수록 커질 것으로 예상된다. 예를 들면 재고 운반에 드는 비용을 절감하기 위해 Just-In-Time 정보시스템을 구축했을 경우 시스템장애로 인해 운송이 계획대로 되지 않는다면 이로 인한 전체 부품라인이 중지되고 매출손실은 막대할 것이다. 이러한 경우 내부감사기능은 현재 정보시스템에 대한 점검차원뿐만 아니라 대체

시스템도 고려하고 있어야 한다. 일반적으로 시스템감사라 하면 컴퓨터를 중심으로 한 정보처리시스템을 종합적으로 점검 · 평가해서 문제점이나 개선사항을 권고하는 것을 말한다. 내부감사부서는 시스템감사를 통해 현재 정보시스템이 제공하는 정보의 신뢰성과 적정성을 검토할 수 있을 것이다. 그리고 현재 정보시스템의 안정성과 효율성을 검토하고 정보기술 자원을 보호하는 역할을 수행해야 한다. 구체적으로 시스템감사 대상항목으로는 파일의 보전 및 관리, 산출 데이터의 이용도 분석 · 정보시스템 부서의 조직체계 · 시스템 기획 및 개발 등에 이르기까지 매우 다양하다.

02 내부감사의 목적

1. 내부감사의 필요성

우리나라는 IMF 경제위기를 맞으면서 암울한 환경 속에서 20세기의 마지막을 보내게 되었고, 그로 인하여 국가경영을 축으로 한 모든 경제활동 부문에 있어 거센 변혁의 바람이 몰아쳐 왔다. 이러한 위기상황을 초래하게 된 여러 가지 원인 중의 하나로 기업의 경영투명성 결여와 회계정보의 신뢰성 부족 등이 주요 이슈로 등장하게 되었으며, 기업 입장에서 볼 때 투명경영 강화의 필요성이 대두되기에 이르렀다.

기업경영을 둘러싸고 있는 주요 변수로서 첫째 OECD협약 · 자유무역협정인 FTA 등 반부패 라운딩의 출범과 ISO · EOA 등을 중심으로 한 윤리경영의 표준화 및 의무화는 대외 환경변화의 요인으로 작용하였으며, 둘째로 투명경영 및 강도 높은 기업의 사회적 책임의 요구 등은 국내환경변화의 급물살로 전개되었을 뿐만 아니라 더불어 반부패 의식의 고조와 부정방지위원회의 출범 등 정부의 적극적인 개입 역시 기업으로 하여금 투명경영을 필수로 하는 인식의 변화와 기업의 사회적인 책임에 대한 전환적인 사고 없는 경쟁력 강화는 요원한 일이란 사실을 뼈저리게 느끼게 하였다.

이러한 환경변수들로 말미암아 기업이 당면한 과제 중 하나로서 윤리경영이란 새로운 패러다임을 앞다투어 부르짖는 전기가 마련되기도 하였다. 그뿐만 아니라 이러한 복합적인 기업의 대 · 내외적인 환경변수 요인들은 기업이 기업 내의 자체기능을 통한 경영합리화 방안을 마련하지 않을 수 없게 되었고 그 방안의 일부로서 내부감사의 필요성이 다른 그 어느 때보다도 증대되기 시작하였다.

기업의 내부감사에 있어서 추구하는 목적은 종래와 같이 결함을 지적하는 것에만 국한되는 것이 아니라 문제점에 대한 시정책을 강구하여 개선을 하도록 하여 조직의 합리적 운영을 기하는 데 중점을 두어야 할 것이다. IIA 벤치마킹 자료에 의하면 약 600여 개국의 외국 기업들의 감사위원회가 내부감사의 목적에 대한 설문조사 결과 첫째로 독립적인 위치에서의 내부통제평가(91%), 둘째로 독립적인 위치에서의 각종 규정 및 법규의 준수 여부 평가(81%), 셋째는 독립적인 입장에서의 업무 프로세스의 효율성 평가(79%), 마지막으로 독립적인 입장에서 재무정보의 신뢰성 평가(69%)로 중요도가 평가되었다.

그러나 감사 영역에서는 1순위가 일반감사가 43%, 2순위로는 정보기술 감사가 12%, 3순위로서는 특별 프로젝트가 9%를 차지했으며, 그다음이 감사활동 행정지원이 8%, 부정적발 3%, 외부감사 지원 3%, 교육훈련 4%, 기타 4%로써 국내 기업의 경우 아직도 일반감사 영역을 중심으로 한 부정적발과 내부통제평가 등 제한된 업무영역에 반해 다양한 감사영역에 정기적으로 또는 비정기적으로 감사자원을 할애하고 있음을 알 수 있다.

현대 사회경제는 국제 경제 환경의 급변 속에서 비약적인 발전과 함께 각 조직체의 업무가 복잡하고 전문화되어감에 따라 이를 효과적으로 운영할 것을 기대하기가 어려워짐에 따라 필연적으로 현대적 통제기구가 대두하게 되었으며 그 필요성은 점차 증대되고 있다.

특히 우리나라의 기업경영에서도 1960년대에 경제개발 1차 5개년 계획에 따라 자본과 경영이 분리된 주식회사 형태의 기업설립이 활기를 띠기 시작하였으며, 경영관리기법 면에서는 그다지 복잡하지 않은 단순한 방식으로도 그런대로 경영관리에 큰 어려움을 겪지 않아도 되었다.

그러나 1990년대 초부터 경제규모나 경제활동 단위가 비대하여짐에 따라 기업 내의 업무도 복잡화되고 다양화함에 따라 전문적인 지식이 필요하게 되고 부문별로 전문화됨으로써 내부감사의 기능도 상대적으로 점차 증대되기 시작하였다. 왜냐하면 내부감사는 그 존재 자체만으로도 기업 경영관리에 있어서 경영활동 각 부문이 업무처리의 신중을 기하게 할 수 있고 또 효과적인 내부통제를 보장하는 소극적인 의의뿐만 아니라, 업무에 직접 관여하지 않은 제3자인 내부감사인으로 하여금 객관적인 견지에서 운영의 결함을 시정하고 애로점을 타개함과 동시에 장점을 조장하고 능률을 향상시킬 수 있는 적극적 의의가 있는 것이기 때문이다.

또 이와 같은 필요에 따라 설치한 통제기구에는 필요적으로 그 요청에 부응하는 임무가 부과됨으로써 그 효율적 통제를 기대할 수 있게 되는 것이다. 이와 같은 임무의 충실한 수행을 위하여 내부감사가 궁극적으로 무엇을 목적으로 할 것인가 하는 목적설정이 전제되지 않으면 안 된다.

2. 내부감사의 특징

내부감사의 특징은 내부감사가 회계감사와 더불어 업무감사로 그 영역이 확대됨은 물론 개별 자료와 업무활동의 검증과 평가에서 그치지 않고 이에 대한 내부통제가 유효하게 시행되었는지를 평가하는 것을 포함하여 종합적으로 기업 전체적인 관점에서 감사가 이루어지는 점이다. 종래의 회계나 재무 위주의 적발 위주의 감사에서 그 영역이 업무감사까지 확대되면서 회계나 재무뿐 아니라 전사적인 위험관리로 변화되었다. 이러한 내부감사의 흐름의 변화는 개개의 업무활동의 타당성 및 그 내용의 효율성을 검토하고, 그 활동이 방침이나 계획에 준거하여 실행되었는지 그 준거성에 대한 감사를 포함하여 업무활동의 주체가 된 조직과 제도의 더욱 효율적인 개선까지 그 대상으로 한다.

경영감사

경영감사는 경영조직이나 제도의 감사, 경제활동의 적법성이나 타당성의 검토, 경제성 및 기업에 대한 합목적성의 지도, 경영정책이나 자금계획 등에 대한 비판, 경영결함의 지적과 그 제거 또는 개선에 관한 조언과 권고 등을 통하여 기업의 경영활동을 합리적으로 관리 · 통제하여 경영의 경제성을 증진하기 위한 경영자를 위한 감사이다.

업무감사

업무감사는 기업의 효율적인 경영을 위한 경영전반에 걸친 감사를 통하여 최고경영층에 조력하는 스텝기능으로 경영감사의 개념을 포함하고 있다. 경영감사는 내부감사조직을 어떠한 방식으로 운영하느냐에 따라 그 기업 내의 내부감사의 기능이 회계감사에 그칠 것인지, 아니면 더 나아가 업무감사 또는 경영감사의 의미를 가질 수 있을 것인지가 결정하게 된다.

3. 내부감사의 중요성

기업은 내부통제조직의 일환으로 경영의 집행활동이 설정된 경영방침 · 계획 및 절차에 준거하여 수행되고 있는가와 집행활동이 능률적으로 시행되고 있는가를 그 조직 및 조직운용의 타당성 및 유효성과 관련하여 감사하는 내부감사기능의 중요성을 인식하여 조직 내에 내부감사담당을 설정하고 있다. 내부감사가 경영관리에 있어서 공헌할 수 있는 점은 내부감사는 같은 조직안에서 횡적으로 여타의 부문을 감사하게 된다는 것이다. 특히 현대의 경영관리는 각종 경영기술이 매우 발전하였고 이것이 예를 들면 품질관리 · 공정관리 · 원가관리 · 경영관리의 연구 등과 같은 부문 관리에서의 전문화를 가져오게 하였다. 이러한 분권화에 따른 각 부문의 문제점을 적절하게 지적하고 부문을 종합할 수 있는 것은 내부감사를 통해 기대할 수 있는 것이다.

상위 관리자는 점차로 경영관리의 책임과 권한을 하부에 이양하면서 직접 하부의 실정을 파악하기 어렵게 되었다. 일반적으로 상부의 의사가 하부로 전달되기는 쉬워도 하부의 의사나 실정이 상부에 전달되는 것은 어렵다. 이러한 점에서 내부감사의 범위가 업무감사분야까지 넓어진 것은 상의하달과 하의상달의 전달매체가 되는 기능을 발휘하기 때문에 그 이로움이 크다고 하겠다.

내부감사는 기업의 외부 감사전문가가 실행하는 외부감사와는 달리 경영조직 내에 있는 감사담당자가 자기기업의 내부통제조직을 조사 · 평가하고 조직내부의 각 단위의 효율성을 측정하는 한편 회계기록 및 기타 경영에 관한 모든 기록을 감사하는 것을 말한다. 우리나라 상법의 주식회사 편에서는 감사란 회계감사를 임무로 하는 필요 상설기관으로 규정하고 직무의 수행을 위하여 필요한 때에는 회사의 업무와 재산 상태를 조사할 수 있게 하였다. 또한 감사의 책임으로서 그 임무를 게을리한 때에는 회사에 대하여 손해배상의 책임을 지게 되어 있다. 주식회사뿐만 아니라 비영리법인 조직에서도 주식회사의 감사와 유사한 권리와 책임을 지는 직위가 우리나라에서는 조직내부에 대개 포함되어 있다.

더욱이 현대에 와서는 이러한 내부감사조직이 더욱 강화되어 감사실이나 기획관리실과 같은 명칭으로 불리는 조직이 전문적으로 내부감사기능을 수행하고 있다.

내부감사가 회계감사에만 한정되어 감사하는 것이 아니나 업무감사라 하더라도 그 대부분이 회계숫자를 통하여 조사되고 비판되는 것이다. 업무감사의 결과도 결국에는 각 항목의 업적을 수치로 결집시켜서 비판하게 된다. 이와 같이 회계적인 숫자로 총괄하여 기업 전반에 대한 관리를 추진하게 되므로 회계수치의 중요성을 부각시킨다.

경영관리의 조직은 물론 그 구성원에게도 업무수행에 있어서는 상당한 긴장과 자극이 필요한데 현대의 기업경영관리, 특히 분권화된 대기업일수록 그 조직안에 객관적인 내부감사담당자에 자극을 주게 된다.

4. 내부감사의 목적

내부감사의 목적은 여러 통제수단이 적극적으로 발휘되거나 이용되고 있는지와 각 조직단위가 그들의 직무를 정확하고 확실하게 수행하고 있는지뿐만 아니라 회계 제 기록이 경영활동에 관하여 공정하고 정확하게 작성되고 있는지를 검토하고 평정하여 경영관리에 이바지하는 동시에 내부통제의 일환이 되도록 하는 데 있다.

다시 말해서 내부감사의 전반적인 목적은 기업의 조직 활동이 가장 능률적으로 관리할 수 있도록 경영자와 관리자를 조언하는 데에 있으므로 첫째, 적당한 시정조치의 기초를 제공하기 위하여 존재하는 결함의 지적을 포함하여 기업이익을 보호하는 것과 둘째, 기업이익을 촉진하는 것으로써 기업 경영활동의 각종 측면에 대하여 개선점을 권고하는 것이 포함된다.

과거에는 내부감사의 영역이 회계감사에 국한되었으나 오늘날에는 경영활동 전반 부분인 인사조직 · 재무회계 · 생산관리 · 마케팅관리 · 경영정보시스템에 이르기까지 여러 업무를 포괄하는 업무감사에까지 확대하여 차차 후자에 중점을 두게 되었다. 여기에서 업무감사란 경영에서의 업무활동을 대상으로 하는 감사(監査)를 말하며 감사(監事)가 그 일을 담당한다. 감사는 이사가 상법이나 회사의 정관 및 갖가지 법령에 위배되는 부정을 범하지 않도록 감사하며, 그렇게 하려면 언제나 이사회에 출석하여 의견을 진술할 수 있다. 또 이사의 위법행위로 회사에 큰 손해를 입힐 염려가 있을 경우는 그 행위의 중지를 요구할 수 있고 이를 무시한 때에는 법령에 따른 제소를 통하여 이를 중지시킬 수 있는 권한이 있다.

기업은 내부통제조직의 일환으로 경영의 집행활동이 설정된 경영방침 · 경영계획 및 절차와 기준에 준거하여 수행되고 있는가의 여부와 집행활동이 능률적으로 시행되고 있는가를 그 조직 및 조직운용의 타당성 및 유효성과 관련하여 감사하는 내부감사기능의 중요성을 인식하여 조직 내에 내부감사담당을 설정하고 있다. 내부감사는 외부감사와 대조적으로 사용되는 것으로 이 둘의 구분은 형식적으로는 감사를 받는 기업과 감사를 하는 감사인과의 관계에 의한 구분이다. 즉, 감사가 기업의 경영조직안에 설정된 담당자에 의하여 시행되는 경우에는 내부감사이고, 이에 대하여 기업 외부의 전문감사인이 실시하는 감사는 종래 일반적으로 말하고 있는 외부감사인 것이다. 내부감사는 주로 경영 내부적 · 경영 관리적인 봉사를 주로 하는 감사인 데 반하여 외부감사는 공인회계사에 의하여 행해지며 주로 투자자를 보호하기 위한 감사이다.

조직에 대한 서비스

내부감사인은 경영자의 관점에서 조직을 보고, 조직에 대한 봉사가 되는 한 업무활동의 어떠한 국면도 제한받지 않는다. 이때 내부감사인은 경영자의 눈과 귀가 되어 Management 지향적인 감사를 시행하여 조직에 봉사하여야 한다.

독립성의 유지

내부감사의 효율성을 확보하기 위해서는 조직상의 지위는 독립성을 유지하기에 충분한 조직상의 지위를 가져야 하며, 감사업무 수행에도 객관성을 견지해야 한다. 이를 위하여 내부감사 부문의 책임자는 기업 내에 충분한 지위에 있는 관리자로서 내부감사부서에서 수행한 발견사항이나 권고에 대하여 적절하게 조치할 수 있는 책임을 갖도록 하여야 한다. 또한 내부감사인이 기업의 조직 내의 지위와 경영자로부터 내부감사인에게 주어지는 지원은 내부감사기능에서 얻을 수 있는 서비스의 범위와 가치에 대한 주된 결정요소가 되는 것이다.

경영관리 통제

내부감사는 많은 경영통제제도 중의 하나로서 조직 내에서 기능하는 여타 통제제도의 타당성과 효율성을 측정하고 논평하는 내부통제 활동의 성격을 가진다.

내부감사의 개념에서 이미 살펴본 바와 같이 감사가 지닌 사명은 사회적 환경과 시대적 관념에 따라 변천했고 이와 같은 변천에 따라 감사의 목적 또한 지향을 달리하였을 뿐만 아니라 조직의 성격과 운영 실태에 따라서도 목적설정을 다소 달리하고 있는 것을 볼 때 내부감사의 목적은 시간과 장소를 초월한 고정불변의 것이 아니라 가변적임을 이해할 수 있다.

내부감사의 목적은 검토한 제반 업무 활동에 관한 분석 및 평가하여 적절한 의견을 제시하여 경영자로 하여금 내부감사인으로부터 그들에게 부과된 책임을 효율적으로 수행하도록 돕는 것이다. 내부감사의 목적도 초기에는 부정이나 오류를 발견하고 이에 대한 응징 및 시정을 조치하는 데 있었던 것이 사회의 전반적인 발전지향에 따라 합리적 운영을 위하여 적극적인 목적을 추구하기에 이른 것이다. 이와 같은 내부감사의 적극적인 목적은 조직의 효과적이고 능률적인 운영을 확보하는 개선향상에 주안을 두는 것으로 여기에 감사의 제 역량을 경주하여야 할 것이다. 그러나 그렇다고 해서 내부감사의 수행과정에서 적발된 비위나 부당사항의 적발에만 치중하여서는 안 된다는 것이지 결코 이를 소홀히 하여도 좋다는 것은 아니다. 왜냐하면 내부감사는 조직운영의 원활을 기하는 촉진적인 역할을 함으로써 효과적이고 능률적인 성과를 올리려는 부당사항을 제거하거나 재발되지 않도록 조치하는 것도 다름 아닌 조직운영의 개선향상을 도모하는 것이 되기 때문이다.

이러한 목적을 달성하기 위하여 기업의 각종 내부통제제도와 그 운영사항을 검토 평가하여 효과적인 제도개선안을 제시하고 회사정책 · 방침 · 규정 및 지시사항 등의 준수 여부를 확인한다. 그리고 모든 종류의 위험으로부터 회사재산을 보호하고 그 책임소재를 명확히 하여 기업내부의 각종 회계정보의 신뢰성 확보 및 각 부문책임자의 업적평가를 주요기능으로 한다.

03 내부감사의 조직

내부감사의 궁극적인 목적은 조직에 대한 봉사기능을 수행함으로써 매니지먼트 서비스를 통한 경영철학의 구현에 있다. 내부감사조직은 최고경영자의 인식과 지지를 바탕으로 하여 이루어져야 하며 이는 경영층에 창의적인 서비스를 계속 제공함으로써 유지될 수 있다. 따라서 내부감사조직은 조직의 종류에 따라 여러 가지 형태가 있을 수 있다. 내부감사조직의 형태 중 현대 내부감사에 있어서 감사의 영역이 업무감사로 확대되고, 최고경영자에 조력하는 스텝의 기능이 강조됨에 따라 최고경영자에 직접 소속되는 것이 효율적이라는 견해도 있다. 하지만 각 조직의 형태에 따라 장단점이 있는 만큼 당해 기업이 직면하고 있는 경영 및 조직의 환경에 따라 융통성 있게 운영해야 할 것이다.

1. 내부감사조직의 개요

내부감사는 기업의 외부감사전문가가 실행하는 외부감사와는 달리 경영조직 내에 있는 내부감사인이 자기 기업의 내부통제조직을 조사 · 평가하고 조직내부의 각 단위의 효율성을 측정하는 한편 회계기록 및 기타 경영에 관한 모든 기록을 감사하는 것을 말한다. 우리나라 상법에서는 감사란 회계감사를 임무로 하는 필요 상설기구로서 규정하고 직무의 수행을 위하여 필요한 때에는 회사의 업무와 재산 상태를 조사할 수 있게 하였다. 또한 감사의 책임으로서 그 임무를 해태한 때에는 회사에 대하여 손해배상 책임을 지게 되어 있다. 주식회사뿐만 아니라 비영리법인조직에서도 주식회사의 감사와 유사한 권리와 책임을 지는 직위가 조직내부에 대개 포함되어 있다. 더욱이 현대에 와서는 이러한 내부감사조직이 더욱 강화되어 감사실이나 기획관리실과 같은 명칭으로 불리는 조직이 전문적으로 내부감사기능을 수행하고 있다.

내부감사인은 기술적인 탁월성을 기반으로 하여 최고경영층의 지지와 매니지먼트 서비스를 계속 유지함으로써 비로소 성공적인 감사조직이 될 수 있다. 만약, 내부감사조직에 대한 최고경영층의 관심이 결여된다거나 지지도가 약화된다면, 혹은 최고경영층에게 Management 서비스를 계속 유지하지 못한다면 내부감사조직은 본래의 취지에 따른 그 실효성을 거두지 못하게 되기 때문이다.

다행스럽게 최근에 이르러 내부감사 조직 자체가 변화되고 있으며, 그 증거로서 내부감사인협회는 내부감사의 정의를 "내부감사는 조직 내에서 독립적으로 운영되며, 조직의 업무개선을 위해 가치를 부여할 수 있는 객관적인 확신 제공 및 컨설팅 활동이다. 내부감사는 조직의 리스크 관리와 통제 및 지배구조 프로세스를 평가 및 개선하기 위한 시스템적인 절제된 방법론으로 조직의 목표를 달성하는 데 지원해 준다. 내부감사는 조직의 환경변화 및 조직의 기능구조, 프로세스 및 기술의 변화에 적응할 수 있는 역학적이고 발전적인 전문기능이다"라고 명시했다.

이는 기업 내부감사의 역할을 첫째 독립적인 평가기능에서 객관적인 확신 및 컨설팅 업무로, 둘째 기업 내의 설치된 조직에서 기업 내의 독립적으로 운영되는 조직으로, 셋째 감사하고 평가하는 활동에서 기업의 업무를 개선하는데 가치를 부가할 수 있는 활동으로 다시 정의한 것이라고 볼 수 있다.

세부적인 내용으로 내부감사 조직은 회사의 규모와 사업 부문의 다양성 · 사업 환경요소 등 기업이 직면하고 있는 경영환경 및 조직 환경에 따라 융통성 있게 운영되어야 할 것이다. 효율적인 감사조직 운영을 위해서는 감사기획 전담자를 조직 내에 둘 수 있다. 감사기획 전담자는 지식관리 · 위험평가 및 감사계획 · 교육훈련 조정 등 감사업무의 효율성과 내부감사인의 질적 능력 향상에 주력하게 된다.

또한 감사조직의 인력규모는 최고경영층의 내부감사에 대한 기본정책 · 기업규모 · 사업부문의 다양성 · 국제화 정도 · Outsourcing의 정도 등 기업이 당면하고 있는 조직 환경에 따라 유연하게 운영되어야 할 것이며, 내부감사인의 전문성을 제고시키는 방법으로 감사부서 근무기간을 일정기간 장기근무기간으로 정해 둘 필요가 있으며, 각종 감사 관련 전문자격증 취득을 장려하고 필요에 따라서는 전문 감사기관의 Co-Sourcing도 고려해 볼 필요가 있다.

2. 내부감사조직의 필요성

기업에서 감사실 등의 명칭을 갖는 감사부서를 설치하고 감사하는 조직, 즉 내부감사 부분에 의한 감사는 이미 세계 각국에서 시행되어 온 지 오래이며 기업경영에 대한 통제기능의 하나로 많이 활용되고 있으며, 영국에서도 산업의 근대화에 따라 각 기업에 대한 감사업무가 회계사에 의한 감사로 집중되면서 학자 간에 내부감사의 필요성과 그 발전이 논의되기 시작하였다. 오늘날 내부감사의 기능은 회계사에 의한 외부감사의 시간과 비용의 절감은 물론 기업 경영능률의 향상을 기할 수 있게 된 것이다.

우리나라에서도 기업의 내부에 감사실 · 기획감사실 · 검사부 · 비서실 또는 검사역 등의 명칭으로 상설하고 있는 곳이 많으며, 이러한 상설부서가 아니더라도 필요한 경우에 수시로 감사인을 기업 내의 각 부문에서 임명하여 기동성 있는 감사를 시행하는 기업도 있다. 상설부서인 감사실 등의 감사에 있어서도 실제로 감사를 실시할 때에는 감사실 이외의 각 부문에서 감사인을 선발하여 이러한 사람들이 공동으로 감사를 시행하고 있다.

조직지위의 독립성

내부감사를 유효적절하게 실시하여 소기의 목적을 달성하려면 내부감사조직에 독립성을 부여하는 것이 가장 중요한 문제 중의 하나가 된다. 내부감사인의 경영조직상의 지위와 경영자가 내부감사에 대한 지지가 내부감사기능을 발휘할 수 있게 하는 원동력이 되며 경영자를 위하여도 바람직하다. 내부감사인은 감사업무 수행을 함에 있어 감사방해로부터 자유롭고 감사대상자로부터 협조를 유도할 수 있는 충분한 권한을 가지고 있는 감사위원회나 최고경영자에게 직접 보고할 수 있어야 한다. 그러므로 내부감사 부문의 책임자는 경영조직 내에서 상당한 지위에 있는 관리자가 담당하게 하여야 한다. 이렇게 함으로써 내부감사활동이 보장되며, 오류나 부정의 적발과 방지를 할 수 있고, 발견사항이나 권고사항에 대한 유효한 조치도 강구되기 쉽기 때문이다. 내부감사기능은 Line업무기능이 아니고 최고 경영자로 하여금 효율적이고 능률적인 경영이 되도록 Management 서비스를 하는 Staff 기능인 것이다.

따라서 지위의 독립성을 유지하기 위해서는 감사조직을 특정 임원 아래에 두는 것보다는 최고경영자 직속으로 조직의 지위를 가져야 함은 대단히 중요한 일이다. 왜냐하면 내부감사인의 신분이 분명히 확보되어야만 감사업무와 보고서가 충분한 영향력과 효과를 갖게 되며 감사활동의 독립성이 보장됨에 따라 감사기능이 효과적으로 수행될 수 있기 때문이다.

그러나 감사조직 또한 기업 경영활동의 일부분이므로 완전한 독립성을 갖기란 실제로 어려운 일이다. 그러므로 내부감사인의 목표는 자신이 위치하는 현실 여건에서 최대한의 실질적인 독립성을 유지하는 것이다. 이와 같은 독립성은 감사목표를 훼손하지 않도록 보호하게 되는 것이다. 독립성은 감사기구가 존속하고 감사활동을 하는 데 있어서 가장 중요한 요소이다. 내부감사는 전문적인 활동으로써 내부감사의 목적은 전문적인 판단을 내리는 것이다. 그러므로 내부감사는 최고의 공정 · 불편한 태도 · 성실성과 객관성이 있어야 한다.

이와 같은 속성은 실질적인 독립성의 부재 시에는 위축된다. 즉 이와 같은 속성은 보고서의 객관성을 살리고 감사대상자로부터 독립을 유지할 수 있게 하는 필연적인 요건이다.

전담조직의 상설

내부감사가 적절하게 실시되어 소기의 목적을 달성할 수 있기 위해서는 상설 전담조직이 독자적으로 감사업무를 수행할 수 있도록 조직적인 뒷받침은 물론 구성원의 신분이 보장되어야 하며, 소신감 있게 감사하고 최고경영자를 위한 Staff으로서의 역할을 충실하기 위해서는 최고경영자직속으로 하는 경우가 일반적이다.

내부감사인의 직무

내부감사인의 직무는 개략적으로 다음과 같이 정할 수 있다.

- 감사의 기본계획 · 연간감사계획 · 감사실시계획의 수립 및 준비감사
- 인사 · 재무 · 마케팅 · 생산 · IT 등 부문 기능에 대한 현장감사 실시와 일상감사 · 종합감사 · 특별감사의 실시
- 감사실시 결과에 대한 평가 및 감사결과보고
- 감사 결과처리 및 감사 사후관리

또한, 내부감사인의 직무 중 컨설팅은 중요한 부분이며, 현재 많은 기업의 감사부서에서 시도하고 있지만, 노력에 비해 활발하게 이행되지 않고 있다. 이러한 현상의 이유는 내부감사인의 전문화 부족과 감사대상 부서의 거부감 등이 주요 원인으로 작용한다. 내부감사는 적발과 통제에 집중하는 감사를 시행하는 경우가 대부분이다. 또한 경영층의 특수한 경영목적을 성취하기 위한 감사에 집중하는 경우도 있다. 컨설팅 업무는 현재보다는 향후 감사인이 추구해야 할 분야이다. 컨설팅 기능은 이미 발생한 사건을 발견하고 이를 개선하는 업무에서 더 확장된 개념으로 조직에 조언하여 원하지 않는 사건이 발생치 않도록 하거나, 조직이 원하는 사건이 발생토록 조직의 시스템을 개선하는 데 도움을 주는 것이다.

내부감사인의 적성

내부감사는 업무성격상 타인이 수행한 업무를 사후에 비판적 시각에서 감사하는 것이므로 회사업무 전반에 대한 풍부하고 고른 경험과 기획 · 관리 · 인사 · 재무 · 회계 등 경영관리 분야에 대한 해박한 지식과 이해가 필요하며, 항상 문제가 무엇인지(What), 이유는 무엇인지(Why), 어떻게

해야 하는지(How) 등에 대한 예민한 감각을 체득하고 있어야 하므로 형식적이고 반복적인 업무를 좋아하는 유형은 감사업무에 적임자가 될 수 없다. 또한, 내부정보의 접근에 유리한 위치에 있으므로 이를 오용 · 남용 · 악용하지 않는 높은 윤리성이 요구된다.

내부감사인의 자질

내부감사인은 조직 전체를 보는 시각을 가지고 있어야 하며, 각 부서의 업무가 조직 전체의 이익에 어떻게 영향을 주는지 평가해야 한다. 한 부서의 시각으로 본다면 적정한 업무도 조직 전체적인 시각으로 본다면 적정하지 못할 수도 있다. 이러한 시각을 바탕으로 각 부서 업무에 좀 더 발전적인 방향을 제시하고 다른 부서와의 관계 등을 인식시키도록 조언하는 것이 컨설팅 업무의 주요 목적일 것이다. 컨설팅 업무는 실무적인 수준에서부터 경영층의 의사결정에 이르기까지 다양하게 이행될 수 있다. 컨설팅을 하기 위해서 감사인은 경영에 도움이 되는 지식을 갖추어야 하며, 조직 또한 내부감사인이 이러한 지식을 갖출 수 있도록 교육기회를 적극적으로 제공해야 한다. 내부감사인이 효과적인 감사업무를 수행하기 위한 필수적인 자질로서 요구되는 점으로 다음과 같은 것들이 있다.

- 적절한 교육수준 및 경력
- 구두 또는 서면에 의한 능숙한 의사소통 능력
- 회계기준과 원칙, 감사기준과 원칙, 감사기법 등에 대한 이해
- 건전한 업무처리 관행을 벗어난 특정상황의 인식 및 평가능력
- 문제점을 발굴하고 해결방안을 강구하는 능력

내부감사인의 자세

내부감사인은 직무와 책임을 수행함에 있어 독립적인 입장에서 성실성 · 객관성 · 근면성을 발휘하여야 하고, 직무상 취득한 정보에 대하여 신중하여야 하며 사적으로 이용하여서는 아니 될 뿐만 아니라 사실과 증거에 입각하여 업무를 수행하며 감사사항에 대해서는 충분한 기록과 입증자료를 확보하고 감사보고에 있어서는 인지한 주요사실을 반드시 명시하여야 한다. 또한 내부감사인은 업무상의 관계자들과의 신뢰를 훼손할 수 있는 부적절한 행위 혹은 불법적인 사안에 관여해서는 되며, 종업원 · 감사의뢰인 · 회사의 고객 등 업무상의 관계자 등으로부터 보수나 향응 · 선물 등을 받는 모든 행위를 해서는 아니 된다.

내부감사인의 권한 내부감사인은 경영활동을 전반적으로 소상하게 파악할 수 있고 또 적절한 비판적 대안을 권고·반영할 수 있는 조직상의 위치가 보장되는 반면, 감사결과에 대한 해당 임직원의 인사 조치에 대해서는 직접적인 권한이 없으므로 경영관리의 각 기능에 대한 적절성 및 효율성을 측정·평가하는 데 어떠한 제약도 있을 수 없으며 직무수행을 위하여 다음에서 나열한 권한을 가진다.

- 직무수행에 필요한 회사 내 모든 정보에 대한 요구
- 관계자의 출석 및 답변요구
- 창고·금고·장부 및 물품의 봉인
- 회계 관련 거래처에 대한 조사자료 청구
- 제 장부·증빙서 및 관계 서류의 제출요구
- 기타 감사업무 수행에 필요한 사항의 요구

3. 내부감사인의 업무관리

감사인도 조직구성원으로서 인사시스템에 따라 정기적으로 자신의 업무에 대하여 평가를 받는다. 감사담당 최고책임자는 감사인이 조직에서 좋은 평가를 받을 수 있도록 하는 의무를 가지고 있다. 좋은 자질을 가진 직원들이 감사부서에 근무하고 싶어 하는 환경을 감사담당 최고책임자는 조성하여야 한다. 한때, 감사인은 청렴을 강조하고 조직을 위해 희생해야 하는 것으로 기술한 경우가 있었으나 아직도 그런 생각을 가진 최고책임자가 있다면 이는 시대와 감사환경변화를 따라가지 못하는 것이다. 감사인 또한 좋은 평가를 받고 충분한 보상을 받아야 한다. 감사부서에 근무하는 것이 상대적 피해를 받는 것으로 인식되지 않도록 해야 한다.

감사책임자는 감사인의 공정한 평가를 위해 평소 감사인의 업무를 관찰해야 한다. 그리고 이러한 관찰은 업무를 평가하는 것만이 아니라 감사인에게 중요한 교육기회가 제공할 수 있는 기회를 제공할 수 있어야 한다.

감사과정 관리 감사과정이 원활하게 이루어지지 않더라도 이를 관리하거나 급하게 재촉하는 부서는 없다. 오직 감사과정은 감사부서만의 관심사항이라고 봐도 좋을 만큼 독립적으로 수행된다. 심지어 어떤 경우는 경영층조차도 감사과정에는 큰 관심을 두지 않는 경우가 많다. 그러므로 감사인은 스스로 내부관리를 강화해야 한다. 감사부서가 정해진 기한 내에 보고서가 작성되어 배포되어야 하며, 감사 기간에 피 감사부서와 상호 정한 일정은 준수하도록 노력해야 한다. 정해진 기한 내에 감사가 완료되기 위해서는 계속적인 관리자의 관리가 필요하다. 그리고 정해진 기한보다 지연되는 경우 그 사유를 파악하여 장애요소를 제거하거나 새로운 방법을 강구해야 한다.

■ 감사증거의 관리

관리의 범위는 감사인의 능력과 경험 그리고 감사업무의 복잡성을 근거로 하여야 한다. 관리의 책임은 기본적으로 감사담당 최고책임자가 해야 하나 경험이 많은 관리자를 지명하여 관리를 위임할 수 있다. 감사 경험이 많은 감사인은 경험이 적은 감사인을 관리 감독할 수 있다. 감사업무를 관리하면서 전문가적인 지식이 필요할 뿐만 아니라 관리감독을 위한 정책이나 절차 등을 수립해야 한다.

■ 감사책임자의 권리

발견된 문제가 완전히 해결되지 않는다면 감사는 종료되지 않는 것으로 봐야 하나 발견된 문제가 시간적으로 장시간을 요구하고, 요구되는 자원도 상당히 크다면 감사 최고책임자에게 보고하고 공식적으로 종료되었음을 결정할 수 있다.

■ 감사자원 관리

모든 감사는 감사부서가 가진 인적 · 물적 자원의 통제 아래 있어야 하며, 감사의 인적자원은 통상적으로 연인원 개념을 도입해야 한다. 단순히 감사일자만 고려하는 것이 아니라 투여된 총인원의 개념으로 접근해야 한다. 그리고 감사의 자원은 현재 혹은 발전적인 감사를 위해서 적정한지를 정기적으로 검토되어야 한다. 감사인의 업무분장표에 포함되어야 할 사항은 감사인에게서 요구되는 업무지식 및 자세, 객관적인 평가기준과 그리고 조직전체 및 감사조직이 감사인에게 기대하는 가치들이다.

■ 정기적 점검

감사의 질을 보장하기 위해 정기적인 점검이 필요하다. 내부감사 업무는 적정한 질을 보장하기 위해 감사부서 외부의 자로부터 정기적인 평가를 받아야 한다. 감사의 대상이 되는 업무는 현재 규정의 적용을 받는 것이 대부분이지만 때로는 과거의 법과 규정을 적용받는 예도 있다. 이 경우 감사의 기준은 감사 상대방이 제시하는 기준을 사용하는 경우가 있다. 이 경우 기준의 불확실성이 발생할 수 있으므로 일정 기간 범률 및 각종 규정을 보유하고 있을 필요성이 있다.

내부감사인의 관리

감사담당 최고책임자는 감사인의 자기 계발 분위기와 환경을 조성해야 한다. 계속적으로 학습하고 개인의 역량 및 잠재력이 계속적으로 발전되어야 감사인은 성취감을 느끼고 감사조직과 감사업무에 더욱 집중할 수 있다. 감사부서 내부적으로 이러한 기회를 제공할 수 있도록 감사계획을 수립하고 그러한 분위기를 만들어 가야 한다. 감사부서의 운영도 유연하고 합리적으로 운영되어야 한다. 현대의 내부감사는 우수한 자원을 필요로 하므로 우수하다는 것은 단순한 지식뿐만 아니라 업무를 대하는 태도를 포함하는 것으로 지식보다 태도가 더욱 중요하다. 그러므로 업무를 자신이 진취적으로 수행할 수 있어야 한다. 이러한 환경조성은 감사인으로 하여금 자신의 역량을 넓힐 기회를 추구하게 되게 만든다.

감사시기는 타 부서의 업무를 고려해야 한다. 결산기나 사업계획 수립시기에는 감사를 새롭게 하지 않도록 해야 한다. 이때 많은 부서의 업무가 증가하여 새로운 감사를 시작하기에는 좋은 시기가 아니기 때문이다. 혹서기 혹은 혹한기는 가급적 출장을 가지 않는 것이 좋다. 감사업무는 단발적인 업무가 아니며 연속성을 가진다. 감사인의 체력을 고려하여 체력 부담이 많은 시기는 피하는 것도 좋다. 그리고 출장지에서 개인의 성향을 무시한 단체행동은 다시 생각해봐야 한다. 출장지에서 근무 이후 시간에는 개인의 성향을 고려하여 재충전의 시간이 될 수 있도록 배려해야 한다. 단체를 너무 강조하여 개인이 침해되지 않도록 배려하여야 한다.

감사인의 업무평가

감사인의 업무는 감사조서로 평가받아야 한다. 감사인의 업무평가를 위해서는 평소 감사인이 작성하는 감사조서(Working paper)는 감사인의 능력과 관심 그리고 자세를 모두 볼 수 있는 것이다. 그리고 감사인이 감사를 시행하면서 파악하지 못한 사항을 감사책임자나 경험이 많은 감사인이 교육함으로써 감사인 개인의 발전과 더불어 감사부서 전체가 발전할 수 있도록 하여야 한다.

감사인은 본인의 충실함을 본인이 스스로 입증해야 한다. 이를 위해서는 감사의 초기단계에서 보고까지의 모든 과정이 서류로 작성되어 있어야 한다. 제3자가 봐서 감사인이 합리적인 기대수준에서 최선을 다했음을 입증하는 것은 서류이다. 이러한 서류화 작업이 부족하다면 감사인은 포괄적인 책임으로부터 자유로울 수가 없다. 자세한 서류화 작업이 어떤 면에서 비효율적으로 보일 수 있으나 향후 동일 감사의 기간을 단축할 수 있으며 자문 역할을 가능케 하고, 또한 감사인의 실수재발을 방지할 수 있을 뿐만 아니라 새로운 감사인의 교육에도 활용할 수 있는 등 그 이점이 상당히 많다.

또한 감사책임자는 정기적으로 감사인과 면담하고 감사과정을 검토해야 한다. 감사책임자는 정기적으로 감사인과 면담을 하여야 한다. 업무적인 부분뿐만 아니라 개인적인 사항도 면담을 통해서 파악할 필요가 있다. 조직구성원이 조직에 대해서 건의하고 발전적인 방안을 제시하도록 하는 분위기 혹은 문화를 만드는 것은 감사책임자의 역할이다. 그러한 관리자가 건의사항을 말하기를 강요하기보다는 조직구성원이 스스로 그런 얘기를 할 수 있는 분위기를 조성하여야 한다. 건의사항을 얘기하라고 한 후 이를 비판하거나 관리자의 생각을 강요하기 위한 기회로 삼는다면 진정한 건의사항을 관리자는 받아 볼 수 없을 것이다.

4. 감사규정의 제정

감사규정은 감사조직의 존재이유 · 위치 · 담당업무 · 감사업무와 관련된 권한 · 감사인으로서 의무 · 감사인의 평가 그리고 보고 등에 대한 전반적인 사항을 기술한 문서로써 감사규정 수립에 감사조직은 상당히 신중해야 한다. 또한 감사규정은 대표이사 그리고 감사위원회로부터 승인을 받아 감사인의 권한을 분명히 해야 한다.

감사규정이 효과를 발휘해야 감사조직도 그 가치를 부여받고 효과를 발휘할 수 있다. 감사조직이 조직 전체에 가치를 부여할 수 있도록 업무를 하고 이를 전파하기 위해서는 근거가 되는 것이 감사규정이다. 감사인이 감사규정 준수를 조직에 요구하지 않는다면 그 누구도 감사규정을 존중해 주지 않는다. 감사규정은 조직 내에서 내부감사의 지위를 확립하고 내부감사와 관련된 사항에 접근권한을 부여하며 감사의 범위를 규정한다. 또한 감사규정은 명문화되어야 하며, 이사회 혹은 최고경영층의 승인을 득해야 한다. 감사수행 시 목적 · 권한 그리고 책임에 대한 문제가 발생할 경우 감사규정은 감사인의 공식적 입장을 대변할 수 있어야 한다.

내부감사규정의 제정은 기업의 경영활동 각 부문에 대한 업무전반의 내부감사를 위한 그 기준과 절차를 정함으로써 제 규정의 준수 또는 지시사항의 이행여부를 점검하고 경영개선과 업무성과의 향상을 추구하여 기업 활동에 영향을 줄 수 있는 사고 등을 미연에 방지하는 데 그 목적이 있다. 따라서 감사와 관련하여 최고경영자로부터 권한을 위양 받아 감사업무의 성격 및 직무내용 등의 사항들을 내용으로 하는 감사업무규정을 제정하여 정통성을 승인받아 둘 필요가 있다. 이러한 가이드라인은 보다 체계적인 업무수행을 할 수 있고 내부감사인 자신의 권익보호도 도모할 수 있다.

이러한 내부감사규정의 제정에 포함되어야 할 일반적인 사항을 다음과 같이 조정할 수 있다.

감사조직

회사 전체적인 조직기구에서 감사기구의 위치지위는 조직지위의 독립성을 간과해서는 안 될 것은 두말할 나위가 없다. 기업 내에서 감사기구의 위치와 지위는 일반적으로 세 가지 유형으로 구분해 볼 수 있다.

첫째는 최고경영자의 직속기구로 하여 여타 부문의 경영층으로부터 아무런 제약이나 간섭을 받지 않도록 직제상 완전히 독립된 조직형태와, 둘째로 회사의 감사 아래 감사조직을 두어 감사의 지시와 감사를 받게끔 하는 조직형태와, 셋째로는 Line조직과 같은 지위에서 감사업무를 수행케 하는 방법을 들 수 있다.

이러한 각 유형은 해당 기업의 특성과 경영관리시스템에 따라 어느 형태의 조직이 적절한 것인지를 최고경영자가 의사결정 하는 것이 일반적인 상례이나, 첫 번째의 조직형태가 성공적인 내부감사 업무를 수행하기 위한 가장 바람직한 조직형태라고 할 수 있다.

감사의 목적

내부감사의 목적은 경영활동 각 분야에 관한 검토 · 분석 및 평가하여 적절한 의견을 제시하여 최고경영자로 하여금 그들에게 부과된 책임을 효율적으로 수행하도록 돕는 것이다. 그러므로 내부감사규정에서 이러한 내부감사의 목적에 대한 취지를 명문화하여 내부감사인으로 하여금 감사계획의 입안에서부터 감사보고서의 제출에 이르기까지의 일련의 감사절차를 수행하는 데 있어서의 지표가 될 수 있도록 한다.

일반적으로 내부감사규정의 감사목적에 포함시켜야 할 사항으로 감사인의 독립적인 지위와 감사인의 권한으로서의 평가 · 비판, 회사의 재산보전에 관한 조언 · 권고, 회계정보의 신뢰성 확보, 경영활동 제부문의 의사소통의 도모 등을 들 수 있다.

감사의 범위

내부감사규정에서 정해진 범위에 따라서 감사인의 감사대상 및 감사방법이 결정되기 때문에 감사범위를 설정하는 일은 대단히 중요하여 신중히 결정되어야 한다. 감사범위는 감사조직의 유형과 기업의 업종 및 최고경영자 감사기구의 설치목적에 따라서 크게 달라질 수 있다. 내부감사는 지도감사의 의미와 경영진단 개념의 제도개선 및 사전 예방차원의 감사로서 다음과 같은 항목을 감사범위로 정할 수 있다.

- 정책 · 방침 · 규정 · 지시 등에 대한 감사대상 부문의 준수 여부 확인
- 감사대상 부서의 회계 · 예산집행 · 자산관리 및 경영상태의 적정성과 효율성 확인
- 감사대상 부서 조직관리 및 내부통제의 적정성 검토
- 감사대상 부서 각종 문서 및 기록물 유지관리의 적정성 확인
- 감사대상 부서의 부정 · 오류 · 허위 등의 적발 및 사전예방
- 감사대상 부서에 대한 기타 비능률적인 업무의 지적 및 개선책 건의
- 기타 이에 준하는 것으로서 필요하다고 인정되는 사항 및 상기 항목에 관련하여 지적된 사항에 대한 시정조치 이행 여부에 대한 확인

감사대상

감사대상은 감사범위에 따라 조직 전체를 그 대상으로 하는 것이 일반적인 통례이다.

감사구분

내부감사 조직이 감사업무를 수행하는 것은 감사방법 · 감사시기 · 감사업무에 의하여 구분한다.

■ 감사방법에 의한 구분

- 현지감사 : 감사인이 피감사대상의 현지에 출장하여 감사업무를 수행하는 것이다.
- 서면감사 : 감사인이 피감사대상의 현지에 출장하지 않고 감사업무 집행에 필요한 문서나 증빙서류 등을 취합하여 감사업무를 집행하는 것이다.
- 조사 : 감사의 필요성이 있다고 인정되는 사항에 대하여 그 사실의 여부 또는 진위규명을 위하여 대내외적으로 조사하는 행위를 말한다.

■ 감사시기에 의한 구분

- 정기감사 : 감사계획에 의거 각 사업년도 내에 회계 및 업무전반에 대하여 연 1회 이상 실시하는 감사를 말한다.
- 수시감사 : 해당 최고임원 또는 감사부서의 장이 필요하다고 인정할 경우 특정 또는 업무전반에 대하여 수시로 실시하는 감사를 말한다.
- 특별감사 : 최고임원이 지정하는 특별사항 또는 피감사 대상의 비리 및 대외 진정 사항의 조사를 위해 불시에 실시하는 감사를 말한다.

■ 감사업무에 의한 구분

- 자체감사 : 부서장 주관 아래 자체 감사인을 지정하여 감사를 실시한다.
- 일상감사 : 감사는 다음 업무에 대하여 대표이사의 결재에 앞서 내용을 검토하고 필요한 경우에는 의견을 제시할 수 있다. 다만, 부득이한 사정으로 사전감사를 실시하기가 곤란하다고 인정되는 사항에 대해서는 사후감사로 변경하여 실시한다.
  - 직원의 상벌에 관한 중요사항
  - 제반사고의 처리 방침
  - 일정금액 이상의 경비지출과 예비비 지출
  - 업무용 동산·부동산의 취득 및 처분
  - 결산·가결산 및 잉여금 처분에 관한 사항
  - 특수채권의 포기 및 대손상각처리에 관한 사항
  - 이자 감면에 관한 사항
  - 기타 대표이사가 감사와 협의하여 정한 사항

감사방법

감사방법은 감사실시 절차로서 내부감사인이 감사대상 부서에 대한 감사업무 수행을 위한 방법으로써 현지에 출장하여 감사업무를 집행하는 실질감사와 현지에 출장하지 않고 감사업무 집행에 필요한 서류나 증빙서 등을 징구하여 감사부서 내에서 집행하는 서류감사와 감사의 필요성이 인정되는 사항에 대하여 그 사실 또는 진상을 규명하기 위하여 행하는 조사로 구분할 수 있다.

감사인의 권한과 의무 감사인의 권한은 감사인으로 하여금 최고경영자로부터 그 권한을 위임받음에 따라 회사의 대표이사를 대리하게 된다. 그러나 이것은 어디까지나 감사업무와 관련하여 그 업무수행을 원활히 할 수 있기 위하여 위임된 권한이므로 무제한적인 권한의 위임이 아니라 제한된 권한의 위양임을 내부감사규정에 명시하여야 한다. 감사인의 권한으로서 장부 및 서류의 제출 · 사실의 설명 · 서류의 작성 및 조정 · 실제의 조사 등 감사업무 수행상 필요한 사항의 요구와 감사의 결과에 따른 조언 · 권고 등을 들 수 있다. 또한 권한은 반드시 그에 따른 책임과 의무가 수반된다. 감사를 수행함에 있어서 감사인은 다음 사항을 준수하여야 한다.

- 감사인은 감사와 관련되는 모든 사항에 대하여 항상 독립성과 공정한 태도에 입각하여 업무를 수행하여야 한다.
- 감사인은 관계 법규 · 사규 · 윤리강령 및 지시사항에 따라 사실과 증거에 기준하여 직무를 수행하여야 한다.
- 감사인은 감사와 관련하여 취득한 사실을 부당하게 누설하거나 이를 사적으로 도용할 수 없다.
- 감사인은 감사를 실시함에 있어 피감사대상의 업무수행과 그 활동이 위축되거나 침체되지 않도록 상당한 주의를 기울여야 한다.
- 감사인은 사전에 감사계획을 작성하고 그에 따라 질서정연하게 감사를 실시해야 한다.

감사대상 부서의 협조의무 감사대상 부서의 장 또는 소속직원은 권한에 근거한 감사인의 요구에 대하여 정당한 사유 없이 거부할 수 없으며, 그 업무를 원활히 수행할 수 있도록 적극 협조하여야 한다.

감사계획의 수립 감사부서의 장은 매년 말에 익년도에 실시할 감사계획을 수립하여 최고임원에게 보고하여야 한다. 감사계획에 따라 감사인은 정기감사 실시 전까지 다음사항을 포함한 감사계획을 수립하여 감사부서의 장에게 보고하여야 한다.

- 감사의 목적
- 감사의 종류

- 감사의 대상 및 범위
- 감사항목
- 감사시기 및 진행일정
- 감사업무의 분담과 각 담당자
- 감사보고서 제출 예정일

감사실시 통보

감사인은 감사실시에 앞서 감사통지서를 통해 감사의 시기 · 방법 · 감사대상 부서가 준비할 사항 등을 감사대상 부서의 임원 또는 부서장에게 통보하고 실시함을 원칙으로 한다. 그러나 그 실시 목적상 부득이한 경우에는 사전 통보 없이 실시할 수 있다. 또한, 감사인은 효과적인 감사의 수행을 목적으로 감사대상 부서의 임원 또는 부서장에게 감사자료 요청서를 통해 자료를 요구할 수 있다. 요구를 받은 감사대상 부서의 임원 또는 부서장은 관련 자료를 해당 기한까지 제출하여야 한다.

감사조서의 작성

감사인은 감사의 실시 중 확인된 내용에 따라 다음 요령과 같이 감사조서를 작성한다.

- 감사조서는 감사인이 감사의 조사 및 결과 등에 대하여 감사수행 과정에서 파악한 내용을 요점 중심으로 기록하여 감사보고서 작성과 감사 자료의 참고가 되도록 한다.
- 감사조서는 감사사항을 구분하여 기록하고 원칙적으로 소정의 양식을 사용하도록 한다.
- 감사조서의 작성은 정확하고 구체적으로 작성하여야 한다.
- 감사실시 중 객관적으로 입증이 요구되는 사항은 감사대상 부서의 책임자나 담당자에게 별도 서식에 의한 확인서를 받아야 한다.

의견의 청취

감사인이 감사를 종료하였을 때에는 감사에서 확인된 사항과 의견을 감사대상 부문의의 임원 또는 부서장에게 설명하고 그의 의견과 요망사항을 청취하여야 한다.

감사의 보고

감사인은 감사가 종료되면 다음 각호의 사항을 기재한 감사결과보고서를 감사부서의 장에게 제출하고 감사부서의 장은 이를 최고경영자에게 보고하여야 한다.

- 감사실시 부서
- 피감사 대상의 명칭
- 감사인의 직위 및 성명
- 감사방법 및 주요 감사항목
- 주요감사 내용
- 감사결과 파악된 문제점 또는 지적사항
- 요 시정사항 및 건의사항
- 감사결과에 대한 종합의견
- 기타 보고의 필요성이 있는 사항

감사결과의 통지

감사인은 결과보고서의 보고 후 별도의 서식에 의한 감사결과통지서를 작성하여 감사대상 부문의 임원이나 부서장에게 통지하여야 하며, 감사결과통지서에는 다음의 사항을 기재한다.

- 감사대상 및 주요항목
- 감사결과 및 의견
- 시정 및 요구사항
- 기타 필요한 사항

이의신청

감사대상 부문의 임원 또는 부서장은 감사결과통지서의 내용에 대하여 이의사항이 있을 경우 결과통지서를 받은 날로부터 지정한 기일 내에 별도의 서식에 의하여 재심의청구서를 감사부서의 장에게 제출할 수 있다. 또한, 재심의청구가 있을 경우에 감사부서의 장은 이를 검토하여 그 결과를 감사대상 부문의 임원 또는 부서장에게 통보하여야 한다.

시정조치

감사대상 부문의 임원 또는 부서장은 감사결과에 이의가 없을 경우 결과통지를 받은 날로부터 정해진 기일 내에 시정 및 요구사항에 대한 조치를 취하고 그 내용을 시정조치결과보고서에 담아 감사부서의 장을 경유하여 최고임원에게 보고하여야 한다. 단, 부득이한 사유로 정한 기일 내에 시정조치결과보고가 완료되지 못할 경우에 그 이유를 담은 사유서를 감사부서의 장에게 발송하여 연장신청을 하여야 한다.

시정조치의 확인 감사인은 감 대상 부문의 임원 또는 부서장의 시정조치를 확인하여야 하며, 그 사후처리에 대한 경과를 기록하여 감사보고서에 첨부하여 보관하여야 한다.

징계 및 표창건의 감사부서의 장은 감사의 결과 인사규정상 징계에 해당하는 사례가 확인된 경우에는 징계를 상신할 수 있다. 또한 감사의 결과 우수하다고 인정하는 부문 또는 개인에 대하여 표창을 상신할 수 있다.

긴급보고 감사인은 감사 중 중대한 위법 또는 부당한 사실을 발견하고, 그의 처리가 긴급을 요할 때에는 즉시 감사부서의 장을 경유하여 최고경영자에게 보고 후 지시를 받아야 한다.

감사보고서의 공개금지 감사인은 최고경영자의 승인 없이 감사보고서는 공개할 수 없다.

감사보고서의 보관 감사보고서 및 관련 자료는 감사부서의 주관 하에 대외비로 문서관리규정에서 정한 기한까지 이를 엄중하게 보관하여야 한다.

내부감사규정 사례(J그룹)

제1조(목적) 이 규정은 관계회사의 경영합리화를 위하여 경영전반에 대하여 실시하는 내부감사 업무수행에 필요한 기준과 처리방법을 정함을 목적으로 한다.

제2조(내부감사의 정의) 이 규정에서 내부감사라 함은 관계회사의 경영목적에 따른 업무가 합리적이고 타당하게 수행되고 있는가를 조사 · 확인하고 평정하여 업무처리의 적정화 및 경영개선에 필요한 조치를 사전에 강구함으로써 경영의 효율화 및 재산보전을 기하는 창조적 활동을 말한다.

제3조(감사의 권한 및 대상) 감사의 시행권한은 그룹 회장이 가지며 감사의 대상은 관계회사의 전부서(이하 "피감사 회사"라 한다)로 한다.

제4조(감사의 범위) 감사의 범위는 아래와 같다.

1. 피감사 회사의 회계, 예산집행, 고정자산 및 기타 업무집행에 관한 사항
2. 회사방침 및 제 규정 준수에 대한 사항
3. 부정 및 오류, 허위, 과실, 낭비 유무에 대한 점검
4. 비능률적 업무요인의 분석 · 검토
5. 회사의 재산보호와 이익제고(원가절감 등)를 위한 최선책 실시여부의 확인 및 손실을 초래하는 불합리한 요소의 감사와 그 시정책의 건의

제5조(감사의 주관) 감사는 그룹 기획조정실(이하 '감사팀'이라 한다)에서 주관 실시하며 감사팀은 그룹 기획조정실 감사팀원으로 구성함을 원칙으로 하되 필요에 따라서는 관계회사의 인원을 차출하여 편성할 수 있다. 감사팀은 원칙적으로 3년 이상 실무경험을 쌓은 사원 이상으로 구성하며 징계처분을 받아 징계중인 자는 제외한다.

제6조(감사의 구분) 감사는 정기감사 · 수시감사와 특별감사로 구분한다.

1. 정기감사는 감사계획에 의거 피감사 회사의 업무전반에 대하여 정기적으로 실시하는 감사를 말한다.
2. 수시감사는 감사권자가 필요하다고 인정할 때 피감사 회사의 업무전반 또는 일부에 대하여 수시로 실시하는 감사를 말한다.
3. 특별감사는 감사권자의 특별사항을 또는 피감사 회사 직원의 비리 및 대외 진정사항의 조사와 개선을 요하는 비능률적인 업무 등에 대하여 실시하는 감사를 말한다.

제7조(감사의 기준) 감사는 그룹 공통규정 및 피감사 회사에서 정한 제 규정과 정책시달사항 및 기업회계원칙 · 관계법령 등에 준거하여 실시한다.

제8조(감사의 방법)
1. 감사는 서면감사 또는 실지감사 방법에 의한다.
2. 서면감사의 경우 필요한 부문에 대하여는 실지감사를 병행할 수 있다.

제9조(감사인의 독립 및 신분보장)
1. 감사인은 공정한 감사업무 수행을 위하여 업무상 독립된 위치에서 감사를 실시한다.
2. 감사인은 규정위반 또는 그 직무를 성실히 수행하지 아니한 경우를 제외하고는 신분상의 불리한 처분을 받지 아니한다.
3. 감사팀 구성원으로서 일정기간 그 직무를 성실히 수행한 감사인은 본인의 희망을 충분히 고려하여 전배치가 이루어지도록 한다.

제10조(감사인의 의무와 책임) 감사인은 감사를 실시함에 있어 다음 사항을 준수하여야 한다.
1. 감사는 객관적인 사실과 증거에 의하여 실시하여야 하며 주관적인 상상이나 편견에 의하여서는 아니 된다.
2. 감사인은 감사를 통하여 알게 된 업체의 비밀을 정당한 절차 없이 외부에 제공하거나 누설할 수 없다.
3. 감사인은 감사를 실시함에 있어 피감사 회사의 업무상의 창의 및 활동능력이 침체되지 않도록 노력하여야 하며 수감자의 인격을 존중하며 친절 · 정중한 태도를 가진다.
4. 감사인은 감사의 목적이 회사의 발전에 있음을 인지하고 냉철하고 공정한 마음가짐으로 적극적으로 업무에 임하여야 한다.
5. 감사인은 감사업무 수행 시 당해업무에 대한 지도를 겸하여 실시하여야 한다.

제11조(감사인의 권한) 감사인은 그 업무 수행상 필요한 때에는 다음의 조치를 취할 수 있다.
1. 피감사 회사의 모든 장부 · 증빙 · 물품 및 관계 서류의 제출요구
2. 관계자의 출석 · 답변 · 확인 및 설명요구
3. 창고 · 금고 · 장부 등의 검열 및 필요한 경우 봉인
4. 거래처에 대한 조사 · 확인이나 자료요구
5. 감사결과 부당사항의 시정요구와 관계 임직원에 대한 문책요구나 조언 또는 권고
6. 업무개선을 위한 제언 및 결의
7. 기타 감사업무 수행상 필요한 사항의 요구

제12조(피감사 회사의 협조의무) 피감사 회사 및 수감자는 전 11조의 요구에 대하여 정당한 사유 없이 거부하지 못하며 감사업무를 원활히 수행할 수 있도록 적극 협조하여야 한다.

제13조(감사계획의 수립)

1. 감사팀은 매 회계연도 개시일 전까지 당해 연도 감사계획을 수립하여야 한다.
2. 전 항의 계획에 따른 정기감사 실시 1주 전까지 감사계획을 수립하여 감사권자의 결재를 득하여야 하며, 감사계획에는 다음 사항을 포함하여야 한다.
   1) 감사의 목적
   2) 감사구분
   3) 감사대상 · 범위 및 방법
   4) 감사팀의 편성 및 분담사항
   5) 감사시기와 일정
   6) 기타 필요하다고 인정되는 사항

제14조(감사의 시행) 감사는 피감사 회사에 사전 통보 없이 시행한다. 감사의 성질상 필요하다고 인정할 때에는 피감사 회사에 감사실시에 앞서 미리 감사시기 · 감사범위 · 준비사항 등을 통보하여 시행한다.

제15조(감사결과 보고)

1. 감사팀은 감사종료 후 사실에 입각한 보고서를 성실히 작성, 감사권자에게 보고하여야 한다.
2. 감사보고 시에는 다음 사항을 포함하여야 한다.
   1) 감사대상
   2) 감사의 범위
   3) 감사실시 기간
   4) 감사실시 개요 및 결과
   5) 감사결과 종합의견
   6) 요 시정 및 건의사항
   7) 업무를 개선해야 할 사항 및 문제점
   8) 기타 감사에 관련된 사항

제16조(조치 건의) 감사결과에 대한 조치 건의 사항에는 다음과 같은 내용을 포함할 수 있다.

1. 변상조치 : 고의 또는 중대한 과실로 인하여 회사에 손실을 끼친 자에 대하여 그 손해를 변상시켜야 한다고 인정되는 경우

2. 징계조치 : 적발된 비위사실이 징계사유에 해당되는 경우
3. 경고조치 : 업무의 미숙 · 규정의 몰이해 등으로 인한 경미한 과오에 대하여 경고가 필요하다고 인정되는 경우
4. 시정조치 : 정당하지 못한 업무처리나 회계처리 사항에 대하여 교정이 필요하다고 인정될 경우 또는 회사방침이나 규정상 결함 및 미비점이 있어 개선이 필요하다고 인정되는 경우
5. 공적추천 : 피감사 회사의 사원 중 우수한 업무처리로 회사에 기여한 공이 인정되어 표창 또는 포상의 대상이 되는 경우

제17조(감사결과의 처리)
1. 감사보고서에 의거 감사결과에 대한 요 시정 및 건의사항이 승인된 후 감사팀은 즉시 피감사 회사에 그 결과를 통보하고 시정을 요구하여야 한다.
2. 전 1항에 의한 시정사항이 하달되었을 경우 피감사 회사는 정해진 기간 내에 시정계획 또는 완결된 조치에 대하여 그 내용을 감사팀에 제출하며 감사팀은 즉시 감사권자에게 보고하여야 한다.

제18조(감사 사후관리) 감사팀은 피감사 회사의 시정조치를 확인하여야 하며 그 사후관리에 관한 경과사항을 기록하여 감사보고서에 첨부하여 보관한다. 다만, 피감사 회사의 시정계획 부문에 대하여는 그 사후관리 일체를 그룹 기획조정실 운영팀에 인계하고 차기감사 시 그 결과를 확인하여야 한다.

제19조(피감사 회사의 보고의무) 피감사 회사의 기구조직에 따라 감사업무를 수행하는 부서는 다음 사항을 감사팀에 보고하여야 한다.
1. 매년도 감사계획서(회계연도 개시 1주일 전)
2. 감사보고서 및 감사결과 시정조치사항(감사권자에 보고한 후 즉시)

제20조(준용규정) 이 규정에 열거되지 아니한 내용은 감사팀의 해석과 일반관례에 준한다.

부 칙

1. 이 규정은 20__년 __월 __일부터 제정 시행한다.

내부감사규정 사례(S사)

제 1 장

제1조(목적) 이 규정은 XX주식회사(이하 "회사"라 칭한다)의 각부서 · 공장 · 지점에 대한 내부감사를 위한 기준과 절차를 규정함으로써 감사의 기능을 강화하고 기업의 자율적인 경영개선에 기여함을 목적으로 한다.

제2조(적용원칙) 회사 각 부문에 대한 회계감사 및 업무감사는 이 규정에 의한다.

제3조(감사의 구분) 회사의 내부감사는 다음과 같이 구분하여 실시한다.

1. 감사방법에 의한 구분
   1) 실지감사 : 감사인이 피감사 부서의 현지에 출장하여 감사업무를 수행하는 것을 말한다.
   2) 서면감사 : 감사인이 피감사 부서의 현지에 출장하지 않고 감사업무 집행에 필요한 문서나 증빙서류 등을 징구하여 감사업무를 집행하는 것을 말한다.
   3) 조사 : 감사의 필요성이 있다고 인정되는 사항에 대하여 그 사실 또는 진상을 규명하기 위하여 감식조사하는 행위를 말한다.
2. 감사시기에 의한 구분
   1) 정기감사 : 각 사업년도 내에 회계 및 업무 전반에 대하여 연 1회 이상 실시하는 감사를 말한다.
   2) 수시감사 : 대표이사나 상임감사가 필요하다고 인정될 때 특정업무에 대하여 실시하는 감사를 말한다.
   3) 일상감사 : 상임감사가 별도로 요청하는 서류에 대하여 그 내용을 검토한 후 의견을 첨부하는 방법에 의한 감사를 말한다.

제4조(감사부서) 회사의 내부감사는 감사실에서 관장한다.

제5조(감사인) 감사인은 상임감사가 감사실장이나 감사역 중에서 그때마다 지명한다.

제6조(감사지시서)

1. 감사인은 별지 제1호 서식의 감사지시서를 휴대하고 피감사 부서장에게 제시하여야 한다.
2 감사지시서는 상임감사가 직접 교부하고 귀임 후 회수한다.

제 2 장 감사인의 권한과 의무

제7조(감사인의 권한)
1. 감사인은 대표이사 · 상임감사의 명에 의하여 감사업무를 수행함에 있어 타인의 간섭을 받지 않는 독립성을 가진다.
2. 감사인은 감사업무 수행상 필요한 때에는 다음의 조치를 취할 수 있다.
   1) 제 장부 · 증빙서 · 물품 및 관계서류의 제출요구(별지 제2호 서식)
   2) 관계자의 출석 답변 요구
   3) 창고 · 금고 · 장부 · 물품의 봉인
   4) 회사관계 거래처에 대한 조사자료의 청구
   5) 감사결과 위법 부정한 사항에 대한 시정과 관계사원의 문책 건의
   6) 업무개선을 위한 제안 및 건의

제8조(감사인의 의무) 감사업무를 수행함에 있어 감사인은 다음 사항을 수행하여야 한다.
1. 감사인은 처신을 엄중히 하여야 하며 업무 제 규정 · 회계지식 · 관련 법규 · 예규통첩 등에 정통하여야 한다.
2. 감사인은 언제나 친절 · 정중한 태도로 지도적 노력을 견지한다.
3. 감사인은 독립하여 공정하게 감사하여야 한다.
4. 감사인은 직무상 취득한 기밀을 부당하게 누설하거나 이를 도용할 수 없다.
5. 감사인은 직무수행에 있어 관계 법규 · 사규 및 지시사항에 따라 사실과 증거에 의하여 행하여야 한다.
6. 감사인은 감사를 실시함에 있어 수감인 업무상의 창의와 활동기능이 위축되거나 침해되지 않도록 노력하여야 한다.

제9조(주위와 권고) 감사인은 피감사 직원에 대하여 주의 또는 권고를 할 수 있다.

제10조(여론조사) 감사인은 별지 제3호 서식에 의하여 여론을 조사하여 대표이사에게 보고하여야 한다.

제 3 장 감사계획과 실시

제11조(감사계획의 수립) 감사계획이란 감사에 관한 방법 및 실시기준의 결정을 말하며, 이는 연도계획과 실시계획으로 분류한다.
1. 연도계획 : 매년도말 익년도에 실시할 감사계획을 수립하고 대표이사의 승인을 득하여야 한다.

2. 실시계획 : 개개의 감사를 실시하는데 작성되는 구체적인 계획을 별지 제4호 서식에 의하여 수립하여야 한다.

제12조(계획서의 내용) 감사계획서에는 다음의 사항을 명시하여야 한다.
1. 감사의 목적
2. 감사의 종류
3. 감사대상 및 범위
4. 감사항목
5. 감사시기 및 일정
6. 감사실시의 분담과 담당자
7. 감사보고서 제출 예정일

제13조(감사계획의 통지) 감사실장은 감사계획이 결정되면 (별지 제5호 서식)에 의하여 이를 피감사 부서장에게 사전에 통지하여야 한다. 그러나 감사의 성질상 부득이할 경우에는 그 통지를 생략할 수 있다.

제14조(감사의 실시)
1. 감사는 감사계획에 따라 실시한다.
2. 감사인은 감사항목에 의하여 적절한 감사절차에 따라 자주적인 감사를 행한다.

제15조(감사범위) 감사범위는 다음과 같다.
1. 회계감사 : 회계감사는 유동자산 · 기타와 투자자산 · 고정자산 · 이연자산 · 유동부채 · 고정부채 · 이연부채 · 자본금에 관한 각 계정과 손익계산서 등의 기재내용 및 그 기록내용에 준하여 실제 회계처리가 행하여지고 있는가를 제 증빙서 · 관계서류 등과 대조하여 그 적정성 여부를 감사하는 것으로 한다.
2. 업무감사 : 업무감사는 각 부문의 개별적 거래 및 제반 업무처리 절차를 경영능률 향상의 관점에서 검토 분석하는 것으로 한다.
3. 능률감사 : 능률감사는 업무활동 결과를 계수적 측면에서 분석 및 비교의 방법에 의하여 효율성을 측정 음미하는 것으로 한다.

제16조(감사조서의 작성)
1. 감사조서는 감사인이 감사의 내용 및 결과 등에 대하여 감사실시 과정상 요점을 기록하여 감사보고서 작성 및 감사 자료의 참고가 되도록 한다.
2. 감사조서는 감사사항을 구분하고 원칙적으로 별지 제6호 서식의 소정양식을 사용한다.
3. 감사조서의 작성은 정확 명료하며 구체적인 기재를 하여야 한다.
4. 감사실시 도중 객관적으로 입증이 요구되는 사항은 피감사 부서장이나 담당자에게 별지

제7호 서식에 의한 확인을 받아야 한다.

제17조(의견의 발표) 감사인이 감사를 끝냈을 때에는 감사에서 인정된 개요와 의견을 피감사 부서장에게 설명하고 의견과 요망사항을 청취하여야 한다.

제 4 장 감사보고서 처리

제18조(감사보고) 감사인은 감사종료 후 2주일 이내에 다음 각호의 사항을 기재한 별지 제8호 서식에 의한 보고서를 상임감사에게 제출하고 상임감사는 이를 대표이사에게 통보하여야 한다.

1. 감사실시 부서
2. 피감사 부서명
3. 감사인의 직위 및 성명
4. 감사방법 및 주요항목
5. 주요감사 내용
6. 감사결과에 대한 문제점 또는 지적사항
7. 시정 요구사항 및 건의사항
8. 감사결과 종합의견
9. 기타 보고의 필요성이 있는 사항

제19조(감사결과 통지서 작성)

1. 감사인은 감사보고서의 대표이사 결재 후 별지 제9호 서식에 의한 감사결과 통지서를 작성하여 피감사 부서장에게 발부한다.
2. 감사결과 통지서에는 다음 사항을 기재한다.
   1) 감사대상 및 주요항목
   2) 감사결과 및 의견
   3) 시정 및 건의사항
   4) 기타 필요한 사항

제20조(이의사항)

1. 피감사 부서장은 감사결과 통지서의 내용에 대하여 이의사항이 있을 경우에는 그 취지는 별지 제10호 서식에 의하여 감사실장에게 제출할 수 있다.
2. 전항의 이의신청이 있을 경우에는 감사실장은 이를 검토하여 그 결과를 피감사 부서장에게 통보하여야 한다.

제5장 감사결과의 처리

제21조(시정지시) 대표이사는 감사보고서에 의거 감사결과에 대한 대책·시정조치 등 필요한 사항에 대하여 그 뜻을 감사실장에게 지시하고 감사실장은 별지 제11호 서식에 의하여 시정사항 통보서를 피감사 부서장에게 통보한다.

제22조(시정조치) 피감사 부서장은 시정지시를 통보받은 날로부터 15일 이내에 지적사항에 대한 시정조치를 취하고 그 내용을 별지 제12호 서식에 의하여 감사실장을 경유하여 대표이사에게 보고하여야 한다. 단, 시정조치가 15일 이내에 부득이 완결되지 못할 경우에는 그 사유서를 첨부하여 연장신청을 하여야 한다.

제23조(시정조치의 확인) 감사인은 피감사 부서장의 시정조치를 확인하여야 하며, 그 사후처리에 관한 경과를 기록하여 감사보고서에 첨부하여 보관한다.

제24조(표창상신) 감사실장은 감사결과 가장 우수하다고 인정되는 부문 또는 개인에 대하여 표창을 상신할 수 있다.

제25조(보고서의 보관) 감사보고서와 감사조서는 감사실에서 엄중 보관하여야 한다.

제6장 보 칙

제26조(피감사 부서의 사고보고) 각 부서 담당임원·각 공장 담당임원은 감사와 관련된 각종의 사고가 발생하였을 때에는 즉시 상임감사에게 그 전말을 별지 제13호 서식에 의하여 보고하여야 한다.

제27조(세부실행 사항) 이 규정의 시행에 필요한 세부사항은 대표이사의 승인을 득하여 감사실장이 따로 정할 수 있다.

내부감사규정 사례(S그룹)

제 1 장 총 칙

제1조(목적) 이 규정은 내부감사를 위한 기준과 절차를 정함으로써 업무활동 전반에 대한 제 규정의 준수 또는 명령 · 지시사항의 이행여부를 점검 평정하여 경영개선과 업무능률의 향상을 도모하고 사고 등의 미연 방지를 기하는 데 목적이 있다.

제2조(적용범위) 직제규정상의 전부서 및 단위사업장 등에 대한 모든 감사는 이 규정에 의한다.

제3조(감사의 종류) 감사의 목적을 달성하기 위한 감사의 종류 및 각 종류별 감사요령은 다음과 같다.

1. 회계감사 : 회계감사는 경리 부문의 증빙 · 전표 · 보조부 · 결산 등의 기록 · 계산 · 평가 등 회계처리가 회계규정 및 관계법령에 의거 적정하게 이행되고 있는지의 여부를 감사한다.
2. 업무감사 : 업무감사는 제반 업무가 회사의 방침 및 제 규정에 의거 효율적으로 운영되고 있는지의 여부를 감사한다.
3. 능률감사 : 능률감사는 영업 · 생산 · 관리분야 등 제반 업무가 수익성 제고와 능률향상 면에 적절하게 운영되고 있는지의 여부를 감사한다.
4. 제도감사 : 제도감사는 회사의 조직 · 규정 · 보고서 · 기타제도가 일반적으로 인정된 원칙에 따라 회사실적을 감안하여 유효적절하게 운영되고 있는지의 여부를 감사한다.

제4조(감사의 구분) 감사는 아래 각 호와 같이 정기감사 · 수시감사 · 일상감사로 구분하여 실시한다.

1. 정기감사는 감사계획에 따라 연 2회 실시한다.
2. 수시감사는 필요에 따라 정기감사와 별도로 수시로 실시한다.
3. 일상감사는 감사 또는 부서가 별도로 요청하는 서류에 대하여 그 내용을 검토의견을 첨부하는 방법에 의하여 실시한다.

제5조(감사항목) 내부감사는 사전지도 · 제도개선 및 예방차원의 감사로서 다음과 같은 항목을 포함한다.

1. 회사의 정책 · 방침 · 규정 · 지시 등의 준수여부 확인
2. 회사의 재산관리 및 경영상태의 적정성과 효율성 확인
3. 조직 및 내부통제 조직의 적정성 검토
4. 제 기록의 적정성 확인(보고사항 포함)

5. 부정 · 오류 · 허위 등의 적발 및 사전예방
6. 기타 비능률적인 업무의 지적 및 개선책 건의
7. 기타 이에 준하는 것으로서 필요한 사항 및 전기 지적사항에 대한 시정 여부 조사확인

제6조(감사방법) 내부감사는 현장에서 직접 조사하고 실시함을 원칙으로 하되 필요한 경우 서면감사로도 할 수 있다.

제 2 장 감사조직

제7조(관장부서) 내부감사는 직제규정에서 정한 부서에서 관장한다. 단, 따로 정하지 않은 경우에는 대표이사의 명을 따른다.

제8조(감사인의 범위) 감사인은 감사목적에 따라 그때마다 대표이사의 명으로 감사부서 및 필요한 경우 타부서 소속직원을 차출하여 감사요원으로 구성할 수 있다.

제9조(감사인의 의무) 감사요원은 다음 사항을 준수해야 한다.
1. 감사인은 감사와 관련되는 모든 사항에 대하여 항상 독립성과 공정 불변한 태도를 견지하여야 한다.
2. 감사인은 감사와 관련하여 취득한 사실을 정당한 사유 없이 누설할 수 없다.
3. 감사인은 감사를 실시함에 있어 피감사 부서로 하여금 업무상 창의와 활동이 위축되거나 침체되지 않도록 상당한 주의를 하여야 한다.
4. 감사인은 사전에 감사계획을 작성하고 그에 따라 질서정연하게 감사를 실시하여야 한다.

제10조(감사인의 권한) 감사인은 다음 각호의 권한을 가진다.
1. 제 장부 · 증빙서 · 관계물품 및 관계서류의 제출요구 권한
2. 관계자의 출석과 답변 및 설명요구 권한
3. 금고 · 창고 · 장부 · 물품 · 서류를 봉인할 수 있는 권한
4. 거래처에 대한 회계 관계 조사자료의 징구 권한
5. 감사결과 문제점에 대한 입증서류의 징구 권한
6. 감사결과 문제점에 대한 피감사인의 확인서 징구 권한
7. 감사결과 문제점에 대한 시정과 관계직원의 문책요구 권한
8. 감사결과에 의거한 업무 및 제도개선 등에 대한 제안과 건의를 할 수 있는 권한
9. 기타 직무수행에 필요한 사항의 요구와 조치 권한

제11조(피감사 부서의 협조의무) 피감사 부서의 장 또는 소속직원은 감사인의 요구가 있을

때는 지체 없이 자료제출 또는 답변을 하여 감사의 원활한 수행에 협조하여야 한다.

제 3 장 감사계획과 시행

제12조(감사계획 수립) 감사총괄책임자는 매 년도 말에 익 연도에 실시할 감사계획을 수립하여 대표이사에게 보고하여야 한다.

제13조(감사의 사전준비) 감사인은 감사실에 앞서 감사계획서 및 기타 자료를 참고하여 감사의 능률과 효과를 제고하여야 한다.

제14조(감사권한의 위임) 감사인은 감사실의 효과 · 시간 · 비용의 절약을 위하여 감사부서 외에 관련부서에 감사실시 권한을 위임할 수 있다. 이 경우에 감사총괄책임자는 대표이사의 승인을 득하여 해당 부서장에게 서면으로 통보하여야 한다.

제15조(감사실시 통보) 감사인은 감사실에 앞서 감사시기 · 범위 · 피감사 부서에서의 준비사항 등을 피감사 부서장에게 통보하고 실시함을 원칙으로 하되, 성격상 부득이한 경우에는 사전 통보 없이 실시할 수 있다.

제16조(감사인의 준수사항) 감사인은 다음 각 호를 준수하여야 한다.
1. 감사는 공정하게 관찰 평가하여야 한다.
2. 직무상 지득한 기밀에 속하는 사항을 정당한 이유 없이 타인에게 누설하여서는 아니 된다.
3. 처신을 엄정히 하여야 하며, 관계법령 · 제 규정 및 사내 전반의 업무 등에 정통하여야 한다.
4. 항상 지도적인 입장에서 수감자의 미숙과 오류를 지도하여야 한다.
5. 감사를 실시함에 있어 수감자의 일상 업무가 위축되거나 침체되지 않도록 주의하여야 한다.

제 4 장 감사보고 및 결과처리

제17조(감사보고) 감사총괄책임자는 감사종료 후 1주일 이내에 다음 각호의 사항을 기재한 감사보고서를 작성하여 대표이사에게 보고하여야 한다.
1. 감사실시 기간
2. 피감사 부서명
3. 감사인의 직위 및 성명
4. 주요 감사 항목
5. 시정 및 건의사항
6. 기타 필요한 사항

제18조(시정 및 징계건의) 감사총괄책임자는 감사결과 위법 또는 부당하다고 인정되는 사항에 대하여 대표이사에게 그 시정을 요구하거나 관계직원의 징계를 요구할 수 있다.

제19조(감사결과의 처리)

1. 대표이사는 감사결과에 대한 대책 및 시정조치 사항 등을 관계부서장에게 명할 수 있다.
2. 전항의 명을 받은 관계부서장은 그 조치사항을 서면으로 대표이사에게 보고하고 제7조 규정의 부서장에게 사본을 제출하여야 한다.

제20조(긴급보고) 감사인은 감사 중 중대한 위법 또는 부당한 사실을 발견하여 이의 처리가 긴급을 요할 때에는 즉시 대표이사에게 보고하고 그 지시를 받아야 한다.

제21조(이의신청)

1. 피감사 부서장은 감사결과에 대하여 이의가 있을 때는 그 뜻을 서면으로 감사총괄책임자에게 제출할 수 있다.
2. 감사총괄책임자는 전항의 이의신청이 있을 경우 이를 검토하여 필요하다고 인정될 경우 재심을 명할 수 있다.

제22조(감사결과의 통보 및 확인)

1. 감사인은 감사보고서 작성 후 대표이사의 결재를 득하여 그 감사결과를 피감사 부서 및 관련부서에 통보하여야 한다.
2. 전항에 의거 피감사 부서장은 시정조치를 감사부서에 통보하고 감사부서는 피감사 부서의 후속조치에 대해 확인해야 한다.

제23조(감사보고서 공개금지) 대표이사의 승인 없이 감사보고서는 공개할 수 없다.

제24조(감사보고서 보관) 감사보고서 및 그 관련 자료는 감사부서에서 대외비로 엄중 보관해야 한다.

제25조(시행세칙) 이 규정의 시행에 필요한 세부사항은 감사부서에서 따로 정할 수 있다.

부 칙

제1조(시행일)

① 이규정은 20 __년 __월 __일부터 시행한다.

② 이규정은 20 __년 __월 __일부터 개정 시행한다.

[별지 제 호 서식]

감 사 지 시 서

문서번호 :
수　　신 :
감사목적 :
감사기간 :
감 사 인 :

감사준비사항

당사의 감사규정 제15조 규정에 의하여 상기와 같이 감사를 실시한 것을 지시함.

20___년 ___월 ___일

대표이사

[별지 제 호 서식]

감 사 통 지 서

문서번호 :
수　　신 :
참　　조 :
제　　목 :

위 제목의 건에 대하여 내부감사규정 제____ 조에 의하여 아래와 같이 감사를 실시하고자 하오니 적극 협조하여 주시기 바랍니다.

<table>
<tr><th>피감부서명</th><td colspan="5"></td></tr>
<tr><th>감사종류</th><td>□ 정기감사</td><td>□ 수시감사</td><th>감사방법</th><td>□ 현지감사</td><td>□ 서면감사</td></tr>
<tr><th>감사기간</th><td colspan="5">20___. __. __. ~ 20___. __. __. (____일간)</td></tr>
<tr><th rowspan="4">감사인</th><td>팀 장</td><td></td><th rowspan="4">특기사항</th><td colspan="2" rowspan="4"></td></tr>
<tr><td>감사인</td><td></td></tr>
<tr><td>감사인</td><td></td></tr>
<tr><td>감사인</td><td></td></tr>
</table>

감사 준비사항(다음과 같은 자료를 준비하시기 바랍니다.)

20___. ___. ___.

○○○ 주식회사 감사실

감사실장　　　　　　(서명)

[별지 제 호 서식]

감사자료요청서

문서번호 :
수 신 :
참 조 :
제 목 :

위 제목의 건에 대하여 내부감사규정 제___조에 의하여 아래와 같이 요청하오니 적극 협조하여 주시기 바랍니다.

- 아 래 -

1 부 서 명 :
2 요청자료

순번	요청자료명	자료형태	제출기간	비고

3 자료제출일 :

20___. ___. ___.

○○○ 주식회사 감사실

감사실장 (서명)

[별지 제 호 서식]

문서번호		감사조서	구 분	성 명	서 명
감사부서					
작 성 일					

감 사 명 칭	

조서번호	감사항목	문제점 또는 요시정사항	연결조서

20____. ___. ___.

○○○ 주식회사 감사실

[별지 제 호 서식]

감 사 일 지

감사인 성명		감사실시 일자	
감사대상 부서		부서장 성명	
감사지시사항	1, 2, 3, 4, 5, 6, 7,		
주요감사내용			
문제점 및 적출사항			

[별지 제 호 서식]

조 사 보 고 서

번 호	조사항목	문제점 및 시정사항	감사인의 의견

감사인 : (서명날인)

[별지 제 호 서식]

적 출 사 항

감사반장 직책 ________ 성명 ___________

피감사 부서명			
감사대상기간		감사구분	
감사내용 및 적출사항			

관련자

소 속	직 책	성 명	담당기간	담당직무	현근무부서

감사의견 :

감사부서 관리자	의 견

[별지 제 호 서식]

검사결과 통지서

수　　신 :
감사대상 :
감사기간 :
감사결과 :

지 적 사 항	지 적 내 용	시정 요구사항

위와 같이 감사결과와 시정 요구사항을 약술하여 송부하오니 필요한 조치하시기 바랍니다.

20____년 ___월 ___일

감사담당 부서장　　　　　　(서명날인)

[별지 제 호 서식]

재심의청구서

감사실장 귀하

20____. ____. ____. ~20____. ____. ____.(___일간) 실시한 ○○부서의 감사실시 결과의 통지와 관련하여 내부감사규정 제 조에 의거하여 아래와 같이 재심의를 청구하오니 검토 후 회신하여 주시기 바랍니다.

- 아 래 -

순번	감사항목	시정 요구사항	재심의 요청사유

20____. ____. ____.

○○○ 부서

부서장 (서명)

[별지 제 호 서식]

시정조치결과보고서

감사실장 귀하

20___. ___. ___. ~20___. ___. ___.(___일간) 실시한 당부서에 대한 감사실시 결과 시정조치요구 통지와 관련하여 내부감사규정 제_조에 의거하여 아래와 같이 시정조치결과를 보고 합니다.

- 아 래 -

순번	시정요구사항	시정조치사항	첨부서류

20____. ___. ___.

○○○ 부서

부서장 (서명)

[별지 제 호 서식]

감사사무처리 기록부

검사내용	내 용	
	기 간	
	주요감사 결과요약	
처분일자		
관련자의 처분내용	포 상	
	주 의	
	변 상	
	원상복귀	
	시 정	
	문 책	
	고 발	
당시의 책임자	직 위	
	성 명	
이후 처분의 변동		
사후의결	일 자	
	확 인	
비 고		

04 내부감사의 기능

과거의 내부감사는 회계 상의 부정과 오류의 적발을 목적으로 하던 회계 지향적 감사의 범주를 벗어나지 못했던 것도 사실이다. 그러나 오늘날의 내부감사는 경영활동 전반의 능률성을 종합평가하는 경영 지향적 감사로 발전되어 오고 있다. 이러한 내부감사 업무를 효율적으로 수행하기 위해서는 내부감사인으로 하여금 건전한 상식과 경영전반에 관한 포괄적인 이해능력을 요구한다. 이러한 능력배양은 충분한 실무경험을 토대로 항상 문제의식을 가지고 꾸준한 연구와 교육훈련 및 경험의 축적으로만 이루어진다.

1. 내부감사인의 구비조건

일반지식

일반지식이란 경제나 기술에 관한 상식과 정치나 사회에 관한 지식 등 교양을 말하는 것으로 특히 감사팀의 팀장이나 감사실장에게는 필수적이다.

전문지식

전문지식은 단순한 경영관 이론에 그치는 것이 아니라 폭넓은 경영시각을 의미하는 것으로 해석기법이나 시스템기법 등 응용지식까지도 포함된다. 이러한 전문지식은 경영활동의 각 부문별로 세분된 지식을 필요로 한다.

직무적 능력

일반지식과 전문지식은 내부감사인뿐만 아니라 최고경영자를 비롯한 경영층과 관리자에게도 필요한 것이다. 직무적 능력이란 내부감사인이 감사업무를 수행하는 데 필요한 분석력 · 조사력 · 종합력 · 판단력 · 문서 및 구두에 의한 표현력 · 지도력 · 설득력 그리고 창조력을 말한다.

인간적 능력

인간적 능력이란 대인관계 능력을 말한다. 감사인의 업무는 대부분 사람과의 접촉으로 이루어지는 것이므로, 인간적 능력의 비중이 크다고 볼 수 있다. 사람들과 접촉함에 있어서 피감사인으로 하여금 경계감을 느끼거나 자기방어적인 행동을 가져올 수 있는 말씨나 행동은 극히 조심해야 한다.

감사인은 피감사인의 도움을 필요로 한다. 내부감사인의 인간관계 능력은 온순 · 사려 · 인내 · 용기 · 성실 · 근면 · 명철과 같은 것을 들 수 있다. 이와 같은 능력은 피감사인 개인뿐만 아니라 내부감사팀의 기초로서 특히 감사인으로 하여금 인격적인 신뢰와 감사인의 능력에 대한 신뢰가 뒷받침되어야 한다는 점을 잊어서는 안 된다.

직무적 인격 내부감사인은 내부감사의 정의에서 이미 언급한 바와 같이 독립성을 유지하면서 경영관리 각 부문에 대한 경영관리 통제활동을 하고 매니지먼트 지향적인 감사를 실시하여 조직의 서비스를 제공하는 것이 주된 일이므로 직무적 인격이란 이러한 제반활동을 수행하면서 숙지하게 된 비밀에 대한 보장과 내부감사인의 책임감 그리고 정신적 독립성을 말한다.

2. 내부감사인의 책임과 의무

내부감사인이 업무수행에 있어서 효율적인 운영의 핵심과제 중 첫 번째가 위험평가기법에 기초한 감사계획이다. 이는 위험평가중심의 감사계획이 제한된 내부감사 지원 아래에서 가장 효율적인 자원의 활용을 목적으로 삼고 있기 때문이며, 동시에 주주 등 이해관계자의 가치극대화를 목적으로 삼고 있는 것이기도 하다.

감사방법론에 있어서는 내부감사의 역할과 감사목적을 회사 상황에 맞게 정의하고 기업이 처한 여건에 맞추어 감사정책 및 세부적인 절차를 마련하는 것이 선행되어야 할 것이다. 마지막으로 효율적이고 효과적인 감사절차 수행을 위해 통합정보기술을 이용할 수 있다. 정보기술의 이용을 통하여 내부감사 절차의 수행시간 절약, 감사결과의 신뢰성 증대, 고객만족의 증대를 가져올 수 있기 때문이다.

조직의 봉사자로서의 역할 기업에 있어서 최근 들어 내부감사인이 조직의 전반적인 통제과정에 기여하도록 요구하는 역할이 증대되고 있다. 기업환경이 시시각각으로 변화되므로 이를 전략적으로 대처하기 위하여 내부감사인은 재무회계 통제뿐만 아니라 업무통제 및 시행착오의 과정을 감축하기 위하여 초기의 의사결정 과정까지도 관심을 두어야 한다. 또한 새로운 프로젝트에 대한 타당성 검토와 그 프로젝트의 예측된 기대치를 실제와 비교 검토하여 효율적인 업무평가를 해야 한다. 오늘날의 기업경영 환경은 소용돌이치는 국제환경 속에서 하루가 다르게 급변하고 있다. 이러한 상황에서 기업의 조직문화 또한 과거와 달리 불확실성의 조류를 타고 새롭게 변신되어 가고 있다. 감사인은 기업문화를 상부조직에 전달하는 역할을 담당해야 한다. 뿐만 아니라 상의하달과 하의상달의 코-오디네이터(Co-ordinator)로서의 역할도 해야 한다. 그리고 기업에 적합한 새로운 관리기법을 연구개발하고 종합하여 조직전체에 확산되도록 그 전파를 담당하는 역할을 해야 한다.

의사소통에 대한 장애제거 감사인이 감사업무 수행시 피감사인과의 마찰이 생기게 되는 경우를 종종 볼 수 있다. 이것은 의사소통의 장애요인이 된다. 그러나 감사인은 의사소통에서 무엇이 파괴적인 것이고, 건설적인 것인가를 알고 있다면 그 장애요인을 제거할 수 있다. 이 또한 내부감사인의 능력과 기술에 해당된다.

내부감사인은 이러한 장애요인이 발생하지 않도록 첫째, 피감사인의 입장과 감정을 이해하는 능력을 배양하고 진솔한 대화로 마음의 문을 열도록 해야 한다. 둘째, 피감사인의 과오나 오류에 대하여 너무 심하게 질책하지 말고 피감사인과 함께 문제해결을 하는 자세를 견지한다. 셋째로 감사인의 입장과 감사과정을 충분하게 설명하여 피감사인의 협조를 구한다. 그리고 중요한 사항으로 문제의 적출보다는 업무의 개선, 제도의 개선 등에 초점을 두어 문제해결을 위한 감사접근을 시도함으로써 피감사인과의 사이에서 발생할 수 있는 트러블을 사전에 제거한다. 물론 이러한 방법은 쉽게 이루어지는 것은 결코 아니다. 감사인은 항상 겸손한 자세로 감사업무에 임하고 수감자로 하여금 협조를 할 수 있도록 분위기 조성에 힘써야 한다.

3. 내부감사기능의 활성화

내부감사는 종전의 적발 위주의 감사에서 경영개선을 지원하는 컨설팅과 위험관리를 위한 조언자로서의 새로운 역할 변화가 기대되고 있다. 그러나 이러한 기능을 수행하기 위해서는 감사조직의 확대와 전문인력의 확보 등 인프라 구축에 대한 투자와 아울러 내부감사에 대한 인식의 전환이 필수적이다.

내부감사기능에 대한 인식전환 기업 내의 모든 조직의 역할은 기업가치를 증대시키는데 초점을 두어야 하며 내부감사 역시 다르지 않다. 잘못된 것을 발견해서 관련자를 문책하는 것만이 내부감사의 역할이 아니라 감사의 순기능적인 부분을 활용해서 경영개선을 도모하고 업무 프로세스를 내부관리상의 편리추구보다는 고객을 지향하는 방향으로 바꾸고 예기치 않은 중대한 위험을 예방하는 데 있어 내부감사의 역할이 매우 중요하다.

그런 의미에서 기업내부에서의 감사에 대한 인식도 바뀌어야 한다. 즉 내부감사가 경영개선과 위험관리를 통해 부가가치를 창출하는 활동으로 인식되어야 하며, 내부감사부서와 피 감사부서 모두 회사의 목표를 달성하고 발전시키기 위해서 동반자 관계를 형성하여 개선할 부분을 서로 상의하고 위험을 관리하는 데 있어 협조관계를 유지함으로써 결국 기업 전체의 가치를 증대시키는 방향으로 나가야 할 것이다.

감사방법의 변화

전통적으로 내부감사는 각 부문에 대해 주기적으로 순환하면서 감사대상을 선정해 왔다. 그런데 이러한 방식에 의하면 부문 간의 특성에서 나오는 차이를 제외하고는 감사방법에 있어서는 별반 차이가 없는 비슷한 모양의 감사가 이루어지게 된다.

한편 프로세스 중심의 감사는 여러 부문이 동시에 같은 프로세스 선상에 관련이 되므로 이들 부문의 업무를 점검하여 프로세스상의 문제점을 발견하고 개선하는데 있어서는 아주 좋은 방법이다.

그러나 두 가지 방법 모두 전사적 위험관리라는 내부감사의 새로운 역할을 수행하기에는 미흡하다. 위험관리 목적의 감사가 되기 위해서는 우선 각 사업 부문 · 부서 · 프로세스 등에 대한 위험분석이 선행되어 위험도에 따른 차별화된 감사방법이 필요하다고 본다. 감사한지 몇 년이 지났으니까 또 감사를 한다는 식이 아니라 위험도가 아주 높은 부문에 대해서는 상시감사체제를 구축하고 위험수준에 따라 감사주기와 감사의 강도를 달리 할 수도 있을 것이다.

우수한 감사인력의 확보

경영개선과 위험관리를 지원하고 내부회계관리시스템을 평가해야 하는 강화된 내부감사의 기능을 수행하기 위해서는 유능한 인재의 확보가 대단히 중요하다. 새로운 환경하에서 내부감사요원으로는 재무 관련 지식이나 경험이 있는 직원이 반드시 포함되어야 하며 커뮤니케이션 능력도 갖춰져야 할 필수 조건이다.

감사업무를 하다 보면 조직 전반에 대하여 많은 것을 배우고 경험하게 되며 나무보다는 숲을 보게 되어 사물을 바라보는 시야도 넓어지게 되므로 인재양성 코스로는 제격이다.

우수한 인력들이 감사업무를 일정기간 경험한 후에 현업부서로 돌아가 일을 하게 된다면 기여도가 상당히 높아지게 되기 때문이다

사내외 전문가 활용

내부감사 인력은 가능한 한 각 부문의 출신 직원들로 다양하게 구성되도록 하고 있으나, 그들이 모든 업무에 있어 전문가는 아니므로 감사 인력만으로 업무를 수행하는 데는 한계가 있다. 그러다 보니 중요한 부문이나 프로세스가 감사대상 선정 우선순위에서 밀려나게 되는 경우도 생기고, 감사를 해도 깊이가 없는 수박겉핥기식의 감사가 될 소지가 높은 것이다.

그러나 조직 내에는 어느 분야든지 그 업무에 정통한 전문가들이 있고 이러한 인력들이 해당 분야 감사에 참여한다면 훨씬 효과적인 감사가 이루어질 수 있을 것이다. 다만 이들이 소속 부문의 눈치를 보느라고 제대로 감사를 못 할 수도 있어 우려되지만 적발감사가 아니라 경영개선이나 위험관리를 위해 전사적인 차원에서 사내의 유능한 전문인력을 활용할 수 있도록 하는 제도적 장치를 만든다면 충분히 가능한 방법이 될 수 있을 것이다. 또한 어떤 특정 분야에 대해서 내부인력만으로 조사하는 것이 어려울 경우 외부 전문가의 활용을 고려할 수 있다. 이 경우 보안상의 어려움이 있으나 반면에 이들로부터 관련 노하우를 전수받을 수 있는 기회가 될 수 있다.

정보기술 활용도 제고

업무 전산화로 인하여 내부감사에서도 정보기술 활용의 필요성이 높아지고 있다. 전산화로 인해 데이터의 처리속도나 보관능력은 엄청나게 향상되었지만 반면에 직원들의 업무에 대한 이해도는 오히려 저하되는 현상을 초래하였다. 데이터를 넣기만 하면 어떤 결과가 나오므로 과정을 알 필요가 없어졌기 때문으로 여겨진다.

따라서 정보기술 환경 아래에서 내부통제시스템의 오류나 문제가 있을 경우 발견하지 못할 위험이 커진다고 볼 수 있고 이러한 오류가 재무적 영향을 미칠 경우 중대한 문제로 확대될 수 있으므로 정보시스템 감사를 위해 감사인력에 대한 교육 및 전문인력의 확보가 필요하다.

Chapter 02

감사증거

01 감사증거의 본질 · 84

02 감사증거의 유형 · 90

03 감사증거의 획득방법 · 98

01 감사증거의 본질

감사(Audit)란 자질을 갖춘 독립적인 제3자가 특정 경제실체의 계량적 정보에 대하여 미리 설정된 평가 기준과의 일치 정도를 결정하고 보고할 목적으로 증거를 수집하고 평가하는 것이다. 감사증거란 감사에서 일정한 사실의 존재 여부 및 특정한 사항 간의 관계 혹은 숫자의 적정성 여부 등을 객관적으로 입증할 수 있는 자료를 말한다.

감사증거의 성질을 충분성과 적합성으로 나눌 수 있다. 충분성은 감사의 양적인 성질을 말하는 것으로 중요성 · 왜곡표시위험 등으로 감사보고서와 감사 결과에 영향을 받게 된다. 적합성은 질적인 성질로써 감사증거가 충분히 해당 이슈와 적합한 관계를 가졌는지, 합리적인 증거들인지, 과연 모아진 증거들로 올바른 감사보고를 할 수 있는지에 대해 고려하는 성질이다.

1. 감사증거의 의의

감사증거란 감사에 있어서 일정한 사실의 존재나 부존재, 일정한 사실의 진위 · 정부 또는 당부를 객관적으로 입증하는 자료로서 감사인의 의견을 형성하기 위한 기초자료가 되는 사실을 감사증거라고 할 수 있다. 따라서 감사증거는 감사대상이 되는 사항의 진위와 적법 · 타당성 여부에 관한 감사인의 판단을 객관적으로 뒷받침할 수 있는 자료를 말한다. 감사인은 감사절차에 따라 감사를 실시하고, 감사를 실시하면서 획득한 합리적인 증거를 기초로 감사의견을 형성하여야 한다. 감사증거는 감사인이 검증할 수 있어야 하고, 감사목적과 부합되는 합목적성을 지녀야하고 감사의견의 형성에 필요하고도 충분한 정보를 포함해야 할 뿐만 아니라 감사인이 신뢰할 수 있어야 한다.

감사활동 및 감사결과의 적정성은 이를 입증할 수 있는 감사증거에 의하여 판단한다. 이러한 의미에서 감사는 감사증거의 수집 및 검증과정이라고도 할 수 있다. 감사증거는 처분(요구)의 대상이 되는 위법 · 부당사항의 입증뿐만 아니라 감사대상 업무가 적법 · 타당하게 수행되었음을 입증하기 위해서도 필요하다. 이와 관련하여 감사업무의 수행과정에서 감사대상 업무의 처리가 위법 · 부당하다는 사실이 입증되기 전까지는 그러한 처리가 적법 ·

타당하다고 간주하여야 하며, 위법 · 부당성은 이를 주장하는 감사인이 입증하여야 한다. 이러한 경우에 감사인은 증거의 불비(不備)로 인하여 위법 · 부당한 사실이 적법 · 타당하다는 결론에 이르지 않도록 유의하여야 한다.

감사증거의 효력 또는 신뢰성은 "증거력" 또는 "증명력"이라고 하는데 감사증거가 갖는 증거력 및 적합성은 그 종류나 여건에 따라 상이하다. 대체적으로 직접증거는 간접증거보다도, 외부증거는 내부증거보다도 증거력은 강한 반면에 입수하기가 용이치 않고 적합성이 적은 것이다.

2. 증거능력

감사에 있어서 증거능력을 갖기 위해서는 감사증거의 근거가 확실해야 하며 적합해야 한다. 증거물의 근거의 확인성은 그것이 입수되는 상황에 따라 크게 좌우되므로 여러 상황의 증거의 신뢰성에 관한 보편화된 의견은 중요한 예외를 수반한다. 확증적인 증거능력은 여러 가지 요인에 의존한다. 그러므로 감사를 적용함에 있어서 고려해야 할 사항들로서 적절성 · 원천성 · 적시성 · 객관성을 들 수 있다.

적절성(Relevance) 이는 감사인이 내리려고 하는 의사결정과 관련성이 높은 증거가 신뢰할 수 있는 것이라는 것이다. 바꾸어 말하면 감사목적과 관련 없는 감사증거는 시간과 불필요한 비용의 낭비 결과일 뿐 신뢰할 수 있는 것은 되지 못한다.

원천(Source) 이는 증거가 얻어진 원천이 어디냐에 따라 신뢰성이 다르다는 것이다. 예를 들어 현금실사의 경우 감사인이 직접 실사한 증거와 피감사인이 실사하고 그 결과를 감사인이 보고 받은 증거는 전자의 증거가 신뢰성이 높은 것과 같다. 그러므로 외부로부터의 독립적으로 얻은 증거와 내부통제제도가 완벽한 경우, 직접증거가 간접증거보다 더 신뢰성이 높다.

적시성(Timeliness) 이는 증거를 수집한 날과 증거의 신뢰성과의 관련을 의미한다. 예를 들어 영업 부문의 매출수익과 매출채권의 잔액확인을 함에 있어서의 감사시점을 기준일로 하느냐, 감사시점 이전의 월말을 기준일로 하느냐에 따라 증거가 적용되는 날짜가 달라지므로 그 신뢰성이 달라질 수 있다. 따라서 감사증거의 신뢰성을 높이려면 감사 절차의 시기를 적절히 선택하여야 한다.

객관성(Objectivity) 이는 수집된 증거의 성격과 신뢰성과의 관계를 말한다. 객관성은 본질상 객관적인 증거가 일반적으로 주관적인 증거보다는 더욱 신뢰성이 있다고 생각하는 기준이다.

3. 증거자료의 충분성

내부감사인이 내부감사 결과 감사인의 의견을 뒷받침하기 위하여 요청되는 증거물건의 수량과 종류는 전문가적 판단에 의하여 감사인 스스로가 결정하지 않으면 안 된다. 확증적인 정보의 충분성을 판단함에 있어서는 다음 요소를 고려해 볼 필요가 있다.

중요성 중요한 항목에 대한 감사에서는 상대적으로 그 중요성이 작은 감사항목의 감사 때보다는 충분한 양의 증거를 확보해야 한다. 예를 들면 오류나 부정의 발생 가능성이 높은 것이 오류나 부정의 발생 가능성이 낮은 항목이나 대상보다 더 중요한 것으로 보는 것이다.

위험성 위험성은 오류나 부정이 나타나기 쉬운 감사항목을 말하는 것으로서 예를 들면 공장의 기계는 제품이나 현금보다 오류나 부정의 발생 가능성이 낮기 때문에 위험성이 적고 따라서 증거의 양도 위험성이 높은 것보다 적어도 된다.

증거의 질 이는 증거력이 강한 증거와 증거력이 약한 증거를 구분하는 것으로써 외부증거는 내부증거보다, 계약서는 출근부보다, 자인서는 구술서보다 증거력이 강하기 때문에 양질의 증거이다. 따라서 양질의 증거일수록 그 증거의 양은 상대적으로 적어진다.

경제성　감사증거는 그것을 얻는데 소요되는 시간과 비용의 일정한계 내에서 얻어지는 것이지 희생을 따르는 무리한 증거모집은 아무런 도움을 주지 못한다. 따라서 증거는 합리적인 일정한 시간과 비용의 범위 내에서 얻어지는 것이어야 한다.

4. 증거자료의 수집

감사증거란 감사의견의 근거가 되는 결론에 이르기까지 수집한 제반 정보로서 이는 적정한 감사의견을 형성하고 합리적인 감사절차를 실시하였음을 입증하는 중요한 요소이기도 하다. 그러므로 입증절차에서 수집해야 할 감사증거의 요건으로서 첫째는 내부통제의 시사(試査)에서 수집할 감사증거의 요건이다. 이는 평가한 통제위험의 수준을 지지해 줄 충분성과 적합성에 대해 고려해야 한다. 피감사 부문의 업무분장 내용과 내부통제제도의 측면에서 적절한 설계가 되어 있는지의 여부와 감사대상기간 동안 효과적으로 운용되고 있는지를 체크해야 한다. 둘째는 입증절차에서 수집해야 할 감사증거의 요건이다.

감사증거의 적합성　감사증거의 적합성은 감사증거의 질에 대한 척도로서 다음 사항을 고려해야 한다.

- 특정 주장에 대한 관련성
- 실제성 : 실사 · 입회확인 · 조회확인서 · 원시증빙서류
- 발생사실 : 원시증빙서류
- 권리의무 : 조회확인서 · 권리입증서류 · 원시증빙서류 · 구두증거
- 완전성 : 원시증빙서류 · 분석적 증거 · 기간귀속 부분 증거
- 평가
- 측정
- 신뢰성

감사증거의 충분성　감사증거의 충분성은 감사증거의 양에 대한 척도로서 다음 사항을 고려해야 한다.

- 감사위험의 크기

- 감사대상 항목의 중요성
- 감사증거 수집비용

감사증거의 신뢰성

감사증거의 신뢰성에 있어서 다음 사항을 고려해야 한다.

- 증거의 입수원천(외부증거 vs 내부증거)
- 내부통제제도의 유효성
- 증거수집의 직접성(직접증거 vs 간접증거)
- 감사증거의 형태(문서 vs 구두)

[직접 통신에 의한 외부증거 예]

거래잔액 확인의뢰서

(거래처보관용)

______________ 귀하

귀사의 번영을 축원하오며 항상 각별하신 애호와 협조에 감사드립니다. 바쁘신 줄 아오나 20___년 ___월 ___일 현재의 귀사와의 거래 잔액과 그 내용을 확인하고자 하오니 그 상위 유무를 통보하여 주시기 바랍니다.

이 확인서는 감사목적 이외에는 사용치 않을 것이며 이에 대한 비밀은 절대 보장될 것입니다.

구 분	적 요	금 액	비 고

20___년 ___월 ___일

× × 주 식 회 사

대표이사 ㉧

(점선 윗부분을 귀사에서 보관하시고 점선 아래 부분을 당회사 감사인 앞으로 우송하여 주십시오.)

-----------------------절-------------------취-------------------선-----------------------

거래 잔액확인서

(회 신 용)

× × 회사 감사실 귀중

구 분	적 요	금 액	비 고

1. 위에 기재된 금액과 내용은 20__년 ___월 __일 현재의 귀사와의 거래 잔액과 상위 없음을 확인하고 이에 서명날인 하여 통보합니다.
2. 아래와 같이 상위점이 있음을 알려드립니다(일자 · 내용 · 금액을 기재하여 주십시오).

20___년 ___월 ___일

주소 :

상호 : 대표자명 : ㉧

02 감사증거의 유형

감사증거란 감사에서 일정한 사실의 존재 여부나 특정 사항들 간의 관계 혹은 숫자의 적정성 여부 등을 객관적으로 입증할 수 있는 자료를 말한다. 감사증거의 유형은 형태 · 원천 · 절차의 세 가지 측면으로 나누어 볼 수 있다. 형태별 분류는 증거의 존재형태에 관련된 분류방법으로 물리적 증거 · 문서적 증거 · 구두적 증거와 상황적 증거가 있다. 물리적 증거는 강한 증거능력을 가지지만 수집비용이 많고 수집범위에 제약이 따른다. 문서적 증거는 수집이 용이하지만 증거능력은 내용에 따라서 상당한 차이가 있다. 원천별 분류는 수집원천이 회사의 내부인가 외부인가에 따라 내부증거와 외부증거로 구별하는 방법이다. 내부증거는 수집이 용이하고 목적에 적합하지만 신뢰성이 낮고, 외부증거는 수집비용이 크나 신뢰성이 높다. 절차별 분류는 내부통제의 시사에 대한 증거와 입증절차에 의해 획득한 증거로 구분하는 방법이다.

1. 감사증거의 종류

감사증거의 적합성을 확보하기 위한 질적 속성으로 적합성과 신뢰성이 있으며 적합성을 갖춘 증거일수록 증거능력이 강하다. 적합성이란 감사인이 달성하고자 하는 감사목적에 유효적절하거나 유기적으로 관련되는 정도를 뜻한다. 신뢰성은 감사증거의 객관성 및 중립성의 정도를 뜻한다. 신뢰성은 정보제공자의 독립성 · 내부통제제도의 유효성 · 감사인의 직접적인 수집활동 · 정보제공자의 전문성 · 증거 자체의 객관성에 따라 결정된다.

조사방법에 따른 분류 조사방법에 따라 인증 · 물증 · 증거서류로 구분할 수 있다.

- 인증

사람이 진술자로서 행한 진술내용으로 문답서 · 확인서 · 감정 등이 있다.

■ 물증

물체 또는 사람의 신체가 증거로 되는 경우로서 실물표본 등을 둘 수 있다.

■ 증거서류

서면에 나타난 내용의 의미가 증거가 되는 것으로서 사본 · 등본 등이 있다. 그러나 서면의 내용이 아니고 서류라는 물건 자체가 증거가 되는 경우에는 물증에 속한다.

형태에 따른 분류

감사증거의 형태에 따라 물리적 증거 · 서면증거 · 증언적 증거 · 분석적 증거로 구분할 수 있다.

■ 물리적 증거

물리적 증거는 감사인 자신이 인적접촉에 의하여 재화의 물리적 존재를 확인하는 것으로 증거력은 강하나 입수하는 범위에는 제한이 있다. 감사인이 사람 · 재산 또는 사업 등에 대해 직접 검사하거나 관찰하여 얻은 증거로서 비망록 · 그림 · 차트 · 지도 · 실물표본 등이 이에 속한다.

■ 서면증거

각종 계약서 · 증빙서 · 증명서 · 회계장부와 같은 문서에 의한 증거로서 입수하기는 비교적 쉬우나 증거력은 내부증거인 경우는 약하고 외부증거일 때는 강하다. 그러나 물리적 증거이든 증언적 증거이든 서면증거이든 간에 외부증거와는 밀접한 관계를 가지고 있다.

■ 증언적 증거

증언적 증거는 기업 내외의 관계자나 책임자에 대하여 일정한 사실이나 불명확한 사항을 문의하여 구두로 설명 회답 또는 증언을 받는 것으로서 문서적 증거보다는 증거력이 약하다. 조사 · 면담 · 질문 등을 통하여 획득한 증거를 말한다.

■ 분석적 증거

계산 · 비교 · 요인별 정보 분류 또는 합리적인 논증 등으로부터 획득한 것을 의미한다.

입증사실과의 관련 정도에 따른 분류

이는 감사증거의 기능을 중심으로 한 분류로서 직접증거와 간접증거로 구분할 수 있다.

■ 직접증거

감사항목의 부정 또는 적부를 직접적으로 입증하는 증거로서 재산의 물리적 존재, 채권 · 채무의 확인에 의한 회답서 · 계약서 · 각종 증빙서 · 각종 증명서 등이 이에 속한다.

■ 간접증거

일정한 사실을 간접적으로 추론할 수 있는 모체로서의 증거로서 내부통제의 조사서, 구두질문에 대한 회답, 직전 감사시의 감사보고서 및 지적사항 등 대개 직접증거를 보강하기 위해 사용되는 증거이다.

내부증거

이는 입수장소 또는 원천에 의한 분류로서 내부증거는 기업의 경영조직 내부에서 입수하는 증거자료로서 입수하기가 용이하고 대부분 감사항목의 검증에 이용할 수 있으며 증거의 적합력이 크며 다음과 같은 것이 있다.

■ 회사의 내부에서 작성되어 외부에 유통되는 증거

- 외부에 발송한 문서의 원본 또는 부본
- 계약서 · 약정서 등

■ 회사의 내부에서 작성되어 내부에서 유통되는 증거

- 회계전표 · 회계장부
- 회의록
- 재무제표 · 재고조사표
- 가입신청서 · 인감신고서 등

외부증거

외부증거란 감사인 자신이 독립적으로 기업의 경영조직의 외부에서 입수한 증거자료로서 대부분 그 증거력이 크다.

그러나 양적 범위가 제한되어 있으므로 내부증거처럼 광범위하게 입수하기가 어렵고 증거 적합력도 적다. 따라서 감사업무는 우선 내부증거를 입수한 다음에 외부증거를 보완하고 또는 재확인하기 위하여 입수하는 것이다. 외부증거에는 다음과 같은 방법을 사용할 수 있다.

■ 인적 접촉에 의한 외부증거

감사인 자신이 자산을 실제로 실사 또는 입회하여 구하는 물적 증거

■ 직접 통신에 의한 외부증거

채권 · 채무의 확인 및 불분명한 사항에 대한 질문과 같이 일정한 사실에 대하여 내외의 관계자에게 문서 또는 구두로 문의하고, 감사인이 직접 입수한 회답이나 설명을 말한다.

■ 독립적 분석 비교에 의한 외부증거

계정분석 · 비교 · 비율음미 등에 의하여 분석 검토하고 문제점을 파악하는 방법을 말한다.

2. 감사증거의 수집원칙

관련성(relevance) 감사증거는 감사목적의 달성에 기여할 수 있도록 감사목적과 관련성을 지녀야 한다. 관련성은 정보를 이용하지 않고 의사결정을 하는 경우에 비하여 정보를 이용한 의사결정의 내용에 차이가 발생하는 정도를 말한다. 따라서 정보가 정보이용자의 기대를 확인 또는 변화시킬 때 그러한 정보는 관련성을 지닌다고 할 수 있다. 감사증거는 감사인이 검증하려고 하는 감사목적과 부합해야 하는 것이다.

신뢰성(reliability) 감사증거는 신뢰성을 지녀야 한다. 신뢰성은 감사증거를 질적으로 믿을 수 있는 정도로서 감사증거가 아무리 감사목적과 부합하거나 양적으로 충분하더라도 질적인 신뢰성이 낮으면 그 증거능력은 감소

하게 된다. 신뢰성은 그 출처와 성격에 의해 영향을 받는다.

충분성(sufficiency) 감사증거는 감사의 중요성 수준에 대응하여 감사의견의 형성에 필요한 만큼 충분한 양을 확보해야 한다. 감사의 중요성이 엄격하게 설정될수록 감사표본의 크기와 필요한 감사증거의 양은 증가하게 된다. 이것은 감사증거의 원천의 다양성도 감안하여 판단하여야 한다. 대부분의 경우에 한 가지 원천에서만 획득한 감사증거는 충분하다고 볼 수 없으므로 감사인은 다양한 원천으로부터 감사증거를 수집할 필요가 있다. 다양한 원천이나 성격의 증거항목들이 일관성을 지닐수록 감사증거의 설득력은 높아진다. 또한 감사증거의 항목을 개별적으로 고려했을 때보다 일괄적으로 고려했을 때 감사인의 자신감은 증가한다. 이 경우 하나의 원천에서 수집한 감사증거가 다른 원천에서 수집한 것과 부합하지 않을 때 감사인은 추가적인 감사절차의 적용 여부를 결정해야 한다.

감사인은 증거인멸의 우려가 있는 경우에는 검증 등의 방법으로 즉시 감사증거를 확보하고 검증목적과 시기적으로 일치되는 감사증거를 수집해야 한다. 증거인멸의 우려가 있는 경우에는 위 3가지 요건을 다소 희생하더라도 적시에 증거를 수집하는 것이 증거능력을 높일 수도 있기 때문이다. 감사인은 감사증거의 증거능력 등 유용성과 수감부서의 부담 등 증거수집의 비용을 감안하여 증거를 수집해야 한다. 특히 감사증거는 사안의 전모를 밝히고 사실의 입증에 필요한 최소한의 사항과 분량만 징구해야 한다. 다만 증거수집에 소요되는 비용을 이유로 필요한 감사절차를 생략해서는 아니 된다.

3. 합리적 증거

합리적 증거라 함은 그때의 감사 사정하에 있어서 감사인의 의견을 형성하는 데 필요하며 충분하고 입수 가능한 증거로서 과부족이 없는 증거를 말한다.

■ 필요 충분한 증거의 질적 결정요소

- 감사항목의 상대적 중요성 : 금액 또는 내용
- 감사항목의 상대적 위험성 : 부정 · 오류

- 증거입수에 요하는 비용
- 재정의 건전성과 경영방침
- 내부통제 조직의 정비 상황

■ 필요 충분한 증거의 양적 결정요소

- 내부통제 조직의 정비 상황
- 경제성의 원칙

■ 감사증거의 입수 가능성 범위의 결정요인

- 감사일정
- 각 조직 부문 및 관계인의 협조 정도
- 회계조직의 정비상황
- 경영자의 협력 정도
- 상대적 감사비용의 크기
- 감사실시의 시간문제

■ 필요한 증거로서 입수가 불가능하거나 곤란한 경우

- 증거가 화재 · 도난 · 분실 등의 사고로 멸실된 경우
- 정치적 · 법률적 · 지리적 이유로써 소요시간 내에 증거를 입수할 수 없는 경우
- 피감사인의 증거제출을 거부하는 등 비협조적인 경우
- 증거입수에 고비용을 요하여 경제적 한계를 초월하는 경우
- 건전한 판단에 비추어 증거의 입수가 불합리하거나 실시 불능의 경우
- 재산이나 품질의 감정 · 법률사항의 감정 등 증거의 입수가 감사인의 능력을 초월하는 경우
- 회계조직이 현저히 불비(不備)되어 소요의 회계기록을 열람할 수 없는 경우
- 감사개시의 시기의 부적으로 일부 감사절차를 실시치 못한 경우
- 분쟁 기타 재무상 중요 사건 때문에 그 내용 및 결과가 확실하지 않는 경우

합리적 증거의 구조

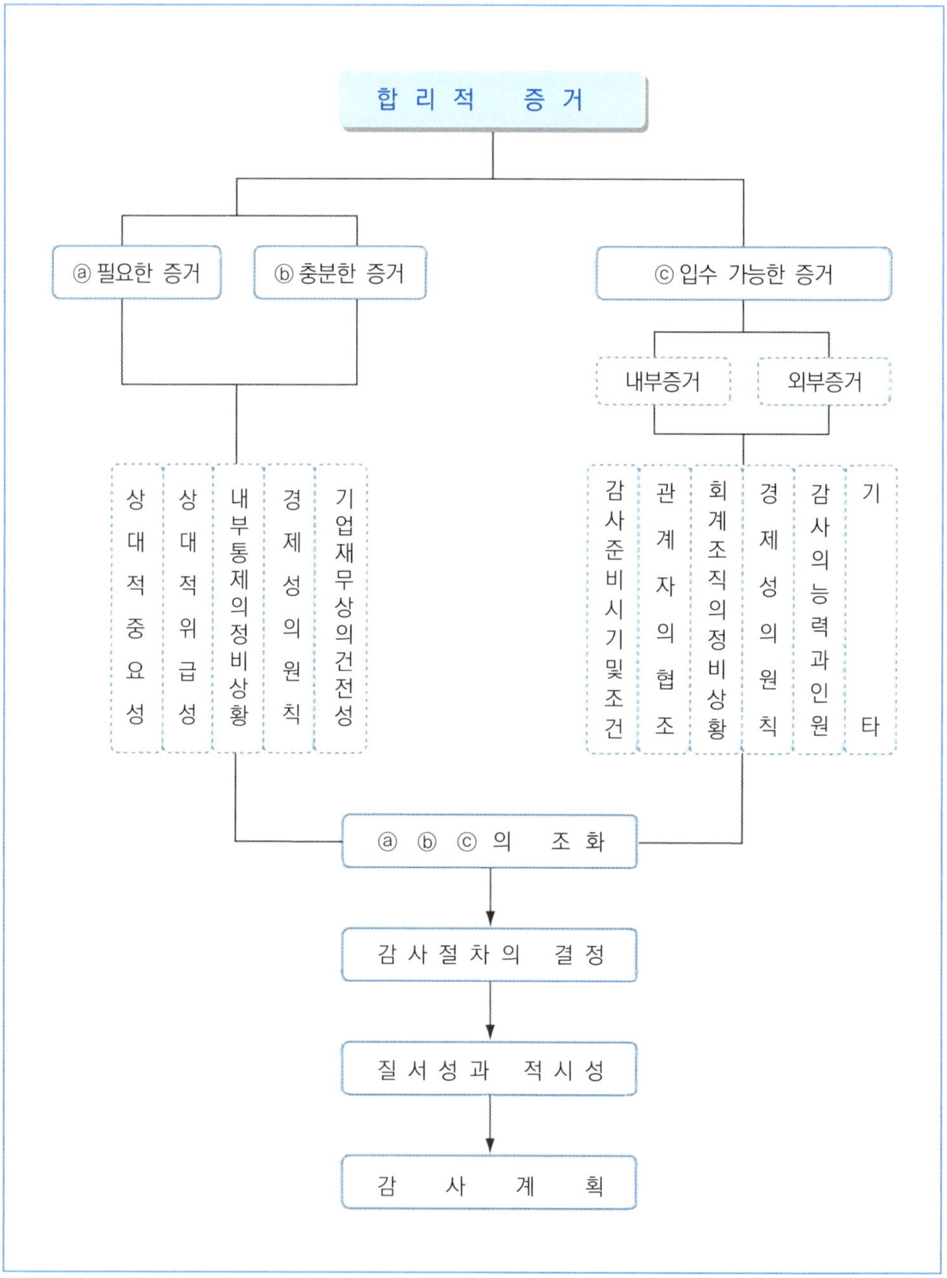
합 리 적 증 거
ⓐ 필요한 증거
ⓑ 충분한 증거
ⓒ 입수 가능한 증거
내부증거
외부증거
상대적중요성
상대적위급성
내부통제의정비상황
경제성의원칙
기업재무상의건전성
감사준비시기및조건
관계자의협조
회계조직의정비상황
경제성의원칙
감사의능력과인원
기타
ⓐ ⓑ ⓒ 의 조 화
감 사 절 차 의 결 정
질 서 성 과 적 시 성
감 사 계 획

증거력에 의한 분류

다음은 감사증거를 증거력이 강한 순에 의하여 분류한 것이다.

- 회계기록에 기장되어 있는 사물의 물리적 존재
- 기업 내외에서 작성된 신뢰성 있는 서류
- 독립된 외부인의 구두 또는 문서에 의한 진술
- 감사의 검산
- 양호한 내부견제 조직
- 질서 있게 정비된 보조기록
- 회사의 결산일 후의 행위
- 임직원의 공식 진술서
- 임직원의 공식 설명

03 감사증거의 획득방법

1. 감사증거의 요건

감사증거의 요건이란 감사증거로서 갖추어야 할 필요한 사항을 말한다. 감사증거 서류는 지적사항에 대한 시정조치를 요구함에 필요한 사항을 충족할 수 있어야 하는 것이어야 한다.

행위 또는 책임의 주체	부서명과 인적사항으로서 직위 · 직급 · 성명 · 보직기간 · 담당직무 · 주소 · 생년월일
처분행위 또는 사실	직무에 위배된 행위로서 회사에 손해를 끼쳤다는 것 등
원인의 입증	고의 또는 과실 등

2. 감사증거의 수집방법

실물확인	봉인에 의하여 현물의 수량 또는 유효성을 직접 조사한다.
입회확인	감사대상 부서의 재고조사 현장에 감사인이 입회하여 그 실시상황을 관찰하고 정 · 부를 확인한다.
조회	거래처 등에 채권 · 채무 등 회계기록과 관련된 확인의 뢰서를 발송하여 문서에 의한 회답을 징구한다.
문서검증	기장자료인 증거서류와 관계 장부의 기록을 대조하여 기록의 정 · 부를 확인하거나 관계 장부간 기록내용의

상호일치 여부를 대조한다.

질문 피감사인 또는 감사사항과 관련이 있는 자에게 구두 또는 문서로 질문하여 설명 또는 회답을 구한다. 감사인은 질문에 대한 응답에서 새로운 정보나 확인적 감사증거를 입수한다.

계산검증 원시증거서류와 회계기록의 가로 또는 세로의 합계액, 잔액 · 적수 등을 검산하여 그 산술적인 정확성을 확인한다.

재수행 감사대상 부서에서 수행한 업무처리 절차를 감사인이 재수행하여 차이의 여부와 그 정도를 발견한다.

개관 및 관찰 장부 · 증빙자료 · 기타자료 들을 개략적으로 관찰하여 비정상적인 사항 또는 중요한 사항의 유무를 확인하거나, 감사 대상기관의 재고자산 및 고정자산의 상태, 임직원의 업무 등을 주의 깊게 살펴본다.

분석적 검토 각 계정의 구성내용을 분석하거나, 중요한 재무비율 및 추이를 분석하여 그 차이점 또는 불규칙성 등을 검토하거나 각각 다른 원천으로부터 입수된 상호 관련되는 여러 개의 수치를 비교하여 예측치 또는 관련 정보와의 일치 여부에 의하여 그 정 · 부를 입증한다.

협조요구 필요한 경우에 감사대상 부서 이외의 자에 대하여 자료의 제출이나 출석 또는 답변을 요구한다.

3. 감사증거의 수집절차

증거서류 사본의 징구 증거서류의 사본은 관계 증거서류의 원본을 필기 또는 복사하여 작성한다. 작성된 사본에는 반드시 "원본과 상위 없음을 확인함"이라고 기재하고 확인일자와 확인자의 직 · 성명을 기명날인하게 하여야 하며, 원본과 상위 없이 사본이 작성되었는지를 반드시 확인하여야 한다. 특히 사본을 요구함에 있어서는 위법 부당한 것을 입증할 수 있는 최소한의 부분을 사본하도록 요구하는데 유의하여야 한다.

■ 등본 또는 사본 징구 시

- 해당 서류를 취급하는 담당자 등으로 하여금 원본과 상위 없음을 확인하게 하여야 한다.
- 사본의 결재란에 결재자의 성명을 부기해야 한다.
- 시정조치(요구)서에 인용될 연 · 월 · 일 · 주소 · 성명 · 숫자 등이 불명확한 증거서류는 반드시 확인하여 보완하여야 한다.
- 부분적인 사본의 경우에는 출처를 반드시 명기해야 한다.
- 중요한 수량과 금액은 산출근거를 명시해야 한다.
- 유형이나 방법이 동일한 지적사항이 많은 경우에는 명세서를 작성하고 대표적인 사항의 사본만을 작성하는 것이 바람직하다.
- 확인서 · 조사표 · 명세서 등에 의하여 입증이 가능한 사항은 별도의 증거서류 사본을 징구할 필요가 없다.
- 서면만으로 현장 등의 실태를 표현하기 곤란한 경우에는 표본 · 도표 · 사진 · 녹음 등을 징구하여야 한다.
- 부분적인 사본이나 명세서를 작성할 때에는 전체적인 흐름이 연결되도록 하고, 부분적인 사본만 보아서 전체적인 내용과 전혀 다른 뜻이 되거나 내용이 가감되어 사실의 축소 · 확대 또는 왜곡을 가져오지 않도록 유의해야 한다.

■ 명세표 또는 집계표 작성 시

- 기준시점 또는 기간 · 단위 등을 명확히 표시해야 한다.
- 처분요구서 설시 등에 필요한 사항이 채택되도록 작성해야 한다.
- 작성자의 직 · 성명 및 작성일자를 명기해야 한다.
- 다수의 증거서류 내용을 발췌하여 작성하는 경우에는 사실이 축소 · 확대 또는 왜곡되지 않도록 유의하며, 원래의 증거서류의 출처를 명시하고 작성자 및 검토자의 소속과 직 · 성명을 기재하도록 하고 날인(서명)을 받아야 한다.

■ 표본품 채취 시

- 표본품으로 징구할 수 있는 물품에는 재고자산 · 유형자산 · 기타자산 · 유형부채와 현금 · 수표 등이 있으나 현금 · 수표는 가능하면 자세한 내용의 확인서를 징구하여야 한다.

- 모집단을 대표할 수 있는 표본품을 채취해야 한다.
- 채취한 표본품이 사건과 관련된 물품임을 증명할 수 있도록 물품의 고유번호 · 규격 · 특징 등을 확인하고, 징구한 다른 증거에 이러한 특징이 기술되어있지 아니한 경우에는 별도의 확인서에 의하여 이를 밝혀 두어야 한다.
- 표본품의 사양서 · 내용설명서 · 보증서 등이 있는 경우에는 이들을 첨부해야 한다.

■ 사진 채취 시

- 부실시공 현장과 같이 감사대상의 상황을 사진으로 설명할 필요가 있거나 과거 시점의 상태 또는 그것과 현황의 비교가 필요한 경우 혹은 증거인멸이 우려되는 경우에는 사진 촬영의 방법으로 증거를 확보해야 한다.
- 중요한 증거로 사용될 사진은 촬영자의 소속 · 직 · 성명 · 촬영일시 · 촬영위치 · 상황설명 등을 기재한 확인서를 촬영자로부터 징구해야 한다.

■ 비밀서류 징구 시

회사의 문서규정상의 비밀문서 취급절차에 따라야 한다. 감사인이 입수한 증거서류 중에는 비밀 또는 이에 준하여 관리해야 할 중요한 문서가 있을 수 있고, 비록 비밀로 분류되지 않았다 하더라도 외부에 유출되는 경우에는 바람직하지 못한 결과를 가져올 수 있으므로 그 보관 및 관리를 철저히 해야 한다.

■ 감사증거서류에 편철되지 않은 기타서류

감사인 개인이 이를 보관해서는 아니 되며, 실지감사 책임자의 책임하에 집중보관 또는 폐기해야 한다. 또한 감사현장에서 감사대상 부서의 컴퓨터 등을 이용하여 감사증거 등을 출력한 경우에는 입력된 원안을 삭제하는 등 감사증거 등이 외부에 유출되지 않도록 유의해야 한다.

4. 필수적 감사증거

감사인이 감사증거를 수집함에 있어 필수적으로 확보하여야 할 증거들에 주의하여야 하며, 그 내용과 요령은 다음과 같다.

| 필수적인 감사증거 확보요령 |

구 분	내 용	목 적
확인서	서류에 없는 내용	서류의 내용으로 확인되지 않는 내용을 증거로 확보
문답서	사건의 내용 중 답변자와 관련된 행위사실 · 동기 · 배경 · 변명 등 모든 내용	징계(문책) 또는 변상 등의 책임의 유무 · 소재 · 한계 규명
질문서	사건과 관련하여 경위 · 배경 · 처리대책 등 답변자의 지위에서 답변할 수 있는 범위의 내용	사건에 대해 주로 기관장(또는 부서장)의 책임 있는 답변, 견해 수렴

확인서

확인서란 어떤 사실에 대하여 경위 또는 내용을 자인시키는 입증서이다. 그 명칭은 자인서 · 경위서 · 전말서 · 입증서 등으로 불리어지고 있으나, 어떤 사실을 확인시키는 것은 확인서, 어떤 경위를 진술시키는 것은 경위서로 하는 것이 타당하다. 확인서는 감사사실 및 증거를 기술 정리한 것이므로 사건개요의 확대에 필요하다. 따라서 감사인이 인지한 특정한 사실에 대하여 감사인 이외의 자가 틀림이 없음을 입증하는 서면이기 때문에 확인서는 일정한 규격 또는 서식은 없고 특정한 사실을 필요에 따라 기재하면 되나 그 내용에는 피감사인 또는 이해관계가 있는 제3자가 확인하는 사실의 인지가 나타나야 한다. 그러나 확인서는 사실에 대한 다른 입증방법이 있을 때는 감사결과 처리의 필수적 증거서류는 아니다. 확인서의 작성에 있어서 유의할 사항은 다음과 같다.

- 확인자의 소속 · 직위 · 성명을 명백히 할 것
- 확인서는 당해 사실을 확인할 수 있는 책임 있는 상위자일 것
- 제목은 지적내용을 일견할 수 있는 것으로 표현할 것
- 내용은 육하원칙에 따라 위법 부당사실을 적시할 것

- 관련자의 소속 · 직 · 성명 · 관리기간 · 담당업무 · 비위내용 · 현업무부서를 명기하도록 하여 이를 확인할 것
- 일자를 기재하고 기명 · 날인하게 할 것
- 가급적 입회인을 참여시킬 것 등

■ 확인서의 작성요령

- 제목 · 확인의 내용 · 사실의 확인임을 표시하는 내용 · 확인일자 · 확인자 및 입회자의 서명날인 등이 포함되도록 하여야 한다.
- 관계서류의 사본만 있으면 충분한 사실 또는 설명하지 아니하여도 당연히 인정되는 사실에 대하여는 확인서를 받을 필요가 없다.
- 확인서는 사실관계의 입증을 위하여 작성하는 것이므로 반드시 사실을 확인하는 내용의 근거가 포함되도록 작성해야 한다.
- 특정사실만 확인하게 하고 정당론이나 원인 · 동기 등을 기재하도록 강요해서는 아니 된다.
- 확인서를 징구할 때에는 가능한 한 해당 사실을 객관적으로 입증할 수 있는 증거를 별도로 보강해야 한다.
- 감사현장을 떠나거나 시간이 경과하면 다시 확인할 수 없거나 변경될 가능성이 있는 사항은 현장에서 반드시 확인서를 받아야 한다,

■ 확인자와 입회자

- 확인서의 확인자는 확인하는 내용에 따라서 적정한 관계자가 되어야 한다.
- 어떤 행위사실의 확인은 그 행위자 또는 행위의 목격자와 현장 확인 사실은 현장의 확인자 등이 되어야 하며, 행위자나 목격자가 없거나 확인을 거절한다고 해서 제3자에게 행위자의 행위사실을 확인하게 하거나 감사자가 현장 확인을 하고 와서 현장에 가보지도 아니한 사람에게 현장 확인 내용을 확인서로 받아서는 아니 된다.
- 입회자는 필수적인 것은 아니지만 확인서의 신뢰도를 높이기 위하여 대체로 직상급자가 된다.

확 인 서

작성일자 ____년 __월 __일

감사실시 중 지적된 사실로서 객관적으로 입증을 요하는 사실을 다음과 같이 확인합니다.

	순위	소 속	직위	성 명	담당업무	현업근무기간	지적사항
관련자인적사항	1						
	2						
	3						
	4						
	5						
	6						

확인사항 (여백이 부족할 시에는 별지를 사용하여 작성해 주시기 바랍니다)

확 인 자	소속 :	직위 :	성명 : ㊞
입 회 인	소속 :	직위 :	성명 : ㊞
감 사 인	소속 :	직위 :	성명 : ㊞

질문서

질문서란 감사결과 위법 부당한 것으로 인정되는 사항 및 사무처리의 내용이 미심한 사항과 직무상 부당한 일이 있다고 인정되는 사항 등에 대하여 설명 또는 변명을 요구할 필요가 있을 때 관련자에게 발부하는 심리문서이다. 질문서는 피감사인으로부터 사건의 경위 · 사건의 배경 · 처리대책 · 기타 의견 등을 들을 필요가 있을 때 사용한다. 답변자가 질문사항과 관련된 사무처리, 업무집행실태 및 행위사실 등 사건내용을 파악할 수 있도록 육하원칙에 의하여 간략하게 설시(說示, 알기 쉽게 풀이하여 보이나)한 다음, 사안의 내용에 따라 처리경위 · 사유 · 원인 · 책임소재 · 의견 및 관련자 등으로 질문사항을 설시하되 문답서 등 증거서류에 의하여 알 수 있는 사항은 이를 생략한다.

질문서는 사실과 행위 그리고 그 결과 등 질문내용을 간결하고 요령 있게 기술하고 다음과 같은 사항에 대하여 답변을 구한다.

- 사실이 이루어진 사유 또는 경위
- 위법 부당성에 대한 의견
- 위법 부당하게 처리한 책임소재
- 위법 부당사항에 대한 앞으로 처리대책
- 관련자
- 추가 증거 및 임의 진술의 요구
- 기타 필요한 사항 등

■ 질문서의 형식과 내용

- 질문서에는 일련번호 · 제목 · 일자 · 답변기한 · 수신인 · 질문자(서명날인) · 지적사항의 개요 · 질문내용 등이 표시되어야 하고, 질문내용에는 항목별로 당위성 · 지적내용에 대한 의견 · 처리경위 · 사유 · 원인 · 책임소재 · 처리의견 · 관련자 등을 설명하여야 한다.
- 문답서 등 다른 증거에 의하여 확인할 수 있는 사항은 질문서에 설시할 필요가 없다.

■ 질문 요령

- 주관적 판단개진이나 결과를 예견하는 질문은 하지 않는다.

- 제목에 부당처리 · 부적정 등과 같이 상대방에게 위압감을 주거나 불쾌감을 주는 문구는 사용하지 않는다.
- 문답서를 작성한 경우에도 피감사 부서의 장에게 질문서를 발부한다.
- 관련 법규나 규정상 개선을 요구할 사항에 대하여는 반드시 관련부서의 장 등에게 의견을 들어서 처리한다.
- 답변내용이 사실과 다른 경우에는 문안을 수정하도록 강요하지 말고 추가로 이를 반박하는 재질문서를 발부하거나 확인서 · 문답서 등 입증할 수 있는 증거서류를 보강한다.
- 지적내용을 시인하는 답변을 하도록 하거나 시인하는 문안으로 수정하도록 강요하지 않아야 한다.
- 당초 처리가 정당하다는 변명이나 이유를 제시하였으나 그 답변이 타당하지 않다고 인정하는 경우에는 이를 반박할 수 있는 추가 증거서류를 보강한다.
- 법령 또는 규정 해석상의 문제나 환경여건을 들어 변명하였을 경우에는 그에 관한 객관적 증거를 첨부하도록 한다.

질 문 서

<table>
<tr><td>일련번호</td><td></td><td>감사종류</td><td></td><td>피감부서명</td><td></td><td>답변기한</td><td></td></tr>
<tr><td>제 목</td><td colspan="7"></td></tr>
<tr><td rowspan="2">질
문
사
항</td><td>질문일자</td><td colspan="2">____년 __월 __일</td><td>감사인 직 · 성명</td><td colspan="3">(서명)</td></tr>
<tr><td colspan="7">다음 지적사항에 대하여 답변기일 내 답변하여 주시기 바랍니다.</td></tr>
<tr><td rowspan="2">답
변
사
항</td><td>답변일자</td><td colspan="2">____년 __월 __일</td><td>답변자 직 · 성명</td><td colspan="3">(서명)</td></tr>
<tr><td colspan="7">위 질문사항에 대하여 다음과 같이 답변합니다.

(여백이 부족할 시에는 별지를 사용하여 작성해 주십시오.)</td></tr>
</table>

문답서

문답서란 사실 또는 행위에 대한 인식과 그 정부를 확인하기 위하여 관계인과 대질 문답에서 이루어지는 증거획득 방법이다. 감사결과 위법 부당한 것으로 인정되는 사항 또는 사무처리의 내용이 미비한 사항과 직무상 부당한 처사가 있다고 인정되는 사항 등에 대하여 증거서류 · 확인서 · 기타 문서로서는 책임의 한계를 명확하게 규명할 수 없을 때에 작성한다.

문답서와 질문서는 사실을 입증하기 위한 증거방법이라는 점에서는 동일하나, 문답서는 책임한계가 불분명할 때 또는 위법 부당사항에 관련된 자의 정황을 소상하게 알 필요가 있거나, 질문사항이 많아 질문서로서는 증거로서 실효를 거두기 어렵다고 인정될 때 작성하는 것이며, 단기간 내에 사실규명이 가능하다는 이점이 있고 질문서는 비교적 간단한 여유를 가지고 변명할 수 있다는 이점이 있다. 문답서 작성에 있어서 사전에 유의하여야 할 사항은 다음과 같다.

- 사건을 완전히 파악할 것
- 규명해야 할 사항을 결정할 것
- 검증자료를 준비할 것
- 논리 전개의 구상을 할 것
- 문답의 순서를 정할 것

■ 문답서의 작성목적

- 감사결과 적출된 사실이 변상 · 징계 및 통보사유에 해당하거나 기타 중요한 비위통보사항 등에 대하여 관계자 책임의 소재와 한계를 규명하고 행위의 동기 · 배경 또는 변명을 듣기 위하여 작성한다.
- 문답서의 내용을 보면 비위의 종류와 정도를 알 수 있고, 그에 상응한 신분상 또는 재산상의 조치를 예상할 수 있도록 작성하여야 한다.

■ 문답서의 요건

- 문답서는 기본적으로 진술인의 인적사항 · 작성일시와 장소 · 조사자의 직위와 성명 · 문답의 내용 · 작성내용의 확인 · 서명날인 · 간인 · 정정인 등과 같은 형식적 요건을 갖추어야 하고 문답서의 핵심이 되는 문답의 내용에서는 관련자 여부 · 사실관계의 규명 · 행위의 동기 · 행위의 배경 등 실질적 요건을 갖추어야 한다.
- 피감사자의 심적 부담과 물자 및 행정력의 낭비가 없도록 최소한의 범위 내에서 작성해야 한다.

■ 사전준비사항

- 사건을 완전히 파악하고 증거자료를 준비
- 규명해야 할 사항을 핵심으로 질문할 사항을 준비
- 질문할 사항을 분류
- 논리전개를 구상하여 문답순서를 정함
- 예상답변을 다각도로 검토하여 대비

■ 문답서 작성요령

- 호칭은 존댓말을 사용하며, 문자는 쉬운 한글을 사용하되 자연스럽고 간명하게 기재한다.
- 작성하기 전에 상대방에게 진술을 거부할 수 있음을 고지한다.
- 문답은 사건의 진행순서에 따라 진행하고 기억하기 쉬운 것부터 질문한다.
- 질문은 짧게 하고 답변은 길게 하도록 유도한다.
- 진술의 취지를 그대로 기재하고 진술인에게 유리한 내용은 물론 변명도 기재한다.
- 진술자가 사용하는 용어를 그대로 기재하되 외래어 · 학술용어 · 약어 · 방언 등에는 괄호 안에 간단한 설명을 하는 것이 바람직하다.
- 수법이 같은 여러 사실에 대하여 문답할 때는 한두 가지의 대표적 사실에 대하여만 기재하고 나머지 사실은 일람표로 작성한다.
- 진술인의 내심의 뜻을 추측하여 기재해서는 아니 된다.
- 마지막에는 유리한 진술과 변명의 기회를 부여한다.
- 서명 · 날인하기 전에 반드시 진술인이 열람 · 확인하도록 하고, 진술인의 서명 · 날인은 본인이 하도록 한다.
- 관계책임자가 여러 사람인 경우에는 모든 관계자별로 충실하게 문답서를 작성하여야 하며, 주책임자에 대한 문답서만을 충실히 작성하고 다른 사람에 대하여는 간단히 하는 일이 없도록 한다.
- 정정할 부분이 있을 때는 두 선을 그어 정정하되, 정정한 부분을 알아볼 수 있도록 가볍게 날인하고 좌우여백에 '2자 정정', '3자 삭제' 등으로 기재한 후 날인한다.
- 문답서 각 쪽 간에는 감사자와 진술인이 같이 간인을 하고, 감사 관계직원 또는 진술인의 상급자 등을 입회시킨 경우에는 입회자의 서명날인을 받는다.

문 답 서

소　속 :

직　위 :

성　명 :

위의 사람은 ________건에 관하여 20__년 ___월 ___일 ________에서 감사인 ________와 다음과 같이 자유로이 임의 문답하다.

문 :

....

답 :

....

문 :

....

답 :

....

문 :

....

답 :

....

....

(여백이 부족할 시 문답은 여러 쪽으로 작성한다)

위와 같이 문답한 후 진술인에게 (열람 · 낭독)하게 하였더니 진술내용과 상위 없으며 오기나 증감한 사항이 전혀 없음을 확인하므로 간인한 후 서명하게 하다.

20____년 ___월 ___일

진술자 직위	성명	(서명)
입회자 직위	성명	(서명)
감사인 직위	성명	(서명)

5. 거래검증을 위한 감사증거

감사인이 감사절차를 수행하면서 그때의 사정에 따라 적절하다고 판단되는 바에 따라 거래나 절차를 검증한다. 감사인은 감사목표를 달성하기 위하여 여러 가지의 감사기술을 자신이 판단하여 이용할 수 있다. 일반적으로 감사인이 감사절차를 수행하면서 이용할 수 있는 방법은 관찰 · 질문 · 분석 · 검토 · 조사 · 평가 · 형태로 구분할 수 있다. 관찰에서 조사까지의 형태는 측정절차의 부분으로 생각할 수 있으며 평가는 감사인이 모집한 정보에 의미를 부여하는 것이 된다.

관찰

관찰이란 어떤 사물을 주목하여 살펴보므로 알기 쉽도록 살피는 것을 의미한다. 그러므로 관찰에 있어서는 목적의식을 가진 시각적인 검증, 즉 기준에 대한 정신적인 비교 평가적인 관찰을 의미한다. 관찰은 자료를 기록하고 정리하는 분석과는 구별된다.

관찰은 살피고 정신적으로 주목하고 판단해야 하므로 적절한 관찰은 가장 어려운 감사기술의 하나일 수 있다. 관찰은 보통 분석이나 조사에 의해서 확인되어야 한다. 관찰은 감사인이 피감사인이 반응과 행동을 주목하게 되는 질문과 문답 시에도 행하여진다. 공장감사를 실시할 경우 작업진도 · 설비 · 환경상태를 살펴보는 것에서부터 관찰은 시작된다. 뿐만 아니라 유휴장비나 유휴시설 · 안전예방상태 · 위험도와 안전관리 위반사항 등을 관찰할 수 있다. 지적인 관찰은 예리한 통찰력을 마련하게 되지만 감사인은 결격사항을 언급함에 있어서 어떻게 관찰할 것인가 주의하여야 한다.

질문

질문은 감사인이 감사절차를 수행하는 데 있어서 가장 많이 사용되며 또한 가장 손쉬운 감사기술 중 하나이다. 질문은 감사가 진행되는 기간 동안 계속 이루어지며 그 방법으로서 구두질문과 서면질문을 들 수 있다.

구두질문은 피감사인의 진술에 의하여 이루어지므로 피감사인이 주는 정보가 옳지 않거나 불완전한 경우가 있다. 이러한 경우에는 동일한 내용의 질문을 적어도 두 사람 이상에게 같은 질문을 하여 그 진부를 확인해 볼 필요가 있다.

구두질문은 때때로 한 업무가 어떻게 훌륭하게 또는 허술하게 수행되고 있는지를 판단하는 데 있어서 가장 만족스러운 감사기술이 될 수 있다. 서면질문에 대해서는 이미 앞에서 질문서에 관하여 언급하였으므로 여기에서는 생략하기로 한다.

분석

분석은 세밀한 검사를 의미한다. 분석은 그 진실성을 판단하기 위하여 상호 관계된 것들을 분해할 것을 강조한다. 분석은 어떤 기능 · 업무 또는 거래의 내용을 규명하고 관계 부문 간의 관계를 판별하는 것을 의미한다. 분석은 자료나 기록 등이 경영정책과 정렬 합치되고 있는지 여부를 측정하고 해석하는 것이다.

효율적인 감사를 위해 분석기능은 주로 경영의 취약 부문 또는 특정요소에 대해 행하게 되며, 감사인의 분석능력에 의존하기보다는 실제기록인 자료에 의해 보다 더 정확한 판단이 내려지도록 한다. 또한 분석은 품질 · 원인 · 동기와 가능성을 발견하거나 밝혀보려는 의도를 의미하는데, 이와 같은 분석은 감사인이 감사를 진행하는데 있어서 판단의 기준이 되어 감사결과를 유용하고 건전하며 약점이 없는 것이 되도록 한다.

검증

검증은 어떤 사항에 대한 사실성 · 정확성 · 진실성 또는 타당성을 증명하는 것이다. 검증은 감사인이 이용하여 온 가장 오래된 기법이다. 검증은 계정이나 기술서 등과 같은 사항에 나타난 것이 실제 사실 또는 세부 사항에 일치하는가를 확인하는 데 이용된다.

검증은 시사를 통하여 어떠한 기준과 비교사항이 정확하며 사실인가를 입증하기 위하여 한다. 여기에서 시사라 함은 확인할 수 있는 사실이나 원본 또는 어떤 기준과 비교하는 것을 의미하며 그 예로서 증빙서류와 회계 기장의 비교, 전결 규정과 집행 사항의 검증, 구매 타당성의 검증, 계약서 내용과 실제 처리된 사항의 검증 등을 들 수 있다.

조사

조사는 일반적으로 사실의 전개와 진실성의 확증을 얻을 목적으로 감사인이 발견하려고 하였거나 알기를 원하는 사항에 대하여 조직적으로 추적하는 것을 의미한다. 그러므로 조사는 다른 감사기술의 하나의 부분 또는 결과로서 행하여질 수 있다. 또한 조사는 하나의 거래 또는 일련의 거래에 대한 사실을 확인하는데 관련된다. 그러나 조사는 분석보다 한정된 경향을 갖고 있으며 감사인의 권한을 침해하고 회사로 하여금 명예훼손에 대한 소송 · 중상 · 악덕행위 · 악의적인 소송 등 예견치 못하는 결과를 야기할 수 있는 감사인에게 부여된 권한을 벗어난 조사방법을 사용하지 않도록 조심하여야 한다.

Chapter 03

감사기술과 내부감사의 일반절차

01 감사기술의 종류 · 114

02 감사기술의 선택과 적용 · 118

03 시사(試査) · 120

04 내부감사의 일반절차 · 125

01 감사기술의 종류

감사기술(Auditing Techniques)이라 함은 감사인이 의견표명에 있어서 뒷받침되는 기초 자료로서의 증거를 구하는 입수 수단을 의미한다. 감사기술은 크게 두 가지로 나누어 내부 증거를 구하는 수단으로써 일반감사기술과 외부증거를 구하기 위하여 각 업무에 대하여 개별적으로 적용할 수 있는 특수감사기술인 개별감사기술로 크게 나눌 수 있다.

1. 일반감사기술

증빙대조 · 장부대조 · 계산검증 등과 같이 내부증거를 구하는 감사기술로서 기중 거래의 기장, 기말 결산잔액의 계산, 결산정리 기입 등이 경영활동 전반에 기본적으로 적용되어 그 정확성 또는 타당성을 확인하는 데 효과가 있으며 일반적 감사기술의 특징은 관계기록의 면밀한 대조에 있으며 단순한 기계적 작업으로서 작업량이 많고 시간과 노력이 많이 소요되는 단점을 가지고 있으므로 원칙적으로 시사의 방법을 적용하게 되며 다음과 같은 방법을 많이 사용한다.

증빙대조(Vouching) 증빙대조란 기장자료인 증빙서류와 관계 장부 기록과를 대조하여 그 기록의 정부를 명확히 하는 기술이다.

- 증빙서류 자체의 정부 음미
- 내용의 진실성
- 거래의 적법성
- 금액이나 수량 계산의 정확성
- 일자나 상대명의 적정성
- 정당한 책임자의 승인

장부대조(Checking Posting) 장부대조란 일정항목의 감사에 있어서 상호 관련하는 장부를 대조하여 전기나 기록의 정부를 확인하는 기술이다.

- 시산표의 계정 합계와 잔액을 총계정 원장과 대조
- 분개장과 총계정 원장의 전기 대조
- 총계정 원장의 통제계정과 보조장의 대조

계산검증(Footing) 계산검증이란 각종 장부 또는 계산표에 있어서의 종횡의 합계액 · 차인잔액 · 종류 등의 계산을 검증하여 그 수적 정확성을 확인하는 기술이다.

계정대조(Checking Account) 계정대조란 총계정 원장에 있어서 상호 관련 있는 제 계정을 대조하여 그 기록의 정부를 확인하는 기술이다.

전표대조(Checking Slips) 전표대조란 회계전표와 증빙서 및 관계 장부 기록을 대조하여 기록의 정부를 음미하는 방법이다.

통사(Scanning) 통사(通査)란 업무기록을 통람하여 이상 항목과 예외 사항을 발견하여 문제점을 명확히 하는 기술이다.

열람(Review) 열람(閱覽)이란 각종의 감사 자료를 비판적으로 사열하여 기업의 업무에 관한 방침 · 현상 · 처리절차의 정당한 승인의 유무, 전기(前期)와의 변경 유무 등을 파악하는 방법이다. 특히 예비조사 시에 유용하다.

합법성 검토 관계사무의 처리에 있어서 법규 · 정관 · 규정 · 지침의 준수 여부를 검토하여 그 법적 준수성을 확보하는 것이다.

합목적성 검토 관계 업무의 성과 여부를 분석하여 그 목적달성 여부를 확인하는 것이다.

2. 개별감사기술

외부증거를 구하기 위하여 각 업무에 대하여 개별적으로 적용되는 특수기술로서 실사 · 입회 · 확인 · 질문 · 계정분석 등이 있으며 회계감사의 경우 기말 계정잔액의 정부나 적부를 확인하는 유효한 수단으로서 보통은 대차대조표 항목의 잔액감사에 적용되어지나 기중감사에 간혹 적용되기도 한다. 개별감사기술에 대하여 입수한 감사증거는 강력한 외부증거이나 입수범위의 제한으로 일반감사기술과 같이 업무기록 전부에 대하여 적용하기가 어렵다.

실사(Physical inspection) 실사란 자산의 실재성 및 수량을 확인하기 위하여 감사인 스스로가 그 자산의 현물에 대하여 직접 물리적으로 조사를 행하는 것으로서 기업이 현재 보유하고 있는 현금이나 예금증서 · 유가증권에 적용된다.

입회(Observation) 입회란 재고자산의 실지 재고조사를 행할 때 감사인이 현장에 출석하여 그 실제 상황을 관찰하여 그 처리의 적부를 확인하는 것이다. 재고자산의 금액이 중요한 경우에는 실시 가능하고 합리적인 한 감사인은 반드시 입회하도록 한다.

확인 또는 조회(Confirmation) 확인이란 외부의 거래처에 조회하여 일정한 사실이나 계산의 정부를 확인하여 문서에 의한 회답을 직접 입수하는 것으로, 주로 채권채무, 은행예금이나 타처에 보관되어 있는 기업 소유의 자산에 대하여 적용하며 확인방법에는 적극적 확인과 소극적 확인이 있으며 적극적 확인이란 조회사항이 정부에도 불구하고 확인의 결과를 회답토록 의존하는 방법을 말하며 소극적 확인이란 조회사항에 이의가 있는 경우에만 그 요지를 회답토록 하는 방법을 말한다.

질문(Inquiry) 질문이란 불명한 사실이나 기타의 의문사항에 대하여 해당 부문의 업무담당자나 책임자에게 문의하여 설명 또는 회답을 구하는 것으로서 보충적 입증 수단이다.

계정분석(Account Analysis) 계정분석이란 계정의 차변기입 및 대변기입의 구성요건을 명백히 하는 것으로서 계정기입 및 계정잔액의 정확성 · 타당성 · 합법성을 확인하여 비용항목을 구별하여 회계원칙의 적용에 관한 원리적 오류를 발견하는데 유효하다.

비교음미(Ratio Testing) 비교음미란 재무분석 지표를 비교법을 응용하여 업무기록의 정부를 대국적으로 판단하는 방법으로 기말재고의 감사 등에 이용된다.

비교(Comparison) 비교란 두 개 이상의 수치를 비교하여 기간의 이동점 또는 불규칙성을 발견하는 방법으로 특히 계절지수 · Trend 분석 등의 감사에 유효하다. 그러나 문제점의 해명에는 다른 기술을 채용하여야 한다.

조정(Reconciliation) 조정이란 별개의 원천에서 입수된 관련 있는 두 개 이상의 수치를 비교하여 상위가 있는 부분에 대하여 관계 자료에 정리하여 실질적으로 일치함을 확인하는 것으로 당좌예금의 잔액의 조정책에 이용된다.

시사(Test Checking) 시험적 검사의 줄인 말로서 표본법이라고도 한다. 감사대상의 일부를 표본으로 추출하여 정밀히 검사하고 그 결과에 의하여 전체를 추정하는 것이다. 시사의 종류 등에 관하여서는 뒤에 자세히 살펴보기로 한다.

02 감사기술의 선택과 적용

감사기술을 선택하고 적용함에 있어서 확증적인 정보의 충분성을 판단하는 데 필요한 요소인 항목의 중요성 · 상대적 위험성 · 경제성의 원칙을 감안하여 감사기술을 선택하고 적용하여야 한다.

1. 감사기술의 선택

감사기술(Auditing Techniques)과 그 밖의 감사절차와의 차이에 대하여서는 반드시 명확히 규제되고 있지는 않으나 감사기술이란 감사목적을 달성하는 데 필요하고 유효한 증거를 입수하기 위한 감사에 특유한 합목적 수단이며 감사절차란 감사기술을 실제로 사용하고 이것을 특정한 조건과 상태에 적용하는 방법과 과정이다.

감사기술의 선택이란 당해 사정 하에서 합리적 증거를 구하기 위하여 어떤 감사기술을 실시할 것인가를 감사인의 판단에 의하여 적당히 결정하는 것이다.

2. 감사기술의 적용

감사기술의 적용이란 선택된 감사기법에 대하여 실시의 시기 · 감사일수 · 감사범위 · 감사방법 · 담당자 등 기타 구체적 순서를 고려하여 이를 실시하는 것으로 다음 사항들을 구체적으로 고려하여야 한다.

적시성 감사기술을 적용하는 시기를 결정하는데 있어서 고려하여야 할 요건으로서 첫째는 적절한 시기의 결정이다. 이는 감사기술을 시기적으로 배분하는 것으로서 실기하면 증거를 입수하기가 곤란하다. 둘째로 관련 항목의 감사기술을 동시적으로 집행하는 것으로 현금 · 예금 등의 잔액을 실사하는 경우에는 어음 및 유가증권의 실사 · 입회 또는 확인을 동시에 실시하는 것이다.

질서성 감사기술의 적용순서를 적절히 결정하는 것이다. 그리고 적용순서가 적절하면 스스로 적절한 시간에 적용되게 될 것이므로 질서성과 적시성과는 표리일체의 관계에 있는 것이다.

적용의 범위 선택한 감사기술을 어느 범위까지 실시할 것인가 하는 것으로 적용 범위의 대소는 감사일수 · 인원 · 비용 등에 직결되는 것이며 또한 감사책임에도 관계가 있으므로 특히 신중히 결정하여야 한다. 회계감사의 재무제표 감사에 있어서 감사기술의 적용은 원칙적으로 시사에 의한다.

적용의 방법 감사기술을 어떤 방법으로 적용할 것인가 하는 것으로 예를 들면 종업원단기대여금에 대한 확인을 적극적 확인을 할 것인가, 소극적 확인을 할 것인가, 질문 및 회답을 구두로 할 것인가, 문서로 할 것인가 등을 결정하는 것으로 중요성이나 관계자의 협력 정도 등을 감안하여 결정하여야 한다.

감사담당자 감사능력 · 경력연도차 등을 고려하여 책임자와 보조자를 결정하여야 한다.

03 시사(試査)

1. 시사의 의의

시사(Test Checking, Testing)라 함은 "회계기록의 일부분을 적당히 선택하여 검사하고 그 결과로서 다른 부분의 정부를 추정하는 것을 말한다." 또한 시사에 대조적인 것으로서의 정사(Complete Checking)는 "회계기록의 전부에 대하여 이것을 검사함을 말한다."라고 일본의 감사실시준칙에서 설명되고 있는데 재무제표 감사로서 대표되는 근대감사에 있어서는 감사절차의 적용은 원칙적으로 시사에 의하는 것이 상례인 것이다.

시사는 시험적 조사의 약칭이며 감사대상의 일부를 적당히 추출하여 세밀하게 검사해서 그 결과에 의하여 전체 회계기록의 정부를 추정하는 방법인 것이다. 따라서 시사는 장부대조나 증빙대조와 같은 내부증거를 구하는 일반감사기술로서 적용되는 절차뿐만 아니라 실사 · 확인 · 기타의 개별감사기술로 적용된다. 모든 감사사정에 이용되는 것으로 시사는 이와 같이 감사기술의 적용방법인 점에서 주로 거래기장의 감사 또는 기중감사에 이용되며 결산기장의 감사에서는 부분적으로 이용되는 것이다.

근대감사에서 시사를 이용하는 이론적 근거는 다음의 세 가지로 요약할 수가 있다.

■ 수학적 확률론

이는 수학적 확률론에 의한 것이다. 감사할 특정항목의 전체를 대표할 수 있는 약간의 Sample을 추출하여 세밀하게 검사하면 충분하다는 것이다.

■ 내부통제 조직의 확립

기업에 있어서의 내부통제 조직의 확립인 것이다. 이 조직이 잘 정비되어 있으면 효과적인 사무관리가 이루어져서 회계상의 부정이나 오류의 발생 여지가 없을 정도로 Checking도 되어 있을 것이니 일부러 정사까지 할 필요가 없다는 것이다.

■ 감사비용의 절감

이는 감사비용의 절감이라는 경제적 이유에도 있는 것이다. 경제규모가 확대되고 거래량이 확대됨에 따라서 모든 거래를 하나하나 정사(精査)한다는 것은 기업으로 하여금 막대한 경비를 부담하게 할 뿐만 아니라 많은 시간과 노력이 드는 까닭으로 비능률적이고 비효과적이라는 것이다.

2. 시사의 종류

시사는 Sample 추출방법에 따라서 두 가지로 나눌 수가 있다. 하나는 경험적 시사이고 또 하나는 통계적 시사이다.

경험적 시사

시사의 적용은 대체로 오늘날까지 오로지 감사인의 경험에 따라서 행하여져 왔던 것이다. 즉 기업의 내부통제의 정도 · 항목의 중요성 · 상대적 위험성 등을 고려하여서 감사의 다년간 경험과 숙련으로서 적당한 판단으로 Sample의 크기와 추출방법을 결정하고 주관적으로 시사의 결과를 해결하는 것이다. 이것은 간편하고 용이하게 적용할 수가 있어서 탄력적이라고 볼 수가 있으나 과학적인 것이 되지 못한다는 결점이 있다.

통계적 시사

이상의 비과학적인 경험적 시사는 Sample의 크기에 대한 타당성이나 오류의 위험률이 판명되지 못하고 또한 그 신뢰도도 분명치 못한 것이다. 이것을 시정하기 위하여 최근 통계적 표본조사법의 응용에 대한 연구가 활발하게 진행되고 있다.

이와 같이 통계학상의 표본조사법을 응용한 시사를 통계적 시사(Statistical Sampling) 또는 통계적 TEST라고 한다. 그런데 이 방법을 실제로 적용하는 데는 다음 3단계가 필요하다.

- 제 1단계 : 시사 범위의 결정
- 제 2단계 : Sample 추출법의 결정
- 제 3단계 : 시사의 결정에 대한 판단이다.

시사의 범위에 대한 결정 Sample의 방법을 이용하는 경우 제일 먼저 결정할 것은 Sample의 크기에 대한 결정이다. 이것은 다음의 사항에 따라서 종합적으로 결정하는 것이 좋다.

■ 내부통제 조직의 유인성

내부통제 조직이 정비되었으면 시사범위가 축소될 것이고 불비 불완전한 경우에는 그 범위가 확대될 것이다.

■ 감사항목의 중요성과 상대적 위급성

중요한 항목 또는 부정 오류가 발생하기 쉬운 것은 다른 항목보다 광범위한 시사가 필요하다.

■ 감사항목의 자의성의 정도

감사항목에 변동성이 있어서 조사해야 할 사항이 많을수록 시사의 범위는 넓어야 한다.

■ 감사비용과 감사일수

시사의 희생과 효과를 비교 측량하여 경제적인 한계를 넘지 않도록 배려해야 할 것이다.

이상이 시사의 범위를 결정하는 일반적인 요소인데 여기에 따라서 모집단의 최대허용 및 오류율의 결정과 시사의 위급율의 허용한계를 결정해야 하는 것이다. 즉 일정한 사정하에서 모집단을 만족한 것으로서 허용할 수 있는 최대 오류율과 또한 이 한계에 비추어서 시사의 결과에서 판정한 결론의 신뢰도에 대한 최저한계를 결정할 것이다. 보통은 90% 이상의 신뢰도 또는 5% 이상의 위험률이 필요한 것이다.

Sample 추출법의 결정 이와 같이 해서 시사의 범위가 결정되면 추출하는 방법이 결정되어야 한다. 그 방법은 여러 가지가 있으나 여기에서는 내부감사인이 실제 감사에서 쉽게 적용할 수 있는 것으로서 다음에서 보는 바와 같다.

■ 난수법(亂數法)

되는대로 숫자를 나열한 난수법(Random Number Table)에 의하여 표본을 추출하는 방법이다. 이 방법에 의하면 감사대상의 모든 부분은 표본으로서 추출되고 확률이 같게 된다. 따라서 감사인의 의사 여하에 불문하고 표본은 전혀 임의로 추출된다.

■ 계통추출법(Systematic Sampling)

이것은 전체의 크기 N과 표본의 크기의 비율로서 추출법($r=\frac{n}{N}$)을 결정하고 추출률의 역수($\frac{1}{r}$)를 추출 간격으로 하여 v본을 추출하는 방법인 것이다. 예를 들면 3,000명의 직원 출자금 감사에 있어서 100개의 Sample을 추출하자면 30번째마다 하나씩 추출하면 되는 것이다. 이 방법으로서는 순환적 오류를 발견하기는 어려울 것이다. 일반적으로 내부감사에 있어서 공장감사 시 재고자산 중 품목과 규격이 많은 원재료의 재고 실사에서 많이 사용되고 있다.

■ 점형표본법(Spot or Black Sampling)

이 방법은 사업년도 중 어느 1개월이라든가 또는 외상매출금의 수많은 인명계정 중에서 일련의 항목을 추출하고 다시 그 중에서 어느 부분과 부분을 추출한 것을 표의 기회를 줄 수가 없는 결점이 있다.

■ 층별표본법(Stratified Sampling)

감사항목 중에서 동질적인 것을 모아서 수개의 계층을 만들고 각 계층마다 임의대로 표본을 추출하는 방법인데, 예를 들면 외상매출금의 채권잔액 조회를 실시코자 할 경우 일정액 이상의 큰 금액은 전부 조회서를 발송하고 그 이하의 소액의 경우 10개의 1개씩 시사한다든지 또는 금액별로 나누어서 표본을 추출하는 따위이다. 이와 같이 층별화 하면 각 계층내의 변동성이 분산되어 모집단 전체의 변동보다 적어지므로 그만큼 시사의 결과가 좋아질 것이다. 그러므로 표본의 수가 적어도 될 것이다.

시사 결과의 판정 필요한 크기의 표본이 추출되고 여기에 대하여 감사가 행하여지면 그 다음은 시사한 결과가 나타난다. 그러면 이것을 어떻게 보느냐, 또는 모집단을 만족한 것으로 채택할 것인가, 그렇지 않으면 포기할 것인가를 결정해야 한다. 시사결과가 불만족하다면 Sample을 추가하여 시사의 범위를 넓혀 나아가서 허용할 수 있는 신뢰도에 도달할 때까지 시사를 계속할 것이다. 그래도 믿을 수가 없다면 모집단 전체를 부정확한 것으로 보고 시사를 중지하고 정사를 해야 할 것이다.

04 내부감사의 일반절차

내부감사에 있어서 감사의 관행으로서 감사인이 통상 실시하여야 할 감사절차로서는 실시 가능하고 합리적인 한 함부로 생략해서는 안 되는 중요한 절차이다. 내부감사의 일반적인 절차는 크게 나누어 감사계획 및 준비 · 현장감사 · 발견사항 보고 · 감사 사후관리로 4단계 구분할 수 있다.

1. 감사계획의 준비

이는 연간 감사계획에 의해서 먼저 피감사 부문을 선정하고 감사실시를 품의한다. 감사실시 품의서에 반드시 포함되어야 할 사항으로서 감사일정 · 감사대상 · 주요 착안점 등을 들 수 있다. 감사실시 품의가 승인되면 즉시 피감사 부문의 장이나 책임자에게 이를 통보한다. 감사실시 통보는 정규감사시에 필요한 절차이나, 감사목적과 감사해야 할 내용이 비밀을 요구하는 경우에는 이를 생략할 수 있다. 이러한 방법은 불시감사 또는 비정규감사 때에 적용된다. 감사실시 통보를 할 때에는 감사 절차상 필요한 감사 자료를 피감사 부문에 요청한다. 감사계획서를 작성할 때에는 피감사 부문의 특성과 업무의 성격에 따라서 감사요원을 선발하고 각 감사인이 수행해야 할 업무를 분장하는 일을 명확히 해둘 필요가 있다. 이러한 일련의 절차가 끝나면 감사실시를 위한 준비를 해야 한다. 이때 무엇을 어떻게 감사할 것인가 하는 Check Point의 점검이 반드시 따라야 하며, 감사항목의 선정 시 준비하여야 할 사항으로써 경영분석 비율 등 관리 Data · 회의록 · 품의서 · 업무 Flow-chart · 경영층과의 대화 · 타 부서와의 대화를 들 수 있다. 이 밖에도 피감사 부문의 특성에 따라서 본 감사를 실시하기 전 절차로서 충분한 예비조사가 선행되어야 만이 효율적인 감사업무를 수행할 수 있다. 개별 감사계획을 준비함에 있어서 사전에 고려해야 할 사항은 다음과 같다.

감사점검표의 작성 감사준비를 위해 감사점검표(Check Point)를 작성하고 현장감사에 필요한 자료수집에 착수하며, 특성을 파악하기 위한 외부업계 조사도 병행하는 등 예비조사를 충실히 함으로써 현장감사를 원활하게 할 뿐 아니라 정밀감사 소요시간도 줄이도록 한다. 감사활동의 주요 구성내용은 신뢰할 수 있는 정확한 데이터의 수집과 제반 기준에의 일치 여부 확인 및 내부통제제도의 조사와 평가, 서비스 개선수준의 확인 등으로 구분할 수 있다. 그러므로 이의 정당성을 뒷받침할 만한 근거를 확보하기 위해 관련 정보자료의 수집이 무엇보다도 중요하므로 대부분의 필요정보 자료가 내부에서 수집 가능하나 시장에서의 위치 등과 같은 외부 정보자료의 수집도 중요하다.

감사환경의 전망 정치 · 경제 · 사회 · 문화 등이 끊임없이 변해가고 감사대상도 이러한 환경 속에서 직 · 간접으로 영향을 받고 있기 때문에 변화해 가는 감사환경을 이해하고 전망할 필요가 있다.

감사운영 기본방향과 감사중점의 설정 감사환경을 이해하고 내다본 결과를 토대로 한 해 동안 감사운영을 어떻게 할 것인지 그 기본방향을 설정하고, 이에 따라 구체적인 감사중점을 설정하여 한 해 동안 점검할 분야를 선정한다.

각종 자료의 수집과 분석 감사계획을 준비할 때에는 다음에서 설명하고 있는 각종 자료를 수집하여 분석하여야 한다.

- 관련 법령
- 기능 · 조직 · 인력 · 예산 등 일반현황
- 주요 업무계획과 분석결과
- 성과계획과 성과보고서
- 직전 감사자료 및 감사 자료의 분석결과
- 선행감사결과의 지적사항에 대한 시정조치 상황
- 기타 감사와 관련하여 필요한 자료

예비조사의 실시 감사대상 부서 또는 감사대상 업무가 구체적으로 선정된 후 감사를 효율적으로 수행하기 위하여 본 감사에 앞서 실시하는 사전조사활동을 총칭하며, 감사대상과 관련된 자료 및 정보의 수집과 확인, 그리고 감사대상의 일부에 대한 표본조사 등을 포함한다.

성과감사에 있어서는 합법성감사보다 훨씬 높은 감사인의 전문성이 요구되므로 예비조사가 필수적이다. 철저한 예비조사는 구체적인 감사방향 · 감사중점 및 절차 등의 결정에 도움이 되며, 본 감사 기간의 단축과 함께 감사자원의 낭비를 예방할 수 있다. 예비조사결과 본 감사가 불필요하거나 감사성과가 적을 것으로 판단될 경우에는 과감히 감사계획을 변경하여야 한다. 예비조사 과정에서 유념해야 할 사항은 다음과 같다.

감사대상 업무와 관련되는 유관부서, 감사대상 업무와 유사한 업무를 수행하는 부서 또는 감사대상 업무에 의하여 직 · 간접적으로 영향을 받거나 관심이 있는 이해관계인 등과의 면담 · 자료 및 정보의 수집 등은 감사대상 업무의 실상을 파악하고 문제점을 발굴하는 데에 기여할 수 있다.

- 성과감사를 수행하기 위한 예비조사과정에는 반드시 현장조사를 실시해야 한다.
- 예비조사결과 수집된 감사 자료는 면밀히 분석하고 본 감사에 유용한 자료로 이용될 수 있도록 정비하여야 한다.
- 감사 자료의 분석과정에서 전문지식과 기술이 필요한 부문에 대하여는 사전에 전문가의 자문 등 도움을 구해야 한다.
- 전문가의 자문 또는 참여는 감사대상 업무에 대한 감사인의 편견을 예방하고 감사실시 절차 및 감사결과의 신뢰성을 제고하는 데 도움이 된다.

2. 현장감사

감사 개시회의

감사실시를 위한 개시회의는 감사대상 부서와 감사인 간의 상견례와 더불어 감사팀과 감사대상 간에 감사업무가 원활하게 진행될 수 있도록 유대관계를 조성하고, 감사대상 부서에서 작성한 자료를 통해 업무의 개황 · 주요현안 및 문제점에 대해 직접 설명을 청취함으로써 감사대상의 사정을 이해하고 효과적인 감사가 이루어지기 위함이다.

- 감사팀 및 감사대상의 인사 및 소개
- 감사범위 설명

- 통보된 감사프로그램 재확인 및 감사수행방법 설명
- 감사할 서류 준비 요청
- 감사대상의 업무 설명
- 피감사 대화상대자 확인
- 편의시설(식당 등) · 출입제한 구역(위험 · 특허 등) 확인

감사의 실시

감사인이 수행하는 감사실시의 기본활동요소는 대체로 검증 · 분석 · 확인 · 평가의 과정을 거친다.

■ 검 증

업무행위 자료의 정확성과 제반 업무 행위의 경영목표 합치 여부를 판단하는 것이 검증의 주목적이며, 최근에는 검증영역이 점차 회계분야에서 일반업무활동 및 방향성에 이르기까지 경영전반에 걸쳐 확대되고 있다. 외부감사는 검증을 통해 주로 문제제기에 그치지만 내부감사는 문제를 적출하고 이의 해결 및 개선방안까지 제시하여야 한다.

■ 분 석

분석은 자료나 기록 등의 합치 여부를 측정하고 해석하는 것으로 효율적인 감사를 위해 분석기능은 주로 특정요소에 대해 행하게 되며, 감사인의 분석능력에 의하기보다는 실제기록인 자료에 의해 더 정확한 판단이 내려지도록 하여야 한다.

■ 확 인

집행과정에 대한 확인은 감사의 특성 중의 하나로서 어떻게 실천되고 집행되고 있는가를 확인하는 것으로 결과가 계획 대비 양호한 경우라 할지라도 단순히 시장의 여건에 의해 좋아진 것일 수 있으므로 조사과정을 통하여 노력과 성과의 연계를 검토하여 더 좋은 결과를 얻을 수 있었는지 확인한다. 이와 같은 집행과정의 확인은 감사팀이 다양한 분야의 업무경험을 가진 감사인들로 구성되어 충분히 서로 토론하고 협의를 거쳐 행할수록 더 좋은 결과를 얻을 수 있다.

■ 평 가

평가는 검증 · 분석 · 확인을 거쳐 나타난 결과를 토대로 판단하는 작업이므로 이 과정에서 조직의 내부통제가 제대로 이루어지고 있는지, 업무분장은 제대로 이루어져 있으며 업무분장 내용대로 실제 기능하고 있는지, 위기대응은 제대로 이루어지고 있는지, 회의 등은 잘 운영되는지, 인재의 확보 · 양성 · 유지 · 활용 · 평가 등은 잘 진행되고 있는지에 대한 판단이 이루어진다. 평가는 감사인의 책임으로 수행되지만, 지적사항에 대해서는 그대로 경영활동에 즉각 반영되는 것이 아니고 단지 최고경영층에 제출되는 보고 자료라는 사실에 유의하여 신중히 하고 객관적이고 정확한 내용이 담길 수 있도록 한다.

감사기법의 활용

감사기법은 크게 나누어 일반감사기법과 개별감사기법으로 구분된다. 일반감사기법은 관계기록의 면밀한 대조에 적용하여 정확성 · 타당성을 확인하는데 효과가 있는 기술로서 내부증거를 구할 때 주로 활용하며, 여기에는 대조 · 계산검증 · 통사가 속한다. 개별감사기법은 입수범위가 제한되는 외부증거를 구할 때 주로 활용하며, 실사 · 입회 · 조회 · 확인 · 질문 · 계정분석 · 비교음미 · 시사 등이 이에 속한다.

감사조서의 작성

감사조서는 감사인이 감사를 실시하면서 자신이 작성한 각종의 서류 및 수집 자료를 총칭하며, 감사업무 수행에 도움이 될 뿐만 아니라 감사보고서에 표시되는 감사인의 의견표명을 뒷받침하는 증거자료가 된다. 또한 감사인이 선택 · 적용한 감사절차와 이를 적용한 결과 발견된 제반 사항을 구체적으로 기록한 것이다.

감사조서를 작성하는 것은 거래기록의 검토 및 검증에만 있는 것이 아니고 감사증거를 확보하는 데 그 목적이 있다. 그러므로 감사조서를 작성할 때는 미미한 사항이라 할지라도 반드시 조서에 남겨놓는 것이 중요하다. 왜냐하면 후일에 어떤 문제가 발생할 경우 일일이 감사인의 기억에만 의존할 수가 없을 뿐만 아니라 감사증거가 없을 경우 그 책임이 감사인에게 전가될 수도 있기 때문이다. 감사조서에 담아야 할 내용은 다음과 같다.

- 감사활동 기록으로 감사를 실시한 거래 및 계정, 그리고 개별항목에 대한 과정 · 절차 · 상태 등을 명확하게 기록한다.
- 특정 부문이나 그 관련 과정을 특별히 발췌하여 감사한 경우 그 사유 및 특기사

항 등을 확실하게 기록한다.

- 대차대조표 · 손익계산서 · 기타 재무제표 등에 관한 분석명세서
- 특히 관심이 가는 사항에 대한 비망기록 및 수집자료

감사조서가 제 기능을 발휘하고 감사의견을 뒷받침하는 중요자료로 역할을 다 할 수 있기 위해서는 자료의 완전성 · 명료성 · 연결성 · 질서성 · 표준화 등의 요건이 갖춰져야 한다. 따라서 감사조서는 단순한 감사사항을 주서 또는 TICK MARK를 사용하여 정리해 나아가야 한다.

3. 발견사항 보고

현장감사가 끝나게 되면 감사인은 감사보고서를 작성하여 최고경영자에게 보고하게 된다. 감사보고서는 반드시 감사조서를 기초로 하여 작성되어야 한다. 내부감사인의 감사보고서의 보고가 이루어지면 다음으로 피감사 부서에 시정 · 개선 · 권고사항을 서면으로 이를 통보한다.

감사 실시 중의 발견사항은 감사종료 후 감사인의 의견표명과 권고사항의 원천이 된다. 따라서 일반적으로 감사시의 발견사항을 구분하면 다음과 같다.

- 내부통제의 취약점,
- 개선이 요구되는 점
- 업무가 부적절한 상태에 있는 경우 이의 결함 지적사항
- 부정행위의 발견사항

결함사항 중 중요사항은 회사의 주요 목적을 달성하는 데 있어서 그 활동 · 기능 또는 조직을 저해하는 사항으로 감사인의 불만족의견을 표명하는 부분이다. 결함사항 중 중요도가 낮은 사항은 회사의 주요 목적달성을 저해하는 요소는 아니지만, 곧바로 보고에 의하여 시정조치를 취하도록 하고 불만족 의견표명까지는 하지 않아도 되는 사항이다. 이와 같은 기준은 일관성이 있고 신중하게 적용되도록 하며 모든 결함사항에 대해 감사보고서에 기술 · 보고되도록 하여야 한다. 또한, 감사대상 업무가 적정한 상태에 있으며 타사나 기준에 비하여 모범이 되는 경우를 발견한 때에는 감사인의 의견 표명시에 기술함으로써 감사대상과 좋은 유대관계를 가지도록 한다.

4. 감사 사후관리

내부감사에 있어서 감사 사후관리는 다른 어떤 절차보다도 중요하다. 감사실시 결과 지적되거나 적출된 문제점은 단순히 지적으로만 끝나버리면 비용의 낭비만 가져오는 것이 아니라 감사부서의 존재가치마저 상실하게 하는 원인이 될 수도 있다. 감사결과에 대한 사후관리는 이러한 측면에서도 중요한 것이다. 그러므로 감사결과 지적 사항은 피감사 부서에서 제출한 시정계획서를 면밀히 검토하여 그 시정계획의 타당성과 합리성을 바탕으로 계속 시정결과를 점검하고 차기 감사 시 중점적으로 확인하여야 한다.

시정조치사항 점검 감사보고서를 통하여 감사결과를 보고한 후 그 보고서를 피감사 부서에 송부하여 대책을 제출하도록 한다. 감사결과 지적한 사항에 대해서는 피감사 부서에서 제출한 시정계획서를 면밀히 검토하여 그 시정계획의 타당성과 합리성을 바탕으로 시정결과를 계속적으로 점검하고 차기 감사 시 이를 중점적으로 확인함으로써 감사의 효과를 배가하도록 한다. 그러나 실행되지 않은 사항에 대해서는 그 이유와 타당성을 검토하여 내용에 따라서는 재권고하거나 경영진에서 지시를 내리도록 조치하고, 필요하면 차기 감사사항으로 고려할 수 있다. 감사결과에 따라 취해진 조치는 피감사 부서에서 보고하는 경우가 일반적이나 경우에 따라서는 감사부서에서 보고할 수 있다.

이의신청 처리 감사결과를 통보받은 피감사 부서에서 이의를 제기한 경우에는 감사인은 이를 긍정적으로 받아들여 제기된 사항에 대하여 재검토를 실시하고 검토결과를 피감사 부서에 통보하여야 한다. 이의신청은 때로 감사인에 대한 오해를 낳을 수 있으므로 이러한 일이 발생하지 않기 위해 반드시 감사종료 시 감사결과 중요한 사실에 대해서 감사대상과의 평가 및 요지에 대한 설명을 하거나 감사대상의 책임자와 회합의 기회를 갖는 것이 중요하다.

신상필벌의 상신 감사결과 우수하다고 인정되는 피감사 부문이나 개인에 대해서는 표창을 상신하고, 감사결과 결함사항이나 지적사항이 손해를 끼치게 된 때에는 인사위원회에 회부하도록 하여 사후관리가 완벽히 이루어지도록 한다.

Chapter 04

예비조사와 내부통제

01 예비조사 실시 · 134

02 내부통제조사와 평가 · 143

03 내부회계관리제도 · 174

04 CSA와 내부통제 · 184

01 예비조사 실시

감사계획 및 준비절차에서 감사팀이 편성되면 현장감사에 필요한 자료모집에 들어간다. 그것에는 감사대상 부서와 관련된 특성을 이해하기 위한 자료, 즉 외부자료와 감사대상 부서에 요청하여 접수한 자료 및 감사인이 감사실시를 위하여 필요하다고 판단되는 내부자료를 모집하여 그 내용을 검토하게 된다. 이러한 일련의 프로세스를 예비조사라고 한다.

1. 예비조사의 목적

예비조사의 목적은 감사인으로 하여금 현장감사를 실시하기 전에 감사대상 부서의 업무를 충분히 이해하고 익히는데 그쳐서는 안 되며, 업무의 진수를 파악하고 기본적인 통제수단을 강구하며, 관리자의 자질을 이해하고, 직원의 품위를 파악하여야 한다. 그럼으로써 감사인은 중요한 통제사항을 정하게 되고 사려 깊은 감사계획을 세워서 해야 할 감사의 굳건한 기초를 마련하게 된다. 적절하지 못한 업무에 대한 이해는 불충분한 감사분담 사항의 파악, 부당한 감사실시 계획과 감사활동의 편중을 가져오기 쉽다. 충분한 예비조사는 현장감사를 원활하게 할 뿐 아니라 정밀감사의 필요를 줄일 수도 있기 때문이다. 예비조사란 모집 · 열거 · 요약한 후 감사실시계획을 전개하는 데 이용하는 것을 말한다. 그러므로 감사인은 충분한 예비조사를 하여야 한다.

2. 예비조사 추진법

예비조사표 예비조사표는 양식과 내용을 달리하는 여러 종류의 것이 있으며 감사의 목적과 감사대상 부문의 성격에 따라서도 달라진다. 조직도표 · 인원현황 · 개인신상조서 · 업무분장명세서 등 어느 부서에서나 공통으로 적용되는 내용에 대해서는 미리 예비조사표 양식을 표준화해 두면 현장감사를 효과적으로 실시할 수 있으므로 예비조사에서 작성해야 할 자료에 대해서는 이를 깊이 연구할 필요가 있다. 이와 같은 조사표를 일반적으로 예비조사표라 하는데 그 양식이나 조사사항을 결정할 때는 예비조사의 성격상 다음과 같은 조건을 갖추는 것이 바람직한 일이다.

- 양식을 표준화시킬 것
- 감사인 누구나 쉽게 Check하여 정보를 모집할 수 있을 것
- 가능한 한 예비조사자는 Check List의 형식을 취할 것

기타의 방법으로서 사전에 감사대상 부서에 대한 내부통제질문서를 만들어 자료 요청시에 함께 발송하고 회수하여 검토 · 분석해 볼 수도 있다. 내부통제 질문서에 관한 내용은 다음에 연구해 보기로 한다.

자료조사

감사대상 부서에 요청한 자료 및 내 · 외부자료의 모집이 완료되면 자료조사를 한다. 이 자료조사는 자연히 탁상조사가 주가 되며 그 조사대상은 다음과 같다.

■ 계수적 자료

주로 회계자료가 중심이 되며, 이밖에 생산 · 판매 · 자재 · 노무 등의 업무에 관한 자료가 포함된다.

■ 장표류

생산이나 판매 등의 실무운영에 관련해서 사용되는 것으로 다음 단계의 현장감사에 대한 예비조사의 의의를 갖고 있다. 즉 장표의 양식을 보면 사무절차의 개요를 파악할 수 있으므로 각 장표를 세부별로 정리하도록 한다.

■ 규정류

조직도 · 업무분장규정 · 취업규칙 · 회계규칙 · 업무운영규정 · 작업표준 등 제 규정에 대한 조사로서 다음 단계의 현장검사를 위한 예비조사의 성격을 가지고 있다.

이러한 자료조사는 현장감사시의 시간과 노력을 절약하여 감사의 목적을 달성하려는데 이용하기 위해 필요한 예비조사이다.

계수적 자료의 작성 계수를 주로 한 자료는 그 분석을 해야 하는 현장감사의 실시 전까지 미리 작성하는 것이 감사대상 부서의 업무를 이해하는 데 크게 활용할 수 있기 때문이다. 작성 자료의 종류나 내용은 감사대상 부서에 따라 제각기 달라질 수 있다. 그러나 직전 감사시의 감사조서철을 보면 대강 어떤 자료의 작성이 필요한 것인지는 판별될 수 있다.

예비조사 결과분석 현장감사에 앞서 감사인이 실시한 예비조사 결과의 분석은 관례적으로 중요하다고 생각한 어떠한 검사를 생략하고도 현장감사를 훌륭히 수행할 수 있게 한다. 그러므로 예비조사에 사용된 시간은 보통보다 경제적인 감사에 의하여 보상된다. 예비조사결과를 분석함으로써 감사인이 얻을 수 있는 정보는 업무에 대한 이해뿐만 아니라 문제점과 현장감사시 착안하여야 할 많은 사항들을 사전에 파악할 수 있는 이점을 주기 때문이다. 예를 들어 예비조사에서 모집한 감사대상 부서의 인원현황과 업무분장표와 직전 감사시의 인원현황과 업무분장표를 비교 분석해 보면 인원의 증감 원인이나 업무분장 상의 문제점을 발견할 수 있다. 이러한 착안사항을 미리 체크해 둔다면 현장감사시 그 원인과 문제점의 내용을 파악하고 이를 지적하여 개선 · 시정 권고하는데 쉽게 적용할 수 있을 뿐만 아니라 감사업무를 효율적으로 진행할 수 있는 원동력이 된다.

3. 예비회의

예비회의는 현장감사 착수 전에 할 수도 있으며 이것은 감사업무에 협력할 수 있게 하는 분위기를 조성하는 데 필요하다. 예비회의를 진행함에 있어서 감사인은 감사목표를 명확히 설명하여야 하며 질문은 정보를 얻으려는 자세로서 예의범절을 지키는 언행이어야지 심문하는 어조나 언행으로 하여서는 아니 된다. 감사대상 부서의 책임자는 공정하게 취급되고 객관적으로 검토되기를 원할 뿐만 아니라 발견사항은 적절하게 다루어지고 모든 지적사항은 감사인과 함께 확인하기를 바란다. 그러므로 감사인은 이러한 감사대상 부서 책임자의 의도를 망각해서는 아니 되며 겸손한 태도를 견지하여야 한다.

예비회의의 목적

예비회의의 목적은 감사인으로 하여금 감사업무를 원활히 수행할 수 있기 위하여 감사대상 부서로부터의 협조와 감사목표를 효과적으로 달성하기 위한 것이다. 그러므로 감사팀장은 이때 감사업무의 착수소감을 간략히 설명하고 감사인은 각 부문의 중간관리자들을 소개받고 추가적인 자료와 정보의 출처에 대하여 도움을 받을 수 있어야 한다.

또한 감사인이 업무를 수행하는 데 필요한 책상 · 조직도표 · 제규정철 · 보고서철 · 품의서철 등 기타 필요한 사항에 대한 협조를 구해야 한다. 예비회의 종료 전 반드시 감사인은 피감사인이 갖기 쉬운 거부감 · 비협조적 태도 등을 불식시킬 수 있도록 충분히 설득하여야 할 것이며, 그렇게 해야만 효과적인 업무수행이 가능해질 수 있게 된다.

자료의 요구

예비적인 정보로 감사인은 감사대상 업무에 대한 내용을 파악하고 본격적인 감사 이전에 감사대상자와 예비회의를 가지는 것이 좋다. 이 미팅에서 감사인은 감사대상자로부터 협조를 이끌어 내기 위해 감사의 목적과 방법 등에 대한 사전정보를 전달하고, 향후 진행될 일정을 사전에 통보함으로써 감사대상자가 감사의 진행을 예측할 수 있도록 한다. 이 미팅에서 감사 기간 중 감사인이 배려해야 할 사항을 파악하여야 한다. 도입 미팅의 목적은 감사대상자의 협조 속에서 원활하게 감사를 추진하기 위함이다.

예비회의에서 감사인은 감사대상자에게 필요한 자료를 요구할 수 있다. 요구할 자료는 사전에 목록을 작성하여 전달하고 각 자료의 목적을 간단하게 언급하여야 한다. 일부 자료는 현업이 업무를 함에 있어 자주 사용하는 자료인 경우가 있다. 이러한 사항도 고려하여 자료를 요구하여야 한다. 피 감사부서의 서류는 최대한 빨리 파악하고 감사대상자에게 전달하여야 한다. 감사대상자의 협조를 구하려면, 감사부서도 협조적으로 감사를 진행해야 한다.

4. 정보모집

감사정보의 속성

정보 수집은 감사의 계획 · 실행 · 보고서작성 · 이행점검 등 모든 단계에서 이루어지고 감사의 질을 결정하는 주요한 사항이다. 정보의 종류는 다양하고 서류로 존재할 수도 있고, 감사인이 다른 정보들을 이용하여 감사에 필요한 정보를 창조하는 경우도 있으며 실제 감사현장을 둘러보고 얻는 정보도 있다, 또한 조직외부에서 감사에 필요한 정보를 취할 수도 있다. 정보의 취득은 조직의 내부·외부 감사대상자로부터 취득 또는 독립적으로 취득하는 등 그 근원이 다양하지만 감사를 위한 정보는 그 신뢰도가 높아야 한다.

■ 충분성

정보는 감사목적을 성취하기에 충분해야 한다. 정보의 충분성은 감사대상자나 감사로부터 독립된 사람들이 동일한 결론에 도달할 수 있는 설득력을 가지게 한다. 정보의 충분성은 감사의 속성과 감사대상자에 따라서 달라질 수 있으며 감사의 종류에 따라서도 달라질 수 있다. 기준이 명확한 법규준수감사보다는 감사대상자와 논쟁이 예상되며, 주관적인 판단이 개입될 수 있는 업무감사에서 더욱 많은 정보의 양이 필요하다.

■ 신뢰성

정보는 신뢰성이 있는 방법으로 취득하여야 한다. 불법적인 방법으로 정보를 취득해서는 아니 된다. 불법적으로 취득된 정보는 향후 정보의 신뢰성을 논할 때 오히려 감사인에게 피해를 줄 수도 있다. 정보의 신뢰성이 확보되어야 감사의 결론도 신뢰성을 확보할 수 있다.

■ 관련성

감사의 결론을 입증하고 지원할 수 있는 정보를 관련 정보라고 볼 수 있다. 관련성이 약한 정보를 기초로 결론을 도달하면 논리의 모순이 발생할 가능성이 있으며, 사실관계를 왜곡시킬 가능성이 있다. 정보의 관련성은 감사의 경험과 밀접한 관계가 있다. 감사의 목적에 따라서 관련 정보가 달라질 수 있다.

■ 유용성

정보는 조직에 도움을 줘야 한다. 감사목적과 더불어 이해관계자들에게 가치를 부여할 수 있는 정보를 취득해야 한다. 정보의 유용성은 개인별로 다를 수 있다. 같은 정보라도 감사인의 경험과 능력에 따라서 정보의 가치는 상당히 많이 달라질 수 있다. 감사인은 정보를 처리할 수 있는 소프트웨어의 기술도 필요하다.

정보의 형태

정보의 형태는 서류로 된 정보, 감사인의 계산이나 합리적 추론에 의해서 도출된 정보, 물리적 형태로 존재하는 정보, 사건이나 사람에 의한 진술정보 등이 있다.

■ 서류

서류는 감사의 정보 중 기본적인 정보이며 가장 많이 활용되는 정보이다. 서류는 사본보다 원본의 신뢰도가 높지만 IT기술의 발달로 원본의 개념이 예전과 달라졌다. 심지어 고의적으로 왜곡된 서류가 원본으로 인식될 가능성도 있다. 감사인은 조직의 서류와 공문이 감사와 무관하더라도 평소에 파악하는 것이 중요하다. 이러한 자세는 감사 착안사항을 창의적이며 합리적으로 도출하는 데 상당히 도움이 된다. 그리고 이후 감사의 효율성을 증진시키기도 한다.

■ 분석/추론정보

감사인은 추론과 분석에 의해서 정보가 생성될 수 있다. 감사인은 여러 채널을 통해서 취득한 정보를 합리적인 논리관계를 이용해서 필요한 정보를 생성할 능력을 보유해야 한다. 피 감사부서는 해당 부서만을 위해서 의사결정을 하거나 문제를 파악하려는 경향이 있다. 이를 조직 전체에서 미치는 영향을 파악함으로써 부서 이기주의 같은 현상을 완화하도록 해야 한다. 분석과 추론에 의한 정보는 각종 수집된 정보들 사이에서 합리적 관계를 도출하여 정보를 산출한 것이며, 가치가 낮은 여러 조각의 정보들 사이의 관계를 분석하는 과정에서 가치가 높은 정보로 변화시키는 것이다. 분석정보는 감사인이 관계 분석을 통해서 만드는 정보이므로 이후 타인에 의해서 검증이 가능해야 하며 합리적인 추론이어야 한다.

■ 물리적 정보

물리적 정보는 재고조사와 같이 감사인이 직접 조사하여 작성한 정보이다. 감사 시작 시 현금보유상태 점검, 재고자산 유무 점검 등이 좋은 예이다. 감사인에 의한 물리적 정보는 취득과정을 기술하는 것이 좋다. 물리적 정보는 단순해 보이지만 아주 중요한 정보가 될 가능성이 많으므로 감사인은 많이 움직이고, 작은 정보라도 유심히 보는 습관을 길러야 한다.

■ 인터뷰를 통해 수집된 정보

감사대상자 혹은 다른 조직 내 구성원과의 면담을 통해서 정보를 취득하는 경우가 있다. 감사대상자나 다른 사람들과 대화할 경우 충분히 많이 듣고 그 진술들 사이에서 상호관계나 모순 또는 다른 정보를 취득하려고 노력해야 한다. 특히 감사 계획단계에서 감사대상자와 사전면담 시에는 듣는 것이 상당히 중요하다. 중요한 것을 듣기 위해서 감사인은 적절한 질문을 준비해야 한다. 감사대상자가 저절로 중요한 정보를 말해 주지는 않는다. 감사대상자와 면담 전에 여러 경로를 통해서 취득한 정보를 활용하여 좋은 질문을 준비해야 한다.

정보의 종류 정보의 종류는 정보원이라는 점에서 보면 내부정보와 외부정보로 나눌 수 있다. 물론 대부분의 정보는 내부에서 모집하게 되지만 최근에는 외부정보의 모집이 중요해지고 있다. 특히 이 외부정보는 판매 부문 감사와 경영전략 감사에 있어서는 중요하다. 그러나 외부정보는 내부정보에 비하여 그 모집이 곤란할 뿐만 아니라 시간이 걸리는 단점을 안고 있다.

정보의 성질 정보의 성질은 어떤 방법으로 조사되느냐에 따라 두 가지로 구분된다.

기존의 자료 일정한 방식에 의하여 기록되어 이미 자료로서 정비되어 즉시 이용할 수 있는 각종 실적자료 같은 것이 있다.

새로 조사를 요하는 자료 감사업무를 수행하면서 특별히 조사모집을 요하는 것으로서 조사방법에 따라 다음과 같은 것이 있다.

■ 관찰법

감사인이 대상의 상황을 관찰해서 기록하는 것으로 물적 대상은 물론 사람인 경우에는 대상자의 말과 동작 등을 여러 가지 각도에서 관찰하게 된다.

■ 면접법

대담형식에 의해 상대방의 설명을 청취하는 방법이다.

■ 질문서법

앙케이트 조사표와 내부통제질문서 · 예비조사표 등을 이용하여 상대방이 기입하도록 하는 방법이다.

정보의 분석

이와 같은 방법에 의해서 모집한 정보는 이를 분석해서 그 실태를 파악한다. 일반적으로 정보의 모집에 있어서는 정보원 자체가 불안정하고 불투명한 점과 더불어 기록 작성자의 오차도 있어 데이터의 변동이 상당이 클 때도 있다. 그러므로 분석에 있어서는 먼저 자료의 수치를 검토해야 하며, 차이 또는 오차가 심하다고 인정될 때는 그 차이의 원인을 규명해서 수정하여야 한다.

모집되어야 할 정보

모집되어야 할 정보로는 다음과 같은 것들이 있다.

■ 업무요강

직무와 책임 · 전결규정 등에 의하여 정보를 모집한다.

■ 업무조직

감사인은 업무조직에 대하여 검토 중에 있는 기능에 역점을 두어 조직기구도표 · 회사구조상 피감사 부서의 위치 · 종속기구의 성격 및 규모와 위치 · 피감사 부서와 관련 부서의 세부관계 등의 자료를 모집할 필요가 있다.

■ 재무관계 정보

감사인은 자산 · 투자 및 자산의 성격과 위치를 포괄하는 기타 재무자료를 필요로 한다.

■ 운영방법

감사인은 기록과 자료의 경로를 파악하여야 한다. 최고의 방법으로서 Flow-Chart를 만들어 보는 것이다. Flow-Chart는 감사인의 필요에 따라서 간략하게 할 수도 있고 상세하게 만들 수도 있다. 이 Flow-Chart를 만들어 봄으로써 업무흐름의 결함이나 문제점을 쉽게 파악할 수 있기 때문이다.

■ 문제분야

감사인은 예비조사 중 피감사 부서장이 진술한 문제점과 직전감사에서 발견된 결함사항을 염두에 두고, 어려운 점을 해소하고 취약점을 줄이는 관리방안에 주력하여야 한다.

02 내부통제조사와 평가

오늘날의 기업경영은 기업의 규모가 점차적으로 확대되어 가고 또한 경영내용이 복잡해짐에 따라 소유경영체제에서 전문경영체제로 바뀌어 가고 있는 추세이다. 이러한 현상은 경영자로 하여금 기업의 모든 부분에 대하여 지식을 가질 길이 없게 되고 결과적으로 정보조직에 의하여 공급되는 정보밖에는 의존할 수 없게 만들고 있다. 이리하여 입수되는 정보의 신뢰성 및 정확성을 경영자에게 확보할 수 있는 방법을 강구하기 위하여 연구 개발된 것이 내부통제 조직이라 할 수 있다.

내부통제제도는 그 출발은 명확하지 않으나 1949년 발간된 미국공인회계사협회의 보고서에 감사업무(Auditing practice) 가운데 그 중요성이 비교적 낮은 세목으로 존재하다가 차츰 내부통제의 범위가 점차적으로 확대되었다. 1980년대 전까지는 회계신뢰성 · 준거성 영역이 주로 내부통제의 대상이 되었으므로 이때의 내부통제시스템은 주로 회계통제시스템을 의미하였다. 1900년대 중반부터 내부통제의 중요성에 대한 관심이 고조되면서 회계통제뿐만 아니라 경영효율성 · 효과성 영역으로 통제대상이 확대되었다.

일반적으로 내부통제라 하면 기업의 목표 수립에서부터 경영활동을 조정 · 평가하기 위하여 경영자가 수행하는 일체의 행위를 말한다. 즉 기업이 계획(plan) · 실행(do · 평가(see)하기 위해 설정한 제도 · 조직 · 방법 및 절차를 의미한다.

내부감사는 기업의 내부통제의 한 부분이면서 동시에 내부통제가 효율적이고 타당하게 이루어지는지에 대한 검토와 평가 작업을 동시에 수행하게 된다. 이를 통해 통제시스템을 효율적으로 운용하는 데 기여할 수 있고 나아가서 기업의 발전을 위해 부가가치 있는 활동을 제공할 수 있다. 따라서 내부감사기능은 경영자의 내부통제 권한과 결합할 때 비로소 그 효과가 발생한다.

궁극적으로 내부통제시스템이 완벽하게 정비되어 있고 효과적으로 운용된다면 내부감사의 필요성은 줄어들 것이고 통제시스템에 많은 허점이 있다면 내부감사가 활동할 수 있는 범위는 그만큼 커질 것이다. 즉 모든 기업에서 내부감사기능의 위상은 기업의 문화 · 최고경영자의 통제능력 · 이사회의 권한 등 여러 가지 요소를 감안하여 달라질 수밖에 없다.

1. 내부통제의 의의

내부통제(Internal Control)란 경영관리를 위하여 기업의 경영활동 각 부문에서 행해지는 것으로서 기업 외부로부터 행해지는 통제와는 다른 것이다.

COSO보고서의 감사기준서(Statement of Audit Standard)에 의한 내부통제란 "재무보고의 신뢰성 · 업무의 유효성과 효율성 · 적용되는 법률 및 규칙의 준수라고 하는 사항의 제 목적을 달성하기 위한 합리적 보증의 의도로 설정된 기업의 이사회 · 경영자 · 기타 구성원에 의하여 실시되는 절차"라고 정의하고 있다.

이는 기업의 경영활동 및 업무집행이 적법하게 이루어질 수 있도록 내부통제체계가 마련되어 기업내부의 의사결정과 업무집행에 관하여 적절한 감독이 이루어져야 한다는 것을 의미한다.

그러나 일반적으로 기업경영에 있어서의 통제개념은 첫째로, 재산보전을 중심으로 한 통제와 둘째로 능률관리에 대한 통제 그리고 조직절차 방법의 정리와 통제, 마지막으로 근대적 통제로 구분할 수 있다. 이러한 각종 통제개념은 내부통제에 있어서도 거기서 다루는 통제대상 · 목적 등에 관하여 여러 유형으로 나누어 볼 수 있다.

내부통제와 내부감사는 부정 · 과실을 발견, 방지 또는 예방하는 동시에 기업이 정하는 업무절차가 지켜지고 있는가의 여부를 검사하는 것이다. 내부통제는 자산을 보전하고, 회계자료의 정확성과 신뢰성을 점검하며 경영능률을 증진하고, 정해진 경영방침의 일관성 있는 추진을 위하여 기업 내에서 채택된 조직계획 및 이에 조정 통합되어야 할 방법과 수단을 구성하는 것이다.

여기서 내부통제란 기업의 최고 경영방침에 의거하여 경영자가 기업의 전체적 관점에서 집행 활동을 계획하고, 집행과정을 조정하며 그 집행 결과를 평가하는 것으로서, 이것들을 계산적 통제의 방법에 의하여 행하는 것이다.

내부통제는 미리 정해진 경영방침에 따라서 그 실시에 대한 경영계획의 설정과 계획의 실시방법에 있어 기준을 할 적당한 실시절차의 제정, 집행 부문에 있어서 달성목표로 한 표준의 설정, 각 집행 부문에서의 집행 활동의 실시상황은 회계절차에 의해 기록하고 표준과의 관계에서 경영의 업적을 평가한다.

내부통제의 기본 원리를 배경으로 하여 내부통제 제도의 정의를 분석하면 내부통제의 목적은, 첫째 자산을 보호하는 목적, 둘째 회계자료의 정확성과 신뢰성을 확보하는 목적, 셋째 경영활동의 종합적으로 계획 · 조정 · 통제하는 세 가지 목적을 달성하기 위하여 경영자가 설정한 제도임을 알 수 있다.

내부통제시스템의 정의

내부통제(internal control)란 조직 내부의 각 부서와 부서의 업무를 유기적으로 연결시켜 서로 확인 검증할 수 있게 하는 통제방법을 말한다. 기업은 이러한 내부통제를 통해서 부정을 방지하고, 경영방침과 규정을 준수하게 하며, 경영능률을 증진시키고 자산을 보호하게 하고 재무 및 회계기록의 신뢰성을 유지하게 한다. 결국 기업은 조직의 제반목표를 효과적으로 달성하고 조직원의 부정이나 오류를 예방하기 위하여 내부통제시스템(internal control system)을 설계하여 운용한다. 내부통제시스템이란 회사 경영자의 목적달성을 지원하기 위해 경영자가 채택한 모든 정책과 절차로서 경영정책의 준수를 포함한 영업의 효율적 수행을 통하여 회사 자산을 보호하고 부정과 오류의 방지와 발견으로 정확하고 완전한 회계기록을 유지함으로써 신뢰할 수 있는 재무정보의 적시 작성 등이 잘 이루어지고 있다는 확신을 얻고자 하는 것이다. 즉, 내부통제시스템은 회계제도의 기능에 직접 관련된 내부회계관리제도뿐만 아니라 그 이외의 기업의 경영활동 전반에 관련된 기타의 운영통제를 포함한다.

내부통제의 종류

내부통제는 내부관리통제와 내부회계통제로 구분한다.

■ 내부관리통제

내부관리통제는 조직구성원들이 조직의 목표와 경영방침을 준수하고 그들이 수행하고 있는 업무의 능률을 증진시키기 위해 실시되는 모든 통계수단을 뜻한다. 업무상 필요한 결재절차의 확립, 업무의 분장 및 권한위양에 관한 원칙과 규정마련, 비능률적 업무절차의 제거, 일상적인 업무수행에 관한 지침과 규정 마련 등이 내부관리통제의 예라고 할 수 있다. 이러한 내부관리통제를 통하여 불합리한 경영활동을 미리 예방하거나 적시에 발견하여 이를 시정할 수 있어야 한다.

■ 내부회계통제

내부회계통제는 회계정보의 정확성과 신뢰성을 유지하기 위한 통제수단이다. 회계담당자들의 부정방지와 회계장부의 변조, 제품 등과 같은 재고자산의 파손이나 망실 등의 방지, 그리고 기타 제 자산의 보호를 위하여 내부회계통제를 실시한다.

내부관리통제와 내부회계통제는 서로 긴밀하고 유기적인 관계를 맺고 있어 상호 보완적이다. 내부관리통제가 잘 이루어질 때 내부회계통제도 성공적으로 이루어질 수 있는 것이다.

내부통제시스템의 구성요소 내부통제시스템의 구성요소는 통제환경 · 위험평가 · 통제활동 · 정보 및 의사소통 · 모니터링의 다섯 가지로 이루어진다. 내부통제시스템을 효율적으로 운영하기 위해서는 우수한 인력의 확보(통제환경), 위험의 효과적인 인식과 분석(위험평가), 권한과 의무의 적절한 배분 및 위임(통제활동), 정확하고 시의적절한 정보흐름(정보 및 의사소통), 적절한 시정조치를 포함한 후속조치(모니터링) 등이 원활하게 이루어져야 한다. 내부통제제도를 구성하는 각각의 요소들은 상호 밀접하게 연관되어 있으며, 개별 요소 간의 상호 연관성 및 시너지 효과를 통하여 변화하는 상황에 능동적으로 대처할 수 있는 효과적인 내부통제제도를 형성하게 된다.

■ 통제환경

- 내부통제제도 전체의 기초를 이루는 개념이다.
- 조직체계 · 조직구조 · 내부통제를 유인하는 상벌 체계 · 인력운용 정책 · 교육정책 · 경영자의 철학 · 윤리 · 리더십 등을 포함한다.
- 조직의 문화와 구성원들의 의식에 영향을 준다.
- 통제환경 조성은 효과적인 내부통제 시스템 운영에 대한 경영진의 확고한 의지가 필수적이다.

■ 위험평가

- 회사의 목적달성과 영업성과에 영향을 미칠 수 있는 내 · 외부의 위험을 식별하고 평가 · 분석하는 활동이다.
- 전사적 수준 및 업무프로세스 수준의 위험 식별 · 위험의 분석 · 대응방안 수립 · 위험의 지속적 관리 등이 포함된다.

■ 통제활동

- 조직구성원이 경영방침이나 지침에 따라 업무수행할 수 있도록 마련된 정책 및 절차와 이러한 정책 및 절차가 준수되기 위한 제반 활동이다.

- 통제활동의 구성요소에는 업무분장 · 승인 · 정보처리 · 물리적 통제 · 성과의 검토 등을 포함한다.

■ 정보 및 의사소통

- 조직구성원이 책임을 적절하게 수행할 수 있도록 시의적절한 정보를 확인 · 수집할 수 있도록 지원하는 절차와 체계이다.
- 정보의 생성 · 집계 · 보고체계 · 의사소통의 체계 및 방법 등이 포함된다.

■ 모니터링

- 내부통제의 효과성을 지속적으로 평가하는 과정이다.
- 일반적으로 상시모니터링과 독립적인 평가 또는 이 두 가지의 결합에 의해 수행된다.

2. 내부통제의 조사

우리나라의 경우 내부통제제도 및 기업지배구조(Corporate Governance)와 관련된 내용들이 여러 법규에 규정되어 있다. 그중에서 가장 기본적인 것은 이사의 직무집행에 대해 감사를 실시하여 그 결과를 주주총회에 보고하도록 되어 있는 상법상의 감사라고 할 수 있겠다. 또한 상법에는 정관이 정하는 바에 따라 이사회가 정한 하부위원회로서 설치되고 3인 이상의 사외이사 및 사내 이사로 구성되어 감사에 갈음하여 그의 역할을 대신할 수 있는 감사위원회가 규정되어 있다. 현재는 일정 규모 이상의 금융회사 및 상장회사에 대해서는 감사위원회의 설치가 의무화되어 있는 상태이다. 한편 은행 및 보험회사 등의 금융기관은 자본시장법에 의하여 준법감시인제도가 의무화되어 있으며 준법감시인은 내부통제제도의 구축, 실태에 대한 모니터링 및 개성, 시정요구 등을 주요기능으로 삼고 있다.

내부통제제도는 회계정보의 투명성을 위한 종전의 소극적인 내부 회계관리 통제의 한정된 분야에서 벗어나 기업 내의 업무관리 통제제도를 포괄하는 넓은 의미의 위험관리시스템으로서의 내부통제제도로 발전하고 있다. 이러한 내부통제제도에 대하여 법이나 규제조항에서 규정하고 있는 사항들은 그 성격상 최소한의 요구사항만을 규정할 수밖에 없는 것이 현실이다.

우리가 현재 갖고 있는 내부통제제도는 조직이 설정한 규정 · 제도 그리고 내부 외부감사의 운영으로 구성되어 있다. 기업의 입장에서는 수동적으로 이러한 구제사항들만을 충족시키기 위한 차원에서 소극적으로 대응할 것이 아니라 능동적으로 기업 · 주주 그리고 더 나아가서는 종업원을 포함한 모든 이해관계자를 위하여 건전한 내부통제제도를 구축하고 이를 운용할 수 있도록 하여야 한다.

이 과정에서 건전한 내부통제제도를 구축하기 위하여 필요한 성공요소들을 항상 염두에 두고 있어야 할 것이며 무엇보다도 중요한 것은 기업의 조직문화가 바뀌어야 하고 이를 위해서는 기업 내의 경영진을 포함한 임직원들의 의식 변화가 선행되어야 한다는 것이다.

단순히 법규를 준수하기 위하여 건전한 내부통제제도를 유지하는 것이 아니라 기업조직 자체의 경쟁력 유지를 통한 장기적 성장을 위하여 내부통제제도를 유지하는 것이고 그로 인한 유효성을 조직 자체가 가장 먼저 누리게 될 것이라는 점을 인식하는 것에서 모든 것이 출발되어야 할 것이다.

내부통제의 조사 파악

내부통제는 기업의 경영방침 · 경영조직 및 기업 특성에 따라 제각기 다르다. 그러나 내부조사에서의 내부통제의 파악은 조사대상과 조사목적과 관련 있는 회사의 제도를 조사 파악하는 것이다. 내부통제의 목적에 비추어 볼 때 내부통제를 조사 파악하기 위한 자료모집 방법으로서 감사대상 부서의 직원에 대한 질문이나 해당 규정의 검토, 조직도의 검토 등의 방법이 있지만 가장 일반적이고, 비교적 타당성이 있는 방법으로는 질문서법 · 기술법 · Flow-Chart법을 들 수 있다.

■ 질문서법(Questionaire Approach)

각 부문의 업무와 관련하여 발생하기 쉬운 오류나 부정의 예방절차에 관한 질문서를 작성하여 피감사인에게 "예" 또는 "아니요"라는 답을 적도록 하는 일종의 Check-List식 조사방법으로 가장 전통적인 자료모집 방법이다.

■ 기술법(Narrative Description Approach)

기술법은 내부통제의 정비, 운영상황을 감사인이 순차적으로 기술하는 조사방법이다. 이 방법을 채택하기 위해서는 감사대상 항목별로 담당자와 그 업무 관계 · 작성되는 문서 · 제 기록 · 업무분장 등을 기술하여야 한다. 이 방법은 주로 질문서법이나 Flow-Chart를 보충하는 목적으로 많이 이용되며 기술법이 단독으로 사용되는 예는 비교적 조직이 단순한 부문에서만 볼 수 있다.

■ Flow-Chart법

이는 '업무처리절차도'라고도 하며 도표를 이용하여 내부통제를 조사하는 방법이다. 감사대상 부서의 자료처리 System이나 내부통제를 이용하는 데에는 System Flow-Chart를 이용하는 것이 질문서법이나 기술법에 의하는 것보다는 유용하다. System Flow-Chart란 어떤 시스템이 움직이는 절차를 기호로 나타낸 도표를 말하며 절차의 성질이나 앞뒤의 관련성 · 책임분담 · 문서의 작성자와 그것의 선행 · 거래기록의 종류와 소재를 표시함으로써 어떤 제도를 개관하기에 편리하다. Flow- Chart를 그리는 부호는 비교적 대동소이하나 가능한 자신이 알기 쉽게 개발하여 사용하는 것도 좋은 방법 중의 하나일 것이다.

내부통제의 운용검토 내부통제의 감사절차에 따라서 수집 · 파악된 내부통제 시스템이 잘 적용되고 있는지의 여부를 검토하는 목적은 내부통제제도의 신뢰성을 확인하기 위한 것으로 해당 업무담당자에 대한 질문에 의한 방법, 업무처리 과정을 관찰하는 방법, 처리된 업무에 대한 인증서류를 검사하는 방법, 재연법 등이 있다. 이러한 방법을 사용하여 내부통제의 운용사항을 검토하는 것을 준거감사라고 부른다.

3. 내부통제의 평가

내부통제에 관한 조사가 파악되고 그 운영 여부가 확인되면 다음으로 이들에 대한 평가가 이루어져야 한다. 내부통제제도의 평가목적은 내부통제제도의 신뢰성을 기초로 한 적절한 감사절차의 선택과 감사대상 부문에 대한 내부통제 제도의 개선에 관한 건의에 선택이 있다. 그러므로 내부통제제도에 존재하는 결함을 발견하고, 파악 확인한 내부통제제도와 그 결함이 앞으로 진행할 감사에 미칠 영향을 발견하여야 한다. 내부통제제도의 평가에는 양적 평가와 질적 평가가 있다.

양적평가란 예정된 내부통제제도와는 달리 실제 적용되고 있는 횟수를 봄으로써 내부통제 시스템의 효율을 판정하는 것이고 질적 평가는 부정을 암시하는 거래발생 유형을 찾아봄으로써 그 효율을 판정하려는 것이다. 양적 평가는 주로 통계적 방법에 의하나, 질적 평가는 주관적 방법에 의하는 것이 보통이다. 따라서 감사인은 내부통제에 대한 조사를 하고 내부통제의 신뢰성의 평가결과에 따라 시사의 범위를 결정하거나 감사계획의 수정 여부를 결정하게 된다.

내부감사의 행위는 감사대상을 조사하고 평가하는 것이다. 감사인은 조직에 존재하는 위험의 존재와 취약성을 경영층에 알리고 그에 대한 개선책 및 해결책을 경영층이 수립할 수 있도록 지원하는 것이다. 감사인이 모든 위험을 제거하기 위해 통제를 수립하고, 그 해결책을 제시하는 것이 아니다. 감사대상 업무에 대한 지식을 가장 많이 가지고 있으면서 그 해결책도 가장 잘 마련할 수 있는 자는 업무담당자들이다. 감사인은 위험을 발견하고 업무담당자에게 이를 인식시키고, 이에 대한 개선은 업무를 담당하는 부서에서 해야 할 일이다. 감사인은 모든 업무의 해결책을 만드는 해결사가 아니다.

감사인이 지적한 사항이 조직에 가치를 부여할 수 있도록 구체적인 형태로 만들어지는 것은 감사인에 의해서가 아니라, 현업담당자에 의해서 구현된다. 현업담당자가 감사인의 지적사항 및 권고사항을 구체적인 형태로 만들어 운영하는 것이다. 그러므로 감사인은 피감사인을 자신의 생각을 구체화하는 동업자이며, 파트너라는 시각으로 봐야 한다. 상대방을 파트너라는 생각을 가지고 감사하면 피 감사인도 감사인을 파트너로 볼 것이다. 조직과 피 감사인으로부터 멀어지는 감사조직은 그 활기와 생동감을 상실하고 있다고 봐야 할 것이며, 장기적으로 활력 있는 조직문화에 기여할 기회를 점점 더 상실해 갈 수 있다.

내부통제의 평가절차

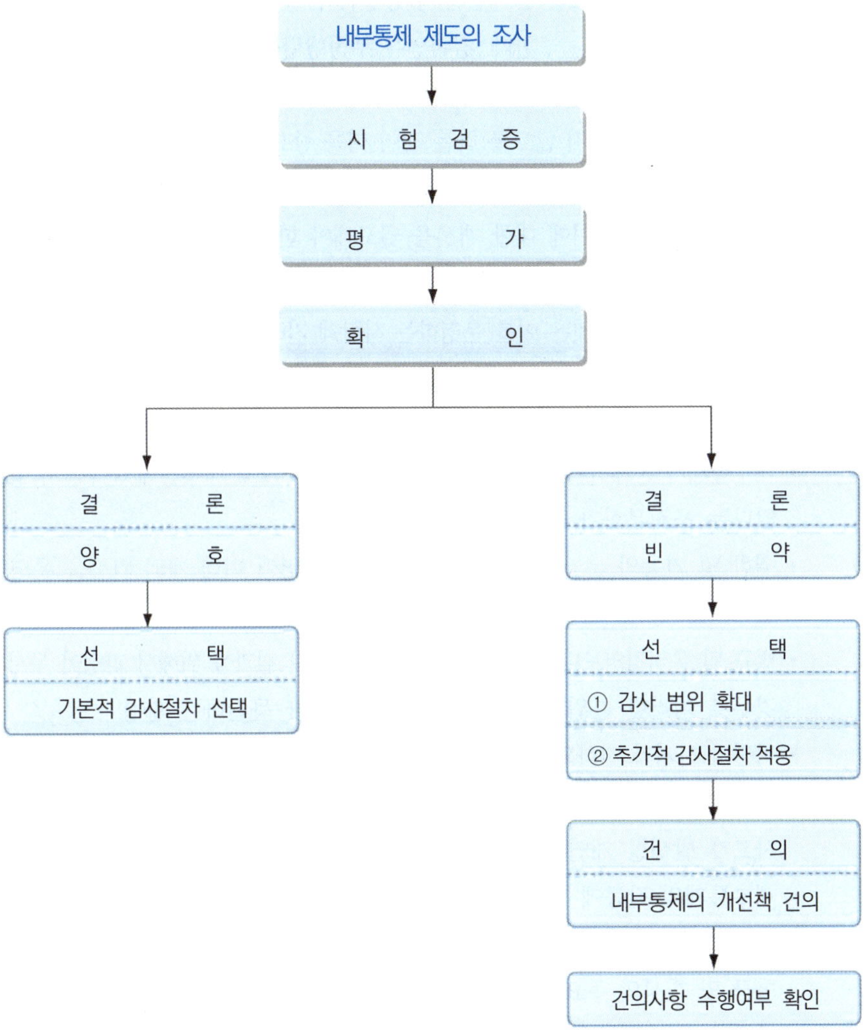
내부통제 제도의 조사
시 험 검 증
평 가
확 인
결 론
양 호
선 택
기본적 감사절차 선택
결 론
빈 약
선 택
① 감사 범위 확대
② 추가적 감사절차 적용
건 의
내부통제의 개선책 건의
건의사항 수행여부 확인

4. 부정행위와 내부통제

부정행위의 징후

감사인은 부정행위가 발생할 수 있는 환경에 주목해야 한다. 감사인은 부정행위를 직접적으로 감사하는 것보다 부정행위가 발생할 수 있는 환경에 주목해야 한다. 부정행위가 발생한 후 이를 발견하는 것도 중요하지만 부정행위가 발생되지 않도록 하는 것이 더욱 중요하다. 그러므로 감사인은 내부통제 기능이 없거나, 아니면 있더라도 제대로 작동되지 않는 환경에 주의를 기울이고 이러한 상황을 발견하여 경영층에게 이에 대한 개선을 권고해야 한다. 부정행위에 대한 일차적인 통제역할은 업무부서의 관리자와 그 구성원에게 있다. 일상적인 업무를 수행하면서 내부통제가 기능을 발휘토록 하는 것은 이를 운영하는 사람에 가장 큰 영향을 받고 있다. 그래서 내부통제의 수단에 사람이 있다. 부정행위가 발생할 수 있는 환경은 다음과 같다.

- 내부통제가 존재하기는 하지만 제대로 기능하지 않고 내부통제 준수가 중요하지 않다는 조직문화가 확산되어 있는 경우
- 권한 및 기능의 분리가 되지 않은 상태로 한 명이 여러 개의 기능을 운영하고 있어 내부통제기능을 쉽게 우회할 수 있는 구조
- 법규 및 윤리경영보다 업적을 우선하는 정책이나 결과를 위해서 과정이 무시되는 경우로 이러한 분위기를 경영층이 조장하거나 묵인하는 환경
- 직원의 사기가 저하되어 있는 경우에는 조직의 구조조정 시기와 같이 혼란기를 조심해야 한다. 이 시기는 상호간에 통제를 하지 않는 분위기가 만연되어 큰 사고가 발생할 개연성이 상당히 높다.
- 내부통제의 작동에 대한 독립적이며, 정기적인 점검이 이루어지지 않는 환경
- 회사의 자산이 기록되지 않고 누구나 쉽게 접근할 수 있는 분위기
- 현금 및 회사의 주요 자산담당자의 이동이 자주 일어나거나, 반대로 담당자가 장기간 근무하는 분위기
- 회사의 보상이 불공정한 경우
- 조직에 대한 충성심이 낮은 경우에는 조직보다는 동료들의 행위를 옹호하는 분위기가 큰 사고로 발전할 수 있다.
- 경영자가 회사의 규정위반을 자주하고 이를 경영행위로 합리화하는 분위기
- 전산프로그램의 접근이 용이하고, 이러한 업무의 관리가 부실한 경우

다음은 부정행위(금융사고 및 공금 유용 · 횡령)를 하는 자들의 일반적인 행동형태이다. 이는 감사인보다는 현업부서의 관리자들이 평소 관심을 가지고 주의를 기울여야 할 부분이다. 감사인은 다음의 징후들을 발견할 수 없다.

- 직원들과 사채 거래를 빈번히 하는 직원 또는 소액을 빌리고 바로 갚는 것을 반복하는 직원
- 영업부서 직원이면서 마감시점에 금전을 자주 빌리는 직원
- 본인의 능력 이상의 소비생활을 하는 직원 혹은 자신의 경제상태 관리하지 못하는 직원
- 타인에게 빌려준 돈을 관대하게 포기하는 직원
- 업무 혹은 개인 사정과 어울리지 않는 외부 사람들과 교류가 빈번한 직원
- 회사로 금전문제로 외부에서 전화가 자주 오는 직원
- 주식을 과도하게 하는 직원
- 거래업체 직원들과 자주 어울리는 직원
- 마감시점을 자주 어기는 직원
- 감사시 현금 시재가 차이가 있는 경우 그리고 이를 합리적으로 설명하지 못하는 직원
- 기록을 자주 변경하거나 야근 혹은 휴가를 거부하는 직원
- 현금거래 직원이 바쁜 경우 업무를 잘 도와주면서 비정상적인 거래의 처리를 부탁하는 직원(장기간의 관계를 유지하다가 어느 시점에 부정행위를 한다)
- 일반 직장인들이 운영하기 어려운 직종의 사업을 하는 직원
- 사채를 자주 빌려 쓰는 직원
- 기본적으로 노름 · 경마 · 경륜 등을 과도하게 좋아하여 본인의 업무에 지장을 주는 직원

현금의 접근이 쉬운 직원이 부정행위의 징후가 있다면 관리자는 자연스럽게 업무를 변화시켜 줘야 한다. 또한 이러한 직원은 다른 직원들에게도 나쁜 영향을 미칠 수 있다. 관리자는 직원들이 부정행위의 마음을 먹지 않도록 하거나, 부정행위의 기회를 상실시켜야 한다.

부정행위 행태

부정행위의 행태는 다음과 같다. 최근에 발생되는 금융 관련 사고는 금액이 고액인 경우가 많지만, 그 수법은 의외로 간단한 경우가 많다. 기본적인 일상의 통제를 준수하는 것은 새로운 강력한 내부통제 프로그램을 만드는 것보다 더욱 효과적이다.

- 관리자 혹은 회사의 인장을 무단으로 사용하는 경우
- 금융이체 시 사용하는 비밀카드 번호를 몰래 알아서 사용하는 경우
- 회사의 물건을 훔치는 행위
- 회사의 법인카드를 현금화하여 사용하는 경우
- 회사에서 지원하는 서비스를 받은 것처럼 하고 이를 공급자와 공모하여 현금화하여 나누는 행위
- 판매된 대금이나 수금한 금액을 회사에 입금치 않고 사용하는 경우 또는 외상거래로 기록하는 행위
- 건설업과 같이 일용직을 사용하는 산업에서 인원을 속여서 개인이 사취하는 경우
- 본인의 승인 권한이 없는 할인 판매를 한 것처럼 그 차액을 편취하는 행위
- 재고를 조작하는 행위
- 물리적으로 물건을 운반하면서 중간에 물건을 절도하는 행위

부정행위는 일반 직원뿐만 아니라 경영층에서도 일어난다. 경영층의 경우 내부통제를 일반직원보다 쉽게 우회할 수 있어 경영층의 감사 시 더욱 주의가 요구되며 준비도 더욱 철저히 해야 한다. 공모의 수준을 항상 생각해야 한다. 경영층의 부정행위는 단 한 번으로도 조직이 회복할 수 없는 막대한 피해를 줄 수 있으므로 일반직원에 의한 부정행위보다 더욱 위험하다.

경영층은 다음과 같은 행태의 부정행위를 저지른다.

- 조직의 성과를 부풀리기 위한 회계조작 및 이를 직원에게 강요
- 자신의 보너스를 위해 단기업적을 조작하고, 부실을 이월시키는 행위
- 합병을 방지하기 위한 성과를 조작하는 행위
- 여러 가지 방법으로 비자금을 마련하는 행위
- 회사의 공금을 횡령하는 행위

- 특정 공급업자를 밀어주는 행위
- 잘못된 의사결정을 숨기기 위해 기록을 조작토록 강요하는 행위

사고조사는 감사의 확장개념이다. 조직이 세분화된 조직에서는 사고를 전문적으로 조사하는 내부조직이 존재하지만, 우리나라 대부분의 조직들은 감사부서가 사고조사를 행하고 있다.

감사조직이 사고조사를 하는 것은 조직의 내부통제를 가장 잘 파악하는 조직으로써 사고조사를 신속 정확하게 할 수 있으며, 이후 재발방지를 위한 조직 전체의 내부통제를 수립을 담당하기에 가장 적합하기 때문이다. 전문적으로 사고조사를 하는 부서가 있더라도 감사조직은 사고조사로부터 자유롭지 못한 것이 현실이다. 소송을 전담하는 부서가 존재하지 않을 경우 감사조직은 사고조사와 관련된 소송도 조직을 대리하여 이행할 수도 있다.

부정 억제를 위한 내부통제절차

■ 장부 분석을 통한 부정적발

- 합계잔액시산표나 대차대조표계정에서 비자금 형성에 사용된 의심계정을 찾는다.
- 의심계정의 항목과 연결된 보통예금 또는 현금항목을 찾는다.
- 통장거래내역서 · 현금출납부와 대조한다.
- 전표와 증빙서류철을 찾아 정확한 지출여부를 확인한다.
- 지출 상대방에 대한 입금내역, 입금액이 다시 출금된 경우 출금내역, 상대방의 입금전 후 장부계정(외상매입금 · 미수금 · 선수금 · 보통예금계정 등)을 분석한다.
- 상기 순서대로 안 될 경우 금액 과다지출 사항에 대하여 중점 확인(통장 거래내역 위주) 이후 증빙철만을 분석하여 증빙이 불확실한 지출사항을 반대순서로 다시 확인한다.
- 증빙철 외에 다른 서류(분개장 · 현금출납부 · 메모장 · 전산화일 등)는 반드시 내용을 확인하여 장부의 조작행위를 파악한다.

■ 판매 및 대금회수 통제

대표적 통제절차	통제 목적
판매주문서에 일련번호 인쇄	판매주문서의 오남용 억제 및 추적관리
주문서 승인 전 고객 신용한도 조사	부실채권 증가의 억제
승인받은 주문서의 관련부서 전달	적절한 재고반출 · 운송 · 대금청구 수행
배송사실 확인 후 대금 청구	대금 청구 오류 및 누락 예방
대금수령과 회계업무의 분리	대금 횡령예방 및 적발

■ 매입 및 대금지급

대표적 통제절차	통제 목적
매입주문서에 일련번호 인쇄	매입주문서의 오남용 억제 및 추적관리
사전 승인받은 업체에서만 주문	유령업체 거래를 통한 부정예방
검수 및 입고확인 후 대금지급	승인받지 않은 매입거래 방지
검수 및 입고 확인 후 대금지급	유령업체 거래를 통한 부정예방
대금지급과 회계업무의 분리	대금 횡령예방 및 적발

■ 인사 및 급여

대표적 통제절차	통제 목적
인사부서에서 급여 및 공제액 결정	가공 직원에 대한 급여지급 예방
출퇴근 Clock card 기록	근태관리 및 근무시간 관리 계산
작업시간 Time ticket 기록	근무태만 억제와 작업시간계산
급여계산과 지급업무 분리	과다 또는 부당지급을 억제
금융기관을 통한 계좌이체	가공 직원에 대한 급여지급 예방

공장 부문 감사 내부통제 질문서 예

질 문 내 용	Y/N	특기사항
A 일반개요		
공장 전체		
• 직별 · 직무규정이 있는가.		
• 직무규정에는 책임소재가 명확하게 구분되고 책임의 내용이 충실하게 설명되어 있는가.		
• 업무면의 관리통제를 위하여		
– 장 · 단기 생산 · 출하 · 원부재료 수급계획서가 작성 이용되고 있는가.		
– 표준제도가 설정되고 있는가.		
– 대외자료와의 비교분석 방법이 사용되는가.		
• 경영정책 결정을 위한 경영자료 보고서가 적기에 작성되고 유용한 자료가 보고되도록 양식화되어 있는가.		
• 공장 각 부서의 업무가 본사의 통제방식에 의하여 통제되고 있는가.		
회계 및 재정		
• 회계처리규정에 따라 회계 처리되며 본사의 지시사항 및 내규에 따라 처리되고 있는가.		
• 회계담당 직원의 사내외 교육계획이 계속적으로 실시되고 있는가.		
• 회계장부가 매월 마감되고 월차 재무제표가 작성되는가.		
• 월차 재무제표는 공장장 및 공장 간부회의에서 이용되고 있는가.		
• 제품별 원가 차이 분석이 이루어지고 있는가.		
B 생산관리		
조직운영 및 보고면의 관리통제		
• 적절한 관리통제를 위하여		
– 생산계획, 제조, 재고, 생산기술, 공무 등에 대한 책임소재가 명확하고 이것을 종합 관리하는 자가 있어 조직 면에서 관리통제가 이루어지고 있는가.		

질 문 내 용	Y/N	특기사항
- 상기 제 기능을 효율적으로 수행하기 위하여 다음과 같은 방법을 이용하는가. ▸ 장 · 단기 생산계획표 작성 ▸ 재료 · 노무 · 경비 등 생산요소에 대한 표준 투입량 설정 ▸ 적정 재고량 또는 재주문 재고량의 설정 ▸ 품질관리 기준 설정 - 생산과 재고에 관한 경영지표보고서는 다음과 같은 유용한 정보가 포함되어 있는가. ▸ 계획 또는 표준과의 실적 대비 ▸ 차이분석 ▸ 적정재고량과 재 주문량 및 품질관리 기준 ▸ 계획과 표준의 수정 ▸ 관련부서와의 협조요망 사항 - 경영지표보고서는 실기하지 않고 적시에 보고되고 있는가. 직무담당 • 생산부서의 직원이 재고자산의 보관 또는 관리를 겸하고 있지는 않은가. • 재고자산 보관자가 재고자산 보조부의 기장 관리를 겸하지 않는가. • 재고자산 보관자 이외의 직원이 검수업무를 담당하고 있는가. • 재고자산 보조장 기록, 총원장 기록 및 원가계산 기능을 각각 분담하고 있는가. • 재고자산 실사는 재고자산 보관자 이외의 책임자 등에 의하여 주관되는가. 절차상 통제 • 재고자산의 적절한 보관 관리를 위하여 - 재고자산의 보관장소는 도난, 수 · 화재, 유용 등으로부터의 안전장치가 되어 있는가. - 보관자 이외 자의 출입이 통제되고 있는가. - 매각용 작업폐물, 구입 즉시 비용 처리된 저장품 등도 재고자산 보관자가 관리하는가. - 생산입고서 · 검수증 · 환입지시서 · 출고지시서 등의 증빙서류에 의해서만 입출고되는가.		

<table>
<tr><th>질 문 내 용</th><th>Y/N</th><th>특기사항</th></tr>
<tr><td>
- 멸실 · 도난 · 훼손 · 진부화 또는 장기 정체된 재고를 정기적으로 파악하여 보고하고 있는가.
- 재고자산 보관자는 다음의 장부와 서류를 보관 또는 기록하고 있는가.
  ▸ 입출고의 근거서류
  ▸ 재고자산 대장
  ▸ 각 품목의 저장위치에 붙여 놓은 재고표
- 외부에 보관되어 있는 외탁품 · 하청재고 · 창고업자 보관재고 등에 대해서는 주기적으로 조회 · 확인받거나 실사를 하는가.
- 외부로부터의 수주품에 대해서는 자사 재고와 구별 보관하고 정기적으로 실사를 하는가.
- 재고자산은 1년에 한번은 실사를 하는가.
- 재고자산의 적절한 통제로서
  ▸ 재고실사 지침서가 준비되고 실사자가 실사교육을 받는가.
  ▸ 각 품목의 수량 · 단가 · 금액 · 소재 · 단위 · 완성도 등이 표시되어 있는가.
  ▸ 적정재고량 또는 재주문 재고량이 설정 표시되어 있는가.
  ▸ 검수증 · 생산입고서 · 출고서에 의해서 기록되는가.
  ▸ 구입 원재료 · 부재료 · 저장품과 제품에 대한 단가결정이 적시에 통보되는가.
  ▸ 월차 · 증감 합계액은 구매 · 생산 · 출하보고서 등을 통해서 재고자산 보조부 담당자 이외의 자가 일치 여부를 검토하는가.
  ▸ 재고자산 보조부는 매월 총계정원장과 대조 조정되는가.
• 원가계산의 적절한 통제를 위해서
- 생산에 투입된 모든 재료는 생산부서에 의하여 부문별 · 공정별 · 작업지시서별 · 제품별 등으로 집계 보고되는가.
- 재료의 출고단가는 재고자산 보조부 담당자가 정확하게 통보해 주는가.
- 노무는 작업일지나 생산보고서 등에 의하여 그 사용 부문별 · 작업지시서별 · 제품별로 집계 보고되는가.
- 생산에 투입된 재료와 노무는 재고자산 보조부로부터 작성된 재료수불 보고서와 급여대장과 대조 검토되는가.
- 경비는 부문별 · 공정별 기타 원가 중심점별로 분류 집계되어 보고되는가.
</td><td></td><td></td></tr>
</table>

질 문 내 용	Y/N	특기사항
- 제조경비와 공통 부문 배부기준은 생산부 · 기술부 · 공무부 등 관련부서의 기술적 집계를 토대로 작성되었는가. - 배부율을 정할 때 조업단축 · 잉여설비 등과 같이 표준 또는 정상이 아닌 원가차이 요소가 고려되었는가. - 원가요소의 비목을 적당한 원가배부를 위하여 충분히 세분되어 집계되고 있는가. - 제조원가 · 원가요소 · 원가차이 등이 부문별 · 공정별 · 작업지시서별 · 제품별 수치를 전기 및 계획수치와 비교 검토하는 보고서가 매월 또는 정기적으로 작성되는가. - 표준원가 계산제도가 채택되고 있다면 ▸ 표준원가가 과거실적, 동종 산업의 평균치, 기술적 검토표의 제 요인에 대한 충분한 연구가 뒷받침되어 설정되었는가. ▸ 표준원가는 정기적으로 검토 수정되는가. ▸ 수량과 금액으로 인식된 원가차이는 원가분석이 철저하게 되고 관리목적에 유용하게 이용되고 있는가. • 재고자산에 대하여 적절한 보험에 가입되고 있는가. **C 고정자산관리** **직무분담** • 고정자산의 취득 · 건설 · 수리 · 처분을 발의 집행하는 기능과 이를 회계 처리하는 기능을 분리하여 담당하고 있는가. • 고정자산 기자재의 구매계약 · 건설계약 · 수리계약은 고정자산 거래 발주부서 이외의 부서에서 담당하는가. • 건설회계와 고정자산 대장 기장 담당자와 총계정원장 담당자는 분리되어 있는가. • 고정자산의 사용관리 · 건설회계 · 보조부 담당자 이외의 자가 정기적인 자산실사의 책임을 지고 있는가. **절차상 통제** • 고정자산의 구매 · 건설 · 수리에 대하여 - 구매 · 건설 · 수리 품의서에는 다음의 유용한 판단자료가 첨부되는가.		

질 문 내 용	Y/N	특기사항
▶ 신규취득 · 대체증설 · 수리 · 기타 등의 종류 구분 ▶ 사양서와 평가보고서 ▶ 처분자산의 장부가액과 처분예정가액 ▶ 예정원가 · 내용연수 및 잔존가액 ▶ 예정되는 절감 및 판매신장 효과의 추정 - 건설현장 감독과 기자재 검수를 위하여 적임자가 항시 배치되어 있는가. - 공사 진행 보고서가 적시에 작성 보고되는가. - 실제 지출은 승인된 예산의 통제하에 집행되는가. - 건설회계 장부는 완성 후에 해당 자료 대체를 위하여 필요한 정보로 세분화된 과목으로 분류 기록되고 있는가. - 수익적 지출과 자본적 지출이 구분 기록되고 있는가. - 건설회계 장부는 총계정원장과 정기적으로 대사되는가. - 준공보고서가 도착되면 즉시 당해 자산으로 구분 대체되는가. - 보고서와 최종 회계처리 자료는 보험 담당자와 취득세 담당자에게 즉시 송부되는가. • 고정자산의 처분에 대하여 - 매각 또는 폐기처분 품의서에는 충분한 판단자료가 첨부되어 승인받는가. - 승인된 품의서의 사본은 회계부서로 송부되어 수납거래를 통제하는 데 이용되는가. - 매각자산에 대하여는 반출지시서가 작성되는가. - 반출지시서와 계산서 부본은 직접 회계처리 담당자에게 송부되는가. - 폐기결과보고서 사본이 직접 회계담당자에게 송부되는가. • 고정자산 관리를 위하여 - 대장은 비치되어 있으며 취득일 · 원가 · 사용부서 · 내용연수 · 규격 등이 표시되어 있는가. - 대장으로부터의 정기적으로 명세서가 작성되어 총계정원장과 대조 조정되는가. - 상각 필 자산대장은 구분 관리되는가. - 재평가된 자산대장은 구분되는가.		

질 문 내 용	Y/N	특기사항
- 최소한 1년에 한 번은 일괄 조사 또는 순환 조사에 의하여 실물 파악하여 장부에 수정 반영되는가.		
- 환율 차액이 원가에 포함된 경우에는 대장에 구분 표시되는가.		
- 고정자산 개개에는 고유번호가 부착되어 관리되고 있는가.		
• 감가상각 계산에 있어서		
- 세법 내용연수를 사용하지 않는 경우 그 내용연수가 관련부서의 기술적 검토에 의하여 합리적으로 결정되었는가.		
- 기중 취득자산에 대한 상각개시 시기가 적절히 결정되는가.		
- 감가상각 명세서는 작성자 이외의 자가 전월 또는 전기와 비교 검산하는가.		
D 원부자재구매		
• 구매부서가 분리되어 있는가.		
• 구매기능은 회계기능 · 출하기능 · 검수기능과 완전히 분리되어 있는가.		
• 구매의뢰서가 작성되는가.		
• 구매의뢰서가 소요 부서별로 작성되면 부서장의 승인을 받는가.		
• 주문서는		
- 사용되는가.		
- 모든 구매에 대하여 사용되는가.		
- 사전에 일련번호가 부여되었는가.		
- 부본은 해당 부서에 송달되는가.		
• 주문서가 빠짐없이 발행되었는지 관리하기 위하여 주문서 번호를 통제하는가.		
• 검수증은		
- 사용하는가.		
- 모든 구매물품에 대하여 사용하는가.		
- 사전에 일련번호가 부여되어 있는가.		
- 부본은 해당 부서로 송달하는가.		
• 납품처에 반품하는 품목 명세서를 검수부서에서 작성하는가.		

질 문 내 용	Y/N	특기사항
• 납품처의 세금계산서에 대하여 - 주문서와 대조하여 조건 · 가격 · 수량을 확인하는가. - 가감승제 계산을 하여 보는가.		
• 운반비를 검토하여 보는가.		
• 지급전표를 작성하기 전에 주문서, 검수증 · 세금계산서를 상호대조 확인하는가.		
• 거래처의 월말 계산서를 접수하면 매입처 원장과 비교 확인하는가.		
• 지급어음에 관한 금액, 지급기일에 대한 사항을 임원이 승인하는가.		
• 지급 완료된 어음에 대해서는 은행 당좌원장 사본과 매월 확인 대조하는가.		
E 급 여		
직무분담		
• 다음의 기능은 각각 다른 사람에 의하여 분담되는가. - 급여대장 또는 급여명세 작성 - 근무시간 기록관리 - 인사관리		
• 급여 관계 회계부서 내에서 다음의 기능은 각기 다른 사람이 분담하는가. - 급여계산과 대장 또는 명세 작성 - 전표작성 및 총계정원장 해당 과목 기록 - 급여지급		
• 급여를 지급하는 사람이 다음의 업무를 겸하지 않는가. - 고용 · 해고의 책임 - 근무시간에 관한 승인 - 인사고과		
절차상 통제		
• 급여계산의 기초가 되는 인사기록의 적절한 통제를 위해 - 인사기록부는 직책 · 직위 · 호봉 · 입사일 · 가족수당 · 소속부서 등의 자료가 변경되는 즉시 기록되고 있는가.		

질 문 내 용	Y/N	특기사항
- 위 변동사항의 발생 즉시 급여부서로 통보하는가. - 근무상태 보고서는 인사담당 부서에서 총괄 집계하여 급여계산 부서로 통보되는가. • 근무시간의 관리와 보고에 대한 적절한 통제로서 - 작업시간 또는 근무시간을 확정하는 Time Clock 또는 적절한 방법을 사용하는가. - 시간 외 근무 · 야근 · 조퇴 · 결근 등에 대해서는 책임자가 승인한 보고서가 인사부서로 제출되는가. - 작업시간은 원가계산을 위하여 적절히 분류 집계되는가. • 급여대장 작성의 적절한 통제를 위하여 - 급여대장 작성자 이외의 사람이 재검산하는가. - 전월 대장과 비교 검토하는 사람이 지정되어 있는가. - 소득세 계산은 세무담당자가 검산하는가. - 가지급금 · 조합비 등 기타공제 항목은 책임자의 승인을 받고 공제 계산하는가. - 급여봉투 내역과 급여대장은 작성자 이외의 자가 비교하는가. • 급여지급의 통제를 위하여 - 본인에게 본인의 서명을 받고 주는가. - 대리인에게 주는 경우 사후에 본인의 서명을 받는가. - 결근자 · 출장자 등의 급여는 즉시 명세서와 함께 반환되는가. - 반환된 급여 중 2~3일 이내에 지급되지 않은 것은 입금 반환 처리하는가.		

지점 영업소 감사 내부통제 질문서 예

질 문 내 용	Y/N	특기사항
A 지점 영업소 관리의 조직과 운영		
• 지점장의 전체 조직운영을 위하여		
- 영업사원별 월간 판매계획에 관한 영업사원별 목표대비 일일 실적을 체크하는가.		
- 계획 대 실적 미달성 원인을 규명하고 그 대책 방안을 수립하고 있는가.		
- 경쟁사의 정보 및 시장동향을 수집 분석하는가.		
- 목표관리 일지에서 특기사항을 발췌하여 적절한 조치를 취하는가.		
- 매일 특별히 직원교육을 실시할 사항을 점검하는가.		
- 거래처별 신용조사평가표에 기록할 사항은 없는가.		
- 오늘 지시 및 전달할 사항은 준비되어 있는가.		
- 현금 및 예금 일일보고서에 나타난 특기할 만한 사항은 없는가.		
- 현금시재액은 현금출납장과 일치하며 일계표와 일치한가.		
- 받을어음 보관분 등 만기일이 경과한 분은 없는가.		
- 당일 마감원칙에 의하여 마감되지 않은 사유는 납득이 될 수 있는 사유인가.		
- 타인발행 어음의 뒷면 배서가 누락된 부분은 없는가.		
- 받을어음 입금 시 어음기일이 통상에 비하여 기일이 긴 어음을 수취하는 일은 없는가.		
- 수급 시 입금표와 입금증의 날짜는 동일한가.		
- 입금표관리대장의 입금표 발행분과 영업사원이 소지한 입금표를 대조하고 그 이상 유무를 확인하였는가.		
- 사고 및 과다 미수채권에 대하여 회수 독촉 및 법적 조치를 고려하고 있는가.		
- D/O를 과다하게 발행한 거래처의 채권회수를 위하여 동태파악을 철저히 하고 있는가.		
- 장기미수 및 과다채권 거래처 체크리스트를 작성하여 입금 체크를 하고 있는가.		
- 제품재고에 대하여 적정 실사할 시기가 늦은 감은 없는가.		
- 장기체화재고에 대하여 적절한 조치를 취하고 있는가.		

질 문 내 용	Y/N	특기사항
- 오손 · 파손품의 교환 시 거래처 파손품 교환요청확인서에 의해서만 교환되는지 확인하는가. - 당일 출하된 거래처에 대한 인수증은 즉시 회수되는가. - 지점장의 승인 없이 선 출하된 제품은 없는가. - 거래장 등에 인지 첨부가 누락된 부분은 없는가. - 반품교환은 즉시 처리 반영되고 있는가. - 시외전화를 과다하게 사용하고 있는 일이 없는가를 확인하기 위하여 시외전화사용부를 검토해 보았는가. - 유류티켓 발생의 정상 유무를 검토해 보았는가. - 차량수선이 반드시 전일의 차량운행일보의 이상 유무 보고사항에 의해서만 이루어지고 있는가. • 조직관리의 내부통제를 위하여 - 권한과 책임의 한계가 적절히 위임되어 운영되고 있는가. - 모든 직무에는 책임소재가 명확하게 구분되고 책임의 내용이 충실하게 반영되어 있는가. - 소속직원 개개인의 업무를 지점장이 충분히 파악하고 있는가. - 매일의 업무활동결과는 즉시 보고되어 확인 또는 조치되고 있는가. - 모든 문서는 지점장에 의하여 매일 매일 확인되어 지시사항이 하달되는가. - 모든 업무처리는 지시사항 및 내부에 의해서만 집행되는가. - 소속직원들이 본사의 지시사항, 내규 등을 충분히 숙지하여 업무수행 시 즉시 반영되고 있는가. - 본사에 발송되는 보고서 등은 사전에 검토되어 영업활동 방향결정의 자료로서 충분히 이용되고 있는가. - 직원환경조사서는 작성 비치되어 지점장이 소속직원 개인 신상을 충분히 파악하고 있는가. - 지점 업무분장표는 작성되어 있으며 개인별업무분장이 적절히 이루어지고 있는가. - 직원 개개인의 업무분담이 직무수행 능력, 직원 상호간의 관계, 대외적인 인간관계 등에 비추어 적절히 분장조정되고 있는가.		

질 문 내 용	Y/N	특기사항
- 비상연락망은 설치되어 이용되고 있는가.		
- 주요 판매처, 대리점 리스트는 작성 운영되고 있는가.		
- 지점자체 회의 · 대리점 회의에 관한 기록이 유지되고 있는가.		
- 주요 거래처의 신용관리 카드는 작성 이용되고 있는가.		
- 출근부는 매일 본인이 직접 날입하고 규정에 의하여 기록, 유지 관리되고 있는가.		
- 모든 비품은 고정자산관리카드에 등재되어 있으며 고유번호가 부여되어 관리되고 있는가.		
- 영업장 내의 부착물은 정 위치에 부착되어 있는가.		
- 숙직실 등은 잘 정리정돈 되어 관리되고 있는가.		
- 지점 각 분문별 업무는 내부통제 견제 시스템에 의하여 원활히 수행되고 있는가.		
B 재무관리		
• 현금관리에 있어서		
- 현금시재액은 수시로 지점장이 장부대조 실사 확인하고 있는가.		
- 현금 및 예금시재액 보고서는 매일 작성확인 되고 있는가.		
- 매일의 현금시재액은 일일 현금시재 기준액 이하로 유지되고 있는가.		
- 기준액 이상은 정기적으로 본사에 송금되고 있는가.		
- 현금의 입출금은 반드시 청구서, 입금표, 기타 증빙서류와 전표에 의하여 지점장의 날인에 의해서만 이루어지는가.		
- 월말 현금출납장의 대 차변 합계액과 총계정원장은 일치하며, 시산표상의 현금잔액과 현금출납장상의 월말 현금잔액은 일치하는가.		
- 금고의 다이얼번호는 지점장 · 출납담당자 이외의 자에게 비밀로 하고 있는가.		
- 소형수제금고는 손쉬운 조작으로도 임의 개폐가 되지는 않는가.		
- 지점장의 날인이 없는 메모 형식의 현금가지급은 없는가.		
- 부외현금을 금고에 보관하고 있지는 않는가.		

질 문 내 용	Y/N	특기사항
• 예금 관리에 있어서		
- 모든 은행통장은 일련번호가 부여되어 관리되고 있는가.		
- 예금은 출납담당자에 의해서 안전한 교통수단에 의해서만 이루어지고 있는가.		
- 예금의 인출 시 예금청구서는 반드시 지점장이 직접 날인하고 전표의 금액과 예금청구서의 금액을 확인하는가.		
- 은행에 계출한 인감도장은 항상 지점장이 보관관리하고 있는가.		
- 은행으로부터 정기적으로 예금원장사본을 징구하여 통장 및 예금장과 상호 대조하여 이상 유무를 확인하는가.		
- 예금통장은 반드시 금고에만 보관하는가.		
- 개인 예금통장으로 회사의 공금을 입금 또는 인출하는 데 사용하고 있지는 않은가.		
- 백지예금청구서에 은행계출인감을 날인하여 직원이 보관하는 일은 없는가.		
- 예금장과 총계정원장 · 시산표는 반드시 일치하고 있는가.		
- 예금 및 현금을 생략 기장하는 일은 없는가.		
- 모든 수표는 수금과 동시 이면에 회사명판을 즉시 압인하는가.		
- 정기적으로 예금잔액확인서를 은행으로부터 징구하여 대조확인하는가.		
• 어음관리에 있어서		
- 약속어음의 수취 시 발행인과 거래처가 상이할 경우 그 배서유무를 확인하는가.		
- 약속어음 기재상의 필요적 기재사항은 반드시 확인하고 수취하는가.		
- 상업어음이 아닌 융통어음을 입금시키는 사례는 없는가.		
- 어음은 반드시 은행에 위탁처리하고 어음위탁통장은 확인 관리되고 있는가.		
- 어음의 교환 추심은 즉시 실시되고 확인관리 되는가.		
- 수취한 어음을 위탁처리 하지 않고 보관한 후 날짜 정정하여 다음 달로 이월시키는 경우는 없는가.		
- 수취한 어음을 미수탁하여 만기일 이후 또는 익월초 현금으로 교환처리라는 사례는 없는가.		
- 어음장의 대변과 예금통장의 교환 입금액은 항상 일치한가.		

질 문 내 용	Y/N	특기사항
- 어음수탁확인서를 정기적으로 은행으로부터 징구하여 회사장부와 대조 확인하는가. - 부도어음이 발생할 시에는 즉시 보고하고 그 사후처리를 하는가. C 제품관리 • 재고관리의 적절한 통제를 위하여 - 제품입고 시 공장에서 발행한 인수증과 차량에 적재된 제품별 · 규격별 수량이 일치하는지를 먼저 확인하는가. - 제품입고 시 운송 중에 발생된 파손품이 있는지를 확인하고 이에 대한 파손품 발생확인서를 징구하는가. - 지점에서 지점으로 적송되는 제품의 입고는 사전에 당해 부서장의 승인을 득한 후 이루어지고 있는가. - 월말 제품수불 월보와 제품 수불부의 제품별 · 규격별 · 입고 내역을 대조확인하는가. • 출고관리에 있어서 - 모든 제품은 출고지시서에 의해서만 출고되고 있는가. - 차량에 탑재한 제품은 별도로 재고관리 되고 있는가. - 루트판매에 대한 출고처리는 인수증 회수와 더불어 즉시 이루어지고 있는가. - 지점에서 지점으로 적송되는 제품의 출고는 사전에 당해 부서장의 승인을 득한 후 이루어지며 인수처의 송장은 즉시 회수되고 있는가. - 출하된 제품과 매출장의 규격별 판매내역을 매월 대조확인하고 있는가. - 세금계산서를 발행한 후 미출고된 제품은 별도로 관리되고 있는가. • 재고관리에 있어서 - 제품의 보관장소는 도난, 수 · 화재, 유용 등으로부터의 안전장치가 되어 있으며 보관자 이외의 자의 출입이 통제되고 있는가. - 별실 · 훼손 · 오손 · 파손 · 장기 정체된 재고를 정기적으로 파악하여 즉시 처리하고 있는가.		

질 문 내 용	Y/N	특기사항
- 재고자산은 정기적으로 실사되어 지고 있으며 그 이상 유무를 확인 관리하고 있는가. - 재고자산에 대하여 적절한 보험에 가입되어 있는가. - 창고 배치는 집중적인가 또는 분산적인가 수입 및 불출면에서 불편은 없으며 선입 선출이 이루어지고 있는가. - 제품적재 높이는 적당하며, 관리상 불합리한 점은 없는가. - 제품의 전월재고, 당월입 · 출고, 당월 말 실재고, 선출고, 미출고 등을 종합 체크하는 기능이 수행되고 있는가. - 오손품 · 파손품은 구분되어 관리되며 적기에 교환 조치되고 있는가. - 창고의 관건장치는 개폐 시 봉인 확인되고 있는가. D 채권관리 • 매출채권 관리를 위하여 - 매출채권 잔액은 담당자별로 매월 체크되어 적정 수준으로 관리되고 있는가. - 거래처별 매출채권 잔액은 매월 1회 상대방의 등록된 인감에 의한 잔액확인을 거래장에 받고 있는가. - 채권 회전기일이 늘어날 경우 그 원인을 파악하고 사후 조치는 제대로 이루어지고 있는가. - 영업사원별 거래장과 관리 부문의 거래처원장은 정기적으로 대조하여 그 이상 유무를 확인하고 있는가. - 대리점 매출채권은 여신관리규정에 의하여 관리되고 있는가. - 대리점 또는 대형거래처의 채권관리를 위한 추가담보 확보는 적기에 적절하게 이루어지고 있는가. - 수금 시 영업사원이 현지에서 온라인을 통한 송금제도가 채택 활용되고 있는가. - 매출채권잔액조회는 정기적으로 실시하며 그 이상 유무를 확인하는가. - 악성채권 및 장기 미수는 수시로 체크되며 회수대책을 수립하고 있는가. • 사고채권 관리를 위하여 - 사고거래처 발생 시 사고 보고서는 즉시 작성되어 지는가.		

질 문 내 용	Y/N	특기사항
- 사고거래처 발생 시 채권 잔액회수를 위한 가능한 방법이 즉시 수행되는가.		
- 사고채권에 대한 회수조치 및 대책은 수립되어 있으며 사후관리가 이루어지고 있는가.		
E 판매관리		
• 입금표 관리의 적절한 통제를 위하여		
- 입금표를 영업사원별로 적정한 매수를 정하여 사전에 지급하고 있는가.		
- 입금표 수불부는 지점장의 확인을 반드시 득하고 있는가.		
- 입금표에는 사전에 고유번호가 등재되어 있는가.		
- 입금표 발생 시에는 반드시 취급자의 인장을 날인하고 교부하는가.		
- 입금표 교부 시 비고란에는 어음 · 수표 · 현금을 구분 표시하여 문제 발생 시에는 원인을 규명하는가.		
- 매월 정기적으로 영업사원별로 사용한 입금표를 일련번호에 의하여 이상 유무를 확인하는가.		
- 입금표는 반드시 이면복사에 의해서만 작성되고 있는가.		
- 입금표의 날짜와 입금증의 날짜, 거래장의 입금 날짜는 반드시 일치하고 있는가.		
• 인수증관리의 적절한 통제를 위하여		
- 제품출고와 동시 제품인수증은 거래처의 날인을 받아 회수하고 있는가.		
- 가 인수증을 교부하고 본 인수증을 회수하지 않은 적은 없는가.		
- 인수증은 일자별 제품출고 명세서, 세금계산서와의 일치 여부를 월 1회 이상 정기적으로 대조 확인하는가.		
- 오손 · 파손품의 교환 시 반품교환 인수증을 교부받는가.		
- 루트 세일 시에 인수증은 반드시 그때그때 회수되고 있으며 이를 체크 확인하는가.		
• 판매관리에 있어서		
- 판매월보와 제품수불월보는 매월 대조 확인하여 그 이상 유무를 체크하는가.		

질 문 내 용	Y/N	특기사항
- 매출장의 규격별 수량과 판매월보는 일치하며, 매출장과 제품수불부는 상호 대조하여 그 이상 유무가 확인되는가. - 외상매출금 계정의 합계액과 제품매출액 계정의 합계액은 항상 일치하고 있는지 확인하는가. F 마케팅관리 • 마케팅 조직과 기능 파악을 위하여 - 모든 거래처는 지역별로 Marketing Map에 의하여 세분되어 있는가. - 대리점의 지역구분은 환경적, 지역 특수성에 의하여 적정하게 Segment되어 있는가. - 유통경로별 구성비는 타당하며 그 조정을 위한 계획은 수립 · 운영되고 있는가. - 제품별 · 규격별 판매구성비는 분석되어 그 문제점에 대한 대책은 수립되고 있는가. - 지역별 · 대리점별 · 영업사원별 거래처는 적정하게 배분 운영되고 있는가. - 영업사원 1인당 거래처 수는 영업사원 행동모델에 의하여 적정하게 운영되고 있는가. - 영업사원과 판촉사원의 지역 및 활동은 제각기 상호 연결되어 합리적으로 관리되고 있는가. • 목표관리를 위하여 - 영업사원별 거래처별 월간계획에 의한 방문 · 판매 · 수급에 대한 일정계획을 수립하고 있으며 계획대로 실시하고 있는가. - 판매목표는 단위장과 영업사원 쌍방의 협의 하에 설정되며, 그 설정과정이 합리적으로 운영되고 있는가. - 판매실적에 대한 비교분석이 이루어지고 있으며 문제점에 대한 원인이 분석되어 그 대책 방안이 수립 운영되고 있는가. - 시장규모가 협소하게 평가되어 Market share를 과대평가하고 있지는 않은가. - 목표 미달성 사유 및 원인은 철저히 분석되어 향후 판매계획 수립 시 반드시 반영시키고 있는가.		

질 문 내 용	Y/N	특기사항
- 목표달성 방안은 사전에 수립되며 객관적이며 합리적으로 수립되어 실현가능한 방안을 수립하는가. • 거래처 관리에 있어서 - 증정세일은 계획에 의하여 사전에 특정 거래처를 선정하여 점주와의 충분한 협의 후 실행되고 있는가. - 거래처의 특성과 판매량에 따라 판촉물은 적절하게 공급되고 있는가. - 대리점관리는 회사의 규정에 따라 수시로 지도 관리되고 있는가. - 대리점 루트 세일은 일정계획에 의하여 이루어지고 있는지 체크 확인하는가. - 편중방문 또는 건너뛰기식 거래처 방문이 되는지를 수시로 체크하고 문제점을 즉각적으로 조치하고 있는가. - D/C · 할증 · 무상 · 기타 지원은 사전에 거래처를 선정하여 계획에 의해서 이루어지고 있는가.		

03 내부회계관리제도

내부회계관리제도(Internal Control)는 현재 국내 상장회사들에게 의무적으로 시행되고 있는 제도로써 주권을 상장한 기업에게 내부적으로 회계정보를 처리하는 과정까지 경영자가 감독하고 적절한 조치를 취하라는 책임을 법으로 정해 둔 것이라고 할 수 있으며, 이를 외부감사인에게 검토하도록 요구하고 있다. 따라서 모든 상장회사는 "외부감사인의 내부회계관리제도 검토보고서"가 감사보고서 제일 마지막에 첨부되어 있다.

미국에서는 2002년에 사베인즈 옥슬리법(Sarbanes-Oxley Act)가 발효되면서 회계부정에 대한 대단히 강력한 제재들이 발효되었으며 이 법에 의해 internal control에 대한 강제제도가 도입되었다. 우리나라에서 도입한 내부회계관리제도도 이 법에 의한 제도와 유사하다. 내부회계관리제도는 회사의 재무제표가 일반적으로 인정되는 회계기준에 따라 작성 · 공시되었는지의 여부에 대한 합리적 확신을 제공하기 위해 설계 · 운영되는 내부통제제도의 일부분으로서 회사의 이사회, 경영진 및 여타 구성원에 의해 지속적으로 실행되는 과정을 의미한다.

이 제도는 내부통제제도의 세 가지 주요 목적, 즉 기업운영의 효과성 및 효율성의 제고, 관련 법규 및 정책의 준수, 그리고 기업재무정보의 신뢰성 확보 중 재무정보의 신뢰성 확보를 주요 목적으로 하며 자산의 보호 및 부정방지 프로그램이 포함되고, 내부통제의 한 유형인만큼 내부통제의 5가지 구성요소를 모두 포함하고 모든 조직 내 구성원들에 의해 운영된다는 특징이 있다.

1. 내부회계관리제도의 정의

내부회계관리제도는 기업의 재무보고 내부통제이다. 내부통제란 영업의 효율성, 재무보고의 신뢰성, 법규 및 규정 준수 등 조직목표를 효과적 · 효율적으로 달성하기 위해, 조직 자체적으로 제정하여 이사회 및 임직원 등 조직의 모든 구성원이 이행하여야 하는 절차를 의미한다. 이것은 내부감사는 물론 통제환경의 구축, 위험평가체제, 통제활동, 정보와 전달체계 등 조직 전반에 대한 통제를 포괄하는 개념이다.

효과적인 내부통제제도는 경영진이 업무성과를 측정하고, 경영의사결정을 수행하고, 업무

프로세스를 평가하며, 위험을 관리하는데 기여함으로써 기업이 조직목표를 효율적으로 달성하고 위험은 회피 또는 관리할 수 있도록 한다. 또한 기업의 목표달성에 장애가 되는 위험을 파악하고 평가하여 내부통제제도를 위한 가용자원을 이들 위험에 우선적으로 배분함으로써 비용 효과적인 통제를 달성할 수 있다. 이밖에도 기업의 대외 신인도를 높임으로써 투자자들의 기업에 대한 투자의욕을 고취시킬 수 있다는 장점이 있다. 그러나 효과적이고 완성도 높게 설계된 내부통제제도라고 할지라도 인간이 제도를 운영함으로써 발생하는 위험은 존재한다.

기업에서는 일반적으로 재무보고 내부통제를 통하여 인정된 회계원칙에 의거한 재무제표의 작성과 재무보고체계의 신뢰성에 대한 합리적 확신을 제공하며, 이를 위해 설계된 제도로서 기업의 이사회, 경영진 등 모든 구성원에 의해 지속적으로 실행되는 과정(Process)을 의미한다.

내부통제(Internal Control)는 다음의 세 가지 목적달성에 대한 합리적 확신(Reasonable Assurance)을 제공하기 위하여 조직의 이사회 · 경영진 및 여타 구성원에 의해 지속적으로 실행되는 과정(Process)으로 정의된다.

- 효과적이고 효율적인 업무수행 : 회사가 업무를 수행함에 있어 자원을 효과적이고 효율적으로 사용하고 있다.
- 정확하고 신뢰성 있는 재무 보고 체제의 유지 : 대내외 보고서에 대한 정확하고 신뢰성 있는 보고 체제를 유지하고 있다.
- 관련 법규 · 내부정책 및 절차의 준수 : 회사의 모든 활동은 관련 법규 · 감독기준 · 자체 내부정책 및 절차를 준수하고 있다.

즉 내부통제는 조직을 관리하기 위한 핵심이다. 내부통제는 조직의 목표달성 가능성을 제고함과 동시에 목표달성에 영향을 주는 제 위험을 관리하기 위한 계획 · 수단 · 절차로써 회사의 재산을 보호하고 오류와 부정을 예방 및 적발하기 위한 기본이 된다. 또한 자원관리에 대한 책무를 보다 강화함으로써 경영목표를 달성하는 데 긍정적인 역할을 하여야 한다.

2. 내부회계관리제도의 목적

광의의 내부통제제도의 통제목적은 운영목적인 운영의 효과성 및 효율성과 재무보고 목적인 재무보고의 신뢰성, 준수목적인 각종 법규의 준수를 모두 포함하는데 내부회계관리제도는 재무보고 목적의 달성과 관련된 것으로 좀 더 협소한 의미의 내부통제라 할 수 있다. 또한, 자산의 보호 및 부정방지 프로그램을 포함한다.

통제목적의 중복 재무제표 작성 및 공시 관련 법규의 준수에 대한 통제절차와 특정 통제절차가 재무보고의 신뢰성뿐만 아니라 타 통제목적에 관계할 경우 해당 통제절차는 내부회계관리제도의 범위에 포함된다.

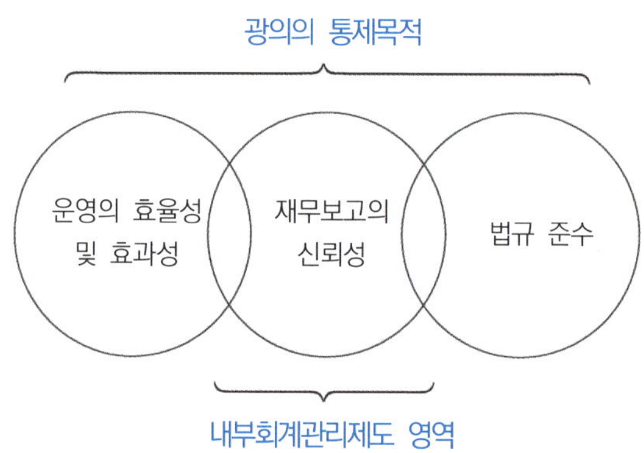

자산의 보호 내부회계관리제도는 기업의 자산이 정당하고 합법적인 절차를 거쳐 취득 · 사용 · 처분을 보증하기 위한 자산보호와 관련된 통제를 포함한다. 자산보호와 관련된 통제라 함은 재무제표에 중요한 영향을 미칠 수 있는 승인되지 않은 기업자산의 취득 · 사용 또는 처분을 예방하고 적시에 적발할 수 있는 체계를 의미한다.

부정방지 프로그램 내부회계관리제도는 기업 내 재무보고와 자산보호 관련 부정에 대한 통제를 포함한다. 기업 내 효과적인 통제문화를 조성함에 있어서 부정방지 프로그램은 필수적인 요소이다. 예를 들어, 경영진의 월권 및 통제 우회 위험 등에 대한 적절한 부정방지 프로그램이 부재할 경우 이는 통제상 중요한 취약점으로 간주될 수 있다.

내·외부감사 기능과의 연계

기업이 운영하는 내부통제제도와 내부 및 외부감사제도는 회사의 안전하고 건전한 경영을 위해 상호 보완적인 기능을 수행한다. 내부통제제도는 효과적이며 효율적인 업무운영, 신뢰할 수 있는 재무보고체계의 유지, 관련 법규의 준수 등의 목적을 달성하여 회사가 건전하고 안정적으로 운영될 수 있기 위해 경영진의 책임하에 조직 자체적으로 마련하여 조직의 구성원들이 지속적으로 실행하는 일련의 통제과정이다.

조직 내부에서 운영되는 내부통제제도는 이를 독립적이고 객관적으로 평가하는 내부감사기능에 의해 보완되며, 외부감사는 이러한 내부통제제도 및 내부감사의 효과성에 대하여 중요한 피드백을 제공한다.

내부감사는 경영진과는 독립적인 입장에서 내부통제제도의 적절한 운영 여부를 평가하고, 그 결과를 이사회 및 경영진에 통보하여 문제점을 시정하게 함으로써 내부통제제도가 원활하게 작동되도록 하는 역할을 수행한다. 내부감사는 내부통제제도 운영의 적절성을 모니터링하고 미비점을 개선하도록 함으로써 내부의 독립적 점검기능 및 컨설팅기능을 수행한다.

외부감사는 재무보고와 관련한 내부통제의 효과성, 거래기록의 정확성 및 신속성 그리고 감사보고서 및 감독당국에게 제출되는 보고서의 정확성 및 완전성을 합리적인 범위 내에서 보장할 수 있도록 함으로써, 이사회와 경영진에게 회사의 운영과 관련한 유용한 정보를 제공한다. 외부감사는 재무보고와 관련된 내부통제의 효과성을 평가하여 그 결과에 따라 외부감사절차의 성격, 시기 및 범위 등을 결정하고, 실제 감사활동을 통하여 내부통제제도 운영의 적절성을 점검·평가한다.

내부통제의 효과와 한계

내부통제제도가 효과적이기 위해서는 다음 사항을 효율적으로 달성할 수 있도록 설계·운영되어야 한다.

- 업무활동의 효율적인 운영
- 거래기록의 정확성 유지
- 재무보고의 신뢰성 유지
- 위험 관리시스템의 효율적인 운영

• 관련 법규 · 내부정책 및 절차의 준수

효과적인 내부통제제도는 경영진이 업무성과를 측정하고, 경영의사결정을 수행하고, 업무 프로세스를 평가하며, 위험을 관리하는데 기여함으로써 회사의 조직목표를 효율적으로 달성하고 위험을 회피 또는 관리할 수 있도록 한다. 그리고 직원의 횡령 · 배임 등 위법부당한 행위 또는 내부정책 및 절차의 고의적인 위반행위뿐만 아니라 개인적인 부주의 · 태만 · 판단상의 착오 또는 불분명한 지시에 의해 야기된 문제점들을 신속하게 포착함으로써 시의적절한 대응조치를 취할 수 있게 해 준다.

3. 내부회계관리제도의 운영

내부통제제도는 통제환경 · 위험평가 · 통제활동 · 정보와 의사소통 · 모니터링의 5가지 요소로 구성되며, 내부통제제도를 통해 경영자는 업무성과 측정, 경영의사결정 수행, 업무 프로세스 평가 및 경영환경에 존재하는 기업의 내 · 외부적 위험에 대한 신속한 대응을 가능하게 한다. 내부회계관리제도는 내부통제제도의 세 가지 주요 목적 중 기업재무정보의 신뢰성 확보를 주요 목적으로 한다.

통제환경

통제환경이란 조직구성원들 사이에서 조직의 체계 및 구조적으로 내부통제를 유인하도록 하는 환경으로써 조직의 효율적인 운영과 목적달성을 위하여 조직구성원 간 또는 하부조직 상호 간 견제와 균형에 충실하도록 하는 유기적인 시스템운영이 목적이며 상벌체계 · 인력운용체계 · 종업원교육정책 · 윤리 · 리더십 등을 포함한 포괄적인 개념이다. 이러한 통제환경의 조성을 위해 경영진은 회계 관련 부정행위를 사전방지 및 적발 · 시정할 수 있는 절차를 수립하고 모든 조직구성원이 내부회계관리제도의 운영상의 문제점이나 개선사항이 발견될 경우 담당 책임자에게 즉시 보고할 수 있도록 하는 공식적 체계가 필수적이다.

위험평가

위험평가란 기업의 목표달성 및 영업성과에 영향을 미칠 수 있는 기업 내 · 외부적인 위험요인들을 인식, 평가 및 분석하는 활동으로써 이러한 위험평가에는 위험식별 · 위험분석 · 대응방안 수립 및 위험의 지속적인 관리 등이 포함된다. 기업에서의 위험평가의 예로써는 환리스크 관리, 내부자금집행 시스템 환경 등이 있다. 내부회계관리제도 하에서의 위험평가를 위해 최고경영진은 내부회계관리제도의 주요 목적인 기업재무제표의 신뢰성 확보에 영향을 미칠 수 있는 위험을 식별 · 평가 및 관리할 수 있는 시스템을 구축해야 한다.

통제활동 통제활동이란 기업 내부의 정책 및 업무수행절차가 준수하기 위한 제반 활동을 의미하는 것으로써 업무의 분장 · 문서화 · 결제체계 · 감독체계 및 자산의 보호체계 등이 그 대표적인 예이다. 경영진은 효과적인 내부회계관리제도를 구축하기 위해 통제활동 목표 등을 고려하여 전사적 및 각 업무프로세스 수준에서의 통제활동을 설정해야 한다.

정보 및 의사소통 정보 및 의사소통은 내부회계관리제도의 주목적인 재무제표의 신뢰성 제고를 위해 기업 이해관계자들의 의사결정에 영향을 미칠 수 있는 기업 내 · 외부의 재무적 정보와 비재무적 정보를 수집 및 관리하고, 경영진은 회사 구성원들이 내부회계관리제도와 관련된 책임과 정책 및 절차를 이해하고 준수할 수 있도록 적합한 정보가 효과적으로 전달될 수 있는 정보시스템을 확립하는 것이 주된 목적이다.

모니터링 모니터링은 내부통제의 효과성에 대한 지속적인 평가과정으로 기업자체평가, 자체감사활동 및 사후관리 등이 포함된다. 내부회계관리제도 하에서 경영진은 업무의 일환으로서의 상시적 모니터링을 수행하고 내부회계관리제도의 전반적인 효율성 및 효과성에 대한 자체평가를 실시하여 그 결과를 이사회와 감사위원회에 보고해야 한다.

4. 내부회계관리제도의 평가

내부회계관리제도 아래에서 경영진은 체계적이고 합리적인 평가 절차를 개발하여 내부회계관리제도를 평가하여야 하며 충분한 문서화를 통해 그 근거를 마련하여야 하는데 이는 전사적 수준에서의 내부회계관리제도의 파악, 유의한 계정과목 및 주석정보의 파악, 경영자 주장의 식별, 유의한 업무프로세스의 파악 및 평가 대상 사업단위의 결정, 내부회계관리제도의 효과성평가 등을 의미한다. 이 중에서 효과성평가는 내부회계관리제도 설계의 효과성

평가와 운영의 효과성평가로 나뉘어서 시행된다. 설계의 효과성평가란 내부회계관리제도가 재무제표를 왜곡시킬 수 있는 오류나 부정을 적발 및 예방할 수 있는지의 여부를 판단하는 것으로서 이는 전사적 수준과 업무프로세스 수준의 설계에 대한 평가로 이루어진다. 설계의 효과성평가는 내부회계관리제도 최초 문서화 과정 및 이후에 주기적으로 평가되어야 하며, 이는 추적조사 및 질문 · 문서검사 등의 방법을 사용하여 이루어진다. 운영의 효과성 평가란 경영진이 내부회계관리제도가 설계된 대로 운영되고 있는지 여부를 판단하기 위한 것으로써 이 역시 전사적 수준과 업무프로세스 수준의 운영에 대한 평가로 구성된다. 운영의 효과성 평가는 중간평가 및 기말평가로 구성되며, 질문 · 관찰 · 문서검사 · 재수행 등의 방법을 통해 이루어진다.

이러한 내부회계관리제도 평가 시행 중에는 미비점들이 발생할 수 있다. 설계상의 미비점으로 목적달성을 위한 통제시스템 누락 및 부적절한 내부회계관리제도 설계와 운영상의 미비점으로서 부적절한 운영 및 조직구성원의 운영자질 미달 등이 있다. 이러한 미비점은 재무제표 왜곡의 발생가능성, 금액의 크기, 보완통제, 관리자의 판단, 타 미비점과의 종합적인 관계 등의 요소들을 고려하여 유의한 미비점인 재무제표상 의미 있는 왜곡표시가 예방되거나 적절하지 못할 가능성이 낮지 않은 경우로서, 일반적으로 인정되는 회계처리기준에 따른 재무제표의 작성 및 보고에 부정적인 영향을 미치는 하나의 통제상 미비점 또는 여러 통제상 미비점의 결합과 중요한 취약점인 하나의 유의한 미비점 또는 여러 유의한 미비점의 결합으로서 재무제표상 중요한 왜곡표시가 예방 또는 적발되지 못할 가능성이 낮지 않은 경우로 분류된다. 이러한 미비점들은 업무프로세스 수준의 미비점인지 또는 전사적 수준의 미비점인지 판단하여 업무프로세스의 미비점인 경우 유의한 계정과목과 주석사항별로 종합적으로 평가하여야 하며 전사적 수준의 미비점인 경우 내부회계관리제도의 구성요소별로 구분하여 종합적으로 고려되어야 한다.

내부회계관리제도의 평가와 관련되어 위에 언급된 고려해야 될 요소들을 종합하여 감사 또는 감사위원회는 내부회계관리제도를 독자적으로 평가하거나 회사의 내부감사기능을 활용하여 평가할 수 있으며, 내부회계관리제도에 대한 평가를 광의의 내부통제제도에 대한 정기적인 평가에 포함하여 실시할 수도 있다. 또한 전문능력 및 독립성을 지닌 외부감사인은 전문가로서의 정당한 주의임무 및 검토기준의 준수를 이행하면서 위험이 높은 영역을 중심으로 한 체계적이고 효율적인 검토업무를 수행하여 평가에 따른 결과를 검토보고서에 의해 표명하고 이를 감사보고서에 반영하여야 한다.

5. 기능별 역할과 책임

이사회의 역할과 책임 이사회는 적절하고 효율적인 내부통제제도가 시행되도록 감독하는 책임을 지며 내부통제제도의 운영에 관한 전반적인 사항을 지휘, 통제한다. 이사회는 내부통제제도의 효율적인 운영을 위해 다음 사항을 수행한다.

- 주기적으로 경영진과 내부통제제도의 효과성 여부에 대하여 협의
- 경영진과 내 · 외부감사인 및 감독당국의 내부통제제도 운영에 대한 평가결과를 점검
- 내부통제에 대한 내 · 외부감사인 및 감독당국의 권고사항과 유의사항이 경영진에 의해 적절하게 조치되고 있는지를 모니터링
- 기업지배구조모범규준상의 최선관행에 기초하여 지속적으로 회사의 지배구조 개선책을 강구

이사회의 강력하고 적극적인 감독활동과 효과적인 의사소통 채널 및 내부감사기능이 결합될 경우 내부통제제도의 효과성을 저해하는 문제점들이 적시에 발견되어 시정될 수 있게 됨으로써 효과적인 내부통제제도를 구축할 수 있게 된다.

경영진의 역할과 책임 경영진은 조직 내 각 업무분야에서 내부통제와 관련된 제반 정책 및 절차가 잘 지켜질 수 있도록 각 부서 등 조직 단위별로 통제에 관한 임무와 책임을 적절히 부여하여야 한다. 경영진은 중간관리자로 하여금 각 업무분야 내에서 효과적인 내부통제절차를 마련하여 시행토록 하는 한편, 모든 직원이 내부통제제도와 관련한 각자의 역할을 이해하고 이를 적절하게 수행하는지 감독하여야 한다.

경영진은 이사회가 승인한 사업전략 및 정책을 집행하는 역할을 수행하며, 회사 설립목표의 효율적인 달성을 위해 적절한 내부통제제도를 구축 · 유지 · 운영할 책임이 있다.

감사(위원회)의 역할과 책임 감사 또는 감사위원회는 경영진이 내부통제제도를 적절하게 운용하는지를 평가하여 평가결과 및 미비점과 조치방향을 이사회에 통보하는 역할을 수행한다. 이러한 역할을 수행하는 조직으로 독립

적인 감사를 임명하는 경우와 이사회 산하의 소위원회로 감사위원회를 두는 형태가 있다. 감사(위원회)는 독립적인 입장에서 내부통제제도 운영과 관련한 제반 정보 및 보고내용에 대하여 전체 이사회를 거치지 않고 신속하게 세부적인 확인 또는 점검을 실시하여 필요한 조치를 취하는 등의 감독기능을 수행한다.

감사(위원회)는 재무보고 및 내부통제제도 운영에 대한 감독 책임을 지며, 내부감사 담당 부서를 통할하고 이사회 · 경영진 · 외부감사인 및 감독당국과의 주요한 의사소통 채널이 된다. 감사(위원회)가 이러한 역할을 올바로 수행하기 위해서는 동 위원회에 재무보고 및 내부통제업무에 대한 전문적인 지식을 가진 사외이사가 참여하는 것이 무엇보다 중요하다.

또한 감사(위원회)는 내부통제제도가 적절하게 운영되는지를 확인하기 위해 필요한 모든 자료 및 기록에 자유롭게 접근할 수 있어야 하며, 경영진도 관련 정보를 감사(위원회)에 적극적으로 제공하도록 하여야 한다.

내부감사의 역할과 책임 내부감사부서는 내부통제제도에 대한 모니터링 기능의 일부로서 감사실시 및 평가결과 등을 감사(위원회) 및 이사회에 보고하고 이사회 또는 경영진에게 적절한 조치나 개선 등을 요구한다. 내부감사부서는 회사의 일상적인 업무기능과는 독립적인 위치에 있어야 하며 회사의 모든 업무활동분야에 대해 특별한 제약 없이 용이하게 접근하여 평가활동을 수행할 수 있는 권한이 주어져야 한다.

내부감사부서의 구성원은 잘 훈련된 유능한 인력으로서 자신의 역할과 의무에 대해 분명하게 이해하고 있어야 하며, 내부감사의 실시빈도 및 범위는 회사의 규모, 업무활동의 특성 및 복잡성, 위험특성 등을 기준으로 결정되어야 한다. 내부감사에 의해 발견된 내부통제의 취약점은 상위 관리자에게 보고되어 즉각 시정조치가 취해져야 하며, 특히 중요한 내부통제제도 운영상의 문제점은 고위 경영진 및 이사회에 직접 보고될 수 있어야 한다. 내부감사는 지적된 문제점에 대한 경영진의 시정조치 여부를 점검하고 시정되지 않은 사항에 대해서는 고위 경영진 및 이사회에 보고한다.

외부감사의 역할과 책임 외부감사인은 회사 조직의 일부가 아니므로 내부통제제도에 포함되지 않으나 경영진과의 협의, 내부통제 개선방안의 건의 등 감사활동을 통하여 내부통제의 질적 수준에 중대한 영향을 미친다. 외부감사의 주목적은 회사의 재무제표에 대한 의견의 제시이지만 외부감사는 내부통제제도의 유효성에 대한 신뢰 여부를 결정하여야 한다. 외부감사는 외부감사절차의 성격 · 시기 · 범위를 판단함에 있어서 내부통제제도를 어느 정도로 신뢰할 것인지 결정하기 위하여 회사의 내부통제제도에 대해 충분한 이해를 하여야 한다. 내부통제제도에 대한 관심의 정도는 감사인이나 회사에 따라 다르겠지만 많은 국가에서는 일반적으로 외부감사가 파악한 내부통제상의 중요한 취약점의 경우 경영진에게 기밀문서로서 보고하게 되어 있다.

입법 · 규제기관의 역할과 책임 입법 · 규제기관은 내부통제 체계 관련 법규나 규범 제정과 실사를 수행함으로써 두 가지 방식으로 회사의 내부통제 시스템에 영향을 미칠 수 있다.

첫째, 경영진이 법적 · 규범적 요구사항을 충족시켜 내부통제 체계를 구축할 수 있도록 동기를 부여한다.

둘째, 회사의 법규 · 규범 준수 여부를 조사함으로써 해당 회사의 내부통제 체계에 유용한 정보 및 권고사항을 제공하고 경영진에게 내부통제 체계 관련 개선을 지시한다.

04 CSA와 내부통제

CSA(Control Self-Assessment)란 지체 내부통제평가기법으로 이해관계자, 고객 및 기타 당사자들에게 내부통제 시스템이 신뢰할 수 있다는 확신을 제공하기 위한 관리기법이다. CSA는 회계정보 관계 장부나 문서검토에 의존하는 전통적인 하드웨어 측면의 감사만으로는 조직이 안고 있는 근본적인 위험요소를 발견하는 데 한계가 있다고 보고, 조직의 소프트웨어 측면에 대한 평가를 통해 조직의 건전성을 진단함으로써 위험요소를 사전에 제거하는 예방적인 모니터링 효과를 거두고자 하는 데 그 목적이 있다.

따라서 CSA감사의 평가기준에는 종래와 같이 틀에 박힌 법률규정이나 조직규범 · 업무프로세스 등 하드웨어적인 것뿐만이 아니라 조직의 문화 · 근무환경 · 조직구성원의 사기 및 도덕적 가치 등 다분히 소프트웨어적인 것까지 포함되어 있다. CSA의 가장 특징적인 면은 위험요소를 감사인이 직접 찾아내는 것이 아니라, 일종의 워크숍을 통해 감사인과 피감사인이 자유스러운 분위기 속에서 토론을 하는 가운데서 피감사인 스스로 조직의 목표달성에 걸림돌이 되는 문제점을 찾아내고 해결방안을 모색한다는 점이 기존의 내부통제 방식과의 차이가 있다고 할 수 있다.

1. 내부통제시스템의 새로운 평가기법

CSA는 조직의 내부통제시스템이 효과적으로 운용되고 있는지를 평가하는 과정이며, 모든 사업의 목표들이 충족될 수 있는지에 대한 합리적 수준의 확신을 제공하는 자체위험관리 수단이다. CSA에서의 내부통제책임은 조직 내 모든 조직구성원들이 공동 부담하게 된다. 그러므로 CSA는 지속적인 개선을 위한 유인책의 하나로서 그 과정이 완전히 문서화되거나 반복되는 제도화된 환경에서 실행된다.

CSA는 현장업무에 직접적인 책임이 있는 최고경영자와 팀이 내부통제시스템을 자체평가하고, 통제위험을 측정하고, 약점을 보완하기 위한 실행계획을 수립하고 사업목적의 달성가능성을 평가할 수 있다. CSA는 최고경영자와 내부회계관리자 · 감사전문가가 내부통제시스템의 품질을 판단해 가는 것이므로 내부감시 및 내부통제환경의 개선에 긍정적인 영향을 줄 수 있다.

CSA과정에 조직구성원이 직접 참여하여 의사를 개진하게 되면 통제의식은 증가하게 되며, CSA의 성공은 참여자들의 효과적인 참여자세 및 퍼실이터의 태도에 따른다. 한편, CSA에 대한 조직구성원들의 반응 및 수용은 CSA의 지도원칙에 대한 최고경영자의 태도와 마찬가지로 조직문화의 일부라고 할 수 있다.

CSA는 내부감사조직의 구성원을 비롯해 조직의 어느 구성원에 의해서든 순조롭게 진행될 수 있다. CSA가 조직 목적의 인식 및 목적을 달성함에 있어 내부통제활동에 대한 인식을 높이고 조직구성원들로 하여금 통제프로세스를 주의 깊게 고안·실행하고 지속적으로 그 운영 프로세스 및 방법을 개선해 나가게 함으로써 경영통제환경을 개선한다. 특히, CSA는 내부감사전문가의 부가가치를 창출할 수 있는 기술이다. CSA는 위험의 노출 정도를 밝히고 그 시정조치를 결정하는 데 있어서 뿐만 아니라, 내부통제 및 위험관리의 시스템을 고안하고 유지함에 있어 조직 내 소그룹 단위의 참여도를 높여서 부가가치를 창출한다.

2. CSA의 접근법

CSA의 세 가지 접근법은 다음과 같이 구분되며 많은 조직이 대체로 그 조직에 대한 자체평가의 목적에 부합하게끔 한 가지 이상의 접근법을 사용한다.

참여를 촉진시키는 회의 (Facilitation Meeting) 조직 내부의 다양한 직급을 대표할 수 있는 Work-team으로부터 내부통제의 정보를 수집한다. 회의진행자 겸 회의촉진자로서 참여자의 자발적인 의견발표를 유도하는 역할을 하는 촉진자(Facilitator)는 일반적인 회의참여 유도기술뿐만 아니라 내부통제시스템에 관한 경험과 훈련을 받은 사람이어야 한다.

설문지에 의한 자체진단 단순히 '예/아니요' · 혹은 '있다/없다' 식의 반응을 얻을 수 있는 방법이다. 설문과정을 책임지고 운영하는 사람은 그 결과를 통제시스템의 평가에 활용한다.

최고경영자에 의한 분석프로세스 참여를 촉진시키는 회의 혹은 설문지를 사용하지 않는 기타 접근법이다. 이러한 접근법을 통해 최고경영자는 비즈니스프로세스에 대한 조직구성원들의 연구 결과를 얻는다.

CSA 전문가로서 내부감사인은 내부통제시스템에 관한 연구 결과를 다른 경영자 및 조직 구성원들로부터 수집한 정보와 종합함으로써 그러한 과정을 책임지고 운영하는 사람이 CSA 과정에서 사용 가능한 모든 분석방법을 활용하도록 한다.

회의 접근법이 솔직한 참여자의 반응을 얼마나 효과적으로 수용 · 지지할 수 있는지를 결정하기 위해서 조직에 대한 사전분석과정이 필요하다. 만약 조직문화가 CSA 과정에 있어 협조적이라면, 참여를 촉진시키는 팀 회의방법이 바람직하다. 반면 조직문화가 참여를 요하는 CSA 접근법을 별로 후원하지 않는 경우에는 설문지 응답 및 내부통제 시스템분석방법을 통해 통제환경을 개선시킬 수 있다.

퍼실리테이터의 역할

미래지향적인 최고경영자는 전통적인 권위보다는 대화와 토론중심의 퍼실리테이터(Facilitator)에 의한 자율적인 상시모니터링으로 경영전략 부문에 관한 내부통제자체평가의 혁신전문가로 변신하여야 한다.

성공적인 조직은 환경변화의 흐름을 능동적으로 예측하여 새로운 블루오션에서 사회적인 부가가치를 창출하고 있다. 전통적인 리더는 지시 명령하는 가치체계를 선호하였다. 미래형 리더는 조직원의 자발적인 촉진활동으로 사회발전에 공헌하는 퍼실리테이터의 혁신리더십을 발휘하고 있다. 촉진적인 조직의 경쟁력은 프로세스담당자가 스스로 현재상황의 문제점을 발견하고, 해결방안을 수립하여 실행하는 창의적인 혁신역량이다. 모든 조직원을 효율적이고 효과적으로 자극하여 상생하는 방법은 서로 존중하며, 헌신적인 업무태도로 새로운 차원의 조직문화를 조성하는 것이다.

세계적인 초우량기업은 조직혁신의 촉진자인 퍼실리테이터가 리더십을 발휘하도록 내부통제시스템의 변화와 혁신으로 경영품질개선의 효과성을 높이는 가치창출을 실현하고 있다. 최고경영자는 열린 마음으로 신뢰와 비전을 공유하고, 이해관계자의 입장에서 사회적인 부가가치의 창출로 지속가능한 성장발전을 촉진하는 조직원을 위한 퍼실리테이터가 되어야 한다.

3. CSA 실행 시 고려사항

CSA의 효과적인 실행을 위해 고려되어야 할 다섯 가지 주요 이슈를 다음과 같이 요약 정리해 볼 필요가 있다.

CSA프로세스의 범위 조직의 어느 범위까지 CSA가 사용될지, 어떤 기능과 목적들이 고려되어야 하는지, 어느 정도의 세부적인 측면까지 평가에 포함되어야 할지를 결정해야 한다.

조직문화의 영향 CSA 접근법 및 형식을 채택할 때 조직문화의 인프라를 분석한다. 조직문화가 참여를 요하는 CSA 접근법을 받아들이지 않는 경우, 설문조사와 내부통제 분석 방법을 통해 통제환경을 향상시킬 수 있다.

CSA 결과 사용 CSA 위험평가 결과가 내부감사 작업을 목표로 사용될 것인지를 결정해야 한다. CSA 과정 및 결과의 실증을 위해 감사프로세스를 사용할 수 있다

CSA 프로세스 개선 어떤 수단 · 테크닉 · 구조 · 메커니즘 · 문서화 및 보고서 형식이 CSA 정보수집 · 보고와 연계하여 사용될 수 있는지를 결정해야 한다.

내부감사 수반 여부 CSA프로세스가 내부감사 혹은 최고경영자에 의해 추진될지를 결정해야 한다. CSA를 이행하는 사람 중 일부는 내부감사가 내부통제 감독에 대한 책임이 있는 최고경영자의 지배력 강화를 위한 수단이라고 생각한다. 만약 CSA에 사용되는 자원이 내부감사 자원으로부터 비롯된 것이라면, 내부감사는 CSA를 위한 적절한 추진 요소가 될 수도 있다.

내부감사인은 참여를 요하는 촉진회의에 참여하여 경청하는 것이 바로 내부통제시스템의 효과적인 활동을 간접적으로 감시 감독하는 것이다. CSA를 실행에 옮기는 다른 사람들은 CSA가 오로지 최고경영자 및 현실적인 문제를 현장에서 해결하려는 실무팀의 촉진활동을 유도함으로써 효과적으로 업무가 수행될 수 있다고 생각한다. 그들의 견해는 만약 내부감

사가 현재의 역할을 유지하는 데 그친다면, 최고경영자가 내부감사에 대해 결코 책임을 지지 않으리라는 것이다. 내부감사는 CSA가 이해관계자들의 권익을 보호하는 자율적인 내부통제 자체평가기법이라는 점을 확실히 알려야 한다.

| CSA의 유형 |

구 분	내 용
목표기반	• 목표 달성을 위한 최선의 방법 파악 • 관련 통제를 파악하고 잔여 리스크 산출 • 통제가 효과성 · 잔여 리스크 수용가능성 판단
리스크 기반	• 목표달성과 관련된 리스크 · 통제 파악 • 중요한 잔여 리스크가 무엇인지를 파악
통제기반	• 핵심 리스크와 통제를 사전적으로 적시 • 워크팀이 통제를 평가 • 통제의 기대치와 실제운영의 갭을 분석
프로세스 기반	• 프로세스상의 인력의 활동에 기반 • 프로세스가 추구하는 목적 추구

4. CSA에 의한 내부감사의 실행단계

최고경영자의 적극적인 지원 모든 감사가 그렇듯이 CSA감사도 수감부서의 관리자와 조직구성원들이 감사목적 · 방법과 그 효과에 대하여 충분히 인식하고 필요한 지원과 협력을 할 때, 보다 효율적으로 실시될 수 있다. 관리자와의 개별면담 또는 설명회를 개최하는 등으로 CSA감사에 대한 이해를 돕고, 감사과정에서 관리자와 조직구성원들이 어떤 방식으로 참여하게 되는가를 설명하게 된다. CSA가 비교적 새로운 감사기법인 만큼 이 단계는 앞으로 있을 감사과정에 큰 영향을 주게 된다.

계획수립 및 감사팀 구성 이 단계에서는 앞으로 진행될 CSA에 대한 구체적인 실행계획을 작성하게 되는데 무엇보다도 중요한 것은 수감부서의 핵심목표와 이를 달성하기 위한 실천목표를 파악하는 일이다. CSA의 기본적인 목적이 바로 이들 목표를 달성하는 데 걸림돌이 되는 위험요소를 발견하고 그에 대한 효과적인 통제수단을 찾아내는 것이기 때문이다.

워크숍 개최

워크숍은 CSA감사에 있어 독특하면서도 가장 핵심적인 단계이다. 감사대상 부서의 크기에 따라 다소 차이는 있으나, CSA팀은 보통 2주간에 걸쳐 8시간 정도의 워크숍을 3~5회에 걸쳐 개최한다. 워크숍의 분위기는 진지하면서도 거리낌 없이 발언할 수 있도록 개방적이어야 하고 감사팀과 피감사인의 상호신뢰가 바탕이 되어야 한다.

워크숍은 원활한 진행을 위하여 피감사 부서의 조직구성원들을 8~12명 단위의 소그룹으로 나누어 순차적으로 진행하게 된다. 이때 보통 2~3명의 CSA팀은 수감부서의 조직구성원들이 그들의 목표와 이를 달성하는데, 스스로 얼마나 효율적인가를 진지하고 활발하게 토론할 수 있도록 유도하면서 토론결과를 정리하게 된다. 이 단계에서 감사팀은 전통적인 서류감사로는 얻을 수 없는 생생하고도 진실한 정보와 자료를 풍부하게 획득할 수 있다.

토론결과의 보고

마지막 워크숍이 끝나면, CSA팀은 워크숍의 토론결과를 정리한 후, 이를 요약하여 수감부서의 장에게 이를 보고한다. 토론결과는 어디까지나 조직구성원들 전체의 의견으로 간주되기 때문에 개별적인 발언자와 그 자세한 발언내용보다는 조직구성원의 공통적인 문제해결방안 수립을 유도하여 향후 추진방향중심으로 기록한다.

실행계획서의 작성

CSA는 2~3인의 감사인력만으로도 비교적 단기간에 충분히 감사 업무를 수행할 수 있기 때문에 많은 감사인력의 동원을 필요로 하지 않는다. 소수의 인력으로 조직의 활동상황에 대하여 효율적인 모니터링을 하는 효과를 얻고 있다. 만약 2~3인의 감사인력으로 전통적인 감사를 실시한다면 감사범위는 대폭 축소될 수밖에 없다. 그러나 CSA에서는 말 그대로 조직의 위험요소를 수감기관의 조직구성원들이 스스로 평가하는 것이므로 보통은 한 부서 단위로 감사가 실시되는데 부서의 규모는 큰 문제가 되지 않는다.

또한 직접적인 직무수행상의 문제뿐만 아니라 업무환경, 조직구성원간의 인간관계, 다른 부서와의 관계 등 간접적인 요소들도 조직의 목표달성에 위험요소로 작용하는 한, 평가대상에서 예외가 될 수 없기 때문에 그 범위는 자연 넓어질 수밖에 없다.

5. CSA의 장단점

CSA의 장점

CSA의 장점은 다음과 같이 요약할 수 있다

- 고 위험지역의 식별이 용이하므로 위험을 조기 발견할 수 있다.
- 보다 효과적이며 개선된 내부 통제 시스템을 달성할 수 있다.
- 직원 참여를 통한 결속력 있는 팀의 창조를 유발시킬 수 있다.
- 직원들 간에 통제 소유권과 프로세스 소유권에 대한 의식을 키우고 통제개선 과제에 대한 저항을 줄일 수 있다.
- 직원들의 조직의 목표에 대한 인지도 및 위험과 내부통제에 대한 지식을 증진시킨다.
- 운영관리자와 고위 경영층 간의 의사소통 향상에 도움을 준다.
- 감사 평가프로세스의 개선이 용이하다.
- 통제비용 감소효과가 유발된다.
- 이해관계자 및 고객에게 보증을 제공할 수 있다.
- 최고 경영층에게 다양한 규제당국의 요구와 미국의 SOX 같은 법률에서 요구하는 내부통제의 적절성에 관하여 필요한 보증을 제공할 수 있다.

CSA의 단점

CSA의 단점을 다음과 같이 요약할 수 있다.

- 감사기능의 대체로 오해될 수 있다.
- 부가적인 업무로드로 여겨지고 있다(예를 들면 경영진에게 제출하기 위한 또 하나의 보고서로 인식).
- 개선 제안에 대한 실행의 실패는 종업원 의욕을 저하시킬 수 있다.
- 동기부여의 부족은 통제약점의 효과적인 적발을 제한할지도 모른다.

감사부서가 CSA 프로그램을 시행하면 감사인의 역할은 제고된다. 따라서 CSA 프로그램이 수립되면, 감사인들은 내부통제 전문가 및 평가 촉진자가 된다. 그러므로 감사인은 촉진자의 역할을 효과적으로 수행하기 위해 평가 대상 비즈니스 프로세스를 이해하고 있어야 할 뿐만 아니라 감사인은 자신들은 촉진자이고 현업 관리자들이 CSA 프로세스의 주체라는 사실을 기억해야 한다.

Chapter 05

감사계획

01 감사계획 · 192

02 감사계획의 수립 · 197

01 감사계획

계획이란 어떤 업무에 있어서 소기의 목적을 달성하고자 필요한 제반 사항을 예견하여 배열하고 그 실시에 필요한 방법을 검토하여 최선의 것을 준비하는 행동지침의 결정이다. 그러므로 계획은 언제나 미래에 있을 사안에 관계되는 것이므로 계획을 결정하기 전에 장래에 그 계획에 작용할 제반 여건을 미리 예견하고 그것이 계획에 어떤 영향을 줄 것인가를 면밀히 통찰하여 결정하여야 하고, 이를 결정한 후에는 그 타당성이 존속하는 한 계획대로 집행하여야 하며, 또 집행 후에는 예기한 결과가 나타났는가를 종합적으로 분석하여 평가하는 등 일련의 연속적인 과정을 고려함이 긴요하다.

1. 감사계획의 의의

감사계획은 감사목적을 효과적으로 달성하기 위하여 감사대상항목 및 감사사항을 선정하고, 이를 감사하는데 필요한 최선의 방법을 미리 선정하여 결정한 감사지향 지침이다. 그러므로 감사계획은 평소 충분히 모집되고 신중히 분석된 감사대상의 기초적인 사실과 감사대상의 중요도 및 우선순위 등을 고려한 합리적 조정과 장래의 정세 및 감사효과에 대한 전망과 과거의 반성 등에 입각하여야 한다. 즉 감사계획은 이러한 제반 사실을 판단의 기초로 하여 감사의 목적을 달성하려는 합리적인 수단을 의미하며, 단순한 희망에 의한 것이 아니라 성취 가능한 것이어야 하며, 일반적인 것이 아니라 계속적인 것으로서 현재의 계획은 장래에 다른 계획의 기초와 모체가 될 수 있는 합리성을 내포하여야 한다. 아울러 감사계획은 감사목적을 달성하는 데 있어서 관련된 제반 사실을 체계화하고 각종 행동방안을 가치적 견지에서 비교하여 취사선택하는 것이므로 의식적 가치판단에 입각한 과학적 수단으로서 감사활동을 규제하는 규범적 역할을 할 수 있도록 합리성과 일관성이 있어야 한다. 또 감사대상 부문에 따른 감사활동의 조화를 도모하여 전체로서는 경제적이고 능률적인 감사효과를 올릴 수 있어야 하며, 충실한 감사임무 수행을 위하여 투철한 관찰력과 신념에 바탕을 둔 명백한 주관이 있어야 하는 반면, 정세의 변화에 따라 융통성 있게 대처할 수 있는 탄력성을 또한 갖추어야 한다.

2. 감사계획의 필요성

감사계획은 감사실시의 출발점이며 감사계획의 적부 여하가 감사의 효과를 좌우한다고 해도 지나친 말은 아닐 것이다. 제한된 능력으로 최대의 감사효과를 얻기 위해서는 필연적으로 계획적인 감사가 요청되며, 이러한 요청은 감사대상이 팽창되는 데 따라 이에 정비례하여 더욱 가중하게 되는 것이다.

계획은 그 자체가 바로 합리적인 사고와 행동의 방법으로 인식되기 때문에 오늘날 정치·경제 및 사회활동의 모든 부문에서 보편화되기에 이른 것이다. 즉 계획은 목적에 정당성, 행동 순서의 합리성, 제반 관련 사항의 적합성, 방법 및 절차의 건전성, 또는 시간·경비·인원 등의 유효적절한 사용 등 목표달성에 필요한 제반 요소들이 고려되는 것이므로, 계획을 통하여 효율적인 임무수행을 위한 타당한 목표 및 방침을 설정하고, 방향을 제시하며 또 목적에 도달하는 합리적인 행동방법을 선정함으로써 시간과 노력 및 경비 등의 낭비를 제거하는 등 가장 효율적인 감사업무를 수행할 수 있도록 하는 것이다.

따라서 감사업무의 체계적이고 효과적인 수행을 위해서는 치밀하고 적절한 감사계획의 수립이 필수적이다. 감사는 한정된 인력과 예산으로 실시하기 때문에 최대의 감사성과를 확보하기 위해서는 계획적인 감사가 필요하며, 그 필요성은 감사대상이 양적으로 팽창되고 질적으로 전문화됨에 따라 더욱 증가되고 있다

이와 같은 계획은 장래에 대한 정확한 예측이 쉽지 않고, 수단 변경이 곤란하여 경직화될 우려가 있고 또 개인의 창의력을 제한하는 등 여러 가지 제약이 있음에도 불구하고 보다 큰 효과를 기대할 수 있기 때문에 오늘날 관리기능의 필수적인 요소로 등장하게 되는 것이다. 이와 같은 사항 가운데 그 중요성과 시의성(時宜性)을 감안하여 합리적으로 선정 배열함으로써 가장 적합한 감사를 실시할 수 있을 뿐만 아니라 감사수행에 있어서 개개의 감사사항 및 감사영역의 중복 또는 탈루를 방지하고 결함과 모순점을 제거하는데 기준이 되게 하며, 감사결과 계속 이를 보정하여 감사업무의 발전을 기하게 함으로써 제한된 인원과 시간 및 예산으로 유효적절하게 능률적인 감사를 수행할 수 있게 한다는 것을 말하는 것이다. 이러한 효과는 일반적으로 인정되고 있는 계획의 필요성을 바로 역설하고 있는 것이다.

3. 감사계획 설정요건

감사계획 설정에 있어서 고려하여야 할 요건을 간추려 보면 다음과 같이 요약 정리할 수 있다.

- 감사내용에 합치되도록 계획을 설정하여야 한다.
  감사의 목적 · 감사의 범위 · 감사 개시일 · 소요일수 · 보고해야 할 사항 등과 같은 조항을 고려할 것이다.
- 피감사 부문의 개황을 파악하여 그 실정에 맞는 계획을 세울 것이다. 특히 초회(初回)감사인 경우에는 더욱 상세한 조사가 필요한 것이다.
- 내부통제 조직의 정비 여부가 시사의 범위를 결정해 주는 요건인 것이므로 그 조직의 신뢰성의 정도를 충분히 참작해서 감사계획을 세워야 한다.
- 종전에 작성된 피감사 부문의 감사보고서를 조사하고 충분히 참고로 하여 감사절차의 실시요령을 결정해서 계획을 세워야 한다.
- 감사항목의 중요성과 위험성을 각 항목마다 분별하고 거기에 응분된 절차를 실시토록 유의할 것은 물론이다.
- 감사절차의 경제성도 무시하지 못할 계획 설정의 요건이다. 즉 감사비용과 감사의 효과를 미리 비교 측량하여 집행부에 가중한 부담이 되지 않도록 감사절차의 적용 · 범위 · 방법 및 일수 등을 조정하여 계획을 세워야 한다.
- 두 명 이상으로 감사팀을 구성하여 감사를 실시할 경우 그 감사업무를 질서 있게, 또한 합리적으로 분담되도록 계획을 세워서 신속하게 합목적성을 이루게 하여야 한다.

감사절차의 적시성과 질서성을 무시하고서는 감사계획의 목적한 효과를 거두기가 어려운 것이다. 적시성이란 감사절차의 집행에 관한 적절하고 합당한 시기와 절차의 동시 집행을 뜻하는 것이며, 질서성이란 감사절차의 적용 순서를 요령 있게 결정함을 뜻한다. 피감사 부문이 어느 정도 감사 집행에 있어서 협력해 줄 것인가, 또한 감사인의 능력이 어느 정도인가도 신중히 연구하여 계획 설정에 배려할 것이다.

4. 감사계획의 구분

내부감사계획은 기본계획 · 연도계획 및 실시계획으로 구분할 수 있다.

기본계획

기본계획은 2년간에 걸쳐 적용한 업무 수행의 기본이 되는 계획이다. 계획의 적용시간은 이를 장래의 전망에 대한 합리적 타당성의 확신 정도에 따라 일정하게 구분한다. 즉 감사계획은 수많은 감사대상 업무계획과 관련성이 있으므로 그 대상 업무의 추세에 중점을 두어 적정한 기간을 정하여야 한다. 기본계획은 감사인의 임무에 입각한 감사목적을 실현하기 위하여 나아갈 기본방향을 제시하고 매해 발전적인 감사활동을 도모하도록 하는 데 그 의의가 있다. 이와 같은 기본계획은 비교적 장기에 걸치는 목표와 소망을 결정함으로써 연도계획에 있어서 감사중점과 방침을 제공하는 것이다.

통상 계획의 적용기간이 장기일수록 목표의 불확실성은 증가되는 것이므로 기본계획은 특히 융통성이 있어야 하고, 중요한 감사사항을 광범하게 망라하여 전 계획기간에 타당성이 유지되도록 유의하여야 한다.

연도계획

연도계획은 기본계획에 입각하여 1년간에 걸쳐 적용할 연간 감사계획이다. 연도계획에는 기본계획에서 제시된 장기적 구상을 지침으로 해당 연도의 감사중점 및 운영지침에 따라 감사사항을 선정하게 된다. 그러므로 연도계획의 연속적인 집행결과는 기본계획의 목표에 도달될 것을 전제로 하지 않으면 안 된다. 따라서 연도계획은 기본계획의 목표하에서 해당 연도에 실현시킬 감사활동 방향의 구체적 지침을 제공하는 데 그 의의가 있다.

감사계획의 종류

감사목표를 달성하기 위한 감사계획은 중장기감사계획 · 단기감사계획 및 개별감사계획으로 나뉘며, 이들은 서로 조화를 이루어야 한다.

■ 장기 감사계획

5년 이상의 기간을 대상으로 기업이 지향하는 가치와 비전을 제시한다. 특히 장기목표는 출발점과 종착점 사이에 감사환경의 변화에 따라 수정요인이 생기는 것이 보통이므로 중간목표를 설정해야 한다.

■ 중기 감사계획

장기 감사계획을 토대로 전략적인 관점에서 3년 내지 5년을 주기로 수립한다. 따라서 중기 전략 감사계획을 수립하여 감사계획 수립기본방향을 설정할 필요성이 대두되고 있다.

■ 단기 감사계획

중기 감사계획을 이행하기 위한 전술적인 차원에서 1년 단위로 작성한다. 단기감사계획의 하위계획으로 분기별 또는 월별 감사계획도 함께 수립해야 한다.

■ 개별 감사계획

개별 감사대상 부서 또는 감사사항에 실제로 적용할 실행계획으로 감사인은 단기 감사계획에 따라 특정 감사대상 부서 또는 업무에 대한 실지감사를 실시하기 이전에 당해 감사대상 부서 또는 업무를 면밀히 분석하여 문제점을 도출한 후 구체적인 감사실시 계획을 작성하여 실지감사에 임해야 한다.

실시계획

실시계획은 연도계획의 책정된 감사사항과 계획 외에 수시로 실시하는 감사사항에 대하여 감사의 실시에 필요한 제 수단을 세부에 걸쳐 수립하는 개별계획이며, 그 감사를 구체화하기에 필요한 제반사항을 결정하는 계획이다. 그러므로 실시계획은 바로 감사활동의 기본이 되는 것으로서 감사의 효과를 직접 좌우하며 감사활동에 명확한 지침을 제공하며 감사수행 중 처리의 기준이 되게 할 뿐만 아니라, 방향원칙에 입각하여 책임의 한계를 분명히 하고 계획적인 감사를 용이하게 실시할 수 있도록 하는 데 그 의의가 있다.

02 감사계획의 수립

감사계획을 수립하기에 앞서 사전에 고려해야 할 사항은 감사환경의 전망과 감사운영기본방향과 감사중점의 설정이다. 첫째, 감사환경의 전망을 함에 있어 정치 · 경제 · 사회 · 문화 등이 끊임없이 변해가고 감사대상도 이러한 환경 속에서 직 · 간접으로 영향을 받고 있기 때문에 변화해 가는 감사환경을 이해하고 전망할 필요가 있다. 둘째, 감사운영 기본방향과 감사중점의 설정에 있어서 감사환경을 이해하고 내다본 결과를 토대로 한 해 동안 감사운영을 어떻게 할 것인지 그 기본방향을 설정하고, 이에 따라 구체적인 감사중점을 설정하여 한 해 동안 점검할 분야를 선정한다.

1. 기본계획의 수립

기본목표 및 방침의 결정 기본목표도 기본계획의 적용기간인 2년 동안 감사지향목표이며, 기본방침이란 기본목표에 도달하기 위한 감사수단이다. 즉 감사인의 임무를 충실하게 수행하기 위하여 회사의 주요 정책을 중심으로 장래 사회적 · 경제적 여건의 변동에 따른 경영활동의 추세를 예측하고 사회발전에 따른 감사의 방향을 결정하여 발전적인 감사활동을 시도하는 것이 바로 내부감사의 기본목표 및 방침이다. 이러한 기본목표 및 방침은 기본계획의 감사사항을 선정하는 기본이 될 뿐만 아니라 연도계획의 지침이 되는 것이므로 감사의 궁극적 목적인 경영활동 전반의 합리적 운영을 도모하기 위한 장기적이고 고차적(高次的)인 안목에 입각한 소망과 현실여건을 조화함에 있어서는 합리성과 아울러 점차 합목적성 및 능률성을 확보하는 감사로 전향(轉向)하여 본연의 임무수행을 다할 수 있는 발전 지향적 노력을 전제로 하지 않으면 안 된다.

기본계획의 결정 기본계획을 결정하기 위해서는 기본방침에 따라 감사를 필요로 한다고 인정되는 것에 대하여 감사대상 · 실태 · 문제점 · 장래전망 · 감사목적 · 감사범위 · 감사년도 · 감사소요일수 및 인원 등을 고려하여 결정하여야 한다.

■ 감사대상 선정

기본방침에 의거 감사를 할 필요가 있다고 인정되는 감사대상에 대해서는 충분한 자료를 모집하고 실태를 신중히 검토하여 문제점을 도출함과 동시에 그 문제점이 장래 어떻게 진전될 것인가, 혹은 분석결과 현재로서는 별반 문제점이 없다 하더라도 장래 어떤 효과를 기할 수 있을 것인가 하는 감사목적 등을 종합적으로 고려하여 감사대상을 선정한다.

■ 기타사항 결정

선정된 감사대상을 장래 감사함에 있어서 소기의 목적을 달성하기 위한 감사범위, 효과적인 감사종류와 감사의 효율적 수행에 필요한 기간과 인원 등을 예측하여 결정한 후 계획기간 중 어느 시기에 감사를 실시하는 것이 가장 효과적인가를 고려하여 그 실시시기를 결정한다. 특히 시기결정에 있어 예측할 수 없었던 돌발적인 사태에 따라 실시하는 감사 등을 고려함은 물론, 개개의 감사가 종적으로 연결되어 장기적인 시야에서 이를 집대성함으로써 집합적인 감사결과를 확보할 것을 염두에 두어야 한다. 그뿐만 아니라 계획기간 내에 소망한 목표를 향하여 감사의 계속성 및 일관성이 확보되도록 배려함으로써 기본계획의 목표에 도달하도록 하여야 한다.

■ 기본계획의 보정

제반사항을 신중히 고려하여 결정한 기본계획은 지속성이 있어야 한다. 그러나 장기에 걸치는 예측은 변화하는 사회 및 경제적 여건에 지속 그 타당성이 유지되기는 어렵다. 그러므로 기본계획은 이러한 변동되는 상황에 직면할 때 새로운 사태에 적합하도록 보정되지 않으면 안 될 뿐만 아니라, 일정 계획기간의 1년도 경과 후에는 다시 1년도분의 연도계획을 집행할 수 있도록 매년 보완·수정하지 않으면 안 된다. 이와 같은 기본계획은 매년 이미 결정된 기본계획을 재검토하고 새로운 1년도분을 기본계획에 추가하여 재조정 수립하여야 하나 이미 결정된 기본목표는 그 타당성이 지속되는 한 이를 변경할 필요는 없다.

2. 연도계획의 수립

연도감사중점 결정 연도감사중점은 기본계획의 장기적 구상을 지침으로 하여 해당 연도에 실시할 감사의 역점사항이다. 그러므로 연도감사중점의 결정은 당해 연도의 감사방향을 제시하는 것이며, 이를 구체화하기 위한 연도감사방침과 함께 연도계획의 지침을 제공하는 것이다. 따라서 연도감사방침 중점결정은 기본활동상황을 고려하여 결정하여야 한다.

연도감사방침 결정 연도감사방침은 연도계획결정 및 당해 연도 내 실시하는 기타 감사활동의 지침을 제공하기 위하여 감사중점에 따라 감사해야 할 분야의 개관적인 결정으로써 구체적 감사사항을 도출할 수 있는 지침이 되어야 한다.

연도계획의 결정 연도계획에는 특별감사대상과 일반감사대상 사항 및 시기 · 실시예정시기 · 기간 및 인원 · 담당 부문 등을 결정하며 예측하지 못한 사태에 대처하여야 할 감사 등 융통성을 고려하여 수립하여야 한다.

감사대상 선정 감사사항의 선정은 기본계획과 연도감사중점 및 방침에 따라 선정하며, 각 감사실시 및 처리에 필요한 시기 등을 감안하여 인력 및 예산 등 감사능력에 적정한 감사해야 할 양을 결정하여야 한다.

기타사항 결정 이와 같이 선정된 감사대상에 대하여 감사실시에 필요한 기간 및 인원과 담당 부문을 결정한다. 특히 실시시기를 결정함에 있어서는 개개의 감사실시가 가능한 한 종적 · 횡적으로 연결되어 연도중점분야의 감사활동에 대한 종합적 평가를 가능케 하도록 고려하여야 한다.

3. 실시계획의 수립

감사실시계획은 연간감사계획에서 책정된 감사사항과 계획 외에 수시로 실시하는 감사사항에 대해 실시에 필요한 제반수단을 세부적으로 수립하는 개별계획으로 감사활동에 명확한 지침을 제공하며, 감사수행 중의 처리기준이 될 뿐만 아니라 책임의 한계를 분명히 하는 등 감사를 용이하게 실시할 수 있도록 수립한다. 감사계획 수립 시에 고려해야 할 사항은 다음과 같다.

- 감사의 목적 · 범위 · 기간 · 소요경비 등
- 감사대상 부문의 제반 상황 및 협력가능성 등
- 감사인의 능력 및 업무량
- 중점 감사 착안점, 비능률적 · 비경제적 상황의 고려
- 실시요령 및 보고서식 등

특별감사 특별감사 실시계획을 수립함에 있어서는 다음 사항을 고려하여야 한다.

- 감사목적
- 감사중점
- 감사범위(감사대상 및 감사사항)
- 감사 실시기간 및 처리기간(보고 및 처리)
- 감사업무분담
- 착안사항
- 실시요령
- 처리요령
- 기타필요사항(보고서시 등)

일반감사 일반감사 실시계획을 수립함에 있어서도 다음 사항을 고려하여야 한다.

- 감사목적
- 감사중점
- 감사범위(대상기간 및 대상사항)
- 감사 실시기간

- 감사업무 분담
- 착안사항

4. 감사계획의 절차

기본계획의 작성절차 기본계획을 작성함에 있어서는 소정절차에 의하여 확정된 기본목표 및 방법에 따라 대상사항 및 대상 시기를 선정하여야 한다.

연도계획의 작성절차 연도계획을 작성함에 있어서는 기본계획에 의하여 소정절차에 따라 확정된 연도감사중점 및 감사방침을 명기하고 월별로 조정하여 작성한다.

실시계획의 작성절차 실시계획을 작성함에 있어서는 연도계획에 따른 감사와 함께 별도로 실시하기로 결정된 감사에 대하여 각 감사사항마다 검토 작성하여야 한다. 다만, 돌발적인 사태 또는 기타사항으로 기간의 여유 없이 실시하는 감사에 대하여는 예외로 한다.

감사계획의 입안 감사계획의 입안 시에는 최고경영층의 지시나 의견을 중점반영하며, 감사대상 부문의 의견을 참작하여 수립하며, 감사인 또한 최고경영층에서 적절한 지시나 좋은 아이디어를 낼 수 있도록 필요한 의견이나 자료를 제공한다. 때로는 독자적으로 감사실시계획을 입안하여 최고경영층의 결심을 끌어내는 적극적 노력도 필요하다.

감사계획의 승인 감사의 기본방향과 중장기 중점목표를 정하는 감사기본계획은 물론 연간감사계획도 CEO의 승인을 받아 확정하며, 감사실시계획은 연간감사계획의 범위 내에서 감사담당 책임자의 전결에 위해 실시할 수 있다.

지주회사의 계열사에 대한 감사의 경우에는 계열사 CEO의 협조를 받아 시행하는 것이 바람직하다.

감사실시 통보

감사실시 기본계획이 확정되면 감사목적 · 대상 · 범위 · 일정 · 주요착안사항 · 감사팀 구성 등의 내용을 명기하여 감사대상과 관련 책임자에게 사전에 통보함으로써 감사대상자가 감사를 받을 준비를 할 수 있도록 하여야 한다. 기만 의도적인 불시감사나 특별감사의 경우에는 통보절차를 생략할 수도 있다.

예비조사

감사준비를 위해 감사점검표(Check Point)를 작성하고 현장감사에 필요한 자료수집에 착수하며, 사업특성을 파악하기 위한 외부업계조사도 병행하는 등 예비조사를 충실히 함으로써 현장감사를 원활하게 할 뿐 아니라 정밀감사 소요시간도 줄이도록 한다. 감사활동의 주요구성내용은 신뢰할 수 있는 정확한 데이터 수집 · 경영목표 및 제반기준에 대한 일치여부의 확인 · 내부통제제도의 확인 · 서비스 개선 수준의 점검 등으로 정당성을 뒷받침할 만한 근거를 확보하기 위해 관련 정보자료의 수집이 중요하므로 필요한 정보자료 대부분이 내부에서 수집 가능하나 경영전략의 진취성 · 시장에서의 위치 등과 관련하여 외부정보자료의 수집도 중요하다.

수집할 수 있는 주요정보자료의 원천으로는 각종 회의 및 기록 · 경영 · 관리자 및 일반종업원과 거래처 관련 사항의 관찰 · 확인에 의한 검증 등이 있으며, 특히 외부의 경쟁사 직원이나 회사에 대한 이유 있는 불만으로 퇴직한 임직원의 의견 청취도 의외의 정보자료가 될 수 있다.

감사계획의 효과

감사계획을 수립함으로써 얻을 수 있는 효과는 다음과 같다.

- 시간 및 비용절약
- 중복 및 누락방지
- 업무분담의 명확화 및 책임의 확인
- 감사조서 및 보고서 작성의 용이
- 기록유지 및 증거제공

Chapter 06

감사조서

01 감사조서의 의의 · 204

02 감사조서의 작성 · 207

감사조서는 감사계획 단계에서부터 보고와 감사사후관리에 이르기까지 감사인이 작성하거나 수집한 정보나 서류를 감사보고서의 결론을 입증하기 위해서 체계적으로 정리하여 놓은 서류들이다. 감사조서는 여러 형태로 작성될 수 있다. 감사업무가 점점 IT 환경에서 이루어지므로 종이로 이루어진 감사조서가 감소되고 파일형태로 보관되는 감사조서가 증가하고 있다. 따라서 그 작성방법과 표현방법도 일부 변경되고 있으며, 감사인도 감사조서를 작성하는 기술을 개발하고 향상시켜야 한다. 감사조서를 효율적으로 작성하기 위해서는 감사인 간의 기호 및 약속을 정하는 것도 좋은 방법이다.

01 감사조서의 의의

감사인은 감사조서(Working Paper)에 감사업무의 계획과 수행한 감사절차의 성격 · 시기 및 범위 · 그 결과와 확보된 감사증거로부터 도출된 결론에 대한 정보를 기록한다. 따라서 감사조서는 감사의 계획과 수행과정에 도움을 주고, 감사업무에 대한 감독과 검토과정에 도움이 되며 감사조서에 포함된 감사증거는 감사의견 형성의 지지 자료가 된다. 감사증거가 수록되는 감사조서는 감사인이 감사규정에 따라 조직적이고 합리적인 감사를 실시하였음을 증명하는 기능도 갖는다.

감사인은 조서를 영구조서와 당기조서로 구분하여 관리하여야 한다. 영구조서는 감사를 계속하는 한 계속적으로 사용할 수 있는 중요한 자료를 새로운 정보가 있을 때마다 갱신 정리한 조서를 말하고, 당기조서는 당해 연도의 감사만을 위하여 작성하고 수집한 조서를 말한다.

1. 감사조서의 정의

감사조서라 함은 감사보고서 작성의 기초가 되는 것으로서 감사 시작에서부터 감사 종료시까지의 감사인 자신이 작성한 각종의 서류 및 내부 또는 외부로부터 모집한 제 자료를 총칭하는 것이다.

E. Peloubet는 "감사조서라 함은 내부감사인 혹은 회계전문가가 감사를 실시한 기록이며 감사의 업무를 최소의 시간과 노력으로서 집행케 하고 또한 감사에 대한 충분하고도 명료한 설명을 보존시키는 것이다."라고 정의를 내리고 있다. 그러므로 감사조서는 감사인이 감사 업무를 수행하는 과정에서 실시한 감사절차와 감사의견의 기초가 되는 감사증거로서 모집한 각종 정보 및 도달한 결론을 감사인이 작성한 제 서류로서 감사의 수행을 돕고 감사보고서에 표시되는 감사인의 의견표명을 뒷받침하는 증거를 제공하기 위한 것이다.

또한 감사조서는 감사인이 선택 적용한 감사절차와 그것을 적용한 결과 발견한 제 사항 및 입수한 자료를 세밀하게 또한 구체적으로 기록한 것으로서 감사절차서 또는 감사집무서라고도 한다.

2. 감사조서의 기능

감사인은 감사업무 수행을 함에 있어 여러 가지 다른 목적을 위하여 감사조서를 작성한다. 이와 같이 작성되는 감사조서의 기능을 보면 대략 다음과 같이 요약 정리할 수 있다.

- 감사보고서 작성의 자료로서의 기능을 갖는다.
- 감사업무에 대해서 감행한 그 내용이 상세하게 표시된다.
- 감사에 대한 영구적 기록이 되고 다음 감사에서 실시할 참고자료가 된다.
- 재판 · 기타의 사건이 발생할 때에 감사인의 행위를 입증하기 위한 유력한 수단인 동시에 증거가 되는 것이다.
- 감사의 기억을 돕는다.

감사조서는 감사인의 숙련도를 나타낼 수 있으며 또한 감사실시의 진행상황을 알 수 있을 뿐만 아니라 상호비판하고 상호모순을 지적할 수가 있는 까닭으로 감사조서가 감사인의 감사내부통제(Auditing Internal Control)를 달성할 수도 있다.

3. 감사조서의 목적

감사인은 감사보고서에 대한 의견표명을 위한 기초로서 유효적절하고 신뢰할 수 있는 증거자료를 모집해야 하므로 감사대상과 관련되는 증거를 모집하여 감사조서 상에 기재하여야 한다. 그러므로 감사조서는 감사도구로서 유용할 뿐만 아니라 이미 행한 감사실시의 영구적 기록으로서도 중요시된다. 이러한 관점에서 볼 때 감사조서를 작성하는 목적은 감사조서의 기능적 측면과 결부시켜 생각해 볼 필요가 있다.
감사조서를 작성하는 목적은 다음과 같다.

- 감사인의 감사활동 내용을 문서화하고 감사인 자신의 감사가 질서 있게 수행되도록 돕기 위한 것이다.
- 감사인의 질의 · 검토 · 분석 및 거래검사를 통하여 얻게 되는 정보를 기록하기 위한 것이다.
- 피감사인과의 토의 시 자료제공을 위하여 필요한 것이다.
- 감사보고서 작성의 자료로서 사용하기 위한 것이다.
- 결함사항의 실제와 정도를 판단하기 위하여 필요한 증거를 모집하여 결함사항을 규명하고 서면화하기 위한 것이다.
- 차기 감사실시 때의 검토를 위한 근거와 참고자료의 구실이 될 수 있다.
- 감사의 진행과 성과에 대한 감독자의 검토기준이 되기 위한 것이다.

감사인의 결론과 권고사항이 도전을 받게 될 때 방어선의 구실을 위한 것 등이 감사조서를 사용하는 목적이 될 수 있다.

02 감사조서의 작성

감사인은 감사와 관련된 문서들을 단일의 감사파일 형태로 취합하여야 하며, 감사보고일 후 최종감사파일을 취합하는 행정적인 절차를 적시에 완료하여야 한다. 적시에 최종 감사파일의 취합을 완료하기 위한 절차를 수립하여야 하며, 최종 감사파일의 적합한 취합 완료 기한은 일반적으로 감사보고일로부터 7일 이내가 적절하다.

1. 감사조서의 구비조건

감사조서가 감사조서로서의 제 기능을 발휘하고 감사의견을 뒷받침하는 중요자료로서 그 임무를 완수하려면 그 작성에 있어서 다음의 제 요건을 갖추어야 할 것이다.

완전성 감사의견의 형식에 필요한 사항은 전부 포함해서 감사조서가 작성되어야 하며, 불필요하고 무관계한 사항의 조서는 감사조서로서의 가치가 없으므로 이러한 점들을 분명하게 가려내야 한다.

명료성 감사조서는 이를 작성하는 사람뿐만 아니라 다른 사람이 보더라도 용이하게 이해할 수 있도록 명료하게 기재해야 한다. 특히 감사인에게 사고가 발생할 경우 다른 감사인에게 남아 있는 감사업무를 맡길 때에도 더욱 필요하다.

연결성 관련 사항 및 관련 조서와의 연결을 분명히 할 것이다. 예를 들어 차입금과 지급이자와 같이 관련되는 항목을 한 표에 모아야 할 것이며, 다른 조서와의 연결 관계에 대해서는 조서번호나 색인법을 채용할 것이다.

질서성 조사한 사항을 각 항목마다 질서정연하게 정리하여 둔다. 필요한 사항은 즉시 참고할 수 있도록 조직적인 색인법을 채용할 것이다.

진실성 감사조서의 기재내용은 진실하고 계산은 정확해야 한다. 계수가 정확해야 함은 물론 적당한 증빙에 의해서 그 내용의 진실성을 입증할 수 있는 것이라야 한다.

경제성 감사조서를 작성할 때는 가장 경제적인 방법에 의하여 조서가 작성되어야 한다. 감사인은 비용을 줄일 수 있는 모든 기회를 이용할 것이고, 피감사 부문 책임자의 협력을 구하여 가능한 한 감사비용 절감에 노력할 것이다. 이것은 부수되는 요건이라 볼 수 있다.

능률성 감사 집무 시 능률을 높이기 위해서는 감사인이 사용하는 감사조서용지는 될 수 있는 한 일정한 양식으로 표준화하여 사용하고 그 사용법에 대하여 항상 주의를 기여야 한다.

2. 감사조서의 작성요령

감사조서를 작성하는데 일반적으로 이용되는 기본적 기법은 여러 가지가 있다. 감사조서는 감사인이 작성하는 구체적인 감사증거로서 감사조서의 양식을 표준화하고 각 조서의 관계를 명백히 할 뿐만 아니라 제3자가 찾아보기 쉽게 작성하고, 감사를 능률적으로 수행하며 조서 편철은 합리적이어야 하며, 감사조서의 궁극적 목적인 감사보고서 작성을 용이하기 위하여 작성되어야 한다.

감사조서를 작성함에 있어서 일반적으로 필요한 요점은 다음과 같은 것들이 있다.

- 감사조서용지는 통일된 양식을 인쇄하여 사용하는 것이 효율적이다.
- 감사조서의 중앙 최상단에 피감사 부서 또는 감사장소를 기입한다.
- 피감사 부서 바로 밑에 주제, 즉 제목을 기입한다.
- 조서의 좌측 상단에 감사 기준일을 기입한다.
- 조서의 우측 상단에 조서번호를 기입한다.

각 조서에는 수행한 감사절차와 모집한 정보 및 이들로부터 얻은 정보를 기록한다. 조서 우측 하단에는 조서 작성자의 서명과 조서의 실제 작성완료 일자를 기입한다.

- 감사주서 용지는 일면만 사용한다.
- 한 장의 조서에는 하나의 계정과목 또는 업무내용을 취급한다.
- 감사인이 이용할 수 있는 표식으로 TICK MARK를 사용한다.
- 조서간의 연결된 정보가 참고되는 경우에는 Cross index한다.
- 조서는 수학적 오류가 없도록 작성하여 색인의 순서에 따라 편철한다.
- 의사록 또는 계약서는 복사하지 말고 그 내용을 발췌하여 기록한다.
- 감사조서에 조정된 잔액은 정산표의 시산금액과 일치하여야 한다.
- 감사인이 직접 작성하지 않은 자료는 그 출처를 기록하고 간단한 평가를 한다.
- 중요한 증거자료는 가능하면 직접 Copy로 모집하고, 그 내용을 간략하게 기록한다.

이러한 요점을 토대로 하여 각 감사 구분별로 상세한 감사목적을 감사조서에 기재하여야 한다. 이와 같은 목적은 감사실시계획에 포함된 사항과 망라되지 않은 사항을 나타내는 감사범위를 감사조서에 기재하여야 한다. 조서의 이 부분에서 감사인의 자신이 이용한 표본추출법과 표본의 크기에 대하여 언급한다.

감사인은 시사를 행하고 그 결과를 분석한 후에 감사조서에 자신의 발견사항을 기록한다. 발견사항을 기록할 때에는 나쁜 점만 아니라 좋은 점도 포함시켜 사실에 한하도록 한다. 그러므로 발견사항은 결론을 유도하기 위한 것이 아니라 결론을 끌어낼 수 있는 꾸밈없는 사실을 기록하는 것이다.

감사인이 수행한 감사절차를 조서에 나타내는 방법의 하나로서 표준감사부호(TICK MARK)를 많이 사용한다.

| 표준감사부호 TICK MARK |

표준부호	관 련 사 항	비 고
L	총계정원장과 일치확인	
V	관계증빙서와 대조확인	
T	가감승제 등 계산검산	
C	조회서와 일치	
V\	총계정원장과 보조원장 대사	
D	계약서 등 중요서류와 대조확인	
M	주주총회 · 이사회 등의 의사록과 대조확인	
To	관계되는 곳으로 참조시킨다는 뜻	
See	발생원천을 보라는 뜻	
/	WTB와 일치한다는 뜻	
w/	특별한 이유로 원시적인 증빙자료를 상세히 추적	
米	특별한 사유가 있어 추가적인 설명이 있음을 표시	
φ	계산명세서와 대조확인	
S	신문 등 정기간행물의 공시자료와 대조확인	
WTB	정산표	
∀	합계액 검사	
Ø	거래처 확인	채권채무확인
Λ	연령조사	매출채권 등
V\\	A에서 B를 추적	

3. 감사조서의 조직

감사조서는 일관성 있는 서식과 배열방법에 따라 조직되어야 한다. 감사조서 작성요령에 따라 감사업무를 수행하게 되면 감사인은 감사항목별로 감사조서를 구분하여 그때그때 검토가 끝난 조서는 정리해 나가야 한다. 감사조서의 기능과 그 목적의 취지에 어긋나지 않게 감사조서를 조직하는 것도 감사기술 중에 하나이다. 실제 기업에서 활동하고 있는 내부감사인의 대부분이 이러한 기술이 부족한 것 또한 앞으로 해결해야 할 당면한 과제라고 해도 과언이 아닐 것이다.

완결성

감사조서는 그 자체로 완결성이 있어야 한다. 완결성이란 타인이 감사조서를 보고 추가적인 질문 없이 감사의 내용을 이해할 수 있음을 의미하는 것이다. 감사인의 업무는 대부분 서류로 이루어진다. 따라서 감사인이 행한 업무에 대한 기록도 서류로 작성되어야 하며 잘 구성이 되어야 한다.

충실성

감사조서는 감사의 충실성을 보여주는 자료이다. 혹시 감사 이후 부정행위나 오류가 있을 경우 감사인의 무한책임을 면하게 해주는 자료이다. 감사인에게는 합리적인 확신을 기대한다. 감사인이 모든 오류와 부정행위를 발견할 수 없지만 타인들은 그렇게 생각하고 책임을 묻는 경우가 있다. 이런 경우 감사조서는 본인을 방어하는 수단이 될 수 있다. 그중에서도 감사방법은 타인으로 하여금 감사인이 적정한 감사를 수행하였음을 입증하는 부분이다. 따라서 감사인은 본인이 행한 감사방법을 상세히 기록해야 한다.

효율성

감사조서를 작성하면서 Cross reference와 Tick Mark는 감사조서의 효율성을 증가시킨다. Cross Reference는 감사조서의 페이지가 많을 경우 해당 자료의 상세한 내용을 추가적인 질문 없이 찾아 볼 수 있도록 해 준다. 그리고 Tick mark는 점검의 결과를 일일이 반복적으로 서술하지 않도록 해 준다. 그리고 Index는 향후 감사조서를 열람할 때 편리함을 줄 수 있다.

완전성

감사조서에는 감사대상 업무 · 감사인 · 검토자 · 감사일자를 기록해야 한다. 감사인의 서명을 포함시키는 것은 그 정도로 책임감을 가지고 업무에 임하라는 의미이다. 그리고 날짜가 포함되는 이유는 샘플 선정 시 시간의 경과에 따라 그 결과치가 변화되는 경우가 있다. 이런 경우를 예방하기 위해 일자를 기록한다. 감사조서는 아무리 감사를 잘하는 감사인도 실수를 할 수 있다. 이런 부분을 타인이 검토함으로써 감사전체의 완벽성을 추구하기 위해서 한다.

내부감사에 있어서 감사조서의 조직방법은 사람에 따라 제각기 다를 수가 있지만 일반적으로 많이 활용되고 있는 방법으로 누구나 쉽게 판별하기 쉬운 방법이 가장 효과적인 조서의 조직방법이라 할 수 있다.

총괄표는 세부조서의 중요한 사항과 감사결과에 대한 총체적인 조서로서 다음과 같은 것들이 포함되어야 한다.

총괄표

- 감사항목별 감사지시서(감사 수행사항 명기)
- 감사항목별 적출사항 요약
- 중요한 발견사항에 대한 조치사항
- 내부통제질문서(답변 후 회수분) 및 내부통제 평가 및 결론
- 직전 감사 시 적출사항에 대한 개선조치 결과 및 평가와 결론
- 피감사 부서의 의견 및 건의사항 요약
- 감사인의 감사결과 종합의견 요약
- 기타 중요사항

세부조서

세부조서는 감사대상 항목별 WORK-SHEET를 감사 항목 배열순에 의하여 조직한다. 각 항목별 감사내용에 대한 모집된 감사증거는 감사조서 용지에 붙이고 그 앞장에 해당 항목의 실시한 감사조서 용지를 편철한다. 각 조서에는 조서간의 상관관계를 표시하는 방법으로 상호 참조표시(Cross Referencing)를 반드시 하여야 하며 그 예로서 To-Form 기법을 활용하는 것이 효과적인 방법이다.

세부조서 조직 시 감사증거로서 모집되어 편철되어야 할 사항은 다음과 같다.

- 은행으로부터 확인한 예금잔액증명서
- 피감사 부문으로부터 확인한 현금실사표
- 피감사 부문으로부터 확인한 받을어음보관명세서
- 재고자산실사표(확인 날인한)
- 거래처로부터 회수한 매출채권잔액확인서
- 발견사항에 대한 피감사 부서로부터 확인한 감사인의 질문서에 대한 답변서
- 중요 지적사항에 대한 피감사 부서로부터 확인한 확인서
- 거래처로부터 회수한 매입채무잔액확인서
- 영구감사조서철 해당 사항
- 기타 내 · 외부 증거가 되는 자료

감사조서철 감사조서철은 크게 나누어 영구 감사조서철과 기별 감사조서철로 구분하며 기별감사조서는 당기 감사조서를 말한다. 영구 감사조서철에 포함되어야 할 사항은 다음과 같다.

- 조직에 관한 자료
- 정관 · 사규 및 관계법령
- 계약서 담보제공에 관한 현황, 거래약정서 등
- 주요 소송사건
- 경영정책 및 절차

영구조서목록

피감사 부서 관련 개황	징구 또는 기록여부	작성연도	갱신연도
- 정관 · 법인등기부등본 · 사업자등록증			
- 피감사 부서의 조직 변경사항			
- 조직도표			
- 업무분장에 관한 사항			
- 직원명부 및 개인별 인사기록부			
- 외부 관계처 및 관련자 목록			
- 계약서 및 담보제공에 관한 현황			
- 주요 소송사건			
- 경영정책 및 절차			
관련 규정			
- 관련 규정요약(조직, 회계, 인사, 판매, 구매 등)			
의사록			
- 주주총회의사록(정기 · 임시)			
- 이사회의사록요약			
인 · 허가서 및 주요 계약서			
- 주요 인 · 허가서 사본			
- 임대차계약서 사본			
- 리스계약서 사본			
- 각종 계약서 사본			
- 각종협약서 사본			
기타 장기간 계속적으로 필요한 서류			
-			
-			
-			

㈜ 본 목록은 예시적으로 열거된 것이므로 필요시 추가하여야 함.

기별조서목록

피감사 부서명 : ______________________

감사기준일 : ______________________

조 서 명	작성자	작성일
일반사항		
–		
–		
–		
–		
–		
–		
–		
–		
입증감사절차		
–		
–		
감사완결		
– 시정조치 통보		
– 시정조치 결과 보고		
– 상벌 상신 내용		
– 인사위원회 통보사항 및 회신		
– 감사인의 의견 요약		
– 감사보고서		

표준감사조서(예시)

(농협/신협)

<table>
<tr><th colspan="7">입 증 감 사 절 차</th></tr>
<tr><th colspan="7">(A. 현금 및 현금성자산, 장단기금융상품)</th></tr>
<tr><th rowspan="3">구 분</th><th rowspan="3">유의적 위험 (Y/N)</th><th colspan="4">추가감사절차</th><th rowspan="3">조서번호</th></tr>
<tr><th rowspan="2">내부통제 이해 및 평가 실시여부 (Y/N)</th><th rowspan="2">내부통제 테스트 실시여부 (Y/N)</th><th colspan="2">실증절차 실시여부</th></tr>
<tr><th>실증적 분석절차 실시여부 (Y/N)</th><th>세부 테스트 실시여부 (Y/N)</th></tr>
<tr><td></td><td></td><td></td><td></td><td></td><td></td><td></td></tr>
<tr><td></td><td></td><td></td><td></td><td></td><td></td><td></td></tr>
<tr><td></td><td></td><td></td><td></td><td></td><td></td><td></td></tr>
</table>

<table>
<tr><th>감 사 절 차</th><th>조서번호</th></tr>
<tr><td>1. 총괄표 작성
당기말잔액은 총계정원장과, 전기말잔액은 조합원총회에서 승인된 전기재무제표(또는 전기감사보고서)와 각각 대조하고, 양년도간 특별한 변동사항은 그 원인을 규명한다.

2. 명세서
(1) 당기말의 점별 현금및현금등가물, 예(치)금, 장단기금융상품의 종류별, 예치처별 명세서를 입수하여 계산검증하고, 출납정산표, 잔고증명 및 점별 합계잔액시산표와 대조확인 한다.
(2) 명세서를 스캔하여 유의적이거나 비경상적인 항목들을 검토한다.

3. 현금(타점권 어음 · 수표 포함), 미사용수표 및 어음에 대한 회사의 실사과정에 입회한다.
(1) 본지점 중 표본을 선정하여 실사계획 및 요약조서를 작성하고 회사의 담당직원이 수행하는 현금실사를 입회하여 관찰한다.</td><td></td></tr>
</table>

감 사 절 차	조서번호
(2) 실사된 금액을 실사 기준일의 합계잔액시산표 계정잔액과 대사하고, 거액의 비경상적인 조정항목에 대해서는 설명을 확인하며 관련 증빙이나 현금출납부 상의 기록 등과 적절히 대사한다. (3) 보고기간 말 이외의 일자에 실사가 이루어진다면, 보고기간 말까지의 변동을 확인한다. (4) 타점권 어음 · 수표 실사는 반드시 실시하여야 한다. 4. 양도성예금증서(CD) 및 표지어음의 실사과정에 입회한다. (1) CD의 사본(또는 발생사실 확인서)이 아니라 반드시 실물을 회사가 소유하고 있는지 기말재고실사시 및 기말감사시점에 모두 확인한다. (2) 분석적절차를 통하여 회사의 영업현황, 재무구조 또는 자금능력 등에 비추어 그 보유사유의 타당성과 보유규모의 적정성을 평가한다. (3) 회사에게 취득자금의 원천 및 입 · 출금 관련 증빙자료(통장기록등)를 요구하여 정상적인 회사의 자금능력으로 해당 CD 등을 취득하였는지 여부를 검토한다. (4) 기말감사시점에 동 CD가 양도되었다면 그 양도대금이 정상적으로 회사에 입금되었는지 확인한다. (5) 경영자확인서에 그 내역을 기재하고, 회사소유임을 확인받는 절차를 고려한다. 5. 금융기관 등에 대한 조회 외부 조회에 대한 구체적인 절차는 Audit Guide 3320 외부조회를 참고한다. ※ 금융기관 등에 대한 조회 시 유의사항 (1) 당기 및 전기말의 대내예치금은 농협중앙회 잔액확인서를 직접 조회 · 출력하여 대조확인하고 일치하지 않을 경우 그 차이를 분석한다. (2) 대내예치금 외 기중에 거래가 해지되었거나 잔액이 없는 예금계정을 포함하여 모든 금융기관으로부터 조회서를 발송 및 회수한다. (3) 조회서상의 미회수 어음/수표내역을 보고기간종료일 현재 미사용, 견질제공, 지급어음명세서 등을 통하여 확인한다. (4) 은행연합회가 제공하는 월보 및 일보(여수신현황표)를 입수하여 차입금, 여신 한도, 담보제공, 지급보증, 파생상품 등의 내역이 금융기관조회서의 내용과	

감 사 절 차	조서번호
일치하는지 확인한다. (5) 회사로부터 조회서 발송대상 금융기관 리스트를 입수하여 다음과 같은 절차를 수행한다. ① 당기 또는 전기말 현재 예·적금, 차입금, 지급보증 등의 잔액이 있는 모든 금융기관이 포함되어 있는지를 잔액명세서와 대조하여 확인한다. ② 당기 말 현재 잔액은 없으나 기중 거래가 있었던 모든 금융기관이 포함되어 있는지를 확인하기 위하여 예금, 차입금 및 이자비용 장부를 개관한다. ③ 당기 중 파생상품거래, 지급보증거래, 한도거래 등이 있었던 모든 금융기관이 포함되어 있는지를 확인하기 위하여 회사의 자금 담당자에게 질문하고 또한 징구 받은 제계약서 및 제의사록을 검토한다. (6) 모든 계좌를 조회하지 않는 경우 그 근거를 조서화한다. (7) 금융기관조회서의 작성은 회사가 하는 것이 효율적이나, 발송과 회신은 감사인이 직접 수행하여야 한다. 6. 사용이 제한된 예금과 장기성예금 해당 여부 예금의 사용제한이나 질권, 기타 담보제공 및 장기성 예금 여부를 확인하기 위하여 은행조회서, 의사록, 대출약정서 등을 검토하고, 경영진에게 질문한다. 7. 외화현금및예(치)금은 그 환산기준과 환산내용에 대한 적절한 회계처리여부를 확인한다. 8. 은행계정간 자금이체를 검토한다. (1) 보고기간말에 근접하여 발생한 회사의 은행계정과 타인을 위하여 관리하는 계정간의 자금이체를 식별한다. (2) 각각의 입금과 출금이 동일한 회계기간의 회계기록에 반영되었는지 검토한다. (3) 동일한 회계기간에 은행에 기록되지 않은 항목이 은행계정조정표에 적절하게 나타나고 있는지 검토한다. (4) 타인을 위하여 관리하는 계정의 경우, 내부거래계정이 적절히 설정되었음을 검증하고 자금이체는 기말 이후에 취소되었는지 여부를 검토하여 해당 거래가 실질이 없었으며 기말에 취소되었어야 했는지 검토한다.	

감 사 절 차	조서번호
9. 보고기간종료일 전후의 현금예금 거래의 기간귀속의 적정성을 검토한다.	
10. 이자부예금에 대한 수입이자, 미수수익 등의 적정성 확인 및 관련 손익계정과 연결한다.	
11. 사업연도 종료일부터 감사종료일까지 입출금거래전표를 개관하고 특이한 거래 또는 부외부채의 유무를 확인한다.	
13. 재무제표 공시사항 검토	
14. 감사결론의 기술	

<table>
<tr><th colspan="7">입 증 감 사 절 차</th></tr>
<tr><th colspan="7">(B. 유가증권(유동, 비유동, 지분법 및 계통출자금 포함))</th></tr>
<tr><th rowspan="3">구 분</th><th rowspan="3">유의적
위험
(Y/N)</th><th colspan="4">추가감사절차</th><th rowspan="3">조서번호</th></tr>
<tr><th rowspan="2">내부통제
이해 및 평가
실시여부
(Y/N)</th><th rowspan="2">내부통제
테스트
실시여부
(Y/N)</th><th colspan="2">실증절차 실시여부</th></tr>
<tr><th>실증적 분석절차
실시여부
(Y/N)</th><th>세부 테스트
실시여부
(Y/N)</th></tr>
<tr><td></td><td></td><td></td><td></td><td></td><td></td><td></td></tr>
<tr><td></td><td></td><td></td><td></td><td></td><td></td><td></td></tr>
<tr><td></td><td></td><td></td><td></td><td></td><td></td><td></td></tr>
</table>

감 사 절 차	조서번호

1. 유가증권 총괄표 작성

당기말잔액은 총계정원장과 전기말잔액은 조합원총회에서 승인된 전기재무제표(또는 전기감사보고서)와 각각 대조하고, 양년도간 특별한 변동사항은 그 원인을 규명한다.

2. 유가증권 명세서

(1) 당기말의 금융자산명세서를 입수하여 금액을 계산검증하고 보조부와 대조 확인한다.

(2) 명세서를 스캔하여 유의적이거나 비경상적인 항목들을 검토한다.

3. 유가증권의 실재성 확인

(1) 다음의 방법으로 유가증권의 실재성을 확인한다.

① 회사가 직접 보유중인 유가증권에 대한 실사에 입회한다.

② 타처 보관 또는 담보로 제공된 유가증권은 보관자에게 직접 조회하거나 보관확인서를 입수한다.

③ 조회서, 계약서 및 의사록 등의 검토를 통하여 유치권, 저당권 및 담보제공 등을 확인한다. 외부 조회에 대한 구체적인 절차는 Audit Guide 3320 외부조회를 참고한다.

감 사 절 차	조서번호
㉠ 당기말의 계통출자금은 농협중앙회 잔액확인서를 직접 조회 · 출력하여 대조확인하고 일치하지 않을 경우 그 차이내용을 확인한다. ㉡ 조회서 통제표를 작성하고 회신된 조회서는 봉투와 함께 편철하여 조서화한다. 회신된 조회서를 검토하여 차이내용 등을 확인한다. ㉢ 실사계획 및 요약조서를 작성하고 회사 보유 유가증권을 실사한다. ㉣ 증권예탁원에 예탁한 경우 점별 예탁자계좌 각각에 대하여 지역농협담당자가 증권예탁원 계좌부에 전용단말기를 이용하여 접속하는 과정을 참관하고, 해당 계좌부의 내용을 출력하여 계정명세와 대사한다. ④ 제3자 소유 유가증권을 대신하여 보유하고 있는 경우, 유가증권명세서에 포함되어 있지 않음을 확인하고, 실제 소유자에게 성격과 수량을 확인한다. (2) 유가증권 수탁기관의 존속가능성을 평가한다. 4. 유가증권 완전성 검토 이사회의사록 및 과거거래원장을 검토하고 계정 잔액과 기타관련계정간의 관계를 분석하며 다른 테스트를 고려하여 유가증권의 완전성을 검토한다. 5. 중요한 증감의 검토 (1) 기중 중요한 유가증권의 취득거래에 대하여는 거래증빙을 대사하여 거래의 기간귀속, 발생사실, 취득원가 등을 확인한다. (2) 최초인식시 공정가치(일반적으로 제공한 대가와 동일)로 측정되었음을 확인하고, 당기손익인식유가증권의 거래원가는 당기손익으로, 그 외의 유가증권의 거래원가는 해당 공정가치에 가산되었음을 확인한다. (3) 기중 중요한 유가증권의 처분거래에 대해 거래증빙을 대사하여 거래의 기간귀속, 발생사실, 처분손익 등을 확인한다. 6. 유가증권의 양도 유가증권의 양도거래가 있는 경우, 일반기업회계기준 제6장 제거조건을 충족하는지 검토한다.	

감 사 절 차	조서번호
7. 유가증권의 분류 (1) 유가증권이 일반기업회계기준에 따라 단기매매증권, 매도가능증권, 만기보유증권 및 지분법적용투자주식 등으로 적절히 분류되었는지, 유동자산과 투자자산의 구분이 적정한지 검토한다. (2) 유가증권평가방법의 계속적 적용여부와 일반기업회계기준에 의해 적정히 평가되었는지 검토하고, 관련 기타포괄손익누계액 또는 손익계정과 대조확인한다. 8. 유가증권의 재분류 (1) 유가증권이 재분류된 경우, 그 내용 및 이유를 검토하여 일반기업회계기준 제6장에 따른 재분류인지 여부를 확인한다. (2) 재분류시 과거 분류에서의 미실현손익에 대한 처리 및 새로운 분류의 취득원가의 측정이 일반기업회계기준 제6장에 따라 수행되었는지 확인한다. 9. 유가증권의 후속측정 (1) 공정가치로 평가하는 유가증권에 대하여 다음의 절차를 수행한다. ① 공시가격으로 측정된 유가증권 : 독립적으로 입수한 공시가격과 대사한다. 유동성이 적은 유가증권에 대하여는 공시가격의 적합성을 평가한다. ② 평가기법을 사용한 공정가치으로 측정된 유가증권 : 활성시장에서 공시되는 거래가격이 없음을 확인하고, '공정가치 등 회계추정치에 대한 입증감사절차'를 수행한다. ③ 평가로 인한 손익이 각 분류별로 당기손익 또는 기타포괄손익누계액으로 적절히 반영되었는지 검토한다. ④ 매도가능증권의 미실현보유손익의 변동내역과 처분에 따른 실현손익의 내용을 검토한다. (2) 손상차손 인식 후의 원가로 인식된 유가증권 : 활성시장에서 공시되는 거래가격이 없음을 확인하고, 공정가치를 신뢰성있게 측정할 수 없음에 대한 근거를 확인한다.	

감 사 절 차	조서번호
(3) 상각후원가로 측정되는 만기보유증권의 경우, 최초인식금액과 만기가액의 차이가 유효이자율에 따라 적절히 상각되고, 이를 취득원가와 이자수익에 가감하고 있는지 확인한다. 10. 유가증권의 손상검토 (1) 유가증권 손상에 대한 회사의 회계정책을 입수하고, 해당 회계정책이 일반기업회계기준 제6장에 일치하는지 여부를 확인한다. (2) 회사의 회계정책에 따라 유가증권의 손상 대상이 모두 파악되었는지 확인한다. 누락된 종목에 대하여는 사유를 파악하고 정당성을 평가한다. (3) 손상이 발생되었다는 객관적인 증거를 확인하고 추가적으로 손상인식이 필요한 항목이 없는지 여부를 확인한다. (4) 손상차손을 인식한 항목에 대하여 평가의 적정성을 확인한다. 추가적으로 손상차손을 인식한 항목에 대하여 인식한 미수이자의 실현가능성을 검토한다. (5) 손상차손이 회복된 경우 관련 회계처리를 검토한다. 11. 지분법적용투자주식에 대한 지분법 평가 (1) 회사의 지분법 산출내역 및 기초자료를 징구한다. (2) 관계기업의 재무정보에 대한 충분하고 적합한 감사증거를 획득한다. 해당 관계기업이 유의적 부문일 경우 그룹감사인이나 부문감사인에 의하여 감사절차 등이 수행될 것이며, 유의적 부문이 아닐 경우 그룹감사인에 의하여 그룹수준의 분석적 검토절차 등이 수행될 것이다. 상세한 내용을 연결재무제표에 대한 감사절차를 참고한다. (3) 지분법 평가가 일반기업회계기준 제8장에 따라 수행되었는지 확인한다. 12. 배당금 및 이자수익 (1) 지분증권으로부터의 배당금이 지급액을 받을 권리가 확정되는 시점에 당기손익으로 인식되었는지 확인한다. (2) 채무증권에 대한 이자수익은 유효이자율법에 따라 당기손익으로 인식되었는지 확인한다.	

감 사 절 차	조서번호
13. 유가증권의 양도 유가증권의 양도거래가 있는 경우, 일반기업회계기준 제6장 제거조건을 충족하는지 검토한다. 14. 보고기간말을 전후한 유가증권의 취득 및 처분과 환매조건부 처분에 의한 처분익 계상 등 결산조작의 가능성을 검토한다. 15. 특수관계자와의 거래의 경우, 금융상품의 취득 및 처분가액의 적정성을 확인한다. 16. 투자일임계약자산 및 신탁업법에 의한 신탁상품의 회계처리의 적정성을 확인한다. 17. 재무제표 공시사항(공시사항 점검표 참조) 18. 감사결론의 기술	

<table>
<tr><th colspan="7">입 증 감 사 절 차</th></tr>
<tr><th colspan="7">(C. 대출채권)</th></tr>
<tr><th rowspan="3">구 분</th><th rowspan="3">유의적 위험 (Y/N)</th><th colspan="4">추가감사절차</th><th rowspan="3">조서번호</th></tr>
<tr><th rowspan="2">내부통제 이해 및 평가 실시여부 (Y/N)</th><th rowspan="2">내부통제 테스트 실시여부 (Y/N)</th><th colspan="2">실증절차 실시여부</th></tr>
<tr><th>실증적 분석절차 실시여부 (Y/N)</th><th>세부 테스트 실시여부 (Y/N)</th></tr>
<tr><td></td><td></td><td></td><td></td><td></td><td></td><td></td></tr>
<tr><td></td><td></td><td></td><td></td><td></td><td></td><td></td></tr>
<tr><td></td><td></td><td></td><td></td><td></td><td></td><td></td></tr>
</table>

감 사 절 차	조서번호
1. 대출채권 총괄표 작성 당기말잔액은 일반보조부원장과, 전기말잔액은 전기감사보고서(또는 조합원총회에서 승인된 전기재무제표)와 각각 대조하고, 양년도간 특별한 변동사항은 그 원인을 규명한다. 2. 당기말의 대출채권의 계정별 명세서를 징구하여 다음 사항을 확인 당기 및 전기말의 거래처별 대출채권명세서를 입수하여 금액을 계산검증하고 보조부와 대조 확인한다. 명세서를 스캔하여 유의적이거나 비경상적인 항목들을 검토한다. 3. 대출채권의 기간귀속 검토(Cut-off Test) 일일거래장에서 결산일 전후의 거래를 표본추출하여 수납장, 지급장, 전표총괄표 등과 대조 확인하여 기간 귀속이 적정하게 이루어졌는지 검토한다. 4. 잔액조회의 실시 조합의 내부통제제도의 유효성을 감안하여 표본규모(Sampling Size)결정하여 다음과 같이 잔액조회를 실시한다. 다만, 조합의 내부감사시 자체적으로 잔액조회 통보를 실시한 경우 그 결과를 평가하여 잔액조회의 범위와 시기를 조정할 수 있다.	

감 사 절 차	조서번호
(실재성확인 : 잔액 대비 Sample Coverage: ____%). (1) 대출금에 대하여 전부 또는 표본추출방법에 의거 상대처에게 직접 조회서를 발송한다. 미회신처에 대하여는 2차조회서 발송을 고려한다. (2) 회수된 잔액조회서 중 차이가 발생할 경우에는 그 원인을 규명한다. (3) 조회서의 회답을 받지 못하였을 경우 대체적 절차로 ① 여신거래약정서를 징구하여 차주의 서명 여부 확인 ② 여신거래약정서 상의 대출금액, 대출일자 등의 자료가 원장 조회자료와 일치 여부 확인 ③ 자산건전성 분류 전산자료와 원장(고객관리시스템에서 고객현황조회와 대출원장) 조회자료의 최종 이자수취일, 연체일수와 대출만기일 등을 대조 확인 ④ 최종 이자수취일의 발생사실을 확인하기 위해 입금증 등의 실물증빙 요청하여 확인 ⑤ 증가된 대출이 대환대출인지 여부와 대환대출의 자산건전성 분류 적정성에 대한 감사절차 수행(연체일수와 변동 내역을 확인하고, 결산일 후 대출금의 회수실적 검토) (4) 잔액조회가 결산일 이전에 실시되었을 경우에는 조회일로부터 결산일까지의 대출금의 증감내용을 조정하고 거래기록을 확인한다. 총액으로 증감조정 후 이상 유무를 검토하고 중요한 변동사항이 있다면 추가 감사절차를 취한다. (5) 조회결과를 요약한다. 5. 할인, 양도 및 담보제공 여부에 대한 검토 (1) 대출채권 중 할인했거나, 배서양도, 팩토링 및 담보제공한 금액에 대해서는 그 명세를 얻어서 제거조건을 충족하는지 검토하고 필요한 경우에는 조회서 등을 통하여 거래사실을 확인한다. 특히 최근 증가하고 있는 신협의 부실채권(NPL) 매각과 관련된 처분손익 인식의 적정성을 확인하고, 필요한 경우 감사보고서 주석사항 기재여부를 검토한다. (2) 기말현재 배서양도, 할인어음중 만기미도래분에 대한 금액을 파악하여 우발부채와 연결 검토한다.	

감 사 절 차	조서번호
(3) 대출채권을 매각하였을 경우에는 매각에 대한 승인사항과 적정한 절차에 의하여 매각되었는지 계약서 등을 징구하여 확인한다. 6. 현재가치에 의한 평가의 적정성 대출채권 중 현재가치에 의한 평가사항이 있는 경우 동 평가액과 동 할인차금의 계산이 적정한지 검증하고, 관련 손익계정에 반영되었는지 확인한다. 7. 채권조정의 적정성 대출채권 중 채권조정이 있는 경우 그 회계처리의 적정성을 검토한다. 8. 대출채권 잔액의 적정성 및 회수가능성 검토(기초잔액 포함) (자산건정성분류검토 : 잔액대비 Sample Coverage: ___%) (1) 기준일자의 '자산건전성 분류현황'과 '대출체크리스트'를 전산파일(엑셀)로 제출토록 하여 일반보조부원장과 대조하고 자료상호간 계수의 일치 여부를 확인한다. (2) 대출채권에 대하여 연체일수에 따른 건전성분류의 적정성을 확인한다. ① 연체여신 해당 여부 확인(약정만기, 분할상환기일 경과 여부와 이자연체 등으로 인한 기한이익 상실여부) ② 차주별 연체일수에 대한 제출자료가 전산자료와 일치하는지 확인한 후, 차주의 연체일수에 따른 건전성분류의 적정성 확인 ③ 정상, 요주의 분류채권의 경우, 회차별 이자수취내역 검토와 전기말 분류명세와 비교하여 건전성 분류상 고정 이하 분류 해당 여부를 검토 ④ 연체여신이 대환된 여신일 경우, 연체일수 산정시 대환이전의 연체일수까지 포함하였는지 여부 (3) 자산건전성분류 보고상의 정상채권에 대하여는 채권서류와 담보 등을 검토한다. (4) 정상 또는 요주의 대출채권 중 표본 추출된 대출채권에 대하여 해당 채권의 담보물건에 대한 등기부등본을 징구하여, 담보력에 이상 유무를 확인하고 법적절차가 진행되는 경우 건전성분류의 적정성을 검토한다. 예적금범위내 대출의 경우, 대출잔액과 미수이자의 합계가 담보로 제공된 수신잔액을 초과하는지 여부를 검토한다.	

감 사 절 차	조서번호

또한 가지급금계정 중 소송비용 보조부원장을 검토하여 경매진행중인 대출금이 "고정"이하로 건전성분류가 이루어졌는지 비교 검토한다.

(5) 자산건전성분류 현황상의 고정 이하로 분류된 채권에 대하여는 상호금융업감독규정 〈별표 1-3〉 "담보종류별 회수예상가액 산정기준"에 따라 회수예상가액이 적정하게 평가되었는지 개별분석을 실시한다. 특히 경매진행중인 물건의 회수예상가액은 가장 최근일의 담보평가액(최종 법정평가액)으로 평가되었는지 검토한다.

(6) 휴 · 폐업과 신용불량거래처에 대한 건전성분류 적정성을 다음과 같이 확인한다(표본추출된 정상과 요주의 분류 차주에 대하여 실시).

① 표본추출된 법인과 개인사업자의 휴 · 폐업여부를 국세청 홈페이지에서 조회

② "통합신용관리정보조회표" 등을 이용하여 신용불량정보 유무를 확인

(7) 법인과 개인사업자의 경영 · 재무상태에 따른 건전성분류의 적정성을 확인한다. 특히 법인 대출금 중 부실징후가 예견되거나 발생 중이라고 인정되는 경우에는 요주의로 분류되고 있는지 검토한다(자산건전성 분류기준 참조).

(8) 비업무용자산의 유입현황을 점검하여 부실여신의 발생을 은폐하기 위하여 비정상적 가격으로 유입한 사실이 없는지와 유입물건을 적정한 가격과 절차에 의하여 처분하였는지 확인한다.

9. 대손충당금의 적정성 검토

(1) 상호금융기관의 신용사업회계처리기준에 따라 기말 현재 회수불확실채권(동 채권에 대한 여신성가지급금을 포함)에 대하여 합리적이고 객관적인 기준에 따라 대손설정률을 정하고, 그에 따라 산출한 대손추산액을 대손충당금으로 설정하고 있으며, 동 기준을 계속 적용하고 있는지 여부를 확인한다.

(2) 대손충당금 설정률 등의 설정 기준에 대하여 리스크관리위원회 또는 이사회의 승인여부를 확인하고 그에 따른 설정률로 대손충당금이 설정되어 있는지 검토한다.

(3) 합리적이고 객관적인 기준 예시

상호금융업감독규정 〈별표1-1〉"자산건전성 분류기준"과 〈별표1-3〉"대손충당금 비율"에 따른 대손충당금 설정

감 사 절 차	조서번호
10. 대손상각의 적정성 검토 (1) 회수불가능 채권에 대한 대손상각처리시 세부내역에 대한 대손심의위원회와 신협중앙회의 승인 여부를 확인하여 적법한 절차와 기준에 따라 처리하였는지를 검토한다. (2) 제 대출금 대손충당금 원장과 부외자산인 특수채권리스트상 변동내역을 비교하여 대손상각 처리된 금액과 대손승인된 금액과 대조하며, 상각채권이 회수되었을 경우에는 대손충당금의 증가로 회계처리가 되고 있는지 확인한다. (3) 법적절차 실행에 따라 회수된 대출채권의 원리금 중 미회수액이 있는 경우, 회수순위변경으로 미수이자가 잔존할 경우 상각채권에 준하는 방법에 따라 처리, 관리되고 있는지 검토한다. (4) 특수채권(상각채권)에 대한 사후관리로서 채권의 시효관리를 적절하게 하고 있는지 검토한다. 11. 조합원별 동일인 대출한도 초과 및 조합원 등에 대한 신용공여 금지위반 여부 검토 조합원별 동일인 대출한도 초과 여부 및 조합원 등에 대한 불법신용대출 여부를 질문하고, 조합원, 임직원, 동일차주 등의 리스트를 제출받아 검토한다. 12. 신협중앙회 및 금융감독원의 최근 실시된 검사결과를 징구하여 검토한다. (1) 자산건전성분류 오류금액에 대하여 검토 (2) 관련법규(상호금융업)를 위반한 불법여신이 있었는지 검토 (3) 동일인 대출한도 준수여부 검토 (4) 거액여신 총액한도 검토 (5) 개인과 소규모 기업여신 운용한도 검토 13. 이자수익의 검토 (1) 분석적 검토를 실시하여 이자율의 이상적 변동이나 차이가 발생한 대출채권 종목에 대하여 추가로 상세한 검토를 실시한다. (2) 대출채권이자수익의 월별 변동을 파악하여 비경상적인 월에 대하여 추가적인 검토를 실시한다.	

감 사 절 차	조서번호
(3) 대출채권 평균적수와 평균이자율을 곱하여 이자수익의 합리성에 따른 Overall test를 수행한다. (4) 대출채권에 대한 결산보정의 타당성 검토를 위해 결산보정명세를 징구 받아 '대출체크리스트'를 통한 미수이자 계산검증 금액과 대사하여 이상 유무를 확인한다. (5) 요주의 채권에 대한 미수수익이 계상되지 않았는지 여부를 확인한다. ※ 신협중앙회 연계대출 관련 대출취급수수료 등 검토 조합이 신협중앙회와 공동으로 연계대출이 있는 경우, 대출취급수수료 등 수익은 대출기간동안 안분계산방법으로 인식하는바, 이 경우 기말현재 선수수익 계상이 적정한지 검토한다. ※ 대출 관련 근저당설정수수료 및 감정평가수수료의 회계처리 검토 대법원 판례로 대출시 근저당설정수수료가 조합의 부담으로 결정됨에 따라 조합이 동 비용의 금액적 중요성 등을 고려하여 당기비용 또는 대출기간동안 안분하여 비용처리 가능한 것으로 신협중앙회가 유권해석하였으므로, 조합의 회계방침을 확인하고 매기 계속 적용 여부를 검토한다. 감정평가수수료도 조합의 선택에 따라 당기비용 또는 대출기간동안 안분 비용처리가 가능하다. **14. 장기성 채권의 이자수익 검토** 장기성채권, 장기대여금, 장기금융상품 등의 평균이자율과 평균적수를 곱하여 이자수익의 합리성에 대한 Overall test를 수행한다. **15. 재무제표 표시의 적정성 검토** (1) 계정분류의 타당성을 상호금융기관의 신용사업회계처리기준, 신용협동조합 회계규정(예)과 회계업무방법서(예)의 양식과 비교하여 검토한다. (2) 대출채권에 대한 다음의 주석사항의 적정성을 검토한다. ① 대출채권 관련 수익인식기준은 적절한가? ② 대출채권의 대손과 관련하여 다음 사항의 공시는 적절한가? ㉠ 재무상태 등을 기초로 한 거래처의 분류기준	

감 사 절 차	조서번호
㉡ 회수가능채권, 회수불확실채권 및 회수불가능채권의 금액과 분류기준 ㉢ 회수불확실성의 정도별로 회수불확실채권의 금액 및 대손율, 대손율이 산정근거 ㉣ 회수불가능채권 중 관련 법률에 의하여 소멸시효가 완성되지 않았거나 보증인 등 채무관련인에 대한 청구권이 상실되지 않은 채권 내역 ㉤ 최근 3년간 채권총액 대비 대손충당금 설정비율 ㉥ 기타 대손에 관련된 회계정책(상호금융업감독규정의 건전성 비율 산정방법에 따른 '대손충당금요적립잔액' 대비 추가설정금액과 추가설정비율 등) ③ 해당 신협에서 정하고 있는 당기 대손설정률과 전기 설정률이 다를 경우(회계추정의 변경시) 변경내용, 그 정당성과 그 변경이 당기 재무제표에 미치는 영향이 적정하게 주석 공시되었는가. ④ 자금용도별 대출현황, 신협중앙회 및 타 금융기관에 대여한 대출금의 경우 자금대여 형태 등에 따라 구분된 내역은 적절히 공시되었는가. ⑤ 보고기간종료일 현재를 기준으로 계약(상환)만기일까지 잔존기간별 분석자료는 적절한가? ⑥ 특수관계자의 명칭 및 주요거래내용(기초잔액, 기중증감액, 기말잔액 등), 특수관계자에 대한 대출정책과 대출채권보유현황(금액, 이자율, 만기일, 잔존기간 등)의 공시는 적절한가? 16. 특수관계자와의 거래 특수관계자와의 거래에 대한 구체적인 절차는 *Audit Guide 3500 특수관계자 거래*를 참고한다. 17. 감사결론의 기술	

<table>
<tr><th colspan="7">입 증 감 사 절 차</th></tr>
<tr><td colspan="7">(Ca. 매출채권(장단기))</td></tr>
<tr><td rowspan="3">구 분</td><td rowspan="3">유의적 위험 (Y/N)</td><td colspan="4">추가감사절차</td><td rowspan="3">조서번호</td></tr>
<tr><td rowspan="2">내부통제 이해 및 평가 실시여부 (Y/N)</td><td rowspan="2">내부통제 테스트 실시여부 (Y/N)</td><td colspan="2">실증절차 실시여부</td></tr>
<tr><td>실증적 분석절차 실시여부 (Y/N)</td><td>세부 테스트 실시여부 (Y/N)</td></tr>
<tr><td></td><td></td><td></td><td></td><td></td><td></td><td></td></tr>
<tr><td></td><td></td><td></td><td></td><td></td><td></td><td></td></tr>
<tr><td></td><td></td><td></td><td></td><td></td><td></td><td></td></tr>
</table>

감 사 절 차	조서번호
1. 매출채권 총괄표 작성 당기말잔액은 총계정원장과 전기말잔액은 조합원총회에서 승인된 전기재무제표(또는 전기감사보고서)와 각각 대조하고, 양년도간 특별한 변동사항은 그 원인을 규명한다. 2. 매출채권명세서 (1) 당기말의 거래처별 매출채권명세서를 입수하여 금액을 계산검증하고 보조부와 대조 확인한다. (2) 명세서를 스캔하여 유의적이거나 비경상적인 항목들을 검토한다. 3. 받을어음의 실사 보관중인 받을어음은 실사하고 타처 보관중인 받을어음은 보관자에게 직접 조회하거나 결산일 후의 회수 상황을 확인한다. 4. 외상매출금 외부조회 잔액조회가 결산일 이전에 실시되었을 경우에는 조회일로부터 결산일까지의 대출금의 증감내용을 조정하고 거래기록을 확인한다. 총액으로 증감조정 후 이상 유무를 검토하고 중요한 변동사항이 있다면 추가 감사절차를 취한다.	

감 사 절 차	조서번호
5. 할인, 양도 및 담보제공 여부에 대한 검토 (1) 매출채권 중 할인했거나, 배서양도, 팩토링 및 담보제공한 금액에 대해서는 그 명세를 얻어서 제거조건을 충족하는지 검토하고 필요한 경우에는 조회서 등을 통하여 거래사실을 확인한다. (2) 기말현재 배서양도, 할인어음중 만기미도래분에 대한 금액을 파악하여 우발부채와 연결 검토한다. 6. 매출채권 명세서를 검토하여 일반적 상거래 이외에서 발생된 채권의 포함 여부를 조사하여 계정과목 재분류 여부를 결정하고, 장단기 구분의 적정성을 검토한다. 7. 현재가치에 의한 평가의 적정성 매출채권 중 현재가치에 의한 평가사항이 있는 경우 동 평가액과 동 할인차금의 계산이 적정한지 검증하고, 관련손익계정에 반영되었는지 확인한다. 8. 매출채권의 회수가능성 및 대손충당금의 적정성 (1) 당기말의 거래처별 자산건전성분류표를 입수하여 계산검증하고, 적당한 수의 거래처를 선택하여 보조부와 대사하고 자산건전성분류의 적정성을 확인한다. (2) 회수기간분석 등 분석적 검토를 실시한다. 당기 매출채권 회전율과 회수기일을 전기와 비교하고, 당기의 경제상황, 신용정책, 회수가능성과 관련하여 당기비율 및 기일의 합리성을 검토한다. (3) 기말채권에 대하여 합리적이고 객관적인 대손추계액 산정기준(상호금융감독규정에 의한 자산건전성분류와 지역농협의 상호금융리스크관리위원회에서 정한 대손충당금적립요율 등)에 의하여 대손충당금이 설정되어 있는지 확인한다. 경제사업 대출채권이 전산시스템이 아닌 수기에 의해 관리될 경우 차주별 연체관리의 적정성을 검토한다. (4) 동 기준이 계속적으로 적용되고 있는지 확인하고, 당기에 적립요율의 변경이 있었을 경우 동 변경이 정당한 의사결정에 의한 것인지 확인한다.	

감 사 절 차	조서번호
9. 보고기간종료일을 전후한 제품인도 및 용역제공이 해당 기간에 적절히 반영되었는지를 검토한다. 10. 외화표시 매출채권의 환산내용을 검토한다. 11. 채권조정의 적정성 매출채권 중 채권조정이 있는 경우 그 회계처리의 적정성을 검토한다. 12. 관세환급(수입부과금환급금, 개별소비세 등) 미수금의 검토 (1) 전기와 비교하여 물량 및 단가에 중요한 변화 있는지 확인 (2) 관세환급 등 미수금 설정내역을 입수하여 미수금이 합리적으로 설정되었는지 검토 (3) 기중에 입금된 관세환급금 등 내역을 입수하여 미수금 기설정금액과 차이가 있는지 검토 13. 장기성 채권의 이자수익 검토 장기성채권, 장기대여금, 장기금융상품 등의 평균이자율과 평균적수를 곱하여 이자수익의 합리성에 대한 Overall test를 수행한다. 14. 특수관계자와의 거래 15. 재무제표 공시사항 검토 16. 감사결론의 기술	

<table>
<tr><th colspan="7">입 증 감 사 절 차</th></tr>
<tr><th colspan="7">(D. 기타자산)</th></tr>
<tr><th rowspan="3">구 분</th><th rowspan="3">유의적 위험 (Y/N)</th><th colspan="4">추가감사절차</th><th rowspan="3">조서번호</th></tr>
<tr><th rowspan="2">내부통제 이해 및 평가 실시여부 (Y/N)</th><th rowspan="2">내부통제 테스트 실시여부 (Y/N)</th><th colspan="2">실증절차 실시여부</th></tr>
<tr><th>실증적 분석절차 실시여부 (Y/N)</th><th>세부 테스트 실시여부 (Y/N)</th></tr>
<tr><td></td><td></td><td></td><td></td><td></td><td></td><td></td></tr>
<tr><td></td><td></td><td></td><td></td><td></td><td></td><td></td></tr>
<tr><td></td><td></td><td></td><td></td><td></td><td></td><td></td></tr>
</table>

감 사 절 차	조서번호

1. 기타자산 총괄표 작성

당기말 잔액은 일반보조부원장과 전기말 잔액은 전기감사보고서(또는 조합원총회에서 승인된 전기재무제표)와 각각 대조하고, 양년도간 특별한 변동사항은 그 원인을 규명한다.

2. 각 계정별 명세서

당기말의 기타 유동자산 각 계정별 명세서를 입수하여 금액의 계산검증 및 보조부와 대조 확인한다.

3. 기타자산 외부조회 및 실재성 검토

(1) 주요 거래처에 대한 자산이 중요할 경우 외부 확인을 수행하며 외부 확인에 대한 구체적인 절차는 Audit Guide 3320 외부조회를 참고한다.

(2) 임차보증금의 경우에는 해당 임차부동산의 등기부등본을 징구하여 전세권 등이 설정되었는지를 확인한다.

4. 중요한 항목 및 금액에 대하여 관련 증빙을 대조확인 한다.

당기말의 기타 유동자산 중 주요 금액에 대하여는 관련 증빙서류와 대조하여

감 사 절 차	조서번호
거래발생 및 금액의 타당성을 확인한다. 상세테스트의 방법은 *Audit Guide 3300 감사증거* 및 *Audit Guide 3310 표본감사*를 참고한다. 5. 기간계산에 의하여 인식되는 중요한 항목에 대하여는 기간계산의 적정성을 검증한다. 6. 선급비용 등에 대한 기간계산의 적정성 검증시에는 다음 사항을 고려한다. 선급비용 등에 대한 계산시, 보험계약, 임대차계약 등 기간계산에 필요한 계약이 누락없이 포함되어 있는지 확인함. 유의한 조정항목이 존재하는 경우, 차이 조정에 대한 조사 결과는 적절한 담당자의 검토와 승인을 받았는지 여부를 확인하고, 중요성을 고려하여 중요 조정항목을 관련 증빙과 대조확인함. 선급비용 명세서를 스캔하고 유의적이거나 비경상적인 항목 또는 1년 이상 조정표 상에 남아있는 항목에 대해서 조사함. 조합의 근저당설정수수료 및 감정평가수수료의 "수익비용 보조부"를 징구 받아 기간안분에 따른 선급비용 계산이 적정한지 확인하고 회계정책의 계속성 등을 확인한다. 7. 회수가능성 및 대손충당금의 적정성 회수불능채권의 대손처리 여부를 확인하고, 대손충당금의 설정이 적정한지의 여부와 전년과 동일한 기준의 적용 여부를 검토한다. 8. 외화표시 지산의 환산내용을 검토한다. 9. 선물 등 파생상품거래유무 선물 등의 거래유무를 확인하고 그 계약이나 매매에 의하여 발생된 자산, 부채의 처리내용과 동 거래로 인한 손익의 인식이나 처리가 적정한지를 '파생상품'과 연계하여 검토한다.	

감 사 절 차	조서번호
10. 각종 보험 관련 거래의 적정성 검토 피감사조합으로부터 보험가입현황을 입수하고, 동 내역의 적정성을 확인하기 위하여 보험증서 등의 증빙을 검토하거나 필요한 경우 외부조회를 실시한다. 11. 경영진측 및 감사인측 전문가 수행 업무의 평가 감사증거로 사용될 정보가 경영진측 전문가가 수행한 업무의 도움으로 작성되거나 감사과정에서 감사인측 전문가가 수행한 업무를 활용하는 경우 *Audit Guide 2131 전문가의 활용*을 참조하여 평가한다. 12. 특수관계자와의 거래 특수관계자와의 거래에 대한 구체적인 절차는 *Audit Guide 3500* 특수관계자 거래를 참고한다. 13. 재무제표 공시사항 검토 14. 감사결론의 기술	

입 증 감 사 절 차						
(E. 재고자산)						
구 분	유의적 위험 (Y/N)	추가감사절차				조서번호
		내부통제 이해 및 평가 실시여부 (Y/N)	내부통제 테스트 실시여부 (Y/N)	실증절차 실시여부		
				실증적 분석절차 실시여부 (Y/N)	세부 테스트 실시여부 (Y/N)	

감 사 절 차	조서번호
1. 재고자산 총괄표의 작성 당기말잔액은 일반보조부원장과 전기말잔액은 전기감사보고서(또는 조합원총회에서 승인된 전기재무제표)와 각각 대조하고, 양년도간 특별한 변동사항은 그 원인을 규명한다. **2. 재고자산명세서** 당기말의 재고자산명세서를 입수하여 명세서의 내용을 계산검증하고 보조부와 대조확인한다. 신협의 경우 일반적으로 복지사업 특별회계가 있는 조합의 경우에만, 이 재고자산 입증절차가 적용될 것이다. **3. 재고자산수불부 검증** 재고자산수불부를 계산검증한다. 재고자산수불부의 입출고와 재무상태표, 손익계산서, 제조원가명세서의 관련 계정과 연결한다. **4. 재고자산 실사 입회 추가절차** 재고자산 실사입회절차는 *조서번호 E100. 재고자산실사입회*를 참조한다.	

감 사 절 차	조서번호
재고실사입회시 입수한 재고자산집계표와 재고자산수불부의 재고자산 수량을 연결한다. 상세테스트의 방법은 *Audit Guide 3300 감사증거* 및 *Audit Guide 3310 표본감사*를 참고한다. (※ 회원 대상판매품목(농약, 비료, 농기계 등)에 대해 판매기록 지연으로 인해 발생하는 재고차이가 있는지 확인한다) 5. 분석적 검토 (1) 매출액 또는 총자산 대비 재고자산비율의 분석 (2) 재고자산증감율의 분석 (3) 매출수량, 생산수량, 매출원가에 대한 재고자산회전율의 분석 6. 재고자산의 단가 (1) 외부로부터 구입한 재고의 단가일 경우, 재고수불부상의 단가를 구입증빙과 대사하고, 원가계산에 의해 산출된 단가일 경우 계산 검증한다. (2) 품목별 단위당 원가를 전기의 단가와 비교하고 중요한 변화가 있거나 비정상적인 재고단가변동에 대하여 조사한다. 7. 재고자산의 평가 (1) 파손품, 진부화품, 장기체화재고 및 잉여재고에 대한 향후 판매계획, 생산계획을 확인하여 재고자산평가손실의 적절성을 검토한다. (2) 재고자산의 순실현가능가액에 대한 타당성을 검토하고, 장부금액이 순실현가능가액을 초과하는 경우 재고자산평가손실이 적절하게 반영되었는지 검토한다. (3) 재고실사집계표와 일반보조부원장 또는 재고자산수불부와의 조정과정을 검토하라. 거액의 비정상적인 차이가 발생할 경우 그 원인을 조사한다. 8. 재고자산 Cut-off 결산일 전후 일정기간의 출고증, 판매지시서, 출하일보 및 입고증, 주문서, 검수보고서를 매입보조부와 대조 확인하여 Cut off test한다. 상세테스트의 방법은 *Audit Guide 3300 감사증거* 및 *Audit Guide 3310 표본감사*를 참고한다.	

감 사 절 차	조서번호
9. 재고자산의 장부수량과 실제수량과의 차이에서 발생하는 감모손실이 적절하게 회계처리되었는지 검토한다. 10. 피감사조합이 표준원가계산방법을 적용하고 있는 경우 표준원가와 실제원가의 중요한 차이가 발생하는 계정에 대하여 조사한다. 이러한 차이를 매출원가 재고자산에 배분하는데 대한 합리성을 검토한다. 11. 원재료에서 재공품으로, 재공품에서 제품으로의 대체의 적정성을 검토(출고일보, 생산일보 등을 상호대조) 12. 본지점 등의 내부거래가 있을 경우 내부이익의 계산방법을 파악하고 내부이익의 제거여부를 확인한다. 13. 장래의 매입계약, 혹은 판매계약 중에 계약이행에 의한 손실이 발생할 우려가 있는 것이 포함되어 있지 않은가를 검토한다. 14. 특수관계자와의 거래 (1) 관계회사 등 특수관계인과의 거래유무를 파악하고 거래가격의 타당성(부당한 고가 또는 저가)을 파악한다. (2) 특수관계자와의 거래에 대한 구체적인 절차는 *Audit Guide 3500 특수관계자 거래*를 참고한다. 15. 미착품 명세에 미착부대비용이 적절히 계상되었는지 여부를 확인한다. 16. 담보제공 혹은 양도담보로 제공된 재고자산의 유무를 확인한다. 17. 재무제표 공시사항 검토 18. 감사결론의 기술	

<table>
<tr><th colspan="7">입 증 감 사 절 차</th></tr>
<tr><td colspan="7">(E1 재고자산실사입회)</td></tr>
<tr><td rowspan="3">구 분</td><td rowspan="3">유의적 위험 (Y/N)</td><td colspan="4">추가감사절차</td><td rowspan="3">조서번호</td></tr>
<tr><td rowspan="2">내부통제 이해 및 평가 실시여부 (Y/N)</td><td rowspan="2">내부통제 테스트 실시여부 (Y/N)</td><td colspan="2">실증절차 실시여부</td></tr>
<tr><td>실증적 분석절차 실시여부 (Y/N)</td><td>세부 테스트 실시여부 (Y/N)</td></tr>
<tr><td></td><td></td><td></td><td></td><td></td><td></td><td></td></tr>
<tr><td></td><td></td><td></td><td></td><td></td><td></td><td></td></tr>
<tr><td></td><td></td><td></td><td></td><td></td><td></td><td></td></tr>
</table>

감 사 절 차	조서번호

1. 구체적인 재고자산 실사입회절차는 *Audit Guide 3301 감사증거-특정항목에 대한 구체적인 고려사항*를 참조한다.

2. 실행불가능한 경우를 제외하고, 조합의 재고실사 계획을 입수하고, 재고실사에 입회하여 다음 절차를 수행한다.

   (1) 재고자산 실사의 결과를 기록하고 통제하기 위한 경영진의 지시와 절차를 평가한다.
   (2) 실사 전후 및 실사 중 재고자산의 이동에 대한 통제와 관련된 절차 등 경영진이 수행하는 실사절차에 대해 관찰한다.
   (3) 재고자산 실사 입회시 재고자산의 실재성을 확인하고 진부화되었거나 손상된, 또는 장기 보유 중인 재고자산을 식별하기 위하여 재고자산에 대하여 조사한다.
   (4) 타처 보관중인 재고자산과 조합이 보관중인 재고자산 유무를 문의하고 이러한 재고자산에 대한 실사와 조회확인 범위를 검토한다(조회서 발송 준비를 미리 피감사조합에 요청할 것).
   (5) 테스트 실사시 경영진의 실사기록에서 선정된 항목을 실제의 재고로 추적하거나 실제의 재고에서 선정된 항목을 경영진의 실사기록으로 추적한다.

감 사 절 차	조서번호
⑹ 재고자산 배치도를 입수하여 실사입회순서와 담당을 정한 후 가장 효과적인 입회방법을 강구한다. ⑺ 다음 사항이 포함된 명세서를 얻어 명확히 구분 보관되어 있는지를 확인한다. ① 회사소유재고 ② 타인소유 회사 내 재고 ③ 타처 보관 재고 ④ 기입고 미검수 재고(기검수 미기장 재고도 포함) ⑤ 기타 상품가치를 상실 또는 현저히 감소된 재고(진부화 · 장기체화) ⑻ 재고실사에 입회하여 다음 사항의 적정성 여부를 결정한다. ① 실사가 책임자의 감독하에 이루어지고 있는가. ㉠ 재고조사표 또는 목록에 대한 통제여부 ㉡ 책임자의 재고조사시의 참여(입회)여부 ② 재고자산 수량과 내용, 재공품의 내용 등이 재고조사표나 재고명세에 명기되어 있는가. ③ 수량결정방법은 적절한가? ④ 직접 실사하기 곤란한 재고자산의 수량 결정을 위한 방법은 적정한가? ⑤ 필요에 따라 실사담당자 이외의 자가 수량합계를 재검하는가. ⑥ 위탁판매상품은 적절히 밝혀졌는가. ⑦ 보유중인 모든 재고품목이 재고실사에 포함되었는가. ⑧ 재고조사표나 목록은 관련자의 서명이 있고 빠짐없이 집계 처리되고 있는가. ⑼ 적당량의 품목을 선정하여(예 단가가 크고 중요한 항목, 품목이 많으나 재무제표상 중요한 항목 등) 감사인이 직접 실사하고 그 수량을 회사실사수량과 대조하고 가능한 한 재고기록카드의 내용과 비교한다. ⑽ 재고조사표 및 명세표가 빠짐없이 관리되었는지 확인한 후 감사조서에 기록하고 목록이나 명세표에 의한 실사일 경우에는 목록에서 현장재고로 확인하는 방법과 현장재고에서 목록으로 확인하는 방법을 병행하여 실사한다. ⑾ 특수용기(탱크, 싸이로 등)속의 재고나 순도나 온도에 따라 가격이나 품질이 현격한 차이가 날 수 있는 재고인 경우 이에 대하여 유의한다. 또한 무더기로	

감 사 절 차	조서번호
쌓인 재고인 경우에는 그 속에 든 것을 발췌하여 실사해 본다. ⑿ 다음의 경우에는 합리적 확신을 얻을 수 있을 때까지 표본규모를 확대하여 시사를 실시하거나 회사담당자로 하여금 재고실사를 다시 수행하도록 요구한 후 감사인의 시사를 재실시하여야 한다. ① 재고자산수량의 적정성에 대한 합리적 확신을 얻을 수 없을 정도로 중요한 예외사항이 발견된 경우 ② 예외사항이 지나치게 많아서 재고실사의 전반적인 신뢰성에 대하여 합리적 확신을 얻을 수 없는 경우 ⒀ 타처보관 회사 재고에 대하여는 조회서를 발송한다. ⒁ 진부화된 재고목록과 해당 재고자산의 상태를 비교하고 적절한 전문가나 담당자의 의견을 구한 후 조서화한다. 3. 다음의 경우에는 합리적 확신을 얻을 수 있을 때까지 표본규모를 확대하여 시사를 실시하거나 조합담당자로 하여금 재고실사를 다시 수행하도록 요구한 후 감사인의 시사를 재실시할 것을 고려하여야 한다. (1) 재고자산수량의 적정성에 대한 합리적 확신을 얻을 수 없을 정도로 중요한 예외사항이 발견된 경우 (2) 예외사항이 지나치게 많아서 재고실사의 전반적인 신뢰성에 대하여 합리적 확신을 얻을 수 없는 경우 4. 입회에 참여한 감사인은 재고실사입회에 대한 방법, 범위, 결과와 기말감사시 유의할 점 등을 기술한다. 5. 재고자산의 최종 기록이 재고자산 실사의 결과를 정확하게 반영하고 있는지 여부를 결정하기 위해 재고자산의 최종 기록에 대한 다음의 감사절차를 수행한다. (1) 감사인의 테스트 실사의 결과를 기록한다. (2) 경영진의 최종 실사기록 사본을 입수한다.	

감 사 절 차	조서번호
6. 재무제표일 외의 일자에 수행된 재고자산 실사 (1) 재고자산 실사가 재무제표일이 아닌 일자에 수행될 경우, 실사일과 재무제표일 사이의 재고자산 변동이 정확하게 기록되었는지 확인한다. (2) 감사인이 예상하지 못한 상황으로 재고자산 실사에 입회할 수 없는 경우, 감사인은 다른 일자를 정하여 재고자산을 실사하거나 실사에 입회하여야 하며, 기업의 재고자산 실사일과 감사인의 실사 입회일 사이의 거래에 대한 감사절차를 수행하여야 한다. 7. 재고자산 실사의 입회가 실행가능하지 않는 경우 재고자산의 실사 이전에 취득하거나 매입한 특정의 재고자산 항목에 대해 이후의 매출과 관련된 서류를 조사하는 것과 같은 대체적인 감사절차를 수행하며, 대체적인 절차가 가능하지 않은 경우 감사의견을 변형한다. 8. 제3자가 보관, 통제하고 있는 재고자산이 재무제표에 중요한 경우 당해 제3자에게 외부확인을 요청하거나, 해당 상황에 적합한 조사 또는 기타의 감사절차를 수행한다. 외부 조회에 대한 구체적인 절차는 *Audit Guide 3320 외부조회*를 참고한다.	

<table>
<tr><th colspan="7">입 증 감 사 절 차</th></tr>
<tr><th colspan="7">(F. 투자자산)</th></tr>
<tr><th rowspan="3">구 분</th><th rowspan="3">유의적 위험 (Y/N)</th><th colspan="4">추가감사절차</th><th rowspan="3">조서번호</th></tr>
<tr><th rowspan="2">내부통제 이해 및 평가 실시여부 (Y/N)</th><th rowspan="2">내부통제 테스트 실시여부 (Y/N)</th><th colspan="2">실증절차 실시여부</th></tr>
<tr><th>실증적 분석절차 실시여부 (Y/N)</th><th>세부 테스트 실시여부 (Y/N)</th></tr>
<tr><td></td><td></td><td></td><td></td><td></td><td></td><td></td></tr>
<tr><td></td><td></td><td></td><td></td><td></td><td></td><td></td></tr>
<tr><td></td><td></td><td></td><td></td><td></td><td></td><td></td></tr>
</table>

<table>
<tr><th>감 사 절 차</th><th>조서번호</th></tr>
<tr><td>1. 투자자산 총괄표의 작성

당기말 잔액은 일반보조부원장과 전기말잔액은 전기감사보고서(또는 조합원총회에서 승인된 전기재무제표)와 각각 대조하고 양년도간에 특별한 변동사항이 있는 경우에는 그 원인을 규명한다.

2. 투자자산명세서

당기말의 투자자산명세서를 입수하여 금액을 계산검증하고 잔액이 보조부와 일치하는지를 확인한다.

3. 조회확인

중요한 항목은 직접 조회확인하여 해당 조서와 연결하며, 주주총회의사록, 이사회의사록, 보험계약서 등을 검토하여 이 계정으로 분류된 자산의 실재성을 검토하고 유치권, 저당권 및 담보제공의 존재 여부를 검토한다. 외부 확인에 대한 구체적인 절차는 Audit Guide 3320 외부조회를 참고한다.

4. 권리증서(등기부등본, 등록원부 등)를 획득하여 투자부동산의 실재성과 소유권 및 담보제공 등의 소유권제한여부를 확인한다.</td><td></td></tr>
</table>

감 사 절 차	조서번호
5. 당기중 중요한 증감내용에 대해 증빙대조하고 그 취득 및 처분가격이 적정한가를 확인하여 손익계정과 연결한다. 6. 당기중 중요한 증감내용에 대해 계약서, 등기부등본 등 소유권 관련 문서 확인하고, 투자부동산 계정분류의 적정성 여부를 검토한다. 7. 취득원가에 포함된 취득부대비용 등이 적절한지 확인한다. 취득 및 처분가격이 적정한가를 확인하여 손익계정과 연결한다. 8. 투자자산과 관련하여 발생한 이자, 임차료, 처분손익 등 관련 손익계정이 적정하게 계상되었는가 확인한다. 특히, 장기성채권, 장기대여금, 장기금융상품 등의 평균이자율과 평균적수를 곱하여 이자수익의 합리성에 대한 Overall test를 수행한다. 9. 회수가능성 회수불능자산의 대손처리 여부를 검토하고 대손충당금 설정의 타당성 및 계속성 여부를 검토한다. 10. 기간계산에 의하여 인식되는 계정에 대하여는 기간 계산내용을 검증한다. 11. 현재가치에 의한 평가의 적정성 투자자산 중 현재가치에 의한 평가사항이 있는 경우 동 평가액과 동할인차금의 계산이 적정한지 검증하고, 관련손익계정에 반영되었는지 확인한다. 장기성 채권(장기대여금등)에 대한 현재가치평가 여부를 검토하라. 12. 손상차손 (1) 투자자산(콘도회원권, 골프회원권) 중 손상징후가 있다고 판단되는 경우 손상차손의 계상 및 회계처리의 적정성을 검토 (2) 손상차손을 인식한 경우에는 손상을 초래한 상환의 변화나 내용, 손상차손의 평가에 사용된 회수가능가액의 산정방법과 그 금액을 확인	

감 사 절 차	조서번호
13. 특수관계자와의 거래 특수관계자와의 거래내용의 타당성과 회계처리 및 표시상의 적정성을 검토한다. 14. 재무제표 공시사항 검토 15. 감사결론의 기술	

<table>
<tr><th colspan="7">입 증 감 사 절 차</th></tr>
<tr><td colspan="7">(G. 유형자산)</td></tr>
<tr><td rowspan="3">구 분</td><td rowspan="3">유의적 위험 (Y/N)</td><td colspan="4">추가감사절차</td><td rowspan="3">조서번호</td></tr>
<tr><td rowspan="2">내부통제 이해 및 평가 실시여부 (Y/N)</td><td rowspan="2">내부통제 테스트 실시여부 (Y/N)</td><td colspan="2">실증절차 실시여부</td></tr>
<tr><td>실증적 분석절차 실시여부 (Y/N)</td><td>세부 테스트 실시여부 (Y/N)</td></tr>
<tr><td></td><td></td><td></td><td></td><td></td><td></td><td></td></tr>
<tr><td></td><td></td><td></td><td></td><td></td><td></td><td></td></tr>
<tr><td></td><td></td><td></td><td></td><td></td><td></td><td></td></tr>
</table>

감 사 절 차	조서번호
1. 유형자산총괄표 작성 유형자산 장부가액의 변동내용을 나타내는 요약표를 입수하여 분석하고, 당기말 잔액은 일반보조부원장과 전기말잔액은 전기감사보고서(또는 조합원총회에서 승인된 전기재무제표)와 각각 대조하고, 양년도간에 특별한 변동사항이 있는 경우에는 그 원인을 규명한다. 2. 유형자산명세서 당기말의 유형자산명세서를 입수하여 명세서의 내용을 계산검증하고 유형자산대장 등의 보조부와 대조확인한다. 3. 권리증서(등기부등본, 등록원부 등)를 획득하여 유형자산의 실재성과 소유권 및 담보제공 등의 소유권 제한 여부를 확인한다. 4. 필요시 중요한 유형자산에 대해서는 실사를 할 것을 고려한다. 5. 유형자산처분명세서를 제시받아 처분가격 등의 적정성을 검토하고 처분손익 등 관련 손익계정과 연결	

감 사 절 차	조서번호
6. 중요한 증감거래 (1) 당기중 중요한 증감내용에 대해 계약서 등 증빙대조하고 취득승인 및 취득가액, 유형자산의 구분 등 회계처리의 적정성을 검토하고, 기중에 취득, 처분과 관계된 청구서, 자본적 지출의 승인내용, 리스계약 및 기타 증빙을 조사하여 그 실재성을 검토한다. (2) 수익적지출 및 자본적지출 구분의 타당성 및 계속성을 검토 (3) 유형자산처분명세서를 제시받아 처분가격 등의 적정성을 검토하고 처분손익 등 관련손익계정과 연결 **7. 재평가모형으로 측정** (1) 유형자산은 원가모형이나 재평가모형 중 하나를 회계정책으로 선택하여 유형자산 분류별로 동일하게 적용하였는지 검토한다. (2) 최초 인식 후에 공정가액을 신뢰성 있게 측정할 수 있는 유형자산은 재평가일의 공정가액에서 이후의 감가상각누계액과 감액손실누계액을 차감한 재평가금액을 장부가액으로 하였는지 검토한다. (3) 공정가액이 감정에 의해 결정된 경우, 감정이 전문적 자격이 있는 평가인에 의해 이루어졌는지 검토한다. (4) 재평가된 자산의 공정가액이 장부가액과 중요하게 차이가 나는 경우 재평가를 하였는지 검토한다. (5) 특정유형자산을 재평가할 때 해당 자산이 포함되는 유형자산분류 전체를 재평가하였는지 검토한다. (6) 유형자산의 장부가액이 재평가로 인하여 증가된 경우에 그 증가액은 기타포괄손익으로 처리하고, 감소된 경우에는 당기손익에 반영하였는지 검토한다. 다만, 재평가로 인하여 장부가액이 감소시는 재평가 대상 자산과 관련하여 과거에 기 인식된 기타포괄손익 및 당기손익이 있는 경우, 이를 반영하여 조정하였는지 검토한다. 또한 이사회 결의에 따라 매 3년 혹은 5년마다 주기적으로 재평가를 실시하는지를 검토한다. (7) 유형자산의 재평가와 관련하여 인식한 기타포괄손익의 잔액이 있다면 그 유형자산을 폐기하거나 처분할 때 재분류조정이 제대로 이루어졌는지 검토한다.	

감 사 절 차	조서번호
(8) 공정가치 평가에 대한 상세절차는 *조서번호 EST 공정가치 등 회계추정치*를 참조하고, 감사증거로 사용될 정보가 경영진측 전문가가 수행한 업무의 도움으로 작성되거나 감사과정에서 감사인측 전문가가 수행한 업무를 활용하는 경우 *Audit Guide 2131 전문가의 활용*을 참조하여 평가한다.	
8. 건설중인 자산의 회계처리의 적정성 및 다음 사항을 검토	
(1) 건설중인 자산에 대한 당기 지출액	
(2) 유형자산을 취득하기 위한 약정액	
(3) 건설중인 자산의 대체가 적절하게 회계처리되었는지 검토	
9. 손상차손 등	
(1) 사용 중인 유형자산 중 손상징후가 있다고 판단되는 경우 손상차손의 계상 및 회계처리의 적정성을 검토한다.	
(2) 손상차손을 인식한 경우에는 손상을 초래한 상황의 변화나 내용, 손상차손의 평가에 사용된 회수가능가액의 산정방법과 그 금액을 확인한다.	
10. 복구비용을 반영하여야 할 경우에는 추정 복구비용의 내용, 추정방법, 금액 및 회계처리방법을 검토한다.	
11. 수익적지출 및 자본적지출 구분의 타당성 및 계속성을 검토한다.	
12. 동종 또는 이종자산과의 교환으로 취득한 유형자산의 유무에 대하여 질문하고, 이에 대한 회계처리의 적정성을 검토한다.	
13. 내용연수 도중 사용을 중단하고, 처분 또는 폐기할 예정인 유형자산 또는 장래 사용을 재개할 예정인 유형자산이 있는지 파악하여 동 유형자산에 대한 회계처리의 적정성을 검토한다.	
14. 리스자산	
리스계약서를 입수하여 운용리스와 금융리스의 구분이 정확한지 검토한다. 리스자산이 실제로 존재하며 조합의 영업활동을 위하여 사용되고 있는지 확인한다.	

감 사 절 차	조서번호
15. 정부보조금 등 정부보조금, 공사부담금 등에 의하여 유형자산을 무상 또는 공정가액보다 낮은 대가로 취득한 경우, 그 유형자산에 대한 취득원가 계상액, 이에 대한 회계처리 및 재무제표 표시의 적정성을 검토한다. **16. 특수관계자와의 거래** 특수관계자와의 거래에 대한 구체적인 절차는 *Audit Guide 3500 특수관계자 거래*를 참고한다. **17. 감가상각비명세서 징구 및 계상의 적정성** (1) 감가상각비명세서를 징구하여 감가상각방법, 내용연수 또는 상각률의 계속 적용여부 및 비용배부기준의 타당성을 검토 (2) 신규취득자산에 적용하는 내용연수의 타당성을 검증 (3) 감가상각방법이나 내용연수를 변경한 경우 그 타당성과 재무제표에 미치는 영향을 확인 (4) 유형자산에 대한 세무상의 처리방법을 확인하고, 세무와 회계상에 차이가 존재할 경우 그 차이에 대하여 적절하게 회계처리하고 있는지 검토 (5) 감가상각 및 감가상각누계액 계정과 유형자산계정의 총액과의 비율을 검토하고 전기와 비교하고 감가상각비 계산의 산술적 정확성을 검토한다. (6) 감가상각비의 배분을 전기와 비교 ※ 임차점포시설물은 임차기간이 5년 이내인 경우에는 임차기간동안 정액법으로 감가상각하고 있는지 검토한다. **18. 재무제표 공시사항 검토** **19. 감사결론의 기술**	

<table>
<tr><th colspan="7">입 증 감 사 절 차</th></tr>
<tr><td colspan="7">(H. 무형자산)</td></tr>
<tr><td rowspan="3">구 분</td><td rowspan="3">유의적 위험 (Y/N)</td><td colspan="4">추가감사절차</td><td rowspan="3">조서번호</td></tr>
<tr><td rowspan="2">내부통제 이해 및 평가 실시여부 (Y/N)</td><td rowspan="2">내부통제 테스트 실시여부 (Y/N)</td><td colspan="2">실증절차 실시여부</td></tr>
<tr><td>실증적 분석절차 실시여부 (Y/N)</td><td>세부 테스트 실시여부 (Y/N)</td></tr>
<tr><td></td><td></td><td></td><td></td><td></td><td></td><td></td></tr>
<tr><td></td><td></td><td></td><td></td><td></td><td></td><td></td></tr>
<tr><td></td><td></td><td></td><td></td><td></td><td></td><td></td></tr>
</table>

감 사 절 차	조서번호
1. 무형자산총괄표 작성 무형자산 장부가액의 변동내용을 나타내는 요약표를 입수하여 분석하고, 당기말 잔액은 일반보조부원장과, 전기말잔액은 전기감사보고서(또는 조합원총회에서 승인된 전기재무제표)와 각각 대조하고 양년도간에 특별한 변동사항이 있는 경우에는 그 원인을 규명한다. 2. 무형자산명세서 당기말의 무형자산명세서를 입수하여 금액을 계산검증하고 잔액이 보조부와 일치하는지를 확인한다. 3. 등록증, 계약서 및 조회서 등을 검토하여 소유권 및 소유권제한사항을 확인하고, 무형자산의 실재성에 대한 의문이 있을 경우, 변호사 또는 기술사용권자 및 상표권자에게 조회한다. 4. 중요한 증감거래 (1) 당기중 중요한 증감내용에 대해 증빙대조하고 증감액의 적정성을 확인한다. (2) 무형자산의 취득에 대한 약정사항 및 금액을 확인. (3) 무형자산처분명세서를 제시받아 처분가격 등의 적정성을 검토하고 처분손익 등 관련 손익계정과 연결	

감 사 절 차	조서번호
5. 무형자산상각비의 적정성 (1) 상각비명세서를 징구하여 정액법 및 정률법의 경우 상각누계액 계상의 적정성과 상각방법, 내용연수 또는 상각률, 잔존가액의 계속 적용여부 및 비용배부기준의 타당성을 검토한다. (2) 내용연수가 20년을 초과하는 경우 그 근거(관계법령 또는 계약 등) 및 내용연수 결정에 고려한 중요 요소를 확인한다. (3) 당기 상각액이 손익계정별로 적절하게 계상되었는지 확인한다. 6. 손상차손 등 (1) 사용중인 무형자산 중 손상징후가 있다고 판단되는 경우 손상차손의 계상 및 회계처리의 적정성을 검토한다. (2) 손상차손을 인식한 경우에는 손상을 초래한 상황의 변화나 내용, 손상차손의 평가에 사용된 회수가능가액의 산정방법과 그 금액을 확인한다. 7. 무형자산에 대한 지출로서 과거 회계연도의 재무제표나 중간재무제표에서 비용으로 인식한 지출(즉, 무형자산의 인식기준충족시점 이전의 지출)이 그 후의 기간에 발생한 무형자산의 취득원가의 일부로 계상되었는지를 검토한다. 특히, 무형자산으로 인식한 개발비와 당기비용으로 인식한 연구비 및 경상개발비의 회계처리 적정성을 검토한다. 8. 영업권과 염가매수차익의 회계처리의 적정성을 검토한다. 9. 정부보조금 등 정부보조금, 공사부담금 등에 의하여 무형자산을 무상 또는 공정가액보다 낮은 대가로 취득한 경우, 그 무형자산에 대한 취득원가 계상액, 이에 대한 회계처리 및 재무제표 표시의 적정성을 검토한다. 10. 재무제표 공시사항 검토 11. 감사결론의 기술	

<table>
<tr><th colspan="7">입 증 감 사 절 차</th></tr>
<tr><th colspan="7">(I. 비업무용자산)</th></tr>
<tr><th rowspan="3">구 분</th><th rowspan="3">유의적 위험 (Y/N)</th><th colspan="4">추가감사절차</th><th rowspan="3">조서번호</th></tr>
<tr><th rowspan="2">내부통제 이해 및 평가 실시여부 (Y/N)</th><th rowspan="2">내부통제 테스트 실시여부 (Y/N)</th><th colspan="2">실증절차 실시여부</th></tr>
<tr><th>실증적 분석절차 실시여부 (Y/N)</th><th>세부 테스트 실시여부 (Y/N)</th></tr>
<tr><td></td><td></td><td></td><td></td><td></td><td></td><td></td></tr>
<tr><td></td><td></td><td></td><td></td><td></td><td></td><td></td></tr>
<tr><td></td><td></td><td></td><td></td><td></td><td></td><td></td></tr>
</table>

감 사 절 차	조서번호
1. 비업무용자산 총괄표의 작성 당기말잔액은 일반보조부원장과, 전기말잔액은 전기감사보고서(또는 조합원 총회에서 승인된 전기재무제표)와 각각 대조하고, 양년도간 특별한 변동사항은 그 원인을 규명한다. 2. 비업무용자산명세서 당기말의 비업무용자산명세서를 입수하여 금액을 계산검증하고 잔액이 보조부와 일치하는지를 확인한다. 3. 필요시 중요한 비업무용자산에 대해서는 실사를 할 것을 고려한다. 4. 중요한 항목 및 금액에 대하여 관련 증빙을 대조 확인한다. 비업무용자산 중 주요금액에 대하여는 관련 증빙서류와 대조하여 거래발생 및 금액의 타당성을 확인한다. 상세테스트의 방법은 *Audit Guide 3300 감사증거* 및 *Audit Guide 3310 표본감사*를 참고한다. 5. 비업무용자산과 관련하여 발생한 손익계정이 적정하게 계상되었는가 확인한다.	

감 사 절 차	조서번호

6. 비업무용 자산의 매각과 손상차손 검토

(1) 비업무용자산의 취득 후 여신업무방법서에 따라 매각작업을 진행하였는지 여부를 검토하고 매각작업이 중단된 경우 이에 대한 사유를 파악한다.

(2) 저당권 등 담보권의 실행에 따라 취득한 비업무용자산을 자산관리공사에 매각을 위탁하거나 1년 이내에 공개경쟁입찰 방법에 의하여 매각하였는지 확인한다.

(3) 보유중인 비업무용자산의 매각작업이 중단된 경우 여신업무방법서에서 규정하고 있는 방법에 따라 손상차손을 인식하고 있는지 여부를 검토하고 손상차손을 계상하고 있지 아니한 경우 이에 대한 근거자료를 징구하여 검토한다. 결산시점에 이미 2년이 경과한 비업무용자산에 대해서는 손상 여부를 검토하고, 매3년 주기로 손상차손 또는 손상차손환입 처리여부 및 그 적정성을 검토한다.

(4) 저당권 등 담보권의 실행에 따라 유입된 비업무용자산의 경우, 손상차손이 발생하였다는 객관적인 증거가 있는지 확인하여 손상차손평가에 따른 당기손익 반영여부와 손상차손이 회복된 경우 관련 회계처리를 검토한다.

7. 특수관계자와의 거래

특수관계자와의 거래에 대한 구체적인 절차는 *Audit Guide 3500 특수관계자 거래*를 참고한다.

8. 감사인측 및 경영진측 전문가 수행업무의 평가

감사증거로 사용될 정보가 경영진측 전문가가 수행한 업무의 도움으로 작성되거나 감사과정에서 감사인측 전문가가 수행한 업무를 활용하는 경우 *Audit Guide 2131 전문가의 활용*을 참조하여 평가한다.

9. 재무제표 공시사항의 적정성 검토

10. 감사결론의 기술

입 증 감 사 절 차						
(J. 비신용사업계정)						
구 분	유의적 위험 (Y/N)	추가감사절차				조서번호
		내부통제 이해 및 평가 실시여부 (Y/N)	내부통제 테스트 실시여부 (Y/N)	실증절차 실시여부		
				실증적 분석절차 실시여부 (Y/N)	세부 테스트 실시여부 (Y/N)	

감 사 절 차	조서번호
1. 비신용 사업계정 총괄표의 작성 당기말 잔액은 일반보조부원장, 전기말 잔액은 전기 재무제표(조합원총회에서 승인된)와 각각 대조하고, 양년도간에 특별한 변동사항이 있는 경우에는 그 원인을 규명한다. 2. 비신용 사업계정명세서 (1) 비신용 사업 특별회계 재무제표를 입수하여 기업회계기준에 따라 작성과 표시가 적정하게 되었는지를 검토한다. (2) 당기말의 비신용 사업계정명세서를 입수하여 비신용 사업 총자산액과 총부채액을 계산검증하고 비신용 사업계정 잔액이 보조부와 일치하는지를 확인한다. 3. 조회확인 중요한 항목은 직접 조회 확인하여 해당 조서와 연결하며, 조합원총회의사록, 이사회의사록 등을 검토하여 이 계정으로 분류된 자산의 실재성을 검토한다. 4. 당기 중요한 증감내용에 대해 증빙대조하여 확인한다.	

감 사 절 차	조서번호
5. 비신용 사업의 총부채가 총자산을 초과하는 경우에는 부채항목으로 표시되었는지 확인한다. 6. 재무제표 공시사항 검토 (1) 자산 · 부채와 수익 · 비용의 신용사업과 비신용사업 간 배부기준, 배부기준의 산정근거 및 산정방법 (2) 비신용사업의 요약재무상태표 및 요약손익계산서 7. 감사결론의 기술	

입 증 감 사 절 차						
(K. 자산손상)						
구 분	유의적 위험 (Y/N)	추가감사절차				조서번호
		내부통제 이해 및 평가 실시여부 (Y/N)	내부통제 테스트 실시여부 (Y/N)	실증절차 실시여부		
				실증적 분석절차 실시여부 (Y/N)	세부 테스트 실시여부 (Y/N)	

감 사 절 차	조서번호
1. 손상대상자산의 완전성 검토 ⑴ 손상징후 여부에 관계없이 손상검사대상 자산이 존재하는지 검토한다. ⑵ 개별자산 또는 현금창출단위에 손상검사대상자산이 모두 포함되는지 검토한다. **2. 손상징후 검토** ⑴ 매 보고기간말마다 자산손상을 시사하는 징후가 있는지 외부정보 및 내부정보를 검토한다. ⑵ 특히, 아직 사용가능하지 않은 무형자산은 최소한 매 보고기간말에 회수가능액을 추정하였는지 반드시 검토한다. 손상을 시사하는 외부정보와 내부정보를 조합이 충분히 고려하였는지 검토한다. **3. 현금창출단위 식별의 적정성** ⑴ 경영진이 구분한 현금창출단위의 적정성을 검토한다. ⑵ 현금창출단위가 변경되는 경우 그 사유에 대하여 검토한다. **4. 영업권의 현금창출단위로의 배분의 적정성** ⑴ 영업권이 취득일부터 현금창출단위에 배분되었는지 확인한다.	

<table>
<tr><th>감 사 절 차</th><th>조서번호</th></tr>
<tr><td>

(2) 영업권의 최초 배분이 취득일 후 최초로 개시하는 회계연도 말까지 완료되었는지 검토한다.

5. 순공정가치의 측정의 적정성

(1) 구속력 있는 매매계약이 있거나 활성시장의 존재 여부를 확인한다.

(2) 구속력 있는 매매계약이 없거나 활성시장이 존재하지 않는 경우 이용가능한 최선의 정보의 적정성을 검토한다.

6. 사용가치 측정의 적정성

(1) 사용가치 측정의 근거가 되는 최근의 재무예산/예측이 경영진의 승인을 득하였는지 확인한다.

(2) 미래현금흐름이 경영진의 최선의 추정치가 반영된 합리적이고 객관적인 가정을 기초로 하였는지 검토한다. 이때 내부증거보다 외부증거에 더 큰 비중을 두었는지 확인한다.

(3) 최근 재무예산/예측의 대상기간 후의 성장률이 고정되거나 계속 감소한다고 가정하였는지 확인한다. 성장률이 시장의 장기평균성장률을 초과하지 않는지 확인한다.

(4) 이중계산을 방지하기 위하여 검토대상 자산의 현금유입과 거의 독립적인 현금유입을 창출하는 자산으로부터의 현금유입(㉠ 매출채권 등)이나 이미 부채로 인식된 의무와 관련하여 발생하는 현금유출(㉠ 매입채무, 퇴직급여채무, 충당부채 등)은 포함하지 아니하였는지 검토한다.

(5) 미래현금흐름 추정치에 다음과 같은 사유로 발생할 것으로 예상되는 현금유입이나 현금유출이 포함되지 아니하였는지 검토한다.

① 아직 확약되지 않은 미래의 구조조정 때문에 발생할 것으로 예상하는 미래현금유출이나 관련된 원가절감 또는 효익

② 자산의 성능을 향상시키는 과정에서 발생할 미래현금유출 또는 그러한 향상으로 발생할 것으로 예상하는 미래현금유입

(6) 재무활동으로부터의 현금유입이나 유출 또는 법인세 환급액 또는 법인세 납부액은 미래현금흐름 추정시 포함하지 아니하였는지 검토한다.

</td><td></td></tr>
</table>

감 사 절 차	조서번호
(7) 할인율은 현행시장 평가를 반영한 세전할인율로 한다. 자산의 고유할인율이 시장에서 직접 이용가능하지 않은 경우 대용치를 사용하였는지 확인한다. (8) 감사증거로 사용될 정보가 경영진측 전문가가 수행한 업무의 도움으로 작성되었다면, 감사 목적상 해당 전문가가 수행한 업무의 유의성을 고려하여 필요한 정도로 다음의 절차를 수행한다. ① 경영진측 전문가의 적격성, 능력 및 객관성을 평가 ② 경영진측 전문가가 수행한 업무를 이해 ③ 관련 경영자주장에 대한 감사증거로서의 경영진측 전문가가 수행한 업무의 적합성을 평가 7. 유형자산(개별 자산 또는 유형자산만으로 구성된 현금창출단위) 사용 및 처분으로부터 기대되는 미래의 현금흐름총액의 추정액과 장부금액을 비교하였는지 확인한다. 8. 공동자산의 손상차손 적정성 본사 또는 부문의 건물, 전산설비 및 연구소와 같은 공동자산이 기업의 조직구조에 따라 적정하게 결정되었는지 검토한다. 9. 손상차손 환입의 적정성 매 보고기간말마다 영업권을 제외한 자산에 대해 과거에 인식한 손상차손이 더 이상 존재하지 않거나 감소된 것을 시사하는 징후가 있는지를 검토한다. 10. 손상차손을 인식하지 않은 경우에 다른 일반기업회계기준에 따른 검토 대상 확인 자산손상을 시사하는 징후가 있다면 잔여내용연수, 감가상각방법 또는 잔존가치를 검토하여 조정할 필요가 있는지 검토한다. 11. 재무제표 공시 사항의 적정성 검토 12. 감사결론의 기술	

<table>
<tr><th colspan="7">입 증 감 사 절 차</th></tr>
<tr><td colspan="7">(AA. 예수부채)</td></tr>
<tr><th rowspan="3">구 분</th><th rowspan="3">유의적
위험
(Y/N)</th><th colspan="4">추가감사절차</th><th rowspan="3">조서번호</th></tr>
<tr><th rowspan="2">내부통제 이해
및 평가
실시여부
(Y/N)</th><th rowspan="2">내부통제
테스트
실시여부
(Y/N)</th><th colspan="2">실증절차 실시여부</th></tr>
<tr><th>실증적 분석절차
실시여부
(Y/N)</th><th>세부 테스트
실시여부
(Y/N)</th></tr>
<tr><td></td><td></td><td></td><td></td><td></td><td></td><td></td></tr>
<tr><td></td><td></td><td></td><td></td><td></td><td></td><td></td></tr>
<tr><td></td><td></td><td></td><td></td><td></td><td></td><td></td></tr>
</table>

감 사 절 차	조서번호
1. 예수부채 총괄표의 작성 당기말 잔액은 일반보조부원장과 전기말 잔액은 전기감사보고서(또는 조합원 총회에서 승인된 전기재무제표)와 대조하고 양년도간 특별한 변동이유를 규명한다. 2. 예수부채 종류별 명세서와 지급이자 명세(미지급이자 기타 등 보정사항 포함)를 징구하여 다음 절차를 수행한다. (1) 계산검증 (2) 일반보조부원장 및 거래처별 보조부와 대조하고 동 잔액들이 최근의 청구서 등에 근거하여 계상되었는가를 확인 (3) 전기 및 당기의 미지급이자 보정사항을 감안한 수신업무별 지급이자율 변동, 기중평잔에 따른 지급이자 등을 검토하여 이상 유무를 검토한다. (4) 미지급이자 보정사항은 규정에 따라 적절히 계상되고 있는지 미지급이자 보정요율표에 따라 계산 검증한다. (5) 미지급이자 설정대상금액이 적정한지 검토하고, 미지급이자 설정대상에서 제외된 것을 개별원장을 확인한다.	

감 사 절 차	조서번호
3. 실재성확인 (실재성확인 : 잔액 대비 Sample Coverage: ________%) 중요성 및 금액적 범위에 따라 수신처에 직접 조회여부를 판단하고 조회시 다음 절차를 수행한다. 조합의 내부감사시 조합에서 잔액조회를 실시한 경우 그 결과를 평가하여 예수부채의 조회범위와 시기를 조정할 수 있다. (1) 조회결과 차이발생에 대해서는 그 원인을 규명 (2) 미회신거래에 대하여는 2차조회서 발송을 고려한다. 2차조회 미회신 거래처는 대체적 감사절차(결산일 이후 대금지급상황, 보조부원장, 예수거래 증빙서 등의 확인)를 수행 (3) 잔액조회가 결산일 이전에 실시되었을 경우에는 조회일로부터 결산일까지의 대출금의 증감내용을 조정하고 거래기록을 확인한다. 총액으로 증감조정 후 이상 유무를 검토하고 중요한 변동사항이 있다면 추가 감사절차를 취한다. 4. 통장 등의 실사 입회확인 통장, 미사용 증서 등의 실사에 입회하고 실사의 결과가 증서발행, 회수 및 수불기록과 일치하는지 확인한다. 5. 기간귀속의 적정성 검토(Cut-off Data) 결산일 기준으로 수납장, 지급장, 전표총괄표, 통장 등 수불관리에 따른 제 계정잔액의 기간귀속(Cut-off)의 적정성 여부를 검토한다. 6. 재무제표 표시의 적정성 검토 (1) 계정분류의 타당성을 상호금융기관의 신용사업회계처리기준 또는 농업협동조합 회계적정(예) 및 회계업무방법(예)와 비교하여 검토한다. (2) 예수금에 대한 주석사항의 적정성을 검토한다. ① 예수금 중 금융조합으로부터 수납한 예수금은 자금예수의 형태 등에 따라 구분하여 적절히 공시되었는가.	

감 사 절 차	조서번호
② 통화성예금인 요구불예금과 기한부예금인 저축성예금을 구분하여 적절히 공시되었는가. ③ 예수금을 보고기간종료일 현재를 기준으로 계약만기일까지 잔존기간별 분석자료는 적절히 고시되었는가. 7. 특수관계자와의 거래 특수관계자와의 거래에 대한 구체적인 절차는 *Audit Guide 3500 특수관계자 거래*를 참고한다. 8. 재무제표 공시사항 검토 9. 감사결론의 기술	

입 증 감 사 절 차						
(BB. 차입부채)						
구 분	유의적 위험 (Y/N)	추가감사절차				조서번호
		내부통제 이해 및 평가 실시여부 (Y/N)	내부통제 테스트 실시여부 (Y/N)	실증절차 실시여부		
				실증적 분석절차 실시여부 (Y/N)	세부 테스트 실시여부 (Y/N)	

감 사 절 차	조서번호
1. 차입부채 총괄표의 작성 당기말 잔액은 일반보조부원장과 전기말 잔액은 전기감사보고서(또는 조합원총회에서 승인된 전기재무제표)와 대조하고 양년도간 특별한 변동이유를 규명한다. **2. 차입부채 명세서** (1) 당기말의 차입부채에 대해 차입처별, 종별로 구분된 명세표를 징구하여 차입금 보조원장 등의 보조부와 대조확인하고, 다음 사항을 검토한다. ① 원금상환 및 이자율 최종상환일, 담보내역 등 ② 원금에 대하여 (외화차입의 경우는 원화와 외화 부기) ㉠ 기초잔액 ㉡ 기중차입, 상환 및 갱신액(외화의 경우는 상환손익) ㉢ 기말잔액(유동 및 고정 부분을 구분하고 외화인 경우는 환산전금액, 환산후금액 환산손익도 표시) ③ 장기성인 경우의 기말잔액에 대하여는 향후 5년간 상환계획(1년 구분도 가능) (2) 신규 사채발행내역을 유가증권신고서 등을 통하여 확인한다. **3. 외부 조회** (1) 차입부채 중 신협중앙회 관련 차입부채는 신협중앙회 잔액확인서를 직접 조회 · 출력하여 대조확인하고 일치하지 않을 경우 그 차이를 분석한다.	

감 사 절 차	조서번호
(2) 신협중앙회 외 차입처에 대해서는 직접조회하여 기말잔액, 상환기한, 이자율, 최종이자지급일, 담보내용 주요차입조건 등을 확인(중도상환은행 포함) (3) 최종이자지급일을 검토하여 지급이자의 미지급(선급)계상의 누락 유무를 확인하여 이자비용 감사절차와 연결 (4) 조회확인의 회신금액과 장부잔액과 차이가 있는 경우, 그 차이를 분석한다. (은행연합회가 제공하는 여수신현황표를 입수하여 금융기관조회서를 통하여 확인한 내용과 일치하는지 여부를 검토한다) (5) 기타 외부조회에 대한 구체적인 절차는 *Audit Guide 3320 외부조회*를 참고한다. 4. 조회 시 유의사항 (1) 은행, 보험회사, 종금사 등 채권자에 직접조회하여 기말잔액, 상환기한, 이자율, 최종이자지급일, 담보내용 주요차입조건 등을 확인(중도상환은행 포함) (2) 조회서의 회신금액과 은행연합회 제공 여수신현황표와 대사 확인한다. 5. 차입계약서 상의 주요 계약사항의 준수 여부와 신협의 차입금 제한 규정(예 후순위차입금 이자율 결정) 준수여부를 확인한다. 또한 후순위차입금이 임직원대출 등으로 부당하게 조성되지 않았는지 검토한다. 6. 중요한 증감거래에 대하여 입출금거래를 확인하고, 계약서 등을 열람하여 계약내용을 확인하고 각 고정부채별로 상환조건에 따른 상환액을 산출하여 피감사조합이 실제로 회계연도 중에 상환한 금액과 비교한다. 7. 은행조회서 상의 최종이자지급일을 확인하여 미지급(선급)이자 계산을 확인하고, 미지급비용명세 또는 선급비용명세와 연결한다. 8. 차입부채 평균금액과 이자율을 이용하여 이자비용에 대한 Overall Test를 실시한다. 이때 약정이자율에 대한 신뢰성을 검토하여야 한다. 9. 전환증권 (1) 전환사채, 신주인수권부사채 등 전환증권을 발행한 경우에는 발행가액, 권리행사조건(행사가격, 행사기간 등), 특약사항, 담보 또는 보증 제공 내역 등 기존 주주의 이해에 관계되는 중요한 사항을 확인한다. (2) 전환증권 발행의 경우에는 사채발행차금, 전환권(신주인수권)조정, 상환할증금에 대한 회계처리의 적정성을 검토하고 전환권(신주인수권)대가는 자본계정(또는 자본분류조건 미충족시 부채계정)과 연결한다.	

<table>
<tr><th>감 사 절 차</th><th>조서번호</th></tr>
<tr><td>
⑶ 전환권 행사에 대한 회계처리시 실제권리행사일을 기준으로 사채의 장부가액이 결정되었는지 여부를 확인하고 장부가액(주식 발행가액)의 타당성을 검증한다.
⑷ 신주인수권 행사의 경우에는 상환할증금, 신주인수권대가에 대한 회계처리의 적정성을 검토한다.
⑸ 사채발행차금과 전환권(신주인수권)조정의 상각방법 및 금액의 적정성을 확인하고 사채이자계정에 연결한다.

10. 사채발행차금 등의 상각

사채발행가액(사채발행수수료와 사채발행과 관련하여 직접 발생한 기타비용을 차감한 후의 가액)과 액면가액의 차액인 사채발행차금 등의 상각방법 및 금액의 적정성을 확인하고 사채이자계정에 연결한다.

11. 채무조정의 적정성

회사정리 및 화의절차개시 및 당사자 합의로 원금, 이자율, 기간 등이 재조정된 장단기차입금 및 사채에 대한 회계처리의 적정성을 검토한다.

12. 외화표시 차입부채 등에 대하여는 환산기준, 환산손익 및 구분계상의 적정성을 검토한다.

13. 재무제표 표시사항 검토

차입처가 신협중앙회 및 타 금융기관 등인 차입금의 차입처별 · 자금차입 형태 등에 따라 구분된 내역 및 후순위차입금의 차입처별 금액과 차입조건

14. 조합원총회 또는 이사회 의사록, 계약서, 금융기관조회서 또는 기타 서류를 검토하여 고정부채에 대한 승인 및 신용한도의 유무를 확인한다.

15. 감사결론의 기술
</td><td></td></tr>
</table>

<table>
<tr><th colspan="7">입 증 감 사 절 차</th></tr>
<tr><th colspan="7">(CC. 기타유동부채)</th></tr>
<tr><th rowspan="3">구 분</th><th rowspan="3">유의적 위험 (Y/N)</th><th colspan="4">추가감사절차</th><th rowspan="3">조서번호</th></tr>
<tr><th rowspan="2">내부통제 이해 및 평가 실시여부 (Y/N)</th><th rowspan="2">내부통제 테스트 실시여부 (Y/N)</th><th colspan="2">실증절차 실시여부</th></tr>
<tr><th>실증적 분석절차 실시여부 (Y/N)</th><th>세부 테스트 실시여부 (Y/N)</th></tr>
<tr><td></td><td></td><td></td><td></td><td></td><td></td><td></td></tr>
<tr><td></td><td></td><td></td><td></td><td></td><td></td><td></td></tr>
<tr><td></td><td></td><td></td><td></td><td></td><td></td><td></td></tr>
</table>

감 사 절 차	조서번호

1. 기타유동부채의 총괄표 작성

당기말잔액은 일반보조부원장과 전기말잔액은 전기감사보고서(또는 조합원총회에서 승인된 전기재무제표)와 각각 대조하고, 양년도간 특별한 변동사항은 그 원인을 규명한다.

2. 기타유동부채 명세서

(1) 당기말의 계정별로 거래처, 거래내용, 계산근거, 기말잔액이 표시된 명세서를 입수하여 다음 절차를 수행한다.

① 계산 검증 및 보조부와 대조

② 장기 미처리거래에 대한 이유를 규명하고 적절한 회계처리 유도

③ 주요거래처에 대한 채무잔액이 중요할 경우 직접 조회

④ 기초와 기말의 내역을 비교하고, 회계처리의 계속성을 확인한다.
(선수수익, 미지급비용 등은 동일한 내용이 계속적으로 발생하는 경향이 있음)

(2) 기초와 기말의 내역을 비교하고 회계처리의 계속성을 확인한다.

(3) 명세서를 스캔하여 유의적이거나 비경상적인 항목들을 검토한다.

감 사 절 차	조서번호
3. 기타유동부채 외부 조회 주요 거래처에 대한 채무가 중요할 경우 외부 확인을 수행하며 외부 확인에 대한 구체적인 절차는 *Audit Guide 3320 외부조회*를 참고한다. 4. 중요한 항목 및 금액에 대하여 관련 증빙을 대조확인한다(기초잔액 포함). 당기 및 전기말의 기타 유동부채 중 주요금액에 대하여는 관련 증빙서류와 대조하여 거래발생 및 금액의 타당성을 확인한다. 상세테스트의 방법은 *Audit Guide 3300 감사증거* 및 *Audit Guide 3310 표본감사*를 참고한다. 5. 미지급계상의 완전성 검토 손익계산서 및 제조원가명세서 상의 비용항목을 검토하여 미지급계상의 완전성을 확인한다. 6. 보고기간종료일 이후에 지급된 금액 검토 보고기간종료일 이후 지급된 금액을 조사하여 당기에 제공받은 용역과 관련된 지급에 대하여 해당 기간에 적절히 부채로 계상되었는지를 확인한다. 7. 외화표시 채무의 환산내용을 검토한다. 8. 재무제표 표시사항의 적정성 검토 (1) 가수금 등의 미결산 항목은 그 성질을 나타내는 적절한 과목으로 표시 (2) 기타의 유동부채 중 그 성질이나 금액이 중요한 경우 구분 기재 (3) 기타유동부채 중 1년 이후에 지급될 금액을 재분류 9. 특수관계자와의 거래 특수관계자와의 거래에 대한 구체적인 절차는 *Audit Guide 3500 특수관계자 거래*를 참고한다.	

감 사 절 차	조서번호
10. 장기 미처리거래에 대한 확인 장기 미처리거래가 존재할 경우 이유를 규명하고 적절한 회계처리를 유도 11. 감사인측 및 경영진측 전문가 수행업무의 평가 감사증거로 사용될 정보가 경영진측 전문가가 수행한 업무의 도움으로 작성되거나 감사과정에서 감사인측 전문가가 수행한 업무를 활용하는 경우 *Audit Guide 2131 전문가의 활용*을 참조하여 평가한다. 12. 재무제표 공시사항의 적정성 검토 13. 감사결론의 기술	

<table>
<tr><th colspan="7">입 증 감 사 절 차</th></tr>
<tr><th colspan="7">(EE. 퇴직급여부채/급여)</th></tr>
<tr><th rowspan="3">구 분</th><th rowspan="3">유의적
위험
(Y/N)</th><th colspan="4">추가감사절차</th><th rowspan="3">조서번호</th></tr>
<tr><th rowspan="2">내부통제 이해
및 평가
실시여부
(Y/N)</th><th rowspan="2">내부통제
테스트
실시여부
(Y/N)</th><th colspan="2">실증절차 실시여부</th></tr>
<tr><th>실증적 분석절차
실시여부
(Y/N)</th><th>세부 테스트
실시여부
(Y/N)</th></tr>
<tr><td></td><td></td><td></td><td></td><td></td><td></td><td></td></tr>
<tr><td></td><td></td><td></td><td></td><td></td><td></td><td></td></tr>
<tr><td></td><td></td><td></td><td></td><td></td><td></td><td></td></tr>
</table>

감 사 절 차	조서번호

1. 퇴직급여충당부채의 총괄표 작성

당기말잔액은 일반보조부원장과 전기말잔액은 전기감사보고서(또는 조합원총회에서 승인된 전기재무제표)와 각각 대조하고, 양년도간 특별한 변동사항은 그 원인을 규명한다. 당기의 퇴직급여충당부채 증가액이 당기 인식한 퇴직급여와 일치하는지 검토하고 차이내역에 대해서는 그 원인을 조사한다.

2. 급여의 분석적 검토

월별급여명세서(부서별)를 징구하여 전기의 해당 기간과 대비하고 특별한 변동사힝이 있는 경우, 그 변동원인을 규명한다.

3. 급여와 관계된 다음의 과목이 적절하게 계상되었는가 검토한다.

미지급급여 및 상여(영업실적과 관련하여 지급되는 특별상여 등의 비정기적인 상여의 경우 동 상여에 대한 규정이 있거나 보고기간종료일 현재 동 상여에 대한 지급계획이 있는 경우에는 근로의 제공이 있었던 회계연도의 비용으로 계상되었는지를 확인한다)

(1) 미지급된 복리후생비

(2) 원천세 예수금

감 사 절 차	조서번호
(3) 제조원가 및 판매관리비 구분	
4. 연차 유급휴가 부여와 관련된 조합의 회계정책을 이해하고 연차수당 충당부채 계상액의 적절성을 검토한다.	
5. 기중퇴직금 지급액의 확인	
기중퇴직금지급액에 대하여 적당량을 선정하여 퇴직금지급규정에 따라 적정하게 지급되었으며, 퇴직연금(보험)가입의 경우 보험수령액과 퇴직급여충당부채 감소내역을 비교검토한다.	
6. 당기 퇴직급여충당부채 설정액의 계산검증과 계정분류	
(1) 직원 및 임원 퇴직금지급규정 징구	
(2) 평균임금계산방법 근속년수에 따른 지급율 등의 주요사항 파악	
(3) 퇴직급여추계액의 정확성 검증	
(4) 일반기업회계기준상의 당기 설정할 금액과 조합 계상액을 비교검토	
(5) 당기 설정액이 적절하게 제조원가 및 판매관리비로 구분 회계처리 되었는지를 검토한 후 관련 계정에 연결 확인	
7. 퇴직보험예치금/퇴직연금 운용자산의 적정성 확인	
보험회사 등에 예치 또는 신탁되어 있는 퇴직보험예치금 또는 퇴직연금 운용자산에 대한 수급권을 검토하고, 잔액조회서 및 기타 증빙서류를 입수하여 계정잔액의 적정성을 확인한다.	
8. 재무제표 공시사항의 적정성 검토	
9. 감사결론의 기술	

<table>
<tr><th colspan="7">입 증 감 사 절 차</th></tr>
<tr><th colspan="7">(TUL. 부외부채)</th></tr>
<tr><th rowspan="3">구 분</th><th rowspan="3">유의적 위험 (Y/N)</th><th colspan="4">추가감사절차</th><th rowspan="3">조서번호</th></tr>
<tr><th rowspan="2">내부통제 이해 및 평가 실시여부 (Y/N)</th><th rowspan="2">내부통제 테스트 실시여부 (Y/N)</th><th colspan="2">실증절차 실시여부</th></tr>
<tr><th>실증적 분석절차 실시여부 (Y/N)</th><th>세부 테스트 실시여부 (Y/N)</th></tr>
<tr><td></td><td></td><td></td><td></td><td></td><td></td><td></td></tr>
<tr><td></td><td></td><td></td><td></td><td></td><td></td><td></td></tr>
<tr><td></td><td></td><td></td><td></td><td></td><td></td><td></td></tr>
</table>

감 사 절 차	조서번호

1. 어음수표에 대한 부외부채 확인

(1) 어음수표 총괄표 확인

조합으로부터 거래은행별로 다음 내용이 포함된 어음수표총괄표를 징구하고, 어음수표관리대장과 일치하는지 확인한다.

① 거래은행명

② 전기말 미사용 내역(번호 및 매수)

③ 어음수표구입상황(구입일자, 매수, 번호)

④ 발행상황(발행번호 및 매수)

⑤ 폐기내용(작성시 오기, 담보제공어음 회수 등)

⑥ 미사용 내역(번호 및 매수)

⑦ 누락번호 및 매수

(2) 어음수표 수불 Test

어음 · 수표별 당기 사용매수에 대한 총괄적검증 결과 불일치의 경우 (A)〉(B) 부외부채가능성이 있으므로 주의한다.

전기 미사용수량	회계장부상 발행수량
(+) 당기중 교부받은 수량	(+) 비망기록상 발행수량
(−) 기말 미사용수량	(+) 폐기 수량
(A) 당기 어음 · 수표사용수량	(B) 당기 어음 · 수표사용수량

<table>
<tr><th>감 사 절 차</th><th>조서번호</th></tr>
<tr><td>① 전기말 미사용내역 : 전기말 Cut-off 자료, 어음수표부본, 발행 대장들과 대조 확인
② 당기 교부받은 내역 : 은행별로 은행조회서 또는 은행보관 어음수표 교부대장사본과 비교확인(중도해지 은행을 포함하여야 함)
③ 당기 발행내역
㉠ 조합의 어음수표 발행대장, 회계장부기록, 또는 어음수표부본과 대조 확인(지급어음, 단기차입 등 금융어음)
㉡ 비망기록(융통어음, 담보견질어음수표, 대여어음)을 검토하여 감사일 현재 회수된 것은 실물을 확인하고 미회수된 것은 보관증을 확인대조하거나 상대채권자에 조회 확인
④ 폐기내역 : 실물확인하거나 은행보고용 자료에 의해 확인
⑤ 미사용내역 : 현물을 실사하거나 어음수표발행대장과 어음수표부본을 개별대조 확인
⑥ 은행조회서에서 미회수어음수표내역이 확인되는 경우에는 그 미회수내용을 규명함으로써 위에 기술한 중복되는 절차를 생략 가능
⑦ 자가어음 발행의 경우 : 은행도어음 이외에 자가어음을 발행하는 경우도 상기 절차에 준하여 추가적으로 부외부채 발생가능성 검토

2. 결산일 전후의 자금거래내역 파악

결산일 이후 일정기간 동안에 발생한 지급거래에 대하여 부채로 미반영된 사항이 있는지 여부를 확인한다.

3. 은행조회서 또는 은행연합회 자료상의 확정지보금액과 조합의 수입업무와 관련하여 발생한 채무(L/C 관련 매입채무와 단기차입금에 포함된 수입 관련 채무) 계상액을 비교하고 차이의 원인을 분석한다.

4. D/A, D/P 조건의 매입채무의 경우에는 은행조회서로 확인할 수 없다. D/A, D/P 조건의 매입채무의 부외부채 유무를 확인하기 위해서는 보고기간종료일 이후의 매입송장, B/L(선하증권) 등을 개관하여 선적일 등을 검토하는 등의 다른 절차를 수행하여야 한다.</td><td></td></tr>
</table>

감 사 절 차	조서번호
5. 가계정(가지급 · 가수금)의 내용 가계정의 발생 · 결재사항을 검토하여 개인사채의 차입여부를 판단하고 기말잔액에 지급이자와 관련된 금액이 포함되었는지의 여부를 확인한다. 6. 차입금 이외의 지급이자 검토 지급이자나 영업외비용의 잡계정 등의 보조부 내역을 검토하여 조합 장부에 반영된 차입금 이외의 지급이자 등으로 부외부채 유무를 확인한다. 7. 파생상품거래내역에 대하여 담당부서의 거래기록부를 조사확인하고 기말현재 부채로 계상될 거래누락 여부를 검토한다. 8. 보고기간종료일을 전후하여 며칠 간의 기간동안 은행간에 주요한 거래가 있는지 여부를 검토하고, 주요거래에 대한 사유를 확인한다. 9. 은행으로부터 결산일 전후 일주일 가량의 은행거래내역이 기록된 당좌거래명세서(당좌원장사본)를 입수하여 예금의 입출금에 대한 기간귀속의 적정성을 검토하라. 10. 감사결론의 기술	

<table>
<tr><th colspan="7">입 증 감 사 절 차</th></tr>
<tr><td colspan="7">(CL. 우발부채 및 약정사항)</td></tr>
<tr><td rowspan="3">구 분</td><td rowspan="3">유의적 위험 (Y/N)</td><td colspan="4">추가감사절차</td><td rowspan="3">조서번호</td></tr>
<tr><td rowspan="2">내부통제 이해 및 평가 실시여부 (Y/N)</td><td rowspan="2">내부통제 테스트 실시여부 (Y/N)</td><td colspan="2">실증절차 실시여부</td></tr>
<tr><td>실증적 분석절차 실시여부 (Y/N)</td><td>세부 테스트 실시여부 (Y/N)</td></tr>
<tr><td></td><td></td><td></td><td></td><td></td><td></td><td></td></tr>
<tr><td></td><td></td><td></td><td></td><td></td><td></td><td></td></tr>
<tr><td></td><td></td><td></td><td></td><td></td><td></td><td></td></tr>
</table>

감 사 절 차	조서번호

1. 우발부채 및 약정사항 명세서의 입수

모든 유의한 우발부채 및 약정사항 명세서를 입수하여 다음의 절차를 수행한다. 여기에는 해당된다면 전기 재무상태표 상의 대응되는 금액 및 전기에 존재하였던 약정을 포함한다.

(1) 명세서의 산술적 정확성을 테스트한다.

(2) 중요한 우발부채를 초래하는 사건이나 상황에 관하여 경영진에 대하여 질문하고 각각의 논의된 사항들에 대하여 문서화한다.

2. 우발부채 및 약정사항의 완전성 검토

다음 사항을 참조하여 기말현재의 우발부채 및 약정사항의 완전성을 검토한다.

(1) 조합의 거래 금융기관으로부터 받은 외부조회서

(2) 조합원총회, 이사회 등의 의사록에 대한 검토 내용

(3) 은행연합회 기업신용정보자료

(4) 소송과 배상청구에 대한 조합의 내 · 외부 법률고문과의 커뮤니케이션. 소송과 배상청구에 대한 구체적인 절차는 *Audit Guide 3301 감사증거-특정 항목에 대한 구체적인 고려사항*를 참고한다.

감 사 절 차	조서번호
(5) 조합의 인감 날인부 (6) 조합의 계약서에 대한 검토 내용 3. 우발부채 계상의 적정성 (1) 우발부채 중 확정채무화될 것이 확실하고 그 손실금액을 예측할 수 있는 것에 대해서는 부채로 계상되었는지를 검토한다. (2) 필요한 경우에는 보증채무, 보증예약 등에 대하여 상대 거래처에게 직접 확인한다. (3) 제조물책임, 환경문제 등을 원인으로 하는 우발부채를 고려할 필요가 없는가를 검토한다. (4) 경영지도각서와 같은 보증에 준하는 우발부채의 원인으로 될 가능성이 있는 행위를 하고 있지 않은가에 대하여 경영자에 대한 질문을 한다. 4. 매출채권의 양도, 할인 매출채권의 양도(어음의 배서) 또는 할인 내용을 확인하기 위해 관계책임자에게 질문 또는 매출채권 계정을 검토하여 감소(어음은 만기일전)된 내용을 검토하고 회계처리의 적정정을 검토한다. 5. 파생상품거래 선물거래, 선물환거래, 스왑거래 등의 내용을 파악하고 선물거래손익, 미결제잔액을 선물계약부서의 보조부를 조사하여 회계처리 및 공시의 적정성을 '파생상품'과 연계하여 검토한다. 6. 소송과 배상청구 (1) 소송과 배상청구 항목의 완전성을 확인하기 위해 다음 절차를 수행한다. ① 경영진, 그리고 해당되는 경우 내부 법률고문 등 기업 내부의 다른 인원에게 질문한다. ② 지배기구의 회의록 및 기업과 외부 법률고문 간의 왕복문서를 검토한다. ③ 법률비용 계정을 검토한다.	

감 사 절 차	조서번호
(2) 외부 법률고문과의 커뮤니케이션 식별된 소송과 배상청구에 관하여 감사인이 중요한 왜곡표시위험이 있다고 평가한 경우 또는 감사절차를 수행한 결과 그 밖의 중요한 소송과 배상청구가 존재할 가능성이 나타나는 경우 다음과 같은 외부 법률고문과의 커뮤니케이션을 수행한다. ① 조회서 발송 ② 외부 법률고문과의 직접 커뮤니케이션 ③ 법규 또는 관련 법률전문직 단체에 의해 감사인과 외부 법률 고문 간의 직접적인 커뮤니케이션이 금지된 경우에는 대체적인 감사절차를 수행 (3) 감사인은 다음 모두에 해당되는 경우 감사보고서의 의견을 변형시킨다. ① 감사인이 외부 법률고문과 커뮤니케이션을 하거나 만나는 것을 경영진이 거부함. 또는 외부 법률고문이 질의서에 대한 적절한 답변을 거부하거나 답변이 금지됨. ② 감사인이 대체적인 감사절차를 통하여는 충분하고 적합한 감사증거를 얻을 수 없음. (4) 경영진, 그리고 적절한 경우 지배기구에게 서면진술을 징구한다. 서면진술에는 다음의 사항을 포함한다. ① 재무제표를 작성할 때 그 영향을 고려해야 할 알려진 실제의 또는 발생가능한 소송과 배상청구를 감사인에게 모두 공개하였으며, ② 해당 재무보고체계에 따라 회계처리하고 공시하였음 (5) 변호사조회서 회신결과 등을 검토하여 재무제표상에 공시하거나 우발부채로 계상하여야 하는지 검토한다. 7. 담보제공 및 지급보증채무에 대한 검토 (1) 이사회 의사록 등과 대조 확인 (2) 조합의 인감대장 등을 열람하여 기록되지 아니한 담보제공 및 지급보증채무 여부를 검토	

감 사 절 차	조서번호
(3) 어음. 수표 검토를 통하여 견질 등으로 제공된 어음/수표 중 지급보증 관련 어음/수표의 발행이 없는지를 확인(모든 견질어음/수표의 용도를 기재하여 관련 채무, 보증 또는 거래와 확인하여야 함) (4) 관계회사 등의 재무상태 등을 검토하여 담보제공 및 지급보증 가능성을 검토하고 필요한 경우 당해 관계조합으로부터 확인서를 입수 (5) 은행연합회 기업신용정보 자료와 대사하여 차이내역 검토 8. 약정사항 중 회사에 손실을 발생시킬 수 있는 다음 내용을 검토한다. (1) 중요판매계약(공사도급계약 포함), 수출 관련 서류를 검토하고 관계책임자에게 질문하여 클레임의 발생사실 및 발생가능성 (2) 중요구매계약을 검토하여 가격 및 기타조건에 있어 회사에게 불리한 조건의 유무 9. 경영자확인서 보고기간종료일 현재의 우발부채(부표내용 포함) 및 약정사항에 대하여는 경영자확인서에 기재(모든 부채의 완전성에 관한 사항을 포함)하여 책임자의 서명날인을 받는다. 10. 감사인측 및 경영진측 전문가 수행업무의 평가 감사증거로 사용될 정보가 경영진측 전문가가 수행한 업무의 도움으로 작성되거나 감사과정에서 감사인측 전문가가 수행한 업무를 활용하는 경우 *Audit Guide 2131 전문가의 활용*을 참소하여 평가한다. 11. 특수관계자 거래 특수관계자와의 거래에 대한 구체적인 절차는 *Audit Guide 3500 특수관계자 거래*를 참고한다. 12. 재무제표 공시사항의 적정성 검토 13. 감사결론의 기술	

<table>
<tr><th colspan="7">입 증 감 사 절 차</th></tr>
<tr><td colspan="7">(P. 영업수익)</td></tr>
<tr><th rowspan="3">구 분</th><th rowspan="3">유의적
위험
(Y/N)</th><th colspan="4">추가감사절차</th><th rowspan="3">조서번호</th></tr>
<tr><th rowspan="2">내부통제 이해
및 평가
실시여부
(Y/N)</th><th rowspan="2">내부통제
테스트
실시여부
(Y/N)</th><th colspan="2">실증절차 실시여부</th></tr>
<tr><th>실증적 분석절차
실시여부
(Y/N)</th><th>세부 테스트
실시여부
(Y/N)</th></tr>
<tr><td></td><td></td><td></td><td></td><td></td><td></td><td></td></tr>
<tr><td></td><td></td><td></td><td></td><td></td><td></td><td></td></tr>
<tr><td></td><td></td><td></td><td></td><td></td><td></td><td></td></tr>
</table>

감 사 절 차	조서번호

1. 영업수익 비교분석표 작성

당기말 잔액은 일반보조부원장과 전기말 잔액은 전기감사보고서(또는 조합원 총회에서 승인된 전기재무제표)와 각각 대조하고 양년도간에 특별한 변동사항이 있는 경우에는 그 원인을 규명한다.

2. 영업수익 명세서 및 부가가치세신고서의 입수

(1) 영업수익의 명세서를 입수하여 검토하고, 이자수익은 해당 이자부 자산조서, 대손충당금환입은 해당 자산조서를 참조하여 검토한다.

(2) 특별회계를 실시하는 조합은 분기별 과세판매집계를 부가가치세신고서와 대조, 계산의 정확성을 검증한다.

3. 분석적 검토

최근 2~3년간 손익계산서에 대한 다음의 분석적 검토를 실시한다.

(1) 영업수익의 내용별 구성비율의 분석

(2) 영업수익과 관리비와의 비교분석

(3) 월별영업수익의 비교분석

(4) 영업수익 총이익률의 분석

감 사 절 차	조서번호
4. 수익인식기준의 타당성 (1) 거래형태별 수익인식기준의 타당성과 계속성을 검토한다. (2) 거래이후에도 판매자가 관련 재화의 소유에 따른 위험을 부담하는 경우 수익인식의 적정성(반품추정액의 적정성 포함)을 검토 (3) 수익의 총액 또는 순액인식의 타당성에 대한 검토거래형태별 수익인식기준의 타당성을 검토한다. 5. 수익인식기준의 유형별 검토(특별회계가 있는 조합의 경우) (1) 거래이후에도 판매자가 관련 재화의 소유에 따른 위험을 부담하는 경우 수익인식의 적정성(반품추정액의 적정성 포함)을 검토한다. (2) 특수판매(위탁판매, 할부판매, 예약판매, 시용판매, 도급공사 등)가 있는 경우 미실현이익의 계상 여부를 검토한다. (3) 매출에누리, 매출환입, 매출할인, 판매장려금 등의 기간귀속의 적정성을 검토하고, 매출액의 차감항목으로 회계처리 되었는지를 검토한다. (4) 진행률에 따른 수익인식이 적용되는 도급공사 및 용역매출이 있는 경우 진행률 산정의 적정성을 검토한다. (5) 미인도청구(Bill and hold) 거래를 검토한다. 6. 결산일 직전 · 후의 거래를 분석하여 기간귀속의 적정성을 확인한다. 7. 특별회계를 실시하는 조합은 기중 조합의 거래내역을 분석하여 매출의 발생사실을 확인한다. 8. 기타수익의 적정성 기타수익의 종류별, 월별 또는 지역별 명세서의 잔액이 보조부와 일치하는지를 확인한다. 9. 특수관계자와의 거래 관계회사 등 특수관계자와의 거래유무를 확인하고, 거래가 있으면 이해관계없는 제3자와의 거래와 같이 정당하고 공정하게 이루어졌는가를 검토한다. 특수관	

감 사 절 차	조서번호
계자와의 거래에 대한 구체적인 절차는 *Audit Guide 3500 특수관계자 거래*를 참고한다. 10. 재무제표 공시사항 검토 11. 감사결론의 기술	

<table>
<tr><th colspan="7">입 증 감 사 절 차</th></tr>
<tr><th colspan="7">(Q. 영업비용)</th></tr>
<tr><th rowspan="3">구 분</th><th rowspan="3">유의적 위험 (Y/N)</th><th colspan="4">추가감사절차</th><th rowspan="3">조서번호</th></tr>
<tr><th rowspan="2">내부통제 이해 및 평가 실시여부 (Y/N)</th><th rowspan="2">내부통제 테스트 실시여부 (Y/N)</th><th colspan="2">실증절차 실시여부</th></tr>
<tr><th>실증적 분석절차 실시여부 (Y/N)</th><th>세부 테스트 실시여부 (Y/N)</th></tr>
<tr><td></td><td></td><td></td><td></td><td></td><td></td><td></td></tr>
<tr><td></td><td></td><td></td><td></td><td></td><td></td><td></td></tr>
<tr><td></td><td></td><td></td><td></td><td></td><td></td><td></td></tr>
</table>

<table>
<tr><th>감 사 절 차</th><th>조서번호</th></tr>
<tr><td>1. 영업비용 비교분석표 작성

(1) 당기 영업비용은 일반보조부원장, 전기 영업비용은 전기 재무제표(조합원 총회에서 승인된)와 각각 대조하고, 양년도간에 특별한 변동사항이 있는 경우에는 그 원인을 규명한다. 이자비용은 해당 이자부 부채조서를 참조하여 검토한다.
(2) 총괄표상 계산의 정확성을 검증한다.
(3) 전기말 대비 당기말 잔액의 변동내역을 확인하고 양년도간 특별한 변동사항은 그 원인을 규명한다.

2. 영업비용과 영업수익을 전기와 비교하여 영업이익의 변동이 큰 경우에는 그 원인을 조사한다.

3. 영업비용 차감(가산) 항목의 적정성

타계정에서 대체된 내용과 타계정으로 대체된 명세서를 입수하여 그 처리의 적정성을 검토 중요한 타계정 금액에 대해서는 금액적 중요성 및 발생원천을 고려하여 관련 증빙의 적정성을 검증</td><td></td></tr>
</table>

감 사 절 차	조서번호
4. 보고기간종료일 직전 · 후의 거래를 분석하여 기간귀속의 적정성을 확인한다. 5. 특수관계자 거래 특수관계자와의 거래에 대한 구체적인 절차는 *Audit Guide 3500 특수관계자 거래*를 참고한다. 6. 재무제표 공시사항 검토(본 회에서 배포한 "감사조서 서식(예시)"의 조서번호 8400 공시사항점검표 참조) 7. 감사결론의 기술	

<table>
<tr><th colspan="7">입 증 감 사 절 차</th></tr>
<tr><td colspan="7">(R. 판매비와관리비)</td></tr>
<tr><td rowspan="3">구 분</td><td rowspan="3">유의적 위험 (Y/N)</td><td colspan="4">추가감사절차</td><td rowspan="3">조서번호</td></tr>
<tr><td rowspan="2">내부통제 이해 및 평가 실시여부 (Y/N)</td><td rowspan="2">내부통제 테스트 실시여부 (Y/N)</td><td colspan="2">실증절차 실시여부</td></tr>
<tr><td>실증적 분석절차 실시여부 (Y/N)</td><td>세부 테스트 실시여부 (Y/N)</td></tr>
<tr><td></td><td></td><td></td><td></td><td></td><td></td><td></td></tr>
<tr><td></td><td></td><td></td><td></td><td></td><td></td><td></td></tr>
<tr><td></td><td></td><td></td><td></td><td></td><td></td><td></td></tr>
</table>

감 사 절 차	조서번호
1. 판매비와 관리비 총괄표 작성 당기 금액은 일반보조부원장과 전기 금액은 전기감사보고서(또는 조합원총회에서 승인된 전기재무제표)와 각각 대조하고, 양년도간 특별한 변동사항은 그 원인을 규명한다. 2. 판매비와 관리비 월별명세서를 입수하여 다음의 절차를 수행한다. (1) 전기와 대비하여 검토 (2) 영업수익 대비 비율 검토 (3) 보조부 및 일반보조부원장과 대조 (4) 보조부를 개관하여 특별한 금액이 있으면 담당자에게 질문하고 필요한 경우 증빙을 확인 3. 판매비와 관리비 중 관련되는 자산 또는 부채계정이 있을 경우 해당 자산 또는 부채계정의 감사조서와 연결하여 검토한다. (1) 급여 및 퇴직급여는 미지급비용 또는 퇴직급여충당부채 조서와 연결 (2) 감가상각비와 수선비는 유형자산 감사조서와 연결	

감 사 절 차	조서번호
(3) 무형자산상각비는 무형자산 감사조서와 연결 (4) 대손상각비는 매출채권, 대손충당금감사조서와 연결 (5) 보험료는 선급비용과 연결 4. 전력비, 수도료, 임차료, 사용료 등 매월 지급되는 비용은 최종월지급분의 계상유무를 검토한다. 5. 보고기간종료일 직전 · 후의 거래를 분석하여 기간귀속의 적정성을 확인한다. 6. 판매관리비용이 성격에 따라 적절히 분류되었는지를 파악한다. 특히, 관리비와 영업외비용의 혼동에 유의한다. 예금자보호업무와 관련하여 신협중앙회와 예금보험공사에 납부하여야 하는 출연금, 전산분담금과 특별기여금의 적정계상여부를 확인한다. 7. 재무제표 공시사항 검토 8. 감사결론의 기술	

<table>
<tr><th colspan="7">입 증 감 사 절 차</th></tr>
<tr><td colspan="7">(S. 영업외수익, 영업외비용)</td></tr>
<tr><td rowspan="3">구 분</td><td rowspan="3">유의적 위험 (Y/N)</td><td colspan="4">추가감사절차</td><td rowspan="3">조서번호</td></tr>
<tr><td rowspan="2">내부통제 이해 및 평가 실시여부 (Y/N)</td><td rowspan="2">내부통제 테스트 실시여부 (Y/N)</td><td colspan="2">실증절차 실시여부</td></tr>
<tr><td>실증적 분석절차 실시여부 (Y/N)</td><td>세부 테스트 실시여부 (Y/N)</td></tr>
<tr><td></td><td></td><td></td><td></td><td></td><td></td><td></td></tr>
<tr><td></td><td></td><td></td><td></td><td></td><td></td><td></td></tr>
<tr><td></td><td></td><td></td><td></td><td></td><td></td><td></td></tr>
</table>

감 사 절 차	조서번호
1. 영업외수익, 영업외비용 총괄표 작성 당기 금액은 일반보조부원장과, 전기 금액은 전기감사보고서(또는 조합원총회에서 승인된 전기재무제표)와 각각 대조하고, 양년도간 특별한 변동사항은 그 원인을 규명한다. 2. 영업외수익, 영업외비용 월별명세서를 징구하여 다음의 절차를 수행한다. (1) 전기와 대비하여 검토 (2) 보조부 및 일반보조부원장과 대조 (3) 부주부를 개관하여 특별한 금액이 있으면 담당자에게 질문하고 필요한 경우 증빙을 검토 3. 자산 또는 부채와 관련된 기타이익과 관련하여서는 관련 자산 또는 부채의 감사조서와 연결하여 전반적 합리성을 검토한다. (1) 이자수익은 해당 이자부 자산조서 (2) 대손충당금환입은 해당 자산조서 (3) 임대료는 임대보증금 조서	

감 사 절 차	조서번호
(4) 단기매매금융자산평가(처분)이익, 매도가능금융자산처분이익, 지분법(지분법 적용투자주식)이익, 배당금수익은 유가증권조서 (5) 자산손상환입은 해당 자산조서 (6) 외환차익, 외화환산이익은 해당 자산조서 (7) 유형자산처분이익은 유형자산조서 (8) 사채상환이익은 사채조서 (9) 법인세환급액은 법인세 관련 조서 4. 기말 결산시까지 조합원이 찾아가지 아니한 전기분 미지급배당금은 기타 영업외수익으로 처리하였는지 검토한다. 5. 자산 또는 부채와 관련된 기타비용과 관련하여서는 관련 자산 또는 부채의 감사조서와 연결하여 전반적 합리성을 검토한다. (1) 이자비용은 해당 이자부 부채조서(금융비용을 재고자산이나 투자자산 또는 유형자산의 취득원가로 계상한 경우에는 관련 자산 조서) (2) 매출채권처분손실은 매출채권조서 (3) 단기매매금융자산평가(처분)손실, 매도가능금융자산처분손실, 지분법(지분법 적용투자주식)손실은 유가증권조서 (4) 자산손상차손은 해당 자산조서 (5) 외환차손, 외화환산손실은 관련 외화자산부채계정조서 (6) 유형자산처분손실은 관련 유형자산조서 (7) 사채상환손실은 사채조서 6. 영업외수익, 영업외비용 인식기준의 검토 해당 영업외수익과 영업외비용의 인식기준이 적정한지 검토한다. 예) 원금 또는 이자의 회수가 불확실한 채권의 기간경과분에 대한 이자수익은 현금을 수취하는 시점에 인식하였는가.	

감 사 절 차	조서번호
7. 특수관계자와의 거래 특수관계자와의 거래에 대한 구체적인 절차는 *Audit Guide 3500 특수관계자 거래*를 참고한다. 8. 재무제표 공시사항 검토 9. 감사결론의 기술	

<table>
<tr><th colspan="7">입 증 감 사 절 차</th></tr>
<tr><th colspan="7">(U. 중단사업)</th></tr>
<tr><th rowspan="3">구 분</th><th rowspan="3">유의적 위험 (Y/N)</th><th colspan="4">추가감사절차</th><th rowspan="3">조서번호</th></tr>
<tr><th rowspan="2">내부통제 이해 및 평가 실시여부 (Y/N)</th><th rowspan="2">내부통제 테스트 실시여부 (Y/N)</th><th colspan="2">실증절차 실시여부</th></tr>
<tr><th>실증적 분석절차 실시여부 (Y/N)</th><th>세부 테스트 실시여부 (Y/N)</th></tr>
<tr><td></td><td></td><td></td><td></td><td></td><td></td><td></td></tr>
<tr><td></td><td></td><td></td><td></td><td></td><td></td><td></td></tr>
<tr><td></td><td></td><td></td><td></td><td></td><td></td><td></td></tr>
</table>

감 사 절 차	조서번호
1. 중단사업의 조건 충족여부 검토 다른 사업과 식별가능성, 사업중단계획의 내용 및 사업중단의 형태 등 중단사업의 조건이 모두 충족되는지 여부를 검토한다. 2. 사업중단에 대한 최초공시사건의 적정성 검토 최초공시사건을 다음 중 빠른 날로 하였는지 검토한다. (1) 구속력있는 매각계획의 체결 (2) 조합의 이사회나 유사한 권한을 가진 의사결정기구의 특정 사업에 대한 공식적이며 구체적인 중단계획의 승인 및 발표 3. 특정 사업을 처분하는 경우 처분예정시기가 최초공시사건일로부터 1년 이내인지 검토 단, 1년 규정을 적용하지 않는 상황에 해당하는지 검토(일반기업회계기준 제28장 문단 28.6 참조) 4. 중단사업손익의 인식과 측정 조합이 계상한 중단사업손익이 중단사업으로부터 발생한 영업손익과 영업외손익으로서 사업중단직접비용과 중단사업자산감액손실을 모두 포함하였는지 검토한다.	

감 사 절 차	조서번호
특히, 사업중단과 직접 관련되어 발생할 것으로 예상되는 비용은 중단사업손익에 반영하고 충당부채로 계상하여야 한다. 5. 사업중단계획을 철회한 경우 (1) 전년도의 사업중단직접비용과 중단사업자산감액손실을 제외한 중단사업손익을 계속사업의 손익으로 재분류하였는지 검토한다. (2) 전년도의 사업중단직접비용과 중단사업자산감액손실은 계속해서 중단사업손익으로 보고하고, 사업중단계획을 철회하기로 한 기간에 환입하여 중단사업손익으로 보고되었는지 검토한다. 6. 중단사업에 대한 손익계산서상 표시방법 검토 중단사업손익으로 구분 표시하고 그 구성내역은 주석으로 기재 (1) 사업중단직접비용 (2) 중단사업자산손상차손 (3) 그밖에 중단사업으로부터 발생한 영업손익과 영업외손익 중단사업손익은 법인세 효과를 차감하여 순액으로 표시하고 법인세효과는 주기한다. 7. 경영진측 및 감사인측 전문가 수행 업무의 평가 감사증거로 사용될 정보가 경영진측 전문가가 수행한 업무의 도움으로 작성되거나 감사과정에서 감사인측 전문가가 수행한 업무를 활용하는 경우 조서번호 2131 전문가의 활용을 참조하여 평가한다. 8. 재무제표 공시사항 검토 9. 감사결론의 기술	

Chapter 07

감사보고서

01 감사보고서의 개요 · 292

02 감사보고서의 형식 · 295

03 감사보고서의 작성 · 297

04 감사결과 관리 · 300

01 감사보고서의 개요

1. 감사보고서의 의의

감사인이 실시한 감사의 개요 및 감사내용의 적 · 부에 관한 비판적 의견을 기재한 감사의 결론서이다. 이 보고서는 감사절차의 적용 및 그 결과를 모은 감사조서에 의해서 작성되는 것이니 감사보고서는 감사절차의 결정(結晶)이며 감사조서의 요약서이다.

내부감사인은 감사업무가 완료되면 그 결과에 대하여 공식적으로 보고서를 작성하여 최고경영자에게 보고하여야 한다. 이 보고서에는 감사인이 실시한 감사의 개요를 기술하고 또는 감사실시중에 발견한 사항에 대한 감사인의 의견을 진술하는 것이며 또한 감사인 자신의 책임한계도 명백히 밝히게 되는 것이다. 따라서 감사업무가 아무리 훌륭하게 수행되었다고 하더라도 보고서에 그 결과가 잘 표현되지 않으면 그만큼 감사보고서의 가치는 소멸되는 것이다.

감사보고서는 감사실시 결과의 반영이며 성과임과 동시에 차기 감사실시의 출발점이므로 감사가 경영주체에 얼마나 기여하며 경영에 어떤 도움이 될 수 있는 지의 열쇠가 바로 감사보고서이다.

따라서, 감사보고서는 경영진이 경영관리 활동 각 부문의 현황이나 문제점을 소상하게 알고 이를 객관적으로 판단하고 의사결정에 필요한 수단으로 활용할 수 있도록 표현이 명확하고 간결하게 정리되도록 한다.

감사보고서 작성에 앞서 감사인의 일방적인 주관을 배제하는 견지에서 감사현장 관계자의 의견을 충분히 수렴하여야 하며 감사결과에 대해 감사대상과의 토의의 필요성이 충분히 인정되는 경우에는 사전에 토의과정을 거치도록 한다. 만일 감사실시 도중 중대한 허위사실을 발견하였거나 또는 중요사항에 대하여 수검준비가 되어 있지 않은 경우에는 감사가 종료될 때까지 기다리지 말고 신속하게 중간보고서를 작성하여 보고하도록 한다.

2. 감사보고서의 기능

감사보고서는 최고경영자와 내부감사인과의 커뮤니케이션의 수단이 된다. 최고경영자는 내부감사인을 통하여 경영관리 활동 각 부문의 현황과 문제점을 객관적으로 판단할 수 있을 뿐만 아니라 의사결정의 수단으로서 이를 활용할 수 있기 때문이다. 또한 감사보고서는 내부감사의 유효성의 판단기준과 경영관리에 있어서 개선조치의 검토기준으로서의 기능을 가지고 있다.

더 나아가서는 '주식회사의 내부감사에 관한 법률'에 의한 공인회계사 감사의 검사대상 결정의 자료로서의 기능을 할 수 있으며, 차기 감사시의 기초자료로서 사용된다. 감사보고서의 기능은 이와 같은 여러 가지 측면에서의 다목적 기능을 가지고 있으므로 감사보고서의 중요성이 점차 증대되고 있다.

3. 보고기준

감사보고서는 비교 측정되어질 수 있으며 감사보고서의 보고기준은 정확성 · 간결성 · 명확성 · 적시성 등이다.

정확성

감사보고서는 완전하고 면밀할 뿐만 아니라 사실적이어야 한다. 감사보고서는 사실에 근거를 두고 확고한 증거의 기초를 두어야 한다. 그렇게 하지 않은 경우 신뢰성을 가질 수 없기 때문이다. 정확성은 상호 유기적인 관련성을 가진 균형상태의 개념을 내포하고 있다.

감사보고 사항은 객관적인 관찰에 의해 중요하지 않거나 적정하지 못한 사실은 제외되어야 한다. 그러므로 내부감사인이 작성한 감사보고서는 진실하고 적정하여야 하며 상호 유기적인 관련성을 가진 것이어야 한다.

간결성

간결성은 불필요한 사항을 제거시킨 것을 말한다. 감사보고서의 중심내용에 도움을 줄 수 없는 발견사항 · 문장 · 구절은 될 수 있는 한 제거하는 것이 올바르다. 그러나 간결성은 짧은 문장만을 사용하는 것을 의미하지는 않는다.

어떤 경우 간결한 보고는 충분한 보고를 제공하지 못하는 경우도 있기 때문이다. 따라서 보고의 간결성 여부는 보고받는 사람에 따라서 적절하게 조정하는 것이 좋다.

명료성

명료성은 감사인이 보고서에 기술하려고 하는 의도를 그대로 상대방에게 전달할 수 있다면 충분히 그 목적을 달성한 것이라고 볼 수 있다. 감사인이 마음속에 명확한 개념을 파악하고 있지 않으면 문장 자체도 명확하게 기술되지 않는다. 따라서 보고서를 작성할 때에는 감사인 자신이 말하고자 하는 바를 완전히 파악하기까지는 감사대상인 업무를 계속 연구 검토해야 한다.

감사보고서의 목적은 만족할 만한 행동을 취하도록 하는 데 있다. 이는 효과적이어야만 목적을 달성할 수 있는데, 효과적이기 위해서는 명확하여야 한다.

적시성(適時性)

공식적이고 최종적인 보고서는 과거 사실의 지적에만 그쳐서는 안 되며, 현재의 상황에 대한 유용한 정보를 최고 경영자에게 제공하여 의사결정을 행할 수 있도록 하여야 한다. 여기에서 보고서의 적시성이 요구되며 이에 따라 그 효과성 여부가 결정된다.

그러나 신중하게 고찰하다 보면 적시성과의 사이에 마찰이 생기는 경우가 발생할 수 있다. 이러한 때에는 서로를 조정하여야 하며 그 방법으로서 감사업무 수행 중에 비공식적인 중간보고를 할 수 있다. 그러나 즉각적인 어떤 조치를 취하여야 할 필요성이 있을 때는 중간보고를 서면으로 하는 것도 중요한 일이다.

품격

감사보고서는 품격을 갖추어 공정하고 객관적이며 신중하게 작성되어야 한다. 이 보고서가 피감사 부서의 구성원에게 어떠한 영향을 미치게 될 것인가를 고려해야 한다. 그러므로 개인이나 개인의 잘못만을 밝히는데 치중되어서는 안 되며 속어나 난해한 용어의 사용은 피하여야 한다. 그러므로 감사보고서는 공정성과 객관성을 유지하여 신중하게 작성되어야 한다.

02 감사보고서의 형식

감사보고서의 형식은 보고를 받는 사람이 이 보고서에 대한 관심과 기대 여하에 따라 달라질 수 있으며, 보고받는 자의 시간적 여유에 따라 영향을 받게 된다. 또한 감사업무의 성격과 내용에 따라서 보고서의 형식은 달라진다. 감사보고서의 체제가 어떻게 되었든 보고서는 일관성이 있어야 하며, 보고서를 읽는 사람이 어떠한 유익한 점을 찾아낼 수 있는가를 염두에 두고 작성하도록 유의하여야 한다.

1. 공식보고와 비공식보고

공식보고는 일괄적으로 내부감사인이 감사업무를 종료하고 난 후 감사결과에 대하여 작성하는 전형적인 보고형식이라 말할 수 있다. 대부분 내부감사에서는 공식보고서를 작성하게 되며 통상적인 감사보고서가 이에 속하는 형식이다.

그러나 비공식보고서는 공식보고서를 보충하기 위하여 감사업무를 수행하는 도중에 발생하는 경우가 있으며, 감사업무 수행 중에 발생한 중요사항에 대한 구두보고를 보충 설명함으로써 경영자의 즉각적인 관심이 요구되는 경우와 감사업무 진행 중 중간보고 사항에 대한 경영자의 확인을 받아두어야 할 경우, 또한 감사 진행 중인 업무를 연기시키거나 중도에서 포기하고 철수해야 할 필요성이 있는 때에는 비공식적인 서면보고를 하여야 한다.

2. 완결보고와 중간보고

완결보고는 반드시 공식적인 보고서의 형식을 취하게 된다. 그러나 감사업무가 완결된 후 공식보고서를 작성하는 데까지 소요되는 시간을 감안하여 중요한 사항을 요약, 공식보고서를 작성하기 전에 요약보고를 미리 하는 것도 좋은 방법이 될 수 없다.

중간보고는 감사업무 진행기간이 장기간 소요되거나 어떤 특정사안에 대하여 경영자의 사전 주문이 있을 때는 공식적이거나 비공식적 방법을 통하여 보고하게 된다. 이때 감사인은 중간보고의 성격이나 그 내용을 판단하여 스스로 보고방법을 선택할 수 있다. 또한 비공식 보고의 형식은 감사업무 진행 중에 발생되므로 중간보고라고 볼 수 있다.

3. 서면보고와 구두보고

서면보고는 일정한 절차와 요식행위를 갖추어 보고하는 형식을 취하게 되지만 구두보고는 이러한 절차와 요식행위를 갖출 수는 없지만 유용하게 사용되는 경우가 많다.

구두보고는 감사인이 발견한 사항이 현재 조치되어야 하는 때에는 이를 경영자에게 즉각적으로 보고할 수가 있다. 그러나 구두보고는 신중히 이루어져야 하며 일관성이 있도록 해야 한다.

4. 장문보고와 요약보고

장문보고는 공식보고로서 감사업무가 종료되었을 때 하는 완결보고로서 서면보고의 형식을 취하게 된다. 감사업무 대상의 개요로부터 시작하여 보고서 작성 형식으로서 장문의 보고서이다. 그러나 요약보고는 감사결과의 성과보고와 감사결론 보고로서의 두 가지 기능을 갖는다. 성과보고는 경영자의 주목을 끄는 중요한 발견사항과 권고사항을 요약하게 된다. 그러므로 요약한 성과보고는 감사인이 무엇을 이루었는가를 총괄적으로 나타내게 되며 경영자에게 적시에 정보를 제공하게 된다.

감사결론을 요약하는데 감사의견의 요약, 발견사항의 원인에 대한 요약 등이 있으며 이와 같은 보고는 경영자에게 중요한 정보원천이 될 뿐만 아니라 합리적인 경영관리를 위한 평가의 기준이 될 수 있다.

03 감사보고서의 작성

감사보고서는 여러 가지 규격과 형태로 되어 왔고, 표준양식을 갖지 못하여 왔으며 또한 가질 수도 없다. 그러나 내부감사보고서의 양식은 새로운 변화에 적응할 수 있도록 검토하고 개선되어져 가야 한다. 훌륭한 보고서를 작성하기 위해서는 우수한 사고가 바탕이 되어야 한다.

그러므로 감사인은 보고서 작성을 위하여 개념정립에 혼돈과 혼란이 일어나서는 안 되며, 원인과 결과의 원리적 관계를 완전히 파악하여야 하며, 발견사항을 적절히 배열하여 두어야만 좋은 보고서를 작성할 수 있게 된다. 감사보고서의 작성방법이나 절차는 각기 차이가 있으므로 어떤 형태의 보고서가 좋고, 어느 것이 나쁘다고 말하기는 어려운 것이다. 그러나 여기에서는 실제로 현업에 종사하고 있는 내부감사인이 체계적이고 보편타당한 방법에 의해서 보고서를 작성하는데 필요한 절차적 의미를 살펴보는 것에 주안점을 두기로 한다.

1. 감사대상 업무의 개요

감사보고서의 서문(序文)은 감사대상 업무의 개요로부터 시작된다. 이 개요는 감사결과를 요약한 것으로서 개괄적인 평가 즉 총평의 성격을 띄고 있다. 이 부문은 간결성의 원칙에 따라 간결하게 기술되어야 하며 다음과 같은 목적으로 쓰여 진다.

- 정기감사인지 또는 특별한 목적에 의한 특수한 감사인지를 밝히기 위하여
- 감사대상인 조직의 기능을 밝히기 위하여
- 정기감사와의 관련 사항을 제시하기 위하여
- 정기감사의 발견사항과 권고사항의 표시와 이에 대한 현재 처리상황을 나타내기 위하여
- 감사대상이 어떠한 것인지를 설명하기 위하여
- 감사대상 업무의 중요성을 알리기 위하여
- 감사대상 업무의 양과 가치를 기술하기 위하여

이 개요를 기술함으로써 어떤 상황에 대한 정보를 간단하고 쉽게 전달할 수가 있으며, 합리적이고 표준화된 양식이 구비되어 있다면 보다 보고내용을 간략하게 할 수가 있다.

2. 감사목적과 감사범위

감사목적은 감사보고서가 어떤 목적을 가지고 있으며 수행한 감사가 어떠한 목적에 따라서 계획되고 집행되었는가를 이해할 수 있도록 설명되어야 한다. 감사범위는 감사의 범위를 어떤 부문 또는 어느 정도로 한정시켜 실시하게 되었는가를 알려준다.

특히 감사절차를 수행하는 데 있어서 일반적인 감사절차와 특별한 감사절차를 병행하여 실시하게 되는 경우에는 감사범위의 표시는 중요한 것이다. 그러나 감사인은 감사를 실시함에 적용한 감사절차에 대하여 상세하게 기술할 필요성은 없다. 왜냐하면 피감사 부문에서 이를 근거로 하여 업무를 조작할 가능성이 있기 때문이다.

3. 발견사항

발견사항은 감사종료 후 감사인의 의견표명과 권고를 위하는데 있어서 원천이 된다. 발견사항은 업무수행의 적정상태와 부적정상태, 즉 시정의 필요 여부를 구별해 주는 증적(證跡)이 된다.

일반적으로 내부감사에 있어서 발견사항은 내부통제의 취약점과 개선이 요구되는 점과 업무가 불만족한 상태에 있는 경우 이의 결함을 지적하는 사항으로 크게 나눌 수 있다. 물론 감사업무 수행 중 피감사 부문의 업무가 적정한 상태에 있으며 타 부문이나 기준에 비하여 모범이 되는 경우를 발견하게 되는 때도 많다. 이러한 사항은 감사인의 의견표명 시에 기술함으로써 피감사 부문과의 보다 좋은 관계를 유지하는데 필요한 것이다. 그러나 결함사항을 지적한 발견사항은 중요한 것과 그다지 중요하지 않은 것으로 나눌 수 있다.

중요한 결함사항은 기업의 중요한 목적을 달성하는 데 있어서 그 활동, 기능 또는 조직을 저해하는 사항으로서 만족스럽다는 의견 대신에 불만족스럽다는 의견을 표명할 수밖에 없는 사항이다. 그러나 중요치 않은 결함사항은 기업의 중요한 목적달성을 저해하는 요소는 아니지만 즉각적인 보고에 의하여 시정조치가 취해져야 할 사항으로서 이에 대해서 불만족스럽다는 의견을 표명할 것까지는 되지 않는 사항이다. 이와 같은 기준은 일관성 있고 신중하게 적용되어야 하며, 모든 결함사항을 지적한 발견사항은 감사보고서에 보고되어야 한다.

4. 감사의견

감사의견은 감사결과에 대한 종합적인 감사인의 의견표명이므로 최고경영자에게 감사의견을 요약보고하기 위해서는 일반적인 기준을 마련해 두는 감사보고를 받게 되는 과정에서 다시 한번 감사인의 의견을 음미해 볼 수 있는 기회를 갖게 된다.

이렇게 할 때 경영자는 감사의견을 검토하여 감사인의 입장도 이해할 수 있는 기회를 갖게 된다. 감사의견은 단순하게 표명하는 것보다는 감사대상 항목별로 구분하여 피감사부문 업무의 개선이 이루어질 수 있도록 최고 경영자의 의사결정을 유발시킬 수 있는 전문가적인 의견을 표명하는 것이 중요하다.

5. 권고사항

감사인이 발견한 문제점이나 결함사항은 단순히 지적되는 것으로 끝나는 것이 되어서는 안 된다. 감사인은 전문가적 판단능력에 따라 감사결과 지적된 사항에 대한 개선방안이나 잘못 적용된 점에 대해서는 이를 시정조치토록 권고하여야 한다.

권고사항은 감사인 자신의 주관적인 판단에 의해서 이루어지는 것이 아니라 감사결과 지적사항에 대한 감사인의 처리의견이므로 객관적인 입장을 견지하고, 일관성 있고 합리적인 사고가 바탕이 되지 않는다면 피감사 부문에 도리어 피해를 주는 결과를 가져올 수 있으므로 신중하게 검토하여야 한다. 왜냐하면 감사인이 제시한 처리의견을 대부분 원안대로 승인하게 되기 때문이다.

04 감사결과 관리

1. 시정조치사항의 점검

감사결과에 대한 보고서의 결제가 득해지면 다음 단계로서 감사결과를 피감사 부서에 통보하게 되며 피감사 부서는 보고받은 내용에 따라서 지적사항에 대한 시정조치를 하게 된다. 그러나 조치되어야 할 사항이 단기간 내에 조치되는 것도 있지만, 일정기간이나 장기간을 통하여 조치되어져야 하는 경우도 있다. 그러므로 시정조치를 할 때에는 반드시 언제까지 조치할 것인가 기일을 명시하는 경우와 피감사 부서로 하여금 시정계획서를 제출토록 하여 이를 확인 점검해야 하는 경우가 있다. 그러므로 내부감사에는 자기가 실시한 감사 부문에 대해서는 계속 이를 체크하고 확인하는 일에 게을리 해서는 아니 된다.

내부감사의 목적은 현상의 지적에만 치중하는 것이 아니라 문제점이나 요 시정사항에 대한 개선 내지 조치의 중요성을 부여해야 하기 때문이다. 뿐만 아니라 시정사항에 대해서 피감사 부서로부터 조치결과를 서면으로 통보받아야 하며, 이를 체크 확인하여야 한다. 그리고 차기 감사를 실시할 때에는 반드시 다시 확인하는 것도 잊어서는 안 된다.

2. 이의신청

감사인의 보고서가 때로는 도전을 받게 되는 경우도 발생할 수 있다. 감사결과를 통보받은 피감사 부서가 이에 대한 이의를 제기하였을 때에는 감사인과 피감사 부서 책임자는 이를 긍정적으로 받아들여 제기된 사항에 대하여 재검토를 하여야 하며 재검토된 결과를 피감사 부서에 통보해 주어야 한다.

이러한 일이 발생되는 원인은 감사가 종료되었을 때에 감사결과 중요한 사실에 대해서 피감사 부문과의 평가 및 요지에 대한 설명이 없었다든지, 설명이 부족한데 기인하는 경우가 많다. 그러므로 이러한 일이 발생하지 않기 위해서는 반드시 감사가 종료되면 피감사 부서장과의 회합의 기회를 갖는 것이 중요하다.

3. 신상필벌의 상신

내부감사 조직의 지위를 유지하고 감사업무와 보고서가 충분한 영향력과 효과를 갖기 위해서는 내부감사 결과에 따른 신상필벌을 상신할 수 있는 권한을 감사조직에 제도화해 두는 것도 중요하다. 감사결과 우수하다고 인정되는 부문이나 개인에 대해서는 표창을 상신하고 감사결과 결함사항이나 지적사항이 사규에 규정된 바에 따라 기업에 손해를 끼치게 되었을 때에는 징계위원회에 회부하여 응당의 징계를 받도록 조치하는 일도 검사결과에 대한 사후관리이다.

감사보고서 예시

(금융기관)

보고서 목차

Ⅰ. 감사실시 개요

1. 감사배경 및 목적
2. 감사 중점사항
3. 감사대상 및 범위
4. 감사기간 및 감사인

Ⅱ. 감사대상현황

1. 조직 및 인원
2. 자금관리 업무체계
3. 자금보유 현황
4. 단기매출채권 현황

Ⅲ. 감사결과 지적사항

1. 자금관리 분야
2. 자금운용 분야
3. 자금집행 분야
4. 단기매출채권 관리 분야

Ⅳ. 감사결과 조치사항

Ⅰ. 감사실시 개요

1. 감사배경 및 목적

사내근로복지기금의 자금관리업무 전반을 점검하여 보유자금 관리의 적정성 제고 및 금전사고 사전 예방하고 보유자금 운용시 「자금운용지침」 준수 여부, 업무유치와 연계성, 단기매출채권 잔액현황 등을 점검하여 자금운용의 안정성 및 효율성을 제고하는 데 목적을 둔다.

2. 감사 중점사항

가. 자금관리 분야

현금시재금 · 예금 등 자금보유 및 관리의 적정성 점검

나. 자금운용 분야

보유자금 운용시 「자금운용지침」 및 「보상수탁자금 운용기준」 준수여부 및 업무유치와의 연계 여부 등 점검

다 자금집행의 적정성 분야

회계규정 · 예산집행지침 등 관련 규정에 따른 지출원칙 준수 여부와 집행 과정에서의 오류방지 및 금전사고 예방시스템 운영현황 등 점검

라. 단기매출채권 관리 분야

단기매출채권 조기 회수를 위해 기관별 · 발생연도별 단기매출채권 잔액 및 증감내역 등 점검

3. 감사대상 및 범위

여신부서의 20××년도 상반기(20××. 01. 01 ~ 06. 30) 자금관리 · 운용업무 및 단기매출채권 관리업무 전반

4. 감사기간 및 감사인

가. 감사기간 : 20×× . 09.01 ~ 09.09 : 9일간

나. 감사인 : 선임검사역 홍길동 외 2인

직 위	성 명	담당업무	비 고
선임검사역	홍 길 동	총 괄	
선임검사역	김 동 일	업무전반	
검사역	이 칠 성	업무전반	이행관리 전담인

Ⅱ. 감사대상 현황

(생 략)

Ⅲ. 감사결과 지적사항

분야명	지적내용	시정조치요구
자금관리		
자금운용		
자금집행		
단기매출 채권관리		

Ⅳ. 감사결과 조치사항

1. 시정조치 요구사항 일람표

일련번호	감사대상 부서 (관계부서)	건 명	시정조치 요구			조치기한
			처분종류	조치금액	조치인원	
1	경영관리실 재무관리부	카드대금 결제계좌 관리방법 개선	권고	-	-	2013.10.22
2	재무관리부/ 보상사업처	보상시스템과 회계시스템 연계 강화	권고	-	-	2013.10.22
3		(이하 생략)				

2. 시정조치 요구내역 요약

■ 카드대금 결제계좌 관리방법 개선 : 권고사항

법인카드 등 카드대금 결제계좌를 예적금관리시스템에 등록 · 관리하는 등 회계투명성 제고를 위한 개선방안 마련

■ 보상시스템과 회계시스템 연계 강화 : 권고사항

보상시스템(CMP)과 회계시스템 연계를 강화하여 보상자금계좌 개설 및 해지내역이 체계적으로 관리될 수 있도록 시스템 및 업무절차를 개선하고 종료사업의 예금계좌 해지가 누락되지 않도록 매뉴얼 작성 및 교육에 철저를 기할 것

(이 하 생 략)

3. 개별처분요구서

(생 략)

지적연번호	1

권고사항

부서명	경영관리실 재무관리부
제 목	카드대금 결제계좌 관리방법 개선

「회계규정」 제5조(회계처리), 제31조(총액계상) 등에 따라 회계는 일반적으로 공정 · 타당하다고 인정되는 회계관습에 따라야 하며, 자산 · 부채 및 자본은 총액에 의하여 계상하고 그 전부 또는 일부를 재무상태표에서 제외하여서는 안됩니다.

그러나, 귀 부서는 회계처리 편의, 전산시스템 미비 및 중요성의 원칙적용 등을 이유로 법인카드 등 카드대금 결제계좌를 예적금관리시스템에 등록하지 않고 별도로 관리하고 있는바, 이는 일반적인 자금관리 기준에 따라 시정되어질 필요가 있습니다.

귀 부서에서는 관련 제도와 시스템을 개선하여 카드대금 결제계좌를 예적금관리시스템에 등록 · 관리하는 등 회계투명성 제고를 위한 개선방안을 마련하시기 바랍니다.

상기 사항에 대하여 "권고"하오니 귀 부서는 적의 조치하시기 바랍니다.

감 사 실 장

제조/판매회사 영업지점 감사결과 보고서 사례

대외비 제____호

감사보고	00년 ___월 ___일
시정지시	00년 ___월 ___일
시정조치	00년 ___월 ___일

감 사 보 고 서

1. 지 점 명 : ×× 지점
2. 감사실시기간 : 00년 11월 8일 ~ 00년 11월 12일
3. 감사대상기준 : 00년 11월 ~ 00년 10월
4. 감사의 종류 : 정밀검사(업무개선 및 관리능력 개발)
5. 감사의 범위 : 가) 내부통제 및 조직
   나) 회계 및 관리
   다) 마케팅 관리
   라) 관리능력 평가

보고자 : 감사팀장 (서명)
감 사 인 (서명)

대표 이사 귀하

목 차

1. 지점 현황

1) 시장규모
   가) 상권의 형성
   나) 유통경로별 시장규모 및 총수요
   다) 시장지배력(월간)
2) 인원현황
3) 장비 및 차량 관리현황
4) 경쟁사 현황
5) 대리점 현황

2. 최근 영업활동 결과 분석

1) 유통 경로별 판매실적 분석
2) 제품별 판매실적
3) 유통별 판매현황
4) 포장별 판매현황
5) 영업사원별 판매실적분석
6) 매출액 대 판매관리비 비교분석
7) 판매관리비 주요증감 내역

3. 주요감사내용

1) 조직관리
2) 교육훈련
3) 문서관리
4) 업무처리절차
5) 마케팅 관리

4. 문제점 및 지적사항

5. 종합의견

1. 지점 현황

1) 시장규모

가) 상권의 형성 : 5개시 10개 면

총인구 : 1,298천명

대형시장 : 17개

슈퍼 : 125개

실수요 : 1,863개

단협 : 111개

나) 유통경로별 시장규모 및 총수요

(단위 : M/T)

경로별 / 총수요		대리점				직판				합 계
		제유점	도 · 소매	실수요	계	유통	농협	실수요	계	
총 점 포 수										
총수요	대포장									
	소포장									
	계(M/T)									

다) 시장지배력(월간)

(단위 : M/T, %)

구 분		시장규모	직전연도		최근 3개월 평균	
			실 적	지배율	실 적	지배율
유통경로별	대리점					
	슈퍼					
	농협					
	실수요					
	합계					

2) 인원현황

지점장 : 1명, 영업 : 3명, 관리 : 2명, 판촉 : 3명
상 용 : 1명, 기사 : 2명, 합계 : 12명

3) 장비 및 차량 관리현황

구분 \ 차량별		27나-1865	27나-3030	27나-4855
규 격		타이탄 2.5톤	타이탄 2-5톤	타우너 0-85톤
용 도		배송	배송	배송 업무연락
관리실태	월평균운행일수	27.3	26.3	27
	1일평균방문거래처수	9.3	10.9	-
	1일평균운행거리	170㎞	171㎞	96.7㎞
	월평균 주유량	558ℓ	578ℓ	191ℓ
	1일평균 주유량	20.4ℓ	21.9ℓ	7ℓ
	㎞/ℓ당 주유량	8.3㎞	7.8㎞	13.8㎞

4) 경쟁사 현황

구 분	소 장	소재지	인원	판매장비	창고	주요취급품목
×× 식품 ○○ 식품	김정식 강명호	안동시 안동시	40명 17명	운반차 : 8대 운반차 : 6대	200평 200평	동사주요품목 라면, 스낵, 식용유

5) 대리점 현황

상 호	소재지	인원	판매장비	관할지역	담 보

2. 최근 영업활동 결과 분석

1) 유통 경로별 판매실적 분석

단위 : M/T,%

반기별 / 경로별	'00 상반기(A)		'00 하반기(A)		'00 상반기(A)		증 감			
	실적	구성비	실적	구성비	실적	구성비	C-A	C/A	C-B	C/B
대리점										
유통/실수요										
농 협										
합 계										

2) 제품별 판매실적

단위 : M/T,%

반기별 / 포장별	'00 상반기(A)		'00 하반기(A)		'00 상반기(A)		증 감			
	실적	구성비	실적	구성비	실적	구성비	C-A	C/A	C-B	C/B
대포장										
소포장										
합 계										

3) 유통별 판매현황

구 분	대리점	유통/실수요	농 협	합 계
'00하반기				100%
'00상반기				100%

4) 포장별 판매현황

구 분	대포장	소포장	합 계
'00하반기			100%
'00상반기			100%

5) 영업사원별 판매실적분석

단위 : M/T,%

사 원 별		월	월	월	월	월	월	월평균
윤××	목 표							
	실 적							
	달성률							
김××	목 표							
	실 적							
	달성률							
정××	목 표							
	실 적							
	달성률							
합계	목 표							
	실 적							
	달성률							
1인당 평균	목 표							
	실 적							
	달성률							

6) 매출액 대 판매관리비 비교분석

단위 : 천원, %

구 분	'00상반기	'××상반기	증 감 액	증감율
식품매출액	606,934	648,118	74,184	12.16%
판매관리비	48,209	61,725	13,516	28.03%
판매관리 비율	7.9%	9%	-	1.1%
1인당 매출액	46,918	57,009	10,091	21.5%
1인당 판매관리비	3,708	5,143	1,435	38.7%
M/T당 판매관리비	77.4	91.7	14.3	18.4%

7) 판매관리비 주요증감 내역

단위 : 천원

과 목	'00상반기	'××상반기	증 감	과 목	'00상반기	'××상반기	증 감
급 여				학 자 금			
잡 급				판매수수료			
상여금				운 반 비			
수도광열비				기 타			
판매장려금				합 계			

3. 주요감사내용

1) 조직관리

일반적인 단위 조직의 관리기능 시스템에 대하여 내부통제 절차 확인을 위한 질문서 및 현황 · 인력관리 · 업무처리 능력 등을 파악 확인한 결과 아래사항에 대한 조직관리의 재검토와 조정이 요구되고 있음.

- 지점 현황의 정리
- 관할지역 조직화 및 활성화(직판거래처)
- 사고 및 대손 거래처의 사후 관리카드의 비치작성
- 모든 회의에 대한 회의록 비치 작성

2) 교육훈련

위 조직의 자체 교육 및 그 성과에 대하여 제반 보고서의 비치, 열람 도서의 숙지상태, 교육계획 등을 확인 검토한 결과 아래 미비점에 대한 개선이 요구되고 있음

- 본사 지시사항에 대한 회람 및 숙지 요망(업무 처리지침, 문서 관리지침)
- 월간 내부 교육 계획의 수립실천
- 자기 관리에 대한 자기교육 계획의 수립실천
- 보고서의 작성이유, 작성방법, 문제점 처리방법 등에 대한 지속적인 교육
- 도서 및 간행물의 열람증 첨부 및 숙지
- 각자 업무에 대한 O.J.T 및 발표회 실시

3) 문서관리

단위조직의 문서의 취급처리 절차 과정에 대하여 확인 검토한 결과 아래 미비점의 개선이 요구되고 있음.

- 모든 문서의 문서관리절차에 의거(식품보관 제××-511호) 분류정리(문서의 편철, 문서목록 작성)
- 퇴사자의 개인신상명세서 별도 구분 관리
- 시외통화내상 및 직원외출부 비치 작싱 운용
- 직인사용부의 비치 작성
- 창고 입 · 출고 절차의 업무처리 규정에 따른 제반절차 및 양식의 변경
- 과년도 문서의 문서처리지침에 의거 별도보관
- 도서목록대장의 비치 운용
- 책상 고무판 밑 서류 방치근절(주문서 · 인수증 · 기타)

4) 업무처리절차

일반적으로 인정되는 감사절차에 따라 내규 및 승인된 업무처리 절차에 따라 확인 검토한 결과 아래 미비점에 대한 개선이 요구되고 있음.

- 관리담당사원이 직인관리, 공문서 날인 및 예금 인출 시 직접 날인이 이루어지므로 은행인감은 별도 각인(총무부승인 후) 지점장이 직접 관리하여 내부통제력을 강화할 것.
- 자산 관리대장의 정리(7-2481호 매각, 7-4845호 신규취득)
- 본사 지시사항의 철저한 이행(장려금 지급, 업무처리 절차)
- 오손 · 파손 · 장기정체 재고의 정기적인 파악 및 즉시 조치

5) 마케팅 관리

동 지점의 마케팅 관리 실태를 확인 점검한 결과 아래 사항에 대한 개선이 요구되고 있음

- 전 품목 · 전 규격 진열 판매(육가공 · 조미료 진열 미흡)
- 식용유 0.36리터, 0.5리터 제조 일자 장기 제품의 진열
- 순회 판촉사원의 지역 책임 관리제의 실시 요망
- 영업사원 개인별, 거래처별 규격별 목표관리의 설정 운용
- 영업사원별 판촉사원별 월간 방문판매 계획의 사전수립 운용
- 판매촉진 계획의 사전수립 및 특정거래처 증정세일 실시 필요
- 소포장 목표 M/S관리 미흡
- 대리점의 비례 표준화의 검토 실시
- 직판비율의 상향 조정방안 검토 실시

4. 문제점 및 지적사항

<table>
<tr><th>순번</th><th>항목</th><th>문제점 및 지적사항</th><th>요시정조치사항</th><th>결정사항</th></tr>
<tr><td rowspan="2">1</td><td rowspan="2">현금</td><td>① 월중 현금 시재액 과다</td><td>영업사원 현지 송금제도 및 거래은행의 야간 현금보관에 대한 협의 등을 통하여 사고예방 및 자금관리에 만전을 기할 것.</td><td></td></tr>
<tr><td>② 현금출납장 기장누락
7/18 ₩3,048,300 당일 입 · 출금 발생에 대한 기장 누락</td><td>지점장은 담당사원에게 장부기장 관리에 대하여 주지시키고 누락분에 대하여 기장토록 하고, 확인관리에 철저를 기할 것.</td><td></td></tr>
<tr><td rowspan="3">2</td><td rowspan="3">매출
채권</td><td>① 매출채권과다<table><tr><th>상호</th><th>10/31잔액</th><th>감사일 현재 11/9</th></tr><tr><td>××슈퍼</td><td>₩1,094,215</td><td>₩870,284</td></tr></table></td><td>지점장은 영업사원 거래장 확인 체크하여 조속히 입금시키고 사고예방에 최선을 기할 것.</td><td></td></tr>
<tr><td>② 사고거래처<table><tr><th>상 호</th><th>사고금액</th></tr><tr><td>××상회</td><td>₩13,788,104</td></tr></table><table><tr><th>미회수금액</th><th>진행상태</th></tr><tr><td>₩13,788,104</td><td>회수불능 상태</td></tr></table></td><td>사고거래처 사후관리 카드를 비치 작성 운용하고 매출채권 회수에 실질적인 관리를 할 것.</td><td></td></tr>
<tr><td>③ 대손거래처<table><tr><th>상 호</th><th>대손금액</th><th>대손처리일</th></tr><tr><td>××슈퍼</td><td>₩1,894,519</td><td>'00.12.31</td></tr><tr><td>××슈퍼</td><td>₩670,000</td><td>'00.12.31</td></tr><tr><td>××상사</td><td>₩5,150,880</td><td>'00.12.31</td></tr><tr><td>××상사</td><td>₩4,979,149</td><td>'00.12.31</td></tr></table></td><td>대손 거래처 사후 관리 카드를 비치 작성하고, 대손금액 중 회수가능에 대한 재산추적 등을 통하여 적극적인 관리에 임할 것.</td><td></td></tr>
</table>

순번	항목	문제점 및 지적사항	요시정조치사항	결정사항
3	재고 실사	① 장기정체 예상 식용유 1.8L 조미료 150g 조미료 150g 조미료 150g 조미료 150g	장기정체 예상분은 영업 사원에게 할당 소진처리 및 판매 불가능 분은 반품조치하고, 관리담당자는 선입선출법에 의거 효율적인 재고관리에 임할 것.	
		② 재고 과부족 우유 : 초코 △12본, 딸기 + 7본, 무가당 △204본, 자연 + 28본	지점장은 관리담당, 사원에게 재고관리의 중요성을 인식시키고 과부족분에 대하여 원인 규명하여 처리하고 추후 발생시 문책할 것.	
		③ 총무00-378호에 의한 업무처리 지침 미실시 상태	지점장은 재고자산 관리의 중요성을 인식하고 조속한 시일 내 업무처리지침을 시행토록 관리담당자에게 교육시키고 내부 통제 능력을 강화할 것.	
		④ • 파손 오손품 교환시 거래처 인수증 미 접수 • 파손, 오손품 관리대장 관리부실 5/16일 이후 미 기록 • 9월 납품분 ××슈퍼 외 1건	지점장 및 관리담당사원은 인수증의 중요성 및 사후관리에 대하여 주지하고 실질적인 관리에 만전을 기할 것. 추후 발생시 엄중 문책할 것.	
		⑤ 자가운송 관리대장 미비치	대리점 운반비 지급에 대한 자가운송 관리대장을 즉시 비치 작성 운용하고, 추후 발생시 운반비를 지급치 않을 것.	

5. 종합의견

××지점을 감사한 결과 감사인의 종합의견은 다음과 같습니다.

1) 조직관리

동 지점의 내부통제 견제 조직력, 직원 상호간의 분위기는 비교적 양호한 편으로 안정되어 졌으나, 대리점 조직력, 직판 조직력 등 대외 조직력은 취약한 편으로 대리점 조직력의 강화를 위하여 지역조건에 따라 세분화된 영세 복합 대리점의 흡수 통합을 통한 단독 대리점으로의 전환, 대리점 2차점 및 직판 거래처의 유통경로 조정을 통한 균형 유통구조의 정착 등 조직관리 측면에서의 재검토가 이루어진다면, 대외 조직력의 강화가 실현될 것으로 판단 사료됨.

2) 업무처리절차

동 지점의 업무처리 절차는 주요 감사내용, 문제점 또는 지적 사항에서 언급한 통상적인 업무처리 절차의 개선이 이루어져야 할 것이며, 관리 · 영업사원의 업무처리 숙련도는 안정되어져가고 있으므로 지속적인 자기개발 · 자기훈련을 통한 업무처리 능력향상을 통한 균형잡힌 관리체제가 실현될 것으로 판단 사료됨.

3) 마케팅 관리

동 지점은 경북 북부지방 일원을 관할 지역으로 하여 지역 특성이 보수적이며, 비 산업생산 지역으로서 대포장 · 중포장 중심의 시장이 주도되므로 (대포장 구성비 49%) 실제적인 소포장 M/S는 상당 부분 취약(상반기 소포장 M/S 35.2%)할 뿐만 아니라, '00년 간접 판매 비율이 전체 판매량의 86.02%로서 직판 조직력의 강화가 요청되고 있으며, 동 지점의 철저한 지역 관리를 통한 지역 침범 행위의 근절을 통한 관할 지역의 가격의 안정화, 대리점 조직력의 보강, 직판 조직의 활성화를 기할 경우 월 평균 750M/T은 무난히 달성할 것으로 판단 사료됨.

제 2 편

부문별 내부감사절차

Chapter 08 인사조직 부문의 감사절차 · 321

Chapter 09 재무회계 부문의 감사절차 · 365

Chapter 10 마케팅관리 부문의 감사절차 · 413

Chapter 11 생산관리 부문의 감사절차 · 459

Chapter 12 정보시스템 부문의 감사절차 · 509

Chapter 13 수출입 부문의 감사절차 · 573

Chapter 08

인사조직 부문의 감사절차

01 인사조직감사의 개요 · 322

02 인사조직감사의 접근방법 · 327

03 인사조직감사의 분류 · 332

04 인사조직 부문의 내부감사절차 · 335

01 인사조직감사의 개요

인사조직감사란 일정기간 수행된 인사 및 조직관리 활동을 일정시점에서 계획과 성과를 종합적으로 평가 · 검토함으로써 기업경영의 건전성을 확보하고 유지하려는 내부감사 활동을 말한다.

인사조직 감사는 인사조직 활동과 그 성과에 관한 사실적 자료를 체계적으로 수집 · 평가하여 인사조직 관리의 강점과 문제점을 발견하여 평가하고 필요할 때 개선방안을 제시하는 것이다. 인사고과가 개개인의 수준에서 그 능력과 업적이 조직의 요구에 비추어 어떻게 평가되는지를 파악하는 데 그 목적이 있다면 인사조직감사는 인사조직 관리활동이 그 의도하는 목적에 비추어 적합한지를 평가하는 것이다.

흔히 인사조직감사라고 하면 부정부패를 저지른 사람에 대한 처벌을 떠올리곤 한다. 국내 기업의 인사조직감사활동은 대부분 이런 활동에 머물러 있다. 물론 이런 형태의 인사조직 감사도 매우 중요하다. 그러나 비리 적발형 인사조직감사는 문제가 발생하고 난 후에야 대응한다는 한계가 있다. 또한 그 감사의 범위 역시 비리라는 한정된 영역에만 머물러 있다. 사실 인사조직감사는 말 그대로 사람과 조직에 관련된 모든 영역을 대상으로 할 수 있다. 채용이나 선발 · 교육훈련 · 노사관계 · 커뮤니케이션 문화 · 종업원 복지 프로그램 · 성과평가와 보상 등 그 영역은 매우 넓다. 즉 인사조직감사란 HR 기능과 관련된 정책 · 절차 · 시스템 등을 주기적으로 점검하는 활동으로 비리 적발과 같은 사후적 대응보다는 HR의 강 · 약점이나 잠재적인 문제요인을 도출하여 사전예방 및 개선활동의 출발점을 찾는 데 그 본래 목적이 있다.

인사조직 감사는 인사조직관리의 전면적인 합리화를 위해 인적자원관리의 목적을 확인하고 그 실태를 자기반성의 바탕으로 개선점을 발견하고 다음 단계의 인사정책과 조직운영 방침에 반영함으로써 인사조직관리가 방만하게 진행되지 않고 합리적이고 체계적이고 능률적으로 추진되도록 하는 데 그 뜻이 있다.

1. 인사조직감사의 의의

인사조직 감사는 기업의 특수사정을 고려하여 효과를 높일 수 있도록 언제나 기존의 방침을 검토하고 새로운 개선점을 찾게 해주는 기능을 수행하고 있다.

인사조직 감사는 발견된 사실과 문제점, 개선되어야 할 사항 등을 간결하고 주의를 끌 수 있는 스타일로 제출함으로써 완결한다. 기업에 있어서 내부감사라고 하는 것은 기업의 목적과 각종 사업의 경영상태 및 그 성과를 공정한 입장에서 일정한 기준, 즉 원리 · 원칙 · 관습 · 경험 · 법규 등에 비추어 정확성의 유무 또는 합법성 유무를 음미 · 검토하는 것을 말한다.

경영에 있어서 이와 같은 내부감사의 기능은 비판과 그 반성을 통한 경영합리화의 수단으로서 널리 인식되어 왔으며, 또한 실제로 많이 이용되고 있다. 그 예로서 내부감사조직에 의한 관리분석이나 경영감사를 통하여 기업의 전략이나 경영현황을 과학적 방식으로 검토하는 것을 들 수 있다.

인사조직감사를 통해 얻을 수 있는 혜택 중 하나는 건강검진을 통해 질병을 조기에 발견하고 치료할 수 있는 것처럼 사소한 문제들이 회사가 흔들릴 정도의 큰 문제로 번지기 전에 한발 앞서서 발견하고 개선할 수 있도록 도와준다는 것이다. 미국의 컨설턴트 '탐 피츠제럴드'는 별 이상이 없어 보이던 기업이 한순간 몰락하는 것을 건강한 사람이 갑작스럽게 심장마비로 사망하는 것에 비유했다.

이와 마찬가지로 한순간에 쓰러진 것 같은 기업들도 돌이켜 보면 원활한 경영활동을 방해하는 관료주의와 구성원 간의 불신과 같은 나쁜 습관들이 있었고, 구성원들의 사기는 떨어질 대로 떨어져 있는 등의 징후들도 있었다는 것이다. 그렇지만 이를 잘 알지 못하고 방치해두다가 한순간 터져버리면서 기업이 심장마비에 걸리는 것이라고 한다.

HR과 관련된 이슈들, 특히 조직문화나 구성원들의 사기와 같은 사안들은 문제가 있더라도 잘 드러나지 않기 때문에 심각한 상황에 이를 때까지 문제가 있다는 것을 인식하지 못하는 경우도 많다. 그러나 문제가 불거진 다음에 대처하려 하면 쉽게 해결되지 않는 것이 HR과 관련된 문제들의 속성이다. 그렇기 때문에 회계감사와 마찬가지로 주기적인 진단과 감사를 통해 문제를 조기에 발견하고 대처하려는 노력이 필요하다.

2. 인사조직감사의 기능

인사조직감사는 조직에서 수행된 인사조직의 활동을 평가하는 것으로 인사조직 활동을 조직적으로 조사 · 분석하고 경영상의 효과를 평가하며 인사조직 관리 정책의 방향을 제시함으로써 그 경영을 합리적으로 수행하도록 하려는 것이다.

인사조직감사의 필요성

일반적으로 인사조직감사의 필요성은 두 가지 측면에서 그 타당성이 인정되고 있다.

■ 형식적 측면

인사조직 관리정책이 갖기 쉬운 획일적 또는 몰개성적인 면과 그 관리정책의 효과측정의 곤란함에서 오는 반성의 필요성이다.

■ 실질적 측면

상황이나 환경이 과거와는 많이 달라진 발전적 경영에 있어서 인사조직 정책이 가지는 의미와 내용의 변모, 또는 이에 따른 노사 이해관계의 조정과 상실된 인간성 회복의 요청에 대한 적응의 필요성이다.

인사조직감사의 필요성이 지적해 주듯이 인사조직감사는 감사과정을 통해서 인사관리나 노사관리정책 및 조직관리 전략이 범하기 쉬운 오류를 시정하고, 경영환경에 적응할 수 있는 새로운 노동력 관리 내지는 인사관리와 조직관리의 시행에 필요한 자료 또는 정보를 제공함으로써 인사조직 관리 면에 있어서 하나의 사이클을 형성해 주는 주요한 역할을 하고 있다.

인사조직감사의 기능

인사조직감사의 기능은 다음과 같이 요약 정리할 수 있다.

- 감사과정을 통해 인사관리나 조직관리 정책이 범하기 쉬운 오류를 시정 및 개선점을 모색하게 한다.
- 경영환경에 적응할 수 있는 새로운 인적자원관리 내지는 인사조직 관리 시행에 필요한 자료와 정보를 제공한다.
- 인사조직관리 정책의 경직화를 배제한다.
- 최고경영층의 독단적인 인사조직 관리를 억제하고 합리적인 대안을 마련한다.
- 실적검토를 통한 평가에 의하여 항상 기존의 방침을 검토케 하고 새로운 개선점을 찾는다.

3. 인사조직감사의 목적

현대 인사조직 관리에서 인사조직 관리 활동이 그 의도하는 목적에 비춰 적합한가를 평가하는 것은 중요한 경영활동의 한 부분이 된다. 이러한 기업 전반의 인사조직 관리 활동의 적절한 감사를 위해서 인사조직 관리제도 · 활동 · 사실 자료를 체계적으로 수집하고 평가하여 기업의 인사조직 관리 활동전반의 강점과 약점 및 문제점 등을 발견하고 평가하여 그에 대한 개선방안을 제시하는 데 목적을 두고 있다.

인사정책에 대한 평가 기업 전반의 인사조직 관리의 흐름을 측정하는 것으로 향후 경영층의 인사조직 정책의 방향을 결정할 수 있는 실마리를 제공해 준다.

문제요소 진단 기업의 인사조직 전반의 문제 요소들을 진단해 보고 그에 대한 해결책을 제시할 수 있도록 한다. 아울러 조직구성원들로 하여금 그들에 대한 기대 상황에 민감하게 반응하게 하여 기업전략달성에 중요한 영역에 특별히 주의를 기울이도록 하는 유인책이 될 수 있다.

정책의 경직화 배제 인사조직 관리전반이 그저 관행에 따라 흐르는 것을 최대한 배제하고 기업 환경변화와 흐름에 맞도록 새로운 인사조직 관리 시행을 위해 필요한 자료 및 정보를 현실적으로 제공해 줄 수 있는 통로이다.

기업의 자기반성 인사조직감사를 통해 기업 내 인사조직 관리 전반의 문제점을 사전에 정기적으로 파악 탐지하고, 조직의 건강도를 측정함으로써 성과표준검토, 비용 · 수익분석 등의 합리적 대안을 마련할 수 있는 토대가 된다.

인사조직감사는 인사조직관리 정책이 갖기 쉬운 오류, 즉 몰개성적 · 획일적인 오류의 시정을 통한 자기반성을 위한 것이다. 요컨대 정기적인 감사를 통해 인사관리 및 조직정책의 경직화를 배제하여 어떤 추세가 악화되기 전에 탐지하고 개선하는 역할을 한다.

성과표준의 검토 인사조직감사는 기업의 경영목표 기간 종료 시점에 이르러 경영자와 감독자가 함께 실적검토를 통해 기존의 방침을 검토하게 하고 새로운 개선점을 찾게 한다.

인사조직 정책 수립 인사조직 감사는 과거 또는 현재의 감사뿐만 아니라 자기반성을 토대로 개선점을 발견하고 장래의 합리적인 인사조직 정책의 수립을 도모하기 위한 것이다.

비용수익분석 인사조직감사를 통해 인사조직 정책의 비용·수익을 분석함으로써 실제 인사조직 부문의 정책 효과를 평가하게 한다.

02 인사조직감사의 접근방법

1. 전략적 인적자원관리

전략적 인적자원관리(SHRM : Strategic Human Resources Management)는 기존의 전통적 인사조직 관리에서 중시하는 기능적 업무의 효율화에서 한 걸음 더 나아가 기업의 경쟁우위를 확보할 때 조직이 가진 인적자원의 기여도를 극대화한 것이다.

전략적 인적자원관리는 현대 조직의 전략목적 달성과 경쟁력 강화를 위한 인적자원관리 접근방법으로서 기업변신을 추구하기 위해서는 필수적으로 요구되는 경영방법이다. 기업 환경에서 경쟁기업에 대해 지속적인 우위를 점하려면 다양하고 품질이 좋은 자원의 확보가 중요하다. 그 가운데서도 특히 인적자원은 기업이 최고의 가치를 유지하기 위해 반드시 확보해야 하는 기업성장의 주요 원천이다. 변화된 기업환경에서 인사관리는 점차 기업의 전략적 선택과 결합되는 핵심영역으로 부각 되고 있다.

따라서 HRM 담당자는 전략실현을 위해 조직설계에 대한 논의를 촉진하고 안내하는 주도적인 역할을 수행해야 한다. 인사조직관리의 궁극적인 목적은 기업이 지속적으로 이윤을 내며 생존할 수 있게 최적의 인재를 지속적으로 확보 · 육성 · 유지하는 역할이며 이를 위해 모든 역량을 집중해야 한다.

인사조직감사는 일정기간 동안의 인적자원관리 기능이 방침과 성과를 전제로 얼마나 잘 발휘되고 있는가를 종합적으로 검토 · 평가하는 인사통제기능 중의 하나이다. 다시 말해서 인사관리제도와 활동을 통한 방침과 절차가 잘 설정되어 준수되고 있으며 기대하는 결과가 달성되고 있는지를 확인하고, 그 과정에서 발견된 성과와 문제점을 평가함으로써 보다 효과적인 인사정책을 수립하려는 것이다.

일반적으로 인사관리의 문제는 단순히 인사부서만의 문제로 국한되지 않는다. 인사조직감사의 궁극적인 목적은 제반 HR 활동의 질을 높여서 조직 경쟁력의 근간이 되는 인적자원 역량을 제고하는 데 있다. 이러한 측면에서 최근 주목을 받고 있는 것이 인적자원회계이다. 인적자원에 대한 이해와 관리를 용이하기 위해 인적자원의 가치와 이와 관련된 비용을 재무적인 수치로 표현하고자 하는 것이다.

2. 성과지향 조직시스템

성과지향 조직시스템의 주요 구성요소는 대체적으로 능력 · 참여의지 · 참여기회가 강조된다. 이 가운데 능력은 역량으로 참여의지는 헌신으로 표현되기도 한다. 성과지향 조직시스템은 가장 높은 수준의 직무자율성과 직무수행능력의 결합에 의해서만 가능하다.

교육훈련은 직무수행자의 능력향상에 직접적으로 기여한다. 다기능교육은 가장 흔히 쓰이는 교육훈련의 지표이다. 이는 직무수행 과정을 통한 직무수행 능력의 향상을 의미이니 OJT 또는 직무(직장) 외 교육훈련인 OJF-JT로 달성될 수 있다. 기업은 이를 위해 조직에서 교육을 직접 제공하거나 외부 교육지원을 프로그램으로 제시하기도 한다.

성과에 기초한 보상제도는 직무수행자의 참여의지를 북돋는 데 크게 기여한다. 개인의 성과에 기초한 보상제도, 조직이나 부서 팀의 성과에 따른 성과배분제도, 종업원의 자사주 취득을 장려함으로 기업에 대한 주인의식을 제고하는 우리사주제 등은 성과에 기초한 보상제도로 여러 형태로 현실에서 운용되고 있다.

정보의 공유는 직무수행자의 현재 직무수행이 조직적, 사회적으로 올바른 방향인가를 판단하는 데 기여하며, 직무수행에 추가적인 노력을 기울여야 하는지를 판단하는 데에도 긴요하다. 정보의 공유는 직무수행자의 직무성과에 대한 피드백, 부서 팀의 성과, 사업부나 조직의 재무성과까지 다양한 내용으로 구성된다. 이런 정보의 공유는 조직구성원에게 경영실태를 설명하는 설명회나 소식지, 온라인 정보공개 등으로 조직구성원에게 직접 전달되기도 하고 노사협의회 등 종업원 대리조직을 통해 간접적으로 실현될 수도 있다.

3. 인사조직감사의 접근방법

인사조직감사는 통계적 방법과 비통계적 방법을 이용한 접근이 가능하다. 통계적 방법의 경우 기술통계학을 사용하여 그래프 · 도표 · 표 · 지표 · 비율 등을 활용하는 것이 바람직하다. 단순히 눈에 보이는 수치를 확인하는 것에 그치기보다는 자료의 이면 추정이 더 중요하며, 이전의 수치나 비교 가능한 수치와 비교 · 분석하는 것이 필요하다.

비통계적인 방법의 경우 태도조사 · 예산 · 추정비용 절약 · 이직 · 면접 · 인사고과 등을 사용할 수 있다. 태도조사의 경우 결과를 조직구성원들과 공유하며 검토 · 토의하여 변화를 위한 초석 마련이 바람직하다.

인사조직감사는 조직에서 수행된 인사조직 활동을 평가하는 것으로 인사조직 활동을 조직적으로 조사 분석하고 경영상의 효과를 평가하며 인사조직 관리정책의 방향을 제시함으로써 그 정책을 합리적으로 수행하도록 하려는 것이다.

전반기록에 대한 조사 이는 가업 전반의 상황과 각종 문제점을 검토하는 자료수집 단계로서 이때에는 비재무적 기록과 재무기록 모두에 대한 조사가 함께 이루어져야 한다. 이러한 자료수집이 원활하게 이루어질 수 있을 때 비로소 인사조직감사가 효과적으로 수행되어 그 효과를 발휘할 수 있게 된다.

인사조직기능에 따른 각 프로그램 분석 이러한 인사조직기능에 따른 각 프로그램 분석과정을 통하여 감사 세부영역을 확정할 수 있게 된다.

자료수집 인사조직감사의 자료는 실적통계 · 질문 · 면접 등을 통해 수집한다.

비교분석 비교분석은 당초의 계획 · 표준기준과 비교 · 외부 표준자료 및 부서 간 비교 · 추세비교 등을 통해 이루어진다.

4. 인사조직감사 실시상의 유의점

최고경영자의 지지 인사조직감사는 기업의 부정방지를 비롯하여 인사조직 관리의 효율성과 경제성을 감사하는 것으로서 장래의 인사전략 수립 및 운영에 반영을 목적으로 한다. 따라서 인사조직감사를 실시함에 있어서 기업의 반성을 적극적으로 유도하고 실천적인 감사가 이루어지기 위해서는 최고경영자의 적극적인 지원과 지지가 요구된다 할 것이다.

이러한 감사결과에 대하여 최고경영자의 충분한 지지가 없으면 감사활동은 시간적 · 경제적 낭비뿐만 아니라 관계자의 위신을 손상시키고 감사부서 조직구성원의 사기를 저하시켜 각종 감사활동에 중대한 지장을 초래할 수 있다.

책임추궁 배제 전통적인 인사조직감사는 특정 개인에 대한 책임추궁으로 마무리되는 경우가 많았다. 그러나 경영전략 및 인사방침은 한 개인에 의해 행해지는 것이 아니라 기업의 전통과 관행 및 역대 경영관리자의 노력에 의해 구축된 것이므로 특정 개인에게 책임을 전가시켜는 아니 될 것이다.

경영정책 반영 인사조직감사가 기업의 유효성을 도모하도록 행해지기 위해서는 감사결과가 구체적으로 경영정책에 반영되도록 제도화되어 있을 필요가 있다.

개선방안 마련 감사결과가 인사정책에의 문제점이 있다고 판명되었을 경우에는 이를 개선하기 위한 방안이 강구되어야 한다.

결론적으로 경영이란 조직의 목표와 개인의 목표를 통합하고 일치시켜 조직의 유효성의 극대화를 목적으로 한다. 인사조직감사 또한 이러한 경영조직의 유효성을 극대화하고 직장생활에서의 인간성 회복을 통한 종업원의 동기부여를 위하여 필요하고 이를 통한 조직의 목표를 통합하는 수단이 되는 것이라 하겠다. 이러한 점을 감안할 때 최고경영자뿐만 아니라 조직의 관리자 또한 이의 중요성을 인식하고 인적자원의 효율적인 관리를 할 때 조직의 유효성은 극대화될 수 있을 것이다.

인사조직감사의 포인트 런던 비즈니스 스쿨의 '마이클 파워 교수'는 인사조직감사활동이 종종 애초의 목적과는 상관없이 감사를 위한 감사가 되어버리면 오히려 조직에 부정적인 영향만 미칠 수도 있다고 지적하고 있다. 이를 예방하기 위해 주의해야 할 점에 대해서 알아본다.

■ 사업 연관성

종종 인사조직감사는 HR 담당자들이 자신의 업무를 얼마나 잘 수행했는지를 평가하고 자축하는 HR 내부만의 잔치로 전락해버리기도 한다. 그러나 이런 인사조직감사는 오히려 HR을 사업으로부터 멀어지게 만들 뿐 아무런 의미가 없다. 인사조직감사는 각종 인사제도나 조직시스템이 사업을 수행하는 데 얼마나 도움이 되었는지를 항상 염두에 두고 이루어져야 한다. 이를 위해서는 무엇보다도 먼저 자사의 사업현황과 미래 사업전략에 대한 이해가 선행되어야 할 것이다. 이를 바탕으로 현재 HR이 부족하여 사업수행에 차질을 빚는 것은 없었는지 또는 좀 더 강화해야 할 부분은 없는지를 살펴야 할 것이다.

■ 비용효과의 고려

인사조직감사에는 감사인의 인건비나 시간과 같은 직접비용뿐만 아니라 감사를 받게 되는 피 감사자나 조직이 감사를 준비하는 과정에서도 비용이 발생하게 된다. 그런데, 목적이 불분명한 인사조직감사는 지나치게 많은 영역을 살펴보려 하게 되어 얻은 것보다 잃는 것이 더 많은 상황을 만들기도 한다. 인사조직감사를 처음 도입하는 기업이라면 한 두 영역을 먼저 시범적으로 해보면서 확대해 나가는 것도 좋은 방법이 될 수 있다.

■ 감사 수행주체의 결정

인사조직감사는 그 수행 주체에 따라서 외부감사와 내부감사로 구분되는데 각각의 장단점이 뚜렷하다. 자사의 상황에 따라서 어떤 형태의 감사를 선택할 것인지도 중요하다. 외부감사는 말 그대로 컨설턴트와 같은 외부전문가를 활용하는 방법이다. 외부감사는 감사활동의 전문성이 필요한 경우에 주로 활용된다.

내부감사는 외부감사에 비해 비용도 저렴하고 내부의 중요한 기밀사항이 유지될 수 있다는 장점이 있다. 내부감사는 HR 활동이 지역적으로나 조직적으로 분권화되어 이루어지고 있을 때 효과적이다. 반대로 HR 활동이 중앙집중식으로 일어나고 있는 회사의 경우에는 내부감사보다는 외부전문가를 이용한 감사가 효과적이다. 자신이 하고 있는 일을 자신이 감사한다는 것 자체가 쉽지 않기 때문이다. 또한 같은 분야의 일을 하는 사람들끼리는 친분 관계가 있기 마련이기 때문에 엄격한 감사가 이루어지지 않을 수 있다는 단점도 있다.

■ 개선 활동으로 연계

인사조직감사가 단순히 잘못을 지적하는 감사보고서를 작성하는데 그치거나 책임추궁에만 열을 올리고 개선활동으로 이어지지 않는다면 차라리 하지 않은 것만 못하다.

HR 부분의 문제는 한 개인에 의한 것이라기보다는 대개 오랜 시간 동안 HR 정책이나 조직문화 등에 의해 발생한 것이 많다. 개인에 대한 책임추궁은 오히려 구성원들을 소극적으로 만들고, 감사에 대한 부정적인 인식만을 갖게 만들 뿐이다. 잘못에 대한 지적보다는 감사결과 발견된 문제를 어떻게 해결할 수 있는지에 더 많은 무게 중심을 실을 때 HR의 발전이 가능하고 진정한 비즈니스 파트너로 인정받는 HR이 될 수 있을 것이다.

03 인사조직감사의 분류

1. 조직형태에 따른 분류

전사 감사 전사적인 감사의 경우는 인사관리조직의 적부를 평가하여야 하는데, 여기서는 본사 인사 부문 및 각 사업 부문의 인사 부문의 성격 · 구성을 검토하여 양자의 기능적인 지휘명령관계 · 커뮤니케이션 등의 실태가 중심적으로 다루어져야 한다.

스텝 부문 감사 인사정책과 그 시행이 중점적으로 다루어져야 한다. 즉 인사정책의 성격 및 제도화 · 시책의 종합 조정 · 인사관리 부문의 조직 · 노사관계 · 조사연구활동 등의 문제가 평가 중범이 된다.

라인 부문 감사 각 사업 부문을 감사하는 경우 인사관리의 각종 기술면이 중점적으로 다루어져야 한다. 즉 고용 · 배치 · 훈련 · 규율 · 안전위생 · 복지후생시설 등 인사관리의 기술 및 그 효과로서의 사기가 평가 중점이 된다.

2. 감사대상(ABC)에 따른 분류

ABC 감사는 미국의 미네소타식 3중 감사방법을 일본 노동연구회의 노무감사위에서 발전시킨 방식이다. A감사는 관리적 측면, B감사는 예산측면, C감사는 인적자원관리의 기여도 및 효과측면을 말한다. ABC감사는 항상 상호 일체적인 관계를 지니고 있다.

A감사에서 적합성이 판정되어 그 개선점이 명백해지고, B감사의 예산적인 뒷받침에 의하여 적부가 판단되며, 이러한 일련의 과정을 거쳐 C감사를 통해 인사효과가 검토된다. 이때 성과의 측정이 다음 계획에 영향을 미치기 때문에 감사의 순서는 C → A → B → C로 이루어진다.

A감사

인사조직 정책의 경영면(Administrative phase)을 대상으로 하여 실시되는 감사이다. 이는 경영의 전체적 입장에서 전반적 인사조직 관련 정책에 관한 사실을 조사하고 인사관리 및 조직관리의 방침과 구체적 시행과의 관계, 시행정책의 기능과 운용 등에 관하여 정기적으로 평가하고 이의 타당성을 검토하여 인사조직 관리의 실태를 비판하고 인사조직 관리에 존재하는 개선점을 찾는다는 것을 목적으로 한다. 그래서 이것을 A감사(Administrative survey)라고 한다. 주요 평정항목으로서는 인사정책, 이를 시행하기 위한 인사관리조직노사관계 · 채용 · 배치 · 이동 · 복무 · 노동시간관리 등 인사정책의 전반이 평가항목에 포함된다.

B감사

인사조직 정책의 경제면(Economical phase)을 대상으로 실시되는 인사조직 예산감사이다. 인사조직 관련 제반 정책의 실시에 있어서 인사조직 관리 예산의 적정성 평가, 인건비 및 인사담당 요원의 적정성을 분석 · 평가하여 인사조직 관련 정책의 전반적 규모, 직능별 구성의 적 · 부 등을 해석 · 평가하고, 인사조직 정책의 조정, 인사계획의 적 · 부 등을 검토하는 것을 목적으로 한다. 이러한 인사조직 감사를 B감사(Budget analysis)라고 한다. 주요 평정항목으로서는 노무관리비 분석 · 노무요원 비율분석 · 노무비 분석 등을 검토한다.

C감사

인사조직 관련 정책의 실제 효과를 대상으로 이를 측정하고 검토하여 당해 연도에 있어서 조직 균형상태뿐만 아니라 인사조직 정책을 재해석하고 이를 종합 판단하여 새로운 정책을 수립하는데 유용한 자료를 제공하는 것을 목적으로 하는 감사이다. 이를 C감사(Contribution survey)라고 한다. 주요 평정항목은 다음과 같다.

- 매출액지수 · 생산지수 · 매출액이익률을 검토하는 경영측정
- 간접요원 비율 · 인사관리요원 비율 등을 다루는 요원측정
- 결근율 · 징계율을 비교하는 복무측정
- 급여지수 · 복리비지수 · 퇴직금지수 등을 다루는 급여측정
- 불량률 · 분쟁률을 검토하는 손실측정

ABC감사의 상호관계

이상에서 살펴본 바와 같이 인사조직감사의 감사대상에 따른 분류로서 ABC감사가 있다. 이러한 ABC감사는

각각 다른 측면에서의 감사로서 그 성격을 달리하나 이들은 인사조직감사의 전체적인 측면에서 볼 때 서로 긴밀한 관계를 지니고 있다 할 것이다. 즉, 인사조직감사가 효율적으로 이루어지기 위해서는 C감사를 전제로 한 A감사의 실시가 요구된다는 점을 고려할 때 ABC감사 모두를 통합적으로 고려한 인사조직감사가 요구된다 할 것이다. 요컨대 이들 ABC감사는 상호보완적인 관계에 있다고 할 수 있다.

3. 감사범위에 따른 분류

미시감사

미시감사는 인사조직 관리 활동의 부문별 성과를 감사하는 것으로서 인사조직 관리의 내용을 중심으로 한 정태적 분석과 프로세스를 중심으로 한 통계적 분석방식이 있다.

정태적 분석은 고용관계 부문 · 노사관계 부문 · 인간관계 부문으로 구분하여 감사할 수 있고 동태적 분석은 인사조직계획 부문 · 인사조직실천 부문 · 인사조직통제 부문으로 구분하여 감사할 수 있다.

거시감사

거시감사는 전반적인 인사조직 관리의 성과를 감사하는 것으로서 객관적으로 측정 가능한 결근율 · 이직률 · 생산성 등의 측정을 통해서 양적인 분석을 하는 감사방식과 모티베이션 분석 · 동기유발 등의 주관적인 측면을 측정하여 질적인 분석을 하는 감사방식이 있다.

4. 감사시기에 따른 분류

감사시기에 따른 분류로서는 일정한 기간마다 실시하는 정기감사와 기간을 정하지 않고 실시하는 비정기감사가 있다. 효율적인 인사조직 감사를 위해서는 정기감사를 기본원칙으로 하고 수시적인 필요에 따라 비정기감사를 실시하는 것이 바람직할 것이다.

04 인사조직 부문의 내부감사절차

인사조직 부문이라 함은 인사관리 · 급여 및 임금관리 · 교육훈련 · 사무관리 · 복리후생 · 총무 · 서무 · 경영기획 등으로 세분할 수 있으며 이러한 업무요소별 감사절차를 감사인이 실제 현장에서 감사업무를 수행할 수 있는 내용은 다음과 같다.

1. 인사관리 업무감사

감사대상 업무	
■ 인력관리	: 인력계획 및 정원 · 인력계획 수립 · 증원승인 · 정원관리
■ 채용 및 배치	: 직무분석 · 직무명세 · 채용기준 · 전형절차 · 배치관리
■ 이동 승진관리	: 인사고과 · 승진시험 · 인사발령
■ 복무	: 직무규정 · 취업규칙 · 상벌 · 출장 · 휴가 · 휴직 · 복직 · 당직관리

내부통제 확인사항

확 인 사 항	Y/N	특기사항
• 장 · 단기 인력수급계획은 수립되어 있으며, 계획대로 실행되고 있는가.		
• 조직이 변동될 때마다 정원관리의 기준을 동시에 변경하고 있는가.		
• 증원은 일정한 절차에 따라서 정기적으로 충원하고 있는가.		
• 인력관리위원회는 필요에 따라 소집되며 그 운영에 있어서 실효성이 충분히 반영되고 있는가.		
• 정기적인 직무분석이 이루어지고 있으며, 이에 따라 정원을 조정하고 이를 인력관리적인 측면에서 활용하고 있는가.		
• 정원별 직무명세표가 작성 비치되어 있으며 조직의 변경 또는 정원이 변경 시 즉시 조정되어 지고 있는가.		
• 업무 분장규정에 따라 직무명세표가 작성되었는가.		

확 인 사 항	Y/N	특기사항
• 채용에 대한 기준은 정해져 있으며 반드시 기준에 의해서만 이루어지는가. • 전형절차는 별도의 채용전형의 기준이 정하여져 있으며 반드시 기준에 의해서 실행되고 있는가. • 배치관리에 대한 기본계획은 매년도 초에 설정되어지며 각 부문별로 하여금 이에 대한 충분한 인식은 되어있는가. • 배치하여야 할 각 직무에 대하여 어떠한 사람을 배치하는 것이 가장 적절한 것인가에 관한 배치기준표가 작성되어 있는가. • 부적격자의 배치에 대하여 정기적으로 전환배치를 검토하고, 이를 실시하고 있는가. • 인사고과는 제 규정이 정한 바에 의하여 정기적으로 실시되고 있는가. • 인사고과의 결과는 반드시 인사에 반영되고 있는가. • 승진시험은 승진시험 출제위원에 의해서 출제되고 이에 대한 제도적 장치가 마련되어 있는가. • 인사발령은 기준이 있어 그 기준에 의해서만 이루어지고 있는가. • 취업규칙 · 단체협약 등 복무에 관한 규정은 그때그때 필요에 따라 개폐가 이루어지고 있으며 이를 종업원에게 숙지시키고 있는가. • 복무와 관련하여 아직 제도화되어 있지 않거나 불명확한 부분은 없는가.		

감사지시서

감 사 절 차	조서번호
• 조직으로서 인사 · 노무관리를 주관하는 곳은 어디며 조직의 기능으로 보아 적합한지를 조사 평가하라. • 이러한 조직은 최고경영자와 각 부문의 책임자 그리고 인사 · 노무담당자 상호간에 충분한 협력이 될 수 있도록 되어 있는지를 검토하라. • 인사 · 노무담당자는 기업 전체의 사정에 통달하고 일반사회 사정도 인식하고 상식이 풍부한 사람이며 노력하는 사람인지 그 인간관계에 대하여 평가하라.	

감 사 절 차	조서번호
• 인력관리를 검증하기 위하여 다음의 자료들을 모집하여 조직운영의 효율성을 판단하라. - 장 · 단기 사업계획서의 인력수급계획 - 연도별 인원 증감명세서 - 연도별 생산실적 및 판매실적표 - 장기고용 계획서 - 단기고용 계획서 • 상기 자료를 다음과 같이 분석하여 인력관리 실태를 파악하라. - 직접인원과 간접인원의 비율 - 인원 증감률과 생산 · 판매실적 증감률의 상관관계 - 종업원 1인당 매출액 증감률과 인원 증감률 - 노동생산성 증감률과 인원 증감률 - 1인당 부가가치 증감률과 인원 증감률 - 입사율과 퇴직률 - 전환 배치율 - 노동조합의 조직화 정도를 측정하는 조합원 비율 • 장 · 단기 고용계획과 경영계획의 문제점은 없는지 검토하라. • 고용계획에는 현장관리자의 희망이 받아들여지고 있는지를 검증하라. • 인사관리 실태파악을 위하여 다음 자료들을 징구하고 필요한 것은 사본하여 조서철에 편철하라. - 인사규정 - 정원관리 기준표 - 인력관리위원회의 회의록 - 직무명세서 - 인사고과 규정 - 취업규칙 - 단체협약 - 인사 관련 품의서철	

감 사 절 차	조서번호
- 조직 기구도표 - 인원배치 현황표 • 인사구성에서의 특색은 무엇인지 조사하라. • 인사관리와 작업관리와는 어떤 연락이 취하여지고 있는가를 조사하라. • 최근 1년간의 고용과 퇴직의 상황은 어떤가를 조사하고 평가하라. • 적정배치를 하고 있는지를 조사하라. • 정원을 초과하여 채용된 부분이 있다면 그 사유를 규명하라. • 인원배치 현황과 직무명세표를 검증하고 불필요한 인원이 배치된 부분에 대하여 조사하라. • 직무분석에 바탕을 둔 직무평가가 실시되고 있는지 조사 분석하라. • 배치 · 전환에 있어서의 종업원의 희망을 반영하는 조치를 취하고 있는지를 확인하라. • 자기신고서를 검토하여 전공과 배치부서가 무관하거나 상이하여 이동을 원하는 사람에 대하여 조사하고 인사책임자의 의견을 청취한 후 평가하라. • 정실(情實)인사가 없었는지 종업원 명부의 보직이동 현황을 체크하라. • 부적격자의 채용이 없었는지 채용관계 서류를 열람하고 그 진위를 검증하라. • 채용인원의 산정방법과 채용방법은 어떻게 하고 있는가를 조사하라. • 신규 채용자에 대하여 채용 전형기준과 비교하여 문제점이 있다면 이에 대하여 규명하라. • 최근 1년간 고용과 퇴직의 상황은 어떠하며 퇴직의 주된 원인이 무엇인지 조사하라. • 인사고과의 결과는 공정 타당하게 이루어졌는지 조사하라. • 인사고과가 규정대로 시행되었는지의 여부를 확인하라. • 인사고과의 결과를 어떻게 활용하고 있는지를 조사하라. • 승진사정에 있어서 부당하게 승진된 자, 또는 누락된 자는 없는지 관련 규정과 인사고과 평정 · 승진시험 성적을 대사하라. • 승진 및 이동의 결정은 어떻게 하고 있으며 그 타당성을 검토하라. • 인사발령에 문제는 없었는지 일정기간의 인사발령 사항에 대하여 조사하라.	

감 사 절 차	조서번호
• 인사이동은 계획적으로 하고 있는지 확인하라. • 상벌은 공정하게 이루어졌는지 관계 자료를 징구하여 조사하고 그 결과가 인사기록부에 정리되어 있는지 확인하라. • 근태관리가 내규에 정한 바에 따라 행해지고 있는지 출근부 · 일일 근태관리보고서 · 작업시간집계표 등을 상호대조하여 이상 유무를 확인하라. • 출근율은 어느 정도이며 목표출근율을 정하고 있는지 확인하라. • 출근율 향상대책을 취하고 있는지 확인하라. • 재정보증기간 만료자에 대하여 적절한 조치가 행해지고 있는지 확인 조사하라. • 인사기록부를 Sampling하여 그 정리사항을 검증하고 필요하다면 정사하라. • 인사서류는 개인별로 잘 정리가 되어 있는지 종업원 명부에서 Sampling 추출법을 이용하여 추적 조사하고, 정사(精査)의 필요성 유무를 판단하라. • 출장 · 휴가 · 휴직 · 복직은 내규에 정한 바에 따라 업무처리 절차대로 이행되고 있는지를 확인 조사하여 비정상적인 것을 지적하라. • 결근 · 지각 · 조퇴 · 외출 등은 부서별로 어느 정도인가, 많을 경우 그 이유가 무엇이며, 어떤 대책을 수립 운영하는지를 조사하라. • 당직관리는 내규에 정한 바에 따라 공정하게 이루어지고 있는지를 당직 명령부를 징구하여 확인 조사하라. • 휴일 · 휴가의 제도운영의 적정성에 대하여 검토하라.	

2. 임금관리 업무감사

감사대상 업무	
■ 임금체계	■ 임금제도
■ 임금수준	■ 임금액 관리

내부통제 확인사항

확 인 사 항	Y/N	특기사항
• 기준임금과 기준 외 임금에 대한 체계가 명확히 구분되어 있는가. • 연공급(年功給)은 개개인의 학력 · 자격 · 연령 등을 감안하여 근속년수에 따라 임금수준이 결정되는가. • 직무급은 직무평가 결과에 따라 적절하게 급여액이 결정되는가. • 직능급이 도입되어 있으며 성과주의에 따라 급여체계에 반영되고 있는가. • 자격취득의 기준은 정해져 있으며 그 자격취득에 따라 자격급이 지급되는가. • 정기 승급제도에 대한 기준은 명확히 설정되어 있는가. • 특수근무수당 · 직장수당 · 지역수당 등은 수당의 이유가 전 종업원에게 알려져 있는가. • 이러한 근무수당은 배치 · 전환 시 등에 지장이 있는가. • 초봉 · 기준 외 수당 · 기본급 등에 대한 기준이 설정되어 있는가. • 급여수준은 동종 업 또는 동 지역의 기업과의 차이 등을 비교 검토해 보는가. • 고정급과 능률급의 비율은 정기적으로 비교 검토되고 있으며 이것을 원가관리에 참조하는가. • 임금지급 부문과 회계처리 부문은 각기 그 기능이 구분되어 있으며 다른 사람에 의하여 업무가 분담되고 있는가. • 임금대장의 작성자와 노무시간을 기록관리 하는 자, 인사관리업무를 수행하는 자는 제각기 다른 사람에 의해서 업무가 구분 분담되고 있는가. • 작업시간 또는 근무시간을 확정하는 'Time Clock'이나 다른 적절한 방법을 사용하는가.		

확 인 사 항	Y/N	특기사항
• 시간 외 근무 · 야간근무 · 조퇴 · 결근 등은 해당 부서의 책임자의 승인에 의하여 그 내용이 임금 담당부서로 통보 제출되는가. • 작업시간은 원가계산을 위하여 적절히 분류 집계되는가. • 임금계산의 기초가 되는 인사기록 사항은 적기에 작성되며 변동사항은 즉시 통보되어 조치되고 있는가. • 임금대장은 인사담당 부서에서 검토되는가. • 당월 지급되는 임금대장은 전월 대장과 비교검토하며 이를 수행하는 사람이 지정되어 있는가. • 조합비 등 기타 공제항목은 책임자의 승인을 받고 공제 계산하는가. • 임금지급 시 본인에게 서명을 받고 지급하는가. • 임금부서에서 개인별로 임금봉투에 직접 넣은 후 부서별로 수령자를 정하여 지급하는가. • 부서별로 임금총액을 지급하는 경우에는 부서별 임금의 인수인계가 명확히 이루어지고 있는가. • 결근자 · 출장자 · 퇴직자의 임금은 즉시 명세서와 함께 반환되는가. • 반환된 임금은 단시일 내 지급이 이루어지지 않을 경우 입금 예수 처리하는가. • 급여전표의 계정분류 및 금액은 급여대장과 비교 검토되는가. • 장 · 단기 인력계획, 인건비 지급실적 분석보고서, 생산성 계획 대 실적보고서 등의 관리자료가 주기적으로 작성되어 보고되고 있는가.		

감사지시서

감 사 절 차	조서번호
• 인사 및 임금관계 규정을 검토하고 주요절차를 발췌하라. • 임금체계를 검토하여 다음 사항을 체크하라. – 기준임금과 기준 외 임금 구성의 적정성	

감 사 절 차	조서번호
- 연공급의 경우 적용기준의 합리성 유무 - 직능급의 경우 그 종류와 방법의 타당성 검토 - 자격급의 기준과 그 내용 및 합리적인 운용 여부 • 임금체계의 운영 상태를 확인하기 위하여 각 체계 매체별로 3~4명씩을 Sample 추출법에 따라 Sampling하여 운영상의 문제점을 체크하라. • 정기승급과 관련하여 기준에 벗어난 사람의 승급이 없었는지 확인하라. • 현재의 임금제도의 제정 취지, 경위는 어떤 것인지 인사 담당부서의 책임자에게 질문법을 이용하여 확인 조사하라. • 임금내용은 어떻게 구분 · 구성되어 있으며, 그 유래 및 이유가 무엇인지 확인 조사하라. • 능률급 또는 장려급(奬勵給) 등은 어떤 직종과 어떤 계층에 채용하고 있으며 당초의 목적과 부합되고 있는지를 확인하라. • 고정급과 능률급의 비율은 어떠하며 그 추이는 어떠한지 비교 분석하라. • 원가 중 인건비가 점유하는 비율은 어느 정도이며 그 추이의 변화를 비교분석하고 문제점을 토출하라. • 임금과 관련된 업무 Flow chart를 작성하고 개인별, 부서별, 직무분장표를 작성하여 문제점을 파악하라. • 관계서식 중 중요한 것을 구하고 내부통제 기능이 있는 곳을 표시하라. • 감사대상 기간의 부서별, 원가구성별, 부분별 및 월별 총임금 명세서를 구하고 특이사항 유무를 검토 조사하라. • 감사대상 기간의 특정 월을 Sample로 추출하고 각 부별 2~3사람 씩 임의 선정하여 다음과 같이 구체적인 Tests를 수행하라. - 기본급 · 제수당 등이 인사기록부와 일치되는지 확인하라. - 시간급 · 시간외 수당 등에 대해서 Time cards나 작업일보 또한 승인자료를 대사(對査)하여 임금대장에 정확하게 반영되었는지 확인하라. - 선정된 사람이 실제로 근무하는지 Head count를 실시하라. - 임금수령인이 확실한지 몇 개월분의 임금대장의 날인과 대조하라. - 임금합계액, 공제항목계산, 차감지급액 등의 계산이 정확한지 검산하라.	

감 사 절 차	조서번호
- 공제항목 중 필요한 것은 증빙 대조하라. • 감사대상 기간의 월별 신규 채용자와 퇴직자에 대하여 인사발령 상황을 검증하라. • 감사대상 기간에 지급된 상여금에 대하여 급여대장과 대조하여 기본급이 일치하는지 대조하고 계산이 정확한지 검산하라. • 감사대상 기간의 특정 월을 Sample로 추출하고 임금에 대한 원가계산을 위한 분개와 증빙서류를 다음과 같이 검토하라. - 작업시간 보고서에 의한 부문별, 공정별, Cost Center별 임금배분이 정확한가를 확인하라. - 작업시간이 정확히 원가계산 자료에 반영되었는지 확인하라. • 감사대상 기간 중에 퇴직한 종업원 2~3명씩을 월별로 Sample추출하여 지급한 퇴직금이 사규에 따라 정확히 계산 지급되었는가를 검사하고 증빙대조하라. • 임금규정에 있는 복리후생 사항으로서 중요한 항목에 대해서는 실제 지급거래 약간씩을 선정하여 규정에 의하여 정당하게 지급하고 있는가를 검증하라.	

3. 교육훈련 업무감사

감사대상 업무	
■ 교육목표와 기본방침	■ 교육체계 및 기능
■ 교육계획	■ 교육훈련 관리

내부통제 확인사항

확 인 사 항	Y/N	특기사항
• 교육의 목표 및 방침은 설정되어 있는가.		
• 전사적인 교육목표는 되어 있으며 최고경영 방침과 부합되는가.		
• 교육목표에는 경영이념이나 조직문화와의 밀접한 관계가 형성되어 있는가.		
• 교육목표에 따라 실제 교육훈련 계획이 수립되고 이를 수행하는 기능이 있는가.		
• 교육의 기본방침은 체계화되어 있으며 최고 의사결정권자의 의사가 반영되어 있는가.		
• 교육추진 기구 및 직능은 조직화되어 있는가.		
• 교육훈련 체계는 목표와 방침에 따라 설정되어 있는가.		
• 교육훈련 체계는 직능별 · 계층별로 체계화되어 있으며 기능에 따라 구분운영되고 있는가.		
• 교육과정별 예산 편성은 회사가 정한 기준에 의하여 편성되었는가.		
• 교육계획은 연도별 · 반기별 · 분기별 계획으로 구분 운영되고 있는가.		
• 교육훈련 관리체계의 기준은 명확히 설정되어 있는가.		
• 부서별 교육훈련 담당자는 임명되어 있으며 실제 운영되고 있는가.		
• 개별 교육훈련 계획 보고서는 작성되며 교육훈련 실시 결과 완료보고서가 작성되는가.		
• 강사의 임명과 운영에 대한 기준은 설정되어 있는가.		
• 강사의 자격요건에 관한 기준은 있는가.		

확 인 사 항	Y/N	특기사항
• 교육훈련 평가 시스템은 확립되어 있는가. • 교육성적 우수자에 대한 처우지침은 확립되어 있는가. • 교육성적 불량에 대한 처리지침은 확립되어 있는가. • 교육훈련 성과분석은 하는가. • 교육훈련 결과에 대하여 개인별 교육훈련 기록표를 비치 운영하는가.		

감사지시서

감 사 절 차	조서번호
• 교육훈련 규정을 검토하고 조직으로서 교육훈련을 주관하는 부서는 어디이며 조직의 기능으로 보아 적합한지를 조사 평가하라. • 다음 자료를 징구하여 최고경영자의 경영방침과 기업이념이 실제 적용되고 있는지를 판단하라. - 교육목표 - 교육의 기본방침 - 추진기구 및 직능 - 종합 교육 체계도 - 장 · 단기 교육계획서 • 교육훈련 실시 절차를 Flow-Chart하고 문제점을 파악하라. • 교육훈련 부서의 업무분장표를 구하고 업무수행 정도의 적합성과 조직운영의 효율성을 판단하라. • 교육훈련 관련 서식을 징구하여 내부통제 기능이 있는 곳을 표시하라. • 종합교육훈련계획표를 다음과 같이 분석하여 계획의 타당성 여부를 평가하라. - 각 과정별 시간배정 비율 및 소요예산 편성 비율 - 각 직급별 교육훈련 시간 배정 비율 및 소요예산 편성 비율	

감 사 절 차	조서번호
- 사내훈련과 사외위탁훈련 시간배정 비율 - 외부강사 대 사내강사 시간배정 및 강사료 지출 비율 - 총 인건비 비율 대 교육훈련비 비율 추이 - 매출액 비율 대 교육훈련비 비율 추이 • 교육훈련비 예산실적표를 집행 내역별로 구분하여 집행의 적정성 유무를 검증하고 필요하다면 외부정보를 수집하여 비교 조사하여 문제점을 파악하라. • 교육훈련비 보조부를 검증하고 문제점이 있는 부분은 증빙대조하여 확인하라. • 직급별 종업원대장을 징구하여 각 직급별 3~4명씩을 Sample로 임의 선정하여 다음과 같은 구체적인 Tests를 수행하라. - 개인별 교육훈련 기록표의 작성 비치 여부를 확인하라. - 교육과정별 대상자 List와 개인별 교육훈련 기록표의 기록상황을 대조 확인하라. - 개인별 교육훈련 기록표의 특기할만한 사항을 발견하여 증빙대조하여 일치 여부를 확인하라. - 교육결과에 대한 인사기록 카드의 기록사항을 확인하고 인사관리에 적절하게 활용되었는지를 평가하라. • 교육훈련 평가결과를 다음과 같이 검증하고 문제점은 없는지를 파악하라. - 교육성적 우수자의 평가결과 증빙자료를 대사하고 적정성 유무를 검증하라. - 교육성적 불량자의 평가결과 증빙자료를 대사하고 적정성 유무를 검증하라. - 교육훈련 평가 결과가 기준에 일치하고 있는지를 증빙 대조하라. - 교육성적 우수자와 불량자에 대한 사후관리가 내규에 정한 바에 따라 조치되었는지를 확인하라. • 교육훈련 성과분석에 대한 자료(교육실시 결과 완료 보고서 등)를 징구하고 다음의 절차를 수행하라. - 성과분석의 총체적인 타당성 여부를 검증하라. - 세부실시 계획 대 실적을 분석하여 문제점을 파악하라. - 예산통제는 적절하게 이루어지고 있는지를 검증하라. - 문제점 또는 건의사항이 적절히 조치되고 있는지를 확인 조사하라.	

감 사 절 차	조서번호
• 해외연수 교육대상자 선정은 기준에 의하여 적절히 이루어지고 있으며 기준에 이탈한 자를 대상자로 선정하여 집행한 사실이 없는지 조사하라. • 부서별 교육훈련 담당자는 임명되어 있으며 실제 운영 상태를 관계 자료를 징구하여 검증하라. • 내부강사의 임명에 대하여 강사의 자격요건이 기준에 적합하게 임명되었는지 검증하라. • 강사료는 적정하게 지급되었는지 정보를 수집하여 적정성 유무를 검증하라. • 위탁교육은 특정 교육기관에 편중되지는 않았는지 또한 특정강사에 지나치게 할애되어 있지는 않은지 비교 분석 조사하라.	

4. 사무관리 업무감사

감사대상 업무	
■ 사무 관리제도	: 사무조직 · 업무분장 · 사무통제
■ 사무분석	: 사무절차 · 장표류 · 사무환경조건
■ 사무개선	: 사무시스템 · 사무자동화 · 사무표준화

내부통제 확인사항

확 인 사 항	Y/N	특기사항
• 사무관계를 위한 직제 · 직무분담규정 · 위임전결규정은 변경사항이 발생될 때마다 즉시 개폐가 이루어지고 있는가.		
• 각 직제는 지휘명령이나 연결보고의 계통이 확립되어 있는가.		
• 직무명세서에는 누가 어떤 업무를 담당하는지 명확히 구분되어 있는가.		
• 직무분담표는 조직변경시마다 적절히 조정되어 종합인력 수급계획에 반영되고 있는가.		
• 직무명세서에는 각 담당자의 자격 · 능력 · 경력 등에 대한 기준이 정해져 있는가.		
• 각 부문 본래의 기능은 충분히 발휘되고 있는가.		
• 각 부문에서는 매월의 월간 업무계획표 · 개인별행동예정표를 작성하고 있는가.		
• 담당자가 부재중이라도 사무처리 현황을 알 수 있도록 되어 있는가.		
• 사무처리 상의 사고나 부정발생을 사전에 방지할 수 있는 조직이 갖추어져 있는가.		
• 회의에 의한 계획의 협의나 업무연락 등을 행하고 있는가.		
• 부문별 종합보고 또는 전사적 종합보고 제도가 되어 있는가.		
• 각각의 사무에 필요한 정보 · 자료 등은 명확히 정해져 있는가.		
• 사무절차를 설정하는 부서는 별도로 정해져 있는가.		
• 각종 사무절차는 명확하게 정하여져 있는가.		

확 인 사 항	Y/N	특기사항
• 사무절차 과정은 권한의 하부 위양이 적절히 되어 있는가. • 장표(帳票)의 설계 기준은 정해져 있는가. • 모든 양식 및 장표는 등록제도에 의해서만 등록한 후 사용하며 적절히 통제되고 있는가. • 장표류의 신설 · 개폐절차가 정해져 있는가. • 장표류의 지질 · 종이의 색상 · 인쇄의 색상 등은 용도에 따라 분류되어 있는가. • 등록되지 않은 장표류가 사용되고 있는 일은 없는가. • 장표류의 폐지는 일정한 기간을 정하여 주기적으로 실시하고 있는가. • 책상 · 의자 · 테이블 · 서류선반 등의 형식은 일의 내용에 적합한 것을 사용하는가. • 소모품의 소비조정은 행해지고 있으며 그 인수 · 배급방법은 적절한가. • 외래자의 출입은 통제되고 있으며 별도의 응접장소를 설비하고 있는가. • 사무시스템은 일관된 것으로 되어 있는가. • 사무시스템의 가동상황은 정기적으로 체크되는가. • 사무시스템의 불합리한 점은 수시로 점검되며 이를 위한 개선방안이 보고되는가. • 사무시스템은 기계화되어 있는가. • 사무자동화를 위한 장 · 단기 계획은 수립되어 있는가. • 사무처리에 대한 규정은 있는가. • 모든 사무절차는 표준화가 이루어지고 있는가. • 문서의 정리 · 보관에 Filing System을 채용하고 있는가. • 장표의 양식 결정이나 발주를 일원적으로 통제하고 있으며 규격은 통일되어 있는가. • 사무표준화나 통제를 담당하고 있는 부서가 별도로 정해져 있는가. • 사무용어의 통일화 · 기호화가 되어 있는가.		

감사지시서

감 사 절 차	조서번호
• 감사대상 업무와 관련된 규정을 구하고 중요한 내용은 발췌하여 조서에 정리하라. • 사무관리의 운영상태를 확인하기 위하여 각 부서별 장표류 · 양식 등을 Sampling하여 운영상의 문제점을 체크하라. • 현재의 직제 · 업무분담규정 · 위임전결규정의 변경사항이 개폐되었는지를 확인하라. • 직무명세서를 검토하고 내용의 적정성 여부를 판단하라. • 종업원현황표를 징구하여 사무 부문의 규모에 대한 인원구성을 분석하고 현업 부문과의 밸런스의 적정성을 검토하라. • 사무분담을 분석하고 사무의 성질에 따라 남자와 여자에게 적당하게 분배되어 있는지 검증하라. • 각 부서별로 사무담당자 1명씩을 임의 선정하여 사무처리 현황을 청취하고 문제점을 도출하라. • 사무처리 상의 사고와 부정발생의 유형을 분석하고 그 원인을 규명하라. • 각 부서별 회의록을 징구하여 협의나 업무연락이 제대로 이루어지고 있는지를 검증하라. • 각 부서별 보고서 양식을 징구하여 실제 보고제도의 운영 상태를 점검하고 문제점을 도출하라 • 몇 가지의 사무에 대하여 Flow Chart를 작성하고 처리절차가 명확하게 정해져 있는지에 대하여 검토 분석하라. • 작성 발행하는 정보나 자료가 중복되는 일은 없으며 또한 불필요한 정보나 자료가 없는지를 조사하라. • 자료의 취급실태를 조사하고 검색 · 활용상태 · 보존기간에 대한 운영상의 문제점을 도출하라. • 비밀취급의 정보, 자료의 취급상태를 조사하라. • 사무절차과정에서 실제 권한의 위양상태나 책임의 한계에 대한 이행상태를 조사하라. • 장표류의 신설 · 개폐절차를 검증하라.	

감 사 절 차	조서번호
• 등록되지 않고 사용되는 장표류와 양식을 선별하여 그 원인과 문제점을 규명하라. • 보존기간이 경과하거나 보존기간 설정이 되어있지 않은 자료나 장표류를 조사하고 운영상의 문제점을 도출하라. • 사무비용을 분석하고 문제점에 대한 원인을 규명하라. • 사무환경개선의 주요 Point를 조사하고 우선순위를 규명하라. • 사무시스템의 불합리점에 대한 보고서를 검토하고 이의 진척상황에 대하여 조사하라. • 사무자동화의 정도에 대하여 평가하고 그 우선순위를 판단하라. • 사무표준화와 통제의 운영 상태를 평가하라. • 사무표준화 정도를 평가하고 문제의 원인을 규명하라. • 사무용어의 통일화의 여부를 검증하라. • 문서의 정리, 보관절차와 그 운영 상태를 검증하고 운영상의 문제점을 찾아내고 개선방안을 제시하라. • 사무개선 실태를 평가하고 총평을 하라.	

5. 복리후생 업무감사

감사대상 업무		
■ 학자금	■ 사택	■ 기숙사운영
■ 근무복 지급관리	■ 경조금	■ 상조회 운영관리
■ 급식제도		

내부통제 확인사항

확 인 사 항	Y/N	특기사항
• 감사대상 업무에 관한 규정은 마련되어 있으며 그때마다 개폐가 이루어지고 있는가.		
• 학자금 지급대상자 List는 주기적으로 체크되며 책임자가 이를 확인 관리하는가.		
• 학자금 지급기준과 지급대상자에 대한 증빙서류는 갖추어져 있으며 이를 관리하고 있는가.		
• 학자금 지급신청서 및 증빙서류는 위임전결규정에 따라 최종 전결권자의 승인을 득하고 있는가.		
• 학자금 지급대상자의 변동사항은 즉시 파악되어 업무에 반영되고 있는가.		
• 학자금 수령자가 장기출장 · 교육 · 기타 사유로 인하여 즉시 수령하지 못할 경우 이를 입금 예수 처리하는가.		
• 학자금지급 영수증은 본인으로부터 직접 날인 받고 지급하는가.		
• 사택관리자는 임명되어 있으며 임명된 자가 이를 통괄 관리하는가.		
• 사택사용 자격을 갖춘 자만이 입주할 수 있는가.		
• 입주허가를 받지 아니한 자가 입주하고 있는 예는 없는가.		
• 사택사용자의 연대 보증인으로부터 받아둔 계약서는 비치되어 있는가.		
• 사택사용료에 대한 기준은 설정되어 있으며, 기준설정은 타당하게 되어 있는가.		

확 인 사 항	Y/N	특기사항
• 사택의 수선에 관한 기준과 절차는 정해져 있으며 사택관리인에 의해서 정기적으로 이행되고 있는가.		
• 사택사용자가 이를 전대하거나 셋방(貰房)을 주는 예는 없는가.		
• 사택에 사용자가 없어 공택(空宅)이 생긴 경우 이를 관리하는 자가 있는가.		
• 퇴거와 반환에 관한 기준이 설정되어 있으며 부당하게 사용되는 경우는 없는가.		
• 기숙사 운영에 필요한 방침은 설정되어 있으며 이를 주관하는 부서가 별도로 정해져 있는가.		
• 기숙사 관리인의 책임과 의무가 명시화되어 있는가.		
• 입 · 퇴거에 관한 기준은 설정되어 있으며 이 기준으로부터 이탈된 자가 입거한 경우는 없는가.		
• 기숙사의 일상생활의 규율은 정해져 있으며 이를 관리감독하고 있는가.		
• 사비(舍費)운영에 관한 기준은 설정되어 있으며 그대로 지켜지고 있는가.		
• 기숙사의 안전 · 위생에 관한 시설은 정기적으로 점검되며 화재 등으로부터의 예방대책은 수시로 점검되고 있는가.		
• 기숙사의 일상생활 규율은 정해져 있으며 이를 관리감독하고 있는가.		
• 사비(舍費)운영에 관한 기준은 설정되어 있으며 그대로 지켜지고 있는가.		
• 기숙사의 안전 · 위생에 관한 시설은 정기적으로 점검되며 화재 등으로부터의 예방대책은 수시로 점검되고 있는가.		
• 근무복의 지급기간은 합리적으로 정해져 있는가.		
• 근무복의 착용의무는 정해져 있으며 반드시 지켜지고 있는가.		
• 지급복의 관리기준은 정해져 있는가.		
• 근무복의 가격부담에 대한 기준은 정해져 있는가.		
• 근무복의 반납은 제대로 이행되고 있으며 이에 대한 관리가 이루어지고 있는가.		
• 경조금지급은 반드시 본인 또는 당해부서 책임자의 청구에 의해서만 지급되는가.		
• 경조금지급 시에는 당해 사실을 입증하는 증빙서류를 징구하는가.		

확 인 사 항	Y/N	특기사항
• 경조금지급 시 지급대장에 본인의 서명날인을 받고 지급하는가. • 상조회의 자체적인 감사는 정기적으로 이루어지고 있는가. • 상조회의 출자금은 적정하게 운영되고 있으며 이를 관리하는 자가 정해져 있는가. • 상조회의 결산보고는 매기별로 행해지고 있으며 이에 대한 관리가 이루어지고 있는가. • 상조회 금전의 입출금은 반드시 은행예금 통장에 의해서만 입출금이 이루어지고 있는가. • 상조회에서 지급하는 경조금은 반드시 증빙서류를 징구한 후 지급하며 실제 지급여부를 확인할 수 있는 기능 또는 대장을 비치 관리하고 있는가. • 급식에 대한 기준은 정해져 있는가. • 급식단가는 사전에 정해진 가격에 의해서만 실행되고 있는가. • 급식 인원과 근태보고서상의 인원과의 차이 발생 시 그 원인은 그때마다 즉시 규명되고 있는가. • 식당은 법률이 정하고 있는 자격소지자에 의해 운영되고 있는가. • 식당의 주 · 부식 구매자와 식당운영자는 구분되어 있는가. • 식당 일보와 주 · 부식 재고는 매일 작성보고 되고 있는가. • 외래자의 식사에 대한 운영절차는 정해져 있는가. • 식당운영 결과는 매월 정기적으로 보고되며 책임자가 이를 확인관리 하고 있는가. • 식당의 청결유지는 잘 이루어지고 있으며 정기적으로 위생검사를 실시하고 있는가. • 식당 주부식비는 납품업자가 청구하고 이에 대한 대금은 자금부서에서 납품업자에게 직접 지급하는가. • 식당 주 · 부식을 보관하는 창고는 별도로 마련되어 있으며 식당관리자에 의해서 관건장치가 이루어지고 있는가.		

감사지시서

감 사 절 차	조서번호
• 감사대상 업무에 관한 규정을 징구하고 중요한 내용을 발췌하여 조서철 하라. • 감사대상 업무에 대한 플로우-차트를 작성하고 문제점을 파악하라. • 감사대상 업무부서의 업무분장표와 직무명세서를 구하고 업무수행 정도의 적합성과 조직운영의 효율성을 판단하라. • 감사대상 업무와 관련된 양식을 구하여 업무 플로우-차트와 비교하여 운영상의 문제점을 체크하고 내부통제 기능이 있는 곳을 표시하라. • 감사대상 업무와 관련된 연간 예산계획서를 분석하여 계획의 타당성 여부를 평가하라. • 감사대상 기간에 지급된 학자금지급명세서를 구하여 다음의 감사절차를 수행하라. - Sample 추출법을 이용하여 약 10분의 1 정도를 임의 선정하여 지급대상 자격요건을 규정과 대조 확인하라. - 상기 추출된 Sample에서 선정된 자에 대하여 증빙서류를 절차상의 측면에서 대조 확인하라. - 지급사실을 대장에서 확인하고 영수인의 유무를 판별하라. • 감사대상 기간의 퇴직자 List를 작성하고 학자금 지급명세서와 대조하여 적정성 유무를 판단하라. • 사택입주자 현황표를 구하여 다음 사항에 대한 감사절차를 수행하라. - 입택 사용자격의 결격사유 유무 - 입주허가의 승인 유무 - 입 · 퇴거에 관한 기준으로부터 이탈된 자의 입주 또는 사용 유무 - 입주 사용자의 연대보증인으로부터 받아둔 계약서의 비치 유무 • 감사대상 기간의 사택사용료 명세서 및 집계표를 작성하고 평균치를 상회하는 월에 대하여 기준과 대사하고 그 원인을 규명하라. • 사택 운영상황을 판단하기 위하여 감사인의 현장감사를 통하여 다음의 감사절차를 수행하라. - 사택수선에 관한 기준과 절차의 이행 유무 확인 - 사택사용자가 이를 전대하거나 셋방(貰房)을 주는 행위 유무 확인	

감 사 절 차	조서번호
- 공택(空宅)의 관리사항 이행 유무 확인 • 기숙사의 입사자 List를 작성하고 입 · 퇴거에 관한 기준으로부터 이탈된 자는 없는지 체크하라. • 기숙사비 운영의 적정성을 검증하라. • 기숙사의 관리감독 상태를 관찰하고 문제점을 지적하라. • 기숙사의 안전 · 위생에 관한 점검상태 및 기록부를 확인하고 문제점을 발췌하라. • 근무복 지급기간별 실적표를 구하여 운영의 타당성을 검증하라. • 근무복이 어떻게 지급 관리되고 있는지 파악하고 문제점이 있으면 이를 규명하라. • 근무복의 가격 부담이 기준대로 적용되는지의 여부를 검증하라. • 근무복의 반납 및 보관 상태와 관리상태는 어떠한지 입회 확인하라. • 감사대상 기간의 경조금지급명세서를 작성하고 다음과 같이 감사절차를 수행하라. - Sample 추출법을 이용하여 그 일부를 임의 선정하여 경조금 지급신청서와 대조 확인하라. - 상기자에 대하여 증빙 대사하라. - 지급대장에서 본인의 서명날인이 영수한 사실 유무를 확인하라. • 상조회의 결산보고서를 구하여 중요한 내용은 발췌하여 조서철에 편철하라. • 상조회의 예금통장과 금전출납부를 상호대조하여 이상 유무를 확인하라. • 감사대상 기간의 매월 분 출자금집계표를 작성하고 월급여명세서상의 기타 공제액의 상조회비공제금액과 일치되는지를 체크하라. • 상기 조서를 예금통장의 예입액과 일치되는지를 체크하라. 상조회에서 지출된 내용에 대하여 증빙대조하여 적정성 유무를 검증하라. • 상조회 대부금은 규정에 따라 적절하게 이루어지고 있는지를 검증하라. • 상조회 대부금현황표를 징구하여 그 일부를 Sample추출하고 본인에게 직접 잔액을 확인하라. • 급식제도의 운영 상태를 분석하기 위하여 다음의 자료를 징구하라. - 월별 근태보고서 - 월별 작업시간 및 작업인원 집계표	

감 사 절 차	조서번호
- 월별 노무관리 현황보고서 - 월별 식당운영 결과보고서 • 상기 자료를 통하여 다음과 같이 그 운영상의 적정성을 검증하라. - 식수인원 산정 - 기준 급식단가와 집행 급식단가 • 급식제도와 관련 업무분장표를 작성하여 내부통제의 기능을 판단하고 문제점을 도출하라. • 감사일 현재를 기준시점으로 하여 주 · 부식 재고에 대하여 Inventory를 실시하라. • 감사대상 기간의 특정 월을 임의 선정하여 주 · 부식 수불부를 징구하고 불출량의 적정성 유무를 검증하라. • 식당의 위생검사가 제대로 이루어지고 있는지 조사하라. • 주부식의 구입가격이 적정하게 이루어지고 있는지 납품업체 List를 작성, 외부증거를 모집하여 비교 음미하고 문제점 유무를 판단하라.	

6. 총무서무 업무감사

감사대상 업무	
■ 건물관리	■ 비품관리
■ 안정위생	■ 차량관리
■ 당직근무	■ 경비실 근무

내부통제 확인사항

확 인 사 항	Y/N	특기사항
• 감사대상 업무에 대한 직무분장규정은 마련되어 있으며 변경사항이 발생될 시에는 즉시 개폐가 이루어지고 있는가.		
• 직무명세서는 누가 무슨 업무를 담당하는지가 명확히 구분되어 있는가.		
• 직무명세서에는 각 담당자의 자격 · 능력 · 경력 등에 대한 기준이 정해져 있는가.		
• 각 부문의 본래 기능이 충분히 발휘되고 있는가.		
• 건물 내의 설비 및 비품은 지정된 장소에 비치되어 있는가.		
• 건물관리책임자는 선임되어 있으며, 관리책임은 매장 · 사무실 · 창고 및 공용장소의 화기 · 문단속 · 소등 등을 관리하고 퇴근 시 당직일보에 점검인을 날인하는가.		
• 방화청소점검표는 비치되어 있으며 실제 운영되고 있는가.		
• 건물의 지적도 · 설계도면 · 배치도 등은 지정된 부문에서 배치 관리되고 있는가.		
• 비품은 사용목적에 따라 그 관리기준이 분류되어 있으며 각 규격은 통일되어 있는가.		
• 비품조달은 정해진 절차에 의해서만 구매되는가.		
• 비품의 보관상황 · 이동 · 폐기 등은 항상 정확하게 파악되고 있는가.		
• 비품 사용부서에 보관 책임자가 정해져 있는가.		

확 인 사 항	Y/N	특기사항
• 비품대장은 비치 관리되고 있는가. • 비품에 대한 정기적인 재고조사가 행하여지고 있는가. • 건축물 · 설비 · 작업장 또는 작업방법에 대하여 안전점검을 행하고 위험이 있는 경우는 즉각적인 응급조치를 취할 수 있는 제도는 마련되어 있는가. • 안전장치 · 보호구 · 소화설비 · 기타 위해 방지설비의 성능은 정기적으로 점검 정비하고 있는가. • 안전작업에 관한 교육 및 훈련을 실시하고 있는가. • 안전위생에 대한 관리자는 임명되어 있는가. • 재해방지계획은 수립되어 있으며, 실제 실행되고 있는가. • 재해를 미연에 방지하기 위한 재해조사는 이루어지고 있는가. • 작업표준과 안전수칙은 정하여져 있으며 작업자는 이를 숙지하고 있는가. • 안전점검은 정기적으로 이루어지고 있는가. • 차량을 관리하는 부서가 별도로 조직되어 있는가. • 운전자는 허가를 받은 자로부터 운전자 등록부에 등록된 자만이 운전을 하는가. • 자동차를 사용하는 경우 사용요령은 정하여져 있으며 이를 잘 준수하고 있는가. • 차량운행일보는 그때그때 작성되며 차량관리책임자가 이를 체크하는가. • 보험에 가입하지 않은 차량은 없는가. • 차량운행에 대한 기준은 마련되어 있으며 실제 운영되고 있는가. • 자동차 사고발생 시 책임소재 규명을 위한 처리절차는 정해져 있는가. • 운전자에 대한 교육은 실시하고 있는가. • 차량 유지비용의 사용에 관한 기준은 마련되어 있는가. • 당직근무자의 위치는 정하여져 있으며 근무수칙이 부착되어 있는가. • 비상연락도는 당직근무자의 정 위치에 비치되어 있는가. • 당직근무명령은 객관성을 유지하고 있는가.		

확 인 사 항	Y/N	특기사항
• 당직근무일지는 작성되며 주요 사항은 근무종료 보고 시에 보고되며 즉시 조치를 취하고 있는가. • 경비실근무수칙은 부착되어 있으며 근무자가 이를 숙지하고 있는가. • 정문 출입자 · 차량출입에 대한 통제는 적절하게 이루어지고 있는가. • 물품의 반출입시 반드시 경비실 근무자가 입회하여 관련 증빙서류를 확인 징구 후 통과시키는가. • 차량 · 사무실 · 창고 등에 도어 잠금장치의 비상용 Key는 경비실 비치함에 보관 관리되고 있으며, 정기적으로 확인 관리하는가. • 물품반출 · 입대장, 차량입 · 출문대장은 그때그때 작성되며 관리책임자의 확인을 받는가. • 순찰일지는 작성되며 비상시 비상연락망은 제대로 운영되고 있는가.		

감사지시서

감 사 절 차	조서번호
• 감사대상 업무에 관한 규정을 검토하고 다음과 같이 감사절차를 수행하라. - 규정을 사본하고 중요한 사항을 체크하라. - 조직으로서 감사대상 업무를 주관하는 부서는 어디이며 조직의 기능으로 보아 적합한지를 평가하라. - 규정의 개폐가 즉시 이루어지고 있는지를 검증하라. • 감사대상 업무의 흐름을 플로우-차트 하라. • 감사대상 업무와 관련된 양식을 구하여 절차상의 문제점을 조사하고 내부통제가 있는 곳을 표시하라. • 조사대상 업무의 직무명세서와 인원배치현황표, 개인별인사기록부를 징구하여 다음 감사절차를 수행하라. - 직무명세서의 명확성 여부를 검증하라.	

감 사 절 차	조서번호
- 직무명세서상의 각 담당자의 자격 · 능력 · 경력 등 기준과 실제 배치된 자의 조건의 적부를 검증하라. - 각 부문의 기능이 적절히 유지 운영되고 있는지를 체크하라. • 건물관리 감사를 위하여 다음 자료를 징구하라. - 건축물 고정자산대장 - 건물등기부등본 - 건물배치도 - 지적도 • 고정자산대장에서 Sample 추출법에 따라 약간의 Sample을 추출하여 실제 대사 확인하라. • 건물등기부등본과 대장을 비교하여 누락된 사항이 없는지를 검증하라. • 방화청소점검표가 비치운영 되고 있는지 확인하라. • 비품조달 절차를 검증하라. • 비품분류기준의 적합성을 조사 평가하고, 각 규격이 통일되어 있는지를 시사(試査)하라. • 비품대장을 징구하고, 그 중 일부를 Sampling하여 실사하고 보관상태 · 이동 · 폐기 등이 정확하게 파악되고 있는지를 검증하라. • 비품사용부서의 보관책임자가 정하여져 있는지 확인하고, 관리상태를 검증하라. • 비품에 대한 정기적인 재고조사가 행해지고 있는지를 주관 부서의 관계 자료를 징구하여 비교 검증하라. • 안전점검 및 응급조치 계획 대 실시 현황을 파악하고 제도의 타당성 유무를 검증하라. • 안전관리 교육계획 대 실적을 비교 음미하라. • 안전장치 보호구 · 소화설비 등 안전설비 배치도를 구하고, 성능 및 그 보존상태를 확인 · 입회 · 점검하라. • 재해방지계획과 실적을 비교 평가하라. • 재해방지를 위한 사전조사가 실제 어떻게 이루어지고 있는지 관련 자료를 검증 평가하라.	

감 사 절 차	조서번호
• 작업표준안전수칙은 정해져 있으며 작업자의 작업위치에 부착되어 있는지 확인하라. • 안전점검이 정기적으로 이루어지고 있는지를 조사 확인하라. • 차량관리부서의 조직운영의 타당성을 내부통제제도와 비교하여 평가하라. • 차량관리에 대한 감사절차 수행을 위하여 다음 자료를 구하라. - 부서별 · 차종별 배치현황표 - 보험가입현황표 - 차량별 운전자 List(운전자등록부) - 구매거래처 List(유류 · 소모품 · 차량정비) - 최근 년도 차량유지비명세 및 월별 집계표 - 사고발생보고서철 • 차량의 배치는 객관성과 합리성에 의해서만 이루어지고 있는지 검증하라. • 가입한 보험종류의 타당성을 조사 평가하고 부보(附保)되어 있지 않은 차량을 체크하라. • 차량운행일보를 징구하여 작성실태와 등록된 자만이 운행하고 있는지를 검증하라. • 구매거래처와의 관계 및 특징을 조사 평가하고, 문제점을 파악하라. • 차량유지비 사용에 대하여 특정 월을 Sampling하여 증빙서 대조하고 경비집행의 부당성 유무를 판단하고 문제점을 조사하라. • 사고발생 처리결과의 적정성 유무를 평가하라. • 배차관리제도에 대하여 검토하고 운영상의 문제점을 체크하라. • 운전자교육 실태를 평가하라. • 차량운행의 운영 및 유지비사용기준을 검토하고 현실적인 문제점이 무엇인지 조사하라. • 당직근무명령의 일관성과 객관성 유무를 조사 평가하라. • 당직근무자의 근무수칙이 정 위치에 부착되어 있는지 확인하라. • 비상연락망이 언제 작성되었는지 확인하고 변동사항이 즉시 반영되고 있는지의 여부를 검증하라. • 당직근무일지와 당직근무명령을 대조하여 운영상의 문제점을 체크하라.	

감 사 절 차	조서번호
• 경비실 근무에 대한 감사절차 수행을 위하여 다음 자료를 징구하라. - 경비근무일지 - 물품 반 · 출입 대장 - 차량 입 · 출문 대장 - 순찰일지 • 경비실근무일지를 조사하고 근무수칙에 의하여 이루어지고 있는지를 판단하라. • 감사대상기간 중 일정기간을 Sampling하고 동기간의 제품출고증 · 원료 · 자재입고증 등을 물품 반입대장과 대조하여 내부통제의 적정성을 평가하고 문제점을 체크하라. • 경비실에 보관되어 있는 비상용 key의 보관 관리상태를 점검하라. • 순찰일지의 작성내용을 분석하고 운영상의 문제점이 없는지 체크하라. • 비상시 비상연락망의 구성운영이 어떻게 이루어지는지 Testing하라.	

Chapter 09

재무회계 부문의 감사절차

01 재무회계감사의 개요 · 366

02 AIS와 EDP감사 · 372

03 입증감사 · 380

04 재무관리 부문의 내부감사절차 · 388

01 재무회계감사의 개요

재무회계 부분의 내부감사는 회사의 회계가 기업회계기준 등 관련 법규에 따라 적법하게 처리되고, 회계서류가 일반적으로 인정되는 회계원칙에 준거하여 작성되었으며, 조직 내 업무집행이 적법한 절차와 방법에 따라 실질상으로 합목적성에 비추어 볼 때 회계처리 Process 및 그 결과가 타당한지에 대해 입증하는 데 궁극적인 목적이 있다.

1. 회계정보의 이해

회계는 경제실체의 경제활동에 관한 정보를 특정하여 그 실태를 이해관계자가 경제적 의사결정을 합리적으로 할 수 있도록 전달하는 과정이다. 따라서 재무회계의 경제활동인 재무활동 · 투자활동 · 영업활동 등의 경영활동을 측정해 정보이용자에게 유용한 정보를 제공한다.

구 분	재무회계	관리회계	세무회계
회계목적	외부정보이용자의 의사결정을 위한 회계정보 제공	외부정보이용자의 의사결정을 위한 회계정보 제공	기업소득의 과세를 위한 정보제공
정보이용자	투자자 · 채권자 등	경영자 · 근로자 등	국세청 · 지자체
회계기준	국제회계기준(IFRS)	기업 내부규정	국세 · 지방세법 등
정보제공시기	연차 · 반기 · 분기	필요에 따라	1년에 한번
회계대상	과거 경제활동 자료	현재 · 미래의 자료	과거 · 현재의 과세 자료

회계정보의 질적 특성

회계정보의 질적 특성이란 정보이용자의 의사결정에 유용하기 위하여 회계정보가 갖추어야 할 주요 속성으로 정의할 수 있다. 주요 질적 특성으로는 목적적합성과 신뢰성이 있다. 회계정보의 비교가능성은 목적적합성과 신뢰성만큼 중요한 질적 특성은 아니지만 목적적합성과 신뢰성을 갖춘 정보가 기업실체 간에 비교 가능하거나 기간별 비교가 가능할 경우 회계정보의 유용성이 제고될 수 있다.

■ 목적적합성

정보가 유용하기 위해서는 이용자의 의사결정 목적에 적합해야 한다. 목적 적합한 정보란 의사결정 시점에서 과거 및 현재 사건의 평가 또는 미래 사건의 결과예측에 도움을 주거나, 과거의 평가를 확인 또는 수정함으로써 이용자의 경제적 의사결정에 영향을 미치는 정보를 말한다. 재무제표 정보의 질적 특성으로서 목적적합성은 의사결정에 유용한 예측 · 피드백 가치를 가지고 적시에 제공될 때 유효하게 확보될 수 있다.

■ 신뢰성

정보가 유용하기 위해서는 신뢰할 수 있어야 한다. 신뢰성 있는 정보란 그 정보에 중대한 오류나 편의가 없고 객관적으로 입증가능하며 나타내고자 하는 바를 충실하게 표현하고 있다고 이용자가 믿을 수 있는 정보를 의미한다. 목적적합한 정보라 하더라도 정보의 성격이나 인식방법을 신뢰할 수 없는 경우 이러한 정보의 제공은 오히려 이용자의 경제적 판단을 오도할 수도 있다.

■ 비교가능성

기간별 또는 기업 간의 정보가 비교 가능할 때 재무제표의 정보의 주요 질적 특성인 목적적합성과 신뢰성은 향상될 수 있다. 그러므로 기업의 재무제표는 재무상태 · 경영성과 · 재무상태 변동의 기간별 추세와 기업 간의 상대적 평가를 위하여 재무제표는 기간별 또는 기업간 비교가능성이 있어야 한다.

■ 재무정보의 제약요인

재무제표에 표시되는 모든 항목은 중요성이 고려되어야 하므로 목적적합성과 신뢰성 있는 모든 정보가 반드시 재무제표에 표시되는 것은 아니다. 중요성은 일반적으로 당해 항목의 성격과 금액의 크기에 의해 결정된다. 그러나 어떤 경우에는 금액의 크기와 관계없이 정보의 성격 자체만으로도 중요한 정보가 될 수 있다.

2. 재무제표의 특성

재무제표는 기업의 경영성적과 재정상태를 이해관계자에게 제공하기 위한 수단으로 작성하는 여러 가지 재무서류이다. 기업의 재무 상태에 관한 정보를 얻을 수 있는 기회가 제한되어 있는 외부 이해관계자들에게 재무제표는 매우 중요하다. 따라서 이해관계자가 광범위한 기업이나 조직에 있어서 재무제표의 작성 및 보고는 법령으로 의무화되며 그 방법에서도 규제가 가해지는 것이 일반적이다. 따라서 재무제표는 기업의 경영활동을 일반적으로 인정된 회계원칙에 따라 간결하게 요약한 재무보고서로 기업의 실상을 정확히 파악하기 어려운 사람들에게 기업과 관련된 재무정보를 제공해 주는 데 목적이 있다.

발생주의 회계

재무제표는 발생주의에 따라 작성되며, 발생주의란 기업실체의 경제적 거래 또는 사건에 대해 관련된 수익과 비용을 그 현금유출입이 있는 기간이 아니라 당해거래 또는 사건이 발생한 기간에 인식하는 것을 말한다. 이러한 발생주의 회계는 발생과 이연의 개념을 포함한다.

구 분	발 생 주 의	현 금 주 의
수익인식시점	재화의 판매 또는 용역의 제공 시점	현금수입 시점
비용인식시점	수익창출을 위한 자산 감소 또는 부채발생 시점	현금지출 시점
장점	정확한 손익계산과 경영성과 파악	현금흐름 정보제공
단점	현금흐름과 발생손익의 불일치	정확한 손익계산 곤란

재무제표의 상호관련성

재무보고의 목적을 달성하기 위해서는 기업의 외부정보 이용자들의 의사결정에 유용하게 사용될 수 있는 다양한 유형의 회계정보가 제공되어야 한다. 이러한 정보의 다양성으로 인해 여러 종류의 재무제표가 필요하며, 이들 재무제표는 각각 서로 다른 정보를 제공해 주면서 상호관련성을 가지고 있다.

재무제표 정보제공의 한계

재무제표는 재무보고의 핵심적 수단이라고 할 수 있으나 정보제공에 있어서 다음과 같은 한계를 가진다.

- 재무제표는 화폐단위로 측정된 정보를 주로 다룬다.
- 재무제표는 주로 과거에 발생한 거래나 사건에 대한 정보를 나타낸다.
- 재무제표는 추정에 의한 측정치를 포함하고 있다.
- 재무제표는 특정 기업 실체에 관한 정보를 제공하지만, 산업 또는 경제 전반에 관한 정보를 제공하지 않는다.

| 재무제표의 종류 |

구 분	재무제표로서의 목적
재무상태표	일정시점의 재무 상태에 관한 정보제공
손익계산서	일정 회계기간의 성과에 대한 정보제공
자본변동표	일정 회계기간에 변동된 자본의 증가 및 감소 내용 보고
현금흐름표	일정 회계기간의 투자 · 재무 및 영업활동 평가
재무제표 주석	재무제표에 나타나지 않는 중요한 정보 또는 보충적 정보

3. 재무회계 부문의 감사범위

재무회계 부문의 감사범위와 감사대상 업무는 대체로 크게 네 부분으로 대별해 볼 수 있다.

첫째, 회계 일반사항이다. 이는 회계제도나 회계절차 · 자금운용 · 회계정보의 이용에 관한 사항이다.

둘째, 재무상태표(대차대조표) 항목이다. 감사대상 업무로는 시재관리 · 입금 및 출금관리 · 유가증권관리 · 매출채권관리 · 재고자산관리 · 기타유동자산 · 유형자산 · 매입채무관리 · 차입금관리 등이 대표적이다.

셋째, 포괄손익계산서(손익계산서) 항목이다. 손익계산서 항목으로는 매출액 · 제조원가의 각 항목 · 판매관리비 · 영업외손익으로 구분할 수 있다.

넷째, 원가관리 부문 항목이다. 여기에 속하는 것으로는 원가관리의 조직 · 원가관리의 운영 · 원가계산절차 · 특수원가조사가 있다.

4. 감사대상 업무

감사대상 업무	
■ 회계 일반사항	■ 재무상태표(대차대조표) 항목
■ 포괄손익계산서(손익계산서) 항목	■ 원가관리 항목

유동자산

항 목	내 용
현금 및 현금성자산	현금 및 현금과 유사한 기능을 하는 투자자산(예 CD · MMF 등)
매출채권	일상적 상거래에서 발생한 채권
유가증권	지분증권과 채무증권으로 분류(예 주식 · 채권)
미수금	일반적 상거래 이외의 거래에서 발생한 미수채권
선급금	상품 · 원재료 등의 매입을 위하여 선급한 금액
재고자산	판매를 위해 보유하고 있는 자산 및 생산 또는 서비스 제공과정에서 투입될 존재하는 자산

유가증권의 분류

구 분	내 용
단기매매 금융자산	• 단기간 내의 매매차익을 목적으로 취득한 유가증권 • 매수와 매도가 적극적이고 빈번하게 이루어지는 자산 • 시장가치 평가를 이용
만기보유 금융자산	• 만기가 확정된 채무증권으로 상환금액이 확정되었거나 확정이 가능한 채무증권을 만기까지 보유할 적극적인 의도와 능력이 있는 경우 • 취득원가를 이용
매도가능 금융자산	• 단기매매금융자산이나 만기보유 금융자산으로 분류되지 않는 유가증권 • 시장가치평가를 이용

비유동자산

항 목	내 용
투자자산	• 기업이 장기적인 투자수익이나 타 기업을 지배할 목적 등 부수적인 기업 활동의 결과로 보유하는 자산
유형자산	• 재화의 생산 · 용역의 제공 · 타인에 대한 임대 또는 자체적으로 보유하는 물리적 형체가 있는 자산
무형자산	• 기업 본연의 영업활동을 위해 기업이 보유하고 있으며, 물리적 형태가 없지만 식별 가능하고, 기업이 통제하고 있으며 미래에 경제적 이익이 있는 자산
영업권	• 브랜드 가치 • 한 회사가 다른 회사를 인수 합병하는 것과 같이 사업결합이 일어날 경우에 인식함

유동부채

항 목	내 용
매입채무	일반적인 상거래에서 발생한 채무
미지급금	일상적인 상거래 이외의 거래나 계약 관계 등에 의하여 이미 확정된 채무 중 아직 지급이 완료되지 않은 채무
단기차입금	상환기한이 재무상태표 일로부터 1년 이내인 차입금
선수금	수주공사 · 수주품 및 기타 일반적인 상거래에서 발생된 선수 금액
예수금	현금으로 반환하여야 할 영업상 또는 영업 외의 사유로 예수한 금액(예 예수 부가가치세)
미지급비용	일정기간 계속 발생하는 비용으로서 이미 당기에 발생하였으나 아직 지급기일이 도래하지 않아 지급되지 않고 있는 비용

비유동부채

계정과목	내 용
장기차입금	상환기일이 재무상태표 일로부터 1년 이상인 차입금
사채	확정채무임을 표시하는 증권을 발행하여 다수인으로부터 장기간 거액의 자금을 차입함으로써 발생하는 부채
퇴직급여충당부채	회계연도 말 현재 전 임직원이 일시에 퇴직할 경우 지급하여야 할 퇴직금 상당금액

02 AIS와 EDP감사

정보기술의 발달이 AIS(Accounting Information System/회계정보시스템)에 미치는 영향으로 먼저 전산환경의 위험에 대한 성격과 내부통제의 특징에 대해 이해할 필요가 있다.

첫째는 감사증적의 제거이다. 이는 감사증적이 매우 짧은 기간 동안만 존재하거나 컴퓨터만이 판독 가능한 형태로 존재하는 것을 말한다.

둘째는 거래의 동일한 처리이다. 전산시스템은 동일한 처리지침을 갖고 있는 거래를 모두 동일하게 처리한다. 따라서 프로그래밍 오류나 하드웨어 및 소프트웨어의 다른 체계적 오류유형은 모든 거래를 잘못 처리하는 결과를 가져온다.

셋째는 기능 분리의 제거이다. 프로그램 · 처리과정 혹은 자료에 접근할 수 있는 사람이 상충된 기능을 동시에 수행할 수 있는 위치에 있을 위험이 있다.

넷째는 오류와 부정의 가능성이다. 전산정보시스템의 처리과정 시 사람의 개입으로 인해 프로그램이나 시스템소프트웨어를 설계 혹은 수정하는 과정에서 발생하는 오류나 부정을 장기간동안 발견하지 못할 경우가 있다.

다섯 번째는 타 시스템의 전산처리에 대한 의존도이다. 수작업 통제절차를 수행하는 과정에서 전산처리에 의해 생성된 보고서나 자료를 이용하기도 한다. 여섯 번째는 컴퓨터를 이용한 감사기법의 사용이다. 이는 감사절차를 수행할 수 있는 기회를 제공한다.

전산환경 하에서 감사인의 기술과 능력은 매우 중요한 요소이다. 그러므로 감사인에게 요구되는 전문지식을 구비하여야 하며 또한 이를 활용할 줄 아는 기술이 요하게 된다. 먼저 감사인은 전산환경에 영향을 받는 회계제도와 내부통제제도에 대해 충분히 이해하여야 한다. 전반적인 감사위험과 계정잔액 및 거래유형수준의 위험을 평가하는데 전산환경이 미치는 영향을 고려하여야 하며 이러한 영향을 반영하여 적절한 내부통제시사와 입증절차를 설계하여야 한다.

전산환경 하에서 감사계획 수립 시 전산처리의 중요성과 복잡성, 전산시스템의 조직구조와 전산처리의 집중 혹은 분산 정도, 자료의 이용가능성 등에 대해 사전에 고려해 둘 필요가 있다.

1. 정보시스템 내부통제

정보시스템 내부통제의 목표는 자산을 보호하고 회계자료의 신뢰성을 제고시키는 데 있다. 전산통제는 일반통제와 응용통제 아래와 같이 크게 두 가지로 구분된다.

일반통제

일반통제는 전산처리의 일반업무와 모든 개별전산업무의 공통적으로 적용되는 통제로서, 정보시스템이 적절히 조직·개발·운영 유지될 수 있도록 통제하는 절차를 말한다.

일반적으로 감사인은 일반통제절차를 먼저 검토한 후 이들이 응용통제에 미치는 영향을 평가하게 된다. 그러나 필요에 따라서는 일반통제와 응용통제를 동시에 검토하는 것이 효율적인 경우도 있을 수 있다.

응용통제

감사인은 일반통제의 평가자료를 토대로 주요 거래유형별 응용프로그램의 전산통제절차를 검토하게 된다. 개별 회계응용프로그램은 입력통제·처리과정 통제·출력통제 등 세 분야로 세분화할 수 있다.

■ 입력통제

입력통제란 처리될 자료가 절절한 승인을 받았으며, 기계언어 형태로 적정하게 변환되고, 오류발생 여부가 확인되었으며, 상실·삭제·첨가·이중입력 혹은 기타방법으로 잘못 입력되지 않도록 설계된 통제절차이다.

■ 처리과정통제

처리과정통제는 전산시스템이 특정 응용처리업무에 대하여 원래의 목적대로 수행되도록 설계된 통제절차이다. 즉 모든 거래가 승인받은 대로 처리되고, 처리과정에 있어서 승인된 어떤 거래도 누락되지 않았으며 승인되지 않은 어떤 거래도 추가되지 않도록 설계된 통제절차로써 자료갱신에 대한 통제와 파일유지에 대한 통제로 구분된다.

■ 출력통제

출력통제는 처리결과가 원하는 대로 정확하게 작성 · 보고 · 저장되었으며, 단지 승인된 자만이 출력물을 배부받도록 통제하는 절차이다. 통제대상이 되는 출력결과는 디스크파일과 프린터에 의한 인쇄물 · 단말기의 디스플레이 · 마이크로필름 혹은 기타 매체를 통한 출력 등이 있다.

2. 정보시스템 내부통제의 평가

정보시스템 내부통제제도의 평가목적은 통제위험을 평가하여 입증절차의 성격 · 범위 및 시기를 별도로 정하는 데 있다. 이를 위하여 감사인은 제일 먼저 전산업무흐름도 · 전산질문서 등을 통하여 전산시스템을 이해하고 회사가 구비하고 있는 일반통제 및 응용통제절차를 파악하여야 한다.

그리고 회사가 구비하고 있는 전산통제절차들이 효과적으로 운용될 경우 부정과 오류를 예방할 수 있는지를 예비적으로 평가하고, 내부통제 시사의 실시를 통하여 입증절차를 줄이는 것이 경제적인지를 결정하게 된다.

마지막으로 전산통제절차가 시스템에서 의도한 대로 운용되고 있는지를 파악하고 이러한 내부통제의 시사를 통하여 수집된 증거를 기초로 통제위험을 최종 평가한다. 전산내부통제의 단계별 평가절차는 다음과 같다.

제1단계 : 전산통제제도의 이해 회계시스템을 통과하는 거래기록의 흐름을 이해하고 주요회계처리절차에 대한 전산화 정도를 확인하며 전산통제제도를 종합적으로 이해한다. 전산화 정도의 확인 시 검토해야 할 사항으로는 처리되는 거래의 숫자유형, 각 거래유형별 총액, 전산시스템내부에서 수행되는 회계처리의 방법 및 범위, 전산처리와 수작업 활동 간의 거래흐름 구분 등을 검토하여야 한다.

응용프로그램에 대한 문서화 절차, 전선처리 이전 단계의 원시문서에 관련된 수작업 처리과정, 기계언어형태로의 자료변환과정, 주요 회계응용프로그램을 통과하는 기계언어형태의 거래흐름, 오류의 수정 및 사후처리절차, 자료처리결과 생성되는 출력파일 혹은 갱신되는 마스터파일, 주요 회계 응용프로그램별 출력보고서, 출력보고서에 대한 배부 및 사후 처리과정 등에 대한 시스템을 이해하여야 한다. 전산통제제도의 종합적인 이해로 감사인은 일반통제 및 응용통제를 포함한 전산통제절차의 존재 유무를 확인하며, 통제절차의 설계내용을 구체적으로 파악한다.

제2단계 : 예비적 평가 발생 가능한 전산부정 및 오류의 유형을 식별하고 부정 및 오류를 예방 혹은 발견할 수 있는 필요통제절차를 열거하며, 통제위험을 예비평가하고 내부통제 시사의 실시 여부를 결정하게 된다.

제3단계 : 내부통제의 시사 전산통제절차가 예비평가에서 파악한 대로 설계되어 있으며. 규정된 대로 실제 운용되고 있는지의 여부에 대하여 합리적 확신을 얻으려는 데 그 목적이 있다. 내부통제시사의 확인방법으로는 어떠한 방법으로 수행되고 있는지, 전산통제절차가 지속적으로 수행되고 있는지의, 누구에 의하여 수행되고 있는지의 여부를 확인하고 시행하여야 한다.

제4단계 : 최종평가 감사인은 전산내부통제와 기타 회계통제요소들에 대해 수집된 증거를 종합하여 통제위험을 최종평가한다. 감사인은 주요 거래유형별 회계적용프로그램에 대하여 다음과 같은 절차를 확인하여야 한다.

- 부정과 오류를 방지 혹은 발견할 수 있는 주요전산통제절차를 식별한다.
- 전산통제절차의 운용 상태와 관련하여 수집된 증거를 검토한다.
- 전산내부통제의 강점과 취약점 및 보완통제의 존재 여부 등을 종합적으로 평가한다.
- 재무제표상의 오류발생 가능성을 파악하고 이에 따라 통제위험수준을 최종 평가한다.

3. 회계정보시스템(AIS)의 감사기법

컴퓨터의 주변감사 전통적인 수작업 하에서의 감사접근법으로서 감사인이 원시문서를 검증하고 이로부터 컴퓨터 출력물을 대상으로 중간 단계의 관련 거래기록을 추적하며 최종적으로 총계정원장의 기록과 일치하는지를 추적해 보는 방법이다. 컴퓨터 주변감사의 실시 전제 요건은 다음과 같다.

- 원시증빙이 육안에 의해 판독 가능한 상태로 유지되고 있어야 한다.
- 문서의 소재가 쉽게 파악되도록 보관되어 있어야 한다.
- 컴퓨터에 의해 작성된 보고서가 상세하여 원시증빙으로부터 최종보고서로 혹은 그 역으로 거래의 추적이 가능해야 한다.

컴퓨터 자체감사

회계정보시스템 내의 처리과정 통제를 검증하고 자료처리가 컴퓨터시스템 내부에서 정확하게 이루어지고 있는지를 확인하는 방법이다. 즉 컴퓨터의 처리과정을 검증하는 기법으로 주로 응용프로그램의 내부통제시사 및 입증절차에 많이 사용된다.

시험자료법

감사인이 만든 모의 거래 자료를 감사인의 통제하에 회사의 컴퓨터 프로그램을 이용하여 처리한 후 그 처리결과를 감사인의 예상결과와 비교해보는 방법이다. 시험자료법의 전제조건으로 시험자료는 감사인이 검증하여야 하는 모든 유형의 오류거래가 포함되어야 한다. 검증대상 컴퓨터 프로그램은 회사가 회계기간 동안 실제 사용한 프로그램이어야 한다. 시험자료법의 한계점으로는 회사프로그램이 감사대상 전체기간에 지속적으로 사용되지 않고 중간에 변경되었다면 변경 이후 기간의 프로그램만 검증하는 결과를 초래한다. 따라서 감사인은 감사대상 회계기간 중 프로그램의 변경이 있었는지를 파악하고 변경 전의 프로그램도 검증하여 감사대상 전 기간의 회계기록이 적정한지를 판단하여야 한다. 또한 검증대상프로그램의 통제절차 존재 여부를 확인하는 제도이해 및 신뢰성 확인을 위한 감사로는 적합하나, 시스템이 실제 효과적으로 운용되고 있는지를 검토하기 위한 내부통제의 시사로서는 충분치 못하다. 프로그램 자체에 대한 검증이기 때문에 그 결과로서 처리된 회사의 실제기록에 대한 검증기능은 없다. 그러므로 오퍼레이터는 감사목적으로 모의 거래 자료가 사용되고 있다는 사실을 인지하고, 결과를 수정시키는 조작을 통해 부정을 은폐시킬 수 있다. 시스템 내의 통제절차에 대해 감사인이 아는 범위 내에서의 상상과 지식에 의해 모의거래가 작성되므로 그 검증범위가 한정될 수밖에 없다. 따라서 검증 후에는 회사의 시스템에 혼합된 모의거래를 실제 거래 자료로부터 제거시키는 별도의 제거절차가 필요하다.

병행처리법

감사인의 프로그램을 사용하여 회사의 실제자료를 재처리하는 방법이다. 따라서 회사의 회계기록과 감사인의 프로그램을 이용한 처리결과가 상이할 경우, 이는 곧 회사장부의 거래 혹은 계정잔액에 오류가 발생한 것을 의미한다. 병행처리법의 장점으로는 해당 감사기간 동안 어느 시점에 서든지 회사와는 별도로 시행될 수 있으며, 또한 과거의 역사적 자료를 재처리하는 데도 적용될 수 있다. 또한 회사의 자료와 혼합되거나 자료철을 손상시키지 않으며, 감사인의 자체 컴퓨터를 이용할 수도 있다. 실제자료가 사용되므로 감사인은 거래를 원시문서와 승인 절차 등에까지 추적하여 그 타당성을 검증할 수 있다. 표본의 크기를 확대시키더라도 추가적인 비용이 적게 소요된다. 반대로 병행처리법의 단점으로서는 감사인이 거래 및 계정잔액의 입증을 위한 표본감사의 일환으로 사용할 경우 추출된 표본자료가 전체기간의 거래를 합리적으로 대표하기 어렵고, 감사용 프로그램의 작성과 수정에 추가적인 시간과 비용이 소요된다.

통합자료 처리법

회사의 정보시스템 내부에 별도의 하위시스템을 설치하여 모의 거래 자료를 실제자료와 통합하여 처리해 보는 방법이다. 통합자료 처리법의 장점은 시험자료법의 장점을 그대로 유지하면서 회사의 정규 처리과정을 처리할 수 있다. 반면에 통합자료 처리법의 단점은 먼저 가공거래를 자료처리 과정 중에 입력하여야 하므로 회사의 실제자료에 혼합되어 오류가 발생할 수 있으며, 통합 자료처리장치를 설치한 후 이러한 장치를 유지해야 하고, 감사완료 시에는 모의거래를 제거해야 한다.

부표 추적법

정보시스템에서 처리되고 있는 온라인 입력 자료에 특수한 표시를 하거나 부표하여 특정정보의 처리과정을 관찰함으로써 시스템 내에서의 처리과정 · 프로그램지시사항 · 수행규칙 · 논리경로 및 출력결과를 확인하는 방법을 말한다. 부표 추적법의 장점은 융통성이 있고, 시험자료법의 단점을 어느 정도 완화시켜주고, 정보표시에 사용된 처리과정코드가 모의 및 실제자료를 분리하기 위해 사용되는 코드보다 복잡하지 않다.

그러나 부표 추적법은 프로그램 내의 모든 논리경로를 빠짐없이 검증하거나 그 존재유무를 확인하여 주지는 못하며, 또한 시간이 많이 소요되고 감사인이 프로그램 언어에 능숙하여야 하는 단점을 내포하고 있다.

사상법

처리과정상의 모든 논리경로를 확인하고, 그 경로가 주어진 상황에 실제 통과되었는지를 확인하기 위한 제

기법들로서 온라인 리얼타임시스템의 감사에 사용된다. 사상법은 시스템의 중복이 많고 접근이 어렵거나 오류가 포함된 특수형태의 코드를 식별하여 감사인에게 알려주는 장점을 가지고 있으나 출력자료의 해석가능성, 감독자형 프로그램과 관련된 처리비용, 오류코드를 위장하기 위해 본래의 원시코드를 변경시킬 가능성이 있는 단점을 가지고 있다.

4. 정보시스템에 의한 감사

정보시스템은 기계적이며 판단을 요하지 않는 단순한 감사업무에 대해 시간을 절약할 수 있으며, 컴퓨터를 이용함으로써 질적인 측면에서 감사내용의 범위가 확장되어 감사의 신뢰도가 증가할 수 있다. 또한 감사인이 다룰 수 있는 정보의 양이 늘고 수작업에서는 검증이 불가능한 유형의 정보도 감사할 수 있는 이점을 가지고 있다.

컴퓨터의 도움이 가능한 감사분야

■ 컴퓨터 파일 내용의 조사 및 확인

회사의 관심항목만을 골라서 짧은 시간에 많은 거래와 기록을 조사하기 때문에 필요한 경우 파일 내의 모든 자료를 조사하고 검증할 수 있다.

■ 감사표본의 선정과 출력

감사인이 정하는 일정기준에 따라 컴퓨터가 감사표본을 추출하도록 프로그램을 작성할 수 있다.

■ 계산 및 계산검증

기계어로 입력되어 있는 자료파일의 계산 및 그 정확성을 조사한다.

따라서 감사인은 회사자료를 특정목적에 따라 재분류하기에 용이할 뿐만 아니라 감사인은 감사절차의 실시 결과 확인된 자료를 회사의 기록과 비교하는 데에 사용되어 진다.

감사용 프로그램의 선정

■ 프로그램

감사인은 프로그램이 의도된 대로 작동하는지에 관하여 확신할 수 있을 때에만 이를 이용하여야 한다. 또한, 부정이나 오류 등의 발견목적으로 이를 이용 시 바람직하지 못하며, 단순한 기계적 업무나 계산을 필요로 하는 경우에 이용하는 것이 바람직스러운 것이다.

■ 감사인이 작성한 프로그램

감사인의 필요로 하는 특수한 요구사항 및 감사목적을 적절이 반영시킬 수 있으나 이를 위해서는 프로그래밍 작업에 대한 숙련이 필요하다.

■ 범용감사소프트웨어

회계법인 혹은 외부용역기관에 의해 개발되어 개별적 속성에 관계없이 다양한 감사에 이용될 수 있는 프로그램이다.

03 입증감사

1. 입증감사의 개요

입증감사라 함은 감사대상 재무제표의 적정 표시 여부를 직접 확인하고 입증하는 절차이다. 따라서 입증감사는 재무제표 전체에 대한 종합적인 측면에서가 아니라 주요거래 유형별로 나누어 수행하는 것이 일반적이다.

입증감사의 감사목적은 재무제표상의 계정잔액이 기업회계기준에 따라 적정하게 처리되었는지의 여부에 관하여 계산의 정확성 · 실제성과 발생사실 · 기록의 완전성 · 권리와 의무의 타당성 · 평가와 배분의 적정성을 확인하는 데 그 목적이 있다.

입증감사의 실시범위

입증감사의 범위를 결정할 때에는 다음의 요소들을 고려해 볼 필요가 있다.

- 내부통제구조의 평가결과
- 감사항목에 부정과 오류가 포함되어 있을 가능성
- 계정과목 구성내용의 성격과 금액의 중요성
- 타 계정과목 및 감사항목과의 연관관계
- 감사항목의 재무제표 전반에 대한 중요성

입증감사 절차

입증감사 목적으로 계산의 정확성, 실재성과 발생사실, 기록의 완전성 권리와 의무와 타당성, 평가와 배분의 적정성 공시의 적정성을 확인하기 위하여 대조실사 · 입회 · 조회 · 문서 및 계산검증 · 질문 · 개관 분석 등 합리적 방법으로 감사 절차를 실시하여야 한다.

- 계정과목 금액의 적정성 확인 - 모든 계정과목에 대하여 반드시 실시
- 기록의 완전성 확인 - 부외자산부채 유무확인 중점
- 소유권 확인 및 정당한 채무인지 확인
- 평가의 타당성 확인, 회계추정에 대한 합리성 검토

- 회계처리방법과 재무제표 표시방법의 적정성 및 계속성
- 기간구분의 검토 - 재무상태표일 전후 상당기간의 거래를 검토
- 장부기록간의 일치성 확인
- 계정과목의 분류와 적정성

2. 입증절차

입증절차란 재무제표의 중요하게 왜곡된 오류사항을 적발하기 위한 감사증거의 확보를 목적으로 하는 시사(test)를 말하며, 재무제표의 적정성을 궁극적인 목표로 하는 감사에서는 감사인이 가장 많은 시간과 노력을 투입하는 절차이며 감사인이 실시하여야 할 필수적 절차로서 어떠한 이유에서도 완전히 생략되어서는 아니 된다. 이는 거래 계정잔액에 대한 시사와 분석적 절차로 분류하며 거래 및 계정잔액에 대한 시사는 표본감사를 주로 활용한다.

거래에 대한 시사 고정부채 및 고정자산 등 거래발생 빈도가 낮은 자산의 감사에 유용한 방법으로 기중거래를 검증함이 더욱 경제적 효율이 높으므로 이를 기중거래에 대한 시사라 한다.

계정잔액에 대한 시사 이와는 반대로 현금 · 예금 · 매출채권 · 재고자산 등 기중거래의 발생빈도가 높은 경우에는 기말잔액을 직접 시사하는 것이 더 효율적이다. 이를 계정잔액에 대한 시사라고 한다.

입증절차의 목적 일반적으로 인정된 회계처리기준에 따라 작성되었는지에 대한 의견을 표명하기 위하여 적합하고 충분한 감사증거의 확보가 목표이며 감사목적과 경영자의 주장과도 일치하므로 실재성 · 권리와의무 · 발생사실 · 완전성 · 평가 · 측정으로 세분화할 수 있다.

■ 실재성

자산 · 부채는 재무제표일 현재 존재한다. 따라서 실무적으로는 부채보다는 자산의 존재에 더 관심을 갖는다.

■ 권리와 의무

자산 · 부채는 재무제표일 현재 회사에 귀속된다. 따라서 자산은 권리를 의미하며, 부채는 의무를 의미하므로 손익계산서항목은 권리와 의무의 검토가 불필요하다.

■ 발생사실

실제 발생한 사실에 대한 결과로 존재한다. 그러므로 허위 · 오류로 계상되지는 않았는지 감사증거를 확보하여야 한다. 그러므로 이는 주로 자산항목과 수익항목에 중점을 둔다.

■ 완전성

모든 거래는 누락 없이 모두 기록되었는지 충분한 감사증거를 확보하여야 한다. 이는 주로 부채나 비용항목에 중점적으로 적용한다.

■ 평가

자산 · 부채는 회계처리기준에 따라 작성되었는지에 대한 의견을 표명하기 위하여 적절한 가치로 평가되었는지 충분한 감사증거를 확보하여야 한다.

■ 측정

거래 · 사건은 적절한 금액으로 계상되었으며 수익비용은 적절한 기간배분이 되었는지, 또한 계산의 정확성과 기간귀속의 적정한지를 감사증거로 확보하기 위한 것이다.

3. 입증감사의 절차

재고자산실사 입회

재고자산은 매출채권 · 유형자산과 함께 기업의 중요한 자산이다. 재무상태표일 현재 수량을 파악하고 원가계산을 통한 단가파악 과정이 재고자산의 계상방법이다. 수량에 대한 감사목적은 실재성이며, 단가파악 과정의 목적은 평가 및 측정이다. 따라서 재고자산의 실재성에 대한 감사증거를 수집하는 방법에는 실사와 입회가 있다.

감사인이 직접 수량파악을 하므로 실재성의 증거력은 강한 한편 수집 비용이 많이 들며, 입회는 재고자산 실사과정을 관찰함으로써 효율적으로 감사수행을 하는 방법으로 재고자산의 성격 · 수량 등을 고려하여 적합한 방법을 선택하여야 할 것이다.

■ 재고자산 실사 입회시기

- 회사의 재고실사일이 재무상태표일과 다를 경우
  실사일과 재무상태표일 사이의 재고자산의 변동내용을 기록 평가하는 기중 거래의 시사방법을 적용할 수 있다
- 회사의 재고실사일과 감사인의 입회가 다른 경우
  일자에 적절히 재고자산의 실사입회를 관찰하고, 실사일과 입회일 사이의 발생거래를 시사한다.

■ 재고자산 실사입회 시 고려할 사항

- 회계제도와 내부통제제도의 성격
- 고유위험 · 통제위험 및 적발위험의 중요성
- 절차가 설정되고 적절한 지침이 공표되는지 경영자의 지시사항 적정 여부
- 실사의 시기
- 재고자산의 보관장소의 분산과 보관 재고자산 등 고려
- 전문가의 도움이 필요한지 검토
- 기간귀속의 검토
- 입고되어 실제 존재하나 매입채무의 기록 누락 - 부외부채
- 실제 재고 존재하는 부분의 매출과대계상 여부 - 가공매출
- 실사 입회 시 확보하였던 최후의 입고 · 출고 · 재고품목의 번호와 수량이 재고에 포함되어 있는지의 여부
- 실사일 전후의 입 · 출고 수량이 일상적인 시기의 입 · 출고 현황과 비교하여 정상적인지를 검토
- 재고관리 직원들의 업무수행 관찰 및 시사
- 실사기록으로 선정된 항목들에 대해서 실제재고로 추적 - 완전성
- 실제재고로부터 실사기록으로 추적 - 실제성

조회

경영자의 주장에 영향을 미치는 특정 사항에 대하여 관련 정보를 요청하고 회신받음으로써 감사증거를 획득하고 평가하는 감사기술이다.

■ 외부증거의 중요성

감사증거의 입수원천별 분류에 따르면 내부증거와 외부증거로로 분류할 수 있으며, 조회는 외부증거에 속하며 형태별 분류에 따르면 물리적 · 문서적 · 상황적 · 구술적 증거 가운데 문서적 증거에 속한다. 일반적으로 감사증거는 외부증거가 내부증거보다 신뢰성이 높으며 문서형태의 증거가 구술적 · 상황적 증거보다 신뢰성이 높다.

■ 외부조회대상

- 금융기관의 예금 · 차입금 담보제공 및 기타정보 - 전수조회 원칙
- 위탁판매 목적으로 제3자에게 보관된 재고
- 미착상품 및 유가증권
- 매입채무 잔액

■ 외부조회 여부의 판단기준

고유위험 및 통제위험의 평가결과 통제위험이 높을수록 더 많은 증거를 수집하거나 설득력이 강한 증거를 수집해야 한다. 조회는 다른 방법에 의한 절차보다 증거력이 높다.

■ 적극적 조회

응답자가 조회서에 기술된 내용에 대하여 어떤 경우이든 회신하도록 요청하는 방식으로써 1차 조회의 회신이 없는 경우 회신 요청 후 회신불가 경우에는 대체적 방법을 수행한다.

- 매출채권의 실제성 : 재무상태표일 후의 회수내역 조사, 선적서류 등 기타내부문서 검토
- 매출채권의 완전성 : 매출채권의 기간귀속에 대한 조사
- 매입채무의 실재성 : 재무상태표일 후의 지급내역 조사
- 매입채무의 완전성 : 재고 입고기록을 검사

■ 소극적 조회

조회서에 기재된 내용이 일치하지 않는 경우에만 회신토록 요청한다. 고유위험과 통제위험이 낮은 경우와 다수의 소액 거래처, 그리고 오류가 많지 않을 것으로 기대되는 경우에는 소극적 조회방법을 적용한다.

■ 조회절차

- 조회처의 선정
- 조회서의 작성
- 조회서의 발송
- 조회서의 회수
- 조회결과의 요약 · 평가 : 표본감사결과의 모집단의 왜곡 표시금액을 추정

매출채권 계정잔액의 입증절차 재무상태표 항목 관련 중에서 매우 중요한 항목이 매출채권과 대손충당금이다. 매출채권 계정잔액 입증절차의 첫 단계로 재무상태표 및 관련 손익계산서 항목에 동일한 비중을 두고 전반적인 합리성을 동시에 검토하여야 한다.

■ 분석적 절차

앞서 분석적 절차를 통하여 비정상 항목이나 중점 감사대상 항목을 사전에 파악

| 매출채권 유형별 분석적 절차 |

발생가능 오류 유형	분석적 절차
매출과대 · 과소계상	매출총이익률 전년도와 비교(주요제품별)
	월별 매출추세 및 변동상황 비교(주요제품별)
매출환입에누리의 과대 · 과소계상	총매출에 대한 매출환입과 에누리의 비율을 전년도와 비교(제품별)
매출채권계상의 오류	일정금액 이상의 고객별 특수관계자의 계정잔액을 전년도와 비교
회수불능채권 미계상	총매출에 대한 대손상각률을 전년도와 비교
대손충당금의 과대과소계상	매출채권회전율을 계산 전년도와 비교
	기간경과 범주별로 당해 매출채권 대비 총매출채권의 비율을 계산하여 전년도와 비교(장기미수채권에 유의)
	매출채권에 대한 대손충당금의 비율을 전년도와 비교

한다. 분석적 절차의 기본목적은 전반적인 합리성을 검증하는 데 있으므로 매출과 대금회수활동 등 모든 관련 항목을 동시에 검토 한다. 특히 주의를 요하는 검토항목으로는 계정잔액이 큰 항목, 장기간 미회수채권, 특수관계자에 대한 매출과 대변 기록항목 등 중점 감사대상 항목을 사전에 파악한다.

■ 매출채권 계정잔액의 입증시사

분석적 절차 후 매출채권 잔액에 대하여 표본을 추출하고 입증시사 실시를 위한 세부감사목표를 검증한다.

| 매출채권 입증시사 유형별 방법 |

입증시사 유형	입증시사 방법
전기 및 요약	연령 잔액시산표의 잔액을 총계정원장과 비교
실재성	조회
완전성	기중 거래의 입증시사 분석적 절차
계산의 정확성	조회 매출채권 대변기록 대금회수 기록을 검증
소유권	이사회회의록 검토 질문, 금융기관 조회
평가	조회 대손충당금 수준의 적정성 확인
계정분류	특수관계자와의 거래 검토, 공시와 연계 검토
기간귀속	매출의 수익인식기준 검토
공시	특수관계자와의 거래 할인 · 양도 · 담보 · 매출채권의 주석 등 검토

4. 입증감사 특수사항

부외부채에 대한 감사

부외부채란 감사대상 재무제표에 표시되어 있지 않지만 사실상 회사가 부담해야 할 부채를 의미한다. 그 유형을 보면 금액이 확정되었으나 회사가 기록하지 아니한 부채와 회계처리의 오류로 인하여 잘못 기록된 부채 및 어음배서로 인한 우발 채무사항의 누락 등이 있다.

| 부외부채의 유형 |

유 형	발생원인
차입금의 누락	차입기록 누락, 사채시장의 사채(私債)사용
매입채무의 누락	매입기록 누락
미지급비용의 누락	비용의 이연
선물거래	선물거래손실 미계상
우발채무의 누락	손해배상소송, 보증채무, 할인어음, 견질 및 어음발행의 미기록

부외어음 감사

부외부채의 감사절차 유형은 여러 가지가 있으나 여기에서는 어음수표와 관련된 부외부채 감사절차를 살펴보기로 한다.

■ 통제절차 평가

어음수표와 관련하여 어음 · 수표용지의 수령 · 사용 · 폐기 · 견질 등에 대한 내부통제 절차 여부를 평가한다.

■ 입증시기

어음 · 수표 수불부에서 표본을 추출하여 거래은행별로 어음 · 수표 수불명세서를 받아 이를 거래은행으로 부터 조회결과 대조 · 사용폐기 · 미사용 매수 등을 확인한다.

- 어음 · 수표 발행의 마감절차 검토
- 어음 · 수표 수불사항에 대하여는 전수조사 하여야 한다.
- 발행된 어음의 기록 확인
- 견질 담보제공 검토

기타 부외부채감사

기타 부외부채감사에서 포함되어야 할 사항으로는 기타 부외부채에 있어서는 구매와 관련된 거래의 기간 귀속에 대한 통제절차 평가, 가지급금 · 가수금 등 미정산계정의 검토, 선물거래 내역에 대한 검토, 지급이자 등 영업외비용을 검토하여 장부에 미반영된 부외부채를 확인한다.

04 재무관리 부문의 내부감사절차

재무 · 회계 부문이라 함은 회계 일반사항 · 재무상태표 · 포괄손익계산서 · 포괄손익계산서 · 자본변동표 · 현금흐름표 · 원가관리 등으로 세분할 수 있으며, 이러한 업무요소별 감사절차를 감사인이 실제 현장에서 감사업무를 수행할 수 있는 내용은 다음과 같다.

1. 회계 일반사항

감사대상 업무	
■ 회계제도	■ 회계절차
■ 자금운용	■ 회계정보의 이용

내부통제 확인사항

확 인 사 항	Y/N	특기사항
• 회계처리규정에는 계정과목에 대한 적절한 해설과 회계처리 절차 · 결산절차 · 원가계산절차 등이 상세하게 설명되어 있는가. • 회계 및 재무담당 직원에 대한 교육훈련은 계속적으로 실행되고 있는가. • 예산편성 및 사후관리를 효율적으로 수행하기 위하여 예산제도를 유효적절하게 채용하고 있는가. • 회계조직은 회사의 규모나 경영의 성격으로 보아 적합하며 회계내부통제시스템은 적정한가. • 회계처리는 기업회계기준 및 관련 회계제도에 적합한가. • 장부잔액과 관련부서의 계수는 반드시 일치하고 있는가.		

확 인 사 항	Y/N	특기사항
• 전표의 발행 · 검증 · 출납 · 기장의 순서와 절차는 실정에 적합하게 되어 있는가. • 자금운용에 있어서 자금이 고정회되어 있는 경우는 없는가. • 당기손익으로 처리해야 할 사항을 재무상태표(B/S) 계정에 계상하는 일은 없는가, 반대로 재무상태표(B/S) 계정에 계상할 것을 당기손익으로 처리하는 일은 없는가. • 재고자산 회전기간은 적절히 유지되고 있는가. • 과다한 고정투자가 이루어지고 있지 않은가. • 자금운용의 효율을 기하기 위한 매출채권의 한도설정, 재고자산의 적정재고관리가 제도적으로 이루어지고 있는가. • 자금수지계획서가 작성되며 실적은 체크하는가. • 중요한 경영관리 자료가 작성되고 있는가. • 경영관리 자료는 최고경영층의 의사결정 자료로서 활용되는가. • 구분손익계산서 및 연결재무제표가 매월 작성되어 관리되고 있는가. • 한계이익을 통한 채산관리를 하고 있는가. • 손익분기점(BEP)분석을 통한 경영목표는 설정되는가. • 표준원가는 설정되어 있으며 원가계산방법 및 절차는 적절한가. • 부문별 원가계산은 이루어지고 있으며 원가관리기준이 수립되어 있는가.		

감사지시서

감 사 절 차	조서번호
• 감사절차 수행을 위하여 다음의 자료를 징구하여 내부통제 현황을 평가하라. - 회계규정 - 원가계산규정 - 예산관리규정	

감 사 절 차	조서번호
- 업무처리 Flow-chart • 다음 자료를 구하여 상호비교하고 재무상태 · 경영성과 · 이익처분 및 자금현황의 개요를 파악하라 - 전기(前期) 영업보고서 - 전기 및 전전기 공인회계사의 감사보고서 - 기중(期中) 재무제표 - 최근월차결산서 - 자금수지계획 대 실적표 • 다음 자료를 작성하라. - 일반회계 · 자금 · 출납 및 원가계산 등의 각 담당자 명단 - 회계장부와 서류의 관리책임자와 보관장소 • 회계장표 · 전표와 증빙서의 처리절차 업무처리 플로우-차트를 검토하고 회계 내부통제시스템이 적정한지 평가하고 문제점을 지적하라. • 전표의 발행에서부터 보조부의 기입, 총계정원장의 전기에 이르기까지 절차를 검증하고 문제점을 파악하라. • 대차대조표항목 감사에서 계정잔액이 적자 계상되어 있는 것을 발견하였는지의 여부를 확인하라. • 영업부서에서 작성한 매출채권 잔액명세서를 징구하여 회계부서의 장부잔액과 비교 · 대사하라. • 각 부서의 선급금대장을 징구하여 회계부서의 장부와 비교 · 대사하고 문제점을 찾아라. • 전표의 발행 · 검증 · 출납 · 기장의 순서와 절차를 체크하고 내부통제의 적정성을 평가하라. • 재무상태표 계정감사에서 당기손익으로 계상해야 할 것을 자산 또는 부채로 처리한 경우가 있는지의 여부를 확인하라. • 은행계정명세서를 구하여 자금의 운용상황을 검증하고 문제점을 지적하라. • 자본변동표, 현금흐름표를 구하여 자금의 원천과 운용의 흐름을 분석하고 적정성 유무를 검증하라.	

감 사 절 차	조서번호
• 최근 3개년 간의 월별 재고재산 회전기간을 Trend 분석하고 자금운용과 관련하여 문제점 유무를 판단하라. • 경영분석지표인 고정장기적합률을 산출하여 고정자산 투자의 효율성을 평가하라. • 자금수지계획 대 실적표를 구하고 운영과정상의 문제점 유무를 조사하라. • 회계 또는 기획 부문에서 작성 · 보고하는 경영관리 자료의 사본을 구하고 다음의 감사절차를 수행하라. - 작성보고 시기의 적시성을 평가하라. - 자료의 통계적 수법의 유효성을 평가하라. - 자료내용의 명료성을 평가하라. - 각종 경영분석지표의 이용도를 평가하라. • 원가계산방법 및 절차 등에 대하여 원가관리 감사에서의 결과를 종합 평가하라.	

2. 재무상태표 항목

감사대상 업무		
■ 시재관리	■ 입금 및 출금관리	■ 유가증권관리
■ 매출채권관리	■ 재고자산관리	■ 기타유동자산
■ 유형자산	■ 매입채무관리	■ 차입금관리

내부통제 확인사항

확 인 사 항	Y/N	특기사항
현금 및 현금성자산		
• 현금시재액은 장부잔액과 일치하는가.		
• 현금관리에 대한 기준이 설정되어 있으며 이를 준수하고 있는가.		
• 현금시재액은 수시로 책임자가 장부 대조실사 하는가.		
• 현금 및 예금시재액보고서는 매일 작성 · 보고되고 일정기준액 이하로 유지관리 되고 있는가.		
• 금고번호는 책임자와 출납담당자 이외의 자에게는 비밀이 유지되고 있는가.		
• 부외(簿外) 현금을 금고 내에 보관하고 있지 않은가.		
• 모든 금융기관의 통장은 일련번호가 부여되어 관리되고 있는가.		
• 금융기관 계출 사용인감은 항상 책임자가 보관관리하고 있는가.		
• 은행으로부터 정기적으로 원장 · 사본을 징구하여 통장 및 보조장부와 대사하고 이상 유무를 확인하는가.		
• 예금통장 등 중요한 서류는 반드시 금고 내에만 보관하는가.		
• 미발행어음 · 수표는 적절히 관리되고 있는가.		
• 훼손된 어음, 부도어음수표는 적절한 절차에 의해 통제되고 있는가.		
• 어음 · 수표 발행대장의 통제절차는 관리자에 의하여 확인 관리되어 지고 있는가.		

확 인 사 항	Y/N	특기사항
입출금 관리		
• 현금입출금 절차는 계산서 · 입금표 · 기타 증빙서류와 전표에 의하여 책임자의 날인에 의해서만 이루어지고 있는가.		
• 예금의 인출 시 예금청구서 등은 반드시 책임자의 승인을 득한 후에만 이루어지고 있는가.		
• 현금 · 예금 입출금 절차상의 불필요한 과정은 없는가.		
• 입출금 시 증빙 징구절차는 객관성을 유지하고 있는가.		
• 어음 · 수표의 수령 시 이면에 회사 명판을 압인하고 있는가.		
• 어음 · 수표의 지급승인은 지급거래를 승인하는 자 이외의 제3자에 의해 이루어지고 있는가.		
• 견질 · 담보용 어음 · 수표의 관리대장은 비치되어 있으며 목록의 현황은 그때그때 정리되고 있는가.		
• 융통어음은 별도로 관리되고 있는가.		
• 거래처의 인감등록부 비치 · 관리상태는 유효적절한가.		
• 기일경과 어음에 대한 처리절차는 명확하게 정해져 있는가.		
단기투자자산 관리		
• 보유중인 단기투자자산에 대한 관리대장은 유효하게 관리되고 있는가.		
• 회계담당자와 실물보관책임자는 구분되어 관리되는가.		
• 단기투자자산에 대한 실사가 일정기간마다 행해지고 있는가.		
• 담보 제공된 단기투자자산은 담보제공증서가 비치되어 있는가.		
매출채권 관리		
• 여신관리에 대한 기준은 설정되어 있는가.		
• 매출채권 잔액조회는 정기적으로 실시하고 있는가.		
• 매출채권의 연령조사는 정기적으로 실시하고 있는가.		
• 정상채권과 부실채권은 구분하여 관리되고 있는가.		

확 인 사 항	Y/N	특기사항
• 대손충당금 설정기준은 정해져 있으며 적정하게 운영되고 있는가. • 대손처리 시 기준은 정해져 있는가. • 악성채권 및 장기미수금은 수시로 체크되며 관련부서에 통보되고 있는가. • 사고거래처 발생 시 사고보고서는 즉시 작성되고 관련부서에 통보되는가. 재고자산 관리 • 재고자산의 평가방법은 적정하게 운영되고 있는가. • 일정기간마다 재고실사가 이루어지고 있는가. • 재고실사 결과 과부족수량에 대한 원인규명과 적절한 사후 조치는 취해지고 있는가. • 정상재고와 사용불능재고는 구분하여 관리하고 있는가. • 멸실 · 훼손 · 오손 · 파손된 재고를 정기적으로 파악하고 즉시 처리되는가. • 재고자산은 적절한 보험에 가입되어 있는가. • 재고자산의 수불담당자와 실물관리담당자는 분리되어 있는가. 기타의 유동자산 관리 • 선급금 등 장기간 방치되어 미 정리된 자산은 없는가. • 미 정리된 자산에 대한 재무부서의 정리 협조요청은 이루어지고 있는가. • 종업원단기대여금 등은 매월 일정액을 기준에 의하여 반제하고 있는가. • 가지급금 등은 그때그때 정리 완결하는가. 유형자산 관리 • 유형자산의 취득 · 건설 · 수리 · 처분을 발의 집행하는 기능과 이를 회계 처리하는 기능을 분리 · 운영하고 있는가. • 유형자산 · 기자재의 구매계약, 건설계약, 수리계약은 유형자산 발주부서 이외의 부서에서 담당하는가. • 건설회계와 유형자산대장 기장담당자와 총계정원장 관리자는 분리되어 있는가.		

확 인 사 항	Y/N	특기사항
• 유형자산의 사용관리, 건설회계 보조장부 담당자 이외의 자가 정기적인 자산실사의 책임을 지고 있는가. • 건설회계장부는 완성품의 해당 자료대체를 위하여 필요한 정도로 세분된 과목으로 분류 기록되고 있는가. • 수익적 지출과 자본적 지출이 구분 · 기록되고 있는가. • 준공보고서가 도착되면 즉시 해당 자산으로 대체되고 있는가. • 유형자산 처분 시 승인된 품의서 사본은 회계부서로 송부되어 수납 거래를 통제하는데 이용되고 있는가. • 매각자산에 대해서는 반출지시서가 작성되는가. • 유형자산폐기결과보고서 사본이 회계담당자에게 송부되는가. • 유형자산관리대장은 증감사항이 발생될 때마다 즉시 기록 유지 관리되고 있는가. • 상각 필 자산대장은 구분 · 보관하는가. • 재평가된 자산대장은 구분되어 있는가. • 감가상각계산에 있어서 내용연수를 세법상의 내용연수로 사용하지 않을 경우 그 내용연수가 관련부서의 기술적 검토에 의하여 합리적으로 결정되는가. • 리스자산의 회계처리절차는 정해져 있는가. • 무형자산의 회계처리방법은 적정한가. 매입채무 관리 • 구매의뢰서와 주문서는 작성되며 사전에 일련번호가 부여되어 있는가. • 주문서번호는 통제되고 있는가. • 검수증은 작성되며 모든 구매품목에 대해 적용하는가. • 지급전표 작성 시 주문서 · 검수증 · 세금계산서를 상호대조 확인하는가. • 매입처원장과 통제계정은 매월 대조 · 확인하는가. • 지급어음금액, 지급기간에 대한 사항은 경영자에 의한 승인이 이루어지는가. • 지급어음대장은 기록 · 유지되며 통제계정과 월별로 잔액대조를 하는가.		

확 인 사 항	Y/N	특기사항
• 지급 완료된 어음에 대해서는 은행 당좌원장 사본과 매월 확인 · 대조하는가. • 미교부 보관중인 어음과 어음발행대장은 일치하고 있는가. 차입금 관리 • 차입금대장은 차입종류별 · 금융기관별로 구분하여 비치 · 관리되고 있는가. • 차입을 위하여 관계회사 등으로부터 제공받은 담보현황과 입보명세는 유지 · 관리되고 있는가. • 유산스의 회계처리절차는 적정하게 되어 있는가. • 차입금 계정잔액은 필요시 마다 은행으로부터 확인 · 대사하고 조정사항은 즉시 정리하는가. • 차입금 상환을 위한 장 · 단기계획은 수립 · 운영되고 있는가. • 차입금별 이율과 예금별 이율을 비교 · 검토하고 이에 대한 조정이 이루어지고 있는가.		

감사지시서

감 사 절 차	조서번호
현금 및 현금성자산 • 감사실시일을 기준일로 하여 현금시재액을 실사 · 입회 · 확인하라. • 시재관리와 관련하여 다음을 확인하고 내부통제의 적정성을 평가하라. - 현금출납담당자가 예금장 · 보조장 · 총계정원장의 기장업무 유무 - 어음 · 수표발행자가 보조부 · 총계정원장의 기장업무 유무 - 출입자 통제 유무 - 출납 · 수표의 발행 마감시간 • 필요하다면 금융기관에 예금 잔액증명서를 받으라.	

감 사 절 차	조서번호
• 어음 · 수표책의 Tag를 어음 · 수표발행장과 대조하여 기장 외 발행 등 그 정당성을 검토하라.	
• 미발행어음 · 수표와 어음 · 수표책 교부명세서를 작성하고 어음발행대장 · 당좌예금 기입장과 건별로 이상 유무를 확인하라.	
입출금 관리	
• 현금입출금 절차에 대하여 일련의 거래를 Sampling하여 증빙 · 추적조사하고 절차상의 문제점을 체크하라.	
• 감사대상 기간 중 특정 월을 임의 선정하여 일계표 · 시산표 · 총계정원장 및 보조부와 상호대조하고 계산의 정확성 유무를 확인하기 위한 검산을 하라.	
• 감사대상 기간 중 거래가 이루어진 모든 예금통장을 징구하고 다음의 감사절차를 수행하라. - 통장관리 현황(금융기간별 예금별 일련번호) - 은행계출 인감과 인감사용 대장 및 인감등록부의 대조확인 - 예금장부와 통장을 대사하여 거래사실 누락 또는 약식기장 여부 확인	
• 거래처 인감등록부를 제시받아 약간의 거래를 Sampling하여 거래처로부터 받은 입금표상의 날인된 인장을 비교 · 대조하라.	
• 수취보관중인 어음 · 수표를 제시받아 다음의 감사절차를 수행하라.	
• 대손충당금계정은 타당한지 조사하라.	
• 대손처리한 명세서를 구하여 그 후의 사후관리내용을 추적 조사하고 가능하다면 감사인이 직접 상대처에 확인절차를 밟으라.	
• 사고거래처의 사고보고서를 제출하지 않은 경우는 없는지 조사하라.	
재고자산 관리	
• 재고자산 각 항목별 내용이 어떻게 되어가고 있는가를 조사하고 특기할 변동사항이 있으면 그 원인을 규명하라.	
• 재고자산보조부와 매출원가 보조부 및 이들 계정의 총계정원장 기록을 검토하고 주목할 만한 거래가 있으면 상세히 조사하라.	
• 재고자산평가방법이 신고된 방법으로 평가되었는지 확인하라.	

감 사 절 차	조서번호
• 미착품명세서를 구하고 보조부와 추적 대조 · 확인하라. • 미착품계정에 계상하는 시점의 기준과 이 기준이 계속 적용되고 있는지를 검토하라. • 재고실사와 관련하여 다음 자료를 구하라. – 창고배치도 – 재고자산별 · 규격별 · 재고현황표 – 외부보관품명세서 – 미 검수 자산명세서 – 거래처 미발송자산명세서 • 재고자산 실사를 위한 마감자료를 구하고 실사하라. • 외주 보관품에 대한 보관확인서와 재고자산명세서의 해당 품목과 대사하라. • 미검수 자산에 대한 검수증과 재고자산명세서의 해당 품목과 대사하라. • 거래처 미 발송 자산에 대한 보관확인서와 재고자산명세서의 해당 품목과 대사하라. • 실사에서 밝혀진 과부족 · 파손 · 변질 · 사용불능 등의 품목에 대하여 절적한 조치가 이루어지고 있는가를 확인하고 최종적인 책임자의 확인을 받으라. • 판매 · 수금월보를 구하여 보조부와 대조 확인하라. • 대손충당금계정은 타당한지 조사하라. • 대손처리한 명세서를 구하여 그 후의 사후관리내용을 추적 조사하고 가능하다면 감사인이 직접 상대처에 확인절차를 밟으라. • 사고거래처의 사고보고서를 제출하지 않은 경우는 없는지 조사하라. 재고자산 관리 • 재고자산 각 항목별 내용이 어떻게 되어가고 있는가를 조사하고 특기할 변동사항이 있으면 그 원인을 규명하라. • 재고자산보조부와 매출원가 보조부 및 이들 계정의 총계정원장 기록을 검토하고 주목할 만한 거래가 있으면 상세히 조사하라. • 재고자산평가방법이 신고된 방법으로 평가되었는지 확인하라. • 미착품명세서를 구하고 보조부와 추적 대조 · 확인하라.	

감 사 절 차	조서번호
• 미착품계정에 계상하는 시점의 기준과 이 기준이 계속 적용되고 있는지를 검토하라. • 재고실사와 관련하여 다음 자료를 구하라. - 창고배치도 - 재고자산별 · 규격별 · 재고현황표 - 외부보관품명세서 - 미 검수 자산명세서 - 거래처 미발송자산명세서 • 재고자산 실사를 위한 마감자료를 구하고 실사하라. • 외주 보관품에 대한 보관확인서와 재고자산명세서의 해당 품목과 대사하라. • 미검수 자산에 대한 검수증과 재고자산명세서의 해당 품목과 대사하라. • 거래처 미 발송 자산에 대한 보관확인서와 재고자산명세서의 해당 품목과 대사하라. • 실사에서 밝혀진 과부족 · 파손 · 변질 · 사용불능 등의 품목에 대하여 절적한 조치가 이루어지고 있는가를 확인하고 최종적인 책임자의 확인을 받으라. • 장부에 기록된 실사 직 · 전 후의 거래에 대하여 증빙 · 대조하고 재고명세서와 비교하여 실사 마감이 적절한지를 확인하라. • 재고자산의 보험가입 현황을 조사 평가하라. 기타의 유동자산 • 기타 유동자산의 각 계정별 명세서를 구하고 기한이 경과된 잔액 및 비정상적인 항목을 검토하라. • 업무와 관련하여 지출된 선급비용의 실제사용 여부를 확인하라. • 필요한 항목과 거래처에 대해서는 직접 조회하라. • 기타 유동자산 중 원부자재의 매입과 관련되는 것은 원재료 · 부재료 계정과 대사하여 회계처리의 적정성을 검토하라. • 종업원단기대여금의 정기적인 반제 여부를 확인하라. • 장부 및 증빙서류에 의하여 기타 유동자산 내용을 분석하고 비정상적인 항목을 조사하라.	

감 사 절 차	조서번호
투자자산	
• 투자자산에 대한 다음 항목을 포함하는 명세서를 구하라. - 종류 - 기초수량 · 취득원가 · 장부가액 - 처분에 따른 처분손실	
• 기중 증감에 대하여 증빙서를 대조 · 확인하라.	
• 장기대여금 · 장기성예금 · 출자금 등 중요한 금액에 대하여 잔액을 조회 · 확인하라.	
• 차입계산서 등을 검토하여 담보로 제공된 투자자산이 있는지 조사하라.	
• 전세보증금 · 영업보증금에 대한 품의서 · 계약서 · 증빙서를 대조하여 그 적정성 여부를 조사하라.	
• 계약기간 만료로 인한 미회수 사실 여부를 검토하라.	
• 전신전화가입권에 대한 품의서 · 증빙서를 검토하고 실물과 대사하라.	
유형자산	
• 다음 자료를 구하여 주의해서 감사해야 할 곳이 있는가를 검토하라. - 기계설비의 중요 목록과 사용연수 - 연간설비투자계획 - 건설 진행 예정 대 실적 대비표	
• 계약서 · 청구서 · 검수보고서 · 공사진척보고서 · 준공보고서 · 자산취득보고서 등 증빙서류를 검토하라.	
• 자재 · 노무 · 경비가 배부되었다면 해당 부서의 보고서 또는 증빙서류를 검토하여 적절히 배부되었는지 확인하라.	
• 수익적 지출 항목이 아닌지 검토하라.	
• 건설중인자산 계정에서 대체된 경우 적시에 대체되었는지 확인하라.	
• 하자보증금수입이 적절하게 기록되었는지 확인하라.	
• 등기 관계서류, 보험가입이 이루어졌는지 검토하라.	
• 고정자산처분에 대하여 다음의 감사절차를 수행하라.	

감 사 절 차	조서번호
- 품의서 · 계약서 · 입금표 · 폐기처분결과보고서 등을 증빙대조 - 전표를 추적하여 감가상각충당금이 정확히 환입 계상되었는지 확인 - 매각손익이 정확히 계상되었는지 확인 - 상각 필 자산으로서 제각된 것은 그 자산대장이 별도 보관 · 관리 여부 • 수선비보조부의 금액이 큰 것을 선택하여 증빙 · 품의서를 대조하고 그 적정성을 검토하라. • 고정자산실사보고서를 검토하고 실사 차이가 적절하게 조치 또는 대장에 반영되었는지를 조사하라. • 리스자산의 회계처리의 적정성을 검증하라. • 무형자산의 회계처리방법은 적정하며 적법하게 처리되고 있는지 확인하라. 매입채무 관리 • 감사수행을 위하여 먼저 업무처리절차에 대한 Flow-Chart를 작성하라. • 내부통제질문서를 평가하고 정밀하게 감사해야 할 사항을 분류 · 검토하라. • 감사대상기간 중 일부를 감사인이 임의 선정하여 거래사실에 대하여 추적조사를 하라. • 거래기록 일부를 Sampling하여 다음 사항을 조사하고 문제점을 체크하라. - 구매의뢰서 - 주문서 - 납품서 - 검수증 - 구매단가의 적정성 - 매입처 원장의 전기 - 현금출납장 또는 지급어음 발행장 대조 - 원부자재 수불부 • 외상매입금 · 지급어음 · 미지급비용 등 매입채무계정을 분석하여 비정상적인 항목을 조사하라. • 매입채무계정 금액합계를 검산 · 검증하고 총계정원장에서 전기를 대조하라.	

감 사 절 차	조서번호
• 구매의뢰서와 검수증의 일련번호를 검토하라. • 수요거래처와 어떤 관계가 있는지 평가하라. • 운반비 지급조건의 타당성 여부를 검증하라. • 예수부가세를 매입처원장을 건별로 비교 · 확인하라. • 지급어음 교환 결재분에 대하여 당좌예금 원장사본을 구하여 대조 · 확인하라. • 보관중인 어음명세서를 작성하여 매입채무 보조장과 대사하여 정당성 유무를 평가하라. 차입금 관리 • 차입금의 변동명세서를 구하여 관련 이자를 검토하라. • 융자약정서 사본을 구하여 차입기간 · 조건 · 특기할만한 사항 등을 검토하라. • 차입금명세서를 작성하고 차입금대장과 대사하라. • 차입금별 담보현황표를 작성하고 관리현황을 분석하라. • 차입금상환계약서를 징구하고 자금운용의 실태를 평가하라. • 차입금잔액에 대하여 차입처에 잔액조회 · 확인하라.	

3. 포괄손익계산서 항목

감사대상 업무	
■ 매출액	■ 제조원가의 각 항목
■ 판매관리비	■ 영업외손익

내부통제 확인사항

확 인 사 항	Y/N	특기사항
• 영업부서에서 작성한 출고의뢰서에 의해서만 매출행위의 원인이 발생하는가.		
• 매출의 승인은 반드시 내규로 정해진 바에 따라서만 이루어지고 있는가.		
• 매출전표는 제품의 출고와 동시에 거래명세표와 함께 작성되는가.		
• 거래처별 월말 세금계산서 금액과 거래처원장의 인명계정 합계액이 일치되고 있는지 확인하는가.		
• 매출전표의 작성자와 제품수불부 담당자는 분리되어 있는가.		
• 영업부서에서 작성되는 판매일보 · 판매월보는 회계부서로 송부되어 이를 대조 · 확인하는가.		
• 매출에누리는 이를 직접 차감하는 형식을 취하고 있는가.		
• 판매장려금 등 거래처 Rebate는 매출액에서 직접 차감하지 않고 영업외비용으로 처리하는가.		
• 선수금 분에 대한 판매 발생 시 즉시 계정 대체하는가.		
• 매출기표 처리한 미 발송 재고가 방치되는 경우는 없는가.		
• 제품을 선출고한 후 매출기표가 지연되는 일은 없는가.		
• 생산에 투입된 모든 재료는 생산부서에 의해서 부문별 · 공정별 · 작업지시서별 · 제품별 등으로 집계 · 보고되고 있는가.		
• 생산에 투입된 재료와 노무는 재고자산 보조장부로부터 작성된 재료수불보고서와 급여대장을 대조 · 검토하는가.		

확 인 사 항	Y/N	특기사항
• 제조경비는 부문별 · 공정별 · 또는 기타 원가중심점별로 분류 집계되는가. • 제조경비와 공통 부문비 배부기준은 생산 · 공무 부문 등 관련부서의 기술적 검토를 토대로 작성되고 있는가. • 배부율을 정할 때 표준 또는 정상이 아닌 원가차이 요소가 고려되는가. • 원가요소의 비목은 적당한 원가배부를 위하여 충분히 세분되어 집계되고 있는가. • 일반관리판매비에 대한 예산관리제도가 채용되고 있는가. • 관리가능항목에 대한 예산은 예산주무부서의 통제를 받는가. • 영업외손익 계정은 품의서 · 계약서 등의 증빙서류에 의해서 계상하는가.		

감사지시서

감 사 절 차	조서번호
• 주문서 작성에서 매출기표, 처리까지의 일련의 프로세스를 플로우 - 차트하고 당해 양식을 구하여 절차상의 문제점 유무를 검토하라. • 감사대상 기간 중 일부를 임의 선정하여 다음 사항에 대하여 매출처리절차의 적정성 유무를 검증하라. - 주문서 · 출고지시서 - 거래명세서 - 세금계산서 - 판매승인서 - 판매단가의 적정성 - 판매일보 • 견본품 · 무상지급 등의 명세서를 작성하고 처리절차를 검증하라. • 부가가치세신고서의 공급가액과 매출액계정을 상호 대조하고 적절하게 처리되었는지 확인하라.	

감 사 절 차	조서번호
• 거래처별 · 제품별 결정단가 · 조정단가 등 공급단가의 적정성을 품의서 등 관련증빙과 대조 · 확인하라. • 판매일보를 구하여 매출액계정과 대조 · 확인하고 매출에누리 · 매출할인 · 장려금 등의 지급에 대하여 정산표를 구하여 그 정확성을 검증하라. • 제품수불부와 매출액계정의 판매수량을 대사하고 재고자산 감사 결과와 비교하여 일시유출 · 무단불출 · 부외매출 등에 대하여 조사하라. • 다음의 원가계산 기초자료를 구하여 적정성 또는 합리성을 검토하라. – 재료 · 노무 · 경비의 원가계산을 위한 세목분류표 – 원가 부문의 분류표 – 원가요소의 세목별 인식기준과 계산방법 – 공통 또는 보조 부문비의 배부기준과 계산방법 – 재공품 평가기준과 계산방법 – 제품별 규격별 배부기준과 방법 • 감사대상 기간 중 특정 월을 감사인이 임의 선정하여 다음의 원가계산 서류를 구하여 상세히 검토하라. – 제조원가보고서 – 경비배부계산표 – 보조 부문비 배부계산표 – 제품별 · 규격별 원가계산서 – 제품 및 원부재료 수불명세서 – 노무비 총괄표 – 제조경비 총괄표 • 원가계산 자료의 계산이 정확한가를 검산하고 상호 일치 여부를 확인하라. • 원가계산과 관련된 모든 분개전표를 추적 대사하여 적절히 분개되었는지를 확인하라. • 원가계산 및 기록절차를 작성자 이외의 자가 재 검산하고 책임자가 검토 승인하고 있는지의 여부를 확인하라. • 원가요소 인식기준, 배부기준 및 기타 원가계산방법에 개선점의 필요 유무, 특기할 변동사항에 대한 원인을 검토하라.	

감 사 절 차	조서번호
• 원가계산 결과 제품 · 반제품 · 제공품 등의 단가를 최근 몇 개월간의 단가와 비교하여 정상 유무를 검토하라 • 제품수불명세서와 판매보고서에 의하여 제품 제조원가계산 결과가 매출원가계산에 적절히 반영되었는가를 조사하라. • 일반관리판매비명세서를 구하여 전기 및 예산과의 대비표를 작성하고 매출액 구성 비율을 산출하여 비정상적인 항목의 유무를 검증하라. • 일반관리판매비 증감명세서를 작성하고 비정상적인 증감항목이 있으면 그 원인을 규명하라. • 일반관리판매비의 주요 증감사항에 대하여 판매량 · 매입 자료량 · 시설 · 종업원 수 · 물가지수 등 변동요인과 비교하고 정상 유무를 검토하라. • 회계감사절차에 의하여 이미 검토된 비목은 아래와 같이 해당 조서에 연결하라. - 급여 · 수당 · 퇴직급여충당금전입액 · 복리후생비는 급여 감사조서에 연결하라. - 감가상각비와 수선비는 고정자산 감사조서에 연결하라. - 대손상각비는 외상매출금과 매출액 감사조서에 연결하라. - 기타 과목별 감사조서에 이미 검토된 것은 당해 조서에 연결하라. • 전력료 · 수도료 · 임차료 · 지급수수료 등 매월 지급되는 비목은 특정 월을 Sampling하여 영수증 · 계약서 등 증빙서류와 대조 확인하고 감사대상 기간의 최종 월분이 적절히 미지급비용으로 계상되었는지를 확인하라 • 보험료와 소모품비 등 선지급하는 성질의 비용에 대해서는 최종지급영수증 등 증빙서류를 대조하여 선급비용으로 적절히 계상되었는지를 확인하라. • 다음 항목에 대해서는 보조부를 검토하고 중요한 금액에 대해서는 증빙대조하라. - 접대비 - 광고선전비 - 세금과공과 - 해외시장개척비 - 기술개척비 - 판매수수료 - 보관운반비	

감 사 절 차	조서번호
- 지급수수료 • 영업외비용과 수익계정명세서를 구하여 다음의 감사절차를 수행하라. - 보조부와 총계정원장과의 일치여부를 확인하라. - 재무제표과목별 감사절차에서 이미 검토된 것을 참고 인용하라. - 중요 항목에 대해서는 보조부의 기록을 검토하여 정당성 여부를 확인하라. • 특별손익 계정명세서를 구하여 다음의 감사절차를 수행하라. - 보조부 또는 총계정원장과 일치여부를 확인하라. - 고정자산 또는 투자유가증권처분이익은 당해 감사조서에 연결하라. - 충당금의 환입항목은 전기장부와 추적 대조하라. - 법인세의 추납액 또는 환수액은 고지서, 출납 증빙서류를 검토하라. - 전기손익수정손익은 전기(前期) 장부와 추적 조사하라. - 중요 항목은 증빙 대조하라.	

4. 원가관리

감사대상 업무	
■ 원가관리의 조직	■ 원가관리의 운영
■ 원가계산절차	■ 특수원가조사

내부통제 확인사항

확 인 사 항	Y/N	특기사항
• 조직적인 원가관리가 이루어지고 있으며 이것은 원가시스템 전반에 걸쳐 진행되고 있는가.		
• 원가관리조직은 생산관리 각 부문을 적절히 조정 · 통제할 수 있는가.		
• 원가관리조직은 생산성향상을 고려하여 시스템화되어 있는가.		
• 원가관리의 기본계획은 경영계획에 기초하여 작성되는가.		
• 표준 · 예정 등의 관리목표에 대한 기준과 절차는 설정되어 있는가.		
• 원가관리를 위한 중점대상이 정해져 있으며 원가관리 목적에 비추어 볼 때 일치되고 있는가.		
• 원가관리 상황은 수시로 검토되어 경영층의 의사결정을 지원하고 있는가.		
• 원가관리 효과는 통계적 방법에 의하여 측정되고 있는가.		
• 원가차이분석은 표준 대 실적, 계획 대 실적으로 구분 · 운영하며, 분석결과는 경영지표로서 활용되고 있는가.		
• 표준원가의 산정기준 및 절차는 정해져 있으며 주기적으로 이를 검토 · 수정하는가.		
• 원가관리 자료는 판매가격 결정을 위한 자료로서 충분히 활용되고 있는가.		
• 원가는 요소별로 분류되어 있으며 비원가 항목의 범위는 구분 설정 · 운영되고 있는가.		
• 재료비 투입량과 소비량에 대한 기준이 설정되어 있는가.		

확 인 사 항	Y/N	특기사항
• 노무비는 직접노무비와 간접노무비의 구분이 합리적으로 이루어지고 있는가. • 작업시간의 집계는 정상근무와 시간외근무가 체계적으로 구분되어 있는가. • 상여금 · 퇴직급여충당금전입액 · 감가상각비 등 측정경비의 안분계산 기준은 설정되어 있으며 매월 안분계산하고 있는가. • 예정임률을 설정하고 있으며 실제임률과 비교 · 분석하는가. • 관리가능경비와 관리불능경비를 구분하여 운영하고 있는가. • 고정비와 변동비는 실정에 적합하게 설정되어 있는가. • 외주가공비는 재료비와 구분 · 취급하고 있는가. • 부문개별비, 부문공통비는 구분되어 있으며 배부기준은 정해져 있는가. • 제품별 원가계산기준은 설정되어 있는가. • 제조명령서 · 작업시간계산서 등은 원가요소별 · 원가 부문별 제품별로 명확히 구분되어 실시되고 있는가. • 총원가의 계산절차는 정해져 있으며 판매비 등의 배부기준은 합리적으로 되어 있는가. • 특수원가조사는 특정 목적에 의해서만 이루어지는가. • 특수원가조사 시 매몰원가 · 부가원가 · 기회원가 등을 고려하고 있는가.		

감사지시서

감 사 절 차	조서번호
• 원가관리시스템의 체계 및 조직운영의 합리성을 검토하기 위하여 먼저 업무 플로우-차트를 작성하여라. • 상기 항목에 대한 평가를 하고 이것이 회사의 실정과 목적에 일치하고 있는지의 여부를 판단하라. • 원가관리 기구표를 구하고 이 조직이 각 부문의 활동을 매니지먼트 싸이클에 따라 적절하게 조정 · 통제가 가능하도록 조직되었는지의 여부를 검토하라.	

감 사 절 차	조서번호
• 원가관리가 실제 어떻게 이루어지고 있는지 다음 사항을 고려하여 체크하라. - 회사 전체적으로 실시되는지 또는 특정 부문에 국한되어 실시되는지의 여부 - 지속적으로 실시되는지 또는 필요한 일정 기간마다 실시하는지의 여부 - 원가관리 총괄관리 부문이 전체 시스템으로 보아 적절한지의 여부 - 원가관리조직은 적절한 원가를 파악하고 충분한 경영정보를 제공하고 있는지의 여부 - 원가관리시스템이 회계시스템과 어떻게 결부되어 있는지의 여부 - 내부통제조직 또는 내부견제조직으로서의 효율을 충분히 살리고 있는지의 여부 - 표준 또는 예정 등의 목표를 설정 · 운영하며 비교분석 조치가 적절히 이루어지고 있는지의 여부 • 원가관리위원회의 구성도표 · 회의록 · 기타 자료철을 구하여 이 기능의 구성요건, 운영절차와 방법 · 특성과 효과를 파악하라. • 원가관리 기본계획서를 징구하여 합목적성과 경영계획과의 관계 설정이 어떻게 되어 있는지 검토하라. • 감사대상 기간 중 원가관리 중점대상별 원가절감이 어떻게 이루어졌는지를 조사하고 그 효율성을 평가하라. • 감사대상기간 중 원가관리의 효과를 계수로 산정하여 보라. • 표준원가의 산정기준 및 절차가 실정에 맞게 이루어지고 있는지 조사하고 최종 표준원가의 수정시기가 언제 되었는지 확인하라. • 판매가격변동표를 구하고 이것이 원가관리로부터 어떤 영향이 미쳤는지 조사하라. • 원가계산규정을 구하고 감사절차 수행 중 검토한 실제 원가계산 시스템과 일치하고 있는지의 여부를 검증하라. • 원가계산 자료가 다음 자료로서 활용되고 있는지를 확인하라. - 재무제표 작성 자료 - 원가관리자료 - 예산편성 및 통제자료 - 경영층의 의사결정 지원 자료 - 판매가격 결정자료 • 원가계산절차에 대해서는 이미 검토한 매출원가 과목 조서와 연결하라.	

감 사 절 차	조서번호
• 표준원가시스템과 운영방법 및 절차에 대하여 다음 사항을 확인하라. - 표준의 설정, 개정을 주관하는 부서 - 표준원가의 설성단위 - 표준설정의 기초자료의 원천 - 표준원가의 절차설정 과정 - 표준개정의 절차와 방법 및 시기 - 원가차이 분석방법 절차 - 표준원가와 실제원가와의 차이발생률 - 원가분석 결과 자료의 활용도 • 고정비와 변동비의 분류기준표 및 분류표를 구하여 이것이 회사의 실정에 적합하게 분류되어 사용되고 있는지를 검증하라. • 원가보고서를 징구하여 다음 사항을 검증하라. - 원가보고서의 종류와 사용양식의 적합성 - 원가보고서의 보고 횟수, 보고시기 및 수신처의 적절성 - 원가보고서의 실제 활용상황 - 원가보고서의 조치결과 개선사항 • 특수원가조사가 언제 · 어떻게 · 어떠한 목적으로 이루어지고 있는지를 확인하고 타당성 유무를 평가하라.	

Chapter 10

마케팅관리 부문의 감사절차

01 마케팅감사의 개요 · 414

02 마케팅감사의 프로세스 · 419

03 마케팅 부문의 내부감사절차 · 427

01 마케팅감사의 개요

마케팅은 교환과정을 통하여 욕구나 욕망을 만족시키려는 인간 활동이다. 따라서 Marketing Concept의 핵심은 소비자의 욕구와 욕망을 확인하고 이를 만족시키려는 노력에 의하여 기업의 목표를 달성하는 데 있다.

지식산업사회에 있어서의 소비자의 가치추구 방법은 과거 산업사회에서의 구매선택에 중요요인이었던 가격 · 성능 · 품질 등의 이성적 판단보다는 미각 · 촉감 · 시각 · 신비감 · 분위기 · 이미지 등이 심리적 · 정서적 욕구에서 유래된 감성적 판단이 더욱 중요시되고 있다.

마케팅감사는 마케팅전략과 Planing 실행에 대한 공식적이고 체계적인 검토 작업이다. 마케팅감사는 대내외적인 정보와 절차를 점검하고 조직 내부 · 외부환경 · 조직과 공급업체간의 문제점들을 파악하고자 하는 것이며, 감사과정은 외부전문가에 대해서 실행되기도 하고, 마케팅부서의 담당자에 의해서 수행되기도 한다.

1. 마케팅감사의 개요

마케팅감사란 기업의 마케팅 철학 · 목표 · 정책 · 전술 · 실무 및 업무성과에 대한 철저하고 객관적인 평가를 말한다. 이러한 마케팅감사를 통하여 고객만족과 지속적인 품질개선을 달성하기 위하여 기업이 당면하고 있는 약점을 파악할 수 있다. 관리자들은 자신들이 수행중에 있는 계획에 대하여 기꺼이 기간적인 마케팅감사를 수행하여야 하고 또한 그 결과에 대해서도 반드시 대처해야 한다.

마케팅감사에서는 기업이 잘 수행하고 있는 업무와 약점이 있어서 제대로 수행하지 못하고 있는 업무를 모두 파악하여야 한다. 어떤 기업이든지 기간적인 업무조사, 외부의 비난 또는 자기분석 등이 아주 중요한 요소라고 할 수 있다.

마케팅감사의 목적

마케팅감사의 목적은 그 기업이 마케팅 Concept을 얼마나 잘 적용하는지 그리고 수익을 창출하면서 고객들에게 가치를 제공하는지를 점검하는 것이다. 마케팅감사를 통해서 경영진은 일상적인 매출보고서 및 시장점유율 추정치 이외의 것까지도 보다 심층적으로 관찰할 수 있다. 경영진은 마케팅감사를 활용해서 각종 마케팅 활동에 투입되는 예산의 생산성을 진단할 수 있다.

마케팅감사의 필요성

일반적으로 기업 경영상태가 악화되면 매출이 줄어들게 되어 수익률이 떨어지고, 이에 따른 시장점유율이 경쟁자에 의해 상실하게 되며 결과적으로 가동률이 떨어질 때가 되어서야 마케팅감사의 필요성이 제기된다. 이러한 상황에서 경영진은 잘못된 증세를 치료하려고 하는 경향이 있다. 신제품을 출시하거나 혹은 제품을 Delate 시키던지, 아니면 영업 부문을 재구축하거나 가격을 인하하고 원가를 절감하는 것들이 통상적으로 취해지는 조치들이다. 그러나 이와 같은 조치들은 보다 근본적인 문제들이 파악되지 않는 한 효과적이지 못하다. 물론 그 기업이 오랜 기간 동안 생존할 수 있다면 제거과정을 통해서 이러한 문제들 풀어나갈 수 있다. 그러나 당면문제는 정확하게 규명되어야 하는데 마케팅감사는 그런 당면문제를 규정짓는 과정을 도와주는 수단이다.

요약한다면 마케팅감사는 복잡하게 얽힌 비즈니스 환경과 관련한 정보와 데이터를 모집하고 분석하는 그러한 체계적인 접근이고 어떤 기업이든지 문제를 해결하는 필수 불가결한 선결조건이다.

마케팅감사의 형태

마케팅감사는 두 종류의 중요 변수들을 다룬다. 첫 번째 변수는 직접적으로 통제할 수 없는 것이다. 이러한 것들은 주로 환경 · 시장 · 경쟁 관련 독립변수들로 묘사되고 있다. 두 번째 변수들은 기업이 완전하게 통제할 수 있는 종속변수를 의미한다. 이것을 운영과 관련한 변수라고 부를 수 있다. 그러하기 때문에 마케팅감사를 외부변수감사와 내부변수감사라는 두 부분으로 구분할 수 있다. 외부감사는 통제 불능한 변수와 관련한 것이고 내부감사는 통제 가능한 변수와 관련된 것이다. 외부감사는 경제 일반 환경을 점검하는 것에서 출발하며, 그 기업이 참여하고 있는 시장의 성장 · 건강상태와 관련한 조망을 하고 있다. 내부감사의 목표는 그 조직의 자원을 평가하는데 특히 환경과의 관련성 그리고 경쟁업체의 자원과 비교해서 경쟁 가능성을 평가하는 것이다.

마케팅감사의 실시 시기

많은 사람들에게 잘못된 신념은 마케팅감사는 마지막 순간에 그 기업의 마케팅 관련 문제를 규명하는 시도이고 고작해야 그 기업이 제대로 가고 있는지를 확인하기 위해서 때때로 독립 부서에서만 시행하는 것으로 여겨지고 있다. 그러나 마케팅 환경은 지속적으로 변화하고 마케팅은 매우 복잡한 기능이기 때문에 적어도 1년에 한번 계획의 시작단계에서 철저한 상황분석을 수행하는 것이 반드시 필요하다. 성공하는 기업은 1년 내내 통상적인 정보를 활용하고 절차를 통제하며 마케팅 리서치를 수행하는 이외에도 마케팅 계획의 시작단계에서 감사와 같은 과정을 통해 마케팅 활동에 중요한 영향을 미치는 요소들을 공식적으로 검토하고 있다.

2. 마케팅감사의 구성요소

마케팅감사란 문제영역과 기회를 파악하여 기업의 마케팅 성과를 개선할 하나의 행동계획을 추천하려는 시각을 가지고 기업이나 사업단위의 마케팅 환경 · 목적전략 · 그리고 활동을 포괄적 · 체계적 · 독립적 그리고 정기적으로 검사하는 것을 의미한다. 따라서 마케팅감사의 구성요소는 다음과 같이 정의할 수 있다.

거시환경 감사

기업의 외부환경 중 기업의 힘으로 어느 정도 영향을 미칠 수 있는 환경을 미시환경, 통제할 수 없는 환경을 거시환경이라고 한다. 거시환경은 기업의 외부환경 중 스스로의 힘으로 전혀 통제할 수 없는 환경을 뜻한다. 기업 거시환경의 가장 대표적인 요인은 다음과 같이 요약할 수 있다.

- 데모그래픽 환경 : 사람에 관련된 요인으로 저출산 · 고령화 · 1인 가구 증가 등이 이에 속한다.
- 경제 환경 : 국가 내 · 외의 경제적 요인으로 물가상승 · 원화가치의 상승 등을 예로 들 수 있다.
- 사회 · 문화적 환경 : 사회 · 문화적 요인으로 혼밥 문화 · 복고문화 등이 있다.
- 자연환경 : 자연적 요인으로 미세먼지의 증가 · 홍수 · 계절변화 등이 있다.
- 기술적 환경 : 기술이 발전하면서 생겨나는 변화로 배터리 기술 발전에 따른 전기자동차 · 자율자동차 · 인공지능로봇 등이 있다.
- 정치 · 법적환경 : 정부가 시행하는 법적조치에 따른 요인으로 최근에는 사회적 거리두기로 인한 집합제한 등의 법 규제가 있다.

업무환경 감사

마케팅 업무환경에는 사업영역 · 기업의 전반적인 목표 · 기업문화 · 표적시장 · 마케팅 조직 구축 등이 있다.

■ 사업영역

최고경영층은 기업이 어떤 영역 내에서 사업을 전개할 것을 결정한다. 이때의 사업영역은 재화나 서비스뿐만 아니라 지역적인 범위, 소유 구조의 형태, 구체적인 사업 분야 등을 모두 포함시킨다.

■ 기업의 전반적인 목표

기업의 전반적인 목표는 최고경영층에 의해서 제시되는 기업 전반과 관련된 측정 가능한 목표이며, 기업성과는 제시된 목표와 실적인 매출액 · 시장점유율 · 영업이익 등을 비교함으로써 평가한다.

■ 기업문화

최고경영층은 기업문화 형성에 결정적인 영향을 미친다. 기업문화는 조직구성원들이 공유하고 따르는 가치 · 규범 · 관행들로 구성된다.

■ 표적시장

마케팅관리에서 가장 중요한 전략적 의사결정 중 하나는 판매하는 재화나 서비스의 목표시장과 마케팅 목표를 정하는 것이다. 표적시장이란 마케팅전략을 통해 만족시키고자 하는 특정의 고객집단을 의미한다.

■ 마케팅 조직 구축

마케팅 조직은 마케팅과 관련된 제반 활동을 수행하기 위하여 기업이 가지고 있는 인적자원구조로써 마케팅조사 · 판매촉진 · 물류관리 · 제품기획 등 마케팅 기능별로 나누어진 기능별 조직과 제품을 중심으로 구성된 제품별 조직과 시장에 따라 나누어진 시장별 조직 등의 유형이 있다.

3. 마케팅 부문의 감사범위

마케팅 부문의 감사범위와 감사대상 업무를 대상 업무의 내부감사 구성요소별 관점에서 approach 하느냐 또는 Marketing Mix와 사후관리까지의 프로세스를 중심으로 Approach 하느냐에 따라서 감사범위를 확대할 수도 있으며, 감사방법의 결정에 있어서도 현격한 차이가 있을 수 있다. 여기에서는 실무적으로 쉽게 접근 가능하고 실제 내부감사의 효율성을 배가시킬 수 있으며, 감사인이 객관적인 감사증거를 입증할 수 있는 Marketing Mix와 사후관리까지의 Process를 중심으로 고찰해 보고자 한다.

따라서 이와 관련해서 볼 때 마케팅 부문의 감사범위와 감사대상 업무는 다섯 가지의 카테고리로 구분하여 실시할 수 있다.

첫째, 판매계획 업무감사이다. 여기에 포함되어야 할 감사범위의 범주로 수요예측 · 마케팅전략 · 판매목표관리 · 판매계획의 수립 등이 이에 속한다.

둘째, 제품계획 업무감사이다. 감사대상 업무로는 제품전략 및 정책 · 소비자조사 · 시장분석 · 신제품개발 등을 중점적 감사대상 업무라고 할 수 있다.

셋째, 가격정책과 유통경로감사이다. 특히 가격정책은 시장과 경쟁자인 외적 변수가 가격결정의 핵심 팩터로 등장하므로 사전에 충분한 예비조사를 통한 객관적인 정보수집이 필수적 요건이 된다. 여기에는 자사의 가격전략 · 가격의 운영 · 유통경로 및 물적 유통이 주요 감사대상 항목이 된다.

넷째, 판매촉진과 광고 업무감사이다. 중점적인 감사 대상 업무로는 판매촉진전략 · 판촉수단 · 광고계획 · 광고매체 등을 포함시켜야 할 것이다.

다섯째, 거래 및 채권관리 업무감사이다. 특히 거래관리에 있어서의 내부감사는 그 기업의 사업특성 및 제품의 성격과 거래관행 등 명시화되어 있는 기업 내규에서 정한 사항만으로 감사할 경우 감사결과 감사인의 의견표명이 현실을 왜곡시킬 수 있는 위험요인을 내포하게 되므로 고도의 감사기술과 경험이 요구된다.

감사범위에 포함되어야 할 대상 업무로서 대리점 개설 및 계약 · 여신한도관리 · 수금관리 · 부실채권관리 등이 이에 속한다.

02 마케팅감사의 프로세스

마케팅이란 고객만족을 통하여 고객, 수요, 교환 등을 창출하며 유지해 나가는 활동을 정의한다. 기업이 거래나 교환을 원활히 하기 위해서는 고품질 제품을 알맞은 가격과 함께 유통경로를 통하여 공급하여 그에 따라서 더 알맞은 광고 활동을 할 때 가능토록 한다.

현대 마케팅의 개념이란 "조직이나 개인의 목적달성을 하기 위해서는 제품, 서비스, 아이디어들을 교환하며 유지해 나가는 과정"이라고 말할 수 있다. 교환을 창출한다는 것은 신규 고객을 창출하는 것을 뜻하며, 교환을 유지하는 것이 기존고객이 이탈하지 않도록 훨씬 신경을 쓰며 유지토록 하는 것이라고 말한다.

1. 마케팅감사의 절차

모든 경영관리 과정이나 마케팅관리에 대한 계획과정에는 반드시 계획과 집행결과를 상호 비교 · 분석하여 차기의 계획과 활동을 수정 · 조정하는 통제과정이 있다. 예컨대 제품 믹스결정 · 판매원의 성과 · 광고프로그램의 효율성 등과 같은 마케팅활동의 개별적 분야에서는 통제만을 다루어 왔으나, 과연 이들 개별기능이 통합하여 달성하고 이를 개선하여 종합마케팅 노력의 생산성을 증대시키기 위해서는 통제활동이 필요하다. 마케팅감사(marketing audit)란 마케팅의 목표 · 정책 · 성과 등 모든 마케팅 기능에 대한 체계적 · 종합적 · 규칙적인 검토와 평가라고 정의될 수 있다.

따라서 마케팅 효율의 점검과정을 거친 결과 개선이 필요하다고 인정된 사업 부문에 대해 보다 철저한 마케팅감사를 실시해 볼 필요가 있다. 감사 진행과정에서 감사인이 특별히 유의해 두어야 할 점은 다음과 같다.

- 마케팅감사에는 중요한 부문이 모두 포함되어야 하며, 이를 위해 설문지가 사용되는 것이 유리할 경우가 많다.
- 마케팅감사는 포괄적이어야 하므로 감사대상은 사전에 철저히 검토되어야 한다.
- 감사인은 회사의 조직 · 정책 · 계획 · 마케팅조사활동에 익숙하고 있어야 한다.

- 가급적으로 조직 내외의 여러 의견을 청취해야 한다.
- 마케팅감사에는 최고경영자의 지지와 참여도 중요하지만, 감사절차는 최고위층에서 출발하여 최하위층에 이르기까지 내려가는 것이 원칙이다.
- 감사는 역사적 · 기술적 · 현시적 측면을 사전에 검토한 후 미래 계획의 검토에 들어가야 한다.
- 마케팅감사는 오랜 과정을 거치게 되며, 필요 이상 시간을 허비하게 되는 경우가 많으므로 사전에 감사계획을 치밀하게 세워 두는 것이 좋다.
- 감사보고서에는 감사한 모든 분야가 포함되어야 하며, 서면으로 제출되는 것이 좋다.
- 감사보고서의 내용은 감사인의 편파성이 개재되어서는 아니 되며, 다음과 같은 기능에 관한 감사자의 종합적인 의견이 포함되어 있어야 한다.
  - 회사의 마케팅 목표
  - 마케팅 조직
  - 마케팅 정책
  - 마케팅 전략
  - 마케팅 환경
  - 마케팅 생산성

마케팅감사의 절차

마케팅감사의 절차는 크게 7단계가 진행된다. 진행단계별로 살펴보면 포괄적 이해 → 보유자료 취합 → 정보취합 및 분석 → 내부 임직원인터뷰 → 사용실태 점검 → 내부 업무프로세스 검토 → 분석결과 종합으로 이루어진다.

■ 포괄적 이해

- 시장현황
- 유통 및 판매현황
- 마케팅관리 상황
- Communication 현황
- 기타 위험요인

■ 보유자료 취합

- 필요한 자료의 구체화와 목록 작성
- 각 부서가 자체 보유 중인 누적자료 요청
- 소비자조사 자료 및 기술동향 자료 등

■ 정보취합 및 분석

- 프로젝트 배경 검토, 마케팅 관련 자료수집과 검토
- Communication 관련 자료수집과 검토, 브랜드 인식 및 태도 자료

■ 내부 임직원인터뷰

- 브랜드 Identity에 대한 내부 의견 및 태도 등
- 인식하는 문제점과 개선방향 · 경쟁상황에 대한 인식 등

■ 사용실태 점검

- 인쇄물 · 문서양식 · 서류 검토
- 내부Communication실태 점검
- 사인 등 환경디자인 실태분석
- 매장(대리점 내 사용실태 점검

■ 내부 업무프로세스 검토

- 각 부서별 업무내용 검토와 문제점 분석
- 디자인 · 마케팅 부서의 업무내용과 효율성 분석
- 광고회사 · 인쇄 협력회사와의 업무효율성 검토
- 웹사이트 운영 실태와 문제점 분석

■ 분석결과 종합

- 각 분석내용 종합
- 문제점과 개선방향 종합

2. 마케팅전략 감사

마케팅전략이란 복잡하기도 하며 변동성이 큰 마케팅환경의 방향으로 적응하면서 지속적인 경쟁우위를 만들어 내기 위한 활동을 계획하며 결정하는 것이라고 정의할 수 있다. 즉, 마케팅전략이란 마케팅이 가능토록 할 수 있는 마케팅을 동원하여 경쟁시장에서 보다 더 우위적으로 확립할 수 있는 방법들을 마련토록 하는 방안이라고 정의할 수가 있는 것이다.

마케팅 부문 최고책임자는 전반적인 마케팅효율에 대하여 검토해야 한다. 이것은 연간계획통제 · 비용통제 · 능률통제 등 부문통제에 그치는 것이 아니다. 마케팅이란 그의 목표 · 정책 · 전략 및 프로그램이 가장 급속히 진부화되는 분야이기 때문에 시장관리 전반을 수시로 재평가해야 하는 것이다. 이와 같은 전략적 통제를 위해 마케팅 효율점유과 마케팅감사라는 접근법이 사용되고 있다.

마케팅효율의 점유

회사는 각 사업 부문이 고객지향적 마케팅철학을 제대로 실천하고 있는지의 여부를 규명하기 위해 매출액성장률 · 시장점유률 · 자본이익률 등의 측면에서 사업 부문의 업적을 평가해 볼 필요가 있을 것이다. 어느 회사든지 그 회사 사업 부문의 마케팅효율은 고객철학 · 통합마케팅조직 · 마케팅정보 · 전략적 방향 · 활동능률 등의 마케팅 지향적 관리방식에 반영된다고 볼 수 있다.

마케팅감사

마케팅효율의 점검과정을 거친 결과 개선이 필요하다고 인정된 사업 부문에 대해 보다 철저한 마케팅감사(marketing audit)를 실시해 볼 필요가 있다. 코틀러(P. Kotler)는 마케팅감사를 '회사의 마케팅활동에 대한 문제점과 기회를 발견하고 마케팅 성과를 개선할 목적으로 마케팅 환경 · 마케팅 목표 · 마케팅전략 · 마케팅 활동을 포괄적 · 체계적 · 독립적 · 정기적으로 검토하는 것이다.'라 정의하고 있으며, 이와 같이 마케팅감사는 포괄적 · 체계적 · 독립적 · 정기적이어야 한다는 특성을 지니고 있다. 여기서, 포괄적 감사라 함은 회사의 마케팅환경 · 마케팅 목표 · 마케팅전략 · 마케팅 조직 · 마케팅 시스템 등 전반에 대한 수평적 감사를 말한다.

3. 마케팅계획 감사

마케팅계획의 연간통제의 핵심은 목표관리시스템의 설정에 있다. 이 목표관리시스템은 다음과 같은 요소로 구성되어 있다.

- 각 책임중심이 달성한 목표의 설정
- 목표에 대한 정기적인 성과측정
- 성과에 차질이 있을 때에 규명하기 위한 원인분석
- 성과를 목표에 접근시키기 위한 원인분석
- 성과를 목표에 접근시키기 위한 시정조치

이러한 통제과정은 조직의 모든 계층에 적용되어야 한다. 예컨대, 최고경영자는 일정한 판매와 이익목표를 달성할 계획을 수립하여야 하고 사업 부문 책임자에게 보다 구체화된 목표로 전환하여 시달해야 하는 것이다. 이러한 연간계획에서 결정된 목표의 성취여부를 점검하기 위해서는 판매실적분석 · 시장점유분석 · 마케팅비용 대 판매비율분석 · 재무분석 · 고객태도조사 등이 있다.

판매실적 분석

판매실적 분석은 각 영업 부문에게 할당된 목표판매에 대해 실제의 판매를 측정 · 평가하는 과정이다. 먼저 판매성과 분석이 필요하며, 대개 가격보다 판매량의 통제가 보다 용이하므로 수량미달의 원인을 철저히 규명하고 그 대책을 강구해야만 할 것이다. 이를 위해 미시적 판매실적 분석이 필요하며, 미시적 분석에서 목표판매를 미달하였을 경우 철저히 대상지역이나 제품을 규명해야 한다.

시장점유율분석

이는 판매성과의 평정과 분석만으로는 경쟁회사와의 상대적인 실적을 규명할 수 없다. 판매의 증대는 경기의 호전이나 마케팅 노력의 개선 등에 기인하게 되지만 시장점유율(market share)의 기준에 따라 다르다.

마케팅비용분석 마케팅은 재화의 형태효용을 추출 · 재배 · 제작 · 가공 등의 부가에 필요한 비용에 있어서 모든 생산비용을 포함하며, 시간 · 장소 및 소유효용은 마케팅활동을 통해 재화에 부가되는 것이라고 하였다.

그러면 마케팅비용분석은 다음과 같다.

■ 기능별 비용의 분석

이는 마케팅비용을 보다 효과적으로 통제하기 위해 손익계산서의 비용계정을 구성하고 있는 활동으로 세분하고 계정별 총비용을 할당해 보여야 한다. 그러나 매체비용은 광고 및 판매촉진이라든가 활동에 직접 할당되는 반면에 재산세 같은 것은 각 부서가 점유하고 있는 사무실 면적에 비례하여 배정되었다. 이와 같이 비용을 기능별로 분류함으로써 단순히 비용을 원장계정별로만 분류할 때보다 더 많은 정보를 얻을 수 있고 비용의 지역 · 제품 · 마케팅 단위별 분류를 위한 기초가 된다.

■ 시장단위 기능별 비용의 분석

시장을 지역 · 제품 · 고객별로 분할하고, 시장구획의 총비용을 기능별로 할당하며, 어떠한 분석방법보다도 문제점을 갖고 있는 시장구획을 밝혀내는데 효과적인 방법이라 할 수 있다. 이 분석이 더욱 더 유용한 것은 바로 시장단위별 손익계산서의 작성을 통해 단위별 순이익을 산출함으로써 그 단위의 성과를 정확히 알 수 있다는데 있다.

따라서, 비용분석의 결과가 유용한 통제자료로 사용되는 것은 사실이지만 비용분석에는 시간 · 자금 · 인력이 많이 소요된다는 점과 비용의 할당이 곤란하다는 등의 단점도 내포되어 있다.

그리고 비용의 할당문제는 총 활동소요비용을 각 지역 · 제품 · 고객 등 시장단위에 배정할 필요성에 따라 발생한다. 이러한 비용은 직접비와 간접비로 분류된다. 전자는 어느 한 시장단위 판매조직의 활동과 직접 연관된 비용을 말하고, 후자는 두 개 그 이상 마케팅단위에 의해 공통적으로 발생한 비용을 말하는데, 비용할당의 문제는 간접비의 할당기준에 따라 다르다.

4. 마케팅 능률감사

판매원 능률 마케팅조직은 각 계층의 판매관리자들이 판매원 능률을 평가하기 위해 판매원 능률의 지표가 되는 주요 요인들을 검토해 볼 필요가 있으며, 이들 요인은 다음과 같이 요약할 수 있다.

- 판매원당 1일 평균방문회수
- 1회 방문에 소요된 평균시간
- 1회 방문이 가져온 평균수입
- 1회당 평균 방문비용
- 1회당 평균 방문 소요접대비
- 100회 방문에 대한 주문회수의 비율
- 1회당 유인된 신규고객의 수
- 총매출액에 대한 판매원비용의 비율

광고 능률 판매촉진 노력 중 가장 중요한 대상은 광고라고 할 수 있다. 광고효율의 측정에서는 다음과 같은 요인에 관한 통계적 분석이 필요하다.

- 매체와 매체수단에 도달된 구매대상자 1,000명당 광고비
- 매체수단별로 가장 주의와 관심을 집중시킨 고객의 비율
- 광고의 내용과 효과에 대한 고객의 의지
- 제품에 대한 광고 전 · 광고 후의 태도
- 광고로 예약된 고객의 문의 수

그 외에 마케팅관리자는 광고능률의 개선을 위해 제품이 시장지위를 조정한다든가 광고목표를 정의하고, 메시시의 사선시험을 해보고 광고매제선성에 컴퓨터를 활용하며, 광고의 사후시험을 실시하는 것 등이 있다.

판매촉진 능률 고객의 관심과 상품시제품의 시용(試用)을 자극하기 위해 여러 가지 수단이 사용되며, 특히 판매촉진이 효과적이라

할 수 있다. 따라서 판매활동의 능률을 개선하기 위해서는 무엇보다도 판매활동상황 · 판매촉진활동에 소요된 비용, 판매효과 등에 관한 기록이 있어야 한다. 판매촉진활동이 능률 여부를 알기 위해 다음과 같은 지표를 분석해야 할 것이다.

- 특가에 의한 매출액의 비율
- 매출액에 대한 전시비용
- 쿠폰회수율
- 전시회 후 고객의 문의 수

유통능률

유통능률은 재고수준 · 창고입지 · 운송방법 등의 물적 유통시스템의 개선에 관한 것이다. 이와 같이 물적 유통은 비용의 절감과 능률이 가장 요청되면서도 동시에 마케팅관리자들 가운데 가장 등한시되어 온 분야 중의 하나이다. 그런데 유통능률에 대한 관심이 적었던 것은 무엇보다도 유통비용이 분류기준이 명확하지 않을 뿐만 아니라 유통비용은 생산 · 판매비용에 혼인되는 경우가 많고, 여러 마케팅 단위에 의해 공동으로 발생한다는 특수성 때문이다. 오늘날 컴퓨터의 이용에 의한 Systems Approach의 적용으로 개선되어가고 있다.

03 마케팅 부문의 내부감사절차

1. 판매계획

감사대상 업무	
■ 수요예측	■ 마케팅전략
■ 판매목표관리	■ 판매계획의 수립

내부통제 확인사항

확 인 사 항	Y/N	특기사항
수요예측		
• 수요예측을 위하여 기업 내외부의 다음 주요 항목들에 대한 환경분석이 이루어지고 있는가. - 과거실적 분석 - 일반 환경 분석 - 고객 분석 - 경쟁사 분석 - 기업 내부 여건 분석		
• 상기 자료들이 판매계획을 수립하는 데 있어서 자료로 활용되고 있는가.		
• 자사의 장점과 약점들이 이러한 분석지표들에 의해서 분석되어 기회와 위협을 파악하여 마케팅전략으로 운영되고 있는가.		
• 판매계획 수립을 위한 다음의 일련의 Process들이 검토되어 마케팅 시스템으로 활용되고 있는가.		

확 인 사 항	Y/N	특기사항
독립변수 • 통제가능 변수 : 상품 · 판매촉진 · 판매경로 · 가격 · A/S · 물량 공급 • 통제불능 변수 : 고객의 기호, 경쟁회사의 전략, 정부 · 법적 규제, 경기동향, 기술변화, 정치활동, 회사의 자원 종속변수 • 고객의 행동 : 제품의 인지 · 선호 · 구매 · 구매 후 만족도 · 반복구매 • 회사의 실적 : 매출액 · 시장점유율 · 비용 · 수익성 · 자금사정 · 기업이미지, 주식시세 • 판매계획 수립 시 다음의 사항들이 고려되어 계획이 수립되는가. - 인구통계 - 소득, 저축, 문화 및 신용투자의 변화가 회사에 미칠 영향 - 제품생산에 예견되는 기술변화의 진행사항과 회사의 위치 - 신제품 계획 - 문화의 변화 진행도가 마케팅전략에 미칠 영향 • 판매계획 수립을 위한 과업분석 시 다음 사항들이 고려되고 있는가. - 시장규모 · 성장 · 지역분포 · 수익성의 변화 - 주요 세부시장에는 어떤 것이 있으며 이들의 기대성장률 정도 - 고객들은 경쟁회사와 비교하여 회사의 품질 · 서비스 · 판매원의 능력 및 가격을 어떻게 평가하고 있는가. - 고객집단들은 어떻게 구매결정을 내리고 있는가. - 고객들의 욕구와 만족도는 어떻게 변화하고 있는가. - 주요 경쟁자의 목표와 전략 및 장단점 - 주요 경쟁자들의 시장점유율의 변화 추세 - 향후 전개될 경쟁의 양상 - 현재의 유통경로상의 문제 - 유통경로별 효율과 성장잠재력 - 주요 원료의 수급 전망		

확 인 사 항	Y/N	특기사항
- 원료공급자의 판매에 대한 변화 예측		
• 판매계획 수립 시 Products 전략에 있어서 다음 사항이 고려되고 있는가.		
- 상품계열의 판매목표는 적정한가.		
- 특정상품을 제거할 필요가 있는가.		
- 가치가 있는 신제품은 무엇인가.		
- 품질 · 특성 혹은 스타일을 개량할 필요가 있는 상품은 무엇인가.		
• 판매계획 수립 시 Price 전략에 있어서 다음 사항이 고려되고 있는가.		
- 가격결정의 목표 · 정책 · 전략절차는 어떻게 해야 할 것인가.		
- 고객들은 현재의 가격수준을 적절하게 느끼고 있는가.		
- 가격촉진을 효과적으로 이용할 수 있는 방법이 있는가.		
• 판매계획 수립 시 Place 전략에 있어서 다음 사항이 고려되고 있는가.		
- 경로관리의 목표와 전략의 방향을 어떻게 설정할 것인가.		
- 새로운 시장의 진출기회		
- 현재의 유통경로를 변경할 필요성		
• 판매계획 수립 시 Promotion 전략에 있어서 다음 사항이 고려되고 있는가.		
- 광고의 목표는 적합한지의 여부		
- 광고비 예산의 적정성 유무		
- 광고 문안에 대한 고객의 인식도		
- 광고매체의 적절성 유무		
- 판매원의 규모 및 배치의 적절성		
- 목표할당의 합리성		
• 판매계획 수립 시 마케팅 생산성에 있어서 다음 사항들을 고려하고 있는가.		
- 제품별 · 지역별 · 유통경로별 수익성		
- 장단기의 수익성		
- 비용의 과도한 지출		
- 마케팅비용의 절감방법		

확 인 사 항	Y/N	특기사항
• 목표시장을 설정할 때 다음의 사항들이 고려되고 있는가. - 회사의 능력 - 제품의 동질성 - 제품의 수명 - 시장의 동질성 - 경쟁상태 • 목표시장 설정 시 Products life cycle을 면밀히 분석하여 적용하고 있는가. • Products life cycle에 따른 Port-folio를 분석하여 표적시장에 적극적으로 대처해 나가고 있는가.		

감사지시서

감 사 절 차	조서번호
• 먼저 판매 관련 부문의 조직도표와 업무분장표를 징구하라. • 환경분석을 위한 각종 자료를 징구하여 이것들이 판매계획을 수립하는 데 있어 어떤 자료로 활용되고 있는지를 조사하라. • 과업분석을 위한 각종 자료를 징구하여 이것들이 실제 어떻게 활용되고 있는지를 분석하라. • 판매계획 수립절차를 Flow-Chart하라. • 장 · 단기 판매계획서를 징구하여 다음의 감사절차를 수행하라. - 판매방침과 중점목표 - 매출액 계획의 우선순위 - 현재의 중점제품과 장기적 측면에서의 중점제품 - 판매계획의 수립 방법 - 판매의 순환변동 및 불규칙변동 - 지난해의 계절지수와 계획수치의 지수	

감 사 절 차	조서번호
• 판매계획 수립방법의 타당성을 검토하라. • 판매계획은 판매변동에 따라 어떻게 조정 운영되는지 조사하라. • 입안된 판매계획은 다음 사항이 충분히 고려되어 있는지 검증하라. - 현실성 - 정확성과 공명성 - 융통성과 협조성 • 단기 판매계획은 몇 개월 후까지 수립되어 있으며, 그것은 생산계획과 상관관계에서 문제가 없는지 검증하라. • 판매계획과 실적을 대조 · 비교하고 그 차이의 정도가 타당한지 분석하고, 원인을 규명하라. • 판매가격의 가격기준은 무엇이며, 가격결정의 조정절차를 체크하라. • 판매예측 자료의 적용이 타당한지 조사하라. • 월별 또는 계절성 수요변동을 어떻게 계획에 반영하고 있는지 확인하라 • 계획입안은 생산 · 자금 · 구매 · 자재 등 관련부서와의 조정이 이루어졌는지를 자료징구하고 확인하라. • OEM방식에 의한 제품의 경우, 하청업체의 생산계획을 충분히 고려하였는지 확인하라. • 판매계획이 경쟁관계에 있어서 전략적으로 충분히 고려되었는지를 확인하라. • 판매량 할당기준은 합리적으로 설정되어 운영되는지를 조사하라. • 신제품의 할당방법은 합리적으로 되어 있는지 검증하라. • 시장가치지수는 무엇에 근거하여 구하는지 확인하라. • 판매계획에는 특수한 판매촉진을 반영하여 세우고 있는지 조사하라.	

2. 제품계획

감사대상 업무	
■ 제품전략 및 정책	■ 소비자조사
■ 시장분석	■ 신제품개발

내부통제 확인사항

확 인 사 항	Y/N	특기사항
• 제품 Positioning의 기본전략은 수립되어 있는가. • 제품전략이나 정책에는 다음의 요소들이 충분히 분석되며 제품정책 수립 시 반영되고 있는가. - 구매계층의 연령, 소득분포 - 맛 · 영양 · 건강 · 위생 · 라이프 스타일 등의 욕구 변화 - 경쟁관계에 있는 대체상품의 상대적 중요도의 변화 - 소비자 Needs와 Wants의 변화추세 • 위의 요소들이 제품전략이나 정책수립 시 경영지표로서 활용되고 있는가. • 지사의 강점과 약점들이 이러한 분석지표들에 의해서 분석되어 기회와 위협을 파악하여 제품전략으로 연결되고 있는가. • 이러한 전략을 수행할 수 있는 자원은 적절히 배분되어 운영되고 있는가. • 제품전략을 수립할 때 판매조직 · 생산능력 · 기술개발 · 생산성 향상 등이 충분히 고려되어 수립되는가. • 제품전략은 전략수행 후 충분히 분석 평가되어 마케팅전략의 새로운 의사결정에 반영되고 있는가. • 제품전략과 시장점유율의 상관관계는 정기적으로 분석 · 보고되고 있는가. • PLC(Products Life Cycle/제품수명주기)분석은 정기적으로 이루어지고 있으며 이것이 정책에 반영되는가.		

확 인 사 항	Y/N	특기사항
• PPM(Products Portfolio Matrix/제품포트폴리오 분석)은 주기적으로 실행되며, 이것이 제품정책에 즉시 반영되고 있는가.		
• 신제품 개발에 대한 기본적인 테마가 설정되어 있으며, 이것을 장단기별로 구분하여 제품정책 수립 시 활용하고 있는가.		
• 제품라인 목표 설정 시 시장성 · 수익성 · 경쟁성을 기초로 하여 제품 SBU(Strategic Business Unit/전략사업단위)별 매출과 이익이 고려되었는가.		
• 제품라인 결정은 제품라인 분석을 위해 실행절차를 확립하여 정기적으로 이루어지고 있는가.		
• 제품변경의 최종승인은 반드시 위임전결규정에 따라서 실행되고 있는가.		
• 제품라인 변경 시 시장의 변화, 경쟁자분석, 자사의 전략 등이 고려되고 있는가.		
• 철수해야 할 제품들은 정기적으로 검토되어 실행되고 있는가.		
• 제품 Category Management(제품계열화)가 이루어지고 있는가.		
• 모든 마케팅전략은 소비자를 중심으로 하여 출발하는가.		
• 모든 마케팅전략은 자사의 판매구조나 생산구조 등을 중심으로 수립되는가.		
• 소비자조사는 정기적으로 실시되고 있으며 조사의 Tool은 정해져 있는가.		
• 소비자조사는 문화적 특성 · 사회적 특성 · 개인적 특성 · 심리적 특성 등이 조사항목에 충분히 반영되고 있는가.		
• 소비자 행동모델과 자사제품과의 상관관계는 충분히 조사되며, 마케팅전략 수립 시 반드시 반영되고 있는가.		
• 소비자조사를 위한 예산은 사전에 편성되어 있으며 적절하게 운영되고 있는가.		
• 소비자 조사결과 정보평가가 이루어지며, 이러한 정보는 마케팅전략에 반영되는가.		
• 시장분석 시 마케팅 환경분석이 사전에 이루어지고 있는가.		
• 시장분석 시 SWOT(Strong : 강점, Weakness : 약점, Opportunity : 기회, Treat : 위협)분석이 병행되며 이러한 분석결과는 전략수립의 기초자료로서 반영되는가.		

확 인 사 항	Y/N	특기사항
• 시장분석 시 다음의 제품 요소들이 조사·분석된 자료가 활용되고 있는가. - 시장별 매출액 - 유통별 매출액 - 고객규모별 매출액 - 핵심고객 매출액 - 핵심고객의 경제적 요소 - 총 시장크기 및 Market Share - 시장성장성 - 제품특성 - 자사 및 경쟁자의 가격 - R&D 지출액 - 판매비용 - 매출원가 - 이익기여도		
• 시장분석 시 다음의 경쟁 요소들이 조사 분석된 자료가 활용되고 있는가. - 경쟁사의 시장위치 - 경쟁사의 제품 - 경쟁사의 유통전략 - 경쟁사의 제품기획전략 - 경쟁사의 제조조건 - 경쟁사의 경영능력 - 경쟁사의 수익성 - 경쟁사의 재무능력		
• 상품기획 시 투자목표가 설정되어 있는가.		
• 상품기획 시 상대적 경영전략과의 상관관계가 충분히 고려되고 있는가.		
• 신제품 Launching 계획서에 다음의 요소들이 반드시 고려되고 있는가. - 판매시기		

확 인 사 항	Y/N	특기사항
- 목표지역/Segmentation(세분화) - 핵심고객/고객분석 - 출품행사/광고 · 판촉행사 - 물적유통/조직체계 · 기구 · 수단 · 서비스 - 서비스/신용서비스 · 수리 및 유지 · 기술제공 · 정보제공 - 판매요원의 선정과 규모 · 교육자료 - 생산 및 설비 가동 규모		
• 신제품 Launching 계획 시 다음 사항들이 사전에 결정되며 준비가 완료되었는가. - Media 예산 - 가격정책 - 상품명 - Promotion 계획 및 예산		
• 신제품 Launching 계획서에는 다음 사항들이 주요 내용으로 이루어져 있는가. - 시장/규모 · 지역 · 계절성 - 경쟁/시장점유율 · 가격 · 광고판촉 예산 - 상품/효용 · 가격 · 판매 · 생산 · 구매 - 조사/제품 · 소비자 - 전략/마케팅 · 투자 · 광고매체 · 판촉일정		

감사지시서

감 사 절 차	조서번호
• 먼저 판매 및 마케팅 부문의 조직표와 업무분장표를 징구하고 Staff의 중간관리자와의 인터뷰를 통하여 조직의 성과와 업무의 상호 관련 사항을 체크하라. • 직무분석을 실시하고 이것들이 내부통제질문서에 나타난 특이한 사항과 상호 비교하여 조직운영의 효율성을 평가하라.	

감 사 절 차	조서번호
• 마케팅 부문의 각 업무를 중점 항목별로 Flow-Chart하라. • 과업분석을 위한 각종 필요한 자료를 징구하여 이것들이 실제 어떻게 정책수립에 활용되고 있는지를 분석하라. • 제품 Positioning의 기본전략이 무엇이며, 이 전략이 어떻게 수행되고 있는지 그 Process를 점검하여 평가하라. • 연도 Marketing Plan을 검토하고 그 요소들이 제품정책 운용에 있어서 어떻게 반영되었는지를 확인·조사하라. • 상기 항의 계획 대 실적 자료를 징구하여 전략의 이행상태를 항목별로 점검하라. • SWOT(Strength/Weakness/Opportunity/Threat)분석을 하고 제품전략이 마케팅 믹스 전략에 어떻게 반영되었는지 확인하라. • 제품전략이 다음의 각 기능과 유효적절하게 Link되어 문제는 없는지 조사·확인하라. - 판매조직·유통경로·영업인력·시장상황 - 생산능력·공정별 Balance - 기술개발과 품질관리 - 생산성 및 부가가치율 - 영업효율성 • 제품전략 실행 자료를 징구하여 시장점유율 Trend를 작성하고 그 증감 추이에서 문제점 유무를 검증하라. • 제품별 PLC(Product Life Cycle) 분석을 하고 이것이 실제 정책결정에 어떻게 반영되었는지를 평가하라. • PPM(Product Portfolio Management) 분석자료를 징구하여 Matrix상의 제품 분포상황을 분석하고 어떠한 Action Plan이 세워지고 실행되고 있는지의 유무를 확인하라. • 신제품개발계획서를 구하여 각 테마별 전략이나 정책과의 일관성 있는 계획수립의 타당성과 그 실행과정의 적정성을 검증하라. • 제품라인 분석을 위하여 다음 자료를 구하고 그 실행과정에서의 문제점 유무를 검증하라. - 제품별 총 시장규모와 시장성장률	

감 사 절 차	조서번호
- 제품별 경쟁관계 - 제품별 매출신장률 - 제품별 부가가치율 - SBU(Strategic Business Unit)별 매출과 이익률 • 제품라인 변경에 대한 다음 자료를 구하여 그 빈도의 적시성 · 변경절차의 합목적성 · 변경사유의 적합성 · 전략과의 적절성 유무를 검증하라. - 시장의 변화 - 경쟁자의 분석 - 자사의 전략 및 정책 - 제품의 판매 Trend 및 판매비중 - Product Life Cycle과 PPM 분석 • 철수품목 List를 작성하고 각 품목의 판매실적 · Market Share를 체크하여 결과에 대한 타당성 유무를 검증하라. • 제품 계열화가 실제 어떻게 이루어져 왔는가를 확인하라. • 최근 2년간 소비자조사에 관한 자료를 징구하고 조사결과가 경영정책에 제대로 반영되었는지를 검증하라. • 소비자조사보고서의 Tool은 합리적이며, 자사의 경영전략의 방향에 따라 조직되었는지를 확인하라. • 소비자 조사보고서의 조사항목별 특성을 분류하여 각각의 특성이 제대로 반영되어져 있는지를 확인하라. • 자사 핵심제품에 대한 소비자행동모델이 파악되어 있는지를 먼저 확인하고, 되어 있다면 이것이 마케팅전략 수립시 어떻게 반영되었는지를 분석 평가하라. • 마케팅 총 예산 중 소비자 조사예산이 적정하게 편성되었는지의 그 유무를 검증하라. • 소비자조사 결과에서 얻어진 정보가 어떻게 평가되었으며 그 평가결과가 전략적으로 활용되고 있는지를 확인하라. • 마케팅 환경분석 내용이 시장분석 위주로 이루어지고 있는지 조사하고, 이러한 분석결과 주요한 사항들이 정책에 실제 어떻게 반영되고 있는지를 확인하라.	

감 사 절 차	조서번호
• 자사분석을 SWOT 분석기법을 통하여 실시하고 이러한 분석 결과가 전략수립 시 어떻게 반영되었는지를 확인하고 그 타당성을 평가하라. • 시장분석 시 제품요소 분석 자료를 징구하고 실제 이를 적용함에 있어서 그 적정성 유무를 검증하라. • 시장분석 시 경쟁요소 분석 자료를 징구하고 실제 이러한 분석 결과가 경영전략에서 어떻게 반영되어졌는지 그 적정성 유무를 검증하라. • 상품기획에 관한 내부 자료를 징구하여 투자목표의 실행절차 및 방법 · 시기 · 투자금액의 적절성 유무를 검증하라. • 신제품 Launching계획서를 징구하여 다음의 감사절차를 수행하라. - 판매개시 시기 결정이 계절성에 비추어 볼 때 적절한지 지금까지 파악한 자료를 비교 대조하여 판단하라. - Segmentation과 자사의 영업조직의 상관관계를 분석하고 적절성 유무를 검증하라. - 고객분석은 객관적인 자료에 의하여 이루어졌는지를 검증하라. - 신제품 Launching에 따른 광고 · 판촉예산은 회사의 기준에 부합되는지 확인하고 그 내용의 타당성을 평가하라. - 물적 유통은 어떻게 이루어져 있으며 효율성에 있어서 최대 효율을 기대할 수 있는지의 여부를 분석 · 평가하라. - 서비스에 대한 System이 상호 유기적으로 이루어지고 있는지 검증하라. - 판매원의 수는 적정하며 사전에 충분한 교육이 이루어졌는지를 확인하고, 교육자료 내용에 관하여 Sampling Test를 실시하라. - 생산은 적기에 이루어지고 있으며 트러블 발생의 빈도를 측정하고 문제점 유무를 확인하라. • 신제품 Launching과 관련하여 다음의 감사절차를 수행하라. - Media예산이 실제 어떻게 운영되고 있는지 그 적절성 유무를 검증하라. - 가격정책과 실제 운영가격의 패턴을 조사하여 현실적인 문제점이 무엇인지 조사하라. - Promotion 계획과 그 집행내역을 조사하여 적절하게 운영되고 있는지를 평가하라.	

감 사 절 차	조서번호
• 신제품 Launching 후 1년간의 다음 항목들을 월별로 Trend 분석하고 문제점 유무를 파악하라. - 시장규모의 Trend - 시장점유율 Trend - 판매가격 Trend - 소비자 조사결과 Trend - 매출액 Trend - 매출액이익률 Trend • 신제품개발의 기준이 어떻게 설정 · 운영되고 있는지 파악하고 그 기준의 타당성 유무를 검증하라. • Market Test가 신제품 출시 후 어떤 방법으로 어떤 절차에 의해서 이루어져 왔으며 그 결과가 어떻게 조치되었는지 체크하라.	

3. 가격정책 및 유통경로

감사대상 업무	
■ 가격전략	■ 가격의 운영
■ 유통경로	■ 물적 유통

내부통제 확인사항

확 인 사 항	Y/N	특기사항
• 가격전략에는 다음 요소들이 고려되어 있는가. - 마케팅 목표 - 마케팅 믹스 - 매출원가 - 시장과 수요의 특성 - 경쟁상황		
• 가격정책 수립 시 가격결정의 다음 변수들이 충분히 고려되어 정책에 반영되는가. - 정부의 규제와 개입 - 가격전략 - 수요형태 - 원가구조의 변화		
• 가격수준 결정에 대한 기준은 수립 · 운영되고 있는가.		
• 판매가격은 신축성 있게 탄력적으로 운영하고 있는가.		
• 가격구조는 Rebate · Discount · 운임부담 · 매출할인 등과 같이 가격 설정 기준이 정해져 있는가.		
• 가격구조는 원가구조 중심점으로 구성되었는가.		
• 가격구조는 부가가치분석을 통한 이익극대화를 중심점으로 구성되었는가.		

확 인 사 항	Y/N	특기사항
• 가격구조는 경쟁상황분석을 통한 경쟁자의 가격정책에 따라 탄력적인 구조로 구성되었는가. • 가격변경 대응전략은 다음 사항에 의하여 이루어지고 있는가. - 경쟁업자가 가격을 인하하였을 경우 가격인하를 검토하는가. - 현재의 가격을 유지하고 경쟁자의 가격을 계속 검토하는가. - 가격인하 대신에 대응할 수 있는 방법은 즉시 수립 · 운영되는가. - 경쟁자의 가격인하 효과를 상쇄시키기 위한 일시적인 특매나 기타 행사가 즉시 이루어지는가. • 가격변경 시에는 일정기간 경쟁가격을 조사하여 가격정책에 반영하는가. • 가격변경 시 마진, 매출액, 이미지, 경쟁관계 등에 미치는 영향은 사전에 충분히 검토되어 결정되는가. • 가격차별화 전략이 수립되어 있는가. • 가격에 대한 의사결정이나 검토, 통제를 위한 표준적 절차는 정해져 있는가. • 시장가격의 조사 및 분석, 그리고 변화의 필요성을 알릴 수 있는 조직적인 System이 마련되어 있는가. • 유통경로별 가격전략이 별도로 수립 운영되고 있는가. • 제품추세분석에 따라 시기적절하게 가격정책이 이루어지고 있는가. • 거래처의 거래조건에 따라 판매가격을 탄력적으로 운영하는 System이 마련되어 있는가. • 가격조사 기능을 전담하는 부서가 별도로 설치 운영되고 있는가. • 가격변경 시에 원가통제 부문과의 사전협의가 반드시 이루어진 후에 가격변경 결정이 이루어지는가. • 가격조정전략은 필요 시 적기에 수립 · 운영되고 있는가. • 유통경로전략에 대한 방침은 수립되어 있는가. • 유통경로별 마케팅믹스 전략은 수립 · 운영되고 있는가. • 유통경로는 다음 사항을 충분히 고려하여 결정되고 있는가. - 고객의 수		

확 인 사 항	Y/N	특기사항
- 지역적 분산 - 상품 성격 • 유통경로 관리를 위한 직접적인 동기부여로서 경로별 마진의 차별화, 리베이트 또는 판촉비 보조 등의 관리수단이 System화 되어있는가. • 특정한 유통경로의 경우 단기촉진을 위하여 교육훈련이나 기술지도가 계속적으로 이루어지고 있는가. • 물적 유통의 조직체계(창고 · 출고 · 배송)는 갖추어져 있는가. • 물적 유통의 기구(자체조직 혹은 전문용역업체)에 대한 Cost는 사전에 검토되어 가장 低 Cost의 기구를 통한 물적 유통이 이루어지고 있는가. • 물적 유통 수단(자동차 · 철도 · 항공)에 대한 기준과 Cost의 기준이 마련되어 있는가. • 물적 유통의 서비스상태(운송포장 형태 · 안전성 · 신속성)에 대한 지침은 마련되어 있으며, 효율적으로 운영되고 있는가.		

감사지시서

감 사 절 차	조서번호
• 가격전략 담당자나 관리자가 마케팅믹스 업무를 담당하는 자와 어떤 업무관련이 있는지 먼저 확인하라. • 최근 3개년간의 제품별 가격일람표를 구하여 Trend 분석하라 • 가격결정의 Process를 조사하고 Flow-Chart하라. • 가격전략과 관련된 자료를 수집하여 다음 요소와의 상관관계를 파악하고 문제점 유무를 확인하라. - 마케팅목표와 가격의 메커니즘 - 마케팅믹스 전략과 가격정책 - 가격관리와 매출원가 - 시장과 수요의 특성과 가격의 상관관계	

감 사 절 차	조서번호
- 경쟁사의 가격과 자사의 가격구조의 특징 • 최근 3개년간의 가격구조와 원가구조를 비교 · 분석하여 특이한 사항이 무엇인지 파악하라. • 상기 분석을 통하여 가격정책의 실패로 인한 제품의 기회손실액을 계상하고, 실패의 요인이 무엇인지 조사하라. • 가격전략에 있어서 다음의 영향요소별 영향을 평가하라. - 고객으로 인한 영향 - 자사의 유통경로별 판매자로 인한 영향 - 경쟁자로 인한 영향 - 자사 내부기능 및 구조적 문제로 인한 영향 • 제품별 Life Cycle과 가격, 경상이익률과의 상관관계를 분석하고 문제되는 제품을 발췌하라. • 가격수준 결정에 대한 기준이 무엇이며, 그 기준의 적절성에 대한 검증을 실시하라. • 제품별 가격구조를 파악하고 최근 몇 개년간의 가격구조별로 (Rebate · Discount · 매출할인 · Promotion 비용 등) Trend 분석을 하고 그 추이의 특성을 파악하라. • 가격구조가 원가구조 중심적인지, 이익극대화 중심적인지, 경쟁가격 중심적인지를 분석하여 가격전략 방향설정의 변경 필요성 유무를 판단하라. • 최근 3개년간의 제품별 가격변화 추이 Trend에서 다음 사항이 어떻게 이루어졌는지를 체크하여 적절성 유무를 검증하라. - 가격변동 시 경쟁가격의 변동실태 - 경쟁자의 가격인하 효과 상쇄 전략의 실행내용 - 가격변동 시기의 적시성 • 가격차별화 전략이 수립되어 있다며, 어떤 절차에 의하여 어떤 제품에 의하여 이루어지고 있는지를 확인하라. • 가격에 대한 의사결정이나 검토, 통제를 위한 표준적 절차는 합리적으로 정하여져 있는지 확인하라. • 가격조사기능의 효율성을 평가하라.	

감 사 절 차	조서번호
• 가격조사 및 분석 System이 실제 가격관리에 어떤 영향을 미치고 있는지를 평가하라. • 유통경로별 가격구조의 타당성 유무를 검증하라. • 거래처의 거래조건에 따른 판매가격 관리 System의 적절성 유무를 판단하라. • 가격변경 결정이 합리적인 절차와 관련 부문과의 유기적인 협의에 의해서 이루어지고 있는지를 파악하라. • 최근 3개년간의 유통경로별 판매실적을 구하여 경로전략의 방향이 제품정책과 가격정책에 미치는 영향을 평가하라. • 유통경로별 마케팅믹스전략은 어떻게 수립되어 있으며 전체적인 전략의 방향과 합치하는지를 평가하라. • 유통경로전략 시 다음 사항이 어떠한 절차와 방법에 의하여 결정되어져 운영되고 있는지를 파악하라. - 고객의 수 또는 매출액 - 지역적 · 도시별 시장중요도 - 상품의 특성과 성격 • 유통경로 관리수단으로서 어떠한 System이 운영되고 있는지 파악하고 특이한 사항을 발췌하라. • 유통경로의 특성에 따른 적절한 단기촉진이나 동기부여 · 교육훈련 또는 기술지도가 이루어지고 있으며, 마케팅전략과의 상관관계를 분석 · 평가하라. • 물적 유통의 조직체계를 파악하기 위하여 다음의 자료를 징구하라. - 물적 유통 부문의 조직도표 및 업무분장표 - 창고현황 및 물류센터 현황 - 물적 유통 관련 계약서철 - 제품출고 업무의 Flow-Chart - 물적유통 관련 내규 - 물류비용 명세서 • 상기 자료를 점검하고 다음의 감사절차를 수행하라. - 판매 부문과 물적 유통 부문의 업무처리 절차의 적절성 유무 검증	

감 사 절 차	조서번호
- 물류 System의 장단점 파악 및 문제점 분석 - 물적 유통 부문의 자원관리 실태 파악 - 제반 계약 내용의 불합리성 유무 검증 - 물류 Cost의 절감요인 및 개선요인 파악 • 물적 유통수단의 적절성 유무를 검증하라. • 물적 유통의 서비스상태는 만족할만한 것인지의 여부를 정기보고서나 크레임 발생 분석보고서 · 반품실태보고서 등의 자료를 통하여 효율적으로 운영되고 있는지를 분석 평가하라.	

4. 판매촉진과 광고

감사대상 업무	
■ 판매촉진전략	■ 판촉수단
■ 광고계획	■ 광고매체

내부통제 확인사항

확 인 사 항	Y/N	특기사항
• 연도 판매촉진 전략은 수립되어 있는가. • 판매촉진 전략은 판매전략 및 경영전략에 부합되어 수립되고 적절하게 집행되고 있는가. • 모든 판촉전략은 Customer전략과 Consumer전략으로 구분되어 있는가. • 판매촉진 예산은 기준에 의하여 설정되며 적기에 집행되고 있는가. • 유통경로별 판매촉진 수단은 그 특성에 따라 계획되고 적기에 실행되고 있는가. • 대소비자 판매촉진 수단으로서 다음의 Tool을 채용하고 있는가. - POP - Direct Mail - 팜프렛 · 리플렛 - 강습회 - Show Room - 카탈로그 - PR지나 PR영화 - 견본품 배포 - 시식회 또는 시용회(試用會) - 프리미엄 - 쿠폰 · 현상 · 복권 등		

확 인 사 항	Y/N	특기사항
- Demonstration - PP 디스플레이 - 라벨 테그 - 쇼우 카드 - 기념품 증정 • 대 Customer 판매촉진 수단으로서 다음의 Tool을 채용하고 있는가. - Counter Case - 간판 또는 네온사인 - 노벨티 광고 - 안내장 - 경영자료 - 하우스 오건 - 제품 · 판매뉴스 - 선전 카 - 광고판 - 프라이스 카드 - 리베이트 - 판매 콘테스트 - 보상제도 - PR 포스터 - 영업사원 인센티브 - 초대 - 판매원 잔치 - 응원 세일즈맨 • Customer에 대한 판매촉진 수단으로서 다음의 사항들이 계획되어 지며, 적절히 실행되고 있는가. - 매출처 판매사원의 지도교육 - 매출처의 경영지도		

확 인 사 항	Y/N	특기사항
- 점포진열 원조 - 공동선전 광고의 지원 - Sales지원 문헌의 제공 - 보상시스템의 운영 • 판촉의 효율성은 그때그때 분석되어 경영지표 활용에 반영되고 있는가. • 판매촉진 수단은 적기에 활용되며 경쟁자의 판촉수단과 비교 분석되어, 방향 설정의 자료로서 활용되고 있는가. • 모든 판매촉진 수단은 다음의 목적을 사전에 설정하여 운영되고 있는가. - 판매 목적 - 촉진 목적 - 기업이미지 제고 목적 • 모든 판매촉진, 광고 예산은 다음 사항을 고려하여 계획되어 지는가. - 판매비율법 - 경쟁자비교법 - 목적에 의한 책정 • 광고계획 시 다음 사항이 사전에 검토된 후에 확정되는가. - 광고목적의 명확화 - 광고제품의 분석과 소구점의 결정 - 광고대상 시장의 분석과 선정 - 광고매체의 분석과 선정 - 광고예산의 편성계획 - 광고기간의 설정 - 광고 부문과 관련 부문과의 협조. • 광고제작은 반드시 다음의 원칙들이 준수되고 있는가. - 예상 대상자의 입장을 생각해서 광고를 제작하는가. - 합리적 소구를 주제로 해서 이것을 뒷받침하는 정서적 소구를 활용하는가. - 예상대상자의 반응을 충분히 자극할 수 있도록 하는가.		

확 인 사 항	Y/N	특기사항
- 언뜻 보기만 해도 판독할 수 있도록 하는가. - 예상대상자에게 신뢰되고 확신을 가질 수 있도록 하는가. • 광고제작시 아이드카(AIDCA)의 다음 원칙들을 적용하는가. - 광고제품에 대한 주의(Attention)를 끌기에 충분한가. - 광고내용은 흥미(Interest)를 갖기에 충분한가. - 광고내용은 소비자의 욕망(Desire)을 환기시키기에 충분한가. - 광고목적에 확신(Conviction)을 갖기에 충분한가. - 광고내용은 구매행동(Action)으로 까지 유도하기에 충분한가. • 광고목표는 마케팅 기본전략에 따라서 설정되는가. • 광고기능성 평가 시 다음의 항목들을 사전에 고려하는가. - 제품수명의 단계 - 생산능력 및 판매실적 - 광고 대상지역 선정(전국 또는 특정지역) - 구매영향력과 최종구매자 분석 - 구매동기 분석과 광고의 타당성조사 • 광고전략 수립 시 다음의 사항들이 사전에 충분히 검토되고 있는가. - 고객에 대한 목표 - 시장목표 - 메시지 소고 - 미디어의 선정 - 광고일정 • 광고예산 수립 시 다음의 기준이 적용되어 수립되는가. - 매출액 대 광고비 비율 - 경쟁사의 광고비 지출 규모 - 자사의 매체 믹스 지출 능력의 최적선 • 광고매체 선정과 스케줄 결정은 일정한 절차에 따라서 체계적으로 이루어지고 있는가.		

확 인 사 항	Y/N	특기사항
• 광고효과는 객관적인 조사방법에 의해서 분석 평가되어지며, 이 결과에 의해서만이 광고 전략의 방향설정이 수정 · 운영되고 있는가.		

감사지시서

감 사 절 차	조서번호
• 판매촉진 및 광고업무 부문의 업무분장표 및 조직도표를 구하여 다음의 감사절차를 수행하라. - 개인별 업무분장의 적절성 유무를 검증하라 - 특수한 업무담당자의 학력, 경력, 전공 등에 비추어 볼 때 현 업무수행에 타당한지 인력배치의 적절성 유무를 검증하라. • 판매촉진 · 광고업무의 기능별 업무의 Process를 Flow-Chart하고 다음의 감사절차를 수행하라. - 상기 업무가 타 부문과의 어떤 유기적 관계를 갖고 있는지 확인하고 문제점 유무를 조사하라. - 상기 업무가 내부통제 System상 상호 모순되거나 중복, 누락된 부문이 없는지를 조사하라. • 먼저 최근 3개년간의 판매촉진 연도계획서와 판매촉진예산 집행 내역을 징구하여 다음의 감사절차를 수행하라. - 연도별 전략의 변화 추이를 살펴보고 특이한 변동사항을 발췌하라. - 정책의 변화가 판매추이와의 상관관계에서 특기할 만한 사항이 무엇인지 조사하라. - 이익계획과 판매촉진 계획, 그리고 각각의 실행결과 이익과 비용집행의 계획 대 실적을 분석하여 성과도를 측정하라. • 판촉물의 구매절차를 파악한 후 다음의 감사절차를 수행하라. - 판촉물의 선정을 기안하는 사람과 구매하는 사람이 동일인인지를 조사하라. - 과거 1년간의 구매처를 List-up하고 그 특징을 조사하라. - 구매단가의 적정성을 검증하고 문제점 유무를 확인하라.	

감 사 절 차	조서번호
- 구매절차의 적절성을 검증하라. - 구매처와 이해관계 있는 자가 없는지 외곽조사를 통한 이해관계자를 파악하라. • 판매촉진 예산집행이 각 수단별로 적정하게 집행되고 있으며, 낭비적인 요소가 없는지 조사하라. • 판매촉진 수단이 효율적으로 사용되고 있는지를 조사하라. • 판매촉진 효율분석을 위하여 조사보고서, 집행결과 보고서 등을 징구하여 특이할만한 사항을 집중적으로 추적 · 조사하라. • 제품별 Promotion은 그 효과 면에서 어떤 현상이 나타나고 있는지 제품매출 실적, 거래처별 매출액, 영업사원 1인당 매출액, 지역별 매출액, 지점별 매출액 등의 자료를 통하여 효율 분석을 하라. • Customer 촉진 수단이 실제 어떻게 추진되고 집행되었는지 각 항목별로 조사하고 문제점 유무를 파악하라. • 경쟁자의 판매촉진 내용자료를 징구하여 자사와 비교 · 분석 · 평가하라. • 최근 3개년간의 광고 계획서를 Study하고 다음의 감사절차를 수행하라. - 연도별 광고전략의 특징을 발췌하라. - 광고예산의 변동추이는 매출액 변동추이에 어떤 영향을 미쳤는지를 분석 · 평가하라. - 광고제품과 다른 제품을 비교하여 광고제품의 중요도의 적절성 유무를 평가하라. • 광고계획 절차의 Process를 감사하고 문제점을 조사하라. • 광고제작의 원칙들이 실제 어떻게 적용되고 있는지를 조사하라. • 광고비가 적정하게 지출되고 있는지 다음의 감사절차를 수행하라. - 광고제작처의 업계순위가 자사 광고제작에 위험요소가 없는지 파악하라. - 광고제작처의 수주가격이 적정한지 타 업체의 견적내용과 비교 · 평가하라. - 광고제작비 결정 단계와 의사결정 과정을 조사하여 타당성 유무를 검증하라. • 광고효과 평가보고서를 징구하여 사후 조치가 어떻게 이루어지고 있는지 조사하라. • 광고별 매체가 체계적이며, 적절하게 사용되고 있는지 평가하라.	

5. 거래 및 채권관리

감사대상 업무	
■ 대리점 개설 및 계약	■ 여신한도관리
■ 수금관리	■ 부실채권관리

내부통제 확인사항

확 인 사 항	Y/N	특기사항
• 신규대리점 선정으로부터 개설까지의 절차가 정해져 있으며, 반드시 이러한 절차를 이행하고 있는가.		
• 대리점계약은 적법한 절차와 특정한 양식에 의하여 작성 · 체결되고 있는가.		
• 대리점 개설시 지역선정에 대한 기준은 마련되어 있으며 이러한 기준에 따라 적격 유무를 판정하고 있는가.		
• 신용조사 시 고려되어야 할 사항은 정해져 있으며 합리적으로 운영되고 있는가.		
• 신용조사방법은 객관성이 유지되며 대리점 개설시 반드시 사전에 조사를 실시하고 있는가.		
• 대리점 개설시 구비서류는 사전에 정해진 기준에 의하여 반드시 징구하여 관리하고 있는가.		
• 거래약정서 · 대리점계약서 등은 관련 법규를 충분히 검토하여 적법성 유무를 검증한 후 확정 운영되고 있는가.		
• 모든 계약은 쌍무계약에 의하여 이루어지고 있는가.		
• 계약서의 계약기간은 합리적으로 정해져 있는가.		
• 계약위반 사유가 발생하였을 경우 반드시 이에 대한 구제방법의 절차가 이행되고 있는가.		
• 모든 거래에서 계약의 해제나 해지의 사유가 발생하였을 경우 이에 대한 조치는 즉각적으로 이행되고 있는가.		

확 인 사 항	Y/N	특기사항
• 계약은 기본계약과 개별계약으로 구분하여 체결되고 있는가.		
• 여신관리에 관한 규정이 마련되어 있으며 관련 부문의 사원들이 이를 충분히 숙지하고 있는가.		
• 판매는 반드시 여신한도에 의해서 이루어지고 있는가.		
• 여신한도의 기준은 합리적으로 구성되어 있는가.		
• 매출채권의 회전기일 산정방법이 도입되어 있으며 그 산정방법이 합리적으로 되어 있는가.		
• 매출채권과 관련된 Rebate 또는 Incentive system은 도입 운영되고 있는가.		
• 판매대금의 수금에 관한 기준은 정해져 있는가.		
• 입금표는 일련번호에 의해서 발행되며, 입금표 발행대장에 의해서 발행되고 있는가.		
• 영업사원이 지참하는 입금표는 그 관리절차가 정해져 있는가.		
• 거래처에 입금표를 발행할 때 반드시 담당자 날인란에 날인을 하고 발행을 하는가.		
• 현금입금과 어음입금 시 입금표의 비고란에 구분표시를 하여 어음수표의 경우 발행일자, 만기일자, 발행번호, 금액 등을 표시하는가.		
• 당일 수금은 반드시 당일에 입금시키고 있으며, 이를 전용하는 일은 없는가.		
• 어음 · 수표의 입금 시 발행요건에 대한 필요적 기재사항을 체크한 후 입금 조치하고 있는가.		
• 어음의 경우 반드시 배서 유무를 확인하고 있는가.		
• 어음 · 수표의 지급 제시는 적시에 이루어지고 있는가.		
• 부도발생시 소구권 행사는 즉시 이루어지고 있는가.		
• 담보수취에 관한 기준은 설정되어 있는가.		
• 물적 담보의 경우 담보물건에 대한 감정평가는 유효한 평가기관을 통한 평가서에 의해서 이루어지고 있는가.		
• 수취담보리스트의 변경사항 또는 수정사항은 적시에 체크하여 변경절차를 이행하고 있는가.		

확 인 사 항	Y/N	특기사항
• 담보초과 매출은 반드시 전결규정에 따라 책임자의 사전승인에 의해서만 이루어지고 있는가. • 사고채권의 발생 시 사고보고서는 적시에 작성되어 보고되고 있는가. • 사고발생시 그 행위의 귀책사유를 규명하고 책임소재에 따라 명확한 사후조치가 취해지고 있는가. • 사고발생시 이에 대한 법적 절차는 적시에 이루어지고 있는가. • 부실채권은 별도로 전담하는 기능이 있으며, 정기적으로 관리하고 있는가. • 부실채권의 대손처리는 적법한 절차에 의해서만 이루어지는가.		

감사지시서

감 사 절 차	조서번호
• 조직으로서 채권관리를 주관하는 곳은 어디며, 조직의 기능으로 보아 적합한지를 조사 · 평가하라. • 이러한 조직은 경영층과 각 부문의 책임자 그리고 영업 · 영업관리 · 채권관리 담당자 상호간에 충분한 협력이 될 수 있게 되어 있는지를 검토하라. • 채권관리 업무감사를 위하여 먼저 다음의 자료를 징구하라. - 대리점 개설절차에 관한 자료 - 대리점현황 및 거래처 현황 - 대리점계약서 - 거래약정서 - 신용평가조사표 - 여신관리규정 - 매출채권회수기간 산정기준 - Rebate · Incentive system 관련 자료 - 담보현황표 - 사고채권 현황표	

감 사 절 차	조서번호
- 법적조치채권 현황표 • 대리점 개설시 다음의 절차가 조직적으로 운영되며, 적절하게 수행되고 있는지를 조사 · 평가하라. - 관리 대상지역 확정의 적절성 유무 - 후보자 선정의 적정성 유무 - 신용조사 시 결격사유의 유무 - 개설품의 · 승인과정의 문제점 유무 - 계약서의 작성, 보증인 설정 유무 - 수취담보의 적합성 유무 • 지역선정 시 다음의 사항이 적절하게 고려되었는지를 평가하라. - 해당 지역의 인구수 및 가구 수 - 해당 지역의 점포 수 - 상권분석 - 소비자의 소득수준 - 경쟁자의 판매지점 분석 - 판매전략 • 신용조사 시 다음의 사항들이 적절하게 고려되어 있는지, 결격사유의 유무를 확인하라. - 인적사항 - 경쟁자의 능력 - 재정능력 - 판매능력 • 신용조사방법에 있어서 다음 사항들이 적절하게 이용되었는지를 조사하라. - 공부열람 : 부동산등기부등본 · 재산세과세증명 · 토지대장 · 가옥대장 · 도시계획확인원 · 과세시가증명원 등 - 주위의 세평 : 평판 및 사회적 지위 - 거래은행 조회 : 거래년수 · 어음사고 유무, 평균잔고	

감 사 절 차	조서번호
• 대리점 List와 대리점 개설시 구비서류를 대조 · 확인하여 이상 유무를 조사하라. • 대리점 및 거래처 List와 대리점 계약서, 거래약정서의 작성 · 비치 · 관리현황의 문제점 유무를 조사하라 • 계약서 · 약정서의 내용을 체크하여 내용구성에 있어서의 관련 법규와의 적법성 유무를 검증하라. • 거래종료 거래처 List와 계약위반으로 인한 거래중지 거래처의 채권회수현황을 체크하고, 강제이행절차가 실제 어떻게 이루어지고 있는지를 조사하라. • 거래장을 징구하고 거래처별로 여신이 어떻게 운영되고 있는지를 체크하여 여신관리한도 초과 운영이 적합한 절차에 의해서만 이루어지고 있는지 문제거래처를 조사하라. • 승인받지 않고 여신을 초과운영하였을 경우 이에 대한 책임소재를 규명하라. • 거래처별 매출채권회수기간을 연령조사하여 그 분포상황에서의 문제점 유무를 검증하라. • 매출채권과 관련된 Rebate와 Incentive의 지급실적표를 징구하여 그 추이를 Trend하여 기준이나 평균치를 상회하는 부분을 집중적으로 추적 · 조사하라. • 입금표발행대장과 입금표 회수실태를 상호 체크하여 다음의 감사절차를 수행하라. 　- 영업사원별 1회 지급 매수 및 기간의 적정성 유무 검증 　- 입금표 회수현황 및 일련번호별 미회수 내용 검증 　- 입금표의 작성 내용상의 문제점 휴무 확인 • 회수 편철된 입금표철과 거래장 · 매출처 원장을 상호대조하여 다음의 감사절차를 수행하라. 　- 회수된 입금표의 일련번호순 누락 유무 확인 　- 거래장의 입금액과 입금표의 입금액 상이 유무 확인 　- 입금일자의 상호 상이 유무 확인 • 입금표철의 일부를 Sampling하여 현금출납장 · 어음기입장과 대조하여 다음의 감사절차를 수행하라. 　- 지연입금 유무 확인 　- 현금수금 후 제3자 어음 변칙입금 유무 확인	

감 사 절 차	조서번호
- 딱지어음으로 교체 입금 유무 확인 • 보관중인 어음 실물을 징구하여 다음의 감사절차를 수행하라. - 거래처 대표자와 발행인의 동일인 유무 확인 - 배서의 적합성 유무 검증 - 필요적 기재사항의 문제점 유무 확인 - 융통어음의 입금처리 유무 확인 • 부도 거래처 List를 징구하여 다음의 감사절차를 수행하라. - 사전 조치해야 할 사항의 즉각이행 유무 검증 - 부도 발생일 이후 강제이행 절차 수행 유무 확인 - 강제이행 절차의 진행상 문제점 유무 확인 - 대손처리의 적법성 유무 검증 - 대손처리 후 사후관리 실태의 적절성 유무 검증 • 잔존 매출채권의 연령조사를 실시하고 다음의 감사절차를 수행하라. - 사고보고 대상거래처의 사고보고서 제출 유무 확인 - 장기미수채권의 관리실태상 문제점 유무 - 부실채권의 회수대책 및 그 운영실태상의 문제점 유무	

Chapter 11

생산관리 부문의 감사절차

01 생산관리감사 개요 · 460

02 관리항목별 감사 중점사항 · 464

03 생산관리 부문의 내부감사절차 · 482

01 생산관리감사 개요

생산관리 부문의 내부감사는 제조활동과 관련된 자재와 인적자원, 설비와 기술 · 품질 등이 상호 연관 결합하므로 인하여 생산되는 제품 제조활동 전반에 관한 내부감사를 의미한다. 여기에서 생산관리란 생산관리 각 부문의 조직 · 생산계획 · 자재관리 · 제조방법 · 공구 · 작업시간 · 작업순서 · 작업공정 · 품질검사 등이 일체가 되어 목적하는 제조결과를 그 수량 · 품질 · 기일 · 원가 등에 있어서 유효적절한 관리를 통해서 그 기업이 추구하는 최적의 효율을 얻는 데보다 큰 목적이 있다고 할 수 있다.

따라서 생산관리 부문의 내부감사에 있어서의 제조활동 그 자체는 기본적인 성질의 것이므로 여기에서 중요시되는 것은 재무적인 사항을 대상으로 그 결과에 있어서 종합적인 비판의견을 제시하는 데 대하여 컨설팅의 영역을 많이 포함하게 되며 주로 원가절감 및 부가가치 창출을 전제로 한 프로세스 감사 중심의 내부감사가 이루어져야 할 것이다.

1. 생산관리 부문의 감사범위

생산관리 부문의 감사범위와 감사대상 업무는 다섯 가지의 파트로 구분하여 실시할 수 있다.

첫째, 생산관리업무이다. 이는 생산관리의 조직 · 생산계획의 수립 · 생산실적의 관리 · 작업관리 등이 이에 속한다.

둘째, 품질관리업무이다. 감사대상 업무로는 품질관리의 조직 · 품질관리의 방침 · 종합품질관리 · 품질검사와 불량조치 · 품질보증 · 품질관리의 교육훈련 등이 중점 감사해야 할 대상 업무라고 할 수 있다.

셋째, 기술관리업무이다. 기술관리업무는 제품의 특성에 따라서는 상당한 수준의 기술적인 지식과 감사경험을 요구하게 된다. 여기에는 기술 · 연구 부문의 운영상황, 기술표준 · 규격 등의 관리업무가 대표적인 업무에 속한다.

넷째, 자재관리업무이다. 자재관리업무의 감사대상항목 설정에 있어서 간과해서는 안 될 사항으로 자재관리의 방침 · 자재수급계획 · 구매관리 · 창고정리 · 외주관리 등이 포함되어 있다.

마지막으로, 설비관리업무이다. 설비관리업무 역시 기업의 제품 특성에 따라서 그 종류와 용도 등이 현격히 차이가 남으로 예비감사를 통하여 보다 현실적 접근이 용이할 수 있는 사전지식을 습득하여야 하며 중점적인 감사대상 업무로는 설비관리의 조직과 운영 · 설비계획 · 설비의 이용상황 · 설비의 관리 등을 둘 수 있다.

2. 표본감사

표본감사란 감사인에게 모집단 전체에 대한 결론을 도출할 수 있는 합리적인 근거를 제공하기 위해, 감사와 관련이 있는 모집단에 속한 모든 표본단위가 추출될 기회를 가지도록 하여 전체항목보다 적은 수의 항목에 대해서 감사절차를 적용하는 것이다.

표본위험과 비표본위험은 감사의 유효성에 대한 중요한 구성요소이다. 고유위험과 통제위험을 제외한 적발위험의 발생가능성을 일정(5%)하게 통계하고, 고유위험과 통제위험의 수준에 따라 감사인들이 표본증거를 어떻게 처리할 것인가 결정하는 것은 매우 중요하다.

표본선정 방법

감사과정에서 표본선정은 충분하고 적합한 감사증거 수집을 위하여 실시하는 감사기술 중의 하나이다. 감사인은 통제테스트와 세부테스트를 설계할 때 테스트 항목의 추출과 관련하여 해당 감사절차의 목적을 충족시키는데 효과적인 방법을 결정하여야 한다. 생산관리 부문의 관련 업무감사에 있어서 감사인이 적용할 수 있는 표본선정 방법은 다음과 같다.

■ 전수조사

이는 전수감사라고도 하며 모집단을 구성하는 모든 개별항목을 표본으로 선정하는 방법이다.

■ 특정항목의 조사

이는 일부감사라고도 하며 모집단을 구성하는 특정속성의 모든 항목을 표본으로 선정한다.

■ 표본조사

이는 표본감사라고도 하며 모집단을 대표하는 표본항목을 선정하여 감사하는 것을 말한다.

표본감사의 수행절차

표본감사의 수행절차는 다음과 같이 요약할 수 있다.

- 감사목표 결정
- 모집단과 표본단위 결정
- 표본감사 방법 선택(통계적 표본감사 · 비통계 표본감사)
- 표본크기 결정
- 표본추출방법 선택(단순무작위추출 · 체계적추출 · 임의추출 등)
- 표본감사 수행
- 표본감사결과 평가

통계적 표본감사

통계적 표본추출은 확률의 법칙을 이용해 감사 샘플 표본을 추출하는 방법이다. 감사인은 자신이 생각할 때 가장 알맞은 표본추출 방법으로 샘플 표본을 추출할 수 있는데 통계적 표본추출과 비통계적 표본추출은 각각 장단점이 존재하므로 이를 충분히 고려한 후 올바른 표본추출 방법을 선택해야 한다.

■ 속성표본감사

모집단 내에 오류나 예외사항 등 특정 속성의 항목이 차지하는 비율이나 발생빈도를 추정하는 통계적 표본감사 방법으로써 통제테스트 시 내부통제활동의 이탈률 또는 이탈빈도의 추정에 주로 사용된다.

■ 변수표본감사

모집단에 포함되어 있는 유의적인 왜곡표시 금액을 추정하여 모집단 금액의 왜곡표시를 추정하는 통계적 표본감사 방법으로써 실증절차 시 거래 · 계정잔액의 왜곡표시 금액 추정에 주로 사용되며, 비통계적 표본추출은 확률의 법칙을 이용하지 않고 감사 샘플표본을 추출하는 방법이다.

| 표본크기 결정 |

구 분	실증절차 (금액단위표본감사)	통제테스트 (속성추정표본감사)	표본크기와의 관계
표본위험의 허용수준	부당수용허용위험 (1-신뢰도수준)	과대신뢰허용위험 (1-신뢰도수준)	반비례
모집단의 허용오류 (중요성 수준)	허용왜곡표시	허용이탈률	반비례
모집단의 예상오류	0으로 가정	모집단의 예상이탈률	비례
모집단의 크기	모집단의 금액	모집단의 개수	비례

표본감사결과의 평가 모집단의 추정절차는 표본감사결과를 모집단 전체로 확대 · 추정하는 절차로서 모집단 추정 시 변이를 제외한 정상표본만을 기초로 추정한다. 여기에서 변이라 함은 특수한 상황에서만 발생되고 모집단에서 반복 발생되지 않아 모집단을 대표하지 못하는 비정상적 왜곡표시 또는 이탈사항을 말한다.

모집단의 추정왜곡표시 = 정상추정왜곡표시 + 변이왜곡표시

표본추출을 감사에서 활용함에 있어서 통계적 표본추출의 절차가 감사인에 의해서 이용가능한 것임으로 그것을 활용하는 것이 실제적이 아니거나 경제적으로 가능성이 없는 경우에는 표본으로서의 의미가 반감되므로 유의하여야 하며 어떠한 형태의 표본추출방법을 사용하더라도 전반적인 의견의 결정에 있어서는 모든 관련 사실 및 요인에 대하여 적절한 고려와 비중이 부여되지 않으면 안 된다.

02 관리항목별 감사 중점사항

1. 생산관리업무 감사중점사항

경영관리 활동에서 생산관리란 공장 내에 있어서 생산대상물인 원재료 · 부품 · 부분품 및 조립품 등이 소재의 단계에서 완성품에 이르기까지의 흐름을 질서 있고 능률적으로 계획하고, 공정순서를 정하여 일정을 짜고 분배하며 촉진하는 절차를 말한다.

제조기능에 관한 제조품종 · 생산수량 · 작업방법 등을 계획하고 진행 실시를 통제하며 그 결과에 대한 감독기능을 가지고 생산능률을 향상시키기 위해 제조기술의 확보와 개선과 동시에 생산관리기술의 발전계획을 병행하여 생산 활동을 전개하여야만 올바른 성장을 기할 수 있기 때문이다. 특히 최근의 생산관리란 생산의 의미를 넓게 해석하여 무형의 생산, 즉 서비스 등에까지 확대하여 그 관리대상을 시스템 전체로 파악하게 됨으로써 넓은 의미의 생산관리는 Operations and System Analysis란 긴 명칭을 사용하고 있다.

생산관리의 목적

생산관리의 목적은 기업경영의 목표를 달성하는 데 있으며 생산성, 경제성 그리고 나아가서는 수익성을 향상시키는 것이 되겠으며 이를 위한 생산관리의 목표는 다음과 같다.

- 일정한 생산능률 수준의 유지 향상
- 작업장의 유효한 활용
- 사용설비를 이용한 최대 능력의 발휘
- 인력배치와 경제적 공수(M/Hr)의 유지개선
- 사용기술의 능률적 활용과 작업의 표준화
- 품질 · 원가 · 생산량의 경제적 균형 유지
- 작업원의 직장 모랄(morale) 개선과 사기앙양
- 공장능력의 경제적 활용
- 경제적 생산 활동의 전개

공정감사

공정감사의 감사대상은 생산계획에 따른 생산 활동의 결과에 대한 분석을 위한 4M(Material · Machine · Method · Man)이라고 할 수 있다. 공정감사를 위한 실적자료로서는 재료출고표 · 이동표 · 작업계획표 · 작업검사표 · 혹은 작업여력표 · 공정진도표 등을 기초로 제품 또는 부품의 완성수 · 공정의 작업에 대한 시간 자료표 · 각 공정의 현재 및 장래의 유지 작업량 · 기계의 고장률 · 작업자의 결근율 · 제품불량률이나 재료관계 사항 등을 작업일보에 따라 누가 · 언제 · 어디서 · 어떤 작업을 몇 시간을 소요하여 무슨 제품을 얼마나 만들었는가를 계획 대 결과를 감독하여 진도관리와 여력관리에 이바지할 사항 등이다.

■ 공정통제

공정통제의 주요 감사대상은 공정계획에 의하여 설정된 표준에 따라 생산을 실시할 때 예정된 기간 내에 표준의 제품을 계획수량대로 생산하기 위한 대상물과 자료인 현품관리 · 진도관리 · 여력(공수)관리 및 실적 자료관리 등이다.

■ 공정혼란의 발생요인

일반적으로 제조공장에서 공정혼란을 야기시키는 요인들을 요약하면 다음과 같다.

- 불확실한 공정계획
- 예기치 못한 작업의 트러블과 설비고장
- 표준화의 미완과 사용재료의 미표준 규격화
- 현장관리감독자 및 생산관리요원의 능력미달과 현장작업원의 훈련 부족
- 공정통제와 감사의 부정확 및 신속성 결여⑤ 작업조직의 경화와 협력체제의 불비
- 공정배치계획의 불합리와 작업공정의 불명확
- 공장 간의 line balancing의 부조화

■ 작업의 우선순위 고려원칙

- 납기가 가장 급박한 순서
- 먼저 작업지시가 내려진 순서
- 전체작업시간이 가장 짧은 순서

- 최소공정수를 가지는 작업순서
- 여유시간(납기 - 잔여작업일수)이 가장 적은 순서
- 긴급률이 가장 적은 순서
  - 긴급률 = 잔여납기일수(납기 - 현재일)/잔여작업일수
    긴급률 〉1 - 일정보다 빠른 생산이 가능하다.
    긴급률 = 1 - 일정에 맞는 생산이 가능하다.
    긴급률 〈 1 - 일정보다 작업이 늦게 진행되고 있다.

2. 품질관리업무 감사중점사항

품질감사는 제품의 생산 · 제작 · 서비스공정 및 시험, 검사업무를 포함한 품질 시스템의 운용 상태에 대한 내부감사 활동이다. 품질감사는 수행되는 품질활동이 설정된 품질시스템에 따라 효과적으로 실행 유지되고 있는지의 여부를 해당 업무와 직접적인 책임이 없는 독립된 인원이 감사하여 이를 통해 시스템의 유효성 여부를 판정하고 부 · 적합사항의 발생을 예방하고 감소할 수 있는 객관적인 DATA를 확보하여 경영자가 품질시스템 및 이의 실행 절차를 개선할 수 있도록 하는 것을 그 목적으로 한다.

품질관리 주요 감사항목과 내용 품질감사는 조직의 정책, 프로세스 절차를 준수하는지 판별하기 위해서 품질보증 · 제품설계 · 프로세스 개선 · 표준 이행 및 프로세스 준수 여부를 평가한다. 품질감사의 목적은 모범사례의 식별 · 부적합 사항 · 격차 · 결점확인 · 생산성 향상을 위한 프로세스 개선 지원 · 유사 프로젝트의 모범사례를 공유하는 데 있다.

■ 프로세스 감사

- 품질 관련 활동
- 비효율적 프로세스와 품질 저하 원인 파악
- 품질통제 프로세스의 데이터와 결과를 사용하여 품질 상태

■ 모집 정보

- 품질관리계획서
- 품질통제 측정치 : 표준과 요구사항 대비 인도물(引渡物) · 프로세스 평가결과
- 품질 매트릭스 : 테스트 시나리오 개발 혹은 개선전략
- 리스크 보고서 : 품질목표에 영향을 주는 리스크 노출도 요인식별
- 품질보고서 : 품질관리 이슈, 프로세스와 제품개선 권고, 시정조치 권고사항
- 품질통제 결과요약 : 재작업 · 결함 및 버그 수정 · 전수검사 등
- 테스트 및 평가문서 : 품질통제 투입물, 품질목표 달성을 평가, 전용점검목록과 세부 요구사항

■ 도구 및 기법

- 데이터 수집 : 점검목록의 조치확인 및 요구사항 충족 확인
- 데이터 분석 : 대안분석 · 문서분석(품질보고서 · 테스트보고서 · 리스크보고서 · 성과보고 및 차이분석)
- 프로세스 분석 : 프로세스 개선기회 파악 및 조사
- 근본원인 분석 : 차이, 결함, 리스크를 유발하는 근본 원인을 판별

3. 기술관리업무 감사중점사항

현대 테크놀러지(technology)로 통하는 '기술'이란 용어는 단순히 생산방식의 개량에 국한되지 않고 신제품의 개발에 연결되어 있다. 과학 및 다른 지식의 조직적인 응용에 의한 생산성의 증가 및 신제품의 생산이라고 정의될 수 있는 테크놀러지의 전형적인 예로서 우리는 인공위성 및 이것을 궤도에 올리는 미사일을 들 수 있을 것이다. 하나의 신제품이 나오기까지의 연구기간도 또한 길다. 연구개발은 전문분야 각 부문에서 이룩한 결과를 집합시킴으로써 하나의 프로젝트가 완성되는 것이다. 이런 기술관리는 통틀어 연구개발이라는 용어로 집약되며 오늘날 기업의 필수요건이 되고 있다.

감사정보의 수집분석 먼저 감사인은 감사대상 부서에 대한 감사정보의 수집과 분석을 위한 자료의 수집이 필요하다.

- 피감사 부서와 관련되는 기술표준 · 역구개발 시스템 관련 내용
- R&D 문서 - R&D 매뉴얼 · 절차서 · 지시서
- 감사대상 부서의 조직 · 권한과 책임 · 업무분장
- 이전의 내부감사 기록
- 시정 및 예방조치
- 최고경영자의 관심 사항
- 감사대상 부서의 최근 R&D 추진현황 등

R&D 계획 감사

연구개발계획 감사에서는 다음 각호의 내용에 대한 자료에 관한 관련 사항을 검토하여야 한다.

- R&D 필요성 : 투자 타당성 및 시급성 등
- 사업환경 : 사업과제의 시장규모 및 환경, 최근 동향, 사업전망 등
- 사업계획의 적정성 : 사업계획의 명확성 · 구체성 · 현실성 및 개발기간과 비용의 적정성 등
- 시장성 : 시장규모 및 시장성장 가능성, 사업화에 따른 매출 규모 등
- 경제성 : 투자비 대비 수익 및 회수기간 등
- 세부추진계획 : 사업개요 · 추진전략 · 과제별 추진내용 · 추진일정 등
- 투자회수계획 : 연도별 수입계획, 사업활성화 계획 등

R&D 실적 평가

- 연구개발 예산
- 연구개발과제
- 연구개발 결과에 따른 포상
- 기타 연구개발 운영

부적합 확인과 객관적 증거확보

부적합 · 불일치란 규정된 요구사항에 충족되지 않는 것으로써 하나 또는 그 이상의 연구개발 특성, 개발시스템 요소가 규정된 요구사항을 벗어나거나 빠진 것을 의미한다.

■ 부적합 상황의 포착과 확보

- 의도나 의사가 요구사항을 충족시키지 못하는 상태
- 요구사항대로 실행하지 않은 상태
- 요구사항대로 실행하였으나 효율적이지 못하거나 형식적인 상태
- 수감자와 대화를 통한 답변
- 객관적 증거의 수집
- 관찰
- 정보나 단서의 검증

■ 객관적 증거의 확보

객관적 증거란 감사원은 부적합으로 예상되는 사항에 대하여 객관적인 증거에 대한 정보를 자세히 감사조서에 기록하여야 한다.

- 실존하는 사실 : 문서 · 기록 · 사물 또는 행위 자체
- 품질과 관련하여 문서화된 것
- 수감자가 진술한 것
- 관습이라고 수감자가 시인한 것
- 관찰하여 확인한 것
- 감정이나 선입견이 배제된 증거
- 사후 추적 가능한 확보된 증거

■ 부적합 지적시 고려사항

- 사소한 실수는 빈도와 중요성을 감안
- 근거 명확성 : 부적합은 명확한 증거가 있어야 하므로 부적합의 요건을 항상 염두에 둘 것
- 시정조치 가능성 : 이익 · 비용 · 위험을 고려하여 시정조치가 불가능한 것을 시정조치 요구해서는 아니 된다.

금기 및 권고사항

R&D 감사를 함에 있어서 금기해야 할 사항과 권고할 사항은 다음과 같이 요약할 수 있다.

■ 금기사항

- 편견 · 선입견 · 고정관념을 과감히 탈피
- 무소신과 고집은 금물
- 건성 건성하거나 비현실적인 권고는 회피
- 상대방을 무시하여서는 아니 된다.
- 감사인으로써 과도한 권위의식에 빠지면 곤란하다.

■ 권고사항

- 부적합은 개선의 기회임을 강조하라.
- 감사결과를 개인 또는 부서의 불이익 자료로 활용하지 않는다.
- 잘된 점도 발굴하여 타부서에 파급시킨다.
- 내부감사 시기는 R&D 주기에 맞추어 감사의 적시성 확보
- 내부감사인의 자질향상을 위한 꾸준한 자기연마
- 필요시 외부전문가의 자문요청을 통한 객관적 감사실시

■ R&D 각 단계별 생산성 저해요인의 확인

- 연구과제 설정 및 선정에 관련된 요인
  - 리스크를 겁내고, 회피하는 안전한 연구과제
  - 경영전략 및 R&D 전략과 괴리된 연구과제
  - 유용성, 경쟁우위, 경쟁력 포인트가 불명확한 연구과제
  - 기술적으로 실현가능성이 낮은 연구과제
  - 자사의 R&D 능력과 연결되지 않은 연구과제
  - 자사의 사업체질과 맞지 않는 연구과제
- 연구과제 추진 평가관리와 관련된 요인
  - 연구와 개발의 차이, R&D 유형에 따른 평가관리를 몰이해
  - 기술축적이나 기술능력의 효과를 발휘하지 못한다.
  - Out put 증가보다 In put 감소를 지향한다.
  - R&D 자원의 투입시기와 예산 등이 적절하지 못하다.
  - 산업환경 · 시장의 변화 · 기술의 진보 · 경쟁자 동향을 무시한 추진
  - 모든 것을 자력으로 완수하려는 생각에 빠져있다.

- 연구과제 성과에 관련된 요인
  - 시장출시 타이밍을 놓치고 있다.
  - 고객을 특정화하지 않고, 사용자의 편리성 · 논리 등을 생각하지 않는다.
  - 사내 관련 부문 간의 협력 · 시너지 효과가 불충분하다.
  - 연구 성과의 상업화를 위한 기술이전 및 생산 · 마케팅 부문 간 협력이 부족하다.
  - 중지해야 할 과제를 적시에 중지하지 못한다.

4. 자재관리업무 감사중점사항

자재관리란 자재를 효율적으로 관리하기 위해 생산계획에 따른 자재의 분류 · 소모량산정 · 구매 · 보관 · 공급 · 처분하기까지의 과정을 합리적 · 능률적으로 수행하는 것을 말하며, 과학적 관리기법과 기술 및 경험을 토대로 생산활동에 지장이 없도록 효율적으로 관리하는 업무를 뜻한다.

그러므로 자재관리의 목표는 기업경영에 필요한 자재를 효율적으로 관리하는 데 있고 효율적인 관리는 계속성과 경제성이 있어야 한다. 계속성이란 기업경영에 필요한 자재가 뒷받침되어야 함을 말한다.

제조활동에 투입되어야 할 자재를 계속적으로 공급하기 위해서는 장래의 수요예측을 정확히 하여 이에 필요한 적정재고량의 자재를 확보한 후 수요자의 요구를 충족시켜야 한다. 경제성이란 조직경영의 계속성을 유지하기 위하여 생산에 필요한 소요자재를 사전에 확보해야 하지만 재고투자와 관리비용이 증가하게 되므로 재고자산의 최소화를 기할 수 있도록 관리하는 것을 말한다.

자재관리의 목적은 제조 부문이 필요로 하는 시기에 적정의 자재를 최저의 가격으로 공급하고 필요에 따라 저장하는 데 있기 때문에 이러한 목적을 달성하기 위해서 우선 기업의 업종 · 성격 · 업태 · 규모에 대응하는 합리적인 조직이 무엇보다 필요하다. 자재관리는 자재관리를 필요로 하는 제 기능을 분석 · 검토 · 정리하는 데 그 목적이 있으며, 자재관리는 크게 구매관리와 재고관리로 나누어진다.

자재관리 부문 감사의 목적

■ 부정/비리/사고에 대한 적발 조치 및 규정 이행

- 사고, 진정, 투서, 탄원 등 부정에 대한 조사
- 조사결과에 대한 응징 및 시정조치
- 책임 및 권한의 확립과 상벌제도 운용
- 재발방지를 위한 근본대책 수립과 분위기 쇄신
- 제규정의 적정성 및 준수여부와 자원의 안전 및 보호

■ 업무평가와 효율성 제고

- 구매자재관리 업무의 실적분석 및 평가
- 분석평가에 대한 문제점 및 미달요인 분석과 대책 수립
- 관리합리화 및 제도개선
- 경영의 효율성 제고
- 경영목표달성도 향상

업무단계에 따른 감사범위

단계별	관련 업무	해당 부문
1단계	생산계획에 의한 자재소요 계획수립	자재관리
2단계	자재구매 요구서 발행	자재관리
3단계	물품주문서 · 발주서 발행	구매관리
4단계	외주품 납입 · 납품	외주업체 · 구매관리
5단계	수입검사 · 검수	품질관리
6단계	창고입고 창고	자재관리
7단계	저장 보관	자재관리
8단계	자재청구	생산관리
9단계	자재 불출 출고	자재관리
10단계	제품출하	영업 · 자재관리
11단계	제품품질보증 · A/S	고객관리 · 자재관리

감사 중점사항

- 구매 부문 : 외주품질 · 발주가격 · 납기설정 · 발주수량 · 업체선정 · 조달기간
- 외주관리(하청관리) : 업체등록 및 평가, 외주업체 지도 및 육성, 협력 및 계열화
- 재고관리 : 계정별 적정재고관리, 재고감축활동, 부실재고관리, 수불방법 및 미결사항
- 보관관리(창고관리) : 저장방법 · 저장효율 · 선입선출(FIFO) · 변질방지 · 식별용이 · 저장위치관리
- 물류관리 : 상물분리관리 · ULS · 성력화 · 물류비관리 · 유통단계별 적정재고수준 설정
- 정보시스템 : 업무Flow 체계, 각종 Data 처리방법, Data의 미결사항, Real Time운영

부정의 사례

- 자재구입 가격을 증액시켜 그 차액을 착복한다.
- 자재 구입시 할인액을 현금으로 받아 착복한다.
- 자재사급 하는 경우 납품가격에 재료비를 포함시켜 이를 착복한다.
- 외주업체와 공모하여 사급자재를 과대출고 후 이를 착복한다.
- 자재구입 대금을 지불한 것처럼 위장하여 횡령한다.
- 원재료를 구입한 것처럼 위장하여 구입대금을 착복한다.
- 수입검사 과정에서 수량을 부족하게 납품시키고 이를 착복한다.
- 수입검사에서 불합격 자재를 납입시키고 물품대금 지급 후 반환시켜 착복한다.
- 재고실사에서 장외자재를 몰래 반출하여 착복한다.
- 고가의 잔재(동 · 알루미늄 · 신주 등)를 모아 일반고철에 숨겨 반출하여 착복한다.

재고감축 감사 착안사항

■ 기본사항

- 최고경영의 의지 및 방침 - 종업원의 인식제고

- 과학적 관리에 의한 최적화 관리 - 재고 관련 비용분석 및 기법도입
- 주요자재에 대한 중점관리 - ABC 분석
- 재고발생요인 색출 및 제거 - 부실재고 중점관리
- 영업 · 생산 · 구매 · 자재 시스템의 연계
- 자동통제시스템 및 자주관리제도 운영
- 정보시스템에 의한 Real Time 운영

■ 단계별 활동 내용

단계별	활 동 사 항	추 진 내 용
1단계	단기적 재고감축 활동	• 계정별 재고조사에 의한 재고감축 계획 수립추진 • 감축 목표 · 방법 · 시기 · 담당자 지정
2단계	중장기적 활동	• 계정 · 자재특성에 맞는 관리기법 도입 • 발주방법 · 납기설정 · 재고수준 등 체계정립
3단계	부문별 업무개선 활동	• 영업 · 생산 · 구매 · 자재 · 품질 · 개발 등
4단계	영업계획, 생산계획의 안정화	• 적중률 · 달성을 제고
5단계	외주업체 지도육성 및 안정화와 고객지향적 관리제고	-
6단계	시스템 및 프로세스 정립	• ERP · SCM · CRM · MRP · JIT 등

재고실사(Inventory) 재고실사란 보유하고 있는 자산의 재고수량이 적정한지를 실제로 확인하는 것을 의미한다. 매출원가는 영업활동의 성과를 파악하는 데 있어서 중요한 지표로서 기말재고가 확정되어야 매출원가를 구할 수 있는 구조로 되어 있다. 또한, 기말재고의 감모손실 · 평가손실은 매출원가에 가산될 수 있어서 기말재고의 수량부터 평가액까지 계산되어야 매출원가를 구할 수 있다. 따라서 기말재고는 매출원가를 확정하기 위한 첫걸음이고 기말재고가 왜곡된다면 매출원가부터 영업이익까지 왜곡되는 문제가 발생할 수 있어 재고실사를 진행하는 것이다.

■ 재고조사의 목적

- 재고자산의 정확한 수량 파악 및 가액평가
- 사장품 색출 및 잉여품의 관리전환

- 자재수불 과정의 예기손실 방지
- 기록업무 및 수불업무의 정확성 촉진
- 저장관리 운영의 효율화(이용율제고, 불합리제거 등)

■ 재고조사 방법

- 폐창식 재고조사(Complete Shutdown Inventory) : 일정기간 동안 자재수불을 중단하고 실시
- 개장식 재고조사(Cycle Inventory) : 자재수불 중단 없이 실시

■ 재고조사 기준

- 장부기준 재고조사 : 기업에서 일반적으로 실시
- 현물기준 재고조사 : 업체인수 또는 특별 목적 아래에서 실시

■ 평가방법

- 원부재료 : 회계규정에 의한 평가(이동평균법 · FIFO · LIFO)
- 재공품 : 진척도에 의거 평가
- 제품 : 제조원가 · 실적원가 · 표준원가 적용
- 공기구 : 이동평균법 또는 구입가격

불용재고의 관리

불용재고는 운전자금의 고정화와 보관비용의 증대뿐만 아니라 재고감모손의 발생과 진부화의 증대를 초래하게 되어 기업으로 하여금 막대한 기회비용을 발생케 한다.

■ 불용재고의 구분

- 불용재고 : 사양변경 · 생산중단 · 변질 · 파손 등으로 사용 불가능한 자재
- 과잉재고 : 현재 사용실적에 비해 과다하게 보유하고 있는 자재
- 폐자재 : 생산공정 중 계속 반복적으로 발생하고 있는 불량자재

■ 불용재고 적출방법

- 생산중단으로 수불이 중단된 자재

- 식별이 불가능한 자재
- 요 수리 품으로 즉시 사용 불가능한 자재
- 변질로 인하여 사용 불가능한 자재
- 설계변경으로 사용 불가능한 자재
- 사용량에 비하여 과다하게 보유하고 있는 자재

■ 불용재고의 처분방안

- 기술/생산 : 타제품전용 · 개조사용 · 타 공장이체 사용 · 소재활용
- 연구/기술 : 잠정 설계변경사용
- 영업/구매/생산 : 수리사용 · 수리판매
- 구매/외주 : 외주사급 · 구입처교환 · 역수출 · 할인매각
- 공무/관리 : 고정자산 활용 · 기증
- A/S / 영업 : A/S용 전환
- 영업 : 할인판매
- 자재 : 고철 · 폐기

■ 부실재고 발생 방지대책

- 영업의 수요예측 및 판매계획의 정확도 향상
- 단독부품 · Project성 자재의 Lot 구매지양
- 설계변경(ECO)시 정확한 재고파악 및 처분대책 수립
- 생산계획 변경지양 및 변경시 즉시 Feed-Back
- 장기구매 Lead Time 자재의 별도관리
- 시한성 품목(TRP)에 대해 특별관리
- 장기보관 자재의 정기적 정비실시
- 재고정확도 향상유지 - 정기 및 순환재고 조사실시
- 생산 · 구매 · 자재관리의 종합정보시스템 구축

5. 설비관리업무 감사중점사항

설비관리(Facility Management)는 설비의 조사 · 연구 · 설계 · 제작 · 설치로부터 가동 후의 성능유지 등 폐기될 때까지의 설비의 생산성 향상을 도모하는 기술이다. 생산의 기계화 · 자동화 · 고도화의 진전에 따라 설비에 대한 의존도와 설비투자액의 증대가 실현되고, 투자효과의 유지 · 향상을 위해서는 설비의 선정과 설비의 효율적 활용이 필요하다. 설비관리는 광의로는 공장의 배치와 설계, 건설과 설치, 보전수리와 설비의 갱신, 유틸러티(Utility)의 운전, 공장의 안전관리를 포함한다.

설비보전관리의 목적

생산시스템의 모든 설비는 기업의 목표달성에 가장 잘 기여할 수 있는 상태로 유지시키는 데 그 목적이 있으므로 설비보전활동도 기업목표의 달성을 기여하도록 설계되고, 전체 생산시스템의 차원에서 평가하여야 한다.

이러한 평가기준은 장기적 관점에서 총설비보전비용을 최소화하는 데 주어지는 것이 일반적이나 때로는 고용의 안정, 종업원의 안전, 신뢰성 및 단기적인 경제여건의 충족 등을 우선적인 평가기준으로 삼을 수도 있다.

설비보전관리의 유형

기계설비의 문제발생 시점을 기준으로 두 가지 유형으로 분류한다.

■ 예방보전

설비의 성능이 고장이나 파손 등으로 인해 표준 이하의 상태로 떨어지는 것을 사전에 예방하는 보전활동으로 일상적인 검사나 서비스를 통하여 잠재적인 고장상태를 사전에 발견하고 약간의 조정 혹은 간단한 수리를 실시함으로써 성능의 저하 · 고장 및 안전사고 등을 미연에 방지하여 설비의 성능을 항상 일정한 수준으로 유지시키는 데 그 목적이 있다.

■ 수리보전

시설 혹은 설비가 고장 나거나 파손될 때까지 일단 사용하고, 정상가동이 불가능한 상태에 이르렀을 때 비로소 수리하는 보전활동을 말한다.

물리적 보안위협의 감사 감사인은 설비의 물리적 보안에 대한 위협요소 중에서 특히 다음에서 설명하는 사항들에 대하여 중점적으로 감사할 필요성이 있다.

■ 물리적 보안에 대한 위협

- 설비 · 장치 · 직원 · 정보처리에 수반되는 데이터를 보호통제하기 위한 프로세스
- 모든 위협은 발생 가능성의 여부를 떠나 목록으로 기록되어야 하며, 물리적인 위협에 대한 완전한 리스트가 반드시 제공되어야 한다.
- 물리적 위협 · 취약성이 높은 경우 정보보안과 별도로 운영 관리되는데 이것은 명백히 잘못된 것이다.
- 조직 내부에 이를 통합해서 평가하고 목록으로 기록하는 단일 프로세스가 존재해야 한다.

■ 보안의 3요소와 그에 대한 위협

- 가용성(Availability) : 원하는 자산을 원하는 시간에 원하는 양만큼 자유롭게 쓸 수 있는 것으로 위협요소는 장치의 파괴나 손실 · 절도 등이다.
- 기밀성(Confidentiality) : 허가되지 않은 자에게 접근성이 부여되는 것으로 위협요소로는 비 허가자에게 정보가 노출 · 폭로 · 절도 · 도청 등이다.
- 무결성(Integrity) : 인가된 사용자만 인가된 방법으로 접근 가능 위협으로서 업무 프로세스에 대한 통제 상실 · 절도 등이며, 보안위협에 대한 대처는 반드시 자산에 대한 취약성과 위협에 대한 판단을 근거로 이루어져야 한다.

관리적 통제 감사 관리적 통제란 적절한 비상대응 프로시저와 조직구성원의 통제 · 계획 · 정책구현 등을 통해서 얻어지는 물리적 보안이나 보호영역을 의미한다. 따라서 감사인은 다음에서 설명하는 사항들에 대하여 중점적으로 감사할 필요성이 있다.

■ 관리 통제의 요소

- 설비요구사항이나 계획

- 설비보안관리
- 관리적 직원통제

■ 설계 안전

- 벽 : 불연, 파괴에 대한 내성
- 천장 : 낮은 허용 하중 · 침입탐지 · 얇은 천장
- 바닥 : 물리적인 하중(IS 설비는 대체적으로 무겁다), 방화등급 · 이중바닥
- 창문 : 일반적인 IS 설비에서는 허용하지 않으나 특별한 경우 반투명 방탄이 필요
- 스프링쿨러 시스템 : 화재 진압 · 프리 액션(preaction)식 스프링쿨러(평상시에는 물이 없다가 화재 시 채워 넣음)
- 수도 · 가스라인 : 보안설비의 하나로 반드시 파악되어 있어야 하며 밖으로 드러나 있어야 하며, 오염물질이 침투하거나 내부로 흘러들지 못하도록 설비한다.
- 에어컨 : 수냉식 에어컨만 사용 가능
- 전기 : 백업 전원이 필요하며, 데이터 센터 등의 경우 독점적인 송전시설이나 독립적인 임시 발전설비를 요구
- 출입문 : 불법침입 저지를 위한 인증과 식별, 강화가 필요하며, 전동출입문의 경우도 재해시 안전한 탈출을 위해 수동조작이 가능해야 한다.

설비보안관리 감사

감사인은 설비보안 관리의 각 요소별 통제사항과 감사추적 로그에 따라 감사를 실시토록 한다.

■ 설비보안을 위한 자연적 접근통제

- 화단 · 볼라드(말뚝)와 같은 구조물을 이용 자동차의 통행을 금지하고 도보통행만을 허용한다. 이는 자동차 돌진에 의한 테러방지이다.
- 표지판 가드레인들을 이용 이동방법이나 허용범위를 제한하는 방법
- 영역의 구분 : 통제영역 · 제한영역 · 공용영역 · 중요영역 등으로 나누어 접근방법을 강제한다. 영역의 구분은 시설의 형태나 종류에 따라 구분하고 궁극적으로 모든 영역이 안전하도록 구현하는 것이 중요하다. 각 영역의 구현을 위한 표준화된 정책이 반드시 준비되어야 한다.

■ 설비에 대한 감사 추적

- 시스템의 감사추적은 예방보다는 적발(탐지)통제에 속한다. 강력한 적발통제는 어느 정도 예방통제의 기능을 수행한다. 그러나 감사추적과 로그정보는 그 자체를 예방통제로 보기는 어렵다.
- 사건의 유형 · 보안위반 · 성능 · 프로그램의 오류에 초점을 맞춘다.
- 감사추적이나 로그에 기록될 사항

환경통제 감사

감사인은 다음에서 설명하는 환경통제의 사항들에 대하여 중점적으로 감사할 필요성이 있다.

■ 전력

가장 중요한 문제는 정전 · 전압강하 · 습도 · 정전기 · 노이즈 등이 존재한다.

- 정전에 대한 대비
  - 과전압 보호기 : 단기적인 전압변경이나 수백분의 1초 이내 정전
  - UPS : 몇 초에서 몇 분까지의 정전(정전이 되서 서버 등이 종료될 때까지의 시간확보)
  - 발전기 : 수 시간에서 수일간의 정전(비상상황대비)이나 UPS로 감당할 수 없을 때
- 전압강하
  - Sag(순간 낮은 전압), Brown out(지속적인 전압강하현상)
    black out : 기관 설비 자체가 문제가 있어서 정전이 되는 것.
  - Fault(순간전력손실), Black out(지속적인 정전)
  - Spike(순간 높은 전압), Surge(지속적인 높은 전압)
- 노이즈
  - 전자기 간섭과 주파수 간섭이 있다.
    시스템 차폐 · 적절한 접지 · 전선 조절 · 케이블 차폐 · 전기시설의 노출제한 등
- 습도와 정전기
  - 습도는 전기적 부식과 정전기를 발생시킴
    40% 이하 : 정전기, 60% 이상 : 전기 도금 부식
  - 정전기 방지 스프레이 · 정전기 방지바닥(카펫) · 접지

- HVAC를 이용한 습도조절이 가장 효과적이다.
- 1500(디스크 : 데이터 손상), 2000(시스템 셧다운), 17000(칩셋 영구 손상)

■ 화재

- 화재 클래스와 진압
  - A : 일반 인화물
    물(온도) · 소다산(연료 차단)
  - B : 기름
    CO_2 · 소다산 · 할론
  - C : 전기
    CO_2(산소차단) · 할론(산소차단)
  - D : 가연성 금속(Na, Mg, K : 1,2족 금속)
    CO_2 · 분말
  - K : 상업용 식당을 위한 분류
    포타슘(칼륨) 아세테이트 이용 소화
- 화재 진압 시스템
  - 물
    - ▸ Dry pipe(건식 파이프) : 시스템의 전원을 내릴 수 있는 시간적인 여유로 선호
    - ▸ Charge pipe : 효과적이나 누수로 인한 시스템 손상의 위험
    - ▸ Pre action(사전 작동) : 열 탐지 후 물 공급, 노즐의 링크가 녹았을 때 물 방출 가장 적합한 방식
  - 할론
    - ▸ 물처럼 장비에 피해를 입히지 않는다.
    - ▸ 환경오염 문제
    - ▸ 인체에 좋지 않음
  - FM-200
    - ▸ 친환경 · 안전성(사람)
    - ▸ 물처럼 시스템을 손상시키는 문제가 없기 때문에 주로 사용.
  - CO_2
    - ▸ 생존문제(거의 사용하지 않음)

03 생산관리 부문의 내부감사절차

1. 생산관리

감사대상 업무	
■ 생산관리의 조직	■ 생산계획의 수립
■ 생산실적의 관리	■ 작업관리
■ 공정관리	

내부통제 확인사항

확 인 사 항	Y/N	특기사항
생산관리의 조직		
• 생산관리 각 부문의 조직구성은 회사의 실정에 맞게 되어 있으며 특히 공장 성격에 적합하게 조직되어 있는가.		
• 생산관리 각 부문(작업관리, 품질관리, 공정관리, 설비관리, 외주관리, 운반관리 등)의 업무를 명확히 구분되어 있으며 적절하게 책임과 권한이 위양되어 있는가.		
• 생산관리 스탭 부문과 라인 부문의 업무는 상호유기적인 관계를 유지하며 잘 협조되어 있는가.		
• 생산관리 스탭 부문(공정관리, 설계, 구매, 검사, 창고 등)의 직능은 생산형태와 생산방식에 적합하게 구분 운영되고 있는가.		
• 생산관리전반 부문의 문제점 등을 조정, 통제하는 기능이 별도로 마련되어 있는가.		
• 생산관리를 위한 회의체는 구성되어 있으며 정기적으로 운영되고 있는가.		
• 생산에 관한 문제점은 수시로 조사 파악되며 그 원인에 대한 사유를 규명하는가.		
• 생산계획과 외주계획은 적절한 조정을 취하고 있는가.		

확 인 사 항	Y/N	특기사항
• 외주계획은 생산능력에 맞게 수립되고 있는가.		
생산계획의 수립		
• 생산계획은 경영방침과 이익계획에 따라 수립 운영되며 그 기준이 사전에 설정되어 있는가.		
• 생산계획은 장기계획에서 단기계획으로 단계적으로 수립되어 있는가.		
• 월별생산계획이 확립되어 있는가. 이것을 월말에 임박하여 결정하거나, 생산계획의 변경을 빈번하게 하고 있지는 않는가.		
• 생산계획의 수립에 필요한 기초자료가 정비되어 있는가. 생산계획의 수립은 각 부문 관계자의 참석 하에 하고 있는가.		
• 생산계획과 구매계획은 충분한 조정을 하고 있는가. 이것은 자금계획에 의하여 뒷받침되어 있는가.		
• 생산계획과 판매계획은 적절하게 조정 운영되고 있는가.		
• 생산계획의 설비나 구매, 외주의 일정계획이 무리하여 계획에 차질이 발생되는 일은 없는가.		
• 생산계획수립과정에서 원부자재의 수급계획이 포함되고 있는가.		
• 원가관리의 결과는 반드시 생산계획에 반영되고 있는가.		
• 생산계획은 장 · 단기별로 구분하여 수립 운영하는가.		
• 생산계획은 설비능력에 따라 그 범위 내에서만 수립 운영되는가.		
• 생산계획 수립 시 그 절차와 방법은 사전에 정해진 Rule에 의해서만 이루어지고 있는가.		
• 생산일정계획은 기본 생산계획 수립 시 동시에 입안되며 일자별 · 공정별 · 제품별 등으로 구체화되어 있는가.		
• 원재료나 외주품에 대하여 그 소요량이나 입고일자가 명시되어 있는가.		
• 신제품의 계획 또는 생산증가계획은 적당한가(설비기계나 치 · 공구의 정비계획, 공수계획과 인원계획, 공수절감의 조절, 원재료준비 등)		

확 인 사 항	Y/N	특기사항
생산실적의 관리 • 생산성분석은 정기적으로 이루어지고 있으며, 비교분석 후 문제점에 대한 원인을 규명하는가. • 생산효율관리가 이루어지고 있으며 효율향상을 위한 대책이 수립 운영되고 있는가. • 부가가치분석은 행해지고 있으며 이것이 최고경영층의 의사결정 자료로서 활용되고 있는가. • 생산 Cost에 대한 비용분석이 실시되고 있으며 표준치가 설정되어 있는가. • 생산계획과 실적은 정기적으로 비교 분석되며 계획성의 정도가 재검토되고 있는가. • 제조명령서가 발령되고 그 배포처는 적절한가. • 제조명령서의 수정 및 변경절차가 있는가. • 제조명령서에 따라서 각 부문별 생산일정계획이 수립 운영되고 있는가. • 생산계획에 따라 원부재료의 소요량 및 조달계획이 적기에 수립 운영되고 있는가. 작업관리 • 작업의 표준화가 되어 있으며, 이것이 매뉴얼로 되어 있어 각 작업자가 숙지하고 있는가. • 작업의 표준화에 있어서 작업조성이나 시간을 지정하고 있으며, 공구도 표준화하고 있는가. • 작업방법의 관리를 위하여 작업의 표준화가 되어 있는가. • 작업의 완급. 순서의 결정에 무리가 없는가. • 작업지도표가 작성되고 있으며 반드시 이것에 의해서 작업이 이루어지고 있는가. • 작업표준시간은 설정되어 있으며 실제시간과 비교검토가 이루어지고 있는가. • 표준시간은 생산실적의 공수와 대조하고 있는가.		

확 인 사 항	Y/N	특기사항
• 현장작업자의 작업지도와 훈련이 계획적으로 실시되고 있는가. • 작업장별 · 공정별의 공수를 산정하여 계획을 수립하고 있는가. • 공수의 과부족(인원 · 기계 등)의 대책은 충분히 있는가. • 치구 · 공구 · 부착구 등의 배치는 작업환경의 관리적인 면에서 충분히 고려되어 있는가. • 작업개선을 위한 제안제도 · TQC 등의 기법을 도입 운영하고 있는가. 공정관리 • 공정에 필요한 절차서 또는 작업지시서를 적용하고 있으며 그 성과를 평가하고 있는가. • 월중 비평준화되거나 일별 기복이 심한 상태는 아닌가. • 실적과 계획은 큰 차이가 없는가. • 공정별로 진도가 확인되고 계획과 실적이 비교 · 대조되고 있는가. • 레이아웃은 생산방식에 적합하게 되어 있는가. • 레이아웃은 작업장의 공간을 효율적으로 활용하도록 되어 있는가. • 레이아웃은 작업관리를 편하게 할 수 있도록 고려하였는가. • 공정관리 시 통계적기법이 사용되고 있는가. • 공정트러블 조치는 절차에 의하여 체계적으로 이루어지고 있는가. • 생산성 향상을 위한 목표를 설정하여 관리하고 있는가. • 작업자의 기계별 할당방법은 적절히 이루어지고 있는가.		

감사지시서

감 사 절 차	조서번호
• 생산관리 현황을 파악하기 위하여 다음의 자료를 모집하라. – 생산관리 각 부문별 조직도, 업무분장표	

감 사 절 차	조서번호
- 공정배치도 및 작업장 기계배치도 - 종업원 현황(인원 당 구성표) - 주요 기계설비 현황 • 공장의 성격을 파악하기 위하여 다음의 자료를 작성하라. - 최근 연도별 생산계획 대 실적(생산형태별 · 제품별) - 제품별 원부재료 원단위 리스트 - 표준화의 정도를 측정키 위한 주문생산 대 계획생산 비율 - 재고자산의 조달방법 및 기간 - 외주방법, 외주의 이용도, 외주처의 수 • 생산관리시스템의 체계 및 조직운영의 합리성을 검토하기 위하여 주요 업무처리 절차를 플로우-차트 하라. • 생산관리와 관련된 각종 양식을 징구하여 내부통제가 있는 곳을 표시하고 감사절차 수행과정에서 내부통제의 적합성을 평가하라. • 생산관리 관련 회의록을 징구하여 회의 운영사항을 조사하고 그 결과가 어떻게 관리되고 있는지의 여부를 확인하라. • 개인별 업무분장표에서 1~2명을 감사인이 임의 선정하여 개인별 담당업무에 대한 다음 감사절차를 수행하라. - 담당업무와 관련해서 사용되는 장표류의 적정성 검증 - 지휘 명령계통 및 보고계통의 권한과 책임위양의 합리성 검토 - 업무처리상의 문제점 및 개선의견 청취 • 생산계획 수립계획 · 수립절차 · 조직제도에 대하여 다음의 감사절차를 수행하라. - 장 · 단기 생산계획서를 징구하여 계획이 단계적으로 입안되었는지의 여부를 검증하라. - 월별계획이 전월에 수립되며 예정변경이 자주 일어나지 않는지를 확인하고 그 원인을 규명하라. - 계획수립에 필요한 기초자료가 정확히 작성, 유지 관리되고 있는지를 확인하라. - 생산계획 수립 시 관련 각 부문과의 합의 및 업무처리 절차의 횡적통합이 어느 정도인지를 검증하라.	

감 사 절 차	조서번호
• 생산계획이 판매계획 · 구매계획 · 자금계획과 어떻게 조정 운영되고 있는지를 확인하기 위하여 다음의 감사절차를 수행하라. - 판매계획과의 조정에 있어서 그 타당성 유무를 검증하라. - 생산계획은 구매계획과의 조정에 있어 종합예산에 의해서 각 계획이 확정되고 있는지를 확인하라. - 생산계획과 외주계획과의 조정방법의 적정성 유무를 검증하라. - 생산계획에는 설계나 구매외주의 일정계획이 고려되어 있는지를 확인하라. • 생산계획 수립절차와 방법에 대하여 다음의 감사절차를 수행하라 - 생산계획과 설비능력을 비교 조사하여 문제점을 지적하라. - 원가관리 결과가 생산계획에 어떻게 반영되고 있는지를 확인하라. - 생산계획 수립과정에서 원부자재의 계획이 포함되고 있는지를 확인하라. - 생산일정계획 수립절차에 대하여 다음의 감사절차를 수행하라. - 공정계획에 의하여 가공공정의 순서 · 방법이나 표준시간을 지정하고 있는지를 확인하라. - 공정 간의 여유와 조립순서, 작업 롯드 수 등이 고려되고 있는지를 확인하라. - 작업장별 · 공정별 공수계획이 수립되며, 공수의 과부족에 대한 대책 및 조정이 적시에 이루어지고 있는지를 확인하라. • 생산계획 대 실적은 정기적으로 비교 분석되며 그 차이분석이 이루어지고 있는지를 확인하라. • 최근 수개월간의 생산성 분석에 관한 자료를 징구하여 비교 검토하라. • 생산효율 관리운영 실태를 조사하고 능률향상을 저해하는 요인이 무엇인지 파악하라. • 최근 3개년의 부가가치 분석 자료를 징구하여 상호비교 대사하여 그 변화 추이를 검토하고 이것이 의사결정 자료로서 어떻게 활용되고 있는지를 조사하라. • 주요 원자재의 표준 원단위 List를 징구하여 실적치와 대조하고 표준편차의 원인과 그 타당성 유무를 검증하라. • 생산통계가 적절하게 이루어지고 있는지를 확인하기 위하여 다음의 감사절차를 수행하라. - 작업명령의 지시 방법의 적정성 유무를 판단하라.	

감 사 절 차	조서번호
- 최근 몇 개월에 대한 일정한 날짜를 감사인이 임의로 Sampling하여 작업전표를 구하고 기재사항이 적절한 내부통제를 수반하고 있는지의 여부를 확인하라. - 생산일정계획과 실적을 비교하고 진도관리의 문제점이 없는지 조사하라. 특히, 월말 월초에 생산량이 급변하는 경우 그 원인을 규명하라. - 작업지도대장을 징구하여 계획변경이나 지원 작업에 대한 조정이 적절하게 이루어지고 있는지를 조사하라. - 공수계획표를 징구하여 표준과 실적치를 비교하고 조정절차 및 방법의 적정성 유무를 검증하라. • 작업의 표준화가 어느 정도로 이루어지고 있는지를 확인하기 위하여 다음의 감사절차를 수행하라. - 작업지도표는 작성되어 있으며 각 작업자가 이를 숙지하고 있는지 직접 현장에서 Sampling하여 확인 조사하라. - 작업자는 매일의 작업결과를 작업일지에 기록하고 있으며 그 사용양식이 합리적으로 되어 있는지를 검증하라. - 작업개선이 어떻게 이루어지고 있는지 최근 1년간의 성과에 대한 자료를 징구하여 검토하라. • 현장감사를 통하여 작업 환경관리가 어떻게 이루어지고 있는가를 다음 사항을 확인하여 관찰 조사하라. - 불용품 · 재공품 · 치공구의 정비방법이 적당하게 정리 조정되고 있는지의 유무 조사 - 작업대의 높이나 재료공구 등의 배치는 능률적으로 이루어지는지의 유무 조사 - 작업장의 환경조건이 적절하게 유지되고 있는지의 유무조사 - 안전이나 위생 면에서 문제가 되는 것은 없는지 확인 - 운반구는 충분히 활용되고 있는가.	

2. 품질관리

감사대상 업무	
■ 품질관리의 조직	■ 품질관리의 방침
■ 종합품질관리	■ 품질검사와 불량조치
■ 품질보증	■ 품질관리의 교육훈련

내부통제 확인사항

확 인 사 항	Y/N	특기사항
• 품질관리 및 품질 부문이 별도의 독립적인 조직으로서의 기능을 갖고 있는가.		
• 제조품질과 설계품질은 기능면에서 볼 때 구분 운영되는가.		
• 현재의 조직은 품질관리기능을 수행하기에 적절한 형태로 조직되고 있는가.		
• 품질관리조직은 품질관리위원회 등과의 적절한 조정이 이루어지고 있는가.		
• 품질관리조직이 사내표준화에 직접 참여하고 있으며, 본래의 기능을 정상적으로 수행하고 있는가.		
• 품질관리조직은 생산관리 각 기능과의 원활한 업무협조가 이루어지고 있으며 문제점은 없는가.		
• 품질관리방침이 설정되어 있으며 각 관리층에서 이를 명확히 인식하고 있는가.		
• 품질관리의 중점이 경영층에서 결정되어 하부조직에 정확히 전달되어 부서별 경영활동의 기본이 되고 있는가.		
• TQC위원회 또는 기타 협의체가 구성되어 있는가.		
• 전사적 품질관리체제를 확립하고 있는가.		
• 품질관리업무와 검사업무는 구분 운영되고 있으며 업무분장이 명확하게 정해져 있는가.		
• 클레임처리 또는 중대한 불량처리는 조직적으로 실시되고 있는가.		
• 시방 · 규격 · 표준 등의 품질기준은 설정되어 있으며, 필요시 개폐가 적절하게 이루어지고 있는가.		

확 인 사 항	Y/N	특기사항
• 원부재료 · 소모자재 · 납입검수 등의 절차는 정해진 바에 따라서만 이루어지고 있는가.		
• 수입검사 · 중간공정검사 · 최종제품검사 등에 있어서 검사규격은 품질보증을 고려하여 작성되어 있는가.		
• 규격치 · 공차 · 마무리 가공정도 · 한도견본 등 검사판정의 한도는 명확하게 정해져 있는가.		
• 규격 · 표준의 설정은 관련 부문과의 사전협의가 충분히 이루어진 후 설정되었는가.		
• 전수검사 · Sampling검사 등 검사방식에 관한 기준은 정해져 있는가.		
• 검사단위는 정해져 있으며 표시되어 있는가.		
• 검사 제외 대상품목은 반드시 승인된 품목에 국한하여 운용하고 있는가.		
• 파괴검사 · 실용검사의 대상품목은 정해져 있으며 검사방법에 대한 기준에 따라서만 이루어지는가.		
• 검사는 반드시 검사 작업표준서에 의해서 판정하고 주관적인 판정을 하는 일은 없는가.		
• 관능검사에 의한 과오방지를 위한 적절한 방법을 취하고 있는가.		
• 계수 및 계량의 확인방법에는 문제가 없는가.		
• 불량내용은 급성과 만성으로 분류하고 있는가.		
• 불량재발방지를 위한 대책은 수립되어 있으며 그 결과에 대한 확인은 이루어지고 있는가.		
• 불량품 · 불합격품에 대한 처리절차와 그 표시방법은 정해져 있는가.		
• 제품의 품질보증방법과 제품의 등급기준은 정해져 있는가.		
• 품목별로 품질보증기간이 정해져 있는가.		
• 취급설명서 등이 제품에 첨부되어 있으며, 그것은 소비자가 적절하게 이용될 수 있도록 되어 있는가.		
• 제품의 포장 · 보관 등의 방법은 품질을 유지하기에 적절하게 되어 있는가.		
• 품질관리에 대한 교육훈련계획은 수립되어 있으며 계획대로 진행되고 있는가.		
• 교육목적의 중점이 설정되어 있으며 교육훈련계획에 반영되고 있는가.		

확 인 사 항	Y/N	특기사항
• 교육훈련의 결과를 분석하여 효과를 측정하는가. • 외주공장의 품질관리 교육은 실시하고 있는가.		

감사지시서

감 사 절 차	조서번호
• 품질관리 및 검사 부문의 조직적 지위와 특성을 파악하기 위하여 먼저 조직도표 및 업무분장표를 구하라. • 품질관리 관련 업무에 대한 플로우-차트를 작성하고 각각의 업무에 대한 사용양식을 징구하여 명칭, 용도 및 양식의 적합성 여부를 검토하고 내부통제가 있는 곳을 표시하라. • 품질관리 관련 부문의 업무분장표에서 다음의 업무가 어떠한 기능에서 수행되는지를 체크하고 실제로 어떻게 운용되는지를 확인하라. - 검사기준 및 품질의 표준설정 - 설계품질과 제조품질 - 클레임 처리 - 검사업무 • 상기 항목의 각 업무가 생산관리 각 기능과의 상관관계를 검토하고 횡적 통합이 제대로 이루어지고 있는지를 검증하라. • TQC위원회 또는 QC 소집단활동, ZD 등 품질관리 활동에 관한 회의록을 징구하여 전사적 품질관리체제가 품질관리의 방침이나 중점에 따라서 어느 정도 이루어지고 있는지를 평가하라. • 품질관리계획서를 구하여 다음의 감사절차를 수행하라. - 품질관리 계획수립이 일관성 있게 유지 관리되고 있는지의 여부 - 계획의 주된 목표와 진척도 정도 - 품질요구의 품질관리 계획에의 반영 정도 - 목표로 설정하여 관리하는 품질특성의 설정 유무	

감 사 절 차	조서번호
- 통계적 기법의 활용 정도 • 종합품질관리의 절차에 대하여 다음의 감사절차를 수행하여 적정성을 검증하고 문제점을 파악하라. - 품질기준에는 어떤 것들이 있는지를 조사하라. - 품질기준의 발행 · 개폐절차에 대하여 조사하라. - 검사 시 불량품의 처리절차에 대하여 조사하라. - 클레임 처리절차에 대하여 조사하라. • 종합품질관리 활동이 어떻게 이루어지고 있는지를 검증하기 위하여 다음의 감사절차를 수행하라. - 품질결정에 있어서 타 부문별 영향도의 우선순위를 파악하고 실제 어떻게 조정이 이루어지고 있는지를 확인하라. - 제조 부문과 관리 부문의 품질관리활동이 어떻게 이루어지고 있는지 품질관리활동 목표별로 정리하라. - 구매 부문과 외주 부문의 주된 품질관리활동이 어떻게 전개되고 있는지를 확인하라. - 종합품질관리활동의 결과보고는 실제로 어떻게 활용되고 있는지 조사하라. • 제조품질관리의 실태를 파악하기 위한 다음의 감사절차를 수행하라. • 작업표준이 실제 현장에서 어떻게 지켜지고 있는지를 관찰을 통하여 확인 평가하라. • 관리활동 항목의 결정권자, 설정기준을 확인하고 실제 몇 가지 항목을 감사인이 임의로 선정하여 항목의 선정에서부터 활동결과까지의 과정을 추적 조사하라. • 품질검사방법의 적정성 검증을 위한 다음의 감사절차를 수행하라. - 원부재료의 수입검사에서부터 공정검사, 완성검사 중에서 품질보증을 위하여 중점을 두는 검사가 무엇인지 조사하라 - 품목별 검사단위를 조사하라. - 검사방법 선정기준에 대하여 조사하라. - 무검사 품목 List를 작성하고 이유를 Check하라. - 외주가공품 등 검사성적표가 첨부되어야만 입고 처리되는 품목 List를 조사하고 어떻게 관리되고 있는지 확인하라.	

감 사 절 차	조서번호
• 검사판정의 적정성 유무를 검증키 위하여 다음의 감사절차를 수행하라. - 검사판정의 기준이 되는 검사규격, 도면, 한도견본 등이 비치 운영되고 있는지 확인하라. - 몇 개 품목을 Sampling한 후 검사작업표준서가 실제로 적용 운영되고 있는지를 확인하라. - 최근 1년간의 검사판정결과 불량발생보고서를 징구하여 그 유형별 특성을 조사하라. • 품질검사결과 불량조치가 적정하게 이루어지고 있는지를 확인하기 위하여 다음의 감사절차를 수행하라. - 불량처리보고서를 징구하여 결과에 대한 조치가 어떻게 이루어지고 있는지 확인하라. - 불량조치처리 절차상의 문제점 유무를 검증하라. • 불량의 발생 상태를 감사하기 위하여 다음 사항을 Check 확인하라. - 공정별로 보아 가장 불량률이 높은 공정은 어디인가? - 원인별로 보아 불량 발생의 문제점은 어디에 있는가. - 품목별 · 작업자별 · 일자별 · 시간대별 불량률의 발생차이를 파악하고 그 원인을 규명하라. • 품질보증관리절차 및 방법의 적정성을 검토하기 위한 다음의 감사절차를 수행하라. - 제품의 등급 결정 기준표를 구하고 실제 적용되는지를 확인하라. - 품목별 품질보증의 표시방법 및 보증기간 List를 작성하고 수시로 점검 · 확인 · 검토하고 있는지의 유무를 확인하고 필요하다면 Testing을 하라. • 품질관리의 교육훈련이 실제 어떤 형태로 이루어지고 있는지 다음 자료를 징구하여 확인하고 종합 평가하라. - 품질관리 교육훈련계획서 - 품질관리 교육실시결과보고서 - 교육훈련비 예산편성계획 및 실적대비표	

3. 기술관리

감사대상 업무	
■ 기술 · 연구 부문의 운영상황	■ 기술표준
■ 규격	

내부통제 확인사항

확 인 사 항	Y/N	특기사항
• 기술 · 연구 부문의 조직 편성상의 기준(PM별 · Project별 · 기능별 · 품목별 등)이 정해져 있는가. • 기능을 수행하는 데 있어서 인력구조상의 문제점 또는 불균형은 없는가. • 이러한 능력부족 또는 불균형을 해소하기 위한 외부기관이나 기술고문 · 기술사 등의 이용을 통한 능력보강대책을 취하고 있는가. • 기술 · 연구 부문의 중점목표와 중요성의 우선순위는 정해져 있는가. • 조직 및 운영이 업종 성격이나 제품의 특성을 적절히 살리고 있는가. • 연구개발의 방침은 설정되어 있는가. • 동종업체의 기술수준은 정확히 파악되고 있으며 강점과 약점이 무엇인지 인식되고 있는가. • 연구개발을 위한 주기적인 시장조사가 이루어지고 있는가. • 기술연구 부문이 생산 부문의 능력을 적절히 파악하고 있는가. • 생산 부문의 불합리한 점이 기술연구 부문에 즉시 전달되고 이에 대한 신속한 처리가 취해지고 있는가. • 판매 부문에 대한 기술적인 교육이 이루어지고 있는가. • 연구개발의 테마는 사전에 정해지고 있으며 충분한 검토가 이루어지고 있는가. • 정해진 테마에 대한 예산과 일정은 적절하게 수립되어 있는가. • 연구개발 진척보고 및 성과발표는 주기적으로 실시되고 있는가.		

확 인 사 항	Y/N	특기사항
• 연구개발의 방법은 연구자의 능력을 충분히 발휘할 수 있도록 고려되고 있는가. • 설계 · 제도의 기준과 규격이 지켜지고 있는가. • 재료 및 부품의 표준화가 행해지고 있는가. • 설계변경 · 도면 정정은 확실히 하고 있으며 반드시 책임자의 승인은 받는가. • 도면 배포처는 정해져 있으며 기록을 유지관리하고 있는가. • 설계 · 제도의 일정과 공수를 정하는 기준은 마련되어 있는가. • 제품에 대한 산업디자인의 중점이 확실하게 설정되어 있는가. • 디자인은 판매 부문의 의견을 충분히 반영하여 이루어지고 있는가. • 디자인은 기술 관련 부문과 충분한 업무협의가 이루어지고 있는가. • 디자인에 대한 비밀은 지켜지고 있는가. • 기계설비의 개량 및 신제품에 대한 연구는 지속적으로 이루어지고 있는가. • 표준 · 규격이 진부화되어 현 상태와 유리(遊離)되어 있는 경우는 없는가. • 기술표준 · 규격 · 시방서 등을 개폐할 때마다 원본은 정확하게 정리 · 관리되고 있는가. • 특허관계에 대한 조사 · 연구는 조직적으로 이루어지고 있는가.		

감사지시서

감 사 절 차	조서번호
• 기술 · 연구 부문의 조직적 위치와 특징을 파악하기 위하여 먼저 조직도표 및 업무분장표를 구하라. • 상기 부문에 종사하는 인력구성 및 능력 등을 파악하기 위하여 개인별 인사기록사항을 조사하고, 개인별 업무분장표와 비교하여 특징을 파악하라. • 기술 연구 부문의 관련 업무에 대한 Flow-Chart를 작성하고 업무처리 절차상의 문제점 여부를 검증하라. • 기술관리와 운영상황을 파악하기 위하여 다음의 감사절차를 수행하라.	

감 사 절 차	조서번호
- 기술 부문에서 가장 중점적으로 다루는 항목이 무엇인지 조사하라. - 조직운영이 회사의 업종성격이나 제품특성에 적절히 조화되고 있는지 판단하라. - 최근 1년간의 기술관리 실적자료를 징구하여 그 성과의 타당성 여부를 검증하라. - 기술 관련 부문의 연구비 예산집행 실적을 작성하고 적정성 유무를 평가하라. - 기술 부문의 조직운영이 기능별인지 제품별인지 또는 인본위(人本位)인지를 검증하라. • 연구개발 부문의 운영상태를 파악하기 위하여 다음의 감사절차를 수행하라. - 최근 1년간의 연구개발실적을 테마별로 작성하고 어떻게 추진되고 있는지를 확인하라. - 연구개발 부문의 조직운영이 개인위주인지 프로젝트팀 위주인지를 검증하라. - 연구개발의 방침과 특색 및 특수성이 무엇인지 확인하기 위하여 관계자와의 인터뷰를 하라. - 연구개발목표에 대한 자료를 징구하여 그 진척도를 Check하고 적기에 보고되고 있는지 확인하라. - 연구개발의 중점이 독자개발인지, 기술제휴나 공동연구인지 조사하고 중점의 적절성 정도를 평가하라. - 설계관리의 현황을 확인하기 위하여 다음의 감사절차를 수행하라. - 설계의 표준화가 어느 정도 추진되고 있는지 조사하라. - 시작에서 설계표의 이행, 기능설계에서 공작설계 및 치공구 설계표의 이행 정도를 Check하라. - 설계변경 · 도면정정 현황 List를 작성하고 발생상황의 정도와 그 이유가 무엇인지 확인하라. - 설계일정의 적절성 유무를 확인하라. • 연구 부문의 설비상황의 적정성 유무를 판단하기 위하여 다음의 감사절차를 수행하라. - 건물 · 실내 · 작업환경이 연구수행에 적합한지 평가하라. - 설비의 정비기준은 무엇이며 정비현황이 적정한지 조사하라. - 설비의 활용도는 어느 정도이며 부족한 설비가 무엇인지 조사하라. - 외부기관의 설비이용도를 조사하고 적절성 여부를 평가하라.	

감 사 절 차	조서번호
• 연구개발방법의 적절성 검증을 위하여 다음의 감사절차를 수행하라. - 연구방향이 장기 경영목표와 일치하고 있는지의 여부를 확인하라. - 기초연구에 대한 자료를 모집하고 적정성 여부를 검증하라. - 연구활동에 있어서 연구원의 의견 또는 애로사항이 적시에 적절하게 반영되고 있는지 직접 2~3명을 임의 선정하여 인터뷰하라. - 연구활동 중인 테마가 이미 타 기관이나 단체 등에서 연구 중인 부문이 없는지 확인하여 보라. • 기술관리 부문이 경영활동 각 부문과 유기적인 업무협조가 적절히 이루어지고 있는지 확인하기 위하여 다음의 감사절차를 수행하라. - 생산 부문의 의견을 어떤 형식으로 받아들이고 있는지 검증하라. - 최종검사 및 시운전에 기술 부문이 협력 또는 입회하는 일이 있는지 조사하라. - 설계기준 · 규격을 개정할 경우 검사 · 품질 부문의 의견을 반영하고 있는지 조사하라. - 판매 부문의 의견을 기술면에서 어떻게 반영하고 있는지 조사하라. • 설계 부문의 운영상황을 파악하기 위하여 다음의 감사절차를 수행하라. - 설계 · 제도의 기준, 규격이 지켜지고 있는지 확인하라. - 설계변경 · 도면형성은 생산에 지장을 초래하지 않도록 신속히 이루어지고 있는지 확인하라. - 생산 부문에서 설계변경 · 도면정정의 요청이 있을 경우 어떻게 조치하고 있는지 검증하라. - 도면관리는 어떻게 하고 있는지 업무처리 절차상의 문제점 유무를 확인하라. • 디자인 부문의 운영현황을 파악하기 위하여 다음의 감사절차를 수행하라. - 디자인의 목표와 중점이 무엇인지 조사하라. - 디자인의 최종적 결정은 어떤 방법으로 하고 있는지 조사하라. - 제품 및 생산기술에 대한 지식이 어느 정도인지 확인하라. - 디자인의 일정계획은 수립 운영되고 있으며 생산계획과 부합되고 있는지의 여부를 확인하라.	

감 사 절 차	조서번호
• 기술목표 · 규격의 관리 상태를 파악하기 위하여 다음의 감사절차를 수행하라. - 표준 · 규격에는 어떤 것이 있는지 명세서를 작성하라. - 표준 · 규격 · 시방서 등은 어떻게 보관 운영관리 되고 있는지 확인하라. - 표준 · 규격이 진부화되고 현 상태와 유리(遊離)되어 있는 것을 Check 하라. - 표준 · 규격의 제정 · 개폐절차의 적정성 유무를 검증하라.	

4. 자재관리

감사대상 업무	
■ 자재관리의 방침	■ 자재수급계획
■ 구매관리	■ 재고정리
■ 외주관리	

내부통제 확인사항

확 인 사 항	Y/N	특기사항
• 자재관리는 그 기능별로 보아 적절히 운영되고 있는가.		
• 계획 · 발주 · 검수 · 재고 · 창고 등의 기능은 내부통제를 위하여 적절하게 조직화되어 있는가.		
• 각 업무는 표준화되어 있는가.		
• 조직의 각 기능별로 문제점은 수시로 파악되며, 정기적으로 상부에 보고되고 있는가.		
• 자재수급계획은 일정한 룰에 의해서 계획되고 자재관리책임자에 의해서 조정 · 통제되고 있는가.		
• 재고관리는 자금관리적인 면과 적절히 조정 운영되고 있는가.		
• 불용 · 부실재고는 수시로 파악 보고되고 있으며, 이에 대한 적절한 조치가 취해지고 있는가.		
• 모든 자재는 구매방침과 일치하며 이러한 구매방침은 명확히 되어 있는가.		
• 모든 자재는 적정재고량에 대한 기준이 설정되어 있으며, 또한 이 기준에 따라 직무가 수행되고 있는가.		
• 구매조직이나 업무분담은 적당한가.		
• 구매계획 · 자재수급계획은 생산계획과 적합하게 하고 있는가,		
• 원재료 등의 시장조사를 충분히 하고 있으며, 납기관리는 적절하게 하고 있는가.		

확 인 사 항	Y/N	특기사항
• 구매방식은 적절한가.		
• 집중구매방식 · 분산구매방식 등을 잘 조화시켜 융통성 있게 하고 있는가.		
• 구매에 있어 자재납품업체에 대하여, 고과(考課)를 시행하여 항상 우수한 업체로부터 구매하도록 하는 효과적인 관리를 하고 있는가.		
• 재고량은 적절히 컨트롤되고 있는가.		
• 최대재고 · 최적재고량을 파악하고 관리되고 있는가.		
• 사장되는 원재료는 없는가, 또 잔재나 설재의 처리는 적절하게 하고 있는가,		
• 재고실사방법은 적절한 방법에 의하여 채택되고 있는가.		
• 창고의 배치는 합리적인 방법에 의하여 배치되어 있으며, 불출 · 입면에서 불편한 점은 없는가.		
• 위험물의 저장 및 보관에 대한 기준은 설정되어 있으며, 적절하게 운영되고 있는가.		
• 귀중품은 별도의 보관장소에 의해서 보관 관리되며, 보관방법은 적절한가.		
• 외주에 대한 기본방침이 수립 운영되고 있으며 그 기준이 명확한가		
• 외주처에 대하여는 정기적인 지도 · 감독 · 관리가 이루어지고 있으며, 문제점은 즉시 보고되고 있는가.		
• 외주처별 납품실적 등은 정기적으로 파악하고 있으며, 경영최고책임자에게 보고되고 있는가.		
• 외주단가의 결정을 위한 자료는 충분히 검토되고 있으며 가공비 · 표준원가와 비교를 하고 있는가.		
• 외주품목 · 단가 및 업체선정은 합리적인가.		
• 불량품 입고 시 이에 대한 대책은 수립되어 있는가.		
• 외주품의 납기는 준수되고 있는가.		
• 외주품의 입고와 재고와의 조정은 잘 이루어지고 있는가.		
• 매출액에 대한 재고의 비율은 적정한가.		
• 적정재고량을 정하고 있는가.		
• 자금과 재고와의 발런스는 좋은가.		

확 인 사 항	Y/N	특기사항
• 계속적인 재고기록과 현품재고조사는 병행하고 있는가. • 제품수불관리체계가 확립되어 있는가. • 제품의 수불이 언제든지 파악할 수 있도록 되어 있는가. • 적절한 기준에 의하여 제품분류가 이루어지고 있는가. • 제품보관 장소와 출고와의 관계가 잘 이루어지고 있는가. • 보관시설은 적정한가, 또 제품 품질유지를 위한 보관방법이 강구되고 있는가. • 재고조사를 실시하고 재고량을 확실히 파악하고 있는가. • 반품처리는 기록하고, 전표처리 등 적절하게 이루어지고 있는가. • 반품 · 불량품처리는 적절히 이루어지고 있는가. • 원부자재 · 재공품 · 반제품 · 완제품 등의 불용재고자산은 없는가.		

감사지시서

감 사 절 차	조서번호
• 자재관리절차를 그 기능별로 Flow-Chart를 그려라. • 자재의 계획에서부터 검수, 보관까지의 일련의 Process에 대하여 중심적인 사항을 발췌하라. • 과거 1~2년간의 제품별 생산실적을 구하고 상호 비교하여 문제점이 없는지 조사하라. • 상기 Flow-Chart에서 각 기능별 담당자와 책임자 그리고 업무분장 내역을 파악하라. • 각 업무에 대하여 표준화 정도가 어디까지 되어 있는지 분석 평가하라. • 자재관리 부문과 생산관리 부문의 업무가 적절히 통제되고 있는지를 조사하라. • 생산계획과 주문량은 적절하게 운영되고 있으며, 예산과의 상관관계에 문제점은 없는지 조사하라. • 각 자재의 원단위는 정확하게 계산되고 있는지 Sampling하여 평가하라.	

감 사 절 차	조서번호
• 자재의 조달일수는 적절하며 기준에 의하여 수행되는지 조사하라. • 재고현황표를 징구하여 품목별 재고량 및 재고금액을 보아 과다재고를 조사하라. • 재고의 기준을 조사하고 최대 · 최소 · 평균 등의 기준이 적절하게 정하여져 있는지 조사하라. • 재고조사가 정기적으로 이루어져 오고 있는지 관련 자료를 징구하여 파악하라. • 재고관리가 합리적으로 이루어지고 있는지의 여부를 평가하기 위하여 재고대장을 징구하고 단위의 평가방법이 적합한 방법에 의하여 이루어지는지를 확인하라. • 모든 구매계약서를 징구하여 계약의 적법성 유무를 검증하라. • 구매단가의 흐름을 파악하기 위하여 최근 1~2년의 구매단가를 Trend 분석하고 단가인상, 인하의 요인을 분석하여 문제점이 없는지를 조사하라. • 구매가격조사가 어떻게 이루어지고 있는지 그 자료를 징구하여 상기 감사절차 수행 시 활용하라. • 주문서와 납품서를 비교하여 납기지연 건수를 계상하고 문제 원인을 규명하라. • 납기지연에 대한 대책이 어떻게 수립 운영되어 왔는지 관련 자료를 징구하여 합리적으로 운영되는지의 유무를 검증하라. • 검수가 늦어지고 있는 일은 없는지 조사하고, 그 소요일수와 집중 납품의 경향이 없는지 확인하라. • 외주불량품의 재처리 입고 시 단가는 합리적으로 수정 운영되고 있는지 확인하라. • 외주 및 구매단가의 결정은 어떻게 이루어지고 있는지 검토하고 이에 대한 적정성을 확인하라. • 발주일로부터 대금지불까지의 업무처리절차는 합리적으로 정해져 있는지 조사하고 문제점 유무를 확인하라. • 검수일로부터 외상매입금 처리까지의 소요일수를 납품처별로 조사하고 문제 납품처의 유무를 확인하라. • 납품대금의 지급이 늦어지므로 인하여 납기가 지연되는 일은 없는지 조사하라. • 외주가공처의 공장운영실태가 정기적으로 조사되고 있는지의 유무를 확인하라.	

감 사 절 차	조서번호
• 창고의 방화 · 도난에 대한 설비는 어느 정도 되어 있는지 실제 확인하고 문제점 유무를 Check 하라. • 원부자재의 출고절차를 파악하고 System과 비교분석하고 그 운영의 합리성을 검증하라. • 원부자재의 재고관리 System을 확인하고 관리의 문제점은 없는지 확인하라. • 위험물 · 독극물의 수불을 확인하고 책임자의 확인에 의해서만 이루어지고 있는지 Check 하라. • Inventory의 방법은 어떤 방법을 선택하여 실시함이 가장 적절한지를 파악하고 그 방법을 결정하라. • Inventory를 실시하라. 그리고 다음 사항을 Check 하라. - 실사치와 장부와의 차이의 정도 및 조정여부 - 재고실사 평가기준과 재고자산 평가방법의 적정성 유무 - 부실 · 불량재고의 양과 금액, 처리방법 및 실적 • 폐기품 처리에 대한 기준을 파악하고 최근 1년간의 실적자료를 구하여 적정성 유무를 조사하라.	

5. 설비관리

감사대상 업무	
■ 설비관리의 조직과 운영	■ 설비계획
■ 설비의 이용 상황	■ 설비의 관리

내부통제 확인사항

확 인 사 항	Y/N	특기사항
• 설비를 관리하는 부문이 별도로 조직되어 운영되고 있는가.		
• 설비의 신설, 증설 등은 설비관리부서에서 계획하고 추진하는가.		
• 설비에 관련된 사항은 반드시 생산 부문 · 생산관리 부문 · 기술 부문과의 사전협의 조정에 의해서만 이루어지고 있는가.		
• 설비관리 부문에 종사하는 자는 전문기술자이거나 전임자로 편성 운영되고 있는가.		
• 설비방침은 장기경영계획이나 경영방침에 근거를 두고 있는가.		
• 설비계획은 장기생산계획에 의거하여 수립되고 있는가.		
• 설비계획은 생산계획 · 자금계획 등과 반드시 조정되고 있는가.		
• 설비의 정기검사를 실시하고 있는가.		
• 유휴설비로 인한 설비의 효율성이 떨어지지는 않고 있는가.		
• 고장조치 및 트러블 대책은 강구하고, 기록하고 있는가.		
• 5S운동을 체계적으로 수립하여 지속적인 활동을 하고 있는가.		
• 설비계획은 채산성 · 투자효율 등 사업성 검토분석방법에 의해서 검토 실시되고 있는가.		
• 설비계획은 반드시 사용부서의 의견을 최대한 반영하여 이루어지고 있는가.		
• 시방에서부터 완성 · 사용개시까지의 일정계획은 실제 구체적으로 수립 운영되는가.		

확 인 사 항	Y/N	특기사항
• 각 설비에는 관리책임자가 임명되어 있으며 임명된 책임자가 실제 관리하고 있는가.		
• 설비는 정기적으로 점검 · 수리되고 있으며, 여기에 대한 기준이 마련되어 있는가.		
• 점검 포인트는 설비별로 정해져 있는가.		
• 설비보전관리에 소요되는 비용은 예산편성 운영되고 있는가.		
• 점검 · 수리는 생산관리 각 부문과 적절히 업무조정이 이루어지고 있는가.		
• 사무실의 위치, 내부설비 배치, 부대시설은 공장관리에 지장이 없도록 적절히 배치되어 있는가.		
• 설비관리대장은 비치되어 있으며 기록 관리되고 있는가.		
• 설비의 배치도는 비치 · 정비 · 관리되고 있는가.		
• 각 설비는 설비조립도 및 매뉴얼이 작성되어 있는가.		
• 열 · 동력의 사용상황의 통계자료는 있으며, 그 절감을 위한 적절한 대책을 고취하고 있는가.		
• 설비투자의 경제성분석은 되었는가.		
• 장기생산계획 또는 경영계획에 의거한 투자인가.		
• 생산계획에 충분한 설비능력이 되는가.		
• 설비의 능력이 OVER되어 과다투자가 되어 있지는 않은가.		
• 설비개선의 필요성은 없는가.		
• 설비배치는 합리적인가.		
• 위험에 대비한 대책은 수립되어 있는가.		
• 설비보수 계획은 수립되어 있는가.		
• 보수용 부품관리는 잘되고 있는가.		
• 설비보수가 지연되어 생산에 차질을 준 경우는 없는가.		

감사지시서

감 사 절 차	조서번호
• 설비관리업무가 어느 부문에서 수행되고 있는지 확인하고, 조직관리 측면에서 볼 때 적절하게 이루어지고 있는지 조사하라. • 각종 설비명세서를 작성하고 관리책임자 · 관리자 · 취급자 명단을 작성하라. - 설비별 점검 포인트가 사전에 정해져 있는지 조사하라. - 설비의 수리의뢰서에서부터 완료까지의 처리절차를 플로우-차트하고 실제 어떻게 이루어지고 있는지 확인하라. - 정비 · 수리는 생산 부문과 어떻게 연결되어 있는지 관련 자료를 검토하라. • 설비보수 계획의 이행상태에 대하여 다음 사항을 감사하라. - 설비의 관리상태 검토 기록과 문제점에 대한 점검결과 - 평상시 설비관리 상태의 운영 실태조사 - 설비에 대한 정기적 자체조사 및 감사 여부 - 보수 계획에 의거 보수의 실시 여부 • 설비의 부대시설에 대한 이용 상태를 조사하기 위하여 다음의 감사절차를 수행하라. - 부대시설의 배치도를 구하고 실제 이용 상태를 관찰 조사하라. - 부대시설의 사용이 생산의 흐름이나 운반거리 등 배치상황으로 보아 그 합리성 유무를 확인하라. • 위험에 대하여 아래의 경우가 발생할 것을 대비한 매뉴얼이 수립되어 운영되고 있는지 확인하라. - 화재 발생시 - 천재지변이 발생될 시 - 전기시설의 문제 발생 시의 긴급조치 - 안전장치 등 • 출입구의 위치 · 수 · 크기 등은 작업 및 운반에 지장이 없도록 되어 있는지 확인하라. • 설비의 이용 상태를 조사하고 그 문제점 유무를 파악하기 위하여 다음의 감사절차를 수행하라. - 유휴설비명세서를 작성하라.	

감 사 절 차	조서번호
- 각 설비별 가동률을 조사하라. - 각 설비별 Capacity Balance에 대하여 조사하라. - 작업환경이 위생관리측면에서 어떻게 고려되었는지 조사하라. - 설비의 자동화 정도가 적절하게 이루어지고 있는지 조사하라. • 주요설비에 대한 관리현황을 조사하기 위하여 다음의 감사절차를 수행하라. - 건물 · 부대설비 · 기계장치 등에는 관리책임자가 정해져 있으며, 지정된 장소에 표시되어 있는지 확인하라. - 주요설비에 대한 고정자산 대장과 이력카드는 비치 작성되고 있으며 작정하게 관리되고 있는지 조사하라. - 배치도 · 배선도 · 배관도는 비치되어 있으며 분류방법 · 관리기호 · 일련번호 등이 대장과 일치하며 적절하게 분류, 관리되고 있는지 조사하라. - 폐기 · 처분 · 신규 취득 시 이관절차는 확실하게 이루어지고 있으며 즉시 기록되고 있는지 확인하라.	

Chapter 12

정보시스템 부문의 감사절차

01 정보시스템 감사의 개요 · 510

02 정보시스템의 관리 · 516

03 정보시스템 부문의 내부감사절차 · 521

04 정보시스템 감사보고서 · 567

01 정보시스템 감사의 개요

우리가 살아가고 있는 현대사회는 지식과 정보가 경쟁력을 좌우하는 핵심요소이자 가치창출의 원천이 되는 지식기반 · 정보통신과 과학기술이 컴퓨터와 통신기술의 결합에 의한 정보의 전달로 인하여 다양한 형태의 커뮤니케이션이 가능한 사회적 변화가 빠른 속도로 진행되고 있다. 이러한 정보산업사회의 특징은 컴퓨터와 정보통신기술이 융합된 네트워크 사회로 다양한 정보의 유통에 따른 정보량이 증가되고, 정보가 갖는 가치가 사회의 중심자원으로 이용된다. 따라서 사회전반에 걸친 혁신적인 변화를 통해 사회가 급속히 변화하고 세분화되어 삶의 질을 향상시킴에 따라 하드웨어 중심에서 소프트웨어 중심사회로의 전환이 이루어지고 있다.

1. 경영정보의 개요

경영정보란 물리적인 컴퓨터장비와 관련 장치를 의미하며, 이는 입력 · 출력 데이터 프로그램을 위한 보조기억장치 · 중앙처리장치 · 커뮤니케이션 등의 주요 기능을 제공해야 한다.

소프트웨어 소프트웨어는 하드웨어의 작동을 지시하는 명령어를 가리키는 광범위한 용어이다. 소프트웨어는 두 가지 주요유형으로 분류할 수 있는데 이들은 시스템소프트웨어와 응용소프트웨어이다.

데이터베이스 데이터베이스는 응용소프트웨어가 사용하는 모든 데이터를 갖는다. 일단의 개별적으로 저장된 데이터는 종종 파일이라 불린다. 저장된 데이터의 물리적 실체는 보조기억장치로 사용되는 물리적 저장매체에 의해 증명된다.

운영절차 공식적인 운영절차는 물리적인 구성요소이다. 왜냐하면 이것은 매뉴얼 혹은 지시책자와 같은 물리적인 형태로 존재하기 때문이다. 요구되는 주요 절차는 다음과 같다.

- 사용자가 데이터를 기록하고 데이터를 입력·검색하기 위해 단말기를 사용하고 작업결과를 사용하기 위한 사용자 지시
- 데이터 준비요원에 의한 입력준비지시
- 컴퓨터조작요원을 위한 운영지시

처리기능

정보시스템의 주요 처리기능은 다음과 같다.

■ 거래처리

거래는 구매·판매 혹은 제품생산과 같은 활동이다.

■ 마스터 파일의 유지

많은 처리활동에는 조직의 실체에 대해 비교적 영구적이고 역사적인 데이터를 저장하는 마스터 파일을 만들고 유지하는 것이 필요하다.

■ 보고서 작성

보고서는 정보시스템의 주요 산물이다. 계획된 보고서는 정기적으로 작성된다. 정보시스템은 또한 특수한 요청에 대해 신속하게 특수보고서를 만들 수 있다.

■ 조회처리

정보시스템의 또 다른 출력은 데이터베이스를 사용하여 조회에 응답하는 것이다.

■ 상호대화지원 응용처리

정보시스템은 계획수립 분석 의사결정시스템을 지원하기 위한 응용을 한다.

정보시스템의 구분

정보시스템을 경영활동별로 구분하면 다음과 같이 요약할 수 있다.

■ 거래처리시스템(TPS/운영통제)

가장 기본적인 시스템으로 기업 활동의 가장 기본단위인 거래를 처리한다. 하위 관리자에 의해 주로 사용하며, 표준화된 운영절차에 따라 데이터 처리업무만을 수행한다.

■ 경영정보시스템(MIS/관리통제)

하위관리자의 업무감독 · 통제 및 최고경영층의 의사결정에 필요한 정보를 제공하는 중간관리자의 경영관리 업무지원을 하며, 가장 기본적인 목적은 관리정보의 제공과 정형적 · 비정형적 업무 모두를 지원한다.

■ 중역정보시스템(EIS/전략기획)

최고경영층의 전략적 기획과 각종 의사결정 등의 경영활동에 필요한 정보를 제공한다, 상세한 자료보다는 요약된 정보와 전략적 목적을 달성할 수 있는 결정적인 요인들에 관한 정보를 제공한다. 주로 비정형적 업무지원과 사용하기 쉽고 이해하기 쉬우며 내용을 분석적으로 검토할 수 있는 기능을 제공하며, 상용화된 패키지 또는 이를 개선한 형태로 사용된다.

■ 의사결정지원시스템(DSS)

업무자동화와 필요정보 제공의 차원을 넘어 경영관리자의 의사결정을 지원하는 영역까지 컴퓨터의 활용을 확대하여 계량적 기법이나 통계적 기법을 이용하여 의사결정 대안을 비교 · 검토 또는 의사결정에 필요한 정보를 제공하므로 통제의 폭의 증가 및 불확실성을 감소시킨다.

■ 전략정보시스템(SIS)

정보기술을 조직의 전략수행이나 경쟁우위 확보를 위해 활용하므로 목표 달성과 경쟁우위의 획득 · 유지의 실행수단으로 이용하며, 가치 활동별로 다양한 정보시스템을 활용할 수 있다.

2. 정보시스템 감사의 의의

모든 정보시스템은 그 속성상 취약성인 결함을 가지고 있다. 모든 시스템은 내 · 외부로부터 물리적 · 인위적 · 자연적인 위협을 받는다. 이러한 위협은 시스템에 잠재적인 위협이 되는 것으로써 손실 · 손상 · 역기능발생의 가능성으로 존재하게 된다. 따라서 위협을 차단 또는 감소시키기 위한 통제기능이 필요한 것이다. 이러한 통제는 현실적이고 상대적인 것이어야 하지만 무리한 통제는 시스템 기능을 마비시킬 우려가 있다. 이러한 요인들로 말미암아 정보시스템 감사의 필요성과 기능이 매우 중요하게 대두된다. 즉 시스템의 개발과정에서 적합한 통제가 구축되고 있는지, 또한 가동 중인 시스템에 설정되어 있는 통제가 적합한지, 그리고 효과적이며 효율적인지를 검토 · 확인 · 평가하는 것이 정보시스템 감사인 것이다.

정보시스템 감사의 관점

정보시스템 감사는 시스템감사와 업무감사의 관점으로 나눌 수 있다. 시스템감사의 관점은 정보시스템 그 자체를 감사대상으로 하여 그 신뢰성 · 안전성 · 효율성에 대하여 평가하는 데 있으며, 한편 업무감사의 관점은 개별적인 정보시스템 애플리케이션에 대응하는 각 업무의 일부로서 포착하여 업무 전체와의 관계, 타 업무와의 관계에서 경제성과 효율성 및 효과성을 평가하는 데 있다.

따라서 시스템감사의 관점에 의한 감사의 중요도는 증가하는 동시에 보다 고도의 전문성이 요구되고 있다. 유효한 시스템감사의 실시를 위해 감사인 자신의 테크니컬 숙련의 습득은 필수적이며 또한 정보시스템 부문의 협력이 불가피하게 되고 있다. 또한 기업의 정보시스템이 사회시스템의 요소라는 관점에서 앞으로 전문적인 외부감사의 어프로치도 필요할 것이다.

정보시스템 감사범위

내부감사는 성격상으로 구분해 볼 때 회계감사 · 업무감사 · 정보시스템 감사로 나누어 볼 수 있다. 이 중에서 정보시스템 감사는 EDP 영역을 대상으로 하고 있는 점에서보다 폭넓은 범위를 감사대상으로 하고 있다. 따라서 정보시스템 감사의 범위는 다음과 같이 요약할 수 있다.

- 컴퓨터 설치환경의 감사
- 컴퓨터 시스템 하드웨어의 감사
- 컴퓨터 시스템 소프트웨어의 감사
- 컴퓨터 시스템의 기획 · 개발 · 운용 · 보수업무의 감사
- 컴퓨터 프로그램을 통한 감사

이 중에서 컴퓨터 설치환경의 감사와 컴퓨터 시스템 하드웨어의 감사, 그리고 컴퓨터 시스템 소프트웨어의 감사는 시스템감사와 겹치는 영역이며, 컴퓨터 시스템 소프트웨어의 감사 일부는 업무감사와 겹치는 영역이다. 또한 컴퓨터 시스템의 기획 · 개발 · 운용 · 보수

업무의 감사는 업무감사 영역과 겹치며, 컴퓨터 프로그램을 통한 감사는 정보시스템 감사뿐만 아니라 내부감사 전반에 활용해야 되는 감사수단과 감사기법이다.

3. 정보시스템의 감사형태

정보시스템의 감사는 모든 정보시스템 통제의 개발과 실행이 제대로 수행되고 있는가를 평가하는 것이다. 이와 같은 보안을 점검하는 성격의 감사방법에는 오래된 경험을 바탕으로 하여 컴퓨터 주변감사와 컴퓨터 관련 감사, 그리고 컴퓨터에 의한 감사가 있다.

컴퓨터 주변감사 컴퓨터 주변감사란 감사가 컴퓨터의 주변을 감사하는 방법이다. 예를 들어 컴퓨터와 관계없는 입력될 데이터 등이 안정적인가를 확인하는 과정으로 이를 위해서는 많은 현장의 경험과 전문지식이 있는 사람이 업무를 담당해야 감사의 효과를 얻을 수 있다.

컴퓨터 관련 감사 컴퓨터와 관련된 감사를 시행하는 것을 말하며 예를 들어 사용 중인 컴퓨터의 프로그램이 정상적인지의 여부를 점검하는 행위 등이 이에 속한다. 이는 컴퓨터 시스템의 관점에서 프로세스(Process)에 관한 감사에 해당되며 컴퓨터의 단계별 프로세스를 직접 확인하기 불가능하므로 입력과 출력을 통한 프로세스에 대한 유효성을 간접적으로 감사할 수 있다.

컴퓨터에 의한 감사 컴퓨터에 의한 감사는 감사자체를 전문가나 감사자에 의존하지 않고 비용적인 측면과 시간적인 측면을 고려하여 컴퓨터에 의존하는 방법이다. 최근 들어 일부에서 감사를 감사 전문 소프트웨어를 이용하여 감사를 하는 경우가 좋은 예라고 하겠다.

4. 애플리케이션 감사

정보시스템 감사 중에서 컴퓨터 소프트웨어 감사는 핵심적인 감사중점사항으로서 감사대상은 크게 업무애플리케이션과 업무애플리케이션 개발 및 실행환경으로 나누어진다.

업무애플리케이션은 컴퓨터시스템의 요소이며, 또한 업무 전체의 요소라고도 할 수 있다.

애플리케이션 감사는 감사대상의 애플리케이션을 어떠한 관점에서 보느냐에 따라 다시 애플리케이션 시스템감사와 애플리케이션 업무감사로 구분된다.

통상 정보시스템 감사에서 애플리케이션의 감사는 애플리케이션 시스템감사를 의미하며, 애플리케이션을 컴퓨터 시스템 요소로서 포착할 때의 감사로서 관점은 신뢰성 · 안전성 및 컴퓨터 처리의 효율성이다. 따라서 애플리케이션 시스템 삼사의 필요성은 부정할 수가 없다. 한편 애플리케이션 업무감사는 애플리케이션을 대응하는 전체 업무의 요소로서 포착할 때의 감사로 관점은 업무의 경제성 · 효율성 · 효과성이다.

02 정보시스템의 관리

대다수의 기업들이 일상 업무를 정보시스템에 의존된 정보기술에 의존하고 있다. 이들 기업이 사용하고 있는 시스템들은 전략적으로 매우 중요하며 또한 관리의 소홀로 인한 시스템운영에 문제가 생기면 그것은 기업들에게 지대한 손실을 주게 될 것이다. 따라서 정보시스템이 일단 구축되면 이를 효율적으로 유지하고 관리하여야 한다. 이러한 목적을 성취하기 위한 정보시스템의 관리과정에는 정보시스템의 평가 · 정보시스템의 보안 · 정보시스템의 통제 · 그리고 정보시스템의 감사 등이 있다.

1. 정보시스템의 평가

경영정보시스템의 평가란 기업이 투자하여 구축한 정보시스템이 효율적인가 하는 관점에서 시스템의 성과를 측정하고 점검하는 절차이다. 정보시스템의 평가는 아직까지 이론과 방법이 정립되지는 못한 상태이나 정보시스템의 개발 및 운영과정에서 성과를 점검하고 필요시마다 주기적인 평가를 통하여 수정하고 문제점을 보완하는 과정을 정보시스템의 평가라고 한다.

평가절차

비록 아직까지 정보시스템 평가의 적절한 방법론이 정립되어 있지 못한 상태이나 반복적이고 주기적인 평가를 통하여 시스템의 문제점을 개선할 수도 있고 조직구성원의 인식을 높이는 계기가 될 수도 있다. 정보시스템의 평가 절차는 다음과 같이 여섯 단계로 나뉜다.

■ 1단계 / 평가지표개발

첫 번째 단계는 평가목적 및 지표 개발의 단계로써 평가항목을 잘 나타내는 평가지표를 개발하는 단계로 평가지표 간 우선순위에 관한 조정이 이루어져야 한다.

■ 2단계 /평가조직 구성 및 계획수립

이는 평가조직 구성 및 계획수립의 단계로써 지표의 개발이 완성되면 MIS에 관한 기술적 지식을 갖춘 내부전문가와 외부전문가로 조직을 구성하고 평가의 일정을 포함하는 계획을 수립하여야 한다.

■ 3단계/ 측정자료 수립

이 단계는 측정 자료의 수립단계로써 측정에 필요한 자료의 수집단계로서 새로운 자료의 수집과 과거 자료의 정리 및 보관까지를 포함한다.

■ 4단계/평가자료 분석

이 단계는 평가자료의 분석단계이다. 수집된 자료를 바탕으로 한 분석을 통하여 문제점을 제시한다.

■ 5단계/ 개선안 모색 및 선정

이 단계는 개선안 모색 및 선정단계로써 구축되어 있는 정보시스템을 개선할 여러 가지의 방안을 모색하고 방안 중에서 가장 합당한 방안을 선정한다.

■ 6단계/개선안 수행

마지막 단계는 개선안의 수행단계이다. 마지막으로 선정된 가장 합당한 방안을 추진하는 단계이다.

2. 정보시스템의 보안

정보시스템의 운영에 문제가 발생하면 기업으로서는 엄청난 손실을 감수해야 한다. 최근에 들어서 정보시스템의 운영에 장애를 주는 요인은 점점 증대되고 있는 실정을 감안할 때 정보시스템의 보안은 매우 중시되어야 할 것이다. 따라서 우선 정보시스템에 장애를 주는 요인을 분류하여 보고 이에 대한 대안으로 정보시스템의 보안대책을 점검해 본다.

운영에 장애를 제공하는 요인 정보시스템의 운영에 장애를 제공하는 요인은 크게 자연에 의한 천재(天災)와 해킹(hacking)행위와 같은 인재(人災)로 구분하여 볼 수 있다.

자연이 제공하는 운영의 장애에는 홍수나 해일 또는 번개 등으로 인한 장애를 의미한다. 홍수로 인하여 정보시스템이 수해의 대상이 되기도 하고 또는 번개의 영향을 받아서 전원(Power)시스템에 장애를 제공하기도 한다. 따라서 관리적인 측면에서 이에 대한 대책이 요구된다.

사용자 측면의 관점에서 원인이 제공되어 발생하는 인재의 대표적인 경우는 기업체뿐만 아니라 사회전반에 해악을 주는 해킹행위를 우선적으로 생각할 수 있다. 접근이 통제된 개인이나 기업체, 또는 기관에 접근하여 타인의 자료를 조작(modification)하기도 하고, 장애를 일으켜 시스템을 파괴(destruction)하여 이용이 불가능하게 하기도 하고, 정보를 빼내 유출(disclosure)하기도 하는 등 그 유형도 다양하다.

정보시스템의 평가절차

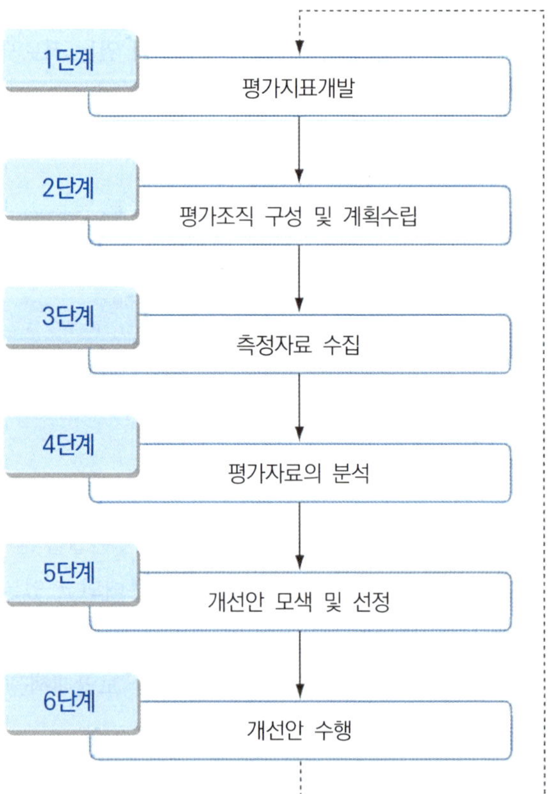

이외에도 프로그램을 이용하여 정보시스템 전부를 망가뜨리는 경우도 있는데 한 번 발생하면 개인적으로나 사회전체의 입장에서 많은 비용을 지불해야 하는 문제가 발생하게 된다. 따라서 정부나, 기업, 그리고 개인들은 그들의 각 차원에서 이를 예방하고 방지할 수 있는 적절한 대비책을 마련하는 노력이 요구된다.

정보시스템의 보안

정보시스템의 보안은 물리적인 대책, 제도적인 대책, 그리고 기술적인 대책이 함께 이루어져야 한다. 물리적인 대책은 자연적인 재해로부터의 보안으로 재해복구 계획과 재해로 인하여 발생할 소지를 미연에 방지하는 보안이 이에 속한다. 제도적인 보안은 안정적인 정보시스템의 운영을 위하여 기본적인 보호를 명시한 법과 규정 등과 같은 제도적인 장치를 이용하는 방법이다. 기술적인 보안대책은 도난이나 파손으로부터의 하드웨어 및 소프트웨어의 보안이 개인적인 차원에서 요구된다.

데이터보안은 데이터가 파괴의 대상 및 불법적인 노출의 대상이 될 수 있기 때문에 주의가 요망된다. 네트워크상에서의 보안은 외부의 불법적인 사용자의 침입을 차단하는 방화벽(fire wall)을 설치함으로써 보안을 유지할 수 있다.

3. 정보시스템의 통제

정보시스템의 통제는 기업의 차원에서 시스템을 보호하기 위하여 설치하는 장치로 통제는 방법에 따라 접근 통제, 데이터보안통제, 입력과 출력통제, 그리고 처리통제 등이 있다.

접근통제

접근통제는 허용되지 않은 사용자가 정보시스템에 접근하는 것을 허용하지 않는 장치이다. 접근통제의 방법은 정보시스템에 접근하려면 접근의 허용여부를 꼭 거치게 하는 시스템을 구축하여 접근이 허용된 인가자에게는 접근을 허용하고 허용 비인가자에게는 접근통제를 하는 방법이다. 보통 잠금장치(lock)라도 불리며 허용인가자와 비인가자를 구별하기 위한 방법으로는 허용인가자의 비밀번호를 이용하여 그 비밀번호와의 일치여부를 가려 허용여부를 판단하기도 하고 인가자의 신분증을 이용하는 방법도 있다. 그러나 이러한 방법들이 노출과 위조의 가능성이 존재하기에 최근 들어서는 이러한 위험의 가능성이 거의 없는 방법으로 개인의 지문 · 눈 · 또는 손바닥을 이용하는 방법이 이용되고 계속해서 개발되고 있다.

데이터 보안통제 정보의 불법적인 유출을 방지하기 위하여 직위나 직무에 따라 정보의 허용범위를 정하여 허용된 범위 안에서만 정보를 이용하게 통제하는 방법이다. 특히 첨단기업의 경우 핵심기술에 대한 정보의 유출은 기업의 사활과 바로 연결된다는 중요성에 비추어 볼 때 정보의 허용범위를 정하여 정보의 공개란 측면과 보안이라는 측면을 균형 있게 유지하는 통제 방법이다.

입력과 출력통제 입력과 출력통제는 입력이 되는 자료와 처리된 자료의 출력이 정확한가의 입장에서 점검하는 통제를 의미한다. 입력통제는 입력될 자료가 정확하고 일관성이 있는가를 확인하는 과정이다. 입력에 오류가 있으면 처리과정이 아무리 정확하다 하여도 출력이 옳게 될 수가 없기 때문에(garbage in, garbage out) 입력의 통제가 출력의 통제보다 우선한다. 출력의 통제는 최후의 결과물을 가지고 결과가 유효한가를 확인하는 마지막 통제이다.

처리통제 처리통제는 데이터 처리과정이 안정적이고 유효하게 처리되었는지를 확인하고 통제하는 행위이다. 시스템 상의 문제를 점검하는 과정으로 주로 프로그램의 문제, 또는 논리(logic)의 일관성과 관련된 사항을 확인하는 통제이다.

03 정보시스템 부문의 내부감사절차

1. 정보시스템 정책 및 절차

감사대상 업무	
■ 정보시스템 정책	■ 정보시스템 절차
■ 정보시스템 인력관리	■ 정보시스템 전략
■ 정보시스템 프로젝트관리	

내부통제 확인사항

확 인 사 항	Y/N	특기사항
정보시스템 정책 및 절차 • 정보시스템 정책 및 절차는 문서화 되어 관리되고 있는가. • 해당 문서는 승인을 받은 후 제정이 이루어지는가. • 해당 문서는 환경 변화에 따라 주기적으로 개정이 이루어지며, 개정 시 승인을 받았는가. • 전산물품(각종 S/W · H/W 등)을 구매하기 위한 표준화된 절차가 있는가. • 상기 절차에 구매를 위한 관리자의 사전 승인과 물품 구매 후 구매요청서에 작성된 내용대로 설치가 이루어졌는지 확인하는 절차가 있는가. • 인력 채용 시 채용인원은 적절한 기술 및 경험을 보유한 인원을 대상으로 하는가. • 신규 정보시스템 구축 결정을 위한 정책 및 절차가 존재하는가. • 신규 정보시스템 구축을 결정하기 위한 의사결정체계가 존재하는가. • 신규 정보시스템 구축을 결정하기 위한 요소로 투자성과평가가 이루어졌는가.		

확 인 사 항	Y/N	특기사항
• 프로젝트 진행 시 프로젝트관리사무소(PMO: Project Management Office)와 같은 의사소통 및 문제 해결을 위한 창구 또는 공식적인 조직이 구성되는가. • 사용자는 업무 요구사항을 반영하기 위해 설계 또는 패키지 소프트웨어의 선정단계에 적절히 참여하고 있는가. • 사용자는 구축 중인 시스템이 업무 요구사항을 반영하는지 검증하기 위해 설계단계에서 적절히 참여하고 있는가. • 정보시스템 신규 구축 시 테스트 계획에 따라 테스트되는가. • 테스트 계획은 위험을 줄이기 위해 필요한 요소를 포함하고 있는가. • 정보시스템 신규 구축 테스트가 진행될 경우 관리자의 승인을 받았는가. • 진행된 테스트 결과 및 조치사항은 적절히 관리자에게 보고되는가. • 정보시스템 신규 구축 시 테스트는 운영 데이터가 아닌 테스트 데이터를 이용하는가. • 정보시스템 신규 구축 테스트가 수행되는 서버는 개발서버 또는 테스트 서버에 해당하는가. • 신규 구축된 정보시스템 관련 산출물 · 운영 및 사용자매뉴얼 등 프로젝트 산출물 품질이 현업 프로젝트 관리부서에 의해 검토되는가. • 신규 구축된 정보시스템에 대한 사용자 인수테스트가 진행되었는가. • 정보시스템 구축 시 개발 · 테스트환경에서 테스트 된 후 운영 환경으로 이관되는가. • 구축된 프로그램을 운영환경에 적용하는 담당자와 개발자 간에는 업무 권한이 적절히 분리되어 있는가. • 이관 담당자는 구축담당자가 아닌 제3자에 해당하는가. • 데이터 이관계획은 수립되었고, 이에 따라 데이터 이관이 이루어졌는가.		

감사지시서

감 사 절 차	조서번호
• 정보시스템 표준정책 및 절차에 관한 사료를 수집하여 다음 항목에 대하여 관련 자료를 징구하여 확인하라. - 정보시스템 부서 운영 및 인력관리 정책 - 정보시스템 자원(정보시스템 · 네트워크장비 · 소프트웨어 등)의 구매 및 관리 절차 - 정보시스템 시스템 개발 및 변경관리 절차 - 정보시스템 운영관리 절차 - 정보시스템 보안관리 절차 - 아웃소싱 벤더관리 - 재해복구계획 • 모든 문서는 경영진 또는 정보시스템 담당 관리자의 승인을 받고 있는지 확인하라. • 문서 개정이 주기적으로 이루어지고 있으며, 개정 시 승인을 받고 실행하는지 확인하라 • 전산물품 구매요청서 및 설치확인서에 제시된 품목 및 개수에 맞게 설치가 되었는지 직접 설치장소를 방문하여 확인하라. • 신규 정보시스템 구축 결정을 위한 정책 및 절차가 정의된 문서가 있는지 확인하라. • 신규 정보시스템 개발 선정과 관련된 관련 자료에 대하여 정책 및 절차에 따라 발주 및 선정이 되었으며, 해당 자료가 관리자의 승인을 받았는지 확인하라. • 신규 정보시스템 구축 결정을 위한 정책 및 절차가 정의된 자료를 징구하여 적정성 유무를 검증하라. • 투자성과평가와 관련된 자료를 징구하여 적정성 유무를 검증 확인하라. • 신규 구축 프로젝트 중 현업의 요구사항 도출과 관련된 산출물이 있는지 확인하라. • 요구사항 정의서와 요구사항추적표를 징구하여 평가 확인하라. • 테스트를 수행한 테스트 데이터의 양은 충분한지 확인하라. • 신규 구축된 정보시스템에 대한 테스트 관련 자료를 징구하여 적정성 유무를 검증하라.	

감 사 절 차	조서번호
• 상기 자료가 관리자의 승인을 받았는지 확인하라. • 상기 자료에서 발견된 문제점에 대해 적절히 조치가 이루어졌는지 확인하라. • 정보시스템 신규 구축 프로젝트를 수행한 서버목록(개발서버 또는 운영서버)이 있는지 확인하라. • 개발(테스트)서버에서 수행된 테스트에 대한 접근 내역을 확인하여 테스트가 개발서버에서 적절하게 이루어졌는지 평가하라. • 신규 구축된 정보시스템의 산출물이 프로젝트 계획서에 기재된 대로 모두 작성되었고, 검토되었는지 확인하라. • 인수테스트 내역 및 검수확인서 등을 확인하여 사용자 요구사항에 맞게 인수테스트 및 검수가 진행되었는지 검증하라. • 정보시스템 개발 완료 후 운영환경으로 이관해도 되는지 판단하기 위한 Go-live 검토가 이루어졌는지 확인 조사하라. • Go-Live 판단 자료에 제시된 항목들에 대해서 시스템 오픈을 위해 충분히 검토가 이루어졌는지 적정성을 평가하라. • Go-Live 판단 시에 현업사용자가 참여했는지 검증하라. • Go-Live 검토 자료가 존재하며, 현업 관리자 및 IT 관리자의 승인을 받았는지 여부를 확인하라. • 구축된 프로그램을 운영환경에 적용하는 담당자(이관담당자)와 개발자 간 업무 분장이 제대로 이루어졌는지 관련 자료를 징구하여 확인하라. • 정보시스템 구축 시 개발(테스트)환경에서 테스트된 후 운영 환경으로 이관된 목록이 있는지 확인하라. • 해당 이관내역에 대한 관리자의 검토가 어떻게 진행되었는지 조사하라. • 데이터 이관 계획서가 존재하고, 계획서에 따라 이관이 이루어졌는지 확인하라.	

2. 정보시스템 기획

감사대상 업무	
■ 정보시스템 기획	■ 정보시스템 조사와 분석
■ 정보시스템 개발검토	■ 정보시스템 전략

내부통제 확인사항

확 인 사 항	Y/N	특기사항
• 시스템개발의 장기 및 단기계획이 책정되어 정기적으로 상황의 변화에 대응한 검토를 실시하고 있는가. - 계획의 책정과 검토의 규칙은 확립되어 있는가. - 장기 및 단기계획이 책정되어 있는가. - 계획이 경영방침에 일치되어 있는가. - 장기계획과 단기계획의 정합성은 어떠한가. - 정기적인 검토시기는 정하여져 있는가.. - 검토의 이유 및 결과는 타당한가. • 계획의 규모 · 중요성 등을 감안한 승인규칙이 확립되어 있는가, 또 계획은 이런 규칙에 따라 권한자의 승인을 얻고 있는가. - 승인규칙이 확립되어 있는가. - 승인의 지위권자는 타당한가. - 승인의 기록은 일정기간 보존되고 있는가. - 계획서의 승인 누락은 없는가. - 승인규칙을 이탈한 계산서는 없는가. • 계획서에는 목적 · 수단 · 투자 · 기간 · 평균 · 직원 · 실비 등의 항목이 기재되어 있는가. - 시스템의 전체 구상이 명확히 되어 있는가. - 필요항목이 모두 기재되어 있는가.		

확 인 사 항	Y/N	특기사항
- 기재항목 내용은 적절한가. • 계획서에는 타 업무와의 정합성을 근거로 한 시스템개발 우선순위가 기재되어 있는가. - 관련 부문 및 업무에의 영향이 조사되어 있는가. - 우선순위의 결정 자유는 타당한가. • 계획서에는 시스템개발로 인해 생기는 조직변경 업무의 개폐에 대한 대책이 기재되어 있는가. - 영향을 받는 조직과 업무에 누락은 없는가. - 조치 내용은 경영방침에 일치되고 있는가. - 영향을 받는 부문과의 조정이 도모되고 있는가. • 계획서에는 적절한 시큐리티 대책이 기재되어 있는가. - 상정된 리스크에 누락이 없는가. - 상정된 리스크에 따른 대책이 기재되어 있는가. • 사용자 요구의 조사에 있어 조사의 대상 · 범위평균 · 방법이 적절한가. - 사용자 요구를 정확히 이해할 수 있는 조사 내용인가. - 이용 시기 · 방법 등 모든 이용조건을 조사하였는가. - 위의 사항을 만족시키는 조사대상 · 범위 · 방법인가. • 현상분석에는 사용자가 참여하고 있는가, 또 기초자료 수집 및 분석결과 평가는 적절히 행해지고 있는가. - 시스템의 기능과 규모 등을 설정하는데 필요한 정보가 수립되어 있는가. - 분석결과는 현상에만 머무르지 않고 장기적인 전망에 입각하여 평가되고 있는가. - 현상분석에는 사용자가 참여하고 있는가. • 기술조사에는 하드웨어 · 소프트웨어에 대한 내외의 기술예측까지 포함해서 광범위하게 행해지고 있는가. - 기술조사 범위는 요구된 기능으로 보아 타당한가. - 기술의 성능평가뿐만 아니라 비용평가도 실시되었는가. - 기술의 특징 · 장점과 적용조건은 평가되었는가.		

확 인 사 항	Y/N	특기사항
- 시스템의 확장성에 대비하여 장래에 채택 가능하게 될 기술까지 포함하여 조사하였는가. • 컴퓨터 시스템의 정지 · 오작동은 발생빈도 · 영향도 · 손해액 등의 관점에서 분석되고 있는가. - 발생빈도의 예측에 있어서 조건은 타당한가. - 영향도 및 범위의 분석은 정확한가. - 손해액이 산정되어 있는가. • 시스템 도입에 따라 발생하는 에러 · 데이터누설 · 파괴 · 개서 · 부정사용 · 사생활의 침해 등은 발생빈도 · 영향도 · 손해액 등의 관점에서 분석되고 있는가. - 발생빈도의 예측에 있어서 조건은 타당한가. - 영향도 및 범위의 분석은 정확한가. - 손해액이 산정되어 있는가. • 시스템 도입에 있어서 관계되는 법률 · 제도 등이 모두 조사되어 있는가. - 관련된 법률과 제도 등의 조사에 누락은 없는가. - 조사에 있어서 독자적으로 판단할 수 없는 사항은 전문가의 의견을 구하였는가. • 시스템 전체에 신뢰성 · 안전성 · 효율성이 확보되도록 기종 및 개개의 기술이 선택되고 있는가. - 기종 선정기준은 명확한가. - 기종 선정에 있어 평가는 비용측면에 한정되어 있지 않은가. - 관련 기술의 채택은 성능을 평가하고 적용조건도 감안하여 행해지고 있는가. • 시스템 도입에 따라 영향을 받는 업무 · 관리 · 체제 · 제 규정 등은 재검토를 포함한 검토가 실시되고 있는가. - 영향의 정도 및 범위가 명확히 되어 있는가. - 수정 · 변경해야 할 점이 명확히 되어 있는가. - 수정 · 변경이 필요한 것에 대해서는 대책이 세워져 있는가.		

확 인 사 항	Y/N	특기사항
• 시스템의 라이프 사이클을 설정하는데 있어 전제되는 제반조건은 적절한가. - 라이프 사이클이 설정되어 있는가. - 필요로 한 제 조건이 모두 조사되어 있는가. - 각 조건이 종합적으로 평가된 라이프 사이클인가. • 개발계획을 수행하는 데 있어 필요한 자금 · 직원 · 설비 · 기간 등이 확보되어 있는가. - 개발기간에 무리는 없는가. - 자금의 견적은 정확한가. - 적임의 직원이 확보되어 있는가. - 개발에 필요한 설비능력은 충분한가. - 설비도입하는 데 있어 설치환경이 정비되어 있는가 - 설비도입 시기는 개발스케줄에 맞추어 설정되어 있는가. - 외부에 위탁하는 경우는 그 이유 및 위탁비 등이 타당한가. - 이행 및 운용의 실현가능성을 토대로 한 개발계획인가. • 개발계획을 수행하는 데 있어 업무분담 및 책임체계가 타당한가. - 업무분담은 부정배제에 충분한 규모인가. - 필요한 체크가 충분히 활용되는 체제로 되어 있는가. - 직원의 자질능력을 고려한 업무 분담인가. - 관련되는 업무와 인터페이스가 갖춰져 있는가. - 업무진척상황을 충분히 파악할 수 있는 체제로 되어 있는가. - 기종 및 관련 기술의 선택에 있어 시스템간 사이의 인터페이스가 고려되고 있는가. - 기종 및 관련 기술의 선택에 있어 시스템의 확정성이 고려되고 있는가. • 시스템의 목적을 달성하고 실현가능한 대체안이 작성 · 검토되고 있는가. - 복수의 시스템 안이 작성되고 있는가, 작성되지 않은 경우 그 이유는 정당성이 있는가. - 내용의 비교 검토를 쉽게 할 수 있도록 되어 있는가. - 사용자의 평가는 적절히 행해지고 있는가.		

확 인 사 항	Y/N	특기사항
- 최종안의 선정이유는 명확한가. • 개발 및 운용비용의 산출기초는 적절한가. - 비용 산출근거는 명확한가. - 비용 계상에 누락은 없는가. - 단가 및 총액은 타당한가. • 효과의 정량적 · 정성적 평가는 적절한가. - 정량적 효과의 산출기초는 타당한가. - 정성적 효과를 어떻게 평가하고 있는가. - 시큐리티 대책의 효과를 평가하고 있는가. • 직무권한은 명확히 규정되어 있는가, 또 직원은 권한 외의 일을 행하고 있지 않은가. - 직무규정에는 관리자 및 직원의 책임 · 권한은 명확히 되어 있는가. - 조직도 등에는 업무분담이 명확히 되어 있는가. - 직원은 권한 외의 업무를 행하고 있지 않은가. • 직원의 기술향상을 위해 효과적이고 정기적인 교육 · 훈련을 실시하고 있는가. - 교육 · 훈련에 관한 규칙이 정해져 있는가. - 외부교육은 계획적으로 실시하고 있는가. - 업무지식 습득을 위한 배려를 하고 있는가.		

감사지시서

감 사 절 차	조서번호
• 정보시스템 기획업무의 특성을 파악하기 위하여 먼저 다음의 자료를 징구하라. - 조직도표 및 업무분장표 - 관련 규정 및 규칙 - 시스템개발을 위한 장 · 단기 계획서	

감 사 절 차	조서번호
- 각종 업무보고서 • 시스템 개발계획이 정기적으로 상황의 변화에 대응한 검토를 실시하고 있는지 검증하라. • 시스템 개발계획이 경영방침에 부합되고 있는지의 여부를 평가하라. • 장기계획과 단기계획의 정합성을 검증하라. • 계획이 정기적으로 검토되고 있으며, 검토의 이유 및 그 결과의 타당성 유무를 확인하라. • 시스템 개발계획이 적절한 위임전결 절차에 의하여 이루어지고 있는지를 다음 사항을 고려하여 확인하고 평가하라. - 승인규칙에 따라 처리되고 있는지의 여부 - 승인의 기록이 일정기간 보존되고 있는지의 여부 - 계획서의 승인 누락사항 유무 확인 - 승인규칙을 이탈한 계산서의 적출 • 계획서의 각 항목별 기재사항에 대한 다음 감사절차를 수행하라. - 시스템의 전체 구성이 명확히 되어 있는지를 평가하라. - 필요항목의 누락사항과 기재내용의 적정성 여부를 검증하라. • 시스템 개발 우선순위는 관련 업무에의 영향이 충분히 반영되어 있으며 그 결정 자유의 타당성 유무를 평가하라. • 시스템 개발계획이 개발로 인해 생기는 조직변경 업무의 개폐에 대하여 다음 사항이 어떠한 조치가 취해지고 있는지 검증하라. - 새로운 시스템개발로 인해 생기는 조직 및 업무상에 어떤 문제가 있는지 시스템 사용 부서의 직원 3~4명을 Sampling하여 인터뷰를 실시하고 문제점을 적출하라. - 영향을 받는 조직과 업무에 누락이 있는지의 여부를 확인하라. - 이러한 조치내용은 경영방침에 부합되고 있는지의 여부를 확인하라. - 영향을 받는 부문과의 적절한 조정이 이루어지고 있는지 검증하라. - 시스템 도입에 따라 발생하는 에러 · 데이터 누설 · 파괴 · 개서 · 부정사용 · 사생활의 침해 등은 분석되고 있는지 확인하라. - 발생빈도의 예측에 있어서 그 조건의 타당성 유무를 검증하라.	

감 사 절 차	조서번호
- 영향도 및 범위 분석의 정확성 유무와 손해액 산정의 적정성 유무를 검증하라. - 시스템 도입은 관계되는 법률 · 제도 등을 충분히 검토 조사하여 이루어졌는지 확인하라. - 시스템 도입시 전문가의 의견이 충분히 검토 반영되었는지 평가하라. - 시스템 도입에 따라 영향을 받을 업무 · 관리 · 체제 · 제 규정 등은 재검토를 포함한 검토가 이루어졌는지의 여부를 확인하라. - 검토결과 수정 · 변경에 대한 명확한 절차가 이루어지고 있는지를 검증하라. • 시스템 라이프 사이클 설정과 관련하여 다음을 감사하라. - 시스템 라이프 사이클의 설정 전제 제 조건들은 충분히 반영되었는지 책임자를 인터뷰하고 평가를 내려라. - 라이프 사이클의 설정 여부 - 필요조건의 조사 유무 - 라이프 사이클 각 조건의 종합적인 평가 유무 • 개발계획의 수행절차에 대한 다음의 각 항목들에 대한 감사절차를 수행하라. - 개발계획을 수행하는 데 있어서의 자금 · 직원 · 설비 · 기간 등의 적절성을 검증하라. - 개발기간에는 무리가 없으며, 자금의 견적은 정확한지 검증하라. - 적임의 직원이 확보되어 있는지 조사하라. - 개발에 필요한 설비능력의 적정성 유무를 검증하라. - 설치환경의 정비 유무와 도입시기는 개발 스케줄과의 연관성을 검증하라. - 개발계획의 이행 및 운용의 실현가능성 유무를 평가하라. - 업무분담은 부정배제에 충분한 규모인지 확인 평가하라. - 직원의 자질과 능력을 고려한 업무분담인지 평가하라. • 시스템 개발계획서에는 시큐리티 대책이 수립되어 있는지 확인하고, 상정된 리스크에 누락이 없는지 확인하라. 또한 리스크에 따른 대책이 수립되어 있는지 확인 감사하라. • 사용자 요구의 조사에 있어 다음 사항을 확인 감사하라. - 조사는 사용자 요구를 정확히 이해할 수 있는 조사 내용인지 사용자를 Sampling하여 직접 인터뷰하고 이를 평가하라.	

감 사 절 차	조서번호
- 조사 시기-개발계획의 이행 및 운용의 실현가능성 유무를 평가하라. - 업무분담은 부정배제에 충분한 규모인지 확인 평가하라. - 직원의 자질과 능력을 고려한 업무분담인지 평가하라. 이용시기 · 이용방법 등 모든 이용조건을 조사하였는지 검증하라. • 현상분석에 대한 다음의 감사절차를 수행하라. - 현상분석에는 사용자가 참여하고 있는지 관련 서류를 징구하여 확인하라. - 시스템의 기능과 규모 등을 설정하는 데 있어서 어떠한 필요한 정보가 수집되어 활용되었는지 분석 평가하라. - 분석결과는 장기적인 전망에 입각하여 평가되고 있는지의 여부를 검증하라. • 기술조사가 어떻게 수행되었는지 확인하기 위하여 다음의 감사절차를 수행하라. - 하드웨어 · 소프트웨어에 대한 내외의 기술예측까지 포함해서 광범위하게 행해지고 있는지의 여부를 확인하라. - 기술조사 범위가 요구된 기능으로 보아 타당한지 그 타당성을 검증하라. - 기술의 특징 및 장점과 적용조건은 평가되었는지 확인하라. - 시스템의 확장성에 대비하여 장래에 채택 가능한 기술이 조사되었는지 확인하라. • 컴퓨터 시스템분석에 관하여 다음 항목들에 대한 감사절차를 수행하라. - 시스템의 정지 및 오작동은 발생빈도 · 영향도 · 손해액 등의 관점에서 분석되고 있는지의 여부를 검증하라. - 발생빈도의 예측에 있어서 조건의 타당성 유무를 확인하라. - 영향도 및 범위의 분석이 정확히 이루어지고 있는지 검증하라. - 손해액 산정의 타당성 유무를 조사하라. • 시스템 도입에 따른 다음 항목들에 대한 감사절차를 수행하라. - 관련되는 업무와 인터페이스가 어떻게 갖추어져 있는지 조사하고 문제점 유무를 확인하라. - 개발계획은 업무진척상황을 충분히 파악할 수 있는 체제로 이루어지고 있는지 확인하라. • 시스템의 신뢰성 · 안전성 · 효율성에 대한 다음의 감사절차를 수행하라. - 시스템 전체에 신뢰성 · 안전성 · 효율성이 확보되도록 기종 및 개개의 기술이 선	

감 사 절 차	조서번호
택되고 있는지의 여부를 검증하라. - 기종선정기준이 명확한지 확인하라. - 기종선정 평가 시 비용조건이 고려되어 있으며, 기술채택은 성능을 평가하고 적용조건도 감안되었는지 평가하라. - 시스템간 사이의 인터페이스 및 시스템 확장성이 충분히 고려되었는지 의견을 청취하고 평가를 내려라. • 시스템평가에 대한 다음의 감사절차를 수행하라. - 시스템목적을 달성하고 실현 가능한 대체안이 작성 · 검토되고 있는지의 유무를 확인하라. - 복수시스템 안이 마련되어 있고, 내용의 비교 검토가 쉽게 이루어졌는지의 유무와 사용자의 평가 및 최종안의 선정이유 등의 명확성을 검증하라. • 개발 및 운용비용의 산출근거는 명확하며 비용계상에 누락이 없는지 조사하고 단가 및 총액의 타당성 유무를 검증하라. • 개발결정에 있어서 정량적 효과의 산출기초가 타당한지와 정성적 효과를 어떻게 평가하고 있는지 확인하라. • 직원관리와 관련하여 다음의 감사절차를 수행하라. - 직무권한은 명확히 되어 있으며, 권한 이외의 일을 행하고 있지 않은지 확인하라. - 직원의 기술향상을 위한 교육훈련 관련 자료를 징수하여 교육훈련의 규칙의 이행여부와 외부교육의 적절성 유무를 평가하라.	

3. 정보시스템 개발

감사대상 업무	
■ 정보시스템 개발순서	■ 시스템 설계
■ 프로그램 설계와 프로그래밍	■ 시스템 테스트

내부통제 확인사항

확 인 사 항	Y/N	특기사항
• 개발순서는 개발의 규모 · 기간 및 시스템 특성 등의 관점에서 적절한가. - 필요한 작업이 모두 포함되어 있는가. - 작업의 흐름과 일정에 무리하거나 낭비는 없는가. - 중점적으로 관리해야 할 분야가 명확히 되어 있는가. • 개발매뉴얼은 표준화되고 작업내용이 이해하기 쉽게 기술되어 있는가. - 개발에 필요한 매뉴얼이 정비되어 있는가. - 각 매뉴얼 기재방법이 통일되어 있는가. - 공통적으로 사용되는 기호 등은 통일되어 있는가. - 기재내용 기술에 애매모호한 점이 없는가. - 기재내용 기술은 일부 특정인만이 이해할 수 있는 표현으로 되어 있지 않는가. - 작업을 수행하는 데 있어 필요로 하는 요건이 만족되고 있는가. • 개발 매뉴얼은 기술진보 등에 따라 개선되고 있는가. - 매뉴얼의 관리부서가 정해져 있는가. - 기종변경과 기술도입에 따라 매뉴얼이 개정되고 있는가. - 매뉴얼은 개발 직원의 의견을 받아들여 개정되고 있는가. - 개정된 매뉴얼은 철저히 주지되고 있는가. • 직무권한은 명확히 규정되어 있는가, 또 직원은 권한 외의 일을 행하고 있지 않는가.		

확 인 사 항	Y/N	특기사항
- 직무규정에는 관리자 및 직원의 책임과 권한은 명확히 되어 있는가. - 조직도 등에는 업무분담이 명확히 되어 있는가. - 직원은 권한 외의 업무를 행하고 있지 않는가. - 업무분담 범위는 적절한가. - 특정 직원에게 권한이 집중되어 있지 않는가. - 외부 직원에 대하여 규칙을 철저히 주지시키고 있는가. • 잔업시간 · 휴가취득상황 등을 파악하고 작업환경 개선에 노력하고 있는가. - 잔업시간 · 휴가취득상황의 관리체계가 수립되어 있는가. - 잔업시간이 남과 달리 많은 직원은 없는가. - 업무량에 비해 잔업시간이 많지 않은가. - 휴가취득상황에 개인차가 크지 않은가. - 잔업시간 · 휴가취득상황에 의해 분담 · 스케줄 등을 조정하고 있는가. - 작업을 원활히 진행하기 위해 작업환경이 정비되어 있는가. • 직원의 기술 및 사기증진을 위해 효과적이고 정기적인 교육, 훈련을 실시하고 있는가. - 교육 · 훈련에 관한 규칙이 정해져 있는가. - 기술 습득교육이 실시되고 있는가. - 업무지식 습득교육이 실시되고 있는가. - 직업윤리교육이 실시되고 있는가. - 외부교육이 계획적으로 실시되고 있는가. • 직원은 개발매뉴얼에 익숙하고 또 매뉴얼에 따라서 개발을 행하고 있는가. - 개발매뉴얼에 대해 교육이 실시되고 있는가. - 개발매뉴얼의 개정은 직원에게 철저히 주지시키고 있는가. - 직원에 대하여 매뉴얼에 따라 개발을 실행하도록 훈련하고 있는가. - 직원은 개발매뉴얼에 따라 개발을 하고 있는가. • 직원에 대한 적절한 건강진단 및 상담을 다음과 같이 실시하고 있는가. - 업무의 특성을 고려한 건강진단을 정기적으로 실시하고 있는가.		

확 인 사 항	Y/N	특기사항
- 건강진단결과가 작업환경 등의 개선에 반영되고 있는가. - 상담을 실시하고 있는가. - 상담은 하기 쉽도록 환경을 갖추고 있는가. • 시스템 설계서 · 사용자매뉴얼은 개발매뉴얼에 따라 작성되며, 다음과 같이 권한자 및 사용자의 승인을 얻고 있는가. - 필요한 설계서가 작성되어 있는가. - 설계서는 개발 매뉴얼에 따라 작성되어 있는가. - 설계서는 승인을 얻고 있는가. - 설계서는 개발요구 부문뿐만 아니라 관련 부문까지 포함하여 승인을 얻고 있는가. - 사용자 부문이 시스템을 이용하는 데 있어 필요한 매뉴얼은 해당 부문의 승인을 얻고 있는가. • 시스템설계서에는 컴퓨터시스템 장해대책이 포함되어 있는가. - 시스템 신뢰성의 지표가 설정되어 있는가. - 필요한 장해대책기능이 시스템에 포함되어 있는가. - 조직체 내 또는 외부기관과의 사이에 Back-up이 행해지는 경우에는 그 방식과 내용이 적절한가. • 시스템설계서에는 시큐리티 확보를 위한 각종 통제가 포함되어 있는가. - 산정한 리스크에 대응하는 악세스 콘드롤 기능이 포함되어 있는가. - 관리 및 감사상 필요한 체크기능이 포함되어 있는가. • 시스템설계서에는 타당한 이행계획 및 이행에 따르는 운용계획이 기재되어 있는가. - 설계서에는 이행계획 및 이행에 따르는 운용계획이 기재되어 있는가. - 시스템의 규모와 복잡성으로 볼 때 이행방법 · 이행기간은 타당한가. - 책임체계가 명확히 되어 있는가. - 새로운 시스템의 이용에 관련된 관계자의 교육 · 훈련이 계획되어 있는가. - 직원배치는 타당한가. - 작업순서가 명확히 되어 있는가.		

확 인 사 항	Y/N	특기사항
- 필요한 설비가 계획에 포함되어 있는가.		
• 데이터 무결성(일관성 · 불변성 등)이 확보되도록 설계되어 있는가.		
- 데이터 무결성을 유지하기 위해 적절한 체크기능이 포함되어 있는가.		
- 포함되어 있지 않을 경우에는 데이터 무결성을 확보하는 다른 방법이 고려되어 있는가.		
• 파일사양은 최대사용 시를 상정한 악세스 기간 · 기억용량 등의 관점에서 적절한가.		
- 사용자 요구에 맞는 응답시간이 설정되어 있는가.		
- 최대사용 시 발생하는 총 데이터양은 선정되어 있는가.		
- 최대사용 시의 응답시간을 만족시키는 처리능력이 확보되어 있는가.		
- 파일의 이용효율을 높이기 위해 데이터는 이용 빈도에 따라 분류되어 있는가.		
• 코드 및 입출력 장표의 사양은 사용자가 이용하기 쉽게 설계되어 있는가.		
- 코드설계는 체계화되어 있는가.		
- 코드설계는 타 시스템과의 정합성은 어떠한가.		
- 코드의 의미 · 기능 · 사용상의 조건은 명확한가.		
- 입출력 장표는 사용자의 승낙을 얻고 있는가.		
- 입출력 장표는 기입하기 쉽게 설계되어 있는가.		
- 입출력 장표는 비교 확인하기 쉽게 설계되어 있는가.		
- 중요한 입출력 장표에는 일련번호가 붙여져 있는가.		
- 출력장표는 출력정보의 양과 보관 등을 감안하여 설계되어 있는가.		
- 기밀보호를 배려한 설계로 되어 있는가.		
• 데이터베이스 구조는 이용형태에 따라 설계되어 있는가.		
- 데이터베이스 모델의 선정에 있어서는 사용자의 요구가 반영되어 있는가.		
- 구입하는 데이터베이스 관리시스템은 업무처리상 충분한 기능을 가지고 있는가.		
- 데이터의 검색 갱신을 충분히 배려한 설계로 되어 있는가.		
• 데이터베이스의 악세스는 적절한 컨트롤이 되고 있는가.		

확 인 사 항	Y/N	특기사항
- 악세스 권한이 이용 양태마다 정해져 있는가. - 악세스 권한의 부여가 이용목적으로 보아 타당한가. - 악세스 권한에 의거하여 컨트롤 기능이 포함되어 있는가. • 시스템테스트 계획의 목적 · 범위 · 스케줄 등은 적절한가. - 계획에는 신뢰성 · 안전성 · 효율성에 관한 테스트항목이 정해져 있는가. - 처리의 정확성을 검증하기에 필요한 데이터 사양 및 테스트 데이터 일람이 작성되어 있는가. - 데이터를 실시하는 데 필요한 기간이 설정되어 있는가. • 시스템설계서에 의거하여 프로그램 사양이 설계되어 있는가. - 중요한 시스템에 대해서는 시스템설계서와 프로그램사양서의 내용 체크가 행해지고 있는가. - 시스템설계 단계에서 설정된 엑세스 컨트롤과 데이터 체크 기능이 모두 포함되어 있는가. • 프로그램 사양설계에 있어 기술적 · 논리적인 모순이 생긴 경우 시스템 설계의 재검토가 실시되고 있는가. - 설계서의 변경을 요하는 것 같은 사태가 발생하고 있지 않은가, 발생한 경우 적절한 변경이 실시되고 있는가. - 설계서의 변경설계 담당자 자신이 행하고 있는가. • 프로그램 사양의 표준화 · 모쥴화 등은 작업량 · 스케줄 · 시큐리티 보수 등의 관점에서 보아 적절한가. - 프로그램 사양은 개발매뉴얼에 따라 작성되어 있는가. - 공통기능에 있어서는 테이블화 · 모쥴화 및 인터페이스의 표준화가 도모되어 있는가. - 사용하는 에러코드 · 출력 메시지 등은 표준화되어 있는가. • 프로그램 사양대로 정확히 프로그래밍 되고 있는가. - 프로그램사양서와 코딩 내용의 체크가 실시되고 있는가. - 이용가능한 프로그램이 있는 경우 프로그래밍에 활용하고 있는가.		

<table>
<tr><th>확 인 사 항</th><th>Y/N</th><th>특기사항</th></tr>
<tr><td>
• 프로그램에 따른 직무분담은 적절한가, 또 관리자는 작업 상황을 정확히 파악하고 있는가.
- 프로그램을 분담하는 데 있어서 난이도 · 작업량 · 식원경험 등이 충분히 감안되어 있는가.
- 관리자는 작업보고와 스케줄링 등에 의해 진보상황을 파악하고 있으며 결과에 따라 분담과 스케줄의 조정이 행해지고 있는가.
• 프로그램 테스트 결과는 전부 기록되고 있는가.
- 테스트 계획이 작성되고 있는가.
- 상정되는 케이스를 검증할 수 있는 테스트 자료가 작성되어 있는가.
- 관리책임자는 테스트 결과를 파악하고 있는가.
- 테스트결과가 보존되어 있는가.
• 중요 프로그램은 프로그램 작성자 이외의 직원에 의해 테스트되고 있는가.
- 프로그램의 중요도가 설정되어 있는가.
- 중요 프로그램은 해당 프로그램의 작성자 이외의 직원에 의해 테스트되고 있는가.
• 프로그램의 문서화는 개발 매뉴얼에 따라 작성되어 있는가.
- 문서화는 개발매뉴얼에 따라 작성되어 있는가.
- 문서화는 하기 쉽도록 기재되어 있는가.
• 테스트데이터 작성 및 실시는 테스트계획에 의거하여 실행되고 있는가.
- 테스트데이터는 테스트데이터 사양에 의거하여 작성되어 있는가.
- 테스트는 테스트 계획에 의거하여 실행되고 있는가.
• 테스트는 프로그램 작성자 이외의 자에 의하여 행해지는가.
- 테스트책임자가 정해져 있는가, 또 책임자는 프로그램 작성자 이외의 직원인가.
- 테스트 책임자는 시스템 전체에 정통하고 있는가.
- 테스트에는 사용자가 참여하고 있는가.
- 테스트에는 업무에 정통한 사용자가 입회하고 있는가.
</td><td></td><td></td></tr>
</table>

확 인 사 항	Y/N	특기사항
• 테스트결과는 개발 부문 및 사용자 부문 책임자의 승인을 얻고 있는가. - 테스트결과는 테스트계획에서 정한 목표를 달성하고 있는가. - 테스트결과보고서는 필요한 항목이 모두 기재되어 있는가. - 테스트결과보고서는 개발 부문 및 관련된 사용자 부문 책임자의 승인을 얻고 있는가.		

감사지시서

감 사 절 차	조서번호
• 정보시스템개발 업무의 특성과 성격을 파악하기 위하여 다음의 자료를 구하라. - 개발매뉴얼 - 관련 규정 및 규칙 - 근태기록부 - 급여대장 - 교육훈련보고서 - 시스템설계서 · 사용자 매뉴얼 - 입출력 처리 각종 장표 - 데이터베이스 관리시스템 설명서 - 프로그램사양서 - 프로그램 테스트기록부 • 시스템개발순서의 적절성 유무를 확인하기 위하여 다음의 감사절차를 수행하라. - 개발순서는 개발의 규모 · 기간 및 시스템특성 등의 관점에서 적절한지의 유무를 확인 검증하라. - 개발매뉴얼에는 필요한 작업이 보류 포함되어 있으며, 작업의 흐름과 일정에 무리가 없는지 확인하고 중점적으로 관리해야 할 분야가 명확히 구분되어 있는지를 조사하라.	

감 사 절 차	조서번호
• 개발매뉴얼은 표준화되어 있으며, 작업내용이 이해하기 쉽게 기술되어 있는지 다음의 감사절차를 수행하라. - 사용자 인터뷰를 통하여 확인하라. - 각 매뉴얼의 기재방법이 일관성을 유지하고 통일된 원칙에 입각하여 기술되었는지 확인하라. • 개발매뉴얼관리와 관련하여 다음의 감사절차를 수행하라. - 매뉴얼의 관리는 어디에서 하고 있는지 확인하라. - 기종변경과 기술도입에 따라 매뉴얼이 개정되고 있는지 확인하라. - 매뉴얼은 개발직원의 의견을 충분히 반영하고 있는지 직접 관련자를 인터뷰하라. - 개정된 매뉴얼의 사용자 이해도를 테스트 조사하라. • 시스템개발과 관련한 직원관리에 대한 다음의 감사절차를 수행하라. - 직무권한은 명확한지 직무명세서와 실제 업무처리 결과를 검증하라. - 업무분담 범위의 적절성 유무를 검증하라. - 권한의 집중도를 분석하고 문제점 유무를 도출하라. • 시스템개발 직원의 근무실태 및 작업환경과 관련하여 다음의 감사절차를 수행하라. - 근태기록부와 급여대장을 검토하여 잔업시간 · 휴가취득의 실태를 파악하고 과다한 잔업자와 휴가취득의 개인별 편차를 조사하고 문제점을 적출하라. - 개인별 업무분담과 개발스케줄이 적절히 조정되고 있는지 조사하라. - 작업환경상의 문제점 유무를 조사하기 위하여 인터뷰를 실시하라. • 교육훈련 및 동기부여와 관련하여 다음의 감사절차를 수행하라. - 교육훈련규정에 따라 교육훈련이 정기적 또는 수시로 이루어지고 있는지 확인하라. - 기술습득교육과 업무지식 습득교육이 균형 있게 이루어지고 있는지 검증하라. - 직업윤리교육이 어떤 형태로 이루어지고 있는지 그 실태를 파악하라. - 외부교육은 어떻게 이루어지고 있으며 문제점이 없는지 조사하라. • 직원의 개발매뉴얼 숙지 및 이행에 관하여 다음 감사절차를 수행하라. - 개발매뉴얼에 대한 교육실태를 파악하라. - 개발매뉴얼이 개정되었을 때 교육정도를 측정하고 평가하라. - 매뉴얼에 따라서 개발이 실행되도록 훈련을 하고 있는지 평가하라.	

감 사 절 차	조서번호
• 개발 직원의 개인 신상관리와 관련하여 다음의 감사절차를 수행하라 - 업무특성을 고려한 건강진단이 정기적으로 이루어지고 있는지 확인하라. - 건강진단 결과는 작업환경 등의 개선에 충분히 반영되고 있는지 검증하라. - 개인 신상관리 측면에서의 직원상담은 이루어지고 있으며 상담 환경은 갖추어져 있는지 확인하라. • 시스템설계서와 관련하여 다음의 감사절차를 수행하라. - 시스템설계서 · 사용자매뉴얼은 개발매뉴얼에 따라서 작성되었는지 확인하고 권한자 및 사용자의 승인 여부를 검증하라. - 설계서는 개발요구 부문뿐만 아니라 관련 부문까지 포함되어 승인을 얻고 있는지 확인하라. - 사용자 부문이 시스템을 이용하는 데 있어 필요한 매뉴얼은 해당 부문의 승인을 얻고 있는지 그 유무를 확인하라 • 시스템설계서가 시스템장애와의 어떤 연관성을 가지고 있는지 다음의 감사절차를 수행하라. - 시스템 신뢰성의 지표설정 유무 확인 - 필요한 장애대책 기능이 시스템에 포함되어 있는지의 유무 확인 - 조직체 내 혹은 외부기관과의 사이에 Back－up 방식과 내용의 적정성 유무 검증 • 시큐리티 확보와 관련된 다음의 감사절차를 수행하라. - 시스템설계서에는 시큐리티 확보를 위한 각종 통제가 포함되어 있는지의 여부를 확인하라. - 상정한 리스크에 대응하는 악세스 컨트롤 기능이 포함되어 있는지의 여부를 조사하라. - 관리 및 감사상 필요한 체크기능이 포함되어 있는지 조사하라. • 이행계획 및 운행계획에 관한 다음의 감사절차를 수행하라. - 시스템설계서에는 타당한 이행계획 및 이행에 따르는 운용계획이 포함되어 있는지 조사하라. - 시스템의 규모와 복잡성으로 볼 때 이행방법과 이행기간의 타당성 유무를 검증하라. - 책임체계가 명확한지 검증하라.	

감 사 절 차	조서번호
- 새로운 시스템의 이용에 관련된 관계자의 교육훈련이 적절히 계획되어 있는지 확인하라. - 직원 배치는 적절하며, 작업순서가 명확한지 조사하라. - 필요한 설비가 계획에 포함되어 있는지의 여부를 검증하라. • 데이터 무결성과 관련하여 다음의 감사절차를 수행하라. - 데이터의 입력부터 출력에 이르기까지 모든 과정에서의 데이터 오류 · 중복 · 탈락 등을 방지하고 데이터의 일관성을 확보하기 위해 적절한 체크기능이 포함되어 있는지의 유무를 검증하라. - 데이터 무결성을 확보하는 다른 방법이 충분히 고려되고 있는지 확인하라. • 파일사양의 설계와 관련하여 다음의 감사절차를 수행하라. - 사용자 요구에 맞는 응답시간의 설정은 되어 있는지 확인하라. - 최대사용 시 발생하는 총 데이터양의 선정은 타당한지의 여부를 확인하라. - 데이터의 이용 빈도에 따른 분류기준의 설정 유무 • 코드 및 입출력 장표의 사양과 관련하여 다음의 감사절차를 수행하라. - 코드설계는 되어 있으며, 타 시스템과의 정합성은 타당한지의 유무를 조사하라. - 입출력 장표의 설계는 사용자의 승낙을 얻었으며 설계상의 문제가 없는지 확인하라. - 출력정보의 양과 보관 등이 시스템설계 시 충분히 고려되어 있는지 검증하라. - 시스템설계는 기밀보호를 위한 배려가 충분히 반영되어 있는지 조사하라. • 데이터베이스 구조와 관련하여 다음의 감사절차를 수행하라. - 데이터베이스 구조는 이용형태에 따라 설계되어 있는지 조사하라 - 데이터베이스 모델의 선정에 있어서는 사용자의 요구가 충분히 반영되어 있는지 조사하라. - 데이터베이스 관리시스템은 업무처리상 충분한 기능을 가지고 있는지 조사하라. - 데이터의 검색갱신은 충분히 고려되어 설계되어 있는지 확인하라. - 데이터베이스의 악세스가 어떻게 컨트롤되고 있는지 타당성을 검증하라. • 시스템 테스트와 관련하여 다음의 감사절차를 수행하라. - 시스템계획의 신뢰성 · 안전성 · 효율성에 관한 테스트항목이 어떻게 정해져 있는지 조사하라.	

감 사 절 차	조서번호
- 테스트 데이터사양 및 테스트 데이터 일람에 대하여 조사하라. • 시스템설계서와 관련하여 다음의 감사절차를 수행하라. - 프로그램사양이 시스템설계서에 근거하여 설계되었는지 확인하라. - 시스템설계단계에서 설정된 악세스 컨트롤과 데이터 체크 기능이 어떻게 이루어지고 있는지 확인하라. • 프로그램사양과 관련하여 다음의 감사절차를 수행하라. - 프로그램사양설계에 기술적 · 논리적 모순이 없는지 조사하라 - 설계서의 변경은 누구에 의해서 이루어지고 있는지 확인하라. - 프로그램사양이 실제 개발매뉴얼에 따라 작성되었는지 확인하라. - 공통기능에 있어 표준화가 이루어지고 있는지 조사하라. - 사용하고 있는 에러코드 · 출력메시지 등이 표준화되어 있는지 조사하라. • 프로그래밍에 관한 다음의 감사절차를 수행하라. - 프로그래밍은 프로그램사양에 따라 정확히 이루어지고 있는지 조사하라. - 프로그램사양서와 코딩내용의 체크가 실제 이루어지고 있는지의 여부를 검증하라. - 이용가능한 프로그램의 경우 프로그래밍에 어떻게 활용되고 있는지 그 실태를 조사하라. - 관리자를 인터뷰하여 프로그램에 따른 직원들의 업무분담 및 난이도 · 작업량 · 경험 등이 충분히 감안되고 있는지 평가하라. • 프로그램 테스트와 관련하여 다음의 감사절차를 수행하라. - 프로그램 테스트기록부를 검토하라. - 관리책임자가 테스트 결과를 파악하고 있는지 직접 질문법을 이용하여 테스트하라. - 테스트 결과가 어떻게 보관 · 관리되고 있는지 확인하라. - 프로그램의 중요도 설정기준의 타당성을 검증하라. • 프로그램의 문서화의 실태를 파악하기 위해 다음의 감사절차를 수행하라. - 프로그램의 문서화는 개발매뉴얼에 따라 작성되고 있는지 확인하라. - 문서화된 자료를 징수하여 개발매뉴얼의 이행도 정도 및 문서의 내용을 확인하고 문제점을 도출하라.	

감 사 절 차	조서번호
• 시스템 테스트와 관련하여 다음의 감사절차를 수행하라. - 테스트 데이터 작성 및 실시는 테스트계획에 따라 어떻게 실행되고 있는지 조사하여 평가하라. - 테스트책임자가 적절한지 검증하라. - 테스트에는 업무에 정통한 사용자가 실제 입회하고 있는지 검증하라. - 테스트결과는 테스트계획에서 정한 목표를 어느 정도 달성하고 있으며, 결과보고서상 문제점은 없는지 검토하고, 개발 부문 및 관련된 사용자 부문 책임자의 승인을 얻고 있는지 확인하라. - 테스트결과의 기록과 테스트 데이터가 어떤 형태로 보관되고 있는지 확인 조사하라.	

4. 정보시스템 운용

감사대상 업무	
■ 정보시스템 오퍼레이션	■ 데이터 작성 및 입력
■ 데이터 및 프로그램관리	■ 출력정보관리 및 활용
■ 소프트웨어 및 하드웨어관리	■ 직원 및 위탁관리

내부통제 확인사항

확 인 사 항	Y/N	특기사항
• 조작절차서는 표준화된 조작순서 및 적절한 장해대책이 기재되어 있는가. - 운용에 필요한 조작절차서는 전부 갖추어져 있는가. - 조작절차서는 대장 등으로 관리되고 있는가 - 시스템 운용순서의 기재방법은 표준화되어 있는가, 또 그 내용은 이해하기 쉽게 기재되어 있는가. - 장해대책은 구체적이고 알기 쉽게 기재되어 있는가. - 조작절차서는 책임자의 승인을 얻고 있는가. • 조작절차서는 컴퓨터시스템의 변경에 따라 수정이 실시되고 있는가. - 조작절차서의 수제에 관한 Role이 있는가. - 수정에 있어서 관련 부문의 책임자의 승인을 얻고 있는가. - 시스템변경이 발생할 경우 신속하게 조작순서를 수정하고 있는가. - 시스템변경의뢰서에 의거 조작방법과 조작순서가 바르게 수정되고 있는가. • 작업 스케줄에는 사용자요구를 반영한 우선순위가 설정되어 있는가. - 작업스케줄은 신청서에 의거하여 작성되고 있는가. - 우선순위는 매뉴얼 등에 의해 일시설정 등을 포함하여 명확히 설정되어 있는가. - 우선순위의 설정에 있어서는 업무의 중요성 · 긴급성이 충분히 배려되어 있는가. - 작업스케줄에는 우선순위가 충분히 반영되어 있는가.		

확 인 사 항	Y/N	특기사항
- 스케줄은 관계 사용자 부문과의 조정을 거친 후에 작업 스케줄을 작성하고 있는가. • 오퍼레이션은 전임자가 작업스케줄에 따라 지시서에 의거하여 정확히 실행하고 있는가. - 오퍼레이터의 전임화가 규정으로써 정하여져 있는가. - 오퍼레이터는 소속이 명확히 되어 있는가. - 오퍼레이터의 배치는 컴퓨터시스템, 시간제별로 정하여져서 책임자의 승인을 얻고 있는가. - 오퍼레이터 이외의 직원이 오퍼레이션을 하고 있지 않은가. - 작업지시서와 오퍼레이션 실시기록과의 정합성이 정리되어 있는가. - 오퍼레이터는 작업스케줄에 예정되어 있지 않은 업무를 처리하고 있지 않은가. • 오퍼레이션 교체 시에는 업무 인수인계가 적절히 이루어지고 있는가. - 업무인수인계에 관한 규정이 확립되어 있는가. - 업무인수인계는 문서에 의해 실행되고 있는가. - 인수인계 내용은 당사자 간에 압인 등에 의해 확인되고 있는가. • 패스워드 · 식별코드 취급 등에 관하여 적절히 기밀보호가 취해져 있는가. - 패스워드 등의 관리 부문은 오퍼레이션으로부터 독립되어 있는가. - 관리책임자는 정해져 있는가. - 패스워드 등의 발행은 필히 본인에게 직접하고 있는가. - 패스워드 등의 변경은 정기적으로 실행되고 있는가. - 유자격자가 이동 등으로 권리를 소멸하는 경우 당해 패스워드 등을 필히 파기하고 있는가. - 패스워드 등이 기록되어 있는 매체의 취급자는 한정되어 있는가. • 기밀성이 높은 파일은 보존용을 제외하고 처리 후 신속하게 소거되고 있는가. - 기밀등급이 정해져 있는가. - 소거해야 할 파일이 지정되어 있는가. - 소거 시점은 타당한가.		

확 인 사 항	Y/N	특기사항
- 소거 방법은 적절한가. - 소거는 확인되고 있는가.		
• 작업스케줄과 오퍼레이션 실시기록의 정합성이 유지되고 있는가. - 차이분석을 정기적으로 실시하고 있는가. - 미처리오퍼레이션은 없는가, 있는 경우 그 이유는 타당한가. - 처리시간과 처리시각이 예정과 비교하여 크게 잘못된 것은 없는가. - 분석결과는 책임자의 승인을 얻고 있는가. - 분석결과가 작업스케줄의 개선에 반영되고 있는가.		
• 오퍼레이션 실시기록은 필요에 따라 일정기간 보존되고 있는가. - 보존의 규칙이 확립되어 있는가. - 보존대상물이 정해져 있는가. - 보존기간이 명확히 정해져 있는가. - 실시기록에 연속성은 있는가.		
• 예외처리는 정해진 규정에 따라 실행되고 있는가, 또 그 빈도 및 이유를 분석하고 작업스케줄의 개선에 노력하고 있는가. - 예외처리에 관한 규정이 확립되어 있는가. - 예외처리는 규정에 따라 책임자의 승인을 얻은 후 처리되고 있는가. - 예외처리의 의뢰는 전부 문서에 의해 책임자의 승인을 얻은 후 실행되고 있는가. - 예외처리는 업무성격상 필요한 것에만 한정되어 있는가. - 예외처리 중에 통상처리가 가능한 것은 없는가. - 관리책임자는 예외 처리의 빈도 및 이유를 정기적으로 분석하고 있는가, 또 과거의 결과와 대조 비교하여 이상발견에 노력하고 있는가. - 분석결과는 작업스케줄 개선에 반영되고 있는가.		
• 발생한 사고 및 장해는 그 내용이 기록되어 있는가, 또 원인규명 및 재발방지조치를 첨부하여 권한자에게 보고하고 있는가. - 발생한 사고 및 장애에 대한 신고서가 작성되어 있는가. - 발생한 사고 및 장애가 전부 기록되어 있는가.		

확 인 사 항	Y/N	특기사항
- 영향의 범위 및 정도는 정확히 기재되어 있는가. - 사고 원인 분석에 있어 전문가의 협력을 받고 있는가. - 실현 가능한 재발방지책이 기재되어 있는가. - 사고 보고서는 관리책임자에게 제출되어 승인을 얻고 있는가. - 사고보고서에 의거한 사후확인이 적절히 실행되고 있는가. • 오퍼레이션에 있어서 감사증적의 관점에서 입출력 장표류는 적절히 보관되어 있는가. - 보관해야 할 입출력 장표류가 정해져 있는가. - 보관기간 및 보관방법은 적절한가. • 입력 데이터의 작성순서 · 취급 등은 오류 · 부정방지 · 기밀보호 측면에서 적절한가. - 입력데이터 취급규정이 확립되어 있는가. - 데이터 작성 및 접수는 규정에 따라 정확히 실행되고 있는가. - 중요한 데이터는 취급자를 한정하고 있는가. • 데이터 입력은 승인규정에 따라 적절히 실행되고 있는가. - 데이터 입력에 관한 승인규정이 확립되어 있는가. - 취소 · 수정 · 추가데이터에 관한 승인누락은 없는가. • 입력데이터 체크는 시큐리티 측면에서 보아 충분히 기능을 하고 있는가. - 필요한 체크기능이 프로그램에 포함되어 있는가. - 포함되어 있는 체크기능이 적절히 작동하고 있는가. - 포함되어 있지 않은 경우 담당자 등에 의해 엄정한 체크가 행하여지고 있는가. • 온-라인 단말기로부터 데이터입력을 하는 데 있어 데이터의 확인 · 대조가 적절하게 실행되고 있는가. - 패스워드 · 식별코드 및 열쇠는 엄격히 관리되고 있는가. - 권한자 이외의 직원이 조작하고 있지 않는가. - 입력데이터의 대조가 적절히 행해지고 있는가. - 조작기록은 일정기간 보존되고 있는가.		

확 인 사 항	Y/N	특기사항
• 온-라인 단말기로부터 데이터 입력에 있어서 에러 처리가 적절히 실행되고 있는가. - 데이터수정에 대한 규정이 확립되어 있는가, 또 책임자의 승인을 얻은 규정에 따라 수정하고 있는가. - 에러가 발생한 경우 수정 · 재입력이 실시되지 않고 방치된 채로 있는 데이터는 없는가. - 에러 원인이 분석 기록되고 있는가. - 에러의 분석결과에 의거하여 입력방법 개선에 노력하고 있는가. • Back-up · Recovery의 범위 · 시기 등은 업무내용 · 처리 형태로 보아 타당한가. - 테이터 및 프로그램의 중요도가 설정되어 있는가. - 업무중요도와 처리형태에 따른 Back-up · Recovery의 범위 · 시기가 설정되어 있는가. - Back-up · Recovery의 방법 및 순서가 명확히 규정되어 있는가. - 분산 보관의 경우 외부위탁이 검토되고 있는가. - 분산 보관을 위탁하고 있는 경우 위탁선의 관리상황에 대하여 충분히 파악하고 있는가. - 세대관리(2세대 · 3세대)가 타당한가. - 대체조치에 대해 충분히 검토되고 있는가. • 데이터 및 프로그램의 악세스 컨트롤 및 모니터링은 계획한 대로 유효한 기능을 하고 있는가. - 부자격자의 악세스가 기록되어 있는가. - 사용권한이 없는 파일에 악세스 행해지고 있지 않는가. - 특정 파일에 치우친 악세스는 없는가. - 사용시간이 업무내용에 비추어 볼 때 적절한가. - 악세스 시각에 이상은 없는가. • 프로그램 변경 · 추가 · 삭제는 권한자의 승인을 얻은 후 정해진 절차에 따라 행해지고 있는가. - 프로그램 변경 등에 대한 규정이 확립되어 있는가.		

확 인 사 항	Y/N	특기사항
- 권한자의 승인을 얻지 않은 프로그램 변경은 없는가. - 권한이 없는 자가 변경 등을 행하고 있지는 않은가. - 테스트의 내용은 충분한가. - 변경의뢰서 내용과 테스트결과는 일치한가 - 변경된 프로그램은 모든 프로그램 문서를 정확히 수정하고 있는가. - 테스트 완료된 프로그램은 그 내용을 관계 부문에 철저히 주지시키고 있는가. • 데이터베이스 갱신은 권한자의 승인을 얻은 후 정해진 절차에 따라 행해지고 있는가. - 데이터베이스 갱신에 대한 규정에 확립되어 있는가. - 갱신으로 인한 패스워드 · 식별코드의 부여는 적절한가. - 데이터 갱신에 의해 무결성은 손상되지 않는가. • 변경 후의 프로그램은 프로그래밍 단계와 동등하게 테스트가 행해지고 있는가. - 테스트데이터 사양은 프로그래밍 단계와 동등한가. - 테스트 방법은 프로그래밍 단계와 동등한가. - 테스트결과는 기록되어 필요한 기간 동안 보존되고 있는가. • 부정 악세스 방지를 위해 온-라인 단말기 사용 상황기록이 정기적으로 분석되고 있는가. - 비교해야 할 작성평균치 등의 지표가 명확히 정해져 있는가. - 설정된 지표와 비교하여 이상은 없는가. - 이상이 발견된 경우 원인규명이 이루어지고 있는가. - 정기적으로 분석 · 검토가 행해지고 있는가. - 분석결과는 책임자의 승인을 얻고 있는가. - 분석결과에 의거하여 개선조치가 도모되고 있는가. • 데이터 및 프로그램 취급 및 접수는 전임자에 의해 정해진 규정에 따라 행해지고 있는가. - 취급 등의 규정이 확립되어 있는가. - 취급 등은 전임자에 의해 행해지고 있는가.		

확 인 사 항	Y/N	특기사항
- 기밀데이터 등은 일반과 구별하여 관리하고 있는가. - 관리상황을 정기적으로 체크하고 있는가. • 데이터 및 프로그램 보관방법 · 보관장소는 시큐리티 측면으로 보아 적절한가. - 관리 구분이 명확히 되어 있는가. - 데이터 및 프로그램과 관리대장과를 정기적으로 대조하고 있는가. - 데이터 및 프로그램의 중요도에 따른 보관장소의 선정이 되어 있는가. - 업무의 중요도와 법규제 등에 비추어 보존기간은 적절한가. • 데이터 및 프로그램 폐기방법은 기밀보호의 측면으로 보아 적절한가. - 폐기에 관한 규정이 확립되어 있는가. - 보존기한과 폐기일과의 정합성이 취해져 있는가. - 출력정보에 대한 기밀도 등급이 매겨져 있는가. - 기밀정보의 이용자가 한정되어 있는가. - 기밀정보가 방치되고 있지 않은가 - 기밀정보의 폐기는 관리자 입회하에 실시되고 있는가. - 기밀도에 따른 적절한 폐기방법이 취해지고 있는가. • 단말기로부터의 출력정보 복사는 규정에 따라 권한자의 승인을 얻고 있는가. - 복사는 규정에 따라 행해지고 있는가. - 무단복사 방지에 주의를 기울이고 있는가. - 정보 복사에 대해서는 관리책임자의 승인을 얻고 있는가. • 출력정보의 신뢰성을 정기적으로 분석 · 평가하고 있으며, 그 결과가 시스템 재검토에 활용되고 있는가. - 에러의 발생 상황에 대하여 기록하고 있는가. - 에러의 원인을 규명하고 있는가. - 출력정보 에러를 정기적으로 분석 · 평가하고 있는가. - 분석결과를 기초로 하여 개선조치를 도모하고 있는가. • 사용자에의 출력정보의 배포는 규정에 따라 확실하고 적시에 행해지고 있는가. - 배포는 규정에 따라 행해지고 있는가.		

확 인 사 항	Y/N	특기사항
- 수령인 등이 없는 배포를 하고 있지는 않은가. - 기밀정보에 대해서는 담당책임자에게 직접 배포하고 있는가. - 배포 누락은 없는가, 있는 경우 그 이유는 타당한가. - 배포기록이 정비되어 있는가. • 출력정보의 이용상황은 정기적으로 분석 · 평가되고 있는가, 또 그 결과에 입각하여 시스템의 재검토를 하고 있는가. - 출력정보의 이용상황은 정기적으로 분석 · 평가되고 있는가. - 사용자가 이용하고 있지 않은 출력정보는 없는가. - 사용자가 이용하기 어려운 출력정보는 없는가. - 분석결과에 기초하여 개선조치가 도모되고 있는가. - 기밀성이 높은 데이터 등의 폐기는 관리책임자 입회하에 행해지고 있는가. - 외부업자에게 위탁한 경우 위탁선과 계약내용에 대해서는 충분히 체크되고 있는가. • 출력관리 방법은 시스템의 설치환경에서 생기는 위험에 대하여 타당한가. - 환경에서 생기는 위협에 대한 출입관리 수준은 타당한가. - 불충분한 경우 보완조치가 강구되고 있는가. • 출입관리에서 자료부여 및 자격자 확인은 시큐리티 측면에서 보아 적절한가. - 업무상 직접 관계가 없는 자에게 자격을 부여하고 있지 않는가. - 무자격자가 출입하고 있지 않은가. - 자격증명서 관리는 신중히 행해지고 있는가 - 방문자 출입기록은 모두 기입되고 있는가. • 부정사용 방지를 위해 자격확인과 악세스 컨트롤 감시가 유효하게 기능하고 있는가. - 무자격자가 악세스 하고 있지 않은가 - 컴퓨터 사용시간에 이상은 없는가. - 악세스 시각에 이상은 없는가. • 시설관리는 전임자에 의하여 적절히 행해지고 있으며 관리 규정에 정해져 있는가.		

확 인 사 항	Y/N	특기사항
• 건물 · 컴퓨터 · 관련 설비 등의 담당자 및 책임자가 명확히 정해져 있는가. - 외부에 관리를 위탁하고 있는 경우 관리상태를 충분히 파악하고 있는가. • 컴퓨터시스템의 변경에 있어서 신뢰성 · 안전성 · 효율성 측면에서의 검토가 행해지고 있는가. - 대체가 원활하고 효율적으로 행해질 수 있도록 계획되어 있는가. - 대체 스케줄 실시개체 및 실시분담이 명확히 되어 있는가. - 시스템의 설비환경이 정비되어 있는가. - 테스트 결과는 기록하여 보존되고 있는가. • 직원배치 및 교체는 시큐리티 및 효율 면에서 적절한가. - 직무 분할은 적절한가. - 직원을 적정배치시키고 있는가. - 직원구성은 타당한가. - 교체주기는 적절한가. • 긴급시를 구체적으로 상정한 훈련을 정기적으로 실시하는가. - 긴급 시 계획이 책정되어 있는가. - 장애 · 재해 대책매뉴얼이 정비되어 있는가. - 훈련내용은 실행성이 있는 것인가. - 훈련은 정기적으로 실시되고 있는가. - 훈련의 기록을 작성하고 보존하고 있는가. - 긴급시의 지휘 · 명령계통이 철저히 주지되고 있는가. • 위탁선 선정에 있어서 수탁조건의 비교 검토가 행해지고 있는가 - 복수의 기업을 비교 검토하여 선정하고 있는가. - 위탁선의 경영은 안정되어 있는가. - 위탁선은 위탁업무를 수행하는데서 필요한 기술능력을 갖고 있는가. - 위탁조건 및 위탁비는 타당한가. • 계약서의 특약조항 및 면책항목은 적절한가. - 필요한 항목이 전부 포함되어 있는가.		

확 인 사 항	Y/N	특기사항
- 손해배상에 있어서도 모든 케이스를 상정하고 검토가 되고 있는가. - 권리 귀속이 명시되어 있는가. - 특약조항 내용은 타당한가. - 면책에 있어서는 당사자 간에 견해차가 생기지 않도록 충분한 검토를 하고 있는가. • 당초계획을 변경하여 위탁하는 경우는 그 이유가 타당한가. - 위탁으로 변경한 이유는 타당한가. - 당초계획에 상정되어 있지 않은 이유는 무엇인가 • 위탁선에서의 시큐리티 대책 및 진보상황은 적절히 파악되고 있는가. - 책임자 및 담당자가 명확히 정해져 있는가. - 시큐리티 대책의 실시상황을 충분히 확인하고 있는가. - 진보상황의 체크를 정기적으로 실시하고 있는가. - 문제점이 발생된 경우 적절한 조치가 취해지고 있는가. • 검수시의 테스트와 지연에 대한 조치 등은 적절히 행해지고 있는가. - 위탁선에서의 완료테스트는 충분히 행해지고 있는가. - 테스트데이터 사양을 체크하고 불충분한 경우는 재테스트를 강구하고 있는가. - 수입테스트는 충분히 실시하고 있는가. - 수입테스트의 결과는 기록되어 보존되고 있는가. - 지연에 대한 조치가 계약서에 명시되어 있는가. - 지연시의 대응책이 충분히 검토되어 있는가. • 위탁한 업무의 달성도가 분석 · 평가되고 있는가. - 위탁업무는 예정기간 내에 완료하고 있는가. - 추기비용은 발생하지 않았는가. - 당초 요구한 성능이 만족되고 있는가. - 평가결과가 위탁선의 선정에 반영되고 있는가. • 정기보수를 실시하고 있는가, 또 임시보수의 빈도 및 내용이 분석 · 평가되고 관리에 활용하고 있는가.		

확 인 사 항	Y/N	특기사항
- 정기보수가 확실히 행해지고 있는가. - 보수내용이 기록되고 책임자가 그 내용을 확인하고 있는가. - 임시보수는 과거와 비교하여 빈도가 많지 않은가. - 보수내용을 분석하고 사고원인을 규명하고 있는가. - 빈도와 사고원인을 고려한 개선조치가 강구되고 있는가. - 원격보수의 경우 데이터와 프로그램의 보호가 적절히 되고 있는가. • 업무내용에 따른 Back-up 체계가 정비되어 있는가. - 개발 단계에서 포함시킨 장해대책 기능이 유효히 가동하는가를 테스트 등에 의해 확인하는가. - 전원 · 공조 설비의 Back-up 조치가 강구되고 또 그 기능이 유효히 가동하는가를 테스트 등에 의해 확인하고 있는가. - 타 시스템과의 Back-up을 상정하고 있는 경우는 가동성을 충분히 확인하고 있는가. • 감시방법 및 수준은 상정한 리스크로 보아 타당한가. - 상정한 위험이 감시되고 있는가. - 설비에 의한 감시, 요원에 의한 감시의 장 · 단점을 고려하여 감시방식이 채택되고 있는가. - 감시수준은 위험의 정도에 따라 설정되고 있는가. - 이상이 감지된 경우 책임자의 연락방법이 확립되어 있는가. • 출력정보의 취급 등은 오인 · 부정방지 · 기밀보호의 측면에서 적절한가. - 출력정보의 보관 · 폐기 · 복사 · 배포 등에 관한 규정이 확립되어 있는가. - 규정작성에 있어 부정방지와 기밀보호가 충분히 검토되고 있는가. - 담당자 및 책임자가 명확히 정해져 있는가. - 출력정보의 에러 체크가 충분히 행해지고 있는가. • 출력정보의 보관 · 폐기는 규정에 따라 확실히 하고 있는가.		

감사지시서

감 사 절 차	조서번호
• 정보시스템 운용업무의 특성과 실태를 파악하기 위하여 먼저 다음의 자료를 구하라. - 시스템조작 절차서 - 시스템변경 의뢰서철 - 업무 인수인계서철 - 오퍼레이션 실시기록부 - 사고발생 보고서철 - 방문자 출입기록부 • 상기 자료를 먼저 검토하고 감사인의 감사범위에 따른 예비조사를 실시하라. • 조작절차서와 관련하여 다음의 감사절차를 수행하라 - 조작절차서에 표준화 및 장해대책이 어떻게 이루어져 있는지 확인하라. - 조작절차서가 어떻게 관리되고 있는지 조사하고 문제점을 도출하라. - 조작절차서가 시스템변경에 따라 실제 수정이 이루어지고 있는지의 여부를 검증하라. - 시스템 변경사유가 발생되었을 경우 조작방법과 조작순서가 적절하게 수정 반영되고 있는지 확인하라. • 작업스케줄에는 사용자요구를 반영한 우선순위가 어떻게 설정되어 있는지 조사하라. • 오퍼레이션과 관련하여 다음의 감사절차를 수행하라. - 오퍼레이션은 전임자에 의해서 작업 스케줄에 따라 지시서에 의하여만 행하여지고 있는지 확인하라. - 오퍼레이터의 배치가 어떠한 형태로 이루어지고 있는지 실지 조사를 하라. - 오퍼레이션 교체 시 업무인수인계가 어떻게 이루어지고 있는지 업무인수인계서를 검토하여 문제점 유무를 검증하라. • 기밀보호와 관련하여 다음의 감사절차를 수행하라. - 패스워드와 식별코드의 취급 등에 관한 기준이 어떻게 마련되어 있는지 조사하라. - 패스워드 관리가 실제 어떤 형태를 이루어지고 있는지 그 절차와 실행상의 문제점은 없는지 조사하라.	

감 사 절 차	조서번호
- 기밀성이 높은 파일의 관리실태를 조사하고 관리상의 문제점을 도출하라. • 작업스케줄과 오퍼레이션 실시기록의 정합성에 대한 다음의 감사 절차를 수행하라. - 차이분석이 정기적으로 행해지고 있는지 그 유무를 확인하라. - 미처리 오퍼레이션을 찾아내고 그 이유의 타당성을 검증하라. - 분석결과가 작업스케줄에 어떻게 반영되고 있는지 그 실태를 분석하고 평가하라. • 오퍼레이션 실시기록과 관련하여 다음의 감사절차를 수행하라. - 실시기록은 필요에 따라 일정기간 보존되고 있는지의 여부를 확인하라. - 보존대상물이 적절하게 정해져 있는지 조사하라. - 보존기간의 명확성 · 실시기록의 연속성은 적정한 것인지 검증하라 • 예외처리와 관련하여 다음의 감사절차를 수행하라. - 예외처리가 실제 규정대로 이행되고 있는지 조사하라. - 예외처리가 문서에 의해서만 이루어지는지 대조 확인하라 - 예외처리의 기준설정의 적합성을 검증하라. - 예외처리 분석결과가 작업스케줄에 어떤 형태로 반영되고 있는지 조사하라. • 사고 및 장해와 관련하여 다음의 감사절차를 수행하라. - 사고보고서를 검토하고 그 기록내용의 적정성 유무를 검증하라. - 신고서와 보고서를 상호 대사하고 영향의 범위와 정도에 대한 기록이 정확한지를 확인하라. - 사고보고서에 의거한 사후확인 및 관리가 실제 어떻게 이루어지고 있는지 조사하고 문제점을 도출하라. • 입력데이터와 관련하여 다음의 감사절차를 수행하라. - 입력데이터의 작성순서 및 취급은 오류나 부정방지 · 기밀보호 측면에서 적절한 것인지 검증하라. - 취소 · 수정 · 추가데이터의 실적자료를 징구하여 승인누락이 없는지 확인하라. - 입력데이터의 체크는 시큐리티 측면에서 보아 어떻게 기능을 하고 있는지 그 실태를 점검하라. - 데이터의 확인과 대조가 적절하게 실행되고 있는지 조사하라. - 패스워드 및 식별코드 · 열쇠는 어떻게 관리되고 있는지 확인하라.	

감 사 절 차	조서번호
- 조작기록이 실제 얼마 동안 보존되고 있는지 조사하라. - 온 - 라인 단말기로부터 데이터입력에 있어서 에러 처리가 적절하게 실행되고 있는지 관련 자료를 검토하라. • 데이터관리와 관련하여 다음의 감사절차를 수행하라. - 데이터 및 프로그램에 중요도가 어떻게 설정되어 있는지 조사하라. - Back - up과 Recovery의 범위와 시기는 업무 중요도와 처리 형태에 따라 어떻게 설정되어 있는지 조사하라. - 분산 보관을 외부에 위탁하고 있는 경우 위탁선의 관리상황이 어떻게 이루어지고 있는지 절차와 관리실태를 점검하라. - 대체 조치에 대한 검토가 이루어지고 있는지 확인하라. • 악세스 컨트롤과 모니터링에 대한 다음의 감사절차를 수행하라. - 부정악세스를 방지하기 위한 어떤 기능이 있는지 먼저 조사하라. - 무자격자의 악세스가 기록되어 있지는 않은지 확인하라. - 사용권한이 없는 파일에 악세스가 행해지는 일은 없었는지 조사하라. - 악세스 시각에 어떤 이상이 없었는지 그 유무를 확인하라. • 프로그램 운영과 관련하여 다음의 감사절차를 수행하라. - 프로그램 변경 · 추가 · 삭제는 에러의 부정이 없는지 그 관리실태를 파악하라. - 권한자의 승인을 얻지 않은 프로그램의 변경이 없는지 조사하라. - 권한이 없는 자가 변경 등을 행하는 사례가 있는지 조사하라. - 변경의뢰서와 테스트기록부를 대조하고 문제점 유무를 검증하라. - 테스트 완료된 프로그램이 관련 부문에서 정확히 사용되고 있는지 관련 부문을 Sampling하여 현지 확인조사를 병행 실시하라. • 데이터베이스 갱신은 적절히 Tole에 의해서만 관리되고 있는지 절차와 방법을 검증하라. • 변경된 프로그램은 실제 프로그래밍 단계와 동등하게 테스트가 이루어지고 있는지 검증하라. • 부정악세스 방지를 위한 관리실태를 확인하기 위하여 다음의 감사 절차를 수행하라. - 온 - 라인 단말기 사용상황 기록은 정기적으로 분석되고 있는지 확인하라.	

감 사 절 차	조서번호
- 분석지표들은 사전에 적절하게 설정되어져 있는지 그 내용을 검토하라. - 이상이 발견되었을 경우 원인규명과 개선조치가 실제 어떻게 이루어지고 있는지 조사하라. • 데이터와 프로그램의 취급과 관련하여 다음의 감사절차를 수행하라 - 데이터 및 프로그램의 부정사용을 방지하기 위한 관리시스템이 어떻게 이루어지고 있는지 분석하라. - 취급 및 접수는 전임자 이외의 자에 의해 이루어진 경우가 없는지 조사하라. - 기밀데이터의 관련 실태를 조사하고 규정위반 사례가 없는지 확인하라. • 데이터와 프로그램의 보관과 관련하여 다음의 감사절차를 수행하라. - 데이터 및 프로그램의 보관방법과 보관장소는 부정사용이나 파괴 등의 위험으로부터 안전한지의 여부를 확인하라. - 데이터 및 프로그램은 관리대장과 정기적인 대조 확인이 이루어지고 있는지 확인하라. - 중요도에 따라 보관장소가 선정되어 있으며, 절차와 방법의 적절성 유무를 평가하라. • 데이터 및 프로그램의 폐기 관리절차에 대하여 다음의 감사 절차를 수행하라. - 폐기한 데이터 및 프로그램의 내용이 누설된 사실이 없는지 탐문 조사하라. - 보존기한과 폐기일과의 정합성이 어떻게 취해지는지 조사하라. - 기밀데이터의 폐기절차와 방법을 확인하고 관리자의 입회가 실제 어떻게 이루어졌는지 기록을 검토하고 문제점 유무를 검증하라. - 외부 위탁의 경우 위탁선과의 계약내용을 수시로 체크하고 그 결과를 확인하는지의 여부를 검토 확인하라. • 시스템 설치환경과 관련하여 다음의 감사절차를 수행하라. - 출력관리 방법은 위험요소로부터 충분히 고려되어 설치환경이 설치되어 있는지 조사하라. - 출입관리 기록부를 검토하고 관리수준의 타당성을 검증하라. - 무자격자가 출입한 사례가 없는지 조사하라. - 자격증명서 관리가 규정에 따라 적절히 이루어지고 있는지 확인하라. - 방문자 출입기록이 정확하게 기록 유지되고 있는지 조사하라.	

감 사 절 차	조서번호
• 부정사용 방지와 관련하여 다음의 감사절차를 수행하라. - 시스템 악세스의 감시기능은 부정사용방지를 위해 충분히 갖추어져 있는지를 확인하라. - 시설관리는 전임자에 의하여 유효적절하게 이루어지고 있는지 그 실태를 조사하고 문제점을 도출하라. • 보수 작업과 관련하여 다음의 감사절차를 수행하라. - 정기 또는 보수가 어떤 형태로 이루어지고 있는지 조사하라. - 보수보고서를 검토하여 관리방법 및 절차에 문제가 없는지 그 유무를 확인하라. - 보수내용이 분석되어 사고원인이 규명되고 적절한 조치가 이루어지고 있는지 감사하라. • Back-up시스템과 관련하여 다음의 감사절차를 수행하라. - Back-up시스템은 시스템 중단이 발생할 경우를 대비하여 그 체계가 합리적으로 정비되어 있는지 검토하라. - 장해대책 기능이 유효히 가동하고 있는지를 테스트 등을 통하여 정기적으로 확인하고 있는지 파악하라. - 전원 또는 공조설비의 Back-up 조치가 어떻게 강구되어 있는지 조사하라. - 타 시스템과의 Back-up이 상정되어 있으며, 가동성이 충분하게 확인되고 있는지 그 여부를 조사하라. • 감시방법 및 수준과 관련하여 다음의 감사절차를 수행하라. - 감시방법과 수준은 이상의 조기발견을 위하여 설정되어 있는지 확인하라. - 감시방식의 장 · 단점이 사전에 비교 검토되어 가장 적합한 방식으로 채용된 것인지 전문가의 의견을 청취하고 평가하라. - 이상이 감지될 경우 비상연락 조치망이 어떻게 가동되고 있는지 검증하라. • 출력정보의 관리와 관련하여 다음의 감사절차를 수행하라. - 출력정보의 취급 등은 오인 · 부정방지 · 기밀보호 측면에서 적절하게 통제되고 있는지 확인하라. - 출력정보의 보관 · 폐기 · 복사 · 배포 등은 규정에 따라 실제 이루어지고 있는지 검증하라.	

감 사 절 차	조서번호
- 출력정보의 에러체크는 어떻게 이루어지고 있는지 조사하고 문제점 유무를 확인하라. - 출력정보의 신뢰성을 정기적으로 분석 · 평가되고 있으며, 그 결과가 시스템 재검토에 어떻게 반영되고 있는지 조사하라. • 직원관리와 관련하여 다음의 감사절차를 수행하라. - 직무의 권한은 규정에 따라 이루어지고 있는지 확인하라. - 배치 및 교체는 시큐리티 및 효율 측면에서 보아 적절하게 이루어지고 있는지 직무분할 · 적정배치 · 직원구성 · 교체주기에 대한 평가를 실시하라. - 작업시간 · 휴가취득 상황 등이 정확히 파악되어 문제가 발생시 즉시 조치되고 있는지 확인하라. - 긴급시를 구체적으로 상정한 훈련이 주기적으로 이루어지고 있는지 확인하라.	

5. 정보보안

감사대상 업무	
■ 정보보안관리	■ 정보의 보안성
■ 정보시스템 취약점관리	■ 사용자 PC 보안

내부통제 확인사항

확 인 사 항	Y/N	특기사항
• 현재 사용 중인 정보보안 Tool과 기술에는 어떠한 것이 있는가. • 정보보안 Tool과 기술이 경영진의 승인을 받고 운영되는가. • 도입된 정보보안 Tool과 기술은 시스템에 적절히 반영되어 운영되고 있는가. • 입 · 퇴사자 및 외주업체 직원의 경우, 보안서약서가 쓰이고 관리되고 있는가. • 이러한 사항은 보안 관련 정책 및 절차에 반영되어 있는가. • 신규시스템개발이나 신규시스템구매 시 정보보안 및 내부통제를 고려하였는지 확인하는 정보보안성 심의 절차가 있는가. • 정보보안성 심의가 반드시 이루어지도록 강제화되어 있는가. • 정보시스템에 대한 사용자계정 정책 및 패스워드 관련 정책이 정의되어 있는가. - 일정자릿수(6자리) 이상 - 문자와 숫자 혼용 및 특수문자의 강제 사용 - ID와 동일한 패스워드는 사용될 수 없음 - 개인신상정보와 관련된 정보는 패스워드로 사용될 수 없음. - 연속된 숫자 또는 문자는 패스워드로 사용될 수 없음. - 주기적(3~6개월)으로 패스워드 강제 변경 • 사용자 PC의 화면보호기는 얼마 동안 사용이 없으면 작동이 되는가. • 보안취약점 수행 절차 · 담당조직 · 결과보고 · 결과조치와 관련한 정책 및 절차가 있는가.		

확 인 사 항	Y/N	특기사항
• 모의해킹과 같은 독립적인 보안통제의 취약점 평가가 주기적으로 수행되는가. • 정보시스템의 각 메뉴와 기능별로 접근 가능한 읽기 · 쓰기 권한을 사용자별로 정의한 권한 문서를 관리하고 있는가. • 정보시스템에 대한 접근권한 문서를 주기적으로 검토하는가. • 정보시스템에 대한 접근권한을 요청하고 부여하는 프로세스가 존재하는가. • 정보시스템에 대한 접근권한이 인사변동에 따라 즉시 변경되는가. • 신규입사자에 대한 정보시스템 신규접근 권한부여 프로세스는 어떻게 이루어지고 있는가. • 부서 이동자에 대한 정보시스템 접근권한 회수 및 재부여 프로세스는 어떻게 이루어지고 있는가. • 퇴사자에 대한 정보시스템 접근권한 회수 프로세스는 어떻게 이루어지고 있는가. • 사업목적으로 보유하고 있는 개인정보인 사용자 관련 이름 · 주민번호 · 전화번호 · 주소 · 아이디 · 패스워드 등이 비치 관리되고 있는가. • 컴퓨터 바이러스 백신프로그램의 설치 및 최신 패치 적용 현황은 어떻게 이루어지고 있는가. • 컴퓨터 바이러스 백신프로그램 설정의 실시간 감시기능 · 활성화 · 업데이트 자동화 등의 적정성은 어떠한가. • 비인가 소프트웨어 사용 방지와 관련된 경영자의 의지가 있는가. • 비인가 소프트웨어 사용을 방지하거나 발견할 수 있는 절차가 있는가. • 소프트웨어 라이선스 및 비인가 소프트웨어 사용 제한 등 소프트웨어 사용과 관련된 회사의 정책이 있는가. • 비인가 소프트웨어 사용 시 제재 관련 규정이 있는가.		

감사지시서

감 사 절 차	조서번호
• 사용 중인 정보보안 Tool과 기술의 도입 시, 상위관리자의 승인을 받았는지 확인하라. • 최근 입 · 퇴사한 직원의 보안서약서 및 외주업체 직원의 보안서약서가 비치 · 보관 · 관리되고 있는지 확인하라. • 정보시스템 보안 관련 규정 · 지침 · 절차 등에 입 · 퇴사자 및 외주업체 직원의 보안서약서 관리와 관련된 사항이 명시되어 있는지 검증하라. • 정보보안성 심의와 관련된 절차에 따라 정보시스템 개발 및 구매가 이루어졌는지 점검하라. • 정보시스템에 대한 사용자인증 및 패스워드 정책이 적절히 적용되었는지 확인하라. • 사용자 PC의 화면보호기가 미리 정해진 시간 경과 시 작동되는지 확인하라. • 정보시스템 보안 관련 규정 · 지침 · 절차 등에는 주기적인 보안 취약성 점검과 관련한 사항이 명시되어 있는지 검증하라. • 모의해킹 내역 · 시스템 취약점 분석결과보고 · 보안취약점 조치내역 등의 자료가 비치 운용되고 있으며, 적절히 수행되고 있는지 조사하라. • 정보시스템에 부여된 권한에 대한 주기적 검토 서류가 있는지 검증하라. • 해당 자료는 관리자의 승인을 받았는지 확인하라. • 정보시스템의 각 메뉴별 사용자접근 가능한 읽기 · 쓰기 권한이 정의된 자료를 징구하여 중요정보에 대한 쓰기 권한이 권한문서에 정의된 대로 시스템에 적용되어 있는지 확인하라. • 인사변동에 따른 회사의 신규입사자 · 부서 이동자 및 퇴사자의 정보시스템 접근권한이 적절히 진행되고 있는지 검증하라. • 정보시스템 접근권한 부여 및 회수 시 관리자의 검토가 이루어지는지 확인하라. • 개인정보를 보호하기 위한 정책 및 절차가 기술된 서류가 있는지 확인하고, 적절한 승인을 받았는지 확인하라. • 개인정보가 승인받지 않은 접근으로부터 보호되고, 적절한 승인을 받은 후 사용되고 있으며, 적절히 보호되고 있는지 주기적으로 모니터링되고 있음을 확인할 수 있는 자료를 징구하여 적정성 유무를 검증하라.	

감 사 절 차	조서번호
• 개인정보 보호를 위한 기술적 · 관리적 조치방안인 암호화 기술 · 백신소프트웨어 · 침입탐지시설 등이 구성되어 있는지 직접 확인 검증하라. • 개인정보 보유 및 이용기간이 끝난 개인정보가 파기되지 않고 남아 있는지 확인하라. • 정보시스템 보안 관련 규정 · 지침 · 절차 등에는 사용자 PC 보안과 관련하여 다음 사항을 감사하라. - 컴퓨터 바이러스 백신프로그램의 설치 및 최신 패치 적용, 자동업데이트 설정 및 모니터링 여부 확인 조사 - 사용자 PC의 운영체제(Windows 등) 최신 업데이트, 자동업데이트 설정 및 모니터링 여부 확인 조사 • 전산부서 이외의 현업부서의 사용자 PC를 선택하여 다음 사항을 감사하라. - 컴퓨터 바이러스 백신의 최신 패치가 적용되고 있는지 조사하라. - 비인가 소프트웨어 사용방지와 관련된 주기적인 통보 자료가 있는지 조사하라. - 비인가 소프트웨어에 대한 주기적인 점검 자료가 있는지 조사하라.	

04 정보시스템 감사보고서

정보시스템 감사는 정보시스템의 신뢰성과 안정성 및 효율성을 높이기 위한 감사대상이 되는 정보시스템에서 독립한 감사인이 객관적인 입장에서 정보시스템이 정해진 규정대로 구축되고 있으며, 기술적으로 기밀보호와 오류에 대한 안전성을 잘 반영하고 있는지 뿐만 아니라 이미 구축되어서 운영 중인 시스템이 준거성과 정보안전성의 기준에 따라 잘 운영되는지를 종합적으로 점검 · 평가하여 최고경영층에게 시정사항을 보고하여 이를 개선하기 위해 권고하는 것이라고 할 수 있다.

1. 감사보고서의 구성요소

정보시스템 감사는 다른 경영관리 부문의 감사와 그 성격 및 특성이 다르므로 감사보고서의 구성 역시 상이할 수밖에 없다. 따라서 일반적으로 정보시스템의 감사보고서는 특정한 형식에 구애받지 않는다 하더라도 최소한 감사보고서로서의 구성요소를 다음과 같이 요약할 수 있다.

감사인 감사인은 감사대상 부문에 대한 실질감사를 실시한 감사부서의 책임자와 그 실무자로 기재함이 타당하다.

작성일 감사보고서의 작성 연월일을 기재한다.

감사대상 정보시스템을 감사한 피감사 부문을 말하며, 회사 조직 내의 공식적인 명칭을 기재한다.

감사목적 내부감사의 목적은 기업 내 정보시스템의 통제 및 관리에 대한 현황을 조사하고, 향후 정보시스템을 체계적으로 관리할 목적에 따라 현재 정보시스템 부문이 안고 있는 현안 문제점을 조기에 파악하여 개선조치를 함으로써 사고를 미연에 방지하고 경영개선에 기여함을 그 목적으로 하여야 한다.

감사범위 및 절차 정보시스템 감사의 범위는 기업 내 정보시스템의 통제 및 관리에 대한 전반적인 항목에 대한 종합감사로 하며 감사절차는 일반적인 내부감사 절차에 따른다.

실시기간 정보시스템 감사의 실시기간은 감사실시계획에 따라 예비감사 실시일로부터 실질감사가 종료되는 시점을 말한다.

실시분담 및 분담자 감사부서장은 정보시스템 감사 실시계획에 따라 감사부서의 직원으로 하여금 감사인으로 선정하고, 선정된 감사인에게 각자가 감사하여야 할 감사범위별로 적절한 업무분담을 하고 그 사항을 기록한다.

H/W/S/W 현황 감사보고서에는 회사 내에 보유하고 있는 각종 하드웨어와 소프트웨어의 현황을 개괄적으로 기록하여 의사결정권자와 보고서를 읽는 사람에게 기본정보를 제공토록 한다.

네트워크 구성도 회사 내에 구축되어 있는 네트워크의 구성도를 개괄적으로 기록한다.

감사결과 개요 먼저 감사인이 피감사 부문에 대한 감사의견을 요약하여 기재한다. 다음에 이러한 내용을 신뢰성 상황 · 안전성 상황 · 효율성 상황으로 나누어 기재한다.

감사결과는 신뢰성 · 안전성 · 효율성마다 종합적으로 평가하고 그 개요를 간결하게 기재한다. 시스템 감사인은 스스로의 판단기준을 명확히 하고 업무실태를 평가하여야 하며, 특히 평가는 우열 양면에 대해 공정히 행하여야 한다.

지적사항 및 개선권고사항 감사결과 지적된 사항과 개선권고사항을 항목별로 기재토록 한다. 지적사항에는 감사결과 시스템감사인 스스로의 판단기준에 비추어 의문이 가는 점은 전부 기재하되, 일정기준에 따라 요약 · 정리하여 기재토록 한다. 또한 지적사항의 기재에 있어서는 문제가 된 이유가 명확히 되어 있어야 한다.

감사결과에 의거한 문제점을 지적사항으로 남겨 둘 것인가 또는 개선권고를 할 것인가는 기본적으로 시스템감사인이 판단한다. 다만, 시스템의 중대한 결함과 불비개선을 권고한다.

보충적 기재사항 정보시스템 감사 결과 기타 시스템감사인이 필요하다고 인정되는 사항은 보고서에 보충하여 기재한다. 이는 시스템감사인이 기재항목 이외에 의견표명이 필요한 경우 기록한다.

감사인의 종합의견 시스템감사인은 감사의견을 표명함에 있어서 먼저 각 분담자로부터 실시 분담된 감사항목의 감사결과에 대한 특징적인 사항에 대한 의견과 종합적인 감사의견을 종합하여 상호 토론과 의견을 개진한 후 최종적으로 이를 감사의견으로 기술토록 한다. 여기서는 정보시스템 기획 · 정보시스템 개발 · 정보시스템 운용 · 정보보안에 대한 감사대상 항목별 의견을 언급함을 잊어서는 안 된다.

2. 감사보고서의 작성

감사보고서는 그 구성요소에 따라 일반적으로 다음과 같은 형식으로 작성된다.

정보시스템 감사보고서

1. 감사인 : 감사실 _____팀 ○○○, ○○○

2. 보고서 제출일 : 20___년 ___월 ___일

3. 감사대상 : 감사대상 부서명

4. 감사목적

   회사 내 정보시스템의 통제 및 관리에 대한 현황을 조사하고, 향후 정보시스템을 체계적으로 관리할 목적으로 한다.

5. 감사 범위 및 절차

   회사 내 정보시스템의 통제 및 관리에 대한 전반적인 종합 감사

6. 실시기간 : 20___년 __월 __일 ~ 20___년 __월 __일

7. 실시분담 및 분담자

실시분담사항	직위 성명	특기사항
정보시스템 기획		
정보시스템 개발		
정보시스템 운용		

8. H/S 및 S/W 현황

   (별부 1. 현황 참조)

9. 네트워크 구성도

   (별부 2. 구성도 참조)

10. 감사 결과 개요

신뢰성 상황	
안전성 상황	
효율성 상황	

11. 지적사항 및 개선 권고 사항

■ 정보시스템 기획업무에 관한 지적 및 개선 권고사항

업 무 명	지적사항	개선 권고사항
계 획		
조사 · 분석		
개발검토		
직원관리		

주석사항

■ 정보시스템 개발업무에 관한 지적 및 개선 권고사항

업 무 명	지적사항	개선 권고사항
개발 순서		
직원 관리		
시스템 설계		
프로그램 설계		
프로그래밍		
시스템 테스트		

주석사항

■ 정보시스템 운영업무에 관한 지적 및 개선 권고사항

업 무 명	지적사항	개선 권고사항
시스템 운용		
입력데이터 작성 및 입력		
데이터 및 프로그램 관리		
시설 관리		
출력정보의 관리 및 활용		
직원관리		
외부위탁		

주석사항

12. 보충적 기재사항

정보시스템 절차	
정보보안관리	
기타사항	

13. 감사인의 종합의견

....

....

....

....

....

Chapter 13

수출입 부문의 감사절차

01 수출절차 · 574

02 수입절차 · 579

03 수출입업무 감사절차 · 582

수출입 감사의 목적은 급격한 무역환경 변화에 대처와 국내외 경영여건 변동에 대비하여 내부감사를 통하여 수출 · 입 분야의 문제점을 파악 분석 후 이의시정 · 개선을 통한 기업의 발전을 도모하는 데 그 목적이 있다.

01 수출절차

수출절차의 최초단계는 해외시장조사이다. 수출상은 특정상품에 대한 거래선을 발굴한 후 계약을 체결한다. 외국의 수입상은 계약내용에 따라 수출상을 수익자로 하는 신용장을 개설하고 이를 수취한 수출상은 상호 합의내용에 따라 제품을 생산 및 가공하여 수출통관을 마친 후 운송인에게 인도하거나 운송수단에 적재한다.

한편, 수출상은 신용장에서 요구하는 제반서류를 구비한 후 거래은행에 매입을 의뢰한 후 수출대금을 회수하고 수출이행에 따른 관세환급과 수출용 원자재의 사후관리를 받음으로써 일련의 수출절차는 완료된다.

1. 수출계약 체결

무역계약은 수출상이 수입상에게 일정한 가격 및 조건으로 물품을 양도하면 그 대금을 지불할 것을 약정하는 국제간의 물품매매계약으로 무역계약은 국제간에 이루어지는 매매계약을 말한다. 이는 수출상이 수입상에게 상품의 소유권을 양도하여 상품을 인도할 것을 약정하고 수입상은 이를 받아들이고 그 대금을 지급할 것을 약정하는 계약이다.

무역계약이 성립되는 과정을 보면 일반적으로 구매의사가 있는 고객으로부터 구매의사 표시(inquiry : 조회)를 받게 되면, 수출상은 감사의 표시와 함께 서면으로 청약(offer)을 하게 되는데 여기에는 최소한 가격 · 품질 · 수량 · 운송 · 보험 및 대금결제 방법 등 제반조건을 명시하게 된다. 그러나 대부분의 경우에는 가격을 흥정하거나 품질을 결정하기 위한 견품과 가격의 왕래부터 시작되는 것이 일반적이다.

2. 화환신용장(Letter of Credit)

무역계약이 체결되면 매매계약서에 명시된 조건에 따라서 대금결제가 신용장에 의할 경우 수입상은 신용상 개설은행을 통해 신용장을 발행하여 신용장 통지은행인 수출상의 국내거래은행에 의해 수출상 앞으로 통지하게 된다.

신용장은 이를 발행하는 은행이 독자적으로 신용장의 조건이행을 명시하여 이를 이행하는 자에게 신용장상의 금액의 무조건 지급을 확약하겠다는 증서이다. 이는 무역거래의 대금지급 및 상품수입의 원활을 기하기 위하여 수출상을 수익자로 하여 수입상의 거래은행인 신용장 개설은행이 수입상의 요청과 지시에 따라 독자적으로 수출상 또는 그의 지시인으로 하여금 신용장에 명기된 조건과 일치하는 제반서류를 제시하면 지급의 이행 혹은 신용장에 의해 발행된 어음의 지급인수를 수출업자 또는 어음매입은행 및 선의의 소지인에게 약정하게 된다.

따라서 신용장은 수출상에게는 대금회수의 위험을 제거하고 수입상에게는 화물인수에 따른 위험을 제거하여 줌으로써 국제적으로 가장 많이 이용되는 대금결제 방식이다.

3. 수출승인

수출상은 수출승인 대상물품을 수출하고자 할 경우에는 매 계약 건별로 구비서류를 갖추어 수출승인을 신청하여야 하며, 승인대상 품목이 아닐 경우에는 수출승인을 받을 필요가 없다. 수출승인의 권한은 산업자원부장관이 지정 고시한 관계행정기관 또는 단체의 장에게 있다.

수출승인을 받아야 하는 승인대상품목은 수출입공고상의 수출제한 품목과 수출입공고 별도공고상의 수출제한 품목이다. 따라서 수출상은 해당 상품이 수출승인대상품목에 적용되는지를 먼저 HS 번호를 근거하여 검토해야 한다.

4. 무역금융

무역금융이란 외국환은행이 수출물품을 매입제조가공하는데 소요되는 자금을 수출증대를 목적으로 선적 전에 수출상에게 제공하는 정책금융을 말한다. 무역금융은 지원대상에 따라 일반 수출입금융 · 건설용역수출금융 · 농수산물 수출준비자금 대출 등 세 가지가 있는데 이들 가운데 일반적으로 유형재인 상품의 수출과 관련하여 지원되고 있는 금융은 일반수출입금융을 말한다.

일반 수출입금융은 과다 금융의 방지와 적정융자를 위해서 생산자금금융 · 원자재 금융 · 포괄금융 등으로 자금의 용도별로 구분하여 융자를 취급하고 있다.

5. 적하보험 및 수출보험계약

적하보험 CIF조건의 수출인 경우 수출상은 보험자(보험회사)와 수출상품에 대하여 적하보험계약을 체결한다. 수출상은 운송될 상품의 수량과 금액이 파악된 시점에서 보험회사에 소정의 적하보험신청서를 제출하여 보험계약을 체결하여야 하나 실무에서는 편의상 보험회사와 전화 등을 통한 구두로 계약하는 것이 일반적이다.

부보조건은 수입상이 개설한 신용장상의 보험조건과 일치하도록 부보를 하여야 하며, 가격조건이 CFR이나 FOB일 경우에는 일반적으로 수입상이 적하보험을 부보함으로써 수출상은 적하보험에 부보 할 필요가 없다.

수출보험계약 수출상은 외환거래의 제한 또는 금지 · 전쟁 등 비상위험이나 상대방의 파산 또는 지급불능 등 신용위험으로 통상의 운송보험으로 담보할 수 없는 여러 가지 위험에 대해 수출보험을 부보할 수 있다. 수출보험은 수출상뿐만 아니라 수출과 연관된 생산업자나 금융기관의 손해까지도 담보해 줌으로써 수출상의 불안을 제거하고 안전한 수출을 보장하여 수출진흥을 도모하도록 만들어진 비영리정책보험을 말한다.

6. 수출통관 및 운송계약

수출통관 수출물품을 생산하거나 완제품을 구매한 수출상은 물품을 선적하기 전에 관세법이 정하는 바에 따라 수출통관 수속을 하여야 한다.

수출통관이란 수출신고를 받은 세관장이 수출신고 사항을 확인하여 일정한 요건을 갖추었을 때 이를 즉시 수리하는 것을 말한다. 세관장은 신고 서류상의 물품과 실제품목의 일치여부 등을 심사한 다음 수출신고필증을 교부하여 준다.

수출신고가 수리되면 수출상은 수출물품을 임의대로 운송보관 등을 통하여 30일 이내에 선적지 보세구역에 반입시키게 되며, 비로소 선박 또는 항공기에 적재하게 된다.

운송계약 수출업자는 상품의 통관과정을 거치면서 수출물품의 제조생산이 완료되면 수출물품의 운송을 위하여 운송회사를 물색, 선정하여 구체적인 운송을 협의한 후 운송인과 운송계약을 체결한다.

운송인과 운송계약을 체결할 경우에는 운임결정이 제일 중요한 결정요소이며, 운임이 결정되면 운송인은 화주(수출상)에게 선복요청서(shipping request : S/R)를 요구하게 되고 수출상이 이를 전달함으로써 운송계약의 증거서류가 되며 선적이 완료되면 이를 근거로 운송회사는 화주에게 선화증권(bill of lading : B/L)을 교부해준다.

7. 수출대금의 회수

수출통관과 선적이 완료되면 수출상은 신용장에서 요구하는 환어음과 제반서류, 즉 상업송장 · 선화증권 · 보험증권 · 포장명세서 · 원산지증명서 등을 준비하고 환어음을 발행하여 거래 외국환은행에 수출환어음 매입(negotiation)을 의뢰한다. 매입의뢰를 받은 외국환은행은 선적서류가 신용장 조건과 일치하는지 여부를 검토하고 수출이 이행되었는지를 확인하기 위하여 수출신고필증을 제출케 한 다음 환어음을 매입하여 수출대금을 수출상에게 지급한다. 그리고 서류를 매입한 매입은행은 동 수출환어음을 서류와 함께 신용장 조건대로 지급은행 또는 발행은행 앞으로 송부하여 대금을 추심하게 된다.

8. 관세환급 및 사후관리

관세환급 수출을 완료한 후 수출상은 운송수단에 적재가 완료되었다는 수출신고필증을 입수하여 관세환급을 받게 된다. 관세환급이란 수출상품 제조에 소요된 원재료의 수입시에 납부한 관세 등을 수출상에게 되돌려 주는 것을 말한다. 관세환급의 방법에는 중소기업 기본법상 중소기업자로서 일정한 요건을 갖춘 자는 환급절차상의 편리를 위하여 수출신고필증만 제시하면 간이 정액환급률표에 기재된 금액을 환급하여 주는 간이정액환급제도와 수출물품의 관세액을 일일이 계산해서 환급받는 개별환급제도, 그리고 수입시 관세징수를 유보한 다음 수출이행 시 상계처리하는 상계제도 등이 있다.

사후관리

수출입 공고상 승인품목이나 특별법 규제대상품목이 외화획득용 원료로 수입되거나 내국신용장이나 구매승인서에 의하여 국내에서 구매되는 경우에는 대응수출이 이행되었는지 여부에 대하여 사후관리를 받아야 한다. 사후관리 대상물품을 수입한 자는 일정기간 내에 외화획득을 하고 사후관리 은행에 외화획득이행신고를 하여야 하며, 적정사유로 대응수출을 하지 못했을 경우에는 외화획득용 원료 사용목적 변경승인을 받거나 상사 간 양도승인을 받아야 한다. 이와 같이 사후관리대상품목에 대한 외화획득이행신고를 마지막으로 수출절차는 모두 끝나게 된다.

02 수입절차

수입절차라 함은 수입상이 해외로부터 물품을 수입하기 위하여 수입대상품목의 거래처를 선정하여 수입계약을 체결한 후 승인대상품목에 대한 수입승인을 받은 다음 수입신용장을 개설한 후에 해외의 수출상으로부터 물품선적 관련 서류 및 수입어음이 도착되면 수입대금을 지급하고 서류를 인도받아 수입통관절차를 거쳐 물품을 수령하는 일련의 절차를 말한다.

1. 수입계약체결

수입상은 해외 거래처로부터 직접 청약(Offer)을 받거나 국내에서 통상 오퍼상이라고 불리는 업자의 청약에 대하여 승낙(Acceptance)함으로써 물품매도확약서(Offer Sheet)를 발급받아 계약이 체결된다. 한편, 기본적인 계약체결은 일반적인 약정조건에 대해서만 물품매도확약서상에 명시되지만 이것만으로는 전체적인 계약내용을 완전히 약정했다고는 볼 수 없으므로 물품매도확약서만으로 수입계약을 대신하지 말고 별도의 거래조건에 대하여 상세히 수입계약을 체결하여 두는 것이 사후에 발생될 수 있는 분쟁을 막을 수 있다.

2. 수입승인

수입상은 수입승인품목을 수입하고자 할 경우에는 매 계약건별로 구비서류를 갖추어 수입승인을 신청하여야 하나 승인대상 품목이 아닐 경우에는 수입승인을 받을 필요가 없다. 수입승인의 권한은 산업자원부장관에게 있으나 추천 등을 행하는 기관에 위임하고 있다. 수입승인을 받아야 하는 승인대상품목은 수출입공고상의 수입제한 품목과 수출입공고 별도공고상의 수입제한 품목이다. 따라서 수입상은 해당 상품이 수입승인대상품목에 적용되는지를 먼저 HS 번호를 근거하여 검토해야 한다.

3. 수입신용장 개설

승인기관의 수입승인을 받은 수입상은 수입승인서 및 물품매도확약서(Offer Sheet) 또는 구매계약서(Order Sheet)를 참조하여 신용장개설 은행의 소정의 양식인 화환신용장 발행신청서에 신용장 조건 등을 기재하여 신용장 발행은행에 수입신용장 발행을 의뢰한다. 신용장 발행 신청 시에 신청서상에 기재되는 내용은 곧 신용장의 조건이 되므로 모든 사항을 간단명료하고 정확하게 기재해야 한다. 신용장발행은행은 신용장발행수수료 등을 징수하고 수익자, 즉 수출상이 소재하고 있는 수출지의 통지은행 앞으로 신용장을 발송하게 되고 이를 받은 통지은행은 수출상에게 신용장 도착을 통지하게 된다.

4. 운송서류 내도 및 대금결제

운송서류 내도

신용장의 수익자, 즉 수출상은 물품을 선적한 후 신용장상의 조건에 따른 운송서류를 구비하여 환어음을 거래은행을 통하여 신용장개설은행에 송부하여 대금을 회수하게 된다. 이때 신용장개설은행은 내도된 선화증권(Bill of Lading) 등 운송서류가 신용장조건과 일치하는지의 여부를 심사한 후 수입상에게 운송서류도착통지서(Arrival Notice of Documents)를 발송한다. 한편, 수입화물은 이미 도착하였으나 운송서류 미도착으로 화물을 인수하지 못할 경우에는 수입화물선취보증서(L/G : Letter of Guaran-tee)를 신용장 개설은행으로부터 발급받아 선박회사로부터 화물을 인수할 수 있다.

수입대금결제

운송서류도착통지를 받은 수입상은 수입신용장 개설은행에 수입대금과 관련 수수료를 납부한 후 운송서류를 수취하는데, 이때 운송서류가 신용장조건과 일치하는지의 여부를 검토하여 수입대금의 결제에 동의하게 되면 개설은행은 수입자에게 운송서류를 인도한다. 수입상은 운송서류를 외국환은행이 접수한 날로부터 7일 이내에 수입대금을 결제해야 하는데, 동기일 내에 결제하지 않으면 8일째에 외국환은행이 대신 지급처리하며, 7일 이내에서도 4일째부터는 결제지연이자를 징수하고 있다.

5. 수입통관

수입대금을 결제하고 운송서류를 수취하거나 수입화물선취보증서(L/G)를 받은 수입상은 수입물품을 보세구역에 반입한 다음 관세법 또는 기타 법령이 정하는 바에 의하여 세관에 수입신고를 하게 된다. 그러나 예외적으로 수입물품이 우리나라에 도착하기 전에도 수입신고를 할 수 있는데, 부두에서 직접 통관하는 화물은 사전수입신고가 가능하다. 수입신고를 받은 세관에서는 수입신고한 물품과 수입승인서 상의 물품이 일치하는지 여부를 확인하고 수입신고사항이 수입승인 사항과 일치하는지의 여부에 대하여 심사한 후 수입신고필증을 교부한다. 수입신고필증을 교부받으면 보세구역에서 당해 물품을 반출할 수 있다.

03 수출입업무 감사절차

1. 수출업무

감사대상 업무	
■ 수출 마케팅 조사	■ 수출 계약
■ 수출 절차	■ 무역 금융
■ 통관 절차	■ 선적 및 수출대금 결제

내부통제 확인사항

확 인 사 항	Y/N	특기사항
• 수출업무를 주관하는 부서는 별도로 조직화되어 있으며, 수입업무 주관부서와 구분 운영되고 있는가. • 수출거래에 있어서 표적시장은 선정되어 있으며, 수출 마케팅 조사가 주기적으로 이루어지고 있는가. • 수출 마케팅을 위한 조사방법은 다음과 같은 각 단계별 절차를 반드시 수행하는가. - 예비심사 - 예비조사 - 현지조사 - 추적조사 • 수출마케팅 조사 시 다음 요소들이 고려되고 있는가. - 수출대상국 지리적 사정 · 사회 · 통신 · 사업구조 · 경제현황 - 수출상대국 정부의 제반 무역정책 · 조세제도 · 관세제도 - 수출상대국의 통화 및 외환상황, 금융기관의 발달 정도 - 수출상대국의 자국 상품에 대한 보호제도 및 그 정도		

확 인 사 항	Y/N	특기사항
- 수출상대국의 관련 법률 • 수출마케팅 활동으로서 수출상품에 대한 다음의 조사기능이 적절하게 수행되고 있는가. - 수출대상국 시장의 소비자조사 - 수출대상국 시장의 잠재수요조사 - 고객중심의 제품조사 - 가격조사 - 수출 유통경로조사 - 상품의 경쟁상황 - 마케팅 Cost조사 - 신용조사 • 수출마케팅 전략 수립 시 다음의 요소들이 검토 분석되고 있으며 이것이 의사결정 과정에 반영되고 있는가. - 목표시장의 결정 - Marketing Mix - Segmentation 정책 - 이익계획 • 수출거래 형태별로 품의는 되어 있는가. - SPOT거래 또는 장기거래인가 - AT SIGHT L/C 또는 USANCE L/C 인가 - D/A 거래인가 - 사전원가계산은 되었는가. • 사후원가계산의 적정성은 다음과 같이 검토되어 있는가. - 건별 사후원가계산서 작성 및 보고는 되었는가. - 사전원가계산보다 큰 차이가 있는가. • Selling Offer에는 다음 사항들이 반드시 내포되어 있는가. - 품질조건		

확 인 사 항	Y/N	특기사항
- 수량조건 - 가격조건 - 선적조건 - 보험조건 - 결제조건 - Claim에 관한 사항 • Selling Offer는 위임전결규정에 따른 전결권자의 사전승인에 의해서만 이루어지고 있는가. • Selling Offer를 발행하기 전 반드시 수출상품에 대한 재정담당부서의 원가계산서가 작성되며 충분한 검토가 이루어지고 있는가. • L/C 도착 시 다음의 내용을 check 하였는가. - 수출계약 내용과 대조 - 취소가능 여부에 대한 확인 - 양도가능 여부에 대한 확인 - 매입은행의 제한 여부에 대한 확인 • 장기 미이행 L/C가 있는가. - 미이행 사유는 무엇인가. - AMEND 요청은 하였는가. • 주문승낙서에는 거래에 필요한 제반조건이 반드시 기재되고 있는가. • 매매계약서와 L/C는 반드시 대조하여 신용장 제반 위반사항을 확인하는가. • Firm Offer에 대한 Offer수락 가부는 반드시 회신하고 있는가. • Acceptance는 반드시 절차에 의해서 전결권자의 승인 후 발송되고 있는가. • Local L/C의 경우 본 신용장의 제반조건에 의해서 발행되고 있는가. • 수출 상대방의 Order Sheet에는 거래에 필요한 다음의 조건들이 포함된 경우에만 주문승낙서를 보내는가. - 상품의 품명, 품종 · 단가 · 단위 · 수량 - 결제통화 · 금액		

확 인 사 항	Y/N	특기사항
- 선적시기 - 지급조건 - 보험조건 - 포장명세 · 하인(荷印) • 수출 상대방이 약정기간 내 L/C를 개설하지 못하는 경우 매매계약의 해제는 즉시 이루어지고 있는가. • Plant를 수출하는 경우 거래형태는 반드시 중장기 연불방식에 의해서 이루어지는가. • 수탁가공수출의 경우 원료를 선 수입하고 제품을 수출하는가. • 수탁가공수출 시 반드시 가득액에 대해 수출신용장을 수취한 후 송금 확인을 한 연후에 이루어지고 있는가. • 위탁판매수출 시 수출대상 물품은 무환으로 하며, 당해 물품이 판매된 범위 내에서 반드시 대금결제를 받고 있는가. • 수출검사는 적시에 이루어지고 있으며 사전에 품질 · 포장 등에 대한 적절한 내부 통제가 이루어지고 있는가. • 수출신고 시에 반드시 다음의 서류들이 적법하게 작성되고 있는가. - 포장명세서 - 수출허가서 - Invoice • 수출품의 가격 산정기준은 반드시 FOB로 하고 있는가. • 수출용 원자재의 대응 수출기간은 수입 면허일로부터 관계법에서 정한 기한 내에 이루어지고 있는가. • Invoice는 반드시 개설의뢰인 앞으로만 작성되고 있는가. • L/C상에 별도의 지시가 없는 한 L/C금액과 Invoice상의 금액은 일치하고 있는가. • L/C는 통지은행이나 기타 적법한 은행에 반드시 확인하는 절차를 이행하고 있는가.		

확 인 사 항	Y/N	특기사항
• L/C의 조건 변경이나 취소가 필요한 경우 적법한 절차에 의해서만 이루어지고 있는가. • 무역금융 수혜를 위한 제반조건은 갖추어져 있는가. • 수출지원금융의 범위에 포함된 모든 지원금융은 적시에 이루어지고 있는가. • D/A · D/P로 수출계약을 체결한 경우 일반 수출금융을 받고 있는가. • 외화표시 물품공급계약에 의한 수출계약을 체결한 경우 수출금융을 받고 있는가. • 보세하치장에는 승인받은 자 이외의 자의 출입이 엄격히 제한되어 있으며 적절한 절차에 의해서 관리되고 있는가. • 통관서류는 적시에 작성되며, 적절한 내부통제가 이루어지고 있는가. • 해상운임의 산정방법은 적절하게 이루어지고 있으며 전결권자의 승인을 받은 후 집행되고 있는가. • 선박회사와의 운송계약은 체결되어 있는가. • 운송계약 체결 시 운임산정을 위한 사전조사가 이루어지고 있으며 반드시 타견적서가 첨부되는가. • 운송계약에는 국별 · 무역형태별 · 인도조건별 해상운임이 적절하게 반영되어졌는가. • 해상보상계약 체결 시 보험가액과 보험금액은 타당성에 근거하여 최적(最適)의 조건을 사전에 충분히 검토하여 이루어지고 있는가. • NEGO 기간은 평균기간을 초과하는 일은 없는가. • NEGO 기간은 동종 타사와 비교, 외부용역도 고려하는가. • 관세환급은 신속히 이루어지는가. - 장기 미환급된 것은 없는가. - 환급 불가능한 것은 없는가. • 환급과정의 제도적인 문제점은 없는가.		

감사지시서

감 사 절 차	조서번호
• 조직으로서 수출업무를 담당하는 곳은 어디이며 조직의 기능으로 보아 적합한지를 조사 평가하라. • 수출 부분의 개인별 업무분장표를 구하여 학력 · 전공 · 경력 등에 비추어 볼 때 배치관리의 적절성 유무를 평가하라. • 수출 부문의 업무를 Flow-Chart하고 다음의 감사절차를 수행하라 - 먼저 각 업무의 Process에서 내부통제가 있는 곳을 Check하라. - 업무처리절차의 타당성 유무를 검증하라. - 타 부문과의 횡적결합에 문제가 없는지를 조사하라. • 수출 부문의 업무감사를 위하여 다음 자료를 징구하라. - 업무 관련 규정 및 지침 또는 매뉴얼 - 각종 관련계약서철 - 품의서철 및 보고서철 • 상기 자료를 분석하고 중요한 사항을 사본하여 감사조서철에 편철하라. • 연도 수출계획 및 사업계획서를 징구하여 계획수립의 타당성 유무를 평가하라. • 수출 마케팅조사 자료를 징구하여 다음의 감사절차를 수행하라. - 수출계획과 예비심사 결과 보고서의 비교음미 - 예비조사 보고서 내용의 적시성 및 정보의 가치 유무 확인 - 현지조사 보고서의 의사결정 후 집행사항 Check - 계획실시 단계에서의 추적조사 실시여부 확인 • 상기 조사보고서에는 조사 항목별 요소들이 적절히 조사되어 있는지를 평가하라. • 수출상품에 대한 조사기능이 별도로 조직되어 있으며 적절히 수행되고 있는지의 여부를 확인하라. • 목표시장의 결정이 합리적인 의사결정과정에 어떻게 반영되었는지를 조사하라. • Marketing Mix전략은 수출계획 · 예산편성 · 목표이익에 부합되어 수립 운용되고 있는지를 확인 점검하라.	

감 사 절 차	조서번호
• 세분화 전략은 합리적으로 세워져 있는지 관련 자료를 징구하여 평가하라. • 최근 1년간의 Selling Offer를 징구하고, Sample추출법을 이용하여 일부를 Sampling하여 다음의 감사절차를 수행하라. - Offer의 각 조건들이 적정한지의 여부 확인 - Offer의 매매계약 체결률 조사 - 의사결정 과정에서의 합리성 유무 확인 - 클레임 발생률 및 손해 배상금액과 배상률 계상 - Offer별 원가계산서의 작정성 유무 검증 • 최근 3개월간의 매매계약서 사본을 구하고 L/C와 대조 확인하여 이상 유무를 확인하라. • 주문 승낙서의 처리절차를 검증하고 문제점을 발췌하라. • Local L/C의 발행이 타당하게 이루어지고 있는지 다음의 감사절차를 수행하라. - 특정 하청업체에 편중되어 있는지의 여부 검증 - 특정 제품에 국한되어 있는지의 여부 검증 - 부정이 개입되어 있는지의 여부 검증 • 사후원가 계산의 적정성을 검토하라. • 수출품의 단가 · 거래조건 · 결제조건 등의 적절성 유무를 검증하라 • 수출 상대방의 신용 및 거래 관계의 신뢰성평가를 위하여 매매계약해제 List를 작성하고, 실제 매매계약해제에 사유를 규명하여 효율성을 평가하라. • 수출형태에 대하여 종류별 · 거래처별 List를 작성하고 감사범위를 결정하라. • 수출검사의 내부통제절차를 조사하고 실제 어떻게 이루어지고 있는지를 현장 조사하라. • 수출 관련 서류작성의 오류 및 누락으로 인한 선적지연으로 말미암아 클레임이 제기된 경우는 없는지 조사하라. • 수출물품의 가격결정의 과정을 조사하고 Buyer와의 이해관계자가 없는지 외곽조사를 실시하라.	

감 사 절 차	조서번호
• 수출물품의 가격이 국내 시판가격과 특별하게 차이나는 제품에 대한 가격결정과정을 집중추적 조사하라. • L/C의 조건변경이나 취소가 어떠한 절차에 의해서 이루어지며 적법한 선결권자의 승인에 의해서 이루어지는지 확인 조사하라. • L/C NEGO의 적정성 여부를 검토하라. • 수출지원금융은 적절한 범위 내에서 적합하게 이루어지고 있는지를 장부 대사하여 분석하라. • 불필요한 비용발생 유무를 검증하라. • 보세장치장의 관리실태를 평가하라. • 통관사의 선정과정은 유효적절한 절차에 의해서 이루어졌으며, 긴밀한 업무관계가 효율적으로 이루어지고 있는지를 조사하라. • 통관 관련 비용이 정확한 근거에 의해서 집행되며 그 산출근거에 문제점이 없는지 증빙대조하여 이상 유무를 확인하라. • 운송계약상의 운임은 적절한 산정기준에 따라 체결되었는지 계약서 및 집행실적을 증빙대조하고, 타 업체의 자료를 모집하여 적정성 유무를 검증하라. • 해상보험계약은 특정 보험회사와 어떤 연유에서 체결되어 운영되고 있는지 조사하고, 실제 타 회사자료를 모집하여 비교 확인하여 문제점 유무를 확인하라. • 수출 관련 클레임현황을 징구하여 그 책임소재와 그 조치 결과의 타당성 유무를 조사하라. • 관세환급금의 입금 및 환급절차 · RISK 등에 대하여 검증하라.	

2. 수입업무

감사대상 업무	
■ 수입마케팅 조사	■ 수입절차
■ 수입대금 결제	■ 무역 크레임

내부통제 확인사항

확 인 사 항	Y/N	특기사항
• 수입마케팅조사 시 다음의 사항들이 고려되고 있는가. - 생산지 또는 공급처 - 생산국(공급국) 정부의 제반정책 - 생산국의 외환 · 금융사정 - 제품 · 공급경로가격 · 결제조건 • 수입목표 설정과 수입마케팅전략은 Marketing Mix의 각 담당 부문책임자에 의해서 입안되어 전결권자의 사전승인을 득하는가. • 수출상이 제시한 가격에 의한 원화표시 국내 판매가격이 Cost-plus pricing 방식으로 즉시에 이루어지고 있는가. • 수입계약이 체결되면 다음과 같은 일련의 Process가 즉시 준비되고 있는가. - 신용장 개설 - 용선계약 체결 • 다음의 수입절차는 체계적으로 적시에 이루어지고 있는가. - 수입계약의 체결 - 물물매도 확약서의 수령 - 수입 승인신청 - B/L의 도착확인 - 수입물품의 통관		

확 인 사 항	Y/N	특기사항
• 수입승인신청서의 작성 시 관련 법규에서 규정하고 있는 요건구비사항을 사전에 체크 확인하는가. • 수입물품의 품목분류는 현행 관세율표상의 세분분류와 일치하는지의 여부를 사전에 확인하는가. • 수입승인사항의 변경이 필요한 경우 전결권자의 승인을 받은 후 즉시 승인신청을 하는가. • 수탁판매 수입의 경우 판매기간 내에 판매되지 않은 물품은 그 기간이 만료되는 날로부터 3개월 이내에 반드시 재수출을 하고 있는가. • Usance 수입의 경우 승인요건은 사전에 Check되어 승인신청을 하고 있는가. • 수출용 원자재의 수입 시 소요량증명서의 발급신청은 적기에 적법한 절차에 따라 정확하게 계산되어 이루어지고 있는가. • Import L/C 개설시 다음의 신청서류는 적기에 준비되고 있는가. - 수입승인서 - 물품매도확약서 - 신용장개설신청서 • 신용장개설 통지방법은 적절한 방법에 따라 신속하고도 명확하게 전달되고 있는가. • 신용장 조건변경이 필요할 경우 관계당사자 간의 합의를 위한 조치가 즉시 이루어지고 있는가. • B/L이 적기에 도착되는지의 여부를 관련 은행을 통하여 수시로 Check 하고 있는가. • 수입신고는 적법한 관세사나 통관법인에 위임하고 있는가. • 관세가격이 정확히 산정되었는지 확인 체크하고 있는가. • 클레임발생의 원인은 즉시 규명되며 이에 대한 재발방지 대책수립이 운영되고 있는가. • 클레임은 정당한 이유와 합리적인 절차에 의해서 신속히 제기하는가. • 클레임발생에 대한 손해배상 청구 시 손실명세서에는 다음의 항목들이 충분히 고려되는가.		

확 인 사 항	Y/N	특기사항
- 손상가격 - 클레임 금액 - 실제손실의 내역 - 부대비용 - 검사기관의 검사보고서 • 분쟁발생시 상사중재기관을 통한 중재는 적절하게 이루어지는가.		

감사지시서

감 사 절 차	조서번호
• 수입업무 부문이 수출업무 부문과 어떤 상관관계를 가지고 있는지 조사하라. • 상품의 수입은 영업 부문의 판매계획에 따라 수입의뢰서에 의해서 이루어지고 있는지, 수입결정과정의 일련의 Process를 파악하라. • 원 · 부재료의 수입은 생산계획에 의한 원부재료 구매계획에 의해서만 이루어지고 있는지, 그 의사결정 과정의 Process를 파악하라. • 기계장치 · 치공구 등의 수입은 생산 · 공무 부문의 연간 설비계획에 의해서만 이루어지는지를 파악하라. • 원 · 부재료의 수입, 기계장치 · 치공구 등의 수입은 각 계획과 수입과정에 대하여 다음의 감사절차를 수행하라. - 수입상품의 판매회전률을 구하여 효율성을 평가하라. - 수입상품의 과다재고 유무를 조사하라. - 불용 · 불량자재의 금액을 계상하여 책임을 규명하라. - 수입 기계장치의 기계가동률을 구하고, 그 효율성을 평가하라. • 수입마케팅조사가 실제 어떻게 이루어지고 있는지 관련 자료를 징구하여 적절성 유무를 파악하라. • 수입가격 · 수입조건의 최적(最適)기준이 무엇이며, 실제 그 결정과정에 대하여 조사하라.	

감 사 절 차	조서번호
• Selling Offer 가격은 Cost-Plus Pricing 방식으로 수입원가계산이 이루어지고 있는지를 확인하라. • 수입계약체결 시 수입조건이 불리하게 결정된 부분에 대하여 그 원인을 규명하고, 집중적으로 조사하라. • 수입절차상의 하자로 인하여 클레임이 제기된 사항은 없는지 조사하라. • 수입승인사항의 변경은 반드시 책임있는 자의 승인을 받은 후에 이루어졌는지의 여부를 조사하라. • 수출용 원자재의 관리실태를 파악하기 위하여 다음의 감사절차를 수행하라. - 입고명세서와 불출명세서의 비교 확인 - 소요량증명서에 따른 생산실적과 실제 Loss율 조사 - 생산수율변동에 따른 과부족 또는 잉여원부자재 재고의 확인 • 상기 감사절차에서 그 원인을 규명하고 어떠한 조치가 취해졌는지를 조사하고, 적절성 유무를 평가하라. • 신용장 개설에서부터 수입통관 시까지의 Process에 대하여 일련의 수입거래를 임의 Sampling하여 다음의 감사절차를 수행하라. - 신용장개설이 적합하게 이루어졌는지의 여부 확인 - 신용장 조건변경은 경영층의 승인에 의하여 이루어졌으며 관계당사자 간의 합의를 보았는지의 여부 확인 - 선적서류와 신용장 품목 List의 상호상이 유무 확인 - 통관이 적시에 이루어졌는지의 여부 확인 • 수입 부대비용이 적법한 계산 절차에 의해서 이루어졌는지를 검증하라. • 수입관세의 과세표준은 정확히 산정되었는지 확인하라. • 수입물품의 하자 또는 매매계약 위반으로 인한 클레임 발생 시 적시에 클레임을 제기하였으며, 어떠한 조치가 취해졌는지를 조사하라. • 클레임발생에 따른 손실명세서는 적정한 계상방식에 따라 합리적으로 작성되어 전결권자의 승인을 받았는지 조사하라. • 수입물품의 클레임발생 후 감사일 현재까지 미결사항으로 남아있는 내역을 List-up 하여 책임자와의 인터뷰를 통하여 원인을 규명하라.	

Chapter 14 경영진단 · 597

Chapter 15 경영관리 부문별 진단 · 661

Chapter 16 경영분석 · 749

Chapter 14
경영진단

01 경영진단의 개요 · 598

02 경영진단 절차 · 607

03 경영진단의 모형 · 621

04 진단결과의 평가 · 638

05 경영진단보고서 · 653

기업이 계속기업으로서 경영위험에 빠지지 않고 정상적으로 진취적인 경영활동을 지속하기 위해서는 수시로 경영상태를 종합적으로 진단해 볼 필요성이 있다. 특히, 불확실성이 증대되는 경영환경 속에서 성공적으로 생존하고 성장 · 발전하기 위해서는 다양한 정보나 지식을 가진 전문가의 의견을 경청하여 새로운 생존을 위한 변신전략을 추구해 가는 노력이 필요하다.

경영진단이란 기업이 치열한 경영여건과 급격한 외부환경 아래에서 생존을 통한 경영성과를 이루기 위해서는 서비스 수준의 향상 · 이익의 극대화 · 고품질의 유지 · 기회비용의 적절한 감축 등의 차별적 우위를 확보할 수 있도록 총체적인 경영전략 · 프로세스 · 조직구조 시스템 · 경영관리제도 · 기업문화의 바람직한 수준과 현상수준 간의 Gap을 파악하여, 이를 토대로 경영개선의 기틀을 마련하기 위한 분석절차를 말한다.

따라서, 경영진단은 경영활동의 일부 또는 전반에 대해 계수적 또는 비계수적인 분석과 종합적인 평가를 행함과 동시에 경영상의 결함을 적시하고, 이를 해결하기 위한 개선권고와 지도를 행함으로써 경영자와 조직이 추구하는 목적달성을 도와주는 일련의 전문적인 서비스 및 기술적인 활동이다.

경영진단은 기술적인 면에서 재무분석 · 경영분석 · 경영비교 · 경영평가 · 경영감사와는 유사하고 상호관련성이 많아 자료와 내용에 호환성이 많다. 특히 경영평가나 경영감사와는 아주 유사한 점이 많이 있으나, 좀 더 폭넓게 경영에 대한 지도뿐만 아니라 새로운 사업발굴까지도 제언한다는 점에서 이들보다 더 진전되고 혁신적인 영역을 가진다.

01 경영진단의 개요

경영의 목적인 매출액 또는 순이익의 극대화를 위해서는 경영전체가 합리적으로 조직되고 운영되어야 하는데, 이를 위해서는 치밀하게 계획된 순서와 방법에 따라서 모든 경영활동이 계획되고 실천하여야 충분한 성과를 얻을 수 있다. 또한 치밀한 경영활동의 계획을 세우려면 먼저 경영실태를 파악하기 위한 경영분석이 선행되어 장단점을 찾아내고 장점은 유지 · 발전시키며 단점은 개선책을 마련한 다음 경영에 반영하는데 이러한 일련의 과정을 경영진단이라 한다. 경영진단을 하는 이유로 경영개선을 위해서는 경영설계를 한 후 실천한 결과를 정확하게 판단하고 진단함으로써 보다 나은 경영설계를 할 수 있다.

1. 경영진단의 정의

미국ACME(Association of Consulting Management Engineers in the U.S.A)는 '경영진단이란 특별히 훈련되고 경험 있는 사람들이 전문적 지식과 기법, 그리고 경영진단사의 유기적인 분석을 기초로 한 논리적인 판단을 적용함으로써 회사의 경영상 문제점을 해결하고 회사 업무를 개선하고 증진되도록 도와주는 조직화된 노력을 의미한다.'라고 정의하고 있다. 또한 영국IMC(The institute of Management consultants in the United Kingdom)는 경영진단을 '독립적이고 적성이 맞는 사람들이 기업의 경영계획 · 방침 · 조직 · 업무절차 · 방법과 관련된 문제들을 확인하고 조사하여 적합한 조치를 권고하고 그 권고안들이 기업에서 이행되도록 도와주는 서비스이다'라고 정의하고 있다.

또한 ILO는 컨설팅이란 '기업 또는 기업의 집단이 지니고 있는 경영상의 문제점, 특히 관리기술에 대하여 경영에 관한 학식과 경험이 깊고 풍부한 전문가(Management Consultant)가 실증적으로 조사 · 분석하여 기업의 견실한 발전을 촉진하는 데 필요한 권고를 하거나, 권고를 실천하기 위한 제 문제를 지도하고 조언하는 경영개선의 기법이다'라고 정의하고 있다.

"컨설팅"이란 조직의 목적을 달성하는 데 있어서, 경영 · 업무상의 문제점을 해결하고, 새로운 기회를 발견 · 포착하여 학습을 촉진하며, 변화를 실현하는 관리자와 조직을 지원하는 독립적인 전문서비스를 말한다.

진단의 독립적 서비스 외부컨설턴트는 기업의 변화를 결정하고 개선안을 이행할 만한 직접적인 권한이 없다. 그러나 이것을 약점으로 보아서는 안 된다. 따라서 컨설턴트는 그의 독립성을 포기하지 말고 개선에 실질적인 촉매 역할을 할 수 있는 기술에 통달하여야 한다. 그러므로 컨설턴트는 기업내부 일에 최대한 개입을 보장받도록 하여 진단의뢰 기업과의 공동성취가 되도록 해야 최종적인 진단에 성공할 수 있다.

진단의 권고적 서비스 이는 외부컨설턴트가 절망적인 기업에 대하여 기업을 운영하거나 중대한 결정을 내리기 위하여 동원된 것이 아니고, 컨설턴트는 권고자이기 때문에 권고의 질과 성실성에 대한 책임이 있는 것이다. 따라서 클라이언트에 적합한 권고를 적정한 방법으로 적기에 제공하는 것이 진단사의 기초적인 기술인 것이다. 진단업무는 실질적인 경영문제와 관련된 전문적 지식과 기법을 제공하는 서비스이다. 그러므로 진단은 복잡한 경영문제에 대한 기적적인 해결책을 제공하는 서비스가 아니다. 본래 진단은 어려운 사실들의 분석을 기초로 하여 상상력을 동원하여 가능성 있는 해결방안을 추구하는 어렵고 유기적이고 훈련된 일이기 때문에 기업의 문제해결에 대한 강력한 수용태세와 기업과 진단사의 협동이 전제되어야 한다.

Tip 경영진단의 3대 Service

- 고객의 현재의 여건, 상황, 또는 계획에 대한 객관적 평가를 제공하는 일
- 이미 고객이 활용하지 않는 전문적 기술적 knowhow를 제공하는 일
- 고객에 필요한 전문적인 능력이 없는 분야의 project 수행을 도와주는 일

2. 경영진단의 특징

경영진단은 일정 원칙에 따라 경영활동을 계수적·비계수적으로 분석하고 총합적으로 경영평가함과 동시에 경영상 결함을 발견하고 개선 권고와 지도를 행하는 것이다. 경영진단은 경영능력을 개발하고 결함을 발견하여 개선하며 직접적으로 수익성을 높이는 데 그 궁극적인 목표가 있는 것이 조사와 다른 점이라고 할 수 있다. 조사는 서류조사와 실제조사를 막론하고 대상의 객관적 사실을 채집·정리하여 이것이 어떠한 기준에 얼마나 합치되는가를 검토하는데 불과하다. 따라서 경영진단의 목표를 달선하기 위해서는 먼저 개황청취에 의하여 그 기업의 경영정책을 알게 되며, 각 부문의 경영적인 계수에 의하여 실태를 표현하고 평가한다. 그리고 수익성·유동성·활동성·생산성 등을 분석하여 검토함으로써 기업의 현황을 알 수 있을 뿐만 아니라 장래의 경향을 예측할 수 있게 된다. 이러한 판단의 결과를 기초로 하여 개선방법을 권고하는 것이 진단이다. 이와 같은 진단과정에서 전체조건으로서 조사가 필요하지만 조사자료를 분석하여 통합·조정하는 것은 경영진단의 독자적인 방법이라고 할 수 있다.

경영진단의 특질

경영진단을 통하여 구하자고 하는 사실은 권고지도의 종합성, 특히 윤리성에 있다고 볼 수 있다. 모든 경영진단은 실증적인 임상에 있으며 경영의 실증인식을 통하여서 경영개선 지도를 행하는 것이라고 할 수가 있다. 사실인식을 위해서 분석은 불가피하다. 종래의 기업조사방법은 사실익미로 기입의 실내파악을 할 수가 없기 때문이다. 이에 반하여 임상적인 진단적 조사야말로 바른 기업의 조사방법이라고 말할 수가 있다.

경영활동의 실태를 바르게 파악하기 위하여서는 경영이론을 당면 배경으로 실전적인 경영활동에 있어서 경영을 인식하는 것이 무엇보다도 바른 방법이라고 할 수가 있다. 또한 컨설턴트의 통일적 활동에 따라서 계수를 하나의 인식수단으로서 경영진단 수법과 경영균형 발전분석 · 경영활동 성과분석 · 작업능률분석 등 다각적인 시각에서 경영을 추구하는데 있다고 할 수가 있으며 경영개선안 창출과 실행을 목표로 하여 종합적이고 통일적 · 조직적 · 진단 작업을 진행해야 한다.

경영이론의 발전과 향상은 당연히 실전에 있어서도 영향을 주는 것이 많은 관계로 임상경영에 있어서도 많은 파급을 몰고 온다고 할 수가 있다. 경영진단을 행하고 있는 주체적인 측면에 요구된 요건은 고도의 경영이론에 있으며 깊은 사고적인 체험에 있고 교육적 · 인격적 요소에 있다고 말할 수가 있다.

따라서 이론과 실전이 각각 그 깊이와 넓이에 있어서도 충분히 갖춰지어야만 한다는 것이 요구되고 있기 때문이다. 특히 이러한 이론적인 경험 이상으로 인격적인 것이 실전의 장으로서 중시되어야 한다. 경영진단은 경영진단의 기술과 분석능력만으로서는 충분하지가 않으며 그보다 종합적 · 인격적 · 교육적인 특질을 가지고 있다는 사실을 재확인할 필요가 있다.

경영진단의 구조

경영진단구조라는 것은 경영진단에 있어서 경영진단의 문제 발견 · 문제의 해결 · 문제의 평가를 하는 경우 기본이 되는 구조적인 사고방법이라고 할 수가 있다. 모든 경영진단구조는 경영기초진단 · 경영기능진단 · 경영종합진단에도 해당한다. 여기에서 중요한 것은 경영진단을 할 경우 꼭 이 세 가지의 진단 구조적인 사고가 불가피하다는 것이다. 경영활동은 상호의 시스템으로서 전반적인 진단 사항 위에 기능에 따른 부분별의 진단 활동이 있고, 특히 그것이 종합 조정되고, 바른 경영문제의 발견, 순위별 개선책의 발견이 가능한 것에 있다. 이러한 사실로 미루어보아 부분진단이란 것은 결코 존재를 하지 않는다는 것이다.

| 경영진단의 구조 |

구 분	진단형태별	내 용
경영진단구조	경영기초진단	• 경영환경진단 • 경영자, 종업원진단 • 경영방침계획, 전략진단 • 경영계수진단
	경영기능진단	• 생산활동진단 • 판매활동진단 • 구매활동진단 • 경리자금진단 • 노무활동진단
	경영종합진단	• 경영수익성/경영기초진단 상호조정 • 경영안정성/경영기능진단 상호조정 • 경영생산성/경영기초진단 · 경영기능진단 상호조정

3. 경영진단의 목적

경영진단의 목적은 기업이 직면하고 있는 문제와 향후 추구하는 목적을 면밀하게 조사하여 문제에 영향을 미치는 요인을 확인하고, 문제해결을 위한 정보를 분석하여 문제를 효과적으로 해결하고 변화를 시도할 수 있는 기업의 잠재능력을 확인하는 데 있다. 경영진단을 실시함에 있어 기업에 결정적인 영향을 미치는 중대한 실제적 문제와 잠재적 문제가 무엇인지를 발견하고 진단을 통해 문제의 해결가능성 · 추구하는 목적과의 일관성 · 해결할 만한 가치의 정도 등을 타진해야 한다.

경영진단의 목적은 소극적 의미로는 기업의 수익성 저해요소를 찾아내는 것이며 적극적 의미로는 기업이 보다 많은 이익을 실현을 위한 경영상 결함을 발견하고 권고하는 데 있다. 경영진단은 조직구성원들이 자료의 수집분석에 참여함으로써 변화의 필요성에 대한 인식을 느끼게 되고, 요구되는 변화를 점차 구체화시켜 공감대를 형성하는 유용한 학습효과의 수단이 된다. 목적을 명확히 해야만 변화추구의 방향이 올바르게 설정되어 잘못된 문제에 대한 해결책을 찾거나 손쉬운 해결책을 제시하는 오류나 낭비를 방지할 수 있다. 중심목적과 일치하지 않는 사소하고 한정적인 목적이나, 지나치게 광범위하여 장래의 목적이 될 수밖에 없거나, 실행에 위험성이 크거나, 지나치게 많은 비용이 소요되거나, 비현실적인 목적은 제거되어야 한다.

조직의 목적달성 경영진단은 리더십의 확보, 경쟁우위의 강화, 고객만족 도 향상, 총체적인 품질관리와 생산성 향상 등을 통해 조직의 성장 · 발전에 기여하도록 함은 물론, 진단의뢰인이 추구하는 목표를 달성하기 위한 목적이 명확하지 않은 경우에도 미래의 비전을 명확하게 제시하여 장기적인 조직의 목적 설정에 기여하여야 한다.

경영상의 문제해결 경영진단은 다양한 각도에서 경영상의 문제점을 적시하여 분석하고 해결안을 제시함으로써 문제해결을 위한 의사결정에 도움을 주어야 한다.

새로운 기회의 발견과 포착 경영진단을 통해 당면문제를 해결해 나가는 가운데 수진회사 측에 항상 업무향상과 혁신 · 품질향상 · 고객만족도 향상 · 새로운 시장의 개척 · 종업원의 업무수행 역량향상과 동기부여 등은 물론 새로운 사업기회의 발견과 포착기회를 제공하게 된다.

학습의 증대 경영진단은 수진회사의 경쟁력 확충이나 새로운 경쟁력의 확보를 위해 수행되는 것이므로 경영진단자가 이와 같은 목적을 충족하기 위해 기술적인 지식과 진단방법을 검토하고 학습할 수 있는 기회를 제공하게 된다.

변화의 실행 기업이 치열한 경쟁 속에서 생존을 지속하고 성장 · 발전하기 위해서는 조직과 조직원의 성공적인 변화를 유도하고 관리할 필요가 있다. 이를 위해 경영진단을 통해 진단내용을 정리하고 구현하는 과정에서 조직구성원에게 변화를 이해시키고 이를 성공적으로 수행하도록 하는데 기여하게 된다.

4. 경영진단의 원칙

기업진단을 효율적인 목적으로 실시하기 위하여서는 진단의 기준목표 원칙이 필요하게 된다. 진단활동을 통한 목적과 진단성과를 달성하기 위하여서는 진단원칙이 필요하며 다음과 같은

사항으로 열거를 할 수가 있다

총합성의 원칙 기업진단은 경영의 한 부분만의 시점에서 진단해서는 아니 되며 항상 총합적이고 전체적인 시점에서 종합 조정되어야 한다. 부분적 타당성은 반드시 전체적으로서 바르다고 할 수는 없다. 총합균형은 경영의 각 기능과 요소에 대하여 중시되어야 하기 때문이다.

비용효과의 원칙 기업진단은 경제 Bass에서 하는 것으로서 예비진단을 통하여 진단내용이 비용효과 면에서 장·단기적으로 불합리하다는 것이 판명되면 상호 이해를 하는 것이 필요로 하게 된다. 또 권고안도 당연 효과 면에서 구체적인 방법 기술을 교시할 뿐이며 실시 도중에 고가의 비용을 필요로 하는 것은 당연 채산성에 있어서 타당성을 근거로 할 필요가 있는 것이다.

실시가능성의 원칙 진단내용을 실행을 함에 있어서 효과를 거둘 수 있는 것이어야 한다. 추상적이거나 현실에 맞지 않는 것, 또는 실행하기에는 많은 규제가 뒤따르는 이를테면 가까운 친척·자극적·설비 등이 요구되는 이상론을 중시해서는 안 된다.

자주자발성의 원칙 진단은 진단자와 수진자 모두가 자발적으로 실시하는 것이 바람직하다. 진단의 내용과 대상에 따라서 진단자의 능력에 대한 장점과 전문분야도 한정을 하여 수진기법을 총동원하여 상세히 진단을 하는 것 또한 사후효과를 최대로 올릴 수 있는 것이라고 할 수 있다. 진단권고서의 내용이 기업의 실태파악이 올바르며 내부에 존재하는 여러 세부적인 부분까지도 상세히 진단을 한다면 진단권고 내용도 적중률이 높으며 내용적으로도 가치가 있게 된다. 따라서 진단자는 실태파악 노력을 경주하고 올바른 객관적인 자료를 입수하여야 과학적인 진단을 행할 수가 있다.

성장 발전성의 원칙 기업진단에 있어 진단자는 항시 기업과는 성장발전 도상에 있다고 하는 관점에서 경영진단을 해야 한다. 현상 유지적인 시점에서의 진단은 수진기업 장래 방향의 설정만으로는 바람직하다 할 수 없다. 성장발전단계에 상응한 장래 성장단계를 고려한 진단보고를 해야 한다는 것이다.

권고지도의 원칙

기업진단은 권고서의 작성과 이것을 기반으로 한 경영지도가 필요 불가결하다. 점차적으로 구두에서 서면에 의한 권고서로 바뀌는 경향이 있지만 이것은 아직 편의적인 방법이고 진단결과는 진단권고서 중에 명확히 표시를 하고 진단 관계자에 권고지도의 요점을 표시해주어야 한다. 개선효과의 측정 파악도 명료하게 밝혀야 한다.

진단윤리의 원칙

기업진단의 주체자는 어디까지나 중립적이고 제3자의 입장에서 객관적인 진단을 실시함과 동시에 진단상의 비밀과 특별한 이해관계에서 결코 진단을 해서는 아니 된다. 여기에 모든 진단원의 윤리규율에 대한 중요성이 있다고 말할 수가 있다. 특히 부당한 진단보수를 요구해서는 안 되며 진단계약을 합리적으로 지켜나가야만 한다. 그러한 사항 중에서 살펴본 진단원칙으로서는 다음의 것들을 둘 수가 있다.

- 분석비교의 원칙
- 계속성의 원칙
- 문제명확화의 원칙
- 전체성의 원칙
- 개별성, 특수성의 원칙
- 균형성의 원칙
- 비용 · 효과의 원칙
- 환경 의식의 원칙
- 중립성의 원칙
- 권고지도의 원칙
- 진단원 윤리의 원칙

Tip 경영진단시 주의사항

경영은 정지하고 있는 것이 아니라 환경의 변화에 적응하여 항상 움직이고 있는 것이므로 정태적으로 파악할 것이 아니라 동태적인 경영체로 파악하여 경영자가 환경변화에 잘 적응하는가를 판단하여야 된다.

5. 경영컨설턴트의 요건

전문성 컨설턴트는 다양한 분야의 경험과 전문지식을 갖추고 있어야 하며 경영관리자에게 조직의 가치를 증대시킬 수 있는 경험이나 전문지식 등을 제공할 수 있어야 한다. 특히, 경영진단에 임해서는 기업이 직면한 문제를 해결하기 위한 전문적인 도움과 함께 새로운 기회를 발견하고 활용할 수 있는 서비스 제공이 중요하다.

진단 노하우 구성원이 자신의 문제를 인식하고 해결할 수 있도록 다양한 방법과 도구를 사용하여 지원하고, 경영상의 특정 분야에 대한 지식 및 심리적·사회적 기술과 설득력도 보유하여야 함 무엇보다도 경영관리자와 그 일에 협력하는 사람들에게 권고내용에 대해 신뢰와 흥미 및 협력의사를 갖게 하는 능력이 필요하다.

독립성과 공정성 경영진단에 임해서는 전적으로 자신의 판단에 기초하여 올바르게 결정을 내려야 한다. 조직의 일원으로서 최고경영자의 입장을 고려한다거나 컨설턴트의 입장에서만 바라보아 객관성이 결여되는 일이 없도록 공정한 견해를 밝혀야 함은 물론 특히, 어떤 특정 프로젝트를 추천할 경우 특정부서를 이롭게 하는 표현이 없도록 각별히 유념할 필요가 있다.

성실성 경영컨설턴트는 경영진단을 실시함에 있어 컨설턴트로서의 윤리와 행동규범을 철저히 준수함으로써 상대방에게 강한 인상을 심어줌으로써 컨설턴트가 보여주는 헌신과 성실성·효율성·접근방법론·사실발견을 위한 인내와 노력, 상대방이 언급하지 않은 문제점을 발견하는 능력, 더 나은 기술을 찾기 위한 끈기 등을 통해 상대방에게 깊은 인상과 영향을 줄 수 있어야 한다.

02 경영진단 절차

| 경영진단 단계별 추진절차 |

구 분	단 계 별	추 진 절 차
경영진단의 단계	1단계 경영진단 준비	• 경영진단 발의 • 예비진단 및 경영진단계획 수립 • 진단제안서 작성 · 제출 • 경영진단 합의와 계약
	2단계 경영문제점 분석과 진단	• 진단 주안점 파악 • 진단자료 수집 및 필요사실 확인 • 진단자료 분석 • 피드백 및 진단결과 보고
	3단계 경영개선안 수립	• 경영개선안 수립 • 경영진단 보고서 작성
	4단계 경영개선 실시지도	• 경영개선 권고 • 교육훈련 및 미팅 • 성과평가 및 수정권고

1. 제1단계/경영진단 준비

경영진단 발의

일반적으로 경영진단은 진단의뢰인이 먼저 경영진단자에게 연락을 취함으로써 이루어진다. 즉 진단의뢰인이 스스로 자신의 성과와 경영활동에 문제가 있다고 인식하고 객관적인 어드바이스의 제공을 필요로 하는 경우이다. 이와는 반대로 경영진단자가 수진기업에 관한 정보를 갖고 있고 수진기업이 직면하고 있는 문제와 추구하는 바에 정통하여 이와 관련된 문제의 발견과 해결방안을 제공할 수 있는 상황에서 이루어지는 경우도 있다. 이와 같이 진단의뢰인과의 접촉을 통해 첫째, 진단의뢰인이 변화와 달성하고자 하는 것이 무엇인지 둘째, 경영진단자가 어떻게 도와줄 수 있는지 셋째, 진단의뢰인과 경영진단자의 역할분담 등에 관해 협의하기 시작하는 것으로 경영진단이 발의된다.

예비진단 및 경영진단계획 수립

경영진단의 발의가 이루어진 다음에는 예비진단이 실시되어야 한다. 예비진단 과정에는 경영진단 계획이 반드시 포함되어야 한다.

■ 예비진단

예비진단의 목적은 문제의 발견과 해결을 위한 방안을 제시하기 위한 것이 아니라, 경영진단계획을 수립하고 진단목적 및 방향성을 규정하기 위한 것이다. 따라서 진단의뢰인의 진단 의뢰목적이 분명한 경우에는 예비진단 과정을 생략할 수 있다.

- 예비진단은 경영진단자의 경험과 판단에 따라 수진회사가 직면하고 있는 상황을 정확하게 이해하고 이를 폭넓은 맥락에서 바라보며 실제로 수진회사를 도와줄 수 있는가를 판단하는데 필요한 정보들을 신속하게 수집 · 분석하는 것이다.
- 예비진단은 일반적인 사항에서 특정한 사항으로 진행되는 것이 바람직하다. 즉, 수진회사의 전반적인 목표와 성과에 대한 개요조사 후 몇 가지 해당 영역에 대한 상세조사를 시행하는 순서로 진행한다.
- 예비진단을 위한 주요정보들은 출판물이나 기록 · 관찰과 인터뷰 · 수진회사 관련 외부인이나 조직들과의 접촉을 통해서 얻을 수 있으며 필요한 경우에는 문제발견 워크 - 숍이나 경영진의 자가진단 방법 등을 활용한다.
- 필요 시 수진회사가 경영진단 의뢰계획서와 제안요청서를 제출하도록 하여 예비진단 효과를 높인다.

| 예비진단을 위한 자료 |

외부요인	내부요인
• 정부정책 및 동종업계 특성 파악 • 국내외 경제 및 산업동향 파악	• 경영조직 목표, 기본방침 • 재정상태의 파악과 경영성과 • 경영자 및 실무자면담 분석 • 부문별 경영관리의 개요

■ 경영진단계획 수립

- 경영진단계획의 기본적인 측면은 진단방향을 결정하는 것이며, 이에 따라 진단자와 수진회사의 역할 · 진단형태 · 자원배분 · 진행수행 일정 등에 대한 계획을

수립하고, 이 계획은 진단제안서의 형태로 수진회사에 제시되도록 한다.

- 경영진단계획에서 다루어야 할 주요내용은 다음과 같다.
  - 진단목적의 명확화
  - 진단영역의 선정 및 진단항목의 설계
  - 진단항목별 조사방법의 설계
  - 자료 분석수준 및 방법에 대한 검토
  - 산출물에 대한 설계
  - 진단조직 및 담당자 투입계획
  - 진단소요기간(MD) 및 예산
  - 진단일정계획 등

진단제안서 작성 제출 진단제안서는 경영진단을 어떻게 수행할 것인지를 포괄적으로 정리한 문서로서, 이에 포함할 내용은 진단기본방침 · 진단대상 · 진단범위 및 절차 · 진단 시기 · 진단책임자 및 업무분장 · 소요경비 등이다. 진단제안서 제출은 우편 등에 의한 것보다 직접 만나 제출하되, 제안된 프로젝트가 어떻게 착수되는지에 관한 수진기업 측의 질문에 답할 준비와 진단을 통해 얻게 될 이익에 관해 명확하게 설명함으로써 해당 기업의 관심을 끌도록 한다. 가능하면 진단제안서에 대한 발표기회를 마련하고 발표과정을 통해 해당 기업의 반응과 자신들이 어떠한 평가를 받고 있는지 파악하는 기회로 삼도록 하는 것이 중요하다.

경영진단 합의와 계약 경영진단의 합의 또는 계약체결을 위해 구체적인 항목에 기초하여 공식적인 절차에 따라 합의서 또는 계약서를 작성함으로써 이해관계자에게 불필요한 오해를 주지 않도록 하되, 특히 위험요인과 이의 발생에 따른 책임조항을 상세하게 기술하여야 하며 합의서와 계약서의 주요내용은 다음과 같다.

- 합의 또는 계약의 주체
- 프로젝트 범위
- 작업단계와 일정
- 각 단계 종료의 확인
- 산출물

- 투입인력과 비용
- 프로젝트 비용부담과 처리절차
- 손해보상 관련 내용
- 분쟁 발생 시 중재활동
- 서명 및 서명일자

2. 제2단계/경영문제점 분석과 진단

진단 주안점 파악

제1단계의 경영진단을 위한 준비가 완료되면 그 다음 다음 단계로 경영현안에 대한 문제점과 이에 대한 진단이 실시된다.

■ 진단이 추구하는 목적 설정

회사의 경영상의 문제는 그 조직의 구성원이 가장 잘 알고 있겠으나 그들의 생각 속에 내재되어 있는 것이므로, 이를 이끌어 내도록 하기 위해서는 먼저 이들과의 관계를 원만하게 유지하기 위한 심리적인 전술과 대화하는 기술이 필요하다. '회사의 문제가 무엇이냐'는 식으로 접근하기 보다는 회사의 성장과 발전을 위해 '성취해야 할 것이 무엇이겠는가'에 대해 함께 협의해 보는 식으로 접근함으로써 상대가 적극 동참하도록 유도함과 동시에 격의 없는 질문을 통해 시급히 해결해야 될 과제와 진단이 추구해야 될 목적이 올바르게 설정되도록 한다.

■ 문제의 도출 및 본질과 성격 규명

예비진단에 의하여 분석된 상황을 참고하여 조직의 구성원이 현재의 상태와 목표하는 상태간의 차이를 인식하고 이를 변화시키고자 하는 문제점들을 도출하여 이의 본질과 성격을 규명하도록 한다.

■ 문제의 원인을 규정

진단은 문제의 원인들에 대한 일부의 제한된 지식 혹은 가정을 갖고 진행되는 것이므로 진단자의 피상적인 추측보다는 가능한 한 많은 가설을 설정하는 것이 효과적이며, 자료의 수집과 분석을 통하여 가설로 설정된 원인들의 제거 및 첨부를 통한 접근방법으로 실질적인 원인을 정의하도록 한다.

■ 의미 있는 연관관계들의 배려

면담을 통해 현재 나타나고 있는 현상 외에 장래에 발생할 가능성이 있는 문제점에 대하여 이러한 문제가 나타나게 된 의미 있는 연관관계 등에 대해서도 항상 생각하고 배려해 가도록 노력하며, 면담자의 개인적인 어려움을 조직전체나 프로세스의 문제와 동일시하지 않도록 주의한다.

■ 진단의뢰인의 문제해결 역량 강화

수진기업이 문제를 해결하는데 필요한 물질적 · 재정적 자원을 소유하고 있는지, 기술적 전문성을 가지고 있는지 등을 조사해 볼 필요가 있으며, 만약 잠재능력을 보유하고 있지 않다면 경영진단을 추진하면서 이를 개발할 수 있는 여건을 조성하도록 한다.

■ 향후 활동방향을 준비

진단의 목적은 경영상의 문제점을 적시하고 문제해결을 위한 활동을 준비하는데 있다. 따라서 첫째, 경영상의 어떠한 결함이 존재하는지 둘째, 그 문제가 어떻게 개선될 수 있는지 셋째, 이러한 개선안이 진단의뢰인의 목적에 부합하는지 넷째, 진단의뢰인의 사업개선에 얼마나 공헌할 수 있는지에 대한 철저한 조사와 정보 및 아이디어의 수집으로 향후의 활동방향에 대한 개선안을 제시하는 데 부족함이 없도록 한다.

진단자료의 수집 및 필요 사실의 확인

경영현안에 대한 문제점에 대한 주안점이 파악되면 이러한 문제점에 대한 자료 수집을 위한 계획을 수립하고 자료의 원천과 자료의 획득방법에 대하여 검토와 결정을 한다. 또한 필요한 사실에 대하여는 반드시 확인절차를 이행토록 한다.

■ 자료수집을 위한 계획수립

문제의 명확한 근거와 해결단서를 찾기 위한 자료수집을 위해 먼저 필요한 정도와

범위를 정하여 수집계획을 세우되, 대부분의 자료가 기업 내부에 있으므로 수진기업의 협조가 중요하다. 자료요청 시에는 수진기업에서 자료를 찾아서 작성해야 할 경우나 외부에서 자료를 구해야 하는 경우를 가정하여 시간을 충분히 고려하여 요구하도록 한다.

■ 자료의 원천

필요자료의 원천은 기록 · 사건과 상황 · 기억의 형태로 존재하며, 조직원을 직접 대면하여 물어보는 방법이 효과적이다. 조직원은 자신들의 조직에 관해 믿을 수 없을 정도로 많은 지식을 보유하고 있고 조직이 필요로 하는 개선 아이디어들도 많이 가지고 있으나 먼저 이야기하지 않는 경향이 있다.

■ 자료 획득 방법

- 인터뷰 : 경영진단에 있어 가장 폭넓게 사용되는 기법중의 하나로써 인터뷰에 응하는 사람들의 직접적인 대답뿐만 아니라 이들이 답변하면서 표현하는 자세 · 의견 · 태도 · 몸짓 등 모든 반응으로부터 자료를 입수하고 필요사실을 확인하도록 노력한다.
- 관 찰 : 자료확보가 여의치 않은 경우에는 관찰기법을 활용해 볼 수 있다. 이런 경우에는 구성원의 근무형태 · 작업흐름 · 작업방식 및 주기 · 관리자의 태도 · 구성원 집단 간의 관계 등에 초점을 맞추도록 한다.
- 설문지 : 설문지를 이용할 경우 응답자에게 작성 및 제출 방법에 대해 충분히 설명한 후 배포하도록 하여 응답자의 관심 속에 진지하게 답할 수 있도록 유도하여 회수율을 높이도록 한다.
- 기 타
  - 기존자료의 복구
  - 데이터 수집을 위한 회의
  - 종업원의 태도 조사
  - 추정 등의 방법 활용

| 진단자료 수집과 분석기법 |

방 법	내 용	장 점	단 점
인터뷰법	수진대상자를 직접 면담 기업현황 파악	깊이 있는 정보 수집	시간이 많이 소요됨
설문지법	핵심성과요인에 대한 설문을 통한 현황분석	신속성과 객관성 확보	응답기피 또는 설문의 이해 부족으로 부정확성 높음.
정량분석 정성분석	재무제표와 같이 계수로 표시되는 정보는 정량적 분석, 활동 및 프로세스와 같이 계수로 표시될 수 없는 정보는 정성적으로 분석		
체크 리스트법	정성분석시 핵심성과지표를 토대로 현황파악	빠른 정보수집이 가능	리스트 구성에 많은 시간 소요
Gap 분석	벤치마킹을 통한 비교분석을 통한 문제점의 도출		

진단자료 분석

수집된 자료는 자료내용을 유형별로 분류하고 적절한 진단 분석기법을 활용하여 자료 분석에 들어간다.

■ 진단자료의 정리와 조직화

수집된 진단자료는 내용의 진실성 및 누락여부 · 자료범위의 유효성 · 자료간의 일치성 · 신뢰성 등을 검증한 후 분석을 통해 경영실상을 정확히 반영하도록 하여야 하며, 분석 자료를 체계적으로 정리하여 향후 다른 용도에도 활용할 수 있도록 이를 조직에 내재화시켜 지적 자산화 하도록 한다.

■ 진단자료의 분석

자료 분석방법은 비율분석과 인과분석 등 다양한 형태가 있으나 진단자의 판단에 따라 상황에 적합한 기법을 선택하여 적용하고, 자료 분석과정이 종료되면 진단목적에 따라 그 결과를 활용하도록 한다.

- 비율분석 : 구성요소간의 상대적 관계를 일목요연하게 파악하는데 용이하다(매출 및 주당 순이익률 · 고객불만 및 품질 불량률 · EVA 등).
- 추세분석 : 반복되는 사안에 대한 예측 및 과거실적에 대한 원인규명과 인과분석에 유용함 최근에는 복합적인 기법들을 활용하며 비주기적 변동 분석을 위한 추세기법을 적용하려는 시도들이 많이 나타나고 있다.

- 인과분석 : 원인과 결과간의 인과 관계 규명에 목적이 있으며 향후 변화관리와 실행단계에서 매우 중요하다.
- 비교분석 : 해당 기업의 향후의 목표설정 또는 현재의 문제점에 대한 정의나 원인파악 등에 유용하며 객관적이고 설득력 있는 진단을 가능하게 한다.
- 미래분석 : 경영진단은 반드시 미래지향적으로 진행되도록 하며, 현존하지 않는 미래에 관련된 데이터도 수집하여 평가함으로 해당 기업이 취해야 할 바람직한 활동방향을 제시하도록 한다.

진단기법 및 태도

경영진단자는 전문가로서의 자질과 숙련된 진단 전문가로서의 태도를 견지하여야 한다.

- 경영의 맥을 알고 맹점을 찾아내려고 노력한다.
- 면담 시에는 암시력을 발휘하여 상대가 무엇인가 말할 수 있도록 자극한다.
- 면담 중 상대방에게 도움을 줄 수 있도록 최신 정보나 기술 동향 · 관심사항에 대한 자료를 지참한다.
- 반드시 얻는 결론이 있도록 하며 불필요하게 많은 자료를 쌓아 놓거나 과다하게 면담시간을 할애하여 이에 얽매이지 않도록 한다.
- 과업 실시에 필요한 도움이 되도록 평소 문장이나 그림에 숙달하도록 노력한다.
- 프로경영진단자로서의 자세를 갖추도록 노력한다.
  - 봉사관념에 투철한다.
  - 가벼운 마음으로 상대를 편하게 한다.
  - 상대방의 지식 및 지능 정도를 고려하여 인격을 존중한다.
  - 당면 문제에 필요한 사항만을 진술한다.
  - 단정을 내리지 않으며, 단정한 것에 대해서는 책임을 진다.
  - 경험을 쌓고 꾸준히 연구한다.
  - 넓은 지식과 시야를 가지도록 노력한다.
  - 인간관계를 연구하여 인격적으로 감화하도록 한다.
  - 자기 자신의 역량을 스스로 가늠한다.

피드백 및 진단결과 보고

일련의 과정에 따른 경영진단 활동이 끝나게 되면 진단에서 발견된 문제점이나 개선요청사항에 대하여 해당

기업에 피드백을 통한 정보의 제공과 진단결과 보고를 하여야 한다.

▪ 피드백

경영진단의 경우는 감사와 달리 잘못이나 문제점을 비판하기보다는 경영지원에 대해 최대한의 활용방법에 대한 연구와 가능성에 대한 도전을 지도하는 것이므로, 진단에서 발견된 사항을 해당 회사가 잘 모르고 있거나 도출된 결론에 대해 이견의 폭이 크게 있는 경우에는 부정적인 태도나 반응을 보일 가능성이 있다. 따라서 첫째, 진단실시 중에도 필요 시마다 다루고 있는 주제에 관해 더 이상의 정보가 필요한지 둘째, 조직에 관한 새롭고 의미 있는 무엇인가를 말해 줄 것이 있는지 셋째, 진단에서 취하고 있는 문제접근 방법 및 조사과정은 어떠한지 등에 대해 정보를 제공하여 양측이 공감대를 가질 필요가 있다. 진단 실시 종료시점에는 진단을 통해 발견된 중요 사실들을 검토하기 위한 피드백 모임을 가지고 관련자들로 하여금 자료 분석에 있어서의 최종적으로 확인해야 할 사항을 준비하게 하는 데 도움을 주도록 한다.

▪ 진단결과의 보고

일반적으로 경영진단은 문제점을 분석하고 진단하는 과정을 거친 후 개선안을 수립하고 권고안을 실행하는 것으로 종료되나 회계감사의 경우와 같이 계약내용에 따라서는 분석 · 진단과정이 경영진단의 완결로 종료되는 경우도 있다. 이런 경우 진단보고서는 개선안이 생략된 최종보고서로서의 역할을 하게 된다. 또한 일반적인 경우에도 필요시에는 분석 · 진단단계의 후반 부문에 진행보고서의 형태로 진단결과를 진단의뢰인에게 보고하는 것이 좋으며, 그 내용으로 첫째, 어디에 초점을 맞추어 분석 · 진단작업이 진행되었고 둘째, 자료가 어떻게 만들어졌으며 셋째, 어떠한 문제들과 기회들이 분석 · 진단작업을 통해 확인되었고 마지막으로 향후 작업방향이 어떻게 진행될 것인지 등의 사항을 분명하게 전달할 수 있도록 하여야 한다.

Tip 효과적인 인터뷰 요령

1. 인터뷰 전

- 필요한 사실을 밝혀낼 수 있는 질문을 준비한다.
- 인터뷰에 응하는 사람들의 직무내용과 성격에 관한 정보를 조사한다.
- 인터뷰의 목적을 인터뷰에 응하는 사람들에게 미리 알려준다.

2. 인터뷰 중

- 인터뷰에 응하는 사람들에게 인터뷰 초기에 상세한 설명을 제공하고, 문제를 해결하는 데 적극적으로 도와줄 것을 요청한다.
- 어색한 분위기를 없앤 다음 편안하고 유쾌한 분위기에서 인터뷰를 시작한다.
- 인터뷰에 응하는 사람들이 지나치게 사소한 사항에 집착하거나 조사 중인 주제를 벗어나는 경우를 제외하고는 자신의 사고체계에 따라 응답하도록 한다. 이때 인터뷰 질문자는 자신이 원하는 정보를 이야기하도록 유도하는 질문을 던진다.
- 추가로 질문을 하거나 인터뷰에 응하는 사람들의 답변에 관해 긍정적인 코멘트를 제공하거나 정보가 흥미롭고 새로운 것이라는 표현을 미소 · 끄덕거림 · 코멘트 등을 통해 나타냄으로써 인터뷰에 응하는 사람들의 자발적인 정보유출을 유인한다.
- 인터뷰에 응하는 사람들이 자신의 의견을 더욱더 많이 이야기하도록 하기 위한 감탄사 등을 제외하고는 이야기 중에 절대로 끼여들지 않는다. 진단자가 그들의 응답에 대해 비판적인 태도를 취하면 반감을 살 수 있다는 점에 유념하고 개선을 위한 제안에 관해 논쟁하거나 결론을 빨리 내려고 서두르지 않는다.
- 질문에 대한 대답이 모호한 경우에는 대답이 명확해질 때까지 유쾌한 상태를 유지하면서 질문을 던진다.
- 비언어적 메시지 · 감정 · 인상 등이 주는 단서를 놓치지 않는다.
- 인터뷰 응답자의 동의하에 인터뷰 동안에 나온 사실들과 의견들을 기록하며, 인터뷰가 끝난 후에는 인상과 느낀 점들을 기록한다.
- 인터뷰를 끝내고 헤어지기 전에 메모 · 기록한 것을 확인하고 인터뷰에 응해준 것에 대해 감사를 표현한다. 필요하다면 추가 인터뷰를 다시 할 수 있는 분위기를 조성한다.

3. 인터뷰 후

- 인터뷰할 체크사항에 관한 목록을 작성하여, 믿을만한 정보는 진단작업을 위해 설정한 정보 분류기준에 따라 분류하여 기록한다.
- 필요하다면 인터뷰 내용을 확인하기 위한 요약을 사본하여 보내준다.
- 비교확인(cross-checking)을 위해 인터뷰 응답자로부터 나온 정보를 다른 사람과 인터뷰할 때의 질문사항에 포함시킨다.

3. 제3단계/경영개선안 수립

경영개선안 수립 진단작업 결과 발견·분석된 문제점과 제시된 문제해결의 방향성을 근거로 하여 한 개 또는 그 이상의 필요한 대안적 해결안을 만들고 변화를 실행하기 위한 방안을 작성하는 과정으로 개선안을 수립한다. 개선안은 일반적으로 정교한 내용보다는 개선활동의 윤곽(Outline)을 제시하는 수준으로 수진기업의 아이디어를 적극적으로 반영할 필요가 있으며, 구체적인 세부실행계획은 경영진단 결과가 보고된 후 수진기업이 자체적으로 혹은 필요시 외부 용역기관의 협조를 얻어 수립하도록 한다.

■ 해결안 탐색

문제의 기술적 성질·복합성·친밀도를 참고로 하여 해결안의 방향을 설정한 후 진단자의 경험과 창의적 사고, 그리고 벤치마킹 등의 외부자료를 총동원하여 여러 대안을 탐색하고 필요시에는 해당 분야의 전문가의 의견도 활용하도록 한다.

■ 대안의 개발과 평가

탐색된 여러 대안을 평가기준에 의거 사전에 선별하는 작업을 진행한 후 선택된 대안에 대해서는 필요한 사실적 자료를 충분히 동원하여 이를 검증하고 구체화한 뒤 최종적으로 경제성과 타당성 평가를 거쳐 개선권고안을 수립하여 작성하도록 한다.

경영진단보고서의 작성 개선안의 수립이 이루어진 다음 경영개선 권고내용에 대한 경영진단보고서의 작성 절차에 들어가게 된다.

■ 경영진단보고서 작성기준

- 경영진단보고서는 진단자가 발견한 내용·의견·결론·권고·개선안을 전달하는 중요산출물로서 지료의 수집과 문제파익에 이르기까지 과정의 적성성을 보여주고, 진단실시과정에서 진단의뢰인과 중요한 정보를 공유하게 되었음을 공감할 수 있는 창조적인 해결안이 제시되도록 한다.
- 경영진단보고서는 받아보는 수진기업의 수준에 맞게 용이하게 작성하고, 제안 내용이 해당 기업의 규모나 실천능력을 고려한 실제적인 것이 되도록 하며,

중요도 · 긴급도 · 난이도 등을 고려하여 단계별로 제시한다.

- 경영진단보고서의 기술순서는 총평과 경영의 보편적 기반에 관한 사항부터 순차적으로 각 부문의 상관적 요소에 대하여 기술하고, 미래지향에 관련된 장기적인 노력목표와 당면의 노력 목표를 구체적으로 제시하도록 한다.

■ 경영진단보고서 작성 유의사항

- 경영진단보고서는 수진기업의 경영발전과 개선방향을 구체적으로 나타내는 기록이므로 간결하고 명확하게 표현한다.
- 경영개선권고서는 경영전반에 관한 권고사항과 각 부문에 관한 권고사항으로 구분하여 작성하되, 권고서가 너무 두껍거나 각 부문단위로 배부하기에 불편할 경우에는 분리하여 작성한다.
- 경영개선 권고 내용에 관해서는 수진기업의 담당자도 충분히 납득이 가는 내용을 담도록 하고, 의견이 상이한 점이 있는 부문에 대해서는 그 의견 차이 내용을 밝혀 정확히 논지를 제시하도록 한다.
- 경영개선 권고내용에 따라서는 이를 실시하게 될 담당자에게 적합한 표현으로 쓰도록 한다.
- 난해한 기호나 문자는 되도록 피하고, 이해를 구하기 위해 그래프나 도표 · 차트 등도 사용한다.
- 뜻이 애매한 단어, 예컨대 '탄력적으로', '적절히' 등의 표현은 가급적 피하도록 한다.
- 경영개선 권고를 하는 경우, 그 이유나 원인도 병기하여 무엇 때문에 · 어떻게 · 언제 · 누가 개선해야 하는가를 확실히 기재한다.
- 디자인 · 문자 · 표지 등에도 충분히 유의하고 상대가 적극적으로 개선권고안을 수용하려는 마음이 들도록 편집한다.
- 간단히 요약하여 표현함 필요 이상으로 자료가 방대하게 되면 수진회사로서도 조사 현황 보고서 같은 느낌이 들어 관심을 잃게 될 우려가 있음을 상기한다.

■ 경영진단 보고서의 전달

- 경영진단보고서의 전달은 수진기업이 진단결과 및 권고사항을 받아들이도록 하는 데 목적이 있으므로 문서화된 증거들과 시청각 자료들을 구두로 프리젠테이션

하는 것이 선호되고 있다.

- 프리젠테이션 회합은 수진기업의 최고경영자 및 주요 의사결정자들이 참석한 가운데 공식적인 발표회가 되게 하며, 발표내용은 논리적인 단계를 통해 납득이 되도록 하고, 권고사항이 효과적으로 구성되어 수진회사가 주저하지 않고, 이를 받이들일 수 있노록 한다.
- 참여자의 성향 또는 견해 차이는 항상 존재하기 마련이므로 사전에 중간 실무자급을 대상으로 하는 설명회를 통해 완충단계를 거치거나 전달방식상의 심사숙고를 통해 보고내용이 조정 · 공감될 수 있도록 함으로써 쟁점사항에 대한 합의를 미리 도출하여 향후 작업진행에 도움이 되도록 한다.

4. 제4단계/경영개선실시 지도

경영개선 권고 경영진단 결과에 의한 경영개선 권고안은 해당 기업의 보유자원과 역량을 고려하여 경영체질과 특성에 맞게 실천에 옮기도록 하는 것이 중요하며, 현실적인 문제로 경영층의 경영개선에 대한 인식 및 의욕이 결여되어 있거나 일반 직원들의 경우 경영자의 일방적 요구만 있을 때에 저항감을 나타낼 수 있으므로 충분한 이해와 협력을 이끌어 내도록 해야 한다. 경영개선권고안의 실행을 담보하기 위해서는 추진상황의 상시 관찰을 통해 실행과정에서 간과하게 될지도 모르는 위험을 조기에 인지하여 시의적절한 정보를 제공할 수 있도록 해야 한다.

교육훈련 및 미팅 기회를 보아 사내교육이나 미팅 등을 통하여 합리적인 사고를 하는 기술이나 기법을 전수함으로써 자신감을 심어주어 경영개선 권고안이 확실하게 시행되게 함으로써 경영진단의 목적이 달성될 수 있도록 하여야 한다.

성과평가 및 수정권고 경영진단의 결과뿐만 아니라 자원 활용의 효율성에 대한 객관적인 성과평가를 한다. 또한 새로운 문제해결의 방향성이 변경되는 경우에는 수정개선 권고안을 작성토록 한다.

■ 성과평가

- 경영진단의 종료 부분에는 경영진단자와 진단의뢰인에 의해 경영진단의 결과와 자원활용의 효율성에 대한 성과평가가 이루어지도록 하며, 인터뷰 · 관찰 · 설문지 · 회의를 통한 토의 등에 의하여 도출된 성과평가는 보고서 형태로 요약되어 최종보고서의 한 부분 또는 별도로 전달되도록 한다.
- 경영진단의 결과에 대한 평가
  - 경영진단 그 자체의 목적 달성
  - 진단의뢰인의 구체적인 이익
  - 기대한 결과가 달성되지 못한 경우
  - 추가적으로 달성한 결과
- 자원활용 효율성에 대한 평가
  - 경영진단의 설계
  - 투입된 자원의 질과 양
  - 경영진단의 진행과정
  - 경영진단의 형태 및 경영진단자의 업무수행 수준
- 경영진단자는 자신이 수행한 경영진단의 내용에 대해 설문지 등을 활용하여 자기평가를 객관적으로 편견 없이 실시하도록 한다.

■ 수정권고

경영개선권고안이 전달 · 실행되고 있는 중에도 새로운 문제점이 발생하여 문제해결의 방향성 변경이 필요하다든가, 경영개선의 대상영역에서 새로운 기술적인 개선방안이 개발되어 이의 적용이 필요하다고 판단되는 경우에는 수정개선 권고안을 작성 · 전달하여 경영개선의 실시지도를 진행시키도록 한다.

03 경영진단의 모형

| 분석대상에 따른 진단모형 |

분석 대상	진단 부문	진단모형(Tool)
외부환경분석	거시환경분석	PEST분석
	산업환경분석	산업구조모형
	경쟁구조분석	5Force 모형
내부환경분석	사업구조분석	BCG · GE Metrics, 9Building Block
	조직구조분석	7S분석
	프로세스분석	가치사슬분석
기업전략분석	경영전략분석	SWOT분석

1. PEST분석/거시환경분석

PEST(Political, Economic, Social and Technological analysis)는 전략관리 구성요소 중 환경파악에 사용되는 거시적 환경요소를 묘사한다. 일부 학자들은 이 내용에 법적(Legal) 특성을 추가하여 SLEPT로 부르기도 하며 환경 분야를 추가하여 PESTEL 혹은 PESTLE로 칭하기도 한다. 시장조사나 전략분석을 할 경우 특별히 거시경제요소에서 기업이 의사결정을 내려야할 시 사용하는 기법이다. 시장성장과 축소, 사업 포지셔닝, 사업방향 등을 파악하는 데 효과적인 도구이다. 일반환경(General Environment)은 특정 산업분야에 관계없이 한 사회 내에서 모든 조직에 대체로 유사한 영향을 미친다. 일반환경이란 개별조직이 어떠한 노력을 기울이더라도 그에 영향을 미칠 수 없는 환경으로써 거시환경이라고도 한다. 예를 들어 보호무역주의나 FTA 등은 한 사회 내의 모든 기업에 유사한 영향을 미치게 되며 개별 기업의 입장에서는 그 영향을 통제하기가 힘들다. 이러한 변화가 기업 활동에 기회와 위협 요인으로 작용하게 된다. 중요한 것은 사전에 변화의 흐름을 예측하고 이에 대한 대응전략을 세워나가는 것이 중요한 거시환경 분석을 PEST 분석이라고도 한다.

Political 정치적(Political) 요소는 정부가 경제에 간섭하는 정도이다. 특별하게는 세금 · 노동법 · 무역 제재 · 환경법 · 관세 · 정치적 안정성 등을 포괄한다. 정치적 요소는 정부 차원에서 진흥하거나 제재하고자 하는 재화나 용역의 종류를 포함하기도 한다. 국가적 차원에서 중앙정부가 보건 · 교육 · 인프라 구축 등에 끼치는 영향을 고려한다.

Economic 경제적(Economic) 요소는 경제성장률 · 금리 · 환율 · 인플레이션 정도 등을 포함한다. 이러한 요소는 경제주체가 의사결정을 내리는 데 막대한 영향을 끼친다. 일례로 금리는 비용에 영향을 끼치기 때문에 어느 정도에서 기업이 성장하고 확대될지를 가늠한다. 환율 또한 수출입 및 수입가격에 적잖은 영향을 끼치는 요소이다.

Social 사회적(Social) 요소는 문화적 요소와 보건 인지도 · 인구성장률 · 연령대 분포 · 직업 태도 · 안전 관련 요소 등이 포함된다. 사회적 요소에 따라서 기업체의 제품과 경영방식이 영향을 받을 수도 있다. 고령인구가 많다면 노동력이 줄고 노동투입비용은 늘어날 것이다. 또한 다양한 경영전략을 세워서 중장년층 채용과 같은 사회적 변화를 반영하게 될 것이다.

Technological 기술적(Technological) 요소는 R&D 활동 · 자동화 · 기술 관련 인센티브 · 기술혁신 등을 포함한다. 위 요소는 진입장벽 · 최소효용생산수중 · 아웃소싱 등에 영향을 미친다. 기술적 요소는 기술 투자와 품질 · 비용 및 혁신에도 영향을 끼치는 요소이다.

법적(Legal) 요소는 차별법 · 소비자법 · 고용법 · 독점금지법 등을 포함한다. 환경적(Environmental) 요소는 생태학적 · 환경적 요소로 날씨 · 기후 · 기후변화 등을 포함하며 관광 · 농업 · 보험업계 등에도 영향을 끼치는 것으로 본다. 기후변화의 문제점이 대두되면서 제공 생산품의 경영과 신시장 개척, 현존하는 제품의 단종과 변화, 제품의 시장 축소나 소멸 등에도 영향을 미치는 부분이다.

2. 산업구조모형/산업환경분석

기업이 경영활동을 하는 공간으로서의 산업환경은 경영전략에 직접적인 영향을 준다. 따라서 산업한경의 분석은 경영진단에 있어서 중요한 요소 중의 하나이기도 하다. 산업환경은 그 산업 내의 기업들에게 직접적인 영향을 미치며, 경쟁의 정도를 결정한다는 점에서 경쟁환경이라고도 한다.

| 산업환경분석 Sheet |

환경요인	주요항목	현 재	미 래	기 회	위 협
정 치					
제품 서비스					
자 원					
경 쟁					
기 술					
기 타					

산업예측모형 산업연관표를 이용해서 장기간에 걸친 산업구조의 추이를 전망하기 위한 경제모델로서 산업모형은 경제의 주요 변수를 GNP로 파악하고 이를 구성하는 총체적 최종 수요와 부가가치만을 분석대상으로 하는 계량모형과는 달리 다음과 같은 세 가지 특징을 지닌다. 산업구조모형은 첫째, 최종 수요와 각 최종수요의 구성을 결정해야 하고 둘째, 산업간의 기술적 관계, 즉 투입산출계수를 결정해야 하며 셋째, 생산량과 산업 간의 중간수요량, 즉 한 산업으로부터 다른 산업으로의 판매량을 결정해야 한다.

3. 5 FORCE모형/경쟁구조분석

산업분석이란 한 산업과 관련된 제품 시장에 관한 분석을 의미하며 주요한 목적으로는 특정산업에 대해 현재와 잠재적 진입자에게 그 산업의 매력도를 결정하게 하는 것과 특정산업에서 성공할 수 있는 핵심요인이 무엇인가를 파악하려는 것이다. 경쟁구조분석은 사업

부수준의 전략과 기업수준의 전략을 수립하는 데 아주 중요한 역할을 한다. 기업전략은 그 기업이 어느 신규 사업분야로 진출하고 어느 사업 분야에서 탈퇴할 것인가에 관한 결정을 한다. 그러한 결정을 내리기 위해서는 기업의 개별사업 분야가 속해 있는 각각의 산업이 유망한지 또는 사양화단계에 있는가를 판단할 필요가 있다. 이러한 산업구조의 분석을 통해 궁극적으로 그 사업부에서 어떠한 전략을 수립하여야 기업의 수익률을 높일 수 있는가에 대한 해답을 구할 수 있다. 또한 기업이 그 산업에서 성공하는 데 필요한 산업 특유의 성공요인(key success factor)을 알 수 있다. 산업구조를 분석하는 기법을 처음으로 경영전략에 도입한 사람은 Harvard 경영대학원의 Michael Porter이다. 그의 분석틀에 의하면 다섯 가지 경쟁적인 세력에 의해 산업의 수익률이 결정된다.

특정산업의 수익과 이익 정도는 그 산업의 구조적 특징에 의해 결정된다. 따라서 산업의 경쟁강도를 결정짓는 구조적 요인에 대한 분석은 산업분석에서 매우 중요한 위치를 차지한다. 5 Force의 구성요소는 잠재진입자의 위협 · 구매자의 교섭력 · 공급자의 교섭력 · 대체재의 위협 · 경쟁자의 위협으로 구성되어 있다. 이러한 5가지 요소를 통해서 보다 넓은 시야로 산업조직의 Big picture 분석이 가능하며, 진출하고자 하는 산업이 매력적인지 아닌지를 판단할 수 있다.

산업의 경쟁을 형성하는 다섯가지 요인

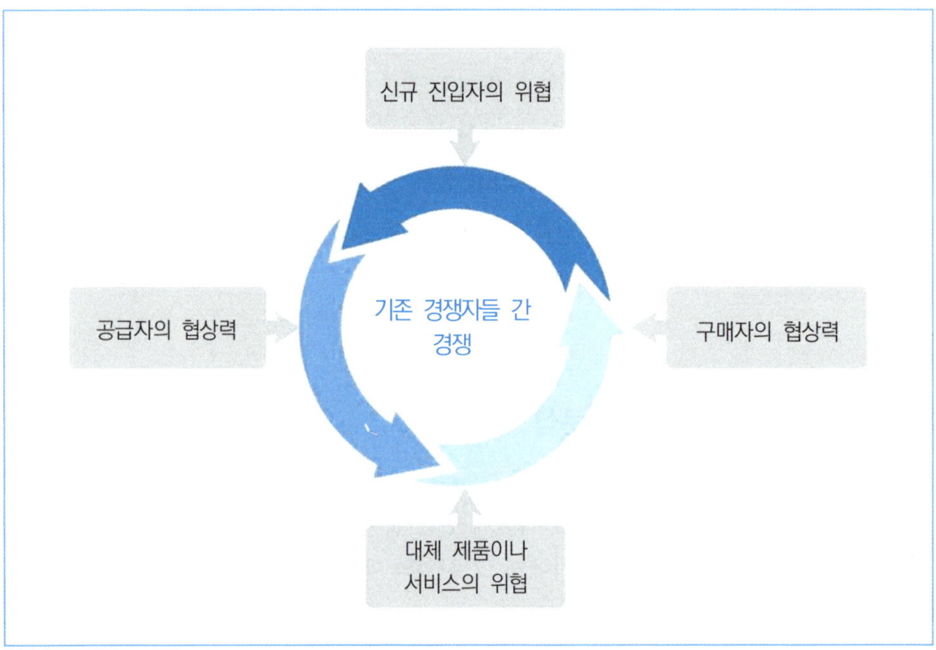

잠재진입자의 위협

이는 해당 산업으로 진출하려는 기업으로부터의 위협을 말하며, 해당 산업 내에 존재하는 기업들이 높은 이익을 내고 있을 때 산업에 진입하려는 의도가 생성된다. 따라서 해당 산업으로의 유입에 따른 비용, 즉 진입비용에 따라 진입자의 위협의 크기가 달라진다. 진입장벽이 높을수록 후발주자가 산업에 진출하기 힘들어지며, 이미 진출해 있는 기업의 경우에는 진입장벽이 높을수록 산업이 매력적이며 앞으로 진출할 기업에게는 산업이 매력적이지 않다. 예를 들어, 가성비의 끝판왕으로 불리우는 샤오미가 가격 경쟁력으로 신규 진입을 하고 있는 모습도 하나의 좋은 사례라고 할 수 있다. 진입장벽의 종류는 다음과 같다.

- 규모의 경제장벽
- 제품차별화장벽
- 자본장벽
- 정부정책장벽
- 유통경로 접근가능성
- 교체비용
- 절대적 원가우위

Tip 진입비용을 높이는 산업의 구조적 특성

- 규모의 경제 : 일정수준 이상의 생산단위당 생산비용이 낮아질 때
- 제품의 차별화 : 제품차별화로 인한 동일선상에서 경쟁할 수 없을 때
- 규모와 무관한 원가우위 : 학습곡선에 따른 원가 우위
- 진입을 막는 정부의 규제 : 정책목표에 따라 특정산업으로 진입을 막는 경우

구매자의 교섭력

이는 제품구입을 하는 수요자로부터의 위협을 말하며, 소비자들은 제품의 불만이나, 압력 등을 통하여 기업에 직접적인 영향력을 행사할 수 있다. 제품의 개선 요구나 가격을 낮춰달라는 등의 의견들을 내세워 재개발이나 시장가격의 영향을 줄 수 있는 사태가 발생할 수 있다. 구매자의 협상력이 강해질 경우 산업의 매력은 감소한다. 구매자의 구매량이 많을 때, 부가가치가 낮은 표준화 제품을 구매하는 경우, 구매자의 부가가치가 높을 때에는 구매자의 협상력이 강해진다. 구매자의 교섭력 분석요소는 다음과 같다.

- 구매비용
- 구매량
- 제품의 차별화 정도
- 교체비용
- 구매자의 후방통합 가능성
- 구매자가 가진 정보력
- 구매자의 가격민감도

Tip 수요자 위협이 높아지는 산업의 특성

- 구매자가 소수일 때
- 구매되는 제품이 차별화되어 있지 않고 규격품일 때
- 구매되는 제품이 구매자의 최종원가에서 큰 부분을 차지할 때
- 구매자들이 높은 수준의 경제적 이익을 얻지 못하고 있을 때
- 구매자들이 후방수직통합을 할 것이라고 위협할 때

공급자의 교섭력

이는 자산을 공급하는 공급자로부터의 위협을 의미한다. 기업이 필요로 하는 원재료·노동력·기타 자산을 공급함으로써 기업의 원가를 높이는 위협을 발생시킨다. 핵심 부품의 업체가 가격을 올리면 제품의 가격이 오르는 것은 어쩔 수 없는 시장의 법칙이다. 기업은 공급자와의 협상을 통해서 최소의 가격으로 구입해야 할 것이다. 따라서 공급자의 협상력이 강해질수록 산업의 매력은 감소한다. 제품을 취급하는 경쟁사가 적을수록, 공급자의 제품 수요가 높을 때, 타 제품으로 대체가 되지 않을 때에는 공급자의 협상력이 강해진다. 공급자의 교섭력 분석요소는 다음과 같다.

- 공급량의 비중
- 제품(원료, 부품)의 차별화 정도
- 교체비용
- 대체품의 존재 여부
- 공급제품의 중요도
- 공급자의 전방통합능력

대체재의 위협

대체재란 고객이 가진 욕구를 다른 방법으로 충족시키는 재화를 말한다. 예를 들어 기존의 디젤 · 가솔린 자동차 시장에 뛰어든 전기자동차는 대체 제품이나 서비스 위협의 사례로 적당하다. 엔진 방식에서 모터 방식으로 변경됨으로 인해서 모든 부품이 간소화되고 바뀌게 된다. 따라서 대체될 수 있는 제품이 많을수록 산업의 매력은 감소한다. 동종 경쟁사뿐만 아니라 타종 경쟁사 중에 제품을 대체할 수 있는 제품도 포함된다.

- 대체재가 많으면 많을수록 산업의 수익률은 낮아지게 된다.
- 소비자들이 쉽게 대체재로 옮겨갈 수 있는 경우 경쟁은 치열하게 된다.
- 소득수준이 높은 소비자 계층은 브랜드 충성도가 높기 때문에 대체재로 쉽게 이동하지 않으나, 소득수준이 낮은 계층은 쉽게 대체재로 이동할 가능성이 높다.
- 가격에 대비한 품질 등 대체재의 유용성의 차이에 의해 대체재로의 이동이 결정된다.

Tip 대체재 위협의 영향

- 산업 내에서 가질 수 있는 가격과 이익의 상한선을 결정한다.
- 다양한 산업의 이익 감소의 주요 원인이 된다.

기존 경쟁자의 위협

경쟁자의 위협은 같은 산업 내에서 직접적으로 경쟁하는 경쟁자로부터의 위협을 의미한다. 특히, 다수의 비슷한 규모의 경쟁기업이 존재하는 산업, 산업성장률이 낮은 산업, 차별화의 부재 혹은 차별화가 힘든 특성을 지닌 산업, 큰 단위로만 큰 단위로만 이루어지는 공급량 증가가 발생하는 산업의 경우 높은 경쟁자 위협이 존재할 가능성이 높다. 아울러 경쟁자들은 다양한 형태로 경쟁을 하며 기업에 위협을 주는데 잦은 가격 하락, 잦은 신제품 출현, 높은 광고 지출, 긴박한 경쟁적 조치 등이 대표적이라 할 수 있다. 잦은 가격 하락은 항공사들 간의 경쟁이 대표적 사례이다. 잦은 신제품은 출현은 삼성과 애플의 스마트 폰 경쟁을 통해, 높은 광고 지출은 펩시와 코카콜라의 광고 전쟁을 통해 알 수 있다. 긴박한 경쟁적 조치는 다양하게 나타나는데, 앞서 언급한 삼성 스마트 폰의 방수 컨셉을 애플이 빠르게 다음 모델에 해당 기술을 적용하는 경우나 대한항공의 갑작스러운 가격인하 정책에 따른 아시아나의 긴박한 가격조정 조치 정도로 볼 수 있다. 기존 경쟁자의 위협 분석요소는 다음과 같다.

- 경쟁사의 수
- 산업에 대한 가치부여 정도
- 산업성장률
- 현재의 제품차별화 정도
- 고정비가 전체비용에서 차지하는 비율
- 철수장벽의 유무

Tip 경쟁자의 위협을 높이는 산업의 특성

- 다수의 비슷한 규모의 경쟁기업이 존재하는 산업
- 낮은 산업성장률
- 차별화의 부재 또는 차별화가 힘든 산업
- 대량 단위로만 이루어지는 공급량 증가가 발생하는 산업

4. BCG · GE Metrics와 9 Building Block/사업구조분석

사업구조분석은 전략사업단위별로 경제적 부가가치 정도를 분석 · 평가하여 이에 기초한 다양한 사업단위가 전사 차원에서 어떻게 현재 또는 미래의 기업가치에 기여할 것인가를 평가하게 된다. 현재의 사업 단위들이 가치창조를 하고 있는지, 아니면 가치훼손을 하고 있는지를 우선 평가 한다. 아울러 사업구조를 평가하게 되며 사업구조란 기업이 전개하고 있는 다양한 사업들의 구성형태를 말한다. 사업구조분석에서는 사업단위 간의 전략적 연계성을 검토하고 사업단위 간의 현금흐름은 문제가 없는지, 전사적 수익성과 성장성 전망은 어떠한지 등의 문제를 분석한다. 사업 다각화의 정도, 사업간 재무자원 및 인적자원의 배분형태, 사업전망에 따른 구성분포 등을 전사적 차원의 기업전략 관점에서 평가하는 것이다. 사업구조분석에 있어서 포트폴리오 분석방법으로 가장 많이 쓰이는 모형으로서는 BCG성장 · 맥캔지와 GE가 공동 개발한 GE 매트릭스와 9 빌딩블록이 있다.

BCG 매트릭스

기업전략이란 기업의 주어진 자원 내에서 타 기업보다 경쟁우위를 누리는 것을 의미한다. 이때 여러 사업부를 갖고 있거나 하나의 사업부서라도 여러 제품을 취급하고 있는 조직에서는 조직의 자원을 기업차원에서 어떻게 배분하는 것이 유리한가를 결정하는 것은 매우 중요한 의사결정이다.

BCG 매트릭스는 여러 사업을 수행하는 기업들의 전략수립을 위한 모델로서 사업부서간의 자원배분문제를 해결하는데 이용되는 모델이다.

BCG 매트릭스는 두가지 주요한 개념을 바탕으로 하고 있는데 하나는 시장성장률이고, 다른 하나는 전략적 사업단위의 시장점유율이다. 수평축에는 시장점유율을 수직축에는 시장성장률을 표시하여 전체를 네개의 사업집단으로 나누고 있다. 시장점유율은 전체 시장에서 차지하는 판매액의 비율로 나타낼 수 있으며 높은 시장점유율을 가지고 있다는 것은 그 사업이 리더라는 것을 의미한다.

GE 매트릭스

GE매트릭스는 시장경쟁력이라는 기준을 사용하며, 각 기준의 수준에 따라 고, 중, 저 3개로 구분한다. 시장매력도와 시장경쟁력 수준을 결정하는 데는 다양한 요인들이 고려된다. 가령 시장성장률은 시장 매력도를 결정하는 하나의 요인이지만, 그 밖에도 유동성 확보, 수출입창구역할 등도 시장 매력도를 결정하는 데 고려해야 할 요인에 포함될 수 있다. 마찬가지로 시장점유율은 시장경쟁력을 결정하는 하나의 요인이 되지만, 그 밖에 다양한 요인들이 시장경쟁력의 구성요인으로 포함될 수 있다. 만일 현재의 시장점유율은 적지만, 마케팅 등을 통해 성장할 수 있는 잠재력을 보유하고 있다면, 이 사업은 시장경쟁력이 있다고 판단할 수 있다.

GE매트릭스상의 위치 파악을 위해서는 먼저 해당 산업의 시장매력도 구성요인과 해당사업부의 시장경쟁력 구성요인들을 결정하고, 각 구성요인의 중요도에 따라 가중치를 결정한다.

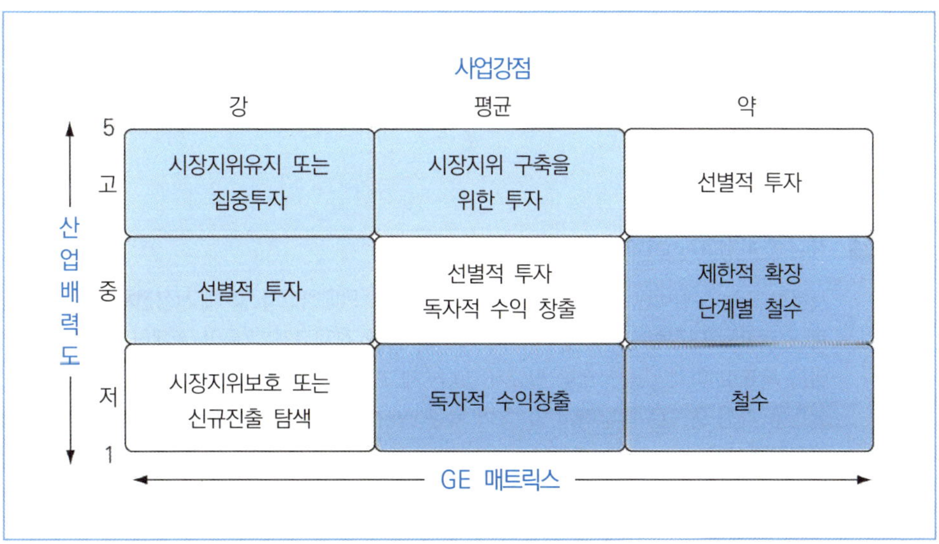

이들의 구성요소에는 정성적 및 정략적 요소들이 모두 포함될 수 있다. 가로축인 시장 경쟁력은 기업이 통제할 수 있는 내부 요인에 해당하며, 세로축인 시장 매력도는 기업이 통제하기 어려운 외부요인에 해당한다.

각 구성요소들에 대하여 평가하고, 부여된 가중치에 따라 시장 매력도와 시장경쟁력의 총 점수를 산출한 다음에 이에 의거하여 고·중·저 중에서 적절한 위치를 부여한다.

9 Building Block

Biz model canvas에 9개의 비지니스 모델을 빌딩블록 도표로 표현한 것으로 9개의 블록으로 구성한 '캔버스'로 집약될 수 있다. 이 캔버스는 9가지 블록에 간단하게 요소를 채워 넣는 방법으로 누구나 시각적으로 이해할 수 있는 탁월한 수단이라고 할 수 있다.

▪ 고객 세그먼트

조직은 하나 이상의 고객 세그먼트에게 상품이나 서비스를 제공한다. 조직은 고객이 처한 문제를 해결해주고 욕구를 충족시키는 특정한 가치를 제공한다.

- 누구를 위해 가치를 창조해야 하는가
- 누가 우리의 가장 중요한 고객인가
- 매스마켓
- 틈새시장
- 세그먼트가 명확히 이루어진 시장
- 복합적인 세그먼트가 혼재돼있는 시장
- 멀티 사이드 시장

Tip 세그멘테이션(Segmentation)

세분화 또는 분할이란 뜻으로 기업이 상품을 제조·판매하고자 할 때 시장전체에 그 수요가 꼭 있다고는 단정할 수 없다. 따라서 어떠한 층에 잠재고객 그룹이 존재하는가를 분석해 이를 목표로 마케팅을 전개할 필요가 있다. 세그멘테이션은 시장을 공통적인 수요와 구매 행동을 가진 층으로 나누어서 그 층의 욕구(Wants)와 필요(Needs)에 맞추어 제품을 디자인하여 제공하는 것을 말한다. 세분화의 기준에는 인구학적·지역적·사회적·심리적 방법 등이 있다. 보급률이 포화상태에 도달했거나 먼저 나온 상품이 강할 때 세그멘테이션 전략이 전개된다.

■ 가치제안

조직은 고객이 처한 문제를 해결해주고 욕구를 충족시켜주는 특정한 가치를 제공한다.

- 고객에세 어떤 가치를 전달할 것인가
- 우리가 제공하는 가치가 고객이 처한 문제점을 해결해 주는가
- 제각기 다른 고객 세그먼트에게 어떤 상품이나 서비스를 제공하고 있는가
- 그 실체가 무엇인가
- 고객의 니즈를 충족시켜 주는가

■ 채널

조직이 제공하는 가치는 커뮤니케이션, 물류, 세일즈 채널 등을 통해 고객에게 도달한다.

- 각각의 고객 세그먼트들은 어떤 채널을 통해서 자신에게 가치가 전달되길 원하는가
- 그들에게 어떻게 다가가는가
- 채널은 어떤 기준으로 통합돼 있는가
- 어느 채널이 가장 효과적인가
- 어느 채널이 가장 비용 효율적인가
- 채널과 고객을 위한 업무는 제대로 통합되어 있는가
- 상품이나 서비스에 대한 고객의 이해도를 어떻게 끌어올릴 것인가
- 고객이 가치제안을 제대로 평가할 수 있도록 어떻게 도울 것인가
- 어떻게 하면 고객이 더욱 원할하게 상품이나 서비스를 구매하게 할 것인가
- 어떤 방법으로 고객에게 가치제안을 전달할 것인가
- 판매 이후 구매 고객을 어떻게 지원할 것인가

■ 고객관계

고객과의 관계는 각각의 고객 세그먼트 별로 특징적으로 확립되고 유지된다.

- 각각의 고객 세그먼트들은 어떤 방식의 고객관계가 만들어지고 유지되기를 원하는가
- 우리는 어떤 고객관계를 확립했는가
- 다른 비지니스 모델상의 요소들과는 어떻게 통합되는가
- 비용은 얼마나 드는가

■ 수익원

조직은 고객들에게 전달하고자 하는 가치를 성공적으로 제공했을 때 수익을 얻는다.

- 고객들은 어떤 가치를 위해 기꺼이 돈을 지불하는가
- 현재 무엇을 위해 돈을 지불하고 있는가
- 현재 어떻게 지불하고 있는가
- 고객들은 어떻게 지불하고 싶어 하는가
- 각각의 수익원은 전체 수익에 얼마나 기여하는가

■ 핵심자원

물적 자원, 지적자산, 인적자원, 재무자원 Value를 실현하려면 자산으로서 핵심자원이 필요하다.

- 우리의 밸류 프로포지션은 어떤 핵심자원을 필요로 하는가
- 공급 채널을 위해선 어떤 자원이 필요한가
- 고객관계를 위해선, 수익을 위해선, 어떤 자원이 필요한가

■ 핵심활동

Value를 실현하려면 조직은 또한 여러 유형의 핵심 활동을 수행해야만 한다.

- 우리의 밸류 프로포지션은 어떤 핵심활동을 필요로 하는가
- 공급 채널을 위해선 어떤 활동이 필요한가
- 고객관계를 위해선, 수익원을 위해선, 어떤 활동이 필요한가

■ 핵심 파트너십

특정한 활동들은 외부의 파트너십을 통해 수행하며(아웃소싱), 일부 자원 역시 조직 외부에서 얻는다.

- 누가 핵심 파트너인가
- 우리의 핵심 공급자는 누구인가
- 파트너로부터 어떤 핵심자원을 획득할 수 있는가
- 파트너가 어떤 핵심 활동을 수행하는가

■ 비용구조

비지니스 모델의 여러 요소를 수행하자면 비용이 든다.

- 우리의 비지니스 모델이 안고 가야 하는 가장 중요한 비용은 무엇인가
- 어떤 핵심 자원을 확보하는 데 가장 많은 비용이 드는가
- 어떤 핵심 활동을 수행하는 데 가장 많은 비용이 드는가
- 비용주도, 가치주도
- 고정비, 변동비, 규모의 경제, 범위의 경제

9 빌딩블록 BMC

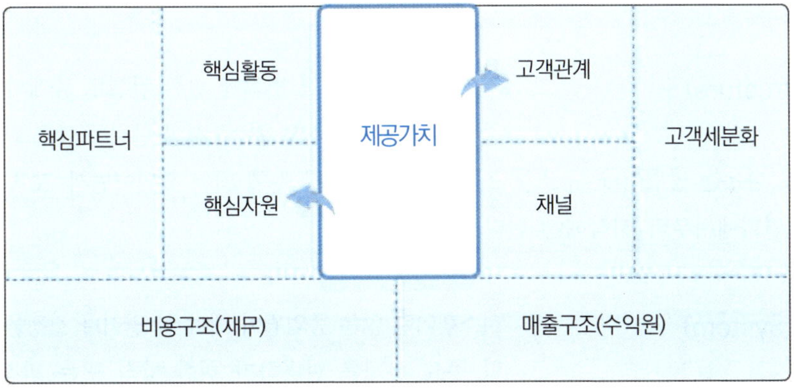

5. 7S분석/조직구조분석

매킨지의 7S모델은 순수한 전략모델이라기보다도 조직개발 또는 조직 변혁 모델이라 할 수 있다. 이 명칭은 매켄지가 조직개발 측면에서 꼭 필요하다고 생각한 일곱 가지 요인, 즉 전략(Strategy) · 기술(Skill) · 공유가치(Shared Value) · 구조(Structure) · 시스템(System) · 종업원(Staff) · 스타일(Style) 등의 7S로 구성되어 조직의 혁신을 기하고자 할 때 사용하는 모델이다.

전략(Strategy) 조직의 변혁을 위해서는 먼저 전략을 정해야 한다. 다음으로 그 전략을 실행할 수 있는 어떤 조직이 필요한가? 즉 어떤 기술을 숙련하고 육성하여야 하는가를 명확히 해야 한다. 다음으로 나머지 다섯 가지의 요인을 어떻게 바꾸어야 하는가를 정한다. 전략이란 기업 또는 사업 단위가 그 자원을 어디에 집중할 것이며, 어디에서 경쟁하는가, 경쟁우위를 지속하기에는 어떤 행동의 조정이 필요한가를 서술하는 것이다.

기술(Skill) 기업의 적절한 전략이 수립되면 다음의 행동은 새로운 전략이 요구하는 기술이 무엇인가를 정하는 것이다. 기업이 시장 환경에 어떻게 적응하여 능력을 발휘하는가 하는 것이 전략이라면, 기술은 전략을 어떻게 실행할 것인가 하는 문제이다. 기술은 전략과 새로운 시대와의 연관을 표현하고 있음과 동시에 다른 5S, 즉 구조 · 시스템 · 종업원 · 스타일 · 공유가치를 어떻게 변혁할 것인가를 가르친다.

구조(Structure) 기업의 구조는 조직 변혁에 관한 컨셉트 중에서는 가장 중요하다. 이것은 사업 분야, 사업 단위를 상호 관련 있는 그룹으로 나누는 방법이다. 구조가 조직 속에서는 가장 눈에 띄는 요인이면서, 조직 변혁은 구조의 변화에서부터 시작해야 한다.

시스템(System) 시스템이란 많은 종업원이 해야 할 일이나 결정을 내려야 할 주요 문제를 판별하기 위한 양식 또는 과정이라고 정의한다. 시스템은 조직 내에 무엇이 일어나는가에 강한 영향력을 갖고 있으며 경영자에 대해 조직변혁의 강력한 무기를 제공해 준다.

종업원(Staff) 종업원은 기업이 필요로 하는 사람의 유형을 정의하고 있다. 이것은 개개 사원의 능력이라기보다는 조직 내 구성원들이 갖는 전체적 노하우의 문제이다.

스타일(Style) 스타일은 무시되기 쉽지만 중요한 요소이다. 스타일에는 2가지 요소가 있는데, 하나는 행동으로 상징되는 개인의 스타일이고, 다른 하나는 조직의 일원으로서의 스타일을 말한다.

공유가치(Shared Value) 공유가치는 조직을 리더하는 한 가지 또는 그 이상의 것으로, 모든 사원이 특별히 중요하며 조직의 존속과 성공에서 결정적이라고 의식하는 것이다.

메킨지의 7S Analysis Model

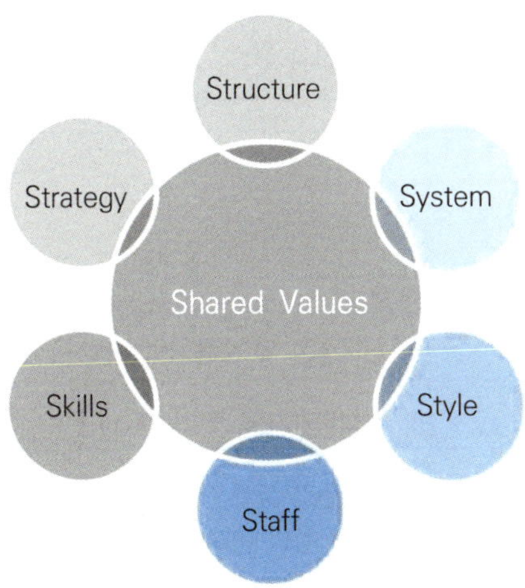

6. 가치사슬분석/프로세스 분석

가치사슬이란 컨설팅 회사인 McKinsey가 개발한 Business System을 Porter가 훨씬 정교한 분석틀로 발전시킨 것으로 기업의 전반적인 경영활동을 주 활동 부분과 보조 활동부

마이클 포더의 가치사슬 모형

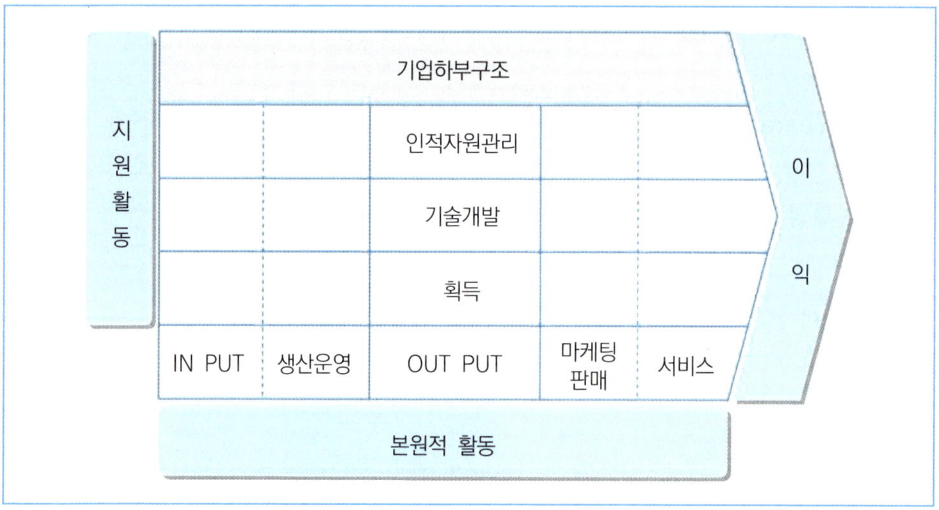

Value Chain 분석 예시

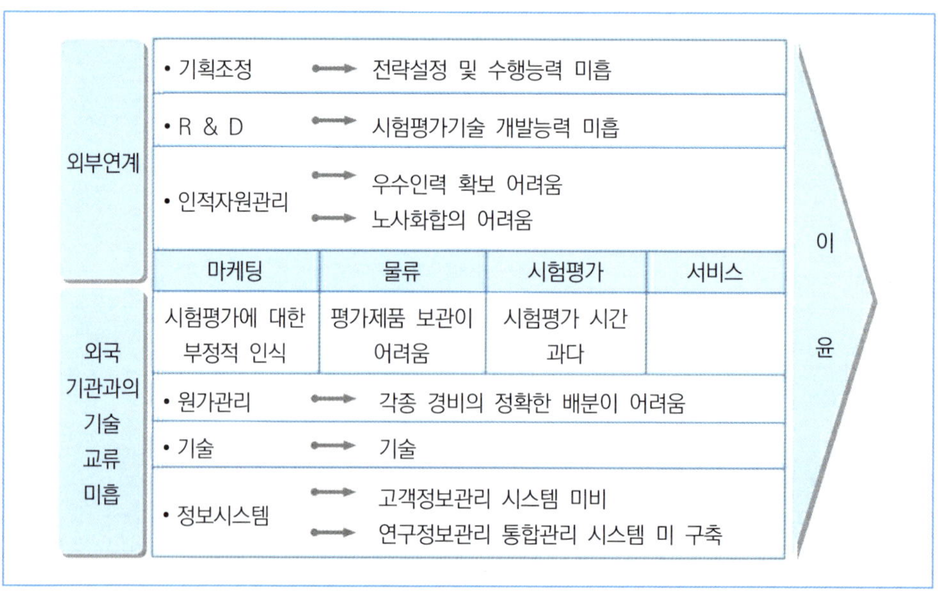

분으로 나누어서 기업의 구매활동에서부터 생산 · 물류 · 판매 · 재고관리 · 애프터서비스 단계에 이르기까지 각각의 부문에서 비용이 얼마나 들고 소비자들에게 얼마나 부가가치를 창출할 수 있는가를 정교하게 분석할 수 있게 해 준다.

가치사슬(Value Chain)은 한 기업의 활동을 전략적으로 연관성이 있는 몇 개의 활동들로 나누어 원가가 발생하는 원천과 자사 제품을 경쟁사의 제품과 차별화시키는 원천을 밝혀내기 위해 도입된 개념이다. 가치사슬 분석은 회사의 경쟁하는 방법을 검증하는 중요한 기법으로서 회사 전체의 비즈니스 프로세스와 활동을 연구하고, 정해진 프로세스에 대한 코스트의 할당과 서로 다른 프로세스에 의해 발생된 가치를 결정한다.

7. SWOT분석/경영전략분석

SWOT는 강점(Strength), 약점(Weakness), 기회(Opportunity), 위협(Threat)의 머리글자를 모아 만든 단어로 경영전략을 수립하기 위한 분석 도구이다. 내적인 면을 분석하는 강점 · 약점 분석과 외적 환경을 분석하는 기회 · 위협 분석으로 나누기도 하며 긍정적인 면을 보는 강점과 기회 그리고 그 반대로 위험을 불러오는 약점, 위협을 저울질하는 도구이다. 보통 X, Y축으로 2차원의 사분면을 그리고 각각 하나의 사분면에 하나씩 배치하여 연관된 사항들을 우선순위로 배치한다.

이러한 분석을 통해 경영자는 회사가 처한 시장 상황에 대한 인식을 할 수 있으며 앞으로의 전략을 수립하기 위한 중요한 자료로 삼을 수 있다. 이 방법은 스탠퍼드 대학에서 1960년대와 1970년대에 표춘지 선정 500대 기업들을 연구하면서 얻게 된 결과를 바탕으로 알버트 험프리가 고안해낸 내 · 외부환경 분석 방법의 하나이다.

SWOT분석은 전략적인 분석수단으로서 외부환경의 기회요인(Opportunity Factor)과 위협요인(Threat Factor) 그리고 기업내부의 강점(Strength)과 약점(Weakness) 간의 적합한 연결을 통해 외부환경 분석에서 도출되는 기회요인과 위협요인 및 내부분석에서 도출되는 강점과 약점을 하나의 틀 속에 결합함으로써 기업의 전체 상황을 평가하고, 효과적인 전략을 수립하는 데 도움을 주는 분석기법이나

다시 말하면 SWOT 분석은 외부환경 분석을 통하여 기회요인과 위협요인을 파악하고, 기회요인은 활용하며, 위협요인은 회피하며, 내부분석을 통하여 강점과 약점을 파악하고, 강점은 강화시키며, 약점은 극복하는 전략을 수립하는 데 이용하는 분석기법이다.

04 진단결과의 평가

1. 분야별 진단항목

경영관리종합

경영일반에 관한 진단항목으로는 크게 보아 경영방침과 경영계획 · 경영 효율 · 경영자원 · 경영 체질 · 경영개발로 구분하여 접근할 수 있다.

■ 경영방침과 경영계획

- 경영방침 · 계획에 관한 자료 수집
- 경영방침설정을 위한 조직을 검토
- 경영방침설정 과정 조사, 방침 설정의 동기
- 설정된 경영방침의 객관성을 입증하기 위한 각종 자료
- 이익개선 프로그램의 조사

■ 경영 효율의 진단

- 경영조직
- 경영전략
- 경영환경
- 경영자원
- 경영체질
- 경영자

■ 경영자원의 진단

- 인적자원 진단
- 물적자원 진단
- 기술적 자원 진단
- 경영 KNOW-HOW의 자원 진단

■ 경영 체질 진단

- 경영자의 의식
- 경영이념의 변역 과정
- 종업원의 질
- 경영보유기술
- 거래기업의 구성과 내용
- 경영조직 구조

■ 경영개발의 진단

- 현재 사업 부분의 업적 추이와 장래 전망
- 사업 부분 평가 방법
- 신규사업 분야로의 진출 의사 유무와 그 타당성,
- 현 사업 부분의 효율화를 위한 전략, 전개의 타당성 진단

인사 · 조직관리

인사조직관리에 관한 진단항목으로는 크게 보아 인사 및 노무관리와 근무조건, 조직관리로 구분하여 접근할 수 있다.

■ 인사 및 노무관리

- 노동조합 유무
- 경영자의 고용 현황에 대한 인식
- 고용구조의 변화
- 노동 통계의 활용
- 종업원 수와 연령 별 추이
- 신규채용의 확보 현황
- 고용 방침
- 퇴직자와 신규 채용자의 균형
- 근속 년수의 검토
- 기업 내의 기술 훈련의 필요성 검토
- 연고 채용 비율
- 임금 노동 조건의 개선현황
- 임금의 일반 평균 수준과 비교

- 초임 상승곡선 분석
- 업계의 표준 임금과의 비교
- 임금 자료의 취합과 비교
- 종업원의 업적 능력의 평가 방법
- 인사고과의 적정성 분석
- 노동환경 : 조명/환기, 기온소음 후생시설 기숙사 시설 조사
- 제안 제도(moral servey)
- 목표에 대한 관리
- 노사 관계 현황
- 연령구성, 출근율, 직장 사고 발생 건수 분석, 이직률, 근속년수
- 복지 후생설비관련 채용계획, 인건비, 계획, 노동생산성분석

■ 근무조건

- 인건비의 전년대비 증가율과 매출액 증가율
- 인건비의 임금수준, 종업원의 수, 생산성
- 취업시간, 휴일, 잔업, 퇴직 등
- 임금 승급과 생계비 곡선과의 비교
- 업적평과와 성과배분
- 직장의 근무환경

■ 조직관리

- 조직의 창조성
- 조직의 효율성
- 조직의 협조성
- 조직의 통제
- 직무의 관련성과 방침과 조직과의 관계
- 조직의 교육 계획 면에서의 성과
- 조직의 활동성과 평가
- 단위 조직 상호간의 컴뮤니케이션 정도
- 조직 구성원의 인간관계
- 권한과 책임의 적절한 위양

재무관리

재무관리에 관한 진단항목으로는 크게 보아 재무 부문 관리와 재무분석, 자금관리와 자금의 운용으로 구분하여 접근할 수 있다.

■ 재무 부문 관리

- 사업 부분별 채산제의 실시여부
- 예산 통제시스템의 운영 실태
- 월차 부분별 손익계산 실시와 예산집행 내역 비교
- 비용과 수익의 관리현황

■ 재무분석

- 자본이익률분석
  - 자본수익률의 분석
  - 총자본주식자본(납입자본)이익률의 분석이익률의 분석
  - 경영자본이익률의 분석
  - 경영 외 자본이익률의 분석
  - 매출액총이익의 분석
  - 영업비율(판매비 및 일반관리비)의 분석
  - 금융비용률의 분석
  - 매출액의 분석
- 자본이용도의 분석
  - 경영자본회전율의 분석
  - 고정자산이용도(고정자산회전율)의 분석
  - 매출채권이용도(매출채권회전율)의 분석
  - 재고자산이용도(재고자산회전율)의 분석
- 손익분기점분석
  - 한계이익률분석
  - 레버리지분석
  - 경영안전율분석
  - 자본회수분기점분석
  - 비용분해표의 작성

- 원가분석
  - 표준과 실제 비교
  - 실제원가 분석
  - 원가변동의 원인분석

■ 자금관리

- 자금조달 및 운용 합리성 검토
- 자금수지계획의 합리성 검토
- 판매조직과 판매예측의 실효성 분석
- 자금수지 계획의 적절성 평가
- 은행차입현황의 균형
- 차입금 중도변제능력
- 지불금리의 실질부담률과 자본이익률의 비교 검토
- 예산통제의 적절성
- 부분별 독립채산제도의 문제점 유무 확인
- 원자재대금, 매출채권, 재고, 매각금 등의 회전기간의 표준설정

■ 자금의 운용

- 자금수지의 불균형
- 자기자본과 차입자금과의 적합성
- 설비투자계획과 계획서과 재무적합성
- 전표 · 장부 처리능력
- 관리 자료의 작성과 활용의 균형
- 관리회계 사고와 담당자의 능력

마케팅관리

마케팅관리에 관한 진단항목으로는 영업활동과 이를 지원하기 위한 판매관리 · 광고 및 판매촉진 · 신제품개발과 거래처관리로 구분하여 접근할 수 있다.

■ 판매관리

- 영업 현황조사
- 현상분석, 제품특색, 과거 7년간의 판매실적 분석
- 수요예측을 위한 현상분석
- 판매계획을 위한 현상분석
- 거래처별 판매실적 자료 분석
- 영업사원의 구성현황 파악
- 판매활동 지역현황 파악
- 교육훈련계획 대비 실적 분석
- 유통경로와 판매비 자료 분석
- 판매비의 내역표
- 제품별, 표준재고량과 실적 재고량의 조사표
- 매출액이익률과 제품회전율의 분석
- 제품별 판매 활동 진단
- 제품별 한계이익률의 조사
- 판매부진 제품의 이유 분석
- 매출채권의 회수표 분석

■ 광고 및 판매촉진

- 광고비 예산 대 실적 분석
- 광고 효과분석표
- 경쟁사의 광고 선전 실태분석표
- 판매촉진비용의 효율성 분석
- 판매촉진 활동 계획 조사

■ 신제품개발

- 제품 구성과 수요의 파악
- 상품의 수명측정에 따른 제품 개발 계획
- 상품별 성장성 분석
- 신제품 개발의 노력
- 제품의 수명주기(PLC)의 분석

■ 거래처관리

- 판매경로도의 작성
- 시장 정보의 파악
- 신규 거래선 개척 실적표
- 동업 경쟁사 제품별 매출액 분석표
- 제품 종류별 Market share 분석표
- 영업사원 개인별 판매실적표
- 제품별 · 경쟁사별 가격차이 조사
- 거래처의 매출액 분석과 신장성의 분석(5년간)
- 거래처의 점유율 파악

생산관리

생산관리에 관한 진단항목으로는 크게 보아 공장관리 일반, 제품관리, 공정관리와 설비관리로 구분하여 접근할 수 있다.

■ 공장관리일반

- 공장의 조직도 작성
- 종업원의 일람표의 작성
- 관리자의 직무 권한, 책임 사항의 조사
- 업무의 할당, 지도 담당자의 조사
- 매월 작업 예정자 조사
- 제조 명령 전달 체제
- 작업 기록의 작성 현황
- 작업 분업화 · 책임 · 지도
- 기록 필요성의 이해도
- 실적 · 기록의 표준 분석
- 객관적인 관리제도

■ 제품관리

- 주력 제품 · 생산 유형의 검토

- 대량생산 견품생산, 생산계획화, 표준화 정도의 검토
- 소량다종, 주문생산, 생산방침, 제품계획 체크
- 제품별 부가가치액의 계산
- 품질 면에서의 문제 제품의 발견, 반품 · Claim의 상황조사
- 공정 검사, 납품 검사
- 납기 조사

■ 공정관리

- 공정 분석도의 작성
- 각 공정 소요시간의 예측
- 운반 공정, 정체 공정의 비율 분석
- 가공 · 운반 · 검사 · 정체의 집계 검토
- 공정의 생략, 분할의 검토
- 정체 공정의 검토
- 차기 공정의 대기 운휴 시간의 검토
- 생산계획의 합리화 검토
- 계획 외의 작업 직접할당 금지 준수 체크
- 운반 공정의 분석
- 검사 공정의 진단.
- 원재료의 구입과 보관 · 관리 실태 조사
- 가공공정에 따른 원재료의 소비 유무 조사
- 원재료의 관리상태 파악
- 저가 물품 구매 방식, 계획 구매 방식

■ 설비관리

- 소유 기계의 일람표 작성
- 공장 도면 작성
- 기계 대수, 성능, 배치의 조사
- 운휴 기계의 격납 검사
- 사용하지 않고 있는 기계의 유무 조사

| 진단항목별 평가기준표 |

분　야	진 단 항 목	평가점수
1. 경영관리종합	경영계획 및 경영분석	4
2. 인사 · 조직관리	1. 조직기능 2. 인사제도 3. 임금관리 4. 사무 · 문서관리	16
3. 재무관리	1. 재무정보 · 세무대책 2. 관리회계 3. 자금관리	12
4. 마케팅관리	1. 마케팅정보 2. 제품 · 가격정책 3. 유통 · 시장관리 4. 영업 · 촉진활동	16
5. 생산관리	1. 사기양양 2. 설비보전 3. 적정조달 4. 공정개선 5. 품질경영 6. 원가절감 7. 납기준수 8. 환경 · 안전 9. 연구개발 10. 기술관리 11. 치공구 · 자동화 12. 정보화 13. 능률관리	52
5분야	25 항　목	100

- 기계 취득의 연차, 감가삼각의 조사
- 수선비 기록부 조사

- 기계 성능상호의 균형 검토
- 고성능 기계의 불충분한 활용 여부 검토
- 가동 현황 조사
- 기계 운전 시간 조사
- 기계 가동 횟수 조사
- 고성능 기계의 불충분한 활용빈도 조사

2. 단계별 평가기준

단계별 평가점수

단계별로 각 평가기준에서 정하고 있는 점수의 범위는 다음의 표에서 설명하는 바와 같다.

구 분		점 수 범 위	비 고
단계별	평 가 기 준		
1단계	초보적 관리	30점 미만	최하 단위 10점
2단계	관리기반 구축	30~50 미만	
3단계	과학적 체계화	50~70 미만	
4단계	완숙단계	50~70 미만	
5단계	첨단수준	90점 이상	

단계별 평가기준

단계별 각 평가기준별 평가기준과 점수의 범위는 다음에서 정한 바와 같다.

- 단계와 항목은 5분야 25항을 평가대상으로 한다. 5개의 대항목으로 또는 25개의 소항목으로 설정하여 여건에 따라 평가하는 것이 효과적이다.
- 각 항목을 4점으로 하여 100점을 만점으로 한다.
- 각 항목별로 평가는 항목마다 100점을 만점으로 평가하여 4점 만점으로 환산한다.
- 각 항목 세부평가 요령
  - 항목 100점을 만점으로 하여 평가하되 주요항목을 감안하여 종합적으로 진단 평가한다.

- 최하점수는 10점으로 하며 5점 단위로 평가한다(㉠ 10, 15, 20, 25···).
- 업체 실정으로 보아 진단이 불필요한 항목은 전체 평균치의 점수를 적용한다(㉠ 생산설비 없는 공장의 설비보전, 전량 하청 기업의 마케팅분야 해당 부문 등).

3. 진단분석항목

분야별 주요 진단 분석항목은 다음과 같이 실시한다.

<table>
<tr><th colspan="2">주요 항목</th><th>• 현금수불관리 • 자금의 운용
• 자금계획수립 • 자금의 운용분석
• 자금의 조달</th></tr>
<tr><td rowspan="5">자금
관리
정성
평가</td><td>초보적
관리</td><td>1. 일일자금관리
2. 사장 직접 자금관리
3. 당좌거래
4. 현금출납부작성으로 자금운용</td></tr>
<tr><td>관리기반
구축</td><td>1. 월별자금관리
2. 수불 관련 장부 확보
3. 금융기관, 거래처관리
4. 금융권을 통한 자금조달</td></tr>
<tr><td>과학적
체계화</td><td>1. 연차 자금관리
2. 전략적 외부자금조달
3. 내부 자금조달운용
4. 현금흐름표 작성</td></tr>
<tr><td>완숙
단계</td><td>1. 자금관리를 적시성과 수익성을 감안 전략
2. 중·장기 자금계획 수립 및 전략적 자금운영
3. 자금운영을 통한 이익관리</td></tr>
<tr><td>첨단
수준</td><td>1. 일류기업 재무구조 조정 능력 확보
2. 국제금융 조달
3. 자금 조달 COST 비교 선택
4. 투자전략 선택</td></tr>
</table>

<table>
<tr><th colspan="2">주요 항목</th><th>• 목표관리 • 귀속감 • 교육훈련
• 작업규율 • 치우 • 노사관계
• 일체감 • 평가제도 • 사기지수</th></tr>
<tr><td rowspan="5">생산
관리
정성
평가</td><td>초 보 적
관 리</td><td>1. 경영목표 업무한계 불명확
2. 작업수칙 없이 작업의 의존
3. 현장 근로자 출근율 85%
4. 처우불만이 높고 사기지수 50%</td></tr>
<tr><td>관리기반
구 축</td><td>1. 부서목표를 인식하고 작업
2. 작업수칙이 명시되고, 준수노력
3. 업무범위 명확, 책임한계 구분
4. 팀장의 리더십에 의하여 일체감</td></tr>
<tr><td>과 학 적
체 계 화</td><td>1. 목표대실적 분석, 대책 강구
2. 인사고과로 상여금, 승진, 승급 반영
3. 종업원 교육훈련 계획수립
4. 현장근무자 출근율 91~95%</td></tr>
<tr><td>완 숙
단 계</td><td>1. 타부서 목표를 고려, 균형적인 목표달성
2. 작업장의 팀웍이 높고, 관리감독자의 리더십 발휘
3. 노사관계 원할
4. 다기능화, 자기계발이 가능한 업무분담</td></tr>
<tr><td>첨 단
수 준</td><td>1. 전사적 입장에서 목표의식
2. 작업시작과 동시에 부가가치 작업
3. 팀의 일체감이 높아 어떠한 임무도 완수
4. 귀속감 업무 및 처우 만족</td></tr>
</table>

<table>
<tr><td colspan="2">주요 항목</td><td>• 레이아웃 • 인원배치 • 공정계획
• 운반과 물류 • 작업 • 자작, 외주
• 라인밸런스 • 다공정 작업</td></tr>
<tr><td rowspan="5">공정 개선 정성 평가</td><td>초 보 적
관 리</td><td>1. 공장 내 물류의 중요성 인식, 통로확정 정도
2. 운반낭비절감 의지는 있으나 효과 미흡
3. 관리력 부족으로 재공품 절감 노력 무위
4. 작업 실시 효과 인식</td></tr>
<tr><td>관리기반
구 축</td><td>1. 공정중심의 레이아웃
2. 운반활성지수가 2 이상이며, 재공품 정돈
3. 통로가 효과적으로 확보, 물류의 혼란이 적다.
4. 작업효율 향상을 위한 개선 연구</td></tr>
<tr><td>과 학 적
체 계 화</td><td>1. 공정흐름이 혼란되지 않고, 안전한 레이아웃
2. 운반활성지수가 3, 물류낭비 감수
3. 라인화에 따라 대기, 정지 등의 낭비 제거
4. 재공품을 줄이고 전후 공정 원활화</td></tr>
<tr><td>완 숙
단 계</td><td>1. 레이아웃이 계획적이고, 운반활성지수가 3 이상
2. 공정간 Line화
3. 다기능화, 라인밸런스 효율 90%
4. 공정균형으로 다수대, 다공정작업 효율화</td></tr>
<tr><td>첨 단
수 준</td><td>1. 공정계획과 Line화
2. 조림 Line의 Line밸런스 효율 95%
3. 전체적으로 레이아웃과 운반표준화로 물류 신속
4. 다기능화로 변화의 신속 대응</td></tr>
</table>

<table>
<tr><td colspan="2">주요 항목</td><td>• 판매유통 조직
• 특약 또는 대리점
• 물적 유통
• 딜러 마진</td><td>• 거래처 분석
• 고 객
• 거래처관리
• 납기 및 A/S</td></tr>
<tr><td rowspan="5">유통
및
시장
관리
정성
평가</td><td>초 보 적
관 리</td><td colspan="2">1. 고객관리 등 시장관리는 등한시
2. 주먹구구식의 판매유통조직
3. 주문에 따른 비정기적 배송
4. 단순판매 통계로 거래처 분석</td></tr>
<tr><td>관리기반
구 축</td><td colspan="2">1. 전국 판매망 구축
2. 용차 자체 배송 혼재
3. 도매상, 대리점 혼재
4. A/S 체제 도입</td></tr>
<tr><td>과 학 적
체 계 화</td><td colspan="2">1. 밴치마킹 기법 활용 새로운 변화 시도
2. 대리점 시스템에 의한 유통체널 실시
3. 신규거래처 확보 노력
4. 전국 대리점 네트워크 형성</td></tr>
<tr><td>완 숙
단 계</td><td colspan="2">1. 대기업과 경쟁체제
2. 지역별 물류거점 마력
3. 대리점의 판매점 계열화
4. A/S 부서 설치</td></tr>
<tr><td>첨 단
수 준</td><td colspan="2">1. 국제 마케팅 전개
2. 배송센터 및 배송회사
3. 시장을 과학적, 합리적으로 계수 관리
4. 사전 서비스, A/S 회사 설치</td></tr>
</table>

진단결과 종합평가표

경영진단 결과 종합적인 평가표는 다음과 같이 설정하여 평과결과를 평가지수로 표시하고 각 항목별로 진단자의 종합적인 의견을 기술토록 한다.

<table>
<tr><th colspan="3" rowspan="3">항 목</th><th rowspan="3">기준
지수</th><th colspan="2">판 정</th><th rowspan="3">의 견</th></tr>
<tr><th>전</th><th>후</th></tr>
<tr><th>평가
지수</th><th>평가
지수</th></tr>
<tr><td colspan="2" rowspan="6">경영기본</td><td>경영자</td><td>10</td><td></td><td></td><td rowspan="6"></td></tr>
<tr><td>경영 부문</td><td>10</td><td></td><td></td></tr>
<tr><td>경쟁력</td><td>10</td><td></td><td></td></tr>
<tr><td>상품력</td><td>10</td><td></td><td></td></tr>
<tr><td>재무상태</td><td>10</td><td></td><td></td></tr>
<tr><td>소 계</td><td>(50)</td><td>( )</td><td>( )</td></tr>
<tr><td rowspan="5">경영
활동
부문</td><td>인사 부문</td><td>인적구성 및 조직</td><td>10</td><td></td><td></td><td rowspan="5"></td></tr>
<tr><td>재무 부문</td><td>자금운용 등</td><td>15</td><td></td><td></td></tr>
<tr><td>마케팅 부문</td><td>제품력 등</td><td>10</td><td></td><td></td></tr>
<tr><td>생산 부문</td><td>기술력 등</td><td>15</td><td></td><td></td></tr>
<tr><td colspan="2">소 계</td><td>(50)</td><td>( )</td><td>( )</td></tr>
<tr><td colspan="3">합 계</td><td>(100)</td><td>[ ]</td><td>[ ]</td><td></td></tr>
</table>

05 경영진단보고서

최근 기업은 대내외적으로 다양한 환경에 직면함으로 인하여 매우 빠른 속도로 변화하고 있다. 다양한 환경의 상호작용을 통한 환경변화의 다양화는 수많은 변수의 요인들로 말미암아 기업은 급변하는 환경변화에 적절히 대응하지 못할 경우 살아남기 힘든 시대가 도래되었다. 대내외적인 요구에 신속하게 대응하기 위한 방안의 하나로써 기업이 지닌 자신의 강점과 약점을 검토하여 새로운 대안전략을 구축하기 위한 경영진단을 실시하기에 이르렀다. 경영진단은 조직에 대한 유효한 정보를 수집하여 조직 기능에 대한 이해와 이를 바탕으로 한 효율적인 조직형성이 주된 목적이 된다. 따라서 경영진단은 현재의 경영 상태를 점검하고, 이를 기반으로 한 미래에 대한 발전전략을 수립하여 실행하는 과학적이고 체계적인 과정이라고 정의할 수 있다. 경영진단은 기업의 경영 관련 전반적인 사항들이 적정하게 운영되고 있는지를 조사하고 분석하여 문제점을 도출한 후 그에 대한 합리적인 개선책을 찾아내는 과정을 통해 경영의 효율성과 효과성을 증진시키는 일련의 행위를 의미한다.

1. 보고서 작성방법

보고서란 특성한 일에 관한 현황이나 그 진행사항 또는 조사·검토결과 등을 보고하거나 건의하고자 할 때 작성하는 문서이다. 보고는 법규·지시·명령 등에 의하여 구두·전화·서면 등의 방법으로 일정한 의사 또는 자료를 전달하는 것으로 일반적으로 상향적 정보흐름의 형태를 갖는다. 경영진단보고서의 작성자는 의사결정권자에게 보고내용을 정확히 전달해야 하며, 정확한 보고를 위해서는 불필요한 내용의 보고는 억제하고 주관적인 생각을 적기보다는 사실에 입각하여 공정하게 사실을 작성해야 한다. 경영진단보고서를 제출함으로써 진행상황을 파악할 수 있고, 보고자에게 적절한 지시나 조언을 해 줄 수 있다. 또한 문서화된 경영진단보고서는 경영활동 개신에 있이 지속적인 자료로 활용할 수 있다.

■ 보고를 받는 입장에서 작성한다.

보고서를 작성할 때 보고자의 입장에서 자기 위주로 작성할 경우, 이를 읽는 복받는 자가 잘 이해하지 못하는 경우도 발생할 수 있기 때문에 자신의 유식함을 강조하거나 약어를 쓰는 등 남들이 이해하기 어렵게 표현하는 것은 옳지 않다. 따라서 보고 받는 자의 성향이나 의사결정을 위한 정보의 제공이라는 원칙에 입각하여 작성하여야 한다.

■ 보고서의 핵심을 맨 앞에 쓴다.

전달하고자 하는 주요 내용을 요약하여 맨 앞에 표시하는 것이 좋다. 결론을 먼저 알고 내용을 보면 이해가 빠르고 쉽게 공감이 가기 때문이다.

■ 보고서의 형식을 제대로 갖추어서 쓴다.

보고서 작성에는 형식이 중요하다. 외관상의 형식과 내용상의 형식 모두가 중요하다. 맞춤법 검사도 하고 표나 그래프를 삽입하여 명확하게 정리하여 보기 좋게 만든다.

■ 탐구주제를 쓴다.

보고서의 참구주제와 활동목표가 짧은 글 속에 드러나도록 쓴다.

■ 문제점 파악 및 개선방안이 제시되어야 한다.

경영진단 절차를 수행하면서 발견한 중대한 문제점은 반드시 개선방안을 제시하도록 한다.

2. 보고서의 작성요령

■ 종합의견

- 중요 진단상황과 당면과제 또는 문제점 요약하여 기재한다.
- 개선 또는 혁신과 제안사항을 요약하여 기재한다.
- 특히 회사의 특성과 장점 또는 단점 및 장래성 · 전망 등을 요약하여 기재한다.
- 필요지원사항 등을 기재하고 종합평가의견을 기술한다.

■ 종합평가

정성분석과 정량분석의 평가결과를 기재하고 설정된 평점구간에 따라 등급을 평가한다.

■ 각 부문별 진단의견

- 정성분석 : 체크리스트에 의하여 진단한 결과를 각 부문별로 진단자의 의견을 요약하여 기재한다.
- 정량분석 : 정량분석은 계수분석표에 의하여 분석한 결과를 각 부문별로 진단자의 의견을 요약하여 기재한다.

■ 진단결과 총괄표

- 이 표는 각 부문별로 체크리스트와 계수분석표에 의하여 평가한 지수를 총괄표에 작성한다.
- 전 부문을 진단하는 경우 정성 및 정량분석의 총점은 각각 500점으로 합계되나, 어느 특정 부문의 평가를 생략하거나 미실시한 경우에는 그 부문을 제외하고 총 500점을 기준으로 평점을 환산한다.

■ 문제점 및 개선 제안사항

- 진단결과 회사가 안고 있는 문제점이나 당면과제를 요약하여 기재하고 이에 대한 단기적인 개선 또는 혁신방안 및 중장기적인 개선과 혁신방안을 제시하는 것으로 한다.
- 이 중에서 외부전문가의 지원이나 경영자문 또는 외부진단이 필요한 사항이 있을 경우는 제시한다.

■ 첨부할 서류

- 진단 체크리스트 첨부
  - 진단 체크리스트를 첨부한다.
  - 회사에 해당이 없는 사항은 '해당 없음'이라고 기재하고 생략한다.
- 진단 계수분석표 첨부 : 계수분석표를 첨부하고 계수분석표 외의 별도분석표를 사용한 경우에는 그 자료를 첨부한다.
- 재무제표 분석
  - 진단 체크리스트는 회계연도 3년 이상의 경우를 전제로 한 것이므로 2년 또는 1년의 영업기간인 경우에는 2년 또는 1년분만 기재한다.

- 동종업계 평균치는 한국은행 「기업경영분석」의 해당 업종을 찾아 그 구성비를 인용하여 기재한다.
- 구성비는 ( ) 안에 과목만 계산해도 무방하다.

3. 진단보고서

■ 종합의견

진단결과 컨설턴트의 종합의견은 보고서의 작성요령과 방법에서 명시한 바에 따라 육하원칙에 의하여 중요사항 순으로 기재한다.

■ 종합평가

평가등급 \ 기준지수			900~1000	800~900	600~800	400~600	400 미만
			A(우량)	B(건전)	C(보통)	D(경계)	F(불량)
종합평가	평가지수	정성분석 (500)	450~500	400~450	300~400	200~300	200 미만
		정량분석 (500)	450~500	400~450	300~400	200~300	200 미만
	총 계 (1,000)		900~1000	800~900	600~800	400~600	400 미만
	평가판정						

■ 각 부문별 진단의견

구 분	정성분석	정량분석
기획관리 부문		
인사조직관리 부문		
재무관리 부문		
마케팅관리 부문		
생산관리 부문		

■ 진단결과 총괄표

• 정성분석

진 단 항 목		기준지수	평가지수
기획관리 부문	경영전략	20	
	경영계획	20	
	경영능력	20	
	경영조직	10	
	사업성	20	
	신뢰성	10	
소 계		(100)	
인사조직 관리 부문	인사	20	
	근무환경	30	
	근무의욕고취	30	
	조직	10	
	사무	10	
소 계		(100)	
재무관리 부문	회계조직 · 장부 · 사무처리	20	
	재무구조	20	
	자본운용	20	
	이익 및 수입 · 비용의 관리	20	
	회계자료의 이용	20	
소 계		(100)	
마케팅 관리 부문	마케팅	20	
	제품계획	20	
	가격정책	20	
	유통관리	20	
	판매촉진 활동	20	
소 계		(100)	
생산관리 부문	생산계획	15	
	공정관리	10	
	작업관리	10	
	품질관리	15	
	설비 및 기술관리	10	
	근로환경	10	
	외주관리	10	
	원부재료의 구매관리	10	
	제품 등의 재고관리	10	
소 계		(100)	
합 계		(500)	

• 정량분석

진단항목		기준지수	평가지수
기획관리 부문	총자산 증가율	10	
	매출액 증가율	10	
	총자산 경상이익률	10	
	매출액 순이익률	10	
	매출액 영업이익률	10	
	매출채권 회전율	10	
	판매관리비 대 매출액	10	
	이자보상비율	10	
	노동장비율	10	
	설비투자효율	10	
소　계		(100)	
인사조직 관리 부문	1인당 월평균 인건비	10	
	고용 증감률	10	
	1인당 부가가치액	10	
	이직률	10	
	정착률	10	
	노동소득 분배율	10	
	인건비 대 매출액	10	
	복리후생비 대 매출액	10	
	복리후생비 대 인건비	10	
	1인당 제안 건수	10	
소　계		(100)	
재무관리 부문	고정자산 대 총자산	10	
	매출채권 회전율	10	
	유동비율	10	
	부채비율	10	
	차입금 의존도	10	
	자기자본 경상이익률	10	
	매출액 경상이익률	10	
	자기자본 비율	10	
	매출원가 대 매출액	10	
	자기자본 순이익률	10	
소　계		(100)	

진단항목		기준지수	평가지수
마케팅 관리 부문	매출액 총이익률	10	
	매출액 경상이익률	10	
	재고자산 회전율	10	
	판매관리비 비율	10	
	매출액 순이익률	10	
	매출채권 회전율	10	
	매출액 영업이익률	10	
	매출액 대 반품액	10	
	대손상각비 대 매출액	10	
	1인당 매출액	10	
소 계		(100)	
생산관리 부문	원재료 회전율	10	
	재고자산 회전율	10	
	상시근로자 1인당 생산액	10	
	재공품 회전율	10	
	변동비 대 고정비율	10	
	설비자산 회전율	10	
	연구개발비 비율	10	
	제조원가 원재료비 비율	10	
	제조원가 제조경비 비율	10	
	제조원가 노무비 비율	10	
소 계		(100)	
합 계		(500)	

■ 진단 결과 문제점 및 개선 제안사항

구 분	문제점	개선 제안사항
기획관리 부문		
인사조직관리 부문		
재무관리 부문		
마케팅관리 부문		
생산관리 부문		

Chapter 15

경영관리 부문별 진단

01 부문별 경영진단방법 · 662

02 부문별 진단항목 · 684

01 부문별 경영진단방법

1. 정성분석

기업의 목적을 달성하기 위한 제 기능은 기획기능, 재무기능, 생산기능, 판매기능, 인사조직, 노무기능 등으로 요약할 수 있다. 이들 제 기능은 상호 밀접한 관련성이 있으며 각 기능 하나하나가 독립적으로 존재하는 것은 아니다. 기업이 목표를 달성하기 위한 경영전략도 그것을 실현할 수 있는 경영계획과 경영계획을 실현하기 위한 구체적인 관리기능 및 업무수행 기능이 필요하다. 그리고 그러한 기능을 수행할 수 있는 구성원이 필요하며, 그 구성원들이 적극적이고 창조적으로 활동할 수 있는 기업문화 형성과 노무관리기능 등이 각 기능들과 일체화됨으로써 효과적이고 효율적인 성과를 가져올 수 있다. 기업경영 상태를 진단하는 것은 이와 같은 제 기능을 전체적이고 포괄적으로 이해하고, 제 기능이 과연 효과적이고 효율적으로 운영되고 있는지 그리고 각 기능을 수행하는 세부적인 사항에 문제점이나 당면과제가 무엇이며, 개선 또는 혁신할 사항이 있는지, 그리고 그 문제점이나 당면과제가 발생한 원인이 어디에 있으며 무엇을 어떻게 개선 또는 혁신을 해야 하는지 그 대책을 총체적으로 도출하여 제안하고 해결하는 데 목적이 있다. 따라서 부문별 경영진단을 실시함에 있어서는 경영의 제 기능을 충분히 이해하고, 각 기능마다 진단할 중요항목이나 세부항목을 충분히 이해해야 할 것이다. 여기서 각 부문의 기능을 다시 요약하면 다음과 같다.

기획관리 부문

기획기능은 기업경영활동에 있어서 종합적이고 총괄적인 활동을 하는 중추적 역할을 하는 기능이라 할 수 있다. 생산 · 판매 · 인사조직 · 노무와 재무 등의 기본적인 경영전략과 경영계획을 수립하는 기본기능이라고 할 수 있다. 기업체질진단에 있어서 기획관리 기능은 매우 중요한 부문이라 할 수 있다.

■ 경영전략

경영전략이란 기업환경과의 상관관계를 미래지향적인 것으로 나타내는 구상이며, 기업 내의 여러 사람의 의사결정의 지침이 되는 것이다. 또한 다각화기업의 경영전략은 두 개의 레벨로 나누어진다. 하나는 사업단위의 경영전략이고, 또 다른 하는 기업전략이다. 전자의 경영전략은 그 기업이 참여하고 있는 개개의 사업 분야에서 어떻게 하면 경쟁우위를 유지할 것인가 하는 것을 주요 테마로 하는 것이다. 다른 하나인 기업전략은 어느 사업 분야에 참여할 것인가 하는 문제와 많은 사업부를 어떻게 통괄하여 어떻게 자원배분을 할 것인가 하는 문제를 주요 테마로 하는 것이다.

■ 경영계획

경영계획은 기업의 각 부문 책임자인 각 부문의 장 및 부문별 또는 전문기능별로 배치된 관리자에 대하여 경영방침이나 경영계획 작성을 위한 지침을 시달하고 기업경영에 관한 예산 및 기업 활동사항에 대하여 작성케 하고 이를 이사회에서 검토·결정하는 것으로서 경영전략의 실현계획이다.

■ 경영능력

경영능력은 기업의 경영활동을 담당하는 최고경영자의 능력과 자질을 파악하는 한편 각 부문별 관리자의 전문적인 능력과 경험의 정도를 파악함으로써 기업의 성장·발전의 가능성을 파악하는 것이다.

■ 경영조직

경영조직은 기업의 규모·경영규모·경영환경과 기업의 특성 및 요건 등에 따라 각각 다른 것이나 기업에 가장 적합한가를 파악하여 채산성·수익성·발전성 등에 적합한가를 파악한다.

■ 사업성

이 진단체크리스트의 하나의 특징으로서 사업성의 유무를 파악하게 하고 있다. 이 사업성은 사업능력·신제품의 개발력·기술력·경쟁력·경영대응력으로 나누어 각각의 능력이 충분한가를 검토함으로써 경영전략 수립을 함에 있어 자원배분에 기여하도록 하고 있다.

■ 신뢰성

이러한 각 기능이나 능력 등이 있다고 해도 금융·상거래 등에 있어서 신뢰성의 유무는 기업유지의 기본이 되므로 신뢰성 유무를 파악하도록 하고 있다.

인사관리 부문

무한경쟁시대에서 기업이 생존하고 발전하기 위해서는 성과적 공동체인 기업을 형성하는 주체인 인적자원을 생산적 요소가 아닌 소중한 자산으로 관리하여야 한다. 인적자원의 자산화를 위해서는 성과도출기능과 자기실현기능이 동시에 이루어지도록 합리성과 인간성 존중의 논리가 이원적 갈등관계가 아닌 통합적 조화관계가 형성되도록 인사관리를 해야 한다. 인적자원은 내부핵심역량으로 경영성과를 결정하는 중요한 요인이므로 자발적으로 일할 의욕을 불러일으키도록 동기를 부여하고 잠재능력을 발휘할 수 있는 여건을 조성하여야 한다. 인사관리는 경영성과와 구성원의 만족을 동시에 충족시킬 수 있도록 인적자원의 핵심역량 축적에 의한 가치창출로 노동생산성을 향상시켜 인적자원의 경쟁력 우위를 확보할 때 비로소 기업의 목적달성과 경영성과 제고는 이루어지는 것이다.

■ 인사

채용 · 승진 · 교육훈련 · 이동의 기준이 설정되어 있어야 체계적인 인적자원의 활용이 가능하며 이 기준이 적절해야 공정한 인사관리를 할 수 있다. 구성원이 준수해야 할 규범으로서 복무지침과 동기유발을 위한 평가 및 포상제도 및 고충처리제도가 마련되어야 구성원 스스로 예측할 수 있는 인사제도가 정착될 수 있다.

■ 근무환경

근로기준법과 취업규칙에 맞도록 근로조건이 명백하게 규정화되고 적정한 급여수준 · 노사협의회 구성 · 성과급제도 및 이익배분에 의한 사기앙양과 폭넓은 복리 · 후생제도 실시로 구성원의 능력개발과 만족도제고에 의한 잠재능력 발휘로 경영성과에 기여할 수 있는 여건조성이 필요하다.

■ 동기부여

인간은 일이 삶의 목적이 아니라 수단이므로 방임하지 말고 기업의 소중한 자산이라는 관점에서 의욕을 불러일으킬 수 있는 동기가 부여될 때 일에 대한 열정이 생기고 자발적으로 창의성을 발휘하게 된다. 의욕고취를 위해서는 먼저 불만의 원인을 해소시켜야 하며 고충처리제도 · 원활한 의사소통체제 · 자기개발을 위한 교육훈련제도 · 쾌적한 근무 환경 조성 등 제도적인 뒷받침과 세심한 배려가 필수적이다.

■ 조직

구성원의 적성과 능력을 고려하여 적정한 업무가 부과되어야 하고 상하명령계통과 횡적인 연계체제의 확립, 사무 및 현업 부문의 균형이 원만히 이루어지도록 하여 조직의 효율성을 최대한 살려야 결집된 힘을 가진 강한 조직이 될 수 있다.

■ 사무

사무능률을 올리기 위해서는 문서나 자료의 보관과 정리체제를 확립하고, 사무처리의 간소화 및 능률화를 통하여 낭비요인을 제거하여야 한다. 사무의 신속화와 정확성을 높이기 위해서는 가능한 모든 부문을 전산화하여 정보의 축적에 의한 지식의 공유 및 활용을 촉진해야 한다.

재무관리 부문

재무관리는 기업의 자금흐름과 관련된 활동을 어떻게 효율적으로 수행할 것인가를 주요테마로 하며, 따라서 자금의 조달과 운용 그리고 그와 관련된 계획과 통제 등이 재무관리의 연구대상이다. 재무관리는 기업의 활동을 자금의 측면에서 다루는 것이므로 기업의 목표와 일치해야 하며 궁극적인 재무관리의 목적은 기업가치의 극대화와 자기자본가치의 제고라 할 수 있다

■ 회계조직/장부처리/사무처리

회계는 기업의 재무 상태와 영업성과를 나타내는 재무제표의 정확한 작성으로 기업의 이해당사자인 채권자 · 주주 · 투자자 등에게 기업의 전체적인 실태를 있는 그대로 알려주고 장래 경영계획의 수립을 위한 의사결정의 중요한 자료로서 활용되는 중요한 기능을 수행한다. 따라서 회계처리는 전문지식을 가진 조직이 수행하고 기업회계기준에 적합하게 처리해야 하며 사후감사기능에 의한 내부통제업무까지 수행해야 한다. 회계자료는 방대하여 수작업 처리가 어려우므로 전산화되어야 하며 필요할 때마다 활용할 수 있도록 최근의 자료가 제시될 수 있어야 활용도를 높여 경영에 반영할 수 있다.

■ 재무구조

기업 경영활동에 필요한 자금의 조달과 운용이 합리적으로 구성되어 있어야 기업은 안정된 기반에서 계속기업으로 존속하며 이익을 창출해 낼 수 있다. 자기자본과 타인자본에 의한 자금조달의 적정성 여부와 과다한 매출채권 및 재고자산의 보유에

의한 자금흐름의 악화여부, 장기성 자금조달에 의한 고정자산투자 여부 등이 기업의 안정성을 점검하는 주요항목이다.

■ 자본운용

조달한 자금은 유동자산과 고정자산으로 운용하게 되며 특히 매출채권 · 재고자산으로 운용된 자금은 회수 및 관리가 철저하지 않으면 재무유동성이 악화되는 위험을 초래하므로 그 규모가 적정한 수준인지를 판단해야 한다. 특히 투하된 자금의 고정화는 원활한 현금흐름을 막는 치명적인 요인이므로 자금회전율을 높이고 투자된 자산의 가치창출 및 효율성을 극대화하는데 주력해야 한다.

■ 이익 · 비용의 관리

기업의 궁극적인 목표는 적정이익창출에 의한 건실한 성장이므로 이익창출의 원천인 매출을 증가시키고 비용측면에서 매출원가와 고정비를 절감하는 지속적인 노력을 기울여야 한다. 이를 위해 손익계산서의 항목별로 예산과 실적을 대비할 수 있도록 미리 계획이 수립되어야 한다. 특히 신제품 개발을 위한 연구개발비투자 시에는 적정수준을 검토하여 이익계획에 차질이 없도록 통제하여야 한다.

■ 회계자료의 이용

재무제표가 과거의 기업 재무상태와 영업성과를 나타내는 기능밖에 없다면 자료로서의 활용가치가 없다. 과거의 실적이지만 실적의 상대적인 평가를 위해서 동종업계와 비교하여 그 기업의 위상이나 경쟁력을 측정하고 재무분석을 통하여 장래의 경영계획을 수립하는 데 활용하고 손익분기점분석을 통하여 이익증대방안을 추출해 내는 등 의사결정의 도구로써 활용되어야 한다.

마케팅관리 부문

마케팅활동은 특히 기업의 경영활동에서 매우 중요한 위치를 차지하고 있다. 종전의 기업경영은 기업 내의 자원을 효율적으로 배분하여 기업의 목표 즉 이익을 달성하였다. 그러나 향후 기업경영은 고객의 욕구를 충족시켜 고객을 만족하게 함으로써 얻은 결과로 기업의 목표가 달성될 것이다. 따라서 마케팅은 경영목표 달성수단이 아닌 고객만족수단이며, 경영목표달성은 마케팅활동의 결과로 얻어지는 것이다. 기업이 경영목표달성을 위하여 마케팅활동을 어떻게 하고 있는지를 파악하는 것은 매우 중요하다고 본다. 판매형태에 따라서 마케팅활동이 달라지기 때문이다.

■ 마케팅

기업은 고객이 원하고 필요로 하는 것, 즉 고객의 욕구를 충족시켜 줄 수 있는 상품이나 서비스를 고객에게 제공하고 그 대가를 받음으로써 고객과 교환을 한다. 이처럼 고객의 욕구충족을 통해 기업목표를 달성하려는 모든 기업 활동이 마케팅이며, 이는 기업이 시장에 대해 수행하는 활동으로써 기본적으로 고객을 향한 활동이라는 점에서 고객 지향적인 활동이라 할 수 있다. 이런 측면에서 기업의 마케팅활동이 어떻게 행하여지고 있는가를 파악한다.

■ 제품정책

제품은 핵심제품 · 유형제품 · 확대제품 등의 3요소로 결합되어 있다. 핵심제품이란 제품이 주는 핵심의 혜택 또는 서비스이며, 유형제품은 상표명 · 품질 · 디자인 · 포장 · 성상 등의 유형으로 나타난 것을 말한다. 그리고 확대제품은 제품에 대한 보증 · 배달 · 설치사용법의 교육 · 신용 · 서비스 등 제품구입에 따른 서비스를 말한다. 제품경쟁에서 이기기 위해서는 제품의 3요소를 차별화시켜야 되는데 차별화 효과를 극대화시킬 수 있는 방법은 확대제품 · 유형제품 · 핵심제품 순으로 차별화시키는 것이 효과적이다.

■ 가격정책

시장수요는 기업이 제품가격을 얼마로 책정하느냐에 따라 변한다. 가격책정 시는 가격에 미치는 요인들을 분석하여야 하며 가격전략의 목표가 뚜렷해야 한다. 그리고 가격을 비용측면에서 보다 소비자가 원하는 가격을 조사하여 소비자 측면에서 가격을 결정하는 것이 바람직하다. 소비자가 원하는 가격을 맞추기 위해서는 목표원가를 만들어 내야 한다. 목표원가는 전 조직이 통합된 노력을 할 때만이 얻어질 수 있다. 가격은 소비자가 원하는 가격일 때 가격경쟁력이 생기고 제품에 대한 가치를 얻게 된다.

■ 유통경로

유통이란 생산활동과 소비생활을 연결하는 사회현상의 일부분으로서 유통 부문의 발달은 사회 각 부문에 발전을 가져다준다. 유통경로는 고객의 접근이 가장 편리하게 될 때 효과가 있으며, 효과적인 유통경로는 제품에 맞는 유통경로인가, 유통경로에 맞는 제품인가 등을 검토분석 하여야 한다. 그리고 유통경로 상에서 발생될 수 있는 갈등을 최소화시킬 수 있는 방법들을 찾아야 한다.

■ 판매촉진

촉진에는 광고 · 홍보 · 판매촉진 · 인적판매 등이 있으며 규모에 맞게 촉진수단을 선택하여 기업의 마케팅활동의 일환으로 시행한다. 중소기업은 대부분 광고보다는 판매촉진수단을 활용하여 촉진활동을 하고 있다. 기업의 영업활동은 규모에 맞는 조직운영시스템이 체계적으로 이루어져야 하며 고객에 대한 정보관리 · 접점관리 · 고객과의 관계형성 등을 통하여 고객을 만족시키고 평생 고객화할 수 있는 활동이 필요하다.

생산관리 부문

생산활동이 합리적으로 수행되려면 비교적 단시간에 좋은 품질의 제품을 최소의 비용으로 생산할 수 있어야 한다. 그러므로 생산 부문의 성과를 판단하기 위하여 생산계획, 공정관리, 작업관리, 품질관리, 설비 · 기술, 열 · 동력관리, 작업환경, 외주관리, 원재료 · 구매관리, 재고관리 등을 파악하는 것이 중요하다. 생산진단 체크리스트는 자가생산(자가제품)과 외주생산(타제품)에 따라 진단항목의 체크내용이 달라지므로 진단체크리스트 윗 부문에 생산의 형태를 백분율로 표시하게 하였다. 그리고 생산형태에 따라 체크리스트의 해당 없는 부분은 해당 없음을 표시하고 점수는 가감할 수 있다.

■ 생산계획

생산계획은 판매정보 · 수요예측 또는 수주현황을 기본으로 수립한다. 생산계획은 재고현황을 파악하고 생산능력을 감안하여 합리적으로 수립되어야 하며, 생산의 장 · 단기계획에 따라서 수립해야 한다. 그리고 관련 부서와의 협의가 이루어질 때 효과적이다.

■ 공정관리

공정관리란 가장 짧은 시간 안에 제품이 생산되도록 관리하는 것이므로 공정의 흐름을 막힘없이 흐르게 하여 작업능률을 최대한 향상시켜야 하므로 레이아웃이 완벽하게 설계되어야 하고, 공정계획과 라인관리가 적절하게 이루어져야 한다.

■ 작업관리

작업의 효율을 높이기 위해서는 작업관리가 필요하다. 작업의 효율화를 위해서는 작업이 표준화되고 매뉴얼이 확립되어 작업자가 숙지하고 작업을 할 수 있어야 한다. 그리고 작업자에 대한 교육훈련과 작업지도가 충분히게 이루어져야 한다.

■ 품질관리

성공적인 품질관리를 위해서는 최고경영자에서부터 작업자까지 고객을 만족시킬 수 있도록 자발적인 참여가 필요하며, 생산현장의 종업원들뿐만 아니라 전 직원이 각자 맡은 부문에서 품질관리가 이루어져야 한다. 품질관리를 위해서는 품질방침을 수립하고 품질목표를 설정하여 전사적으로 실행하여야 하며, 분임조활동을 통해 계속 개선하여야 한다. 그리고 고객만족도에 대한 정보가 관리되어 해당 부서에 피드백되어 불만족 사항의 재발방지가 되어야 한다.

■ 설비/기술관리

설비가 생산성을 좌우하는 핵심요소이므로 설비효율을 높일 수 있도록 해야 한다. 설비효율을 알기 위해서는 설비계획 · 설비정기검사 · 효율성 및 고장조치 등이 적절하게 이루어져야 한다.

■ 작업환경

작업의 능률을 올리기 위해서는 작업환경이 좋아야 한다. 작업장 내의 온도 · 통풍 · 휴게시설 · 안전 · 위생 등 작업환경이 잘 되어 있을 때 작업자의 능률이 향상되어 생산성이 높아질 수 있다.

■ 외주관리

자사의 생산능력이 부족하거나 생산일정을 맞추기 위해서 아웃-소싱을 하는 일이 자주 발생하게 된다. 이러한 경우 본사의 제품과 동일한 수준의 품질을 생산하기 위해서는 외주관리가 필요하다.

■ 구매관리

구매활동은 생산활동 및 판매활동과 밀접한 관계가 있다. 필요한 시기에 적절한 품질의 원재료 등을 저렴한 가격으로 적당량을 적기에 구입하여 공급하여야 생산에 차질이 없게 된다. 원활한 구매를 위해서는 구매조직이 있어야 하고 구매계획을 수립하여 적절한 구매방식에 의해 구매를 하여야 한다. 그리고 자재가 표준화되고 재고관리가 이루어져 사장된 원부자재가 발생되지 않도록 효율적으로 관리해야 한다.

■ 재고관리

재고는 적정재고량을 정하여 관리되어야 한다. 재고관리가 잘못되어 불용재고가 발생되면 많은 손실을 가져올 수 있기 때문에 매입과 재고의 조정 · 제품수불 · 보관 · 재고조사 · 반품 · 불량품처리 · 제품보관 등의 관리가 이루어져야 한다.

2. 정량분석

정량분석은 재무제표 항목간의 비율을 산출하여 기업의 재무상태와 경영성과를 분석하는 경영분석기법 중의 하나이다. 재무제표의 자료를 이용하여 재무비율을 산출하고 기업을 분석 평가하려면 분석 자료에 대한 기초지식을 갖추어야 한다. 재무제표는 기업의 재무적 건강상태를 회계수치로 나타낸 것이며, 과거 및 현재의 재무상태와 경영성과에 대한 분석에 중점을 두었으나 최근에는 미래의 의사결정을 위한 비율분석을 중시하고 있다. 재무제표에는 재무상태표 · 손익계산서 · 이익잉여금처분계산서 · 현금흐름표 등이 있다.

재무상태표

재무상태표는 일정시점에서 기업의 자산과 부채 및 자본의 구성에 의한 기업의 재무상태를 나타내는 재무제표이다. 재무상태란 자금의 조달원천과 운용상태를 말하며 자산총계는 부채와 자본의 합계와 일치한다. 자산은 유동자산과 비유동자산으로 구분하게 된다. 유동자산은 당좌자산과 재고자산으로 나뉘게 되며, 비유동자산은 투자자산 · 유형자산 · 무형자산 · 기타비유동자산으로 구분하게 된다. 부채는 유동부채와 비유동부채로 구분하게 되고, 자본은 자본금 · 자본잉여금 · 자본조정 · 기타포괄손익누계액 그리고 이익잉여금으로 구분하게 된다.

자산을 유동성과 비유동성으로 구분하게 되는데 유동성 구분으로는 사용제한이 없는 현금이나 현금성자산 그리고 기업의 정상적인 영업주기 내에 실현될 것으로 보이거나 혹은 판매목적 · 소비목적으로 보유하고 있는 자산, 단기매매 목적으로 보유하는 자산, 보고기간 종료일로부터 1년 안에 현금화가 되거나 혹은 실현될 것으로 보이는 자산을 유동자산으로 하고 있으며 그 밖에 모든 자산은 비유동자산으로 분류하게 된다.

유동자산은 당좌자산과 재고자산으로 구분한다. 당좌자산의 계정과목으로는 현금 · 당좌예금 · 보통예금 · 정기예금 · 정기적금 · 단기매매증권 · 외상매출금 · 받을어음 · 단기대여금 · 미수수익 · 미수금 · 소모품 · 선급금 · 선급비용 · 가지급금 · 선납세금 · 임직원등 단기채권 · 전도금 · 현금과부족이 있다. 재고자산은 상품 · 제품 · 원재료 · 부재료 · 저장품 · 미착품 · 재공품이 있다. 비유동자산은 투자자산 · 유형자산 · 무형자산 · 기타비유동자산으로 구분된다. 투자자산의 계정과목으로는 특정현금과 예금 · 매도가능증권 · 장기대여금 · 만기보유증권 · 투자부동산 · 퇴직연금운용자산 · 퇴직보험예치금이 있다. 유형자산은 토지 · 건물 · 구축물 · 기계장치 · 차량운반구 · 비품 · 건설중인 자산이 있다. 무형자산은 영업권 · 특허권 · 광업권 · 개발비 · 소프트웨어가 있으며, 기타비유동자산으로는 임차보증금 · 부도어음과 수표가 있다.

부채는 1년을 기준으로 하여 유동부채와 비유동부채로 구분하고 있다. 정상적인 영업주기안에 소멸될 것으로 예상되는 매입채무와 미지급비용은 보고기간종료일로부터 1년 안에 결제되지 않는다고 하더라도 유동부채로 구분하고 있다. 유동부채 계정과목으로는 외상매입금 · 지급어음 · 미지급금, 예수금, 부가세예수금, 가수금, 선수금, 단기차입금, 미지급세금, 미지급비용 · 선수수익 · 미지급배당금이 있으며 비유동부채로는 사채 · 장기차입금 · 임대보증금 · 퇴직급여충당부채 · 외화장기차입금이 있다.

자본금은 자본금 하나의 계정과목만 존재한다. 자본잉여금은 주식발행초과금 · 감자차익 · 자기주식처분이익이 있다. 자본조정으로는 주식할인발행차금 · 배당건설이자 · 미교부주식배당금 · 자기주식 · 감자차손 · 자기주식처분손실이 있으며, 기타포괄손익누계액에는 매도가능증권평가이익 · 미도가능증권편가손실이 있다. 이익잉여금 계정과목은 이익준비금 · 임의적립금 · 사업확장적립금 · 감채적립금 · 이월이익잉여금 · 당기순이익이 있다.

손익계산서

수익과 비용에 대해서 회계기간 동안 기업이 실현한 수익과 차익의 합계에서 발생하게 된 비용과 차손의 합계액을 차감한 이익을 계산하는 과정을 요약한 재무제표를 손익계산서이며 일정기간동안의 경영성과를 확인할 수 있는 지표이다.

이러한 손익계산서는 크게 수익계정과 비용계정으로 구분하고 있다. 수익계정은 영업수익과 영업외수익으로 구분하고 있으며, 수익계정의 계정과목으로는 상품매출과 제품매출이 있다. 영업외수익으로는 이자수익 · 배당금수익 · 임대료 · 단기투자자산평가이익 · 단기투자자산처분이익 · 외환차익 · 외화환산이익 · 사채상환이익 · 유형자산처분이익 · 매도가능증권처분이익 · 자산수증이익 · 채무면제이익 · 보험금수익 등이 있다. 두번째로 비용계정으로 매출원가 계정과목은 상품매출원가 · 제품매출원가가 있으며, 제조원가는 원재료비 · 임금 · 퇴직급여 · 가스수도료 · 전력비 · 외주가공비가 있다. 다음으로 가장 많은 부분을 차지하는 것이 판관비이다. 판관비 계정과목은 급여 · 퇴직급여 · 복리후생비 · 여비교통비 · 접대비 · 통신비 · 수도광열비 · 세금과공과 · 감가상각비 · 임차료 · 수선비 · 보험료 · 차량유지비 · 경상연구개발비 · 운반비 · 교육훈련비 · 도서인쇄비 · 소모품비 · 수수료비용 · 광고선전비 · 대손상각비 · 무형고정자산상각이 있다.

영업외비용은 이자비용 · 외환차손 · 기부금 · 외화환산손실 · 매출채권처분손실 · 단기투자자산평가손실 · 단기투자자산처분손실 · 재해손실 · 전기오류수정손실 · 유형자산처분손실 · 매도가능증권처분손실 · 잡손실이 있다.

현금흐름표

흐름표는 일정기간동안 기업이 조달한 현금의 내역과 조달된 현금이 어떻게 운용되었는가를 영업활동 · 투자활동 · 재무활동으로 구분하여 정리한 재무보고서이다. 현금흐름표는 일정기간의 현금흐름을 경영활동별로 구분하여 표시함으로써 재무상태표나 손익계산서에서 구할 수 없는 유용한 정보를 제공한다. 따라서 이익보다는 현금흐름이 더 신뢰성이 높고 이익의 질을 평가하는 자료로 이용될 수 있다.

정량분석의 전제

재무자료를 이용하여 기업의 재무상태와 경영성과를 효과적으로 분석하기 위해서는 기본적인 전제와 한계점이 있음을 이해해야 하며, 중요한 전제는 다음과 같다.

첫째, 분석의 기초자료가 되는 재무제표가 정확하고 신뢰성이 있어야 한다. 분식회계 등 허위로 작성된 재무제표를 근거로 한 분석은 유용한 경영정보가 될 수 없다.

둘째, 재무비율이 의미를 갖기 위해서 재무비율을 산출하는데 사용하는 재무제표의 항목간에 의미 있는 상관관계가 존재해야 한다. 의미를 부여할 수 있도록 항목간의 균형 있는 조합이 이루어져야 의사결정에 유용한 비율이 산출된다.

셋째, 재무제표가 계속성과 일관성을 유지해야 기간별 비교분석과 기업 간 상호비교분석이 가능하다. 예를 들어 재고자산의 평가방법이나 고정자산의 감가상각방법이 연도별로 다른 경우에는 조정한 다음에 비율분석을 해야만 유용한 비율이 되며 재무제표상 원래의 기초자료를 분석 · 검토해야만 정확한 재무비율분석이 가능하다.

3. 정성분석 평가방법

체크리스트 활용

기획관리 · 인사관리 · 재무관리 · 마케팅관리 · 생산관리 등 종합진단에 활용하거나, 부문별로 진단할 수 있다. 다만, 특정 부문진단만 하는 경우에도, 기획관리 및 재무관리 부문은 필수적으로 진단하여 종합 판단하여야 한다. 진단체크리스트는 기업경영 자가진단을 함에 있어서는 각자가 충분히 내용을 파악하여 질문사항으로 활용하거나, 일일이 체크하는 데 활용할 수 있다.

평가등급기준

평가를 위한 등급은 다음과 같이 구분하여 정할 수 있다.

■ A등급

A등급 = 5 매우 적절(매우 적당)에 해당하며, 체크리스트 항목사항이 가장 잘 실시되고 있는 경우를 말한다. 즉 객관적으로 보아 손색이 없을 정도로 잘 실시되고 있는 경우를 말한다.

■ B등급

B등급 = 4 적절(대체로 적절)에 해당하며, A에는 속하지 않으나 우리나라 중소기업으로서는 적합할 정도의 수준에 있는 경우를 말한다.

■ C등급

C등급 = 3 보통(실시 · 도입하고 있으나 보통 수준)에 해당하며, A · B에는 속하지 않으나 우리나라 중소기업의 보통 수준에 있는 경우를 말한다.

■ D등급

D등급 = 2 부적절(미실시 · 미도입 등)에 해당하며, 해당 사항을 미실시 또는 미도입하고 있어 부적절한 상태에 있으나 실시 또는 도입의 의지 또는 준비상태가 있는 경우를 말한다.

■ F등급

F등급 = 1 매우 부적절에 해당하며, 해당 사항에 대하여 전혀 관심도 인식도 없으며, 도입 · 실시할 의지도 없는 경우를 말한다.

평가방법

각 세부항목별로 「○」 표시한 결과, 진단항목별 소계란에 다음과 같이 기록한다.

등 급	A	B	C	D	F	해당없음	합계
배 점	5	4	3	2	1		
항목수	-	3	11	5	-		19
평 점	-	12	33	20	-		55

■ 체크리스트 항목 전부가 해당되는 경우의 평가

$$\frac{\text{각 항목별 평점합계(55)}}{\text{전체항목수(19)} \times 5\text{(최고점수)}} = \text{진단항목의 배점(20)} = \text{평가점수(11.58)}$$

■ 체크리스트 항목 중 해당 사항이 없는 항목이 있는 경우, 평가에서 제외하며 해당없음 난에 표시

$$\frac{\text{각 항목별 평점합계}}{5 \times (\text{총문항수} - \text{해당없는 문항수})} = \text{진단항목의 배점} = \text{평가점수}$$

종합평가

전체 부문을 진단하는 경우에 활용함을 원칙으로 하며, 특정 부문만 진단하는 경우에는 해당 부문 이외의 부문에 대한 평가는 생략한다. 기획관리 부문과 재무관리 부문만 평가하는 경우는 다음 산식에 따라 평점을 산출한다. 특정 부문만 진단할 경우에도 기획관리 및 재무관리 부문은 반드시 평가하여야 한다.

$$평가점수 = \frac{평가\ 부문\ 평점합계}{평가\ 부문\ 배점합계} \times 배점(500)$$

〈사례〉 기획관리(경영기본) 부문 평점 70점, 재무 부문 평점 80점, 판매 부문 90점인 경우

$$평가점수 = \frac{70 + 80 + 90}{300} \times 500 = 400점$$

4. 정량분석 평가방법

계수분석표의 활용

여기에서 설명하고 있는 진단체크리스트는 일반 제조업의 경우에 활용할 공통적인 계수분석항목으로써 영업기간이 2개연도 이상의 경우에 작성한다. 영업기간이 1년일 경우에는 해당되는 지표만을 활용함을 원칙으로 한다. 특정 부문만의 평가 시에는 다른 부문의 계수분석표는 생략할 수 있다. 다만, 기획관리 및 재무관리 부문은 필수적으로 분석함을 원칙으로 한다. 이 계수분석은 재무제표로 분석한다. 다만, 계수수정을 하는 경우에는 수정된 계수로 분석할 수 있다.

평가방법

■ 동종업계 평균비율

한국은행 발간 「기업경영분석」에서 해당 업종을 찾아 관련 비율을 동업계 평균비율에 기입한다. 지표명 ( ) 내의 숫자는 「기업경영분석」의 관련 비율 코드번호이며, 동종업계 평균비율이 없는 경우 당해기업의 직전 연도의 비율을 산출하여 동종업계 평균비율로 한다.

■ 평가지수의 산출

- 높을수록 양호한 비율 : (산출비율÷동종업계평균비율)×100(예 자기자본비율)

• 낮을수록 양호한 비율(▼표시) : (동종업계평균비율÷산출비율)×100(예 부채비율)

■ 판정지수 산출

평가지수와 판정기준을 대비하여 어느 구간에 속하는지를 판별하여 판정지수의 점수를 기입한다.

■ 부문별 평가시 유의사항

진단대상기업의 상황에 따라 전 부문의 진단이 어려운 경우에는 진단할 수 있는 부문만 선택하여 평가하되 기획관리 부문과 재무관리 부문은 반드시 평가함을 원칙으로 한다.

평가 제외된 부문이 있는 경우의 평점 산출방식은 다음과 같다.

$$\frac{\text{2개 부문 평점합계}}{\text{2개 부문 배점합계(200점)}} \times \text{5개 부문 배점합계(500점)}$$

(▼) 표시가 있는 비율은 낮을수록 양호한 비율이므로 산식을 역으로 산출한다.

$$\text{동업계평균비율} \div \text{산출비율} \times 100$$

5. 설문조사와 분석

설문조사의 의의

구성원들의 의견을 조사하는 방법으로는 의견진술자가 기재된 제안제도·고충처리제도 및 면담 등이 있으며, 또한 의견진술자의 인적사항에 대하여 비밀이 유지되는 건의함과 설문조사가 있다. 이들 중에서 가장 효과적인 방법은 면담과 설문조사라 할 수 있다. 조직 및 집단의 문제점을 파악하기 위하여 가장 많이 사용되는 방법이 바로 설문조사다.

설문조사 분석 Process

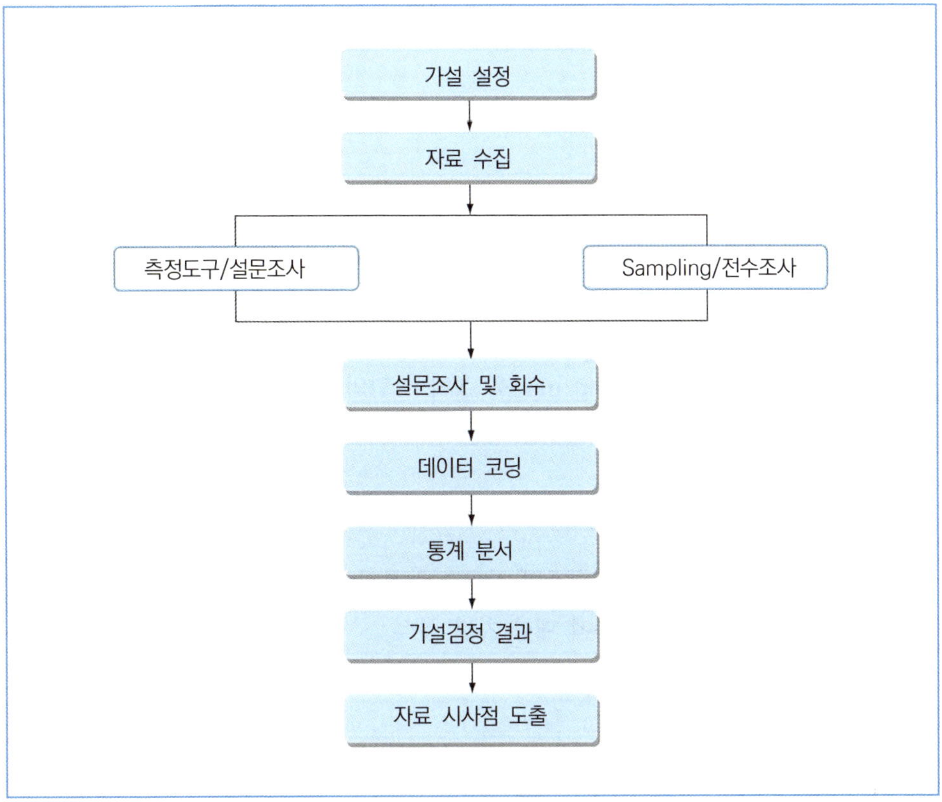

설문조사의 장점

설문조사의 장점은 다음과 같이 정리할 수 있다.

- 짧은 시간 내에 방대한 조사가 가능하다.
- 많은 인원을 대상으로 할 수 있다.
- 적은 비용으로 조사가 가능하다.
- 객관적인 수치로 결과를 표시할 수 있다.
- 구성원들의 광범위한 참여로 개선된 제도의 수용성이 높다.

설문조사의 단점

설문조사의 단점은 다음과 같이 정리할 수 있다.

- 면담과 비교할 때 조직 및 집단의 심층적인 부분까지 분석하는 것이 곤란하다.
- 면담에 비하여 불만 해소의 효과가 미흡하다.

- 자기진단인 경우에는 제3자에 의한 면담이 곤란하므로 팀 구성원의 워크샵을 통하여 설문에 대한 결과해석 및 대안을 도출하도록 한다.

설문분석 방법

■ 1차 분석

- 변수집단별 중요도 순서 파악
- 원인변수 집단의 변수별 팀 평균 파악
- 매개변수 집단의 변수별 팀 특성 파악
- 변수별로 positioning map을 통하여 팀의 위상 파악
- 결과변수 집단의 변수별 팀 평균 파악

■ 2차 분석

- 원인 변수와 결과 변수간의 상관관계 분석
- 매개변수의 결과변수에 대한 차별 분석

■ 결과 해석

- 팀별 주요 문제변수 파악
- 팀별 개선 및 지원방안 도출
- 기타 설문결과와의 종합 비교 분석

조직진단 설문조사

조직진단의 경우 설문조사의 예를 다음과 같이 살펴볼 필요가 있다.

1. 귀하께서는 업무 수행상 요구되는 충분한 자율성을 갖고 있습니까? ( )

   ① 전혀 그렇지 못하다 ② 그렇지 못한 편이다 ③ 보통이다
   ④ 그런 편이다 ⑤ 매우 그렇다

2. 갑작스런 상사의 지시로 업무계획에 차질이 나타나고 있습니까? ( )

   ① 거의 매일 발생한다. ② 자주 발생하는 편이다 ③ 보통이다
   ④ 가끔 발생하는 편이다 ⑤ 거의 발생하지 않는다

3. 귀하의 팀은 상부나 타 팀에 어느 정도 의존되어 있습니까? ( )

① 의존도가 매우 높다 ② 의존도가 높은 편이다 ③ 보통이다
④ 의존도가 매우 낮다 ⑤ 의존도가 매우 낮은 편이다.

4. 귀하께서는 팀원들과 항상 협력적인 자세로 업무에 임하고 계십니까? ( )

① 전혀 그렇지 못하다. ② 그렇지 못한 편이다 ③ 보통이다
④ 그런 편이다 ⑤ 매우 그렇다

5. 귀하의 동료 직원들은 귀하에게 협력적인 자세를 보이고 있습니까? ( )

① 전혀 그렇지 못하다. ② 그렇지 못한 편이다 ③ 보통이다
④ 그런 편이다 ⑤ 매우 그렇다

6. 귀하의 팀과 타 팀들과의 협력은 원활하게 이루어지고 있습니까? ( )

① 전혀 그렇지 못하다. ② 그렇지 못한 편이다 ③ 보통이다
④ 그런 편이다 ⑤ 매우 그렇다

7. 귀하께서는 어느 정도 회사생활에 만족하고 계십니까? ( )

① 전혀 만족하지 못한다 ② 만족하지 못하는 편이다 ③ 그저 그렇다
④ 만족하는 편이다 ⑤ 매우 만족한다

8. 귀하의 팀이 타 팀에 비해 불공정한 처우를 받을 경우가 있습니까? ( )

① 매우 그렇다 ② 그런 편이다 ③ 보통이다
④ 그렇지 않다 ⑤ 전혀 그렇지 않다

9. 귀하께서는 업무상 주어진 목표를 어느 정도 잘 달성하고 계십니까? ( )

① 달성도가 매우 낮다 ② 달성도가 낮은 편이다 ③ 보통이다
④ 달성도가 높은 편이다 ⑤ 달성도가 매우 높다

10. 귀하의 팀은 사업계획상의 목표를 어느 정도 잘 달성하고 있습니까? ( )

① 달성도가 매우 낮다 ② 달성도가 낮은 편이다 ③ 보통이다
④ 달성도가 높은 편이다 ⑤ 달성도가 매우 높다

11. 귀하의 팀이 보유하고 있는 능력은 경쟁사에 비해 어떠합니까? ( )

① 매우 떨어진다　② 떨어진다　③ 비슷하다
④ 앞서있다　⑤ 매우 앞서 있다

12. 귀하의 팀은 전체 업무량에 비해 과부족 현상이 나타나고 있습니까? ( )

① 많이 나타난다　② 나타나는 편이다　③ 보통이다
④ 나타나지 않는 편이다　⑤ 전혀 나타나지 않는다

13. 귀하의 팀은 최고를 지향할 수 있는 기회를 맞이하고 있습니까? ( )

① 전혀 그렇지 못하다.　② 그렇지 못한 편이다　③ 보통이다
④ 그런 편이다　⑤ 매우 그렇다

14. 귀하의 팀이 타 경쟁사보다 낙후될 수도 있다는 걱정도 하십니까? ( )

① 매우 걱정된다　② 걱정하는 편이다　③ 보통이다
④ 걱정하지 않는다　⑤ 전혀 걱정하지 않는다

15. 귀하의 팀은 역할분담이 명확하게 정립되어 있습니까? ( )

① 전혀 그렇지 못하다.　② 그렇지 못한 편이다　③ 보통이다
④ 그런 편이다　⑤ 매우 그렇다

16. 귀하의 팀 분위기는 위험부담을 어느 정도 선호하는 편입니까? ( )

① 전혀 선호하지 않는다　② 선호하지 않는다　③ 보통이다
④ 선호한다　⑤ 매우 선호한다

17. 귀하의 팀은 사내에서 어느 정도 잘 나가는 부서라고 보십니까? ( )

① 전혀 잘 나가지 못한다　② 잘 나가지 못하는 편이다　③ 보통이다
④ 잘 나가는 편이다　⑤ 매우 잘 나간다

18. 귀하의 팀의 업무 숙련도는 어느 정도이라고 생각하십니까? ( )

① 아주 미숙하다　② 미숙한 편이다　③ 보통이다
④ 숙련된 편이다　⑤ 매우 숙련되었다

19. 귀하의 팀이 해내는 업무량 부하 정도는 어떠합니까? ( )

① 아주 낮다 ② 낮은 편이다 ③ 보통이다
④ 높은 편이다 ⑤ 매우 높다

20. 귀하의 딤은 하루 숭 타 부서 업무지원에 어느 정도의 시간을 할애하고 있습니까? ( )

① 30분 미만 ② 30분~1시간 사이 ③ 1~2시간 사이
④ 2~3시간 사이 ⑤ 3시간 이상

21. 귀하의 상사는 귀하의 능력개발에 어느 정도 노력하고 계십니까? ( )

① 거의 노력하지 않는다 ② 별로 노력하지 않는다 ③ 보통이다
④ 노력하는 편이다 ⑤ 상당히 노력한다

22. 귀하께서 진심으로 상사의 지도력을 인정하는 정도는 어떠합니까? ( )

① 거의 인정하지 않는다 ② 별로 인정하지 않는다 ③ 보통이다
④ 인정하는 편이다 ⑤ 상당히 인정한다

23. 팀 내의 의사소통은 어느 정도 활성화되어 있다고 보십니까? ( )

① 보통이다 ② 전혀 활성화되어있지 않다 ③ 활성화되어 있지 않다
④ 활성화되어있다 ⑤ 매우 활성화되어 있다

24. 팀간의 정보공유나 정보교류 애로는 어느 정도 나타나고 있습니까? ( )

① 항상 나타난다 ② 자주 나타난다 ③ 보통이다
④ 나타나지 않는다 ⑤ 전혀 나타나지 않는다

25. 업무상 의사결정은 어느 정도 신속하게 이루어지고 있습니까? ( )

① 매우 늦다 ② 늦는 편이다 ③ 보통이다
④ 신속한 편이다 ⑤ 매우 신속하다

26. 주요 의사결정 활동이 시의적절하게 이루어지고 있습니까? ( )

① 전혀 그렇지 못하다 ② 그렇지 못한 편이다 ③ 보통이다
④ 그런 편이다 ⑤ 매우 그렇다

27. 귀하께서 타인에게 미치는 영향력은 남들보다 크다고 생각하십니까? ( )

① 전혀 그렇지 못하다 ② 그렇지 못한 편이다 ③ 보통이다
④ 그런 편이다 ⑤ 매우 그렇다

28. 귀하의 팀에는 업무수행에 요구되는 정보가 축적되어 있습니까? ( )

① 전혀 그렇지 못하다 ② 그렇지 못한 편이다 ③ 보통이다
④ 그런 편이다 ⑤ 매우 그렇다

29. 상하 관계상 불미스러운 갈등은 어느 정도 표출되고 있습니까? ( )

① 항상 표출된다 ② 자주 표출된다 ③ 보통이다
④ 표출되지 않는다 ⑤ 전혀 표출되지 않는다

30. 동료나 타 팀간의 의견 대립은 어느 정도 표출되고 있습니까? ( )

① 항상 표출된다 ② 자주 표출된다 ③ 보통이다
④ 표출되지 않는다 ⑤ 전혀 표출되지 않는다

31. 다음 중 귀하의 업무의욕을 고취시키는 것은 어느것 입니까? ( )

① 성취감 ② 직무 자체가 주는 도전성 ③ 책임감
④ 칭 찬 ⑤ 팀워크 및 협력도 ⑥ 자율성
⑦ 임금수준 ⑧ 교육훈련기회 ⑨ 승진

32. 귀하를 포함한 팀의 전체 사기수준은 어느 정도라고 생각하십니까? ( )

① 매우 낮다 ② 낮은 편이다 ③ 보통이다
④ 높은 편이다 ⑤ 매우 높다

33. 업무수행을 위한 귀하의 작업환경은 어느 정도 양호한 수준입니까? ( )

① 전혀 양호하지 않다. ② 양호하지 않다 ③ 보통이다
④ 양호하다 ⑤ 매우 양호하다

34. 귀하께서는 1일 어느 정도 창의적 사고활동에 할애하고 계십니까? ( )

① 30분 미만 ② 30분~1시간 사이 ③ 1~2시간 사이
④ 2~3시간 사이 ⑤ 3시간 이상

35. 사원의 복리후생에 대한 배려는 어느 정도라고 생각하십니까? ( )

① 매우 낮다 ② 낮은 편이다 ③ 보통이다
④ 높은 편이다 ⑤ 매우 높다

36. 퇴직금제도가 없어지면 미래에 대한 불안도 증가하리라 보십니까? ( )

① 매우 그렇다 ② 그런 편이다 ③ 보통이다
④ 그렇지 않다 ⑤ 전혀 그렇지 않다

37. 급여수준은 귀하의 가치에 합당한 수준이라 생각하십니까? ( )

① 전혀 그렇지 못하다. ② 그렇지 못한 편이다 ③ 보통이다
④ 그런 편이다 ⑤ 매우 그렇다

38. 귀사의 인사고과는 공정한 방식으로 실시된다고 보십니까? ( )

① 전혀 그렇지 못하다. ② 그렇지 못한 편이다 ③ 보통이다
④ 그런 편이다 ⑤ 매우 그렇다

39. 귀하께서는 스스로 자기계발을 위해 노력하고 계십니까? ( )

① 전혀 그렇지 못하다. ② 그렇지 못한 편이다 ③ 보통이다
④ 그런 편이다 ⑤ 매우 그렇다

40. 귀하께서는 경영혁신의 실천에 동참하고 계십니까? ( )

① 전혀 그렇지 못하다. ② 그렇지 못한 편이다 ③ 보통이다
④ 그런 편이다 ⑤ 매우 그렇다

41. 팀의 성과에 영향을 미치는 다음의 요소들은 각각 얼마나 중요하다고 생각하십니까? ( )

① 전혀 중요하지 않다 ② 중요하지 않다 ③ 보통이다
④ 중요하다 ⑤ 매우 중요하다

- 리더십 ( ) - 의사소통 ( ) - 의사결정 ( )
- 갈등 ( ) - 동기부여 ( ) - 작업조건 ( )
- 복리후생 ( ) - 평등처우 ( ) - 경영참여 ( )
- 지원사항 ( ) - 교육훈련 ( )

02 부문별 진단항목

1. 기획관리 부문

기업의 경영관리를 효율화하고자 업무영역을 기획관리 · 인사관리 · 재무관리 · 마케팅관리 · 생산관리 등 사업부전략(Business Strategy) 레벨에서 구분하고, 이들을 대상으로 계획 · 조직 · 지휘 · 통제 등의 관리직능을 부여한다.

이러한 관리직능은 독립적으로 활동을 영위하는 것이 아니라, 하나의 복합체로서 원활하게 협동하고 조화되어야만 기업 전체의 합리적인 운영을 기대할 수 있으며, 이러한 종합적 기능을 묶어놓은 관리 부문을 기획관리 부문이라고 할 수 있다.

Tip 진단대상 항목

- 경영이념과 경영전략
- 중장기 비전
- 경영진의 리더십
- 중장기 경영계획
- 방침관리
- 연도계획
- 경영관리시스템
- 경영개선
- 경영자의 능력
- 기업윤리
- 감사체계
- 리스크 관리
- 시큐리티 관리

경영이념과 경영전략 21세기 우량기업으로서 성장해 나가기 위해서는 확고한 기업이념과 적절한 경영전략을 바탕으로 한 경영이 이루어지는 것이 중요하다. 확고한 기업이념, 적절한 경영전략이란 자사의 현 상황을 파악하는 데 있어서 자사의 강점이 경영에 구체적으로 반영되어 있는 것, 그리고 관련 회사를 포함하여 자사가 목표로 하는 방향 및 비전을 명확히 가지는 것이 기본임을 인식하고 진단을 한다.

중장기 비전

기업이 중장기에 걸쳐 안정적으로 성장하고 사회에 기여하기 위해서는 기업이 목표로 하는 방향이나 방침이 경영이념으로서 명확히 제시되어 구성원 전체가 이를 공유하고 있어야 한다.

따라서 경영이념 그 자체가 명시되어 주지되고 있는지, 경영이념이 중장기 비전으로서 구체화되어 있는지, 기업의 가치를 CI(Corporate Identity)로서 사내외적으로 인지되도록 하고 있는지, 이념을 기업문화의 경지까지 끌어올리려고 하고 있는지를 진단한다.

경영진의 리더십

기업은 아무리 훌륭한 이념이나 경영자원을 가지고 있다고 하더라도 기업의 경영진이 리더십을 발휘하지 않는다면 이념 및 비전을 바탕으로 행동하고 발전해 나갈 수 없다. 따라서 경영진이 어떻게 경영과제를 인식하고 해결하기 위해 리더십을 발휘하고 행동을 취하고 있는가, 또한 이를 위한 능력을 갖추고 있는가를 진단한다.

중장기 경영계획

경영이념 및 비전으로 제시된 기업의 사명 · 기대하는 모습을 경영환경 변화를 인식하여 경영과제를 명확히 세우고 중장기 경영계획이라는 형태로 실현해야 한다. 따라서 중장기 경영계획에 있어서 경영목표가 구체적으로 제시되어 있는가, 목표달성을 위한 과제 및 전략을 명확히 할 책정 프로세스가 있는가, 인원 · 설비 · 자금과 같은 자원의 투입계획이 세부적으로 계획되어 있는가, 경영환경의 변화를 고려하여 필요에 따라 재검토가 이루어지고 있는가를 진단한다.

방침관리

경영관리에 있어서의 방침관리에서는 전사적인 방침관리 시스템을 대상으로 하고 있다. 회사방침을 토대로 경영진에서부터 조직 구성원 모두가 동일한 방향에 따라 목표달성을 향해 업무를 해야지만 비로소 사람과 조직의 힘을 최대한 활용할 수 있다.

구체적으로는 회사방침이 외부환경 · 내부환경 · 자사의 중장기 경영계획 · 전년도의 반성 등을 바탕으로 입안되어 이것을 조직 구성원이 이해하고 있는가, 회사방침이 부문, 개인의 계획에 구체적으로 반영되어 회사목표를 달성하기 위해 필요 충분한 내용으로 설정되어 있는가, 그리고 계획은 정기적인 확인을 받아 그 결과에 대해 필요에 따라 정확한 처리가 이루어지고 있는가를 진단한다.

연도계획

기업은 연도마다 결산이라는 형태로 성과를 제시해야 하며, 연도마다 방침이나 실행계획을 책정하여 확실히 실행해 나가는 것이 중요하다.

따라서 회사방침 및 실행계획 책정 프로세스와 내용에 대해 진단한다. 회사방침의 책정의 경우, 중장기 경영계획이나 외부환경 · 전년의 반성 등을 바탕으로 책정되고 있는가, 내용에 관해서는 구체적인 목표나 각 부문의 실행계획 · 예산 등이 구체화되어 있는가를 확인하고 진단한다. 또한 연결경영을 염두에 둔 그룹회사에 대한 방침 전개에 대해서도 진단한다.

경영관리시스템

연도 초에 입안된 회사나 각 경영관리 부문의 계획을 실행해 나가는 단계로 목표의 달성상황을 항상 파악하여 필요에 따라 적절한 처리를 해나갈 필요가 있다. 또한 개선항목에 대해서는 다음 해 이후에라도 반영되도록 해야 한다. 더불어 결과적으로 구성원의 동기부여 향상으로 이어지도록 하는 것이 중요하다. 따라서 이러한 것들을 정기적으로 파악하고 추적해 나갈 시스템과 프로세스를 진단한다.

경영개선

기업이 기반을 굳건히 하여 성장해 나가기 위해서는 끊임없는 진보를 거듭해 나가지 않으면 안 된다. 이를 위해서는 기업에 항상 개선시스템이 있어서 그 시스템이 역동적으로 기능해 나가야 한다. 따라서 개선활동이 회사방침에 언급될 것인가의 여부와는 관계없이 항상 이행되고 있는가, 성과가 나타나고 있는지를 경영자와 경영기획실 등 경영과 관련된 사람들에게 청취하여 진단한다.

경영자의 능력

기업이 처한 환경의 변화 속에서 효과적인 경영판단을 하기 위해서는 정확성 · 신속성 · 공정성을 확보할 수 있는 체계가 필요하다. 정확성을 확보하기 위한 정보제공을 하는 데 있어서의 지원 체계, 신속성을 확보하기 위한 체계로서 위원회 등의 설치 및 운영, 공정성을 확보하기 위한 체계로서 사외이사제도의 도입 등 회사내부에만 국한되지 않는 체계가 있는가, 아울러 회사의 업무집행에 관여하는 최고의사 결정기관인 이사회가 활발히 기능하여 이사회에서 충분한 논의를 거쳐 경영판단이 이루어지고 있는가도 진단한다.

기업윤리

사회의 규범에 반하는 행동이나 사내의 불상사는 단순히 그 기업의 질서를 어지럽히고 기업의 평가를 떨어뜨리는 데 그치지 않고 기업의 존망을 위협할 수 있기 때문에 기업윤리는 중요한 과제가 되고 있다. 기업윤리에 관한 회사방침이 설정되어 있고 이에 대처하기 위한 전문부서가 있는지, 기업윤리의 규정과 가이드라인을 구성원에게 설명 · 교육하여 이해시키고 있는지, 그 결과로서 윤리의식에 대한 조직 구성원들의 의식수준이 높고 윤리문제가 발생하고 있지 않은지의 여부를 진단한다.

감사체계

감사체제는 독립성이 확보된 조직에서 감사인으로서 실무경험이나 고도의 전문지식을 갖춘 사람이 감사를 하는 데 충분한 인원수가 선임돼 있어야 한다. 전사 규정으로 감사의 사명 · 목적 · 정의가 명시되어 있는지, 감사인의 교육훈련을 계획적 · 정기적으로 실시하여 감사의 수준 향상에 노력하고 있는지, 중장기 · 연도감사계획이 세워져 있고 감사의 프로세스도 명확한지에 대해 진단한다. 감사업무는 회계감사와 더불어 업무감사, 환경감사, 품질감사 등 폭넓은 영역을 대상으로 하여. 재무지표뿐만 아니라 폭넓은 중요 지표를 토대로 문제점을 추출하는 것이 중요하다.

따라서 국내외의 관련 회사들을 포함하여 조직별로 빠짐없이 정기적으로 감사를 실시하고 있는지, 감사결과가 부문의 개선으로 이어져 지체 없이 경영진에게 전달되고 있는지 등을 확인 · 진단한다.

리스크 관리

리스크 관리는 기업의 존속도 좌우할 수 있으며, 리스크의 범위가 넓어짐에 따라 중요과제 중 하나가 되고 있다. 그러므로 회사로서 대응해야 할 리스크 관리의 내용 및 과제가 명확하고 대응방법이 규정화되어 있는지, 여기에 대응할 법무관계 전문부서 또는 조직체제가 갖추어져 있고 경영관리 각 부문에서 담당자가 정해져 대응하고 있는지, 부문의 관리상황을 전사적으로 파악하고, 대응 사례가 정리 · 축적되어 있어 예방조치에 활용되고 있는지, 대응사례가 시의 적절하게 경영진에게 보고되고 있는지를 진단한다.

시큐리티 관리

정보 및 데이터는 기업 가치를 높이기 위해 매우 중요한 자원인데, 이를 유출시키지 않을 체제로서 보안관리가 중요하다. 따라서 보안이란 무엇인가를 명확히 하고 네트워크로 접속된 정보에 대한 보안체제, 시스템 구축에 따른 보호, 특히 보안관리용 단말기기에 대해서는 정보인프라의 정비, 관리의 적절한 재검토와 함께 정보를 다루는 개인의 의식고양이 필요하다.

여기에서는 보안이 어떻게 유지되고 있는가와 기밀유출 시의 대응, 정기감사에 대해서도 진단한다.

기획관리 부문 정성분석 체크리스트

<table>
<tr><th rowspan="3">진단항목</th><th rowspan="3">체 크 사 항</th><th colspan="5">확인결과</th></tr>
<tr><th>A</th><th>B</th><th>C</th><th>D</th><th>F</th></tr>
<tr><th>5</th><th>4</th><th>3</th><th>2</th><th>1</th></tr>
<tr><td rowspan="6">경영전략
(20)</td><td>A 경영전략</td><td></td><td></td><td></td><td></td><td></td></tr>
<tr><td>1. 기본전략의 검토, 분석
기본전략을 검토 · 분석하고 있으며, 그 내용은 적절한가
※ 검토 · 분석을 하지 않는 경우에는 그 이유(원인), 영향, 앞으로 대책 등은 적절한가(이하 각항마다 동일하게 체크할 것)
• 자사의 강점을 활성화하는 전략을 구축한다.
• 타사로부터 공격당하는 약점을 보완한다.
• 환경변화에 대응하는 경영전략을 검토한다.</td><td></td><td></td><td></td><td></td><td></td></tr>
<tr><td>2. 신제품 개발이나 새로운 판매방식을 검토
신제품 개발이나 새로운 판매방식을 검토하고 있으며, 그 내용은 적절한가
• 신제품개발은 지적재산권의 확보
• 신판매방식은 비즈니스 방법의 특허
• 사업화의 타당성을 철저히 검토한다.</td><td></td><td></td><td></td><td></td><td></td></tr>
<tr><td>3. 새로운 경영전략안의 검토</td><td></td><td></td><td></td><td></td><td></td></tr>
<tr><td>• 기본전략안을 검토하여 강점을 활용하고 있는가
(기본전략의 변경, 개정이 필요한가의 검토, 강점으로 부각되는 기본전략은 변경하지 않고 유지한다.
다만 급격한 환경변화에 항상 유연하게 대응하도록 한다)
- 기본전략의 강화, 강점의 활성화
- 신규전략의 강화, 실패방지 대책
- 양자를 통합한 종합 전략 수립</td><td></td><td></td><td></td><td></td><td></td></tr>
<tr><td>• 신규전략의 검토로 실패하지 않도록 대책을 강구하고 있는가
- 경영자(사장, 전무, 상무 등)가 리더가 되어 검토
- 신제품이나 신기술을 취급하는 부문에 대한 지원 및 처우개선
- 업적평가면에서도, 신제품 · 신기술의 매출의 증가는 종래 제품보다 유리한 조건으로 한다.</td><td></td><td></td><td></td><td></td><td></td></tr>
</table>

진단항목	체 크 사 항	확인결과				
		A	B	C	D	F
		5	4	3	2	1
	- 정보통신기기를 포함한 기계설비나 개발자를 포함한 인재의 확보를 충분히 검토하여 발전적 체제를 구축한다.					
	• 기본전략과 신규전략을 통합하여, 종합전략을 수립하고 있는가					
	4. 새로운 경영전략의 결정					
	• 경영전략에 필요한 경영자원을 검토하고 있는가					
	• 경영전략의 효과를 검토하고 있는가 - 경영전략에 필요한 경영자원의 확보기술력(기술자, 설비)영업력(영업담당자, 점포)자금(설비자금, 운전자금, 구입자금)유통경로(출하 · 배송) 등 - 경영전략의 효과 명확화					
	5. 경영전략의 실행					
	• 경영전략에 충실한 경영활동을 하고 있는가					
	B 경영관리					
경영전략 (20)	• 기간별 경영계획에 반영하고 있는가 - 장기계획(5~10년간)(A) - 중기계획(2~ 5년간)(B) - 단기계획(6개월~1년간)(C) - 초단기계획(6개월 미만)(D)					
	• 경영관리에 전략이 제대로 활용되고 있는가					
	• 의사결정의 프로세스는 적정한가					
	• 경영관리의 원칙을 준수하고 있는가					
	C 사업전략					
	• 기업전략을 수립하고 있으며, 그 내용은 적절한가 - 외부환경분석과 내부환경(요인)분석을 실시하고 있으며, 그 내용의 적절성의 정도 - 도메인(사업영역)을 결정하고 있으며, 그 내용의 적절성의 정도 - 계층별 전략(전사전략, 부문전략, 기능전략)을 수립하고 있으며, 그 내용의 적절성의 정도					

<table>
<tr><th rowspan="3">진단항목</th><th rowspan="3">체 크 사 항</th><th colspan="5">확인결과</th></tr>
<tr><th>A</th><th>B</th><th>C</th><th>D</th><th>F</th></tr>
<tr><th>5</th><th>4</th><th>3</th><th>2</th><th>1</th></tr>
<tr><td rowspan="14">경영전략
(20)</td><td>• 전략수립의 프로세스는 적절한가</td><td></td><td></td><td></td><td></td><td></td></tr>
<tr><td>• 조직전략은 적절한가</td><td></td><td></td><td></td><td></td><td></td></tr>
<tr><td>• 조직문화와 전략과의 관계는 적절한가</td><td></td><td></td><td></td><td></td><td></td></tr>
<tr><td>D 성장전략</td><td></td><td></td><td></td><td></td><td></td></tr>
<tr><td>• 성장전략 수립의 범위와 그 내용은 적절한가
- 시장침투전략
- 시장개척전략
- 제품개발전략
- 다각화전략
- 시장침투전략
- 시장개척전략
- 제품개발전략
- 다각화전략</td><td></td><td></td><td></td><td></td><td></td></tr>
<tr><td>• 다각화전략을 검토하고 있는가
- 수평적 다각화
- 수직적 다각화
- 기존사업 관련 다각화
- 복합적 다각화</td><td></td><td></td><td></td><td></td><td></td></tr>
<tr><td>• M&A전략을 검토하고 있는가</td><td></td><td></td><td></td><td></td><td></td></tr>
<tr><td>• PPM(Product Portfolio Management)을 실시하고 있는가</td><td></td><td></td><td></td><td></td><td></td></tr>
<tr><td>E 경쟁전략</td><td></td><td></td><td></td><td></td><td></td></tr>
<tr><td>• 업계의 경쟁구조를 분석하고 있는가</td><td></td><td></td><td></td><td></td><td></td></tr>
<tr><td>• 경쟁회피 전략을 검토하고 있는가</td><td></td><td></td><td></td><td></td><td></td></tr>
<tr><td>• 경쟁우위 전략을 검토하고 있는가</td><td></td><td></td><td></td><td></td><td></td></tr>
<tr><td>• 경쟁특화 전략을 검토하고 있는가</td><td></td><td></td><td></td><td></td><td></td></tr>
<tr><td colspan="2">소 계 (20)</td><td></td><td></td><td></td><td></td><td></td></tr>
</table>

<table>
<tr><th rowspan="3">진단항목</th><th rowspan="3">체 크 사 항</th><th colspan="5">확인결과</th></tr>
<tr><th>A</th><th>B</th><th>C</th><th>D</th><th>F</th></tr>
<tr><th>5</th><th>4</th><th>3</th><th>2</th><th>1</th></tr>
<tr><td rowspan="18">경영계획
(20)</td><td>A 경영방침, 경영이념</td><td></td><td></td><td></td><td></td><td></td></tr>
<tr><td>• 경영방침은 경영전략을 잘 반영하고 있는가</td><td></td><td></td><td></td><td></td><td></td></tr>
<tr><td>• 경영방침과 이념은 설정되어 있는가</td><td></td><td></td><td></td><td></td><td></td></tr>
<tr><td>B 경영목표</td><td></td><td></td><td></td><td></td><td></td></tr>
<tr><td>• 경영목표는 경영전략과 일관성을 가지는가</td><td></td><td></td><td></td><td></td><td></td></tr>
<tr><td>• 경영목표는 의욕적이며 도전적인가</td><td></td><td></td><td></td><td></td><td></td></tr>
<tr><td>C 경영계획</td><td></td><td></td><td></td><td></td><td></td></tr>
<tr><td>• 장기계획(5년 이상)을 수립하고 있는가</td><td></td><td></td><td></td><td></td><td></td></tr>
<tr><td>• 중기계획(2년~5년간)을 수립하고 있는가</td><td></td><td></td><td></td><td></td><td></td></tr>
<tr><td>• 단기계획(1년간)을 수립하고 있는가</td><td></td><td></td><td></td><td></td><td></td></tr>
<tr><td>• 반기계획(6개월)을 수립하고 있는가</td><td></td><td></td><td></td><td></td><td></td></tr>
<tr><td>• 경영계획은 경영전략에 의하여 수립되고 있는가</td><td></td><td></td><td></td><td></td><td></td></tr>
<tr><td>• 판매계획을 수립하고 있는가</td><td></td><td></td><td></td><td></td><td></td></tr>
<tr><td>• 설비투자계획은 수립하고 있는가</td><td></td><td></td><td></td><td></td><td></td></tr>
<tr><td>• 생산계획을 작성하고 있는가</td><td></td><td></td><td></td><td></td><td></td></tr>
<tr><td>• 자금계획을 작성하고 있는가</td><td></td><td></td><td></td><td></td><td></td></tr>
<tr><td>• 이익계획, 손익계획을 작성하고 있는가</td><td></td><td></td><td></td><td></td><td></td></tr>
<tr><td>• 손익분기점을 작성하고 있는가</td><td></td><td></td><td></td><td></td><td></td></tr>
<tr><td colspan="2">소 계 (20)</td><td></td><td></td><td></td><td></td><td></td></tr>
<tr><td rowspan="5">경영능력
(20)</td><td>A 최고경영자의 경영능력</td><td></td><td></td><td></td><td></td><td></td></tr>
<tr><td>• 통찰력은 있는가</td><td></td><td></td><td></td><td></td><td></td></tr>
<tr><td>• 지도력은 있는가</td><td></td><td></td><td></td><td></td><td></td></tr>
<tr><td>• 창조력은 있는가</td><td></td><td></td><td></td><td></td><td></td></tr>
<tr><td>• 실천력은 있는가</td><td></td><td></td><td></td><td></td><td></td></tr>
</table>

진단항목	체 크 사 항	확인결과				
		A	B	C	D	F
		5	4	3	2	1
경영능력 (20)	• 지성은 있는가					
	• 포용력은 있는가					
	• 정보 활용능력은 있는가					
	• 능력개발 의지는 있는가					
	• 설득력은 있는가					
	• 결단력, 국제적인 감각 등은 있는가					
	B 경영간부의 경영능력					
	• 기획관리담당 경영간부는 종합기획력이 풍부한가					
	• 영업담당 경영간부는 판매력(마케팅력)이 풍부한가					
	• 생산담당 경영간부는 제조관리능력이 풍부한가					
	• 기술담당 경영간부는 기술력이 풍부한가					
	• 재무관리, 인사관리담당 경영간부는 자금관리능력, 인적자원관리 능력이 풍부한가					
소 계 (20)						
경영조직 (10)	A 경영조직					
	• 경영조직은 기업규모, 경영규모, 경영환경과 기업(업종, 생산 및 판매형태 등)의 특성 및 요건 등에 적합하게 편성되어 있는가(경영조직구조의 적정성)					
	• 조직편성에 있어서 인원배치는 기능(양적 및 질적)에 합치하도록 편성되어 있는가					
	• 경영조직은 경영간부나 관리자의 능력 및 적성에 합치하도록 편성되어 있는가					
	• 조직상, 경영자 또는 관리자의 책임과 권한이 명확히 규정되어 있는가					
	• 조직규정, 위임전결규정 등의 규정이 구비되어 있는가					

진단항목	체 크 사 항	확인결과				
		A	B	C	D	F
		5	4	3	2	1
경영조직 (10)	B 내부통제					
	• 내부통제제도는 적용하고 있는가					
	• 내부통제기능의 운영은 적절한가					
	• 내부통제의 수행상, 계획과 실적의 평가제도는 도입 적절하게 운영되고 있는가					
	• 보고제도와 감독제도가 확립되어 있는가					
	• 내부통제제도는 경영규모 · 특성에 적합한가					
소 계 (10)						
사업성 (20)	A 사업력					
	• 우량 판매처가 많고 판매조직의 구성과 운영이 효율적인가					
	• 진입장벽은 높은가(높을수록 양호)					
	• 대체재가 출현할 가능성은 없는가(없을수록 양호)					
	• 사업전략을 수립추진하고 있는가					
	B 신제품의 개발력					
	• 사내연구소를 보유하고 있는가					
	• 제품개발 기획수준이 적정한가					
	• 제품개발 인력의 수준은 적정한가					
	• 최근 3년간 기존제품 개량실적이 있는가					
	C 기술력					
	• 우수기술력(공인기관의 인증 등)을 확보하고 있는가					
	• 지적재산권을 확보하고 있는가					
	• 매출액 대비 R&D투자비율은 적절한가					
	• 기술 인력은 안정적으로 확보하고 있는가					
	• 품질 및 기술개발 노력은 어느 정도인가					

진단항목	체 크 사 항	확인결과				
		A	B	C	D	F
		5	4	3	2	1
사업성 (20)	D 경쟁력					
	• 창업투자회사, 금융기관 등에서 자본참여를 하고 있는가					
	• 정부, 유관기관 등에서 지원대상 기업으로 선정되어 특별지원을 받고 있는가					
	• 인력개발수준(영업 및 관리직)이 높은가					
	• 채산성을 유지하면서 경쟁력은 강한가					
	• 공장의 입지조건은 좋은가					
	E 경영력(대응력)					
	• 경영환경의 변화에의 대응능력은 충분한가					
	• 사업구조변혁(성장기회의 창조, 개발의지, 노력)의 대응능력은 충분한가					
	• 경영체질변혁(현상분석, 문제점 도출, 대책강구 등)의 대응능력은 충분한가					
	• 경영 창조적 관리(전략경영 계획수립, 위기관리 등)의 대응능력은 충분한가					
	• 재무구조개선(자기자본 확충, 안정적 자금조달 등)의 대응능력은 충분한가					
소 계 (20)						
신뢰성 (10)	A 조세공과					
	• 국세체납으로 법적조치 등을 당하고 있는가					
	• 지방세체납으로 법적조치 등을 당하고 있는가					
	B 금융거래					
	• 적황색 규제를 받고 있는가					
	• 대출금의 연체, 대손발생, 신용보증의 대위변제 등 신용불량상태인가					

진단항목	체 크 사 항	확인결과				
		A	B	C	D	F
		5	4	3	2	1
신뢰성 (10)	C 상거래					
	• 공성거래법의 위반으로 제재조치를 당하고 있는가					
	• 외상대금 지불지연으로 거래관계가 단절되었는가					
	D 재산변동					
	• 회사 또는 개인재산을 갑자기 매각하거나 명의를 변경한 사실이 있는가					
	• 재산문제로 분규가 발생한 사실이 있는가					
	E 사회성					
	• 민 · 형사사건 관련 사실이 있는가					
	• 환경 관련 사례, 기타 사회적 물의(위법) 또는 비난 등 부적절한 사실이 있는가					
소 계 (10)						
합 계 (100)						

최고경영자 자질분석 체크리스트

진단항목	체 크 사 항	확인결과				
		A	B	C	D	F
		5	4	3	2	1
통찰력 (5)	자신과 자신이 속한 조직이 처해있는 현재의 입장과 영향을 미칠 수 있는 여러 가지 가능성을 감지하며 장래의 전망을 살펴볼 수 있는 능력이 있는가. 즉 상황을 정확하게 인지할 수 있어야 하고, 부분과 전체와의 관련성 또는 문제의 전체적인 윤곽을 파악할 수 있는 능력을 갖추고 있는가					
지도력 (5)	당면한 공통의 문제를 추구하는 데 있어서 자기의 의지나 강점 및 판단력 등으로 다른 구성원들의 공감대를 형성하여 이끌어가고 다스릴 수 있는 능력이 있는가					
창조성 (5)	불확실한 상황 아래서 조직의 바람직한 장래를 구상하고 전체적인 발전방향을 설정하며 무엇인가 새롭고 적합한 아이디어를 도출해 내는 능력이 있는가					
실천력 (5)	머릿속에 아이디어를 간직하고 있거나 실천 가능한 계획을 세웠더라도 체계적으로 실행시킬 수 있는 힘이 있는가. 실패를 두려워하지 않으면서 구성원들에 앞서 과감히 도전하는 솔선수범형인가					
지성 (5)	신뢰성 있는 사고와 적절하고 효율적인 현상분석으로 어려운 것을 재빨리 해결하는 능력을 갖추고 있는가. 또한 항상 지식을 얻으려는 의욕을 가지고 있는가					
포용력 (5)	새로운 아이디어 등에 편견을 가지지 않고 언제나 그것을 신중히 검토하고 받아들일 자세를 가진 솔직성과 유연성이 있는가					
정보활용 능력(5)	여러 가지 정보원(源)으로부터 끊임없이 정보를 구하고, 종합된 정보를 토대로 문제점과 기회를 발견 · 대응하는 능력을 보유하고 있는가					
능력개발 (5)	다른 사람의 말을 듣고 믿으며 그들의 성장 · 발달에 도움을 주려 하는 사람으로 자신감과 겸손함을 동시에 지니고 있는가					
설득력 (5)	표현이 명확하고 부하에게 일을 시킬 때 명령식이 아니라 납득시켜서 일을 하도록 만드는 능력을 갖추고 있는가					
기타 (5)	결단력, 국제감각, 목표설정능력, 사회적 책임감, 신속성, 체력, 갈등처리능력, 책임감, 인간적인 매력, 조정력, 넓은 시야 등 미래 최고경영자상(像)으로 빼놓을 수 없는 조건을 갖추고 있는가					

기획관리 부문 정량분석 체크리스트

단위/ %, 회, 백만원, 인, 지수

지표명	공 식	신출 비율	업계 평균	평가 지수	판정 지수	100	80	60	40	20
					등급	A	B	C	D	F
총자산 증가율	$\left(\frac{\text{당기말총자산}}{\text{전기말총자산}}\times 100\right)-100$	%	%							
매출액 증가율	$\left(\frac{\text{당기매출액}}{\text{전기매출액}}\times 100\right)-100$	%	%							
총자산경상 이익률	$\frac{\text{경산이익}}{\text{총자산}}\times 100$	%	%							
매출액 순이익률	$\frac{\text{순이익}}{\text{매출액}}\times 100$	%	%							
매출액영업 이익률	$\frac{\text{영업이익}}{\text{매출액}}\times 100$	%	%							
매출채권 회전율	$\frac{\text{매출액}}{\text{매출채권}}$	%	%							
판관비대 매출액	$\frac{\text{판매관리비}}{\text{매출액}}\times 100$	%	%							
이자보상 비율	$\frac{\text{영업이익}}{\text{이자비용}}\times 100$	%	%							
노동장비율	$\frac{\text{유형자산}-\text{건설중인자산}}{\text{종업원수}}\times 100$	%	%							
설비투자 효율	$\frac{\text{부가가치}}{\text{유형자산}-\text{건설중인자산}}\times 100$	%	%							
계(100)		/	/	/	합계		평균		등급	
판정										

㈜ 1. 평가지수 산출방법 : 산식 '산출비율 ÷ 동업계평균비율 × 100', 그러나 (▼)표시가 있는 지표는 낮을수록 양호하므로 역방식으로 산출(동업계평균비율 ÷ 산출비율×100)

2. 동업계 평균비율은 한국은행발간 '기업경영분석' 참조

3. 기업경영분석에 동업계평균비율이 없는 지표(비율)은 당해기업의 직전년도의 비율을 산정하여 이를 동업계평균비율로 간주하여 계산한다.

2. 인사/조직관리 부문

인사관리란 일반적으로 기업의 경영활동에 필요한 인적자원의 합리적 관리 체계로서 기업의 목적달성 및 유지발전을 위해 요구되는 유능한 인재를 확보하고 육성개발하며 보상 및 유지활용을 이룩해 가는 이론적 · 실천적 지식의 총체이다. 이러한 인사관리는 관리대상의 신분이나 관리직능의 내용에 따라 인사관리 · 인사노무관리 · 인적자원관리 · 인간관리 등의 개념으로써 인사관리는 특정 직무가 요구하는 개별인력의 능력을 객관적으로 파악하는 것으로부터 시작한다. 이것을 바탕으로 사람들의 노사관계 · 고용과 배치 · 근로조건 · 임금과 보상 · 이동 · 승진 · 복리후생이나 교육훈련이 등이 이에 속한다.

Tip 진단 대상항목

- 역할과 업무분담
- 책임과 권한의 위양
- 조직의 유연성
- 조직 간의 커뮤니케이션
- 인사계획
- 인사시스템
- 고용
- 인재육성
- 모티베이션 관리
- 인사고과
- 고충해결
- 근로환경

역할과 업무분담

조직을 횡적으로 파악하여 경영관리 각 부문의 역할 및 분담업무의 명확성을 진단한다. 경영관리 각 부문이 주어진 역할 및 기능을 최대한 발휘함으로써 그 효과가 효율적으로 조직전체에 반영되어야 한다. 한편 업무분장 · 규정에 있어서는 경영관리 각 부문의 역할 및 분담업무, 미션이 명확하며 각각이 필요한 기능을 망라하고 있는지, 중복 없이 구성되어 있는지를 확인하고 진단한다. 또한 업무분장 및 규정은 기업이 처한 환경의 변화에 대응해야 하며, 정기적으로 재검토가 이루어지고 있는지도 포인트가 된다.

책임과 권한의 위양

조직을 종적으로 파악하여 권한 및 책임의 명확화와 권한 위임의 정도를 진단한다. 직무에 있어서 형식적 권한을 배제하고 신속하며 효율적인 의사결정을 도모할 수 있도록 권한의 위임을 추진해 나갈 필요가 있다. 또한 주어진 권한에는 책임이 따라야 하며 이를 명확히 해줄 시스템에 대해서도 확인하고 진단한다.

조직의 유연성

조직은 중장기계획 · 전략(연도 방침)에 따라 가장 효과적인 모습이 충분히 검토된 후 조직으로서 구체화되어야 한다. 또한 조직은 기업이 처한 환경의 변화에 따른 전략의 재검토와 함께 최적의 형태로 다시 변경해야 한다. 그리고 의사결정을 신속하기 위해서는 조직계층이 간소화되어 있어야 하며, 경영환경의 변화 속에서 기동적으로 조직을 변경할 수 있어야 한다. 따라서 조직이 어떻게 유연성을 가지고 기능할 수 있는가를 진단한다.

조직 간의 커뮤니케이션

전사적으로 전체 최적을 도모하기 위해서는 부문 내 · 부문 상호간경영관리 그룹회사 간에 정보공유화를 꾀하여 연계해 나가야 한다. 따라서 부문 횡단적인 활동이나 기능 횡단적인 회의체 설치, 그룹회사를 포함한 조직 간의 정보 공유화 등을 진단한다. 또한 조직 간의 커뮤니케이션이란 정보의 공유화로 팀워크가 이루어진 상태를 말하며 산출(output)과 결부되는 것이라 정의한다.

인사계획

능력 있는 인재는 물건과는 달리 확보하는데 시간을 요하므로 중장기적인 시각을 가지고 양적 · 질적인 면에서 인재확보계획을 세워나가야 한다. 인사계획을 책정하는 데 있어서 자사의 인원구성에 대한 실태를 파악하여 문제점분석 및 미래예측을 정확히 하여 노무환경개선을 염두에 두고 입안하는 것이 중요하다. 아울러 정규직뿐만 아니라 계약직 · 아르바이트 · 파견노동자 · 외주화 등 다양한 노동력 공급원을 고려하여 단기적인 생산변동에도 즉시 대응할 수 있는 선택을 하고 있는지를 확인 · 진단한다.

인사시스템

오늘날의 기업들은 급변하는 경영환경에 항상 대응해 나가지 않으면 안 된다. 경영이란 계속적인 변화에 대한 대응활동이라고 해도 과언이 아닐 것이다. 이러한 가운데 당연히 조직구성원의 가치관이나 업무도 크게 변화해왔기 때문에 시대에 따라 인사제도도 적절히 수정되어야 한다. 따라서 인사시스템을 수정해나가는 데 있어서 제도의 모니터링과 개혁의 기본적인 방향성 등을 평가한다. 이때의 수정은 개개의 제도를 개별적으로 짜 맞추는 것이 아니라 인사제도를 종합적으로 수정하고 있는가, 총액인건비라는 관점에서 수정되고 있는가에 포인트를 두고 진단한다.

고용

고용계약 형태의 탄력화는 인재 유동화 사회에 적합한 고용형태를 명확히 하고 고용 리스크를 피해나가기 위한 탄력적인 고용구조의 실현을 의미한다. 고용형태의 혼합전략에서 추구해야 할 고용형태의 바람직한 방향을 확인하고 외부사원 및 외부회사 활용 방침 등으로 비고용 틀에서의 탄력성을 확인하고 진단한다.

인재육성

회사 전체의 인재상이 명확하다면 그 인재의 과부족도 알 수 있다. 조직구성원 한 사람 한 사람의 능력개발을 추진함으로써 조직의 힘이 생기고 결국에는 개혁과 변혁에 강한 기업으로 성장해 나가는 데 귀중한 재산이 될 수 있다. 이 때문에 인재육성은 계획적이면서도 계속적으로 해나가야 한다. 또한 인재육성의 수단은 교육 · 연수(Off-JT) · 실천(OJT) · 로테이션 · 자기계발을 들 수 있으며 이를 지원할 체제가 구비되어 있는가가 중요하다.

전사적인 인재육성은 인원은 물론 인재상에서 제시된 것과 같이 육성내용도 다양하기 때문에 지원체제도 전사적으로 실시하는 것과 각 부문별로 실시하는 것을 명확히 구분하여 분담하는 방법을 택하는 것이 일반적이다. 따라서 중장기 인재계획에 따른 인재육성계획이 작성되어 이를 바탕으로 한 연도방침이 세워져 실행되고 있는가, 그 추진체제나 평가기준의 유무로 공정한 평가를 하고 있는가를 확인하고 진단한다. 또한 평가결과가 다음 연도의 육성계획에 반영되고 있는가도 확인하고 진단한다.

모티베이션 관리

직원이 자주성을 발휘하여 적극적으로 교육 및 훈련에 나서는 것은 능력개발의 효율을 높이는 중요한 요소라고 할 수 있다. 따라서 개별경력개발계획에 직원의 희망이나 의견을 반영하는 시스템이 있으며 직원이 의욕적으로 능력개발에 나서고 있는지의 여부를 확인하고 진단한다.

인사고과

조직구성원이 올린 성과 및 실적에 대한 객관적이고도 공정한 평가는 직원의 인센티브가 된다. 여기에서는 평가기준의 투명성과 객관성을 확보하기 위한 시스템을 진단한다. 또한 처우기준을 명확히 하여 직원에게 공개하는 것은 평가기준과 마찬가지로 직원의 의욕 및 자주성을 유도해 내는 데 있어서 중요하다고 할 수 있다. 따라서 처우기준의 투명성을 진단함과 동시에 우수한 인재가 외부로 유출되는 것을 막을 수 있는 방안이 있는지의 여부를 확인하고 진단한다.

고충해결

기업이 실시하는 다양한 시책에 대해 조직구성원의 요망·의견을 파악하고 그 결과를 시책에 반영하여 구성원의 만족을 높이는 것이 중요하다. 여기에서는 기업과 조직구성원 사이에 충분한 의사소통이 이루어져 바람직한 협력관계를 갖고 있는지의 여부, 또한 구성원이 가지고 있는 요망이나 의견을 파악할 시스템이 있는가의 여부를 확인하고 진단한다.

근로환경

안전하고 건강하게 일할 수 있는 직장이 중요함은 말할 필요도 없지만 취업 형태 및 고용형태가 다양해짐에 따라 노동환경의 정비는 기존에 비해 어려워지고 있다. 따라서 기업이 직원의 다양화에 대응한 안전위생 대책과 복리후생 시책을 실시하고 있는가를 확인하고 진단한다.

인사조직 부문 정성분석 체크리스트

진단항목	체크 사항	확인결과				
		A	B	C	D	F
		5	4	3	2	1
인 사 (20)	A 채용 및 승진 · 이동					
	• 직원의 채용방법은 적정한가					
	• 채용에 있어서의 선발기준은 적정한가					
	• 신입사원 · 경력자의 입사에 있어서, 오리엔테이션 및 수습제도를 통하여 업무능력 향상에 기여하고 있는가					
	• 승진이나 이동에 대한 기준을 설정하고 있으며 이는 적정한가					
	B 복무지침					
	• 직원으로서의 준수해야 할 사항이 망라되어 있는가					
	• 지침의 내용이 전 직원에게 잘 주지되어 있으며, 이에 대한 교육이 실시되고 있는가					
	• 노동관계법률(근로기준법 포함)에 규정하고 있는 근로조건을 숙지하여 지키고 있는가					
	• 근무활동에 관한 방침, 규정이 제정되어 있는가					
	• 외재적, 내재적 동기유발과 연계된 평가 및 포상제도가 운영되고 있는가					
	• 징계제도는 공정성과 적합성이 있는가					
	• 고충처리의 해결에 신속하며 장시간이 소요될 경우에는 중간 피드백을 해주고 있는가					
소 계 (20)						
근무환경 (30)	A 근로조건					
	• 1인의 직원들에게 2인 이상의 상위자로부터 지시를 하는 일이 없는가					
	• 근로기준법과 당해기업의 취업규칙에 의거하여 근로시간을 정하고 있는가					
	• 주당 휴일은 근로기준법에 의거 준수하고 있는가					

<table>
<tr><th rowspan="3">진단항목</th><th rowspan="3">체크 사항</th><th colspan="5">확인결과</th></tr>
<tr><th>A</th><th>B</th><th>C</th><th>D</th><th>F</th></tr>
<tr><th>5</th><th>4</th><th>3</th><th>2</th><th>1</th></tr>
<tr><td rowspan="3"></td><td>• 연장근로제도, 교대근무제도, 심야근무제도 등은 적법한가</td><td></td><td></td><td></td><td></td><td></td></tr>
<tr><td>• 법적근로조건이 취업규칙 등에 명백히 기술되고 있는가</td><td></td><td></td><td></td><td></td><td></td></tr>
<tr><td>• 성적차별 행위나 성희롱의 방지를 위한 조치를 하고 있는가</td><td></td><td></td><td></td><td></td><td></td></tr>
<tr><td rowspan="15">근무환경
(30)</td><td>B 급여관리</td><td></td><td></td><td></td><td></td><td></td></tr>
<tr><td>• 급여규정은 있으며 적당한 것인가</td><td></td><td></td><td></td><td></td><td></td></tr>
<tr><td>• 현재의 급여는 동업종 · 동지역의 급여, 임금통계, 가계비 지수, 소비자물가지수 등을 고려하여 지불하고 있는가</td><td></td><td></td><td></td><td></td><td></td></tr>
<tr><td>• 기본임금은 숙련도, 경험의 유무, 책임의 경중, 업무난이도, 노동조건 등의 차이에 의하여 공정하게 책정되고 있는가</td><td></td><td></td><td></td><td></td><td></td></tr>
<tr><td>• 성과급제도를 채택하고 있으며 공정한 성과평가기준이 되어 있는가</td><td></td><td></td><td></td><td></td><td></td></tr>
<tr><td>• 성과급을 지급하는 경우에는, 그것이 고정급, 성격으로 되지 않도록 주의하고, 개인별로 확실한 목표를 설정하여 업적을 측정 · 평가하고 있는가</td><td></td><td></td><td></td><td></td><td></td></tr>
<tr><td>• 임금, 수당 등의 계산은 직원들이 알도록 되어 있는가</td><td></td><td></td><td></td><td></td><td></td></tr>
<tr><td>• 이익배분 등에 의하여 직원의 경영에 대한 관심을 높이고 있는가</td><td></td><td></td><td></td><td></td><td></td></tr>
<tr><td>• 보험 등 법정 또는 협정 지원금 외에 직원의 불의의 일, 또는 경조사에 대비하는 재원을 조성하고 있는가</td><td></td><td></td><td></td><td></td><td></td></tr>
<tr><td>• 사무직원의 급여는 그 직무와 책임에 상응하는 것이며, 또한 현장 직원과 비교하여 조화가 유지되고 있는가</td><td></td><td></td><td></td><td></td><td></td></tr>
<tr><td>C 노사관계</td><td></td><td></td><td></td><td></td><td></td></tr>
<tr><td>• 노사협조가 잘 이루어지고 있으며 노사분쟁은 없는가</td><td></td><td></td><td></td><td></td><td></td></tr>
<tr><td>• 노사화합 분위기 조성을 위해 노력하고 있는가</td><td></td><td></td><td></td><td></td><td></td></tr>
<tr><td>• 노사협의회를 정기적으로 운영하고 있으며, 노사 간의 제반 문제를 원만히 처리하고 있는가</td><td></td><td></td><td></td><td></td><td></td></tr>
<tr><td colspan="2">소 계 (30)</td><td></td><td></td><td></td><td></td><td></td></tr>
</table>

<table>
<tr><th rowspan="3">진단항목</th><th rowspan="3">체크 사항</th><th colspan="5">확인결과</th></tr>
<tr><th>A</th><th>B</th><th>C</th><th>D</th><th>F</th></tr>
<tr><th>5</th><th>4</th><th>3</th><th>2</th><th>1</th></tr>
<tr><td rowspan="17">근무의욕
고취
(30)</td><td>A 고충처리 · 절차</td><td></td><td></td><td></td><td></td><td></td></tr>
<tr><td>• 간결하고 공정한 고충처리 절차가 있으며 직원에게 잘 알리고 있는가</td><td></td><td></td><td></td><td></td><td></td></tr>
<tr><td>• 현장의 관리자, 감독자들이 직원의 고충을 사전에 탐지하고, 해소에 노력하고 있는가</td><td></td><td></td><td></td><td></td><td></td></tr>
<tr><td>• 직원의 태도 변화 등에 주의하여 신속히 그 원인이 되는 사실을 객관적으로 파악하여 대처하도록 하고 있는가</td><td></td><td></td><td></td><td></td><td></td></tr>
<tr><td>• 감독자는 직원의 가정사정이나 개인적 고민 또는 장 · 단점, 취미, 성격까지 알고 그것에 적응한 조치를 함과 아울러 보다 좋은 상담상대가 되고 있는가</td><td></td><td></td><td></td><td></td><td></td></tr>
<tr><td>B 의사소통</td><td></td><td></td><td></td><td></td><td></td></tr>
<tr><td>• 의사소통의 중요성이 전사적으로 인지되고 있는가</td><td></td><td></td><td></td><td></td><td></td></tr>
<tr><td>• 다양한 형태의 의사소통방법(구두, 서면, 게시판, 브리핑, 회의 등)이 적용되고 있는가</td><td></td><td></td><td></td><td></td><td></td></tr>
<tr><td>• 의사소통에 관한 교육이 실시되고 있는가</td><td></td><td></td><td></td><td></td><td></td></tr>
<tr><td>• 사내에 의사소통에 장애가 될 수 있는 요소는 없는가. 그리고 사전예방에 노력하고 있는가</td><td></td><td></td><td></td><td></td><td></td></tr>
<tr><td>C 교육훈련 · 개발</td><td></td><td></td><td></td><td></td><td></td></tr>
<tr><td>• 직원에 대한 교육훈련 · 연수를 통하여 능률향상에 기여하고 있는가</td><td></td><td></td><td></td><td></td><td></td></tr>
<tr><td>• 신입직원이나 미숙련 직원에 대하여 관리자가 업무지식이나 기능을 가르치고 있는가</td><td></td><td></td><td></td><td></td><td></td></tr>
<tr><td>• 직원에 대하여 원가의식을 높이거나 인간관계를 좋게 하는 등의 훈련을 하고 있는가</td><td></td><td></td><td></td><td></td><td></td></tr>
<tr><td>• 전 직원이 경영자의 방침, 제품의 가치, 작업의 중요성, 각자의 역할등을 잘 알고 있는가</td><td></td><td></td><td></td><td></td><td></td></tr>
<tr><td>• 근무평정(인사고과)을 통한 능력개발과 경력관리에 필요한 교육을 실시하고 있는가</td><td></td><td></td><td></td><td></td><td></td></tr>
</table>

진단항목	체크 사항	확인결과 A 5	B 4	C 3	D 2	F 1
근무의욕 고취 (30)	D 안전 · 복리					
	• 채광, 조명, 통풍, 환기, 제진 등 근무환경을 개선하는 데 노력하고, 그것에 장애가 되는 것을 즉각 제거하고 있는가					
	• 정기적으로 안전검사를 하고 있는가					
	• 화재예방계획은 수립되어 있는가					
	• 정기적인 건강진단을 하고 있는가					
	• 복리후생시설 및 복리후생비의 비중은 적절한가					
소 계 (30)						
조 직 (10)	A 업무조직					
	• 업무분장규정은 적정하게 정해지고 있는가(각 부문의 직무의 범위를 명확히 하고 있는가).					
	B 사무 부문과 현장 부문의 밸런스					
	• 사무 부문의 규모나 능력을 현업 부문(현장)과 밸런스를 취하고 있는가, 또 사무 부문의 구성에 취약 부문이 없는가					
	• 상하의 명령계통이나 횡적인 협조관계가 되고 있는가					
소 계 (10)						
사 무 (10)	A 사무의 처리방법					
	• 문서의 정리, 보관은 적절한가					
	• 사무처리의 간소화, 능률화에 대하여 검토를 하고 있는가					
	B 사무의 전산화					
	• 사무의 전산화의 수준은 어느 정도인가					
	• 회계 부문뿐 아니라, 생산 · 판매 · 구매 · 총무 등 각 부문의 사무를 종합적으로 처리할 수 있도록 계획하고 있는가					
소 계 (10)						
합 계 (100)						

인사조직 부문 정량분석 체크리스트

단위/ %, 회, 백만원, 인, 지수

지표명	공 식	산출비율	업계평균	평가지수	판정지수	100	80	60	40	20
					등급	A	B	C	D	F
1인당평균 인건비	$\frac{\text{인건비}}{\text{평균종업원수}} \div 12$	천원	천원							
고용 증가율	$\frac{\text{연말인원수}}{\text{연초인원수}} \times 100 - 100$	%	%							
1인당 부가가치	$\frac{\text{부가가치}}{\text{평균종업원수}} \times 100$	백만	백만							
이직률 (▼)	$\frac{\text{연간이직자수}}{\text{연초재직자수}} \times 100$	%	%							
정착률	$\frac{\text{(연초인원수-퇴직자수)}}{\text{재직자수}} \times 100$	%	%							
노동소득 분배율(▼)	$\frac{\text{인건비}}{\text{부가가치}} \times 100$	회	회							
인건비 비율(▼)	$\frac{\text{인건비}}{\text{매출액}} \times 100$	%	%							
복리후생비율	$\frac{\text{복리후생비}}{\text{매출액}} \times 100$	%	%							
복리비대 인건비	$\frac{\text{복리후생비}}{\text{매출액}} \times 100$	%	%							
1인당 제안건수	$\frac{\text{제안건수}}{\text{종업원수}}$	건	건							
계(100)		/	/	/	합계		평균		등급	
판정										
합 계										

㈜ 1. 평가지수 산출방법 : 산식 '산출비율 ÷ 동업계평균비율 × 100', 그러나 (▼)표시가 있는 지표는 낮을수록 양호하므로 역방식으로 산출(동업계평균비율÷산출비율 × 100)

2. 동업계 평균비율은 한국은행발간 '기업경영분석' 참조

3. 기업경영분석에 동업계평균비율이 없는 지표(비율)은 당해기업의 직전년도의 비율을 산정하여 이를 동업계평균비율로 간주하여 계산한다.

3. 재무관리 부문

재무관리란 기업의 재무활동을 계획 · 실행 · 평가하는 전반의 과정에서 필요한 의사결정의 과정을 가리킨다. 기업의 재무적인 면을 처리하는 여러 가지 결정행위와 절차 등을 일컬어 기업의 재무적 기능이라 하며, 재무관리란 이러한 재무적인 기능을 능률적으로 관리하는 활동이다. 따라서 재무기능을 통하여 모든 경영활동을 기업목적에 알맞도록 조정하며, 방향을 잡아가고, 분석해 나아가는 간접적이고도 전체적인 관리를 주된 내용으로 한다. 그러므로 재무관리는 직능화된 재무활동을 계획 · 조직 · 조정 및 통제하는 경영활동이라고 할 수 있다.

Tip 진단대상항목

- 회계업무
- 자금관리
- 지표관리 : 수익성지표, 안전성지표, 유동성지표, 건전성지표, 성장성지표
- 원가관리

회계업무

■ 회계제도

- 내부통제조직, 회계처리방법의 체계화
- 회계자료의 활용

■ 회계기록

- 장부기록의 진실성 · 정확성
- 재무제표 · 원가보고서의 타당성

자금관리

■ 재무방침

- 기업 활동에 필요한 자본조달과 운영에 관한 행동지침

- 자본조달원천에 대한 방침, 자금사용방침
- 자본구성방침, 상각방침

■ 재무계획

- 자금조달과 운용을 위한 재부방침에 입각하여 수립된 계획
- 기업의 재무계획은 이익계획, 자금계획으로 구분
- 이익계획(손익 · 비용계획)은 추정손익계산서
- 자금계획(고정자본 · 운전자본 · 현금수지)은 추정대차대조표

재무지표관리

■ 수익성지표

수익성은 안정성과 함께 기업이 추구해야 할 중요한 재무적 특성이 된다. 수익성이 확보되어야 기업은 영업활동으로부터 이익과 현금흐름을 창출할 수 있으며 미래 성장가능성을 확보할 수 있기 때문이다. 수익성지표는 재무상태표항목과 손익계산서항목 간의 비율에 의하여 혹은 손익계산서항목간의 비율로 계산하는데 주로 기업의 경영성과를 표시하는 재무비율이다.

- 자산순이익률
- 자기자본순이익률
- 자본금순이익률
- 매출원가율
- 매출총이익률
- 매출액판매관리비율
- 매출액영업이익률
- 매출액순이익률
- 금융비용부담률
- 이자보상비율
- 배당성향

■ 생산성지표

생산성지표는 생산 활동의 효율성과 성과배분의 합리성 등을 측정하기 위한 재무비율로서 일반적으로는 %로 표현되지만 몇몇 항목의 경우 금액으로 표시되기도 한다. 생산성지표는 부가가치를 중심으로 분석하는 경우가 많은데, 부가가치와 관련하여 기업의 생산성을 분석하기 위해서는 재무상태표와 손익계산서 등의 재무제표 외에 제조원가명세서가 필요하다.

- 노동장비율
- 자본집약도
- 부가가치
- 총자본투자효율
- 설비투자효율
- 기계투자효율
- 부가가치율
- 노동생산성

■ 안전성지표

안정성지표는 주로 재무상태표 항목인 자산 · 부채 · 자본 간의 관계비율로서 기업의 단기지급능력을 의미하는 유동성과 경기변화에 대한 대응능력을 의미하는 안정성 등을 측정하기 위하여 이용되는 지표이다

- 자기자본비율
- 유동비율
- 부채비율
- 차입금의존도
- 순운전자본 대 총자본비율
- 고정장기적합율
- 손익분기점비율
- 총자본회전율
- 재고자산 회전일수

■ 성장성지표

성장성지표는 기업의 매출액이나 자산 등이 전년보다 얼마만큼 증가 혹은 감소했는가를 측정하는 지표로서 미래 기업의 잠재력을 측정할 수 있는 중요한 재무비율이다.

- 총자산증가율
- 매출액증가율
- 재고자산증가율
- 유동자산증가율
- 유형자산증가율
- 자기자본증가율

원가관리

기업의 수익은 그 원천인 원가에 대한 기업의 사고방식이나 대처에 따라 크게 좌우된다. 또한 원가는 평소의 관리와 개선이 중요하다. 기업이 원가에 주력함으로써 반드시 수익 향상 및 자본충실을 꾀할 수 있을 것이다.

예산관리

최고경영자가 예산편성방침을 내놓고 부문장이 그 방침에 따라 부문의 예산편성방침을 정하고 있는가, 연간예산은 중장기이익계획 및 연도이익계획과 일관성을 갖도록 편성하고 있는가, 연도의 중간시점 이전에 환경변화를 고려한 재검토가 이루어지고 있는가, 더 나아가 부문장이 직접 예산관리 방침을 조직구성원에게 전달하여 방침에 대해 철저히 인식하도록 하고 있는가, 관리해야 할 예산항목과 목표치 및 가이드라인을 설정하고 있는가에 대해 확인 · 진단한다. 예산편성이나 예산관리를 어떤 조직 및 체제에서 이행하고 있는가, 예산과 실적 관리방법, 차이분석과 평가, 예산미달의 원인분석, 만회방안의 책정과 그 실행촉진은 어떻게 이루어지고 있는가, 또한 본년도의 결과를 평가 및 반성하여 다음연도의 예산편성 및 예산관리에 어떻게 반영하고 있는가에 대해서도 확인 · 진단한다.

■ 변동비

변동비를 줄이기 위한 중장기전략이 있는가, 연도이익계획 등을 토대로 한 변동비 계획을 책정하고 이를 줄이기 위해 전사적인 활동을 펼치고 있는가, 또한 이를 위해

제품군이나 단위 등의 변동비실적과 계획의 차이분석을 적절한 시기에 계속적으로 하고 있는가, 더 나아가 분석결과를 비용절감활동에 반영할 시스템이 있어 실적효과를 거두고 있는가를 확인 · 진단한다.

■ 고정비

고정비 관리는 구성비율이 큰 비목에 대해 중점관리하고 있는가, 중점 관리할 기타 고정비의 목표달성을 위한 중기전략이 있는가, 부문마다 중기목표액을 설정하여 연도목표를 바탕으로 부문별 관리계획을 책정하고 목표달성을 위한 전사활동을 전개하고 있는가, 부문별 계획과 실적의 차이를 적절한 시기에 계속적으로 분석하여 그 결과를 삭감활동에 반영하는 시스템이 있고 실질적인 효과를 거두고 있는가에 대해 확인 · 진단한다.

재무관리 부문 정성분석 체크리스트

진단항목	체크 사항	확인결과				
		A	B	C	D	F
		5	4	3	2	1
회계조직 장부처리 사무처리 (20)	A 회계조직					
	• 회계조직은 경영의 규모나 특성에 적합한가					
	B 회계처리					
	• 회계처리는 기업회계 기준에 맞게 처리하고 있는가					
	• 회계에 대한 내부통제가 적절하게 수행되는가					
	C 사무처리					
	• 월별로 시산표가 작성되고 있으며, 그 활용도는 높은가					
	• 회계시스템의 전산화 정도는 어떠한가					
	• 경영실적지표가 작성되어 있으며 주기적으로 경영자가 검토하고 있는가(수익성, 안정성, 활동성, 생산성).					
소 계 (20)						

진단항목	체크 사항	확인결과				
		A	B	C	D	F
		5	4	3	2	1
자본 운용 (20)	A 재무안정성					
	• 현재의 자본구성은 충분한가(자기자본비율 40% 이상(A), 30% 이상(B), 20% 이상(C), 10% 이상(D)).					
	• 지급이자는 영업이익에 비하여 과다하지 않은가(30% 미만(A), 40% 미만(B), 50% 미만(C), 50% 이상(D)).					
	• 유동자산은 유동부채에 비교하여 충분한가(200% 이상(A), 150% 이상(B), 100% 이상(C), 100% 미만(D)).					
	B 자금의 고정화					
	• 자금의 고정화가 되는 유휴자산, 비업무용자산은 과다하지 않은가					
	• 고정자산에 과대 투자하여 자금 부담을 초래하지 않는가					
	C 자금회전					
	• 재고자산과 매출채권의 회전율은 적절한가(동업계 평균대비).					
소 계 (20)						
이익 및 비용 관리 (20)	A 매출액 증가 대책					
	• 매출액증가 대책은 있는가(시장신규개척, 신제품개발, 시장점유율 증대).					
	• 매출원가율이 높아지고 있지는 않은가, 높아지고 있다면 낮추는 방법은 있는가(동업계 평균 대비).					
	B 영업비 수준					
	• 영업비(판매비와 관리비)는 적절한 수준을 유지하고 있는가					
	C R&D 투자비율					
	• R&D 투자비율은 점차 증가하고 있는가					
	D 예산 대 실적 비교					
	• 손익계산서의 비목별로 예산과 실적을 대비하고 있는가					
	E 제조원가계산					
	• 제조원가계산은 하고 있으며 제품별로 적정하게 하고 있는가					
소 계 (20)						

진단항목	체크 사항	확인결과				
		A	B	C	D	F
		5	4	3	2	1
회계 자료의 이용 (20)	A 자금계획표 작성					
	• 현재 자금계획표를 작성하여 관리하고 있는가(주별, 월별, 분기별, 만기별, 연간).					
	• 부문별 수지계산방식을 채용하고 있는가					
	B 경영지표 비교					
	• 동종, 우수기업의 경영지표와 비교하여 검토하고 있는가					
	C 재무분석 실시					
	• 회계자료를 이용하여 재무분석을 실시하고 경영계획수립에 활용하고 있는가					
	• 고정비, 변동비를 분해하여 손익분기점을 파악하고 있는가					
	D 경기변동 상황 대책					
	• 국내외 경기변동 상황을 파악하고 있으며 그에 대한 대책은 있는가					
소 계 (20)						
합 계 (100)						

재무관리 부문 정량분석 체크리스트

단위/ %, 회, 백만원, 인, 지수

지표명	공 식	산출 비율	업계 평균	평가 지수	판정 지수	100	80	60	40	20
					등급	A	B	C	D	F
고정자산 비율	$\frac{고정자산}{총자산} \times 100$	%	%							
매출채권 회전율	$\frac{매출액}{매출채권} \times 100$	%	%							
유동비율	$\frac{유동자산}{유동부채} \times 100$	%	%							
부채비율 (▼)	$\frac{부채액}{자기자본} \times 100$	%	%							
차입금 의존도(▼)	$\frac{장단기차입금}{총자본} \times 100$	%	%							
자기자본 경상이익률	$\frac{경상이익}{자기자본} \times 100$	%	%							
매출액 경상이익률	$\frac{경상이익}{매출액} \times 100$	%	%							
자기자본 비율	$\frac{자기자본}{총자본} \times 100$	%	%							
매출원가 비율(▼)	$\frac{매출원가}{매출액} \times 100$	%	%							
자기자본 순이익률	$\frac{순이익}{자기자본} \times 100$	%	%							
계(100)					합 계		평균		등급	
판정										

㈜ 1. 평가지수 산출방법 : 산식 '산출비율 ÷ 동업계평균비율 × 100', 그러나 (▼)표시가 있는 지표는 낮을수록 양호하므로 역방식으로 산출(동업계평균비율 ÷ 산출비율 × 100)

2. 동업계 평균비율은 한국은행발간 '기업경영분석' 참조

3. 기업경영분석에 동업계평균비율이 없는 지표(비율)은 당해기업의 직전년도의 비율을 산정하여 이를 동업계평균비율로 간주하여 계산한다.

4. 마케팅관리 부문

마케팅은 소비자의 필요와 욕구를 충족시키기 위하여 시장에서 교환이 일어나도록 하는 일련의 활동이다. 따라서 마케팅 활동이란 제품 및 서비스를 설계하고 가격을 결성하며, 유통 등을 계획하고 실행하는 과정이라 할 수 있다.

마케팅 부문 진단의 목적은 어떤 시대에서도 고객에게 만족을 주는 상품을 매력적인 가격으로 필요한 때에 적량을 제공할 수 있는 것이 기업 활동의 원점이며, 그 고객이나 단골 거래처와의 접점으로써의 기능을 하는 곳이 영업 부문이다. 시장에서 정보를 신속하고 정확하게 포착해서 관련된 부문이나 거래처에 전달해 가며 코디네이터 역을 다하는 것과 고객에 대해 상품이나 서비스에 관계하는 정보를 정확하고 신속하게 제공하는 것을 통해서 강력하고 균형 잡힌 영업력을 발휘하는 것은 기업에게 있어서 없어서는 안 되는 것이다.

마케팅의 기본방침이나 상품기획 등은 혁신적이며 경쟁 우위성에 우월한지, 일상의 업무프로세스는 낭비가 없이 효율적으로 운용되고 있는지, 영업 부문이 자사에 대해 강한 영업력을 가지고 있는지 등의 시점에서 다면적으로 평가한다.

Tip 진단 대상항목

- 마케팅 조직
- 시장분석
- 상품전략
- 판매기획
- 물류관리
- 마케팅활동
- 판매실적관리

마케팅 조직

마케팅전략을 단순히 거창한 전략에 지나지 않기 위해서는 마케팅 조직체제가 중요하다. 마케팅전략을 수행하는 데 중점지향목표를 포함한 충분한 조직과 인력배치를 하고 있는지, 조직은 알기 쉬운 간편하고 평탄하게 운용이 이루어지고 있는지, 또한 개개의 조직이나 담당부서의 역할과 권한 · 책임이 명확하게 되어 있는지, 외부환경변화에 대해 신속하고 유연한 조직체제로의 변화가 가능한가를 조직도와 거점도표, 업무분담 · 과거의 실적 등 배경과 결과를 확인하면서 평가한다. 마케팅 인력관리는 기업 내의 계층별 교육뿐만 아니라 전문적인 마케팅 직무교육이 이루어지고 있는가는 매우 중요한 포인트이다. 직무교육이 조직적 · 체계적 · 정기적으로 행해지고 있는지, 그 내용은 전문적 지식에 머물지 않고 매너교육 등 세부적인 사항까지 행해지고 있는지를 평가한다. 또한, 마케팅 부문 내에서의 소집단활동 등을 포함한 능력개발활동 프로그램이 실행되고 있는지를 평가한다. 이러한 인력육성과 인원배치를 포함한 인재개발계획이 장래에 걸쳐 확실하게 구축되어 있는지를 평가한다.

시장분석

효과적인 시장분석은 전략을 구축하는 데 있어 중요한 요소 중의 하나이다. 자사의 강점과 약점 · 경쟁사와의 경쟁상황 등이 충분히 분석되고 벤치마킹되고 있는지, 기존상품이나 개발상품의 시장동향과 미래수요에 대해 충분히 확인하고 있는지, 또한 고객정보를 적시에 파악할 수 있는 체제인지, 목표로 하는 시장이 명확한지 등을 시장조사분석결과 자료 등을 확인하고 시장분석의 기법도 포함해서 평가한다.

상품전략

시장분석에서 나온 산출물은 시장경쟁력의 객관적인 평가이다. 이를 바탕으로 균형 잡힌 상품구성을 계속 유지해 나갈 필요가 있다. 여기에서 시장분석결과를 토대로 얼마만큼의 신상품기획이 있는지, 상품의 통폐합도 충분히 검토되어 실제로 실행되고 있는지, 그 결과로 상품구성이 균형 있게 잘 이루어지고 있는지, 그리고, 이러한 일련의 흐름은 마케팅전략에 근거한 것인지를, 상품별 중장기계획과 상품별 매출실적 등을 확인하고 평가한다. 상품전략은 개별상품의 판매전략을 구축하는 과정으로 연결된다. 상품기획이 구체적이고 명확하여 관계부서의 공통된 의사인지, 실제의 매출실적이나 마케팅기획서의 변화점이 충분히 분석되어 그 결과를 다음의 기획내용에 반영시키고 있는지에 대해 실적을 확인 · 평가한다.

판매기획

마케팅전략에서 전개된 상품별 판매목표로서의 결과를 내기 위해서는 상품의 통폐합을 포함해서 실제로 어떤 방법으로 어느 정도 판매할지의 상세한 실행계획이 필요하다. 구체적인 실행계획이나 결과로부터 판매전략, 이익창출을 위한 가격정책의 방법, 가격조정을 위한 권한과 그 역할, 개별상품에 있어서 PR을 이한 광고 선전이나 프레젠테이션에 대한 방향 · 빈도 · 효과 등을 평가한다.

■ 판매계획

상품별 판매계획이 단기적으로는 중요한 실행계획이 된다. 판매계획은 합리적인지, 중장기계획과의 정합성은 취하고 있는지, 시장변화와 고객변화 등의 대응과 대책이 있는지, 또한 실적에 대해 다면적인 방법으로 분석이 되고 있는지 등, 판매계획서나 실적분석표를 확인하고 평가한다. 또한 생산 부문에의 정보제공이나 공유화가 되고 있는지, 시장변화에의 대응이 적시에 이루어지고 있는지 등에 대해서도 평가한다.

■ 가격

기업 활동이나 마케팅활동에 있어서 가격은 매우 중요한 요소이다. 시장가격을 충분히 파악하고 이익계획을 달성과 판매를 위한 가격전략을 독자적으로 설정하고 있는지, 그와 같은 정보를 토대로 신속한 견적을 목적으로 한 견적기준이 있어 항상 실제상태에 맞는 유지보수가 되고 있는지를, 판매계획과 실적을 확인하면서 평가한다.

■ 원가조정

이익의 원천인 원가의 책정은 기업에게 있어 중요한 기능이다. 시장가격정보의 전달이나 알맞은 원가의 지시 등 마케팅활동에 요구되는 기능과 책임은 중요하다. 판매계획에 의한 이익확보를 도모하기 위해 목표원가의 설정을 하고, 더 나아가 이익확보를 위한 원가책정이 실적이익과 실제 어떻게 이루어지고 있는지를 확인하고 평가한다.

■ 판매촉진

프레젠테이션이나 기술교류회 · 전시회 등은 인맥구축과 기업이미지 향상에 매우 중요한 것이다. 광고 · 판매촉진 수단에 대한 방향이나 실적 · 비용대비효과의 검증을 예산과 실적을 확인하면서 평가한다.

■ 유통경로

마케팅관리의 업적은 많든 적든 유통경로에 의존하고 있다. 그러므로 유통경로전략은 영업방침과의 일관성이 유지되고 있는지, 중장기 및 단기의 유통경로계획이 있는지, 유통의 가치창조를 항상 고려하고 있는지, 더 나아가 유통 만족도를 확인하고 평가한다. 또한 계획달성을 의한 유통 채널별 협력도와 일체도가 어떻게 되어 있는지, 교육이나 홍보 등이 정기적이며 계획적으로 지원이 충분한지, 정보의 공유나 상호 보완 분석이 정기적으로 행해지고 있는지, 또한 각 유통채널의 평가를 실시하고 이를 분석하여 개선으로 이어나가고 있는지를 평가한다.

물류관리

물류의 목적은 고객이 요구하는 상품을 요구하는 장소에 요구하는 시간 내에 최소의 비용으로 전달해서 고객의 만족을 얻는 것이다. 공장출하 이후의 물류에 대해서 납기준수율 · 루틴업무에의 영업의 관여도 · 작업자의 의식이나 실제의 작업방법 · 작업매뉴얼 · 배송 등 환경면을 광범위하게 평가한다. 또한 생산 부문과의 연계를 간과하고서는 평가할 수 없는 부분이 있다.

■ 재고관리

재고관리는 구조 · 시스템 · 운용을 이상적으로 편성하여 최적재고로 하는 노력을 소홀히 해서는 아니 된다. 따라서 적정재고 · 적정발주점이 어떻게 정해져 있으며 운용 · 관리되고 있는지, 재고추이가 컴퓨터로 관리되어 생산 · 판매와 연동하고 있는지, 장기체류품은 어떤지, 재고차이는 어떠한지, 보관환경은 어떠한지, 또한 품질관리의 면에서도 작업매뉴얼은 인수관리 등을 포함해 충분한지, 작업자의 의식이나 실제의 작업 매뉴얼을 준수하고 있는지, 로트관리가 제대로 이루어지고 있는지 등을 평가한다.

■ 물류의 효율

물류의 효율적인 관리를 위하여 물류비용의 코스트 미니멈을 의식하고 있는지, 작업효율이 검토되고 있는지를 확인하고 평가한다. 그러나 물류비용 절감에만 신경을 써서 품질면의 배려를 잊어서는 안 된다. 고객의 요구에 맞게 배송이 되고 있는지, 작업표준은 충분한 것이며, 작업자의 의식은 높은지, 표준이 준수되고 있는지, 또한 작업자의 교육이나 훈련이 정기적으로 이루어지고 있는지, 물류품질까지를 관리하는 체제가 확립되어 있는지, 더 나아가 환경적 측면에서 배기가스나 소음 등을 고려한 물류가 되고 있는지도 평가한다.

■ 납기관리

수주품의 납기관리는 기업의 책무로써 지정된 납기일에 납입하는 것은 고객에게 있어 당연한 것이다. 업무적으로 수주 후 관리는 해당 관련부서에 속한다. 따라서 납기확보 · 납기지연 · 변경 등의 업무에 관해 관리구조가 간결하고 충분하며, 고객의 만족을 얻고 있는지, 또 경영에의 의존도가 낮아지고 있는지를 확인 · 평가한다.

마케팅활동

실제의 고객접점에서의 마케팅활동의 구조 · 프로세스 · 조직 · 효율 등 마케팅활동 행위를 평가한다. 세일즈의 방법 · 고객방문의 자세 · 정보제공이나 수집의 방법 · 거래행위와 채권관리 · 애프터서비스와 클레임 대응 등에 대해서 평가한다.

■ 마케팅정보의 수집과 활용

정보는 기업에 있어 귀중한 경영자원이다. 따라서 정밀도와 내용뿐만 아니라 신속함을 포함한 정보의 질과 양이 기업의 역량과 방향성을 결정하는 중요한 요소로 자리 잡고 있다. 마케팅활동에 있어서 정보수집 능력이 매우 중요하다는 것은 이러한 점 때문이다. 따라서 정보의 원천이 되는 중요고객은 잡고 있는지, 정밀도를 높이기 위해 각 계층에의 인맥이 있는지 등을 확인하고 평가한다. 또한 고객관리 데이터베이스가 있어 이를 공유하며 활용되고 있는지 등도 평가한다.

■ 채권관리

마케팅관리의 중요한 업무 중 하나로써 대금의 회수가 있다. 거래 개시절차에서부터 일상의 채권관리 · 수집정보, 그리고 최종적으로 대금회수까지의 프로세스를 평가한다. 중점사항으로 거래개시를 할 때 신용조사를 하고 있는지, 기본거래계약을 관련 부서와 내용을 협의해서 체결하고 있는지, 시대환경과 경제적 환경에 맞게 개정이나 갱신이 확실하게 되고 있는지, 더 나아가서 채권보전을 위한 구체적인 관리매뉴얼이 있는지, 정기적으로 이상매출금관리가 행해지고 상사에게 보고되어 장기미회수채권이 없는지 등을 확인 · 평가한다.

■ 상품클레임 대응

제조업의 경우 상품클레임을 항상 의식하고 신속하게 대처할 수 있는 체제를 정비해 두지 않으면 안 된다. 그것은 고객클레임 · 시장클레임 등 모두 마찬가지다. 따라서 클레임 대응조직이 있는지, 클레임에 관한 관리매뉴얼이 있어 구체적인 사례가 기재되어 있는지, 정기적으로 시뮬레이션이 이루어지고 있는지, 분석과 대책이 고객이 요구하는 납기일 내에 신속하게 이루어지고 있는지를 평가한다.

판매실적관리

영업활동의 결과로서의 실적은 매출액과 매출이익 · 시장점율 등을 전략이나 실행계획에 비추어 평가한다. 이와 관련하여 신속한 대응과 결과분석이 다음 단계의 실행으로 옮겨가고 있는지, 계속적으로 순환되고 있는지 등도 확인 · 평가한다.

■ 월차분석

영업활동의 성과는 수치로 계량화되어 나타난다. 이 수치를 기본으로 다음의 포인트로서 평가한다. 결과수치의 지역별 · 고객별 · 제품별 · 아이템별 · 카테고리 등 관리항목이나 관리지표 · 평가기준이 명확하게 되어 있는지, 중장기계획이나 당해연도 계획과의 정합성과 차이분석을 충분히 행하고 있는지, 또한 차이분석에서 나오는 성과와 반성이 다음의 실행계획에 포함되어 연속적이며 계속적으로 follow up하고 있는지 등을 평가한다.

■ 점유율

영업활동의 결과를 정량적으로 평가할 수 있는 중요한 하나의 지표가 시장점유율이다. 따라서 영업활동의 결과로서 자사의 시장에서의 지위변화를 인식하고 분석의 결과 다음의 행동으로 얼마나 잘 이어가고 있는지를 평가한다. 고객 · 업계에서의 지위 등 다면적으로 점유율 분석이 이루어지고 있는지, 그 점유율 데이터는 시계열로 연속해서 확인되고 있어 중장기계획과 경영방침에 맞는 결과인지 등을 평가한다.

마케팅 부문 정성분석 체크리스트

진단항목	체크 사항	확인결과				
		A	B	C	D	F
		5	4	3	2	1
마케팅 컨셉트 (20)	A 마케팅 컨셉트					
	• 기업경영이 고객 중심체제로 되어 있는가					
	• 마케팅 목표(고객 만족)를 달성하기 위하여 조직이 통합적인 노력을 실현하고 있는가					
	• 각 부서가 지속적으로 고객지향을 추구하고 있는가					
	B 마케팅정보					
	• 조직 내외의 정보원으로부터 마케팅 의사결정에 유용한 정보를 수집 관리하는가					
	• 수집된 정보의 가공 · 활용은 어느 정도의 수준인가					
	• 시장조사 또는 정보담당자를 두고 있는가					
	• 소비자의 구매욕구를 조사하고 있는가					
	C 마케팅전략					
	• 시장을 세분화하고 있는가					
	• 목표시장을 선택하고, 그 시장에 대한 평가(경제성, 시장규모, 접근성, 경쟁 정도, 비용)를 하고 있는가					
	• 시장에서 자사제품의 위치(포지셔닝)를 설정하고 있는가					
	• 차별화전략을 수립하여 실행하고 있는가					
	D 판매계획					
	• 판매계획은 장기경영전략의 일환으로 되어 있는가					
	• 시장의 환경분석을 통한 수요예측을 하고 판매계획을 수립하는가					
	• 판매계획은 실행에 있어서 무리는 없는가					
	• 판매계획 대 판매실적을 비교하고, 그 원인을 검토하여 대책강구를 하고 있는가					
	• 판매계획의 수립에 있어서 타 부문과의 조정은 적절하게 하고 있는가					

진단항목	체크 사항	확인결과				
		A	B	C	D	F
		5	4	3	2	1
마케팅 컨셉트 (20)	• 판매계획은 전년 실적에 대한 원인분석의 결과를 반영하고 있는가					
	E 인터넷 활용					
	• 인터넷 운영시스템은 적합한가					
	• 운영시스템은 고객의 접근이 편리하게 되어 있는가					
	• 인터넷 고객의 만족도를 측정하고 있는가					
소 계 (20)						
제품계획 (20)	A 제품계획					
	• 현재의 제품에 대한 매출액은 3~5년간 상승추세인가.					
	• 제품은 경쟁력 있게 차별화되어 있는가					
	• 신제품개발계획이 있는 경우 고객욕구에 맞추는 노력의 정도는 어떠한가					
	• 신제품의 개발 프로세스는 체계적으로 되어 있는가					
	• 신제품개발계획은 제품수명주기(도입기, 성장기, 성숙기, 쇠퇴기)를 고려하여 개발하고 있는가					
	• 신제품이 차지하는 매출의 비중이 최근 3년간 30% 이상인가					
	B 브랜드					
	• 브랜드의 인지도는 높은가					
	• 브랜드와 연관되는 이미지 관리를 하고 있는가					
	• 경쟁기업의 브랜드와 비교하여 가치가 있는가					
소 계 (20)						
가격정책 (20)	A 가격 결정					
	• 가격결정시 고려요소(경쟁, 시장, 이익)를 충분히 검토하는가					
	• 가격전략목표(이익지향, 매출지향, 현상유지)에 의한 가격을 책정하고 있는가					

진단항목	체크 사항	확인결과 A 5	B 4	C 3	D 2	F 1
가격정책 (20)	B 가격경쟁력					
	• 제품에 대한 가격은 고객의 기대수준에 적합한가					
	• 제품에 대한 가격경쟁력은 갖고 있는가					
	• 가격탄력성이 있는가					
	• 제품에 대한 가격재량권이 주어지고 있는가					
소 계 (20)						
유통관리 (20)	A 유통경로					
	• 유통경로는 소비자의 접근이 편리하게 설계되어 있는가					
	• 유통경로는 제품의 특성과 판매방법의 관계에 있어서 적절한 것인가					
	• 유통경로에 대한 통제력을 갖고 있는가					
	• 유통경로 간에 갈등이 발생하고 있는지, 발생한다면 갈등해소의 노력은 충분히 하고 있는가					
	• 유통경로에 대한 지도와 지원은 적절히 하고 있는가					
	B 물류관리					
	• 물류활동이 적절히 이루어지고 있는가 - 안전재고 유지 - 수송의 효율관리 - 신속한 주문처리 등					
	• 물류비용을 최소화하기 위한 노력이 이루어지고 있는가					
	• 물류시스템은 고객이 만족할 수 있도록 잘 이루어지고 있는가					
	C 거래처 관리					
	• 거래처에 대한 신용관리는 잘 이루어지고 있는가					
	• 거래처에 대한 정보가 DB화되어 있고, 그 DB의 활용은 적절히 이루어지고 있는가					
	• 거래처의 외상매출금은 과다하지 않는가					

진단항목	체크 사항	확인결과				
		A	B	C	D	F
		5	4	3	2	1
유통관리 (20)	• 거래처의 외상매출금과 결재기한을 체크하고 있는가					
	• 신규거래처 개척을 위한 활동은 잘 이루어지고 있는가					
	• 거래처가 다변화되어 있는가					
소 계 (20)						
영업/촉진 활동 (20)	A 판매조직					
	• 판매조직은 회사 규모에 맞게 편성되어 있는가					
	• 판매사원의 직무내용은 명확하게 되어 있는가					
	• 판매사원의 성과에 대한 평가와 보상은 잘 이루어지고 있는가					
	• 판매사원의 자질향상을 위한 교육훈련은 적절하게 이루어지고 있는가					
	• 판매사원의 능력은 경쟁사에 비해 경쟁력이 있는가					
	B 목표관리					
	• 사업 부문별, 판매사원별, 영업장별, 거래처별 목표를 부여하고, 그 진도관리가 잘 이루어지는가					
	• 판매사원에 대한 동기부여 방법은 목표달성에 도움이 되고 있는가					
	• 판매활동에 대한 매뉴얼이 작성되어 활용되고 있는가					
	C 고객관리					
	• 고객정보를 수집 · 분석하여 활용하고 있는가					
	• 자사에 대한 고객만족도 조사를 정기적으로 하고 있는가					
	• 고객과 접점에 있는 직원들에게 고객서비스를 위한 교육훈련은 지속적으로 실시하고 있는가					
	D B/S 및 A/S 체계					
	• B/S는 실시하고 있는가					
	• B/S 및 A/S 매뉴얼이 작성되어 있고 해당 직원들이 숙지하고 있는가					
	• B/S 및 A/S결과에 대해 해당 부서에 피드백해 주고 해당 부서는 재발방지대책을 강구하고 있는가					

진단항목	체크 사항	확인결과				
		A	B	C	D	F
		5	4	3	2	1
영업/촉진활동 (20)	• 전 직원들의 고객서비스 마인드는 철저한가					
	E 촉진활동					
	• 광고는 전략적 목표(제품차별화, 시장확대, 브랜드 포지셔닝)를 세우고 실행하는가					
	• 광고의 매체 선택은 적절하다고 보이는가					
	• 광고의 효과를 측정하고 있는가					
	• 홍보는 제품인지도 또는 기업이미지 제고를 위해 적절하게 하고 있는가					
	• 판매촉진전략은 대상에 맞게 적절하게 이루어지고 있는가					
	• 수출을 위한 판촉 전략을 수립하여 실행하는가					
소 계 (20)						
합 계 (100)						

마케팅 부문 정량분석 체크리스트

단위/ %, 회, 백만원, 인, 지수

지표명	공 식	산출 비율	업계 평균	평가 지수	판정 지수	100	80	60	40	20
					등급	A	B	C	D	F
매출액 총이익률	$\frac{\text{매출총이익}}{\text{매출액}} \times 100$	%	%							
매출액 경상이익률	$\frac{\text{경상이익}}{\text{매출액}} \times 100$	%	%							
제품 회전율	$\frac{\text{매출액}}{\text{제품}} \times 100$	%	%							
판매관리비 비율	$\frac{\text{판매관리비}}{\text{매출액}} \times 100$	%	%							
매출액 순이익률	$\frac{\text{순이익}}{\text{매출액}} \times 100$	%	%							
매출채권 회전율	$\frac{\text{매출액}}{\text{매출채권}}$	회	회							
매출액 영업이익률	$\frac{\text{영업이익}}{\text{매출액}} \times 100$	%	%							
반품액 비율(▼)	$\frac{\text{반품액}}{\text{총매출액}} \times 100$	%	%							
대손상각 비율(▼)	$\frac{\text{대손상각비}}{\text{매출액}} \times 100$	%	%							
1인당 매출액	$\frac{\text{총매출액}}{\text{상시근로자수}}$	백만	백만							
계(100)					합 계		평균		등급	
판정										

㈜ 1. 평가지수 산출방법 : 산식 '산출비율 ÷ 동업계평균비율 × 100', 그러나 (▼)표시가 있는 지표는 낮을수록 양호하므로 역방식으로 산출(동업계평균비율 ÷ 산출비율 × 100)

2. 동업계 평균비율은 한국은행발간 '기업경영분석' 참조

3. 기업경영분석에 동업계평균비율이 없는 지표(비율)은 당해기업의 직전년도의 비율을 산정하여 이를 동업계평균비율로 간주하여 계산한다.

5. 생산관리 부문

생산관리란 재화와 서비스의 생산을 효과적이며 효율적으로 관리하기 위해 생산시스템을 설계하고 이것을 관리하는 일련의 전반적인 부문경영활동으로써 고객이 요구를 충족시키는 양질의 제품을 고객이 원하는 적절한 시기에, 필요로 하는 적절한 양을, 적절한 가격으로 생산하고 공급하기 위한 생산계획 · 공정관리 · 작업관리 · 품질관리 · 설비관리 · 연구개발 등을 의미한다.

Tip 진단 대상항목

- 생산계획
- 공정관리
- 작업관리
- 품질관리
- 설비관리
- 연구개발
- 작업환경
- 구매관리

생산계획

생산계획은 미래에 전개될 생산 활동을 통하여 생산할 제품의 품질과 수량 및 생산시기에 관하여 사전에 일정한 범위 내에서 계획되는 내용이라고 정의할 수 있다. 따라서 생산계획은 생산 활동에 앞서 무엇을 · 언제 · 얼마만큼을 생산할 것인가를 예정하는 것이다. 이를 위해서는 무엇이 · 언제 · 얼마만큼 필요한가를 예정하는 판매계획이 선행되어야 한다. 즉, 생산계획이란 특정시간에 대한 예측수요량을 근거로 생산능력을 적절하게 할당 · 배분하여 생산시설을 효율적으로 운영하기 위한 기준이다.

■ 생산능력의 파악

고객요구의 만족과 생산효율 모두를 충족하는 작업하기 쉬운 생산계획을 입안하기 위해서는 설비능력 · 인원과 외주의 능력 · 부품재료의 조달상황 · 공급자의 부재료 공급능력 등의 생산능력을 파악하고, 6개월 정도의 계획과 연간계획에 대해 생산능력을 확보한다든지, 정기적으로 재점검하고 변경할 필요가 있다. 또한 보다 유연하게 대응하기 위해서 설비나 부품재료의 표준화 · 공통화를 위한 개선을 하고 있는지, 생산능력 변경기간의 단축에 대한 대처에 대해서도 평가한다.

■ 작업표준화

작업의 표준화는 생산성을 올리기 위한 기반이 되고 감독자가 자신이 공정을 관리하는 기초가 되며, 더욱이 개선의 토대가 되는 것이 표준작업이다. 가공 · 운반 · 부수작업과 라인내외를 구분 짓고 제품과 기계와 사람을 가장 유효하게 조합시킨 표준작업이다. 이 표준작업은 작업순서 · 표준 전개 · 사이클 타임의 3개의 요소로부터 성립되어 있고, 감독자가 스스로 결정해 작업자에게 지도하고 준수시켜 항상 작업개선에 열중하고 작업표준의 개정을 반복한다. 표준작업은 표준작업표 등이 각 작업현장의 눈에 띄는 장소에 게시되어 사람의 움직임과 사이클 타임이 한눈에 알 수 있는 조작이나 표준전개가 한눈에 볼 수 있는 관리를 하고 있는가에 주목해서 평가한다.

■ 일정관리

생산수율 향상을 실현하기 위해서는 각 관련 부문에서의 일정계획의 공유화와 일정단축을 위한 협력체제가 불가결하고 중요하다. 더욱이 일정계획 진척흐름의 구조와 일정준수 레벨도 평가한다. 생산량과 품목은 수요의 변화와 돌발적인 문제 등과 동반하며 항상 변화하는 것으로 그 변화에 유연하게 대응하는 것이 필수적인 일이다. 수요변동에 의해 생산품목이나 생산량의 변동에 대응하는 근무체제와 설비의 다양성, 범용성의 연구가 있고, 직장간 · 라인간에서 부하조정이 가능한지를 확인하고 평가한다.

■ 생산효율

사람 · 제품 · 설비 · 제조간접비의 구분에서 각각 효율적으로 되어 있는지와 효율성 추구의 보완적 역할을 달성하고 있는가를 평가한다. 가공 · 운반 · 부수작업의 분리와 라인 내외의 작업이 분리되어 작업을 표준화하고 있다. 설비는 정비 · 운반 · 이상정지의 눈에 보이는 관리로 이상조치가 신속하게 행해져 개선활동이 되고 있다. 이러한 점에 주목해서 철저한 파악이 어디까지 확실하게 되어 있는지를 구체적으로 평가한다.

공정관리

공정관리는 생산 활동을 조직적 · 전체적으로 관리하기 위한 생산관리의 한 방법으로 일정한 시간 내에 일정한 수량의 제품을 일정한 가격으로 효율적으로 생산하기 위한 모든 활동을 관리하는 것을 말한다. 다시 말해서 공정관리는 process control 또는 production control이라 하며 생산계획에 이어 전개되는 일련의 생산절차를 가리킨다. 공정관리란 주어진 품질의 제품의 소요수량을 소정기일까지 생산하기 위하여 기계설비 · 노동력 · 원재료 등 일체의 생산요소를 효과적으로 결합시켜 가능한 최소의 원가로서 이를 달성하기 위한 조직적인 시간적 · 수량적 관리이다.

■ 공정능력평가

양산개시단계까지 충분한 공정능력을 확보하는 것은 제품생산의 절대적인 조건이다. 특히, 중요 특성과 신규공정의 보증도를 검증하여 불량을 양산개시단계까지 시정 · 개선하고 있는지, 과거에 발생한 품질불량의 대책 · 재발방지의 수평전개가 유사공정에 대해서까지도 확실하게 실시되고 있는지, 이러한 것들을 확실하게 제도로 정착시키고 있는지를 확인 · 평가한다.

■ 작업표준

최상의 품질을 만들기 위해서는 공정에서의 각종 제조조건을 총괄 제어하는 일이 필요불가결한 것으로 QC공정표를 정비하고, 정리함과 동시에 작업표준서를 작성하여 정비하고 이것을 준수하게 하는 것이 필요하다. 작업표준서는 단위작업별 작업수순 · 작업의 요령 · 주의사항 등을 나타낸 것으로 작업요령서 · 작업지시서 · 작업지도서 등의 명칭으로 불리고 있다. 작업표준을 정비하는 것에 의해 작업의 표준화를 꾀하고 품질의 안정, 작업능률의 향상, 안전의 확보로 연결된다. 작업표준서는 미경험자라도 이해할 수 있도록 작성되고, 현장 작업자의 의견을 반영하고 있는지 확인 · 평가한다.

■ 공정설계

생산준비단계에서 전개되는 가공 · 공정설계에는 사내외의 현저한 변화에 대응할 수 있는 유연함이 요구된다. 따라서 유연함을 포함하고 있는지, 품질의 제조를 배려되고 있는지, 흐름화 · 무인화에 대한 연구는 하고 있는지, 그리고 제조코스트 견적 정도의 레벨은 높은지를 확인 · 평가한다.

■ 공정검사

공정검사는 공장 내에서 공정의 도중 또는 다음 공정으로 옮겨가는 도중에 행하는 검사를 공정검사 또는 중간검사라고 부른다. 부적합품이 다음의 공정에 걸쳐 가공이 진행되고 불량의 발견이 곤란해지는 것을 막는다든지, 그 공정이 아니고는 품질확인이나 사후조치가 곤란한 경우의 기능보증을 한다든지, 부적합품에 의한 손실을 가능한 작게 하기 위한 것이다. 구체적으로는 검사항목과 검사방식은 경제적인 관점에서도 선택할 수 있도록 하여 적절개선과 정기적인 재검토를 한다. 공정검사에 의해 얻어진 정보를 관련 공정이나 조직에 피드백하여 품질과 생산성향상을 도모한다. 이러한 사항들이 각 공정에 정착되어 있는지 확인 · 평가한다.

작업관리

작업관리란 무리와 낭비가 없이 작업을 원활히 할 수 있도록 최선의 작업방법을 추구하고, 나쁜 작업조건을 개선해서 최적의 작업조건을 이루도록 하는 활동이다.

■ 작업개선목표와 계획

부문장방침과 목표는 회사방침 · 경영목표(매출액 · 경영이익 · 제조비용 · 재고회전율 등)와 연동해서 구체적인 인당 부가가치액이나 재고삭감금액 등에 설정되어, 개선주제는 목표달성수치가 명확하고 사이클타임 · 표준전개 · 로트사이즈 · 지시사이클 등의 제동변경수치가 정해져 있는 것이 중요하다. 특히, 개선목표는 전년도의 반성과 과거의 실적을 방영하고 도전목표가 설정되어 있다. 추진계획은 누가 언제까지 어느 정도 어떻게 하는가가 명확히 정해지고, 게시 등에서 철저하게 주지되어 정기적으로 대처하고 있는 것 등에 주목하여 평가한다.

■ 소집단활동

개선활동은 전원참가의 소집단활동이 중요하다. 고위층에서 일선 종업원까지 전원이 참가함으로써 큰 성과를 낳는 것이다. 소집단활동이 전사적으로 조직화되어 독자운영에 의해 전사원이 참가하고 활발하게 활동하여야 한다. 사무국이 설치되어 활동내용 파악 · 교육 · 권고가 수시로 이루어지고, 게시 등에서 전사원이 활동내용과 경과를 알 수 있도록 한다. 또한 활동기간이 확보되어 직제의 강력한 지원이 되고 각 계층의 소집단별로 목표를 가짐으로써 그 목표가 직제목표와 일체가 된 활동인 점 등에 주목해서 평가한다.

■ 현장관리와 개선

현장관리 평가의 목적은 제조현장에서는 철저한 낭비의 배제에 의한 원가절감을 기반으로 생산 활동을 실천해 나가는 것이 필요하다. 이를 위해서는 일하는 사람들이 활기차게 부가가치를 생산할 수 있고, 알기 쉬운 구조와 규칙이 정해져 있어 사람 · 제품 · 설비가 다 함께 규칙을 엄수하며, 이상한 점을 알리거나 도움을 요청하는 것이 알기 쉬워야 하며, 또한 그것들의 계속적인 개선이 진행되고 있는지가 중요하다.

더 나아가 생산관리 · 생산기술이 제조현장과 연계하여 생산하기 쉬운 생산계획을 만들고 있는가」 유연한 생산병동 대응이 가능한가. 생산효율의 추구 · 개선활동은 계속적으로 연쇄적 변동을 일으키고 있는지를 평가한다. 또한 현장을 구성하는 종업원의 안전위생 · 설비의 준비 · 보전 또는 제조품질 · 구매는 다른 항목에서 평가한다.

품질관리

품질관리란 소비자의 요구에 적합한 품질의 제품과 서비스를 경제적으로 생산할 수 있도록 조직 내의 여러 부문이 품질을 유지 · 개선하는 관리적 활동의 체계를 말한다. 즉, 품질관리는 경영전반에 걸친 조직시스템을 통하여 통계적 기법을 적용시켜 소비자가 요구하는 품질을 경제적이고 과학적으로 산출해내는 관리활동이다.

품질관리는 통계적인 기법만으로는 소기의 성과를 충분히 얻을 수 없는 것으로 품질에 영향을 주는 모든 사람이 품질에 대한 의식적 노력을 모아서 종합적으로 품질관리를 추진해야 한다. 품질관리는 예방의 원칙을 토대로 하며 객관적 판단을 위해 통계적인 고찰이나 기법 등의 과학적 수단을 활용하게 된다. 품질관리란 협의로는 제품의 품질에 대해서 표준을 정하고 그 표준이 유지될 수 있도록 통제하는 것을 의미한다.

■ 품질관리계획

정비된 공정을 양산개시까지 만들어내기 위해 초기관리계획서를 작성한다. 그 내용은 생산개시에서 역산한 계획으로 4M의 준비와 정비계획 · 양산계획 · 제품품질평가계획을 연결하여 작성한다. 또한 초기관리계획의 실시책임자를 정해 정기적으로 진도를 관리한다. 이러한 사항을 확실하게 기업의 구조로서 정착시키고 있는지를 확인하고 평가한다.

■ 출하검사

제조공정의 최종단계에서 완성한 제품에 대해 행하는 최종검사가 끝나고 그대로 출하되는 경우에는 최종검사를 출하검사로 볼 수 있다. 출하검사의 주된 목적은 공급자의 최후검사로서 제품이 사용자에게 인도되었을 때의 품질을 보증하는 것이다.

검사항목은 공정능력 · 품질실적 · 공정검사의 활용 정도 · 검사작업의 실행 가능성 등을 토대로 판단하여 결정하고, 요구품질에 대해 적절하고 유효한 것이 아니면 아니 된다. 검사방식은 검사비용과 불량품을 출하해서 발행하는 손실과의 관계에서 검사단위 · 검사의 빈도(전수검사 · 무검사 · 발취검사)를 정한다. 규정요구 품질을 충족시키기 위해서는 발생된 불량의 조치의 적절성 평가나 검사항목과 방식은 정기적 또는 필요에 따라 재검토 개선을 한다. 이러한 사항이 공정에 정착하고 있는지를 현물에서 확인 · 평가한다.

■ 불량대책/재발방지

제조업으로서 제조의 과정에서 발견되는 불량이나 거래처 공정, 시장에서 실제로 발생한 불량 · 클레임에 대한 신속하고 정확한 대응은 품질보증이나 경제성의 시점을 넘어 사회적 신임을 묻게 하는 무엇보다 중요한 것 중의 하나이다. 특히, 제조물책임(PL)을 충분히 이해 인식하고 제조물책임 예방활동을 철저하게 하지 않으면 아니 된다.

책임부서는 고객에의 대응과 불만의 처리와 긴급대응조치를 확실하게 하고, 두 번 다시 불량이나 클레임이 발생하지 않도록 재발방지조치를 철저하게 할 책임이 있다. 또한 공정에서 발생한 이상을 감지하는 연구와 정확한 판단과 조치에 의해 불량이 확대되지 않도록 방지할 수 있는 제도가 필요하다.

설비관리

설비관리란 생산 활동에 이용되어 장기간에 걸쳐 계속 사용되는 여러 설비에 관한 관리를 말한다. 설비관리는 생산 활동에 필요한 여러 설비가 예정된 성능을 유지 · 발휘할 수 있는 상태를 확보하기 위한 관리이다.

■ 설비보전

생산활동에 있어서의 최대의 목적은 좋은 물건을 적절한 가격에 신속히 안전하게 만드는 것이다. 그러기 위해서는 설비가 필요한 때에 계획대로 가동하지 않으면 질과 양 모두에서 고객의 요구에 응할 수 없게 되며 신뢰관계가 무너지게 된다. 설비보전은 물건을 만드는 기업에게 있어서 생산 부문의 중요한 기능이 된다. 설비보전의 목적은 설비의 효율을 최대한으로 높임과 동시에 항상 그 상태를 유지·향상시켜주는 활동으로 생각해서 생산설비(원동력설비·가공조립설비·부대설비)에 초점을 맞추어 평가한다.

■ 설비효율

기계와 설비는 움직이고 싶을 때에 기계를 움직이고 작업을 할 수 있는 상태를 만드는 것이 필요하다. 그러기 위해서는 고장이 나지 않도록 예방보전을 확실하게 하고 준비의 시간을 짧게 할 필요가 있다. 설비가동률의 목표가 있고, 설비의 운반·정지·이상 정지 데이터의 파악과 이상 정지 시점에서의 원인분석에 의해 고장의 감소대책을 전개하고 있는지, 또 M/C간의 부하밸런스 조정은 신제품 개시 전에 시행되어 양산이행 후는 항상 개선을 실시하여 Neck설비의 해소와 고장에 의한 기계정지의 감소를 도모하고 있는지 등을 평가한다.

■ 설비안전

기계 및 설비로 인한 노동재해를 방지하기 위해 설계나 도입단계에서부터 현장에서의 수용 및 보수점검에 이르기까지 일관된 안전대책에 대해 진단한다. 또한 기존에 설치한 기계 및 설비에 관해서도 점검에서부터 엄격하게 안전을 도모하고 있는지를 확인·진단한다.

■ 공기구관리

계측기기류의 고장이나 정밀도의 저하가 제품의 품질에 미치는 영향이 매우 크다는 사실은 제조업에 종사하는 사람이라면 누구나 잘 알고 있다. 여기에서의 계측기기류라는 것은 제품의 품질확인에 사용되는 검사기·시험기·측정기·측정구·게이지 등을 말한다. 이러한 계측기기류의 정밀도와 기능을 유지하기 위해 정밀도와 기능의 기준을 만들고, 검사·검정·교정·점검·정비·수리 또는 방법을 정하고 있는지 아닌지를 확인한다. 정기적으로 계측기기류의 정밀도를 확인하고 그 기록을 유지함과 동시에 계측기기류에 정밀도 보증의 증거로서 유효기한을 명시한다. 그리고 계측기기 관리의 정기적인 감사를 실시하여 관리절차와 준수에 대한 부적합한 점을 발견하고 시정하며, 계측기기 관리의 기능을 유지한다. 이러한 사항들이 공정에 정착하고 있는지 확인하고 평가한다.

■ 정기점검

설비의 이상을 조기에 발견하여 고장을 미연에 방지하기 위한 수단으로서 일상의 정기점검이 있다. 각종 설비의 점검규칙이 정해져 있어 규칙대로 점검이 실시되고 있는지를 평가한다. 그 규칙은 기능이나 구조와의 관계를 고려하여 필요한 항목을 포함시키고 있는지가 중요하다. 또한 이상시의 시정처리방법이나 점검규칙의 재검토 기준이 명확하게 되어 있는가도 병행 평가한다.

■ 점검매뉴얼

설비의 불량을 미연에 방지하는 데 있어 매우 중요한 것이 정기점검이다. 여기서는 설비별 점검매뉴얼이 있는지, 또 그것은 기능이나 구조면에서 충분한 것인지, 양부판단이 명확하고 이상을 발견하기 쉬운 것인지 등의 적절성에 대해서 평가한다. 물론 조작이 매뉴얼대로 이루어지고 있는지에 대해서도 평가한다.

■ 조작매뉴얼

보다 좋은 품질을 만들어 내기 위해서는 얼마나 올바른 작업을 하는지, 다시 말해 얼마나 바르게 설비를 조작하는지에 관한 점이다. 그러기 위해서는 바른 작업이 가능한 조작매뉴얼이 있는지, 또 그것은 조작방법의 전 항목을 만족하고 동시에 구체적이고 누구라도 이해하기 쉬운 것이어야 한다. 물론 매뉴얼대로 조작되고 있는지에 대해서도 평가한다.

■ 보전기록관리

설비보전에 관한 자료와 정보는 현장의 일상점검기록에서부터 전문적인 보전기록까지 종류와 수량이 매우 많다. 이러한 것들은 자료를 찾는 것이 목적이 아닌 그 자료를 어떻게 관리하고 설비개선으로 연결시켜 나가는가, 신규설비계획시의 피드백정보로서 활용할 수 있는가가 중요하다. 또한 설비의 점검과 조작매뉴얼에 대해서, 이러한 사항들을 잘못 사용한 경우 그 중요도를 상정한 위기관리가 이루어지고 있는지를 평가한다.

연구개발

새로운 문화와 교육 및 생활환경의 변화는 소비자의 욕구 · 기호 · 취미 등을 변화시켜 그들이 필요로 하는 상품이나 서비스의 종류도 다양화 · 고급화되면서 새로운 상품이 요구되고 있다. 연구개발은 기업이 제품의 수명주기에 대응하기 위해서 미래의 시장수요를 예측하여 새로운 제품이나 서비스를 개발하고, 새로운 작업공정을 개발함으로써 생산성을 향상시킬 수 있는 작업방법을 창안해 내는 것을 말한다.

■ 특허/실용신안

기업의 독창적인 연구개발의 성과는 특허나 실용신안의 형태로 세간에 공지되어 처음으로 경쟁업체에 대해 우위를 점한다. 이 때문에 특허전략은 매우 중요하다. 여기서는 개발계획과 연동한 특허전략이 세워지고 또 창조력과 관련해서는 업계 1위의 기술이라 판단할 수 있는 특허가 복수 출원되고 있는지, 그 출원한 특허에 의한 라이센스 수지가 흑자인가를 평가한다.

■ 기술정보

고도화와 복잡화된 기술정보들이 넘쳐나고 과거의 기술로부터 IT화에 의한 신기술까지 정보는 다양한 분야로부터 입수할 수 있게 되었다. 그러한 정보를 활용하기 위해서는 공통된 데이터베이스를 집약하고 항상 최신판으로 갱신해야 할 필요가 있다. 또한 개발담당자 전원이 그 데이터베이스를 활용하고 있지 않으면 개발을 위한 총합력을 발휘하기란 불가능하다. 여기에서는 데이터베이스의 구조와 자료를 보면서 기술정보의 정리 · 체계화의 수준과 활용상황을 평가한다.

■ 기술표준

어제까지 만해도 새로운 기술이었던 것이 오늘은 벌써 오래된 기술이 되어버릴 정도로 기술의 진보는 현저하게 빠르다. 수집된 정보를 체계화하고 기술표준에 포함시켜 언제든지 누구나가 효율적으로 활용할 수 있어야 만이 변화에 신속하게 대응할 수 있는 기반이 만들어져 있다고 말할 수 있다. 여기에서는 축적된 기술정보를 토대로 표준류가 체계화되고 기술정보로 정비되어 조직구성원 전원이 스스로 표준화된 자료를 항시 활용하고 있는지를 평가한다.

■ 기술제휴

연구개발 부문에는 꿈을 현실로 실현시키기 위한 고도의 기술력이 요구되지만 필요한 요소의 기술이 전부 자사 내에 있다는 것은 드문 일이다. 현대사회에서 제때에 연구 성과를 내고 기업의 이익과 연결시키기 위해서는 제3자와의 기술제휴나 광범위한 제휴가 필수라고 생각하지 않으면 아니 된다. 여기에서는 자사의 강점과 약점을 어느 정도 정확하게 파악하고, 효과적으로 제휴를 하고 있는지를 실제의 제휴내용을 보면서 평가한다.

■ 제품개발/설계

상품개발에 있어 가장 중요한 점은 역시 기술개발의 힘이다. 개발 부문에는 경쟁에서 이겨내는 기획과 실현 가능한 기술력이 요구된다. 그러기 위해서는 타 경쟁사를 압도하는 핵심기술을 창조하고 그것을 상품으로 전개할 수 있는 능력이 필요하다. 여기에서는 연구개발이나 상품기획에 기초하여 신상품을 개발하는 능력, 더 나아가 고객으로부터 주문을 받아 설계 · 평가하는 경우의 능력에 대해서 설계지원기술과 디자인리뷰를 포함하여 평가한다.

작업환경

소음 · 조명 · 습도와 온도 · 이상 악취 · 방진 · 방풍 등의 환경개선과 설비 · 치공구의 청소와 점검 · 바닥과 선반 책상 위의 청소 등은 작업효율뿐만 아니라 안전과 품질 면에서도 큰 영향을 미친다. 직원의 질병을 예방하고 작업효율을 유지 · 향상시켜 나가기 위해서는 작업환경이 중요한 요소임은 말할 필요도 없다. 작업환경개선활동의 내용을 통해 기업의 자세와 직원의 작업환경에 대한 대응을 진단한다.

■ 직장환경

직장환경의 점검규칙과 소음, 조명 등 환경의 자사기준의 유무, 또는 부문장과 관리자가 스스로 직장의 환경개선에 대처, 준수상황이 정기적으로 체크되고, 최적의 직장환경이 유지되고 있는지를 평가한다. 또, 유지관리에 머물지 않고, 환경악화의 발생원인을 명확하게 파악하고, 환경개선항목(발생원인 대책)을 설정하여, 개선활동에도 적극적으로 대처하고 있는지 상황을 확인하고 평가한다.

■ 정리/정돈

설비 · 치공구 · 비품 · 바닥 등 직장 내 전반을 대상으로 불요품의 기준과 정리방법과 시기 등 정리정돈의 기준이나 규정이 있는가, 또는 필요한 제품을 수량 · 보관방법 · 보관장소 · 표시 등에 대한 정돈의 기준이나 규정이 있는가, 또 그 정리 정돈의 기준이나 규정은 정해진 대로 지켜지고 있는가를 평가한다. 더 나아가 그 기준이나 규정은 전사적으로 추진하고 있고 공장 전체에 통일성이 있어 누가 봐도 이상이 있는 것을 알 수 있도록 하는 것이 바람직하다.

■ 작업안전

설비 · 기계에 관한 안전대책에 만전을 기했다고 하더라도 인간의 행동이 관여하는 한 노동재해가 발생하지 않을 수는 없을 것이다. 여기에서는 행동안전에 관한 노력과 재해가 발생하기 쉬운 비상시의 대응에 대해 재해 실적과 함께 진단한다.

■ 방재관리

최근의 화재 및 폭발사고와 수해 등에 의한 기업의 손실은 생산의 네트워크화와 적기공급체제가 진행되고 있는 상황에서 그러한 직접적인 피해, 다시 말해서 인적 손실 · 생산 설비 및 자재의 상실 · 생산 활동의 정지 · 복구비 지출에 그치지 않고 거래관계의 신뢰도 저하가 발단이 된 사업 기회의 상실로 더 나아가 기업의 이미지 실추와 같은 기업 자체의 가치를 좌우할 수 있을 만큼 커다란 영향을 미친다. 따라서 발생확률은 적지만 기업에게 있어서 치명상이 될 수 있는 재해를 미연에 방지하고 피해가 적은 단계에서 수습하려는 노력의 중요성은 훨씬 더 커졌다고 할 수 있다. 여기에서는 인위적인 요인이 크다고 할 수 있는 화재를 중심으로 이를 예방해 나가기 위한 체제 · 설비 기기 · 직원의 교육 및 훈련 등의 관점에서 진단한다.

구매관리

구매관리란 생산 활동에 필요한 품질의 자재를 최소용으로 취득하기 위한 관리활동이라고 정의할 수 있다. 생산 활동을 합리적으로 운영하기 위해 필요한 시기에 필요한 자재를 적량 · 적가로 적정한 공급자로부터 구입하는 활동을 말한다. 기업이 제품으로 가공 제조될 원재료나 부재료를 구입해야 하며, 또한 이를 제조 가공하기 위해 그에 따른 노동력을 필요로 하게 된다. 이처럼 기업이 생산 활동에 필요한 원료나 기계설비 등을 조달하는 것을 구매활동으로 보는 것이다. 한편 구매대상으로서 원재료와 더불어 기초적 생산설비를 생각할 수 있다.

■ 구매/거래처선정/계약

구매 · 거래처선정 · 계약 · 특히 가격절충은 바이어의 수완을 나타내고 있는 것이고 좋든 나쁘든 그 결과는 기업 이익에 직접 영향을 미친다. 또한 구매와 거래처선정과 계약 및 가격절충에 있어서의 불법이나 부정행위는 절대 있어서는 아니 된다. 불법이나 부정행위를 제지하는 것은 물론이고 조달방침과 가격정보에 기초한 구매와 거래처 선정 및 계약은 구매 부문의 장이 최우선적으로 관리해야 하는 사항 중의 하나이다. 구매나 거래처선정에서는 과거의 추세나 관례대로 선정하는 것이 아니라 회사방침을 파악하여 부문 방침에 따른 선정기준을 정하고 그 기준에 따른 구매와 거래처선정을 해야 한다.

가격 절충력에는 가격산출기준 · 가격 테이블 등의 활용과 구매와 거래처와의 계약 트러블과 불상사를 미연에 방지하는 것만이 아닌 사회적 책임을 다하기 위해서도 적절하게 체결하지 않으면 아니 된다. 그렇지만 실제로는 관습과 습관에 의지하여 필요한 계약이 체결되지 않은 채로 업무가 진행되는 일이 있기 때문에 구체적인 절차와 기준의 정비 · 법적 절차의 준수 등의 구조체제에 대해서 확인하고 평가한다.

■ 납기관리

납기가 지연되면 생산라인을 정지시키는 일까지 일어난다. 스스로 납기를 엄수하고 구매 · 거래처에 납기를 엄수하는 것은 구매 · 거래처관리의 현장에서 가장 중요한 것 중의 하나이다. 납기관리목표는 철저한 주지, 납입실적관리와 그 유효성, 적절성, 납기준수를 위한 대책, 재발방지와 납기 부적절에 대한 시정개선 지도, 점검과 감독의 구조체제의 정착화이다.

납기준수율 등의 납기관리 목표치를 설정하고 사내 및 전 구매 · 거래처에 대해 확실하게 전달하여 철저하게 주지시키고, 현장에서 직접 납기관리를 눈으로 확인하고, 납입실적관리를 거래처에 주 단위로 피드백하며 납기지연에 대한 원인을 찾아내고 재발방지하며 지도개선이 효과를 올리고 있는지, 또한 납기준수의 정기적인 점검과 · 감독을 확인하고 평가한다.

■ 물류관리

물류관리의 목적은 단지 물류효율을 추구하는 것만이 아닌 생산물류 정보의 관리와 환경에의 배려 등이 이루어진 물류를 구축하는 것이 아니면 아니 된다. 물류관리의 평가의 포인트는 물류관리규정과 그 적절성, 물류관리규정과 그 준수관리 감독이 구조, 물류의 구조와 그 개선 및 개선효과 평가의 구조이다. 안전과 환경에의 배려를 우선한 물류를 행하고 있는지, 물류관리규정을 체크 시정하는 구조체제와 물류관리 규정을 준수시키는 조직체제가 기능하고 있는지, 물류관리의 구조체제를 재검토 개선하는 제도가 정착 기능하고 있는지, 공동물류 · 혼재 · 규격화 · 직납 등의 효율적인 물류를 하고 있는지 확인하고 평가한다.

■ 가격정보시스템

가격정보시스템을 얼마나 잘 활용하는가에 따라, 가격 최적화의 실현이 크게 좌우된다. 그러기 위해서는 가격정보시스템을 정비하고 확립해야 한다. 이 항목에서의 평가의 포인트는 가격정보시스템과 그 적절성과 유효성, 시스템의 운용 목적의 침투와 규정법규 · 활용하기 쉽게 하는 구조, 시스템 활용의 성과확인과 평가, 가격정보의 수집과 활용시스템의 재검토 개선이다.

시스템이용자에 목적과 사용방법을 침투시키고 있는지, 시스템의 사용편이를 위해 노력하고 있는지, 협력회사를 포함한 정보 활용의 인프라와 관리규정이 정비되어 있는지, 부문장이 정기적으로 가격정보의 수집과 활용시스템을 재검토 개선하여 성과를 올리고 있는지를 확인 평가한다.

생산관리 부문 정량평가 체크리스트

진단항목	체크 사항	확인결과				
		A	B	C	D	F
		5	4	3	2	1
생산계획 (15)	A 생산계획					
	• 생산계획은 장기계획에서 단기계획으로 단계적으로 수립되어 있는가					
	• 월별생산계획이 확립되어 있는가. 이것을 월말에 임박하게 결정하거나 생산계획의 변경을 빈번하게 하고 있지는 않는가					
	• 생산계획의 수립에 필요한 기초자료가 정비되어 있는가(작업시간, 가동률, 기준일정 등)					
	• 생산계획의 수립은 각 부문 관계자의 참석 아래에 하고 있는가(생산회의, 마케팅회의 등).					
	• 생산계획과 판매(수주)계획과의 조정은 충분히 이루어지고 있는가(무계획적인 수주, 과도한 수주, 과다한 계획 등에 의하여 생산계획에 문제는 없는가)					
	• 생산계획과 구매계획은 충분한 조정을 하고 있는가 이것은 예산(자금계획)에 의하여 뒷받침되어 있는가					
	• 생산계획의 설비나 구매, 외주의 일정계획이 무리하여 계획에 차질이 발생되는 일은 없는가					
	• 작업의 완급. 순서의 결정에 무리는 없는가 (공정의 여유나 조립 순서. 작업 등)					
	• 작업장별, 공정별의 공수를 산정하여 계획을 수립하고 있는가. 또한 공수의 과부족(인원, 기계 등)의 대책은 충분히 있는가					
	• 신제품의 계획 또는 생산증가계획은 적당한가(설비기계나 치공구의 정비계획, 공수계획과 인원계획, 공수절감의 조절, 원재료준비 등)					
	• 생산계획표는 세목별로 지시되어 있는가(직장별, 제품별, 부품별, 공정별 등으로 구분)					
	• 원재료나 외주품에 대하여 그 소요량이나 입고일자가 명시되어 있는가					

진단항목	체크 사항	확인결과				
		A	B	C	D	F
		5	4	3	2	1
생산계획 (15)	B 외주계획					
	• 생산계획과 외주계획은 적절한 조정을 취하고 있는가 (공장 여력이 있는데도 외주에 의존하거나 혹은 외주품의 입고지연이 전체의 일정이 늦어지는 일은 없는가)					
	• 외주계획은 생산능력에 맞게 수립되고 있는가					
소 계 (15)						
공정관리 (10)	A 레이아웃					
	• 레이아웃은 생산방식에 적합하게 되어 있는가					
	• 레이아웃은 작업장의 공간을 효율적으로 활용하도록 되어 있는가					
	• 레이아웃은 작업관리를 편하게 할 수 있도록 고려하였는가					
	B 라인관리					
	• 공정관리 시 통계적기법이 사용되고 있는가					
	• 공정트러블 조치는 절차에 의하여 체계적으로 이루어지고 있는가					
	• 생산성 향상을 위한 목표를 설정하여 관리하고 있는가					
	• 작업자의 기계별 할당방법은 적절히 이루어지고 있는가					
	C 공정계획					
	• 공정에 필요한 절차서 또는 작업지시서를 적용하고 있으며 그 성과를 평가하고 있는가					
	• 생산 계획대로 진행되고 있는가 – 실적과 계획은 큰 차이가 없는가 – 월중 비평준화되거나 일별 기복이 심한 상태는 아닌가					
	• 공정별로 진도가 확인되고 계획과 실적이 비교 대조되고 있는가					
소 계 (10)						
작업관리 (10)	A 작업표준					
	• 작업의 표준화가 되어 있는가 (이것이 매뉴얼화되고 각 작업자가 숙지하고 있는가					

진단항목	체크 사항	확인결과				
		A	B	C	D	F
		5	4	3	2	1
작업관리 (10)	• 작업의 표준화에 있어서 작업조건이나 시간을 지정하고 있는가. 또한 공구도 표준화하고 있는가					
	• 작업의 표준시간이 확립되어 있는가, 그것은 생산실적의 공수와 대조하고 있는가					
	B 작업결과 기록					
	• 작업자는 매일의 작업결과(작업시간, 원재료 사용량, 생산량, 각종 작업조건 등)을 기록하고 있는가					
	C 작업지도					
	• 작업지도가 충분히 이루어지고 있는가 – 교육훈련 양성제도가 도입되어 있는가 – 작업자에게 맡겨두고만 있지 않는가 – 직장이나 주임은 작업지도를 위하여 시간을 할애하고 있는가					
	D 작업개선					
	• 작업개선은 적극적으로 하고 있는가 • 작업개선 제안시스템이 있는가					
소 계 (10)						
품질관리 (15)	A 품질방침					
	• 품질방침을 사원들이 숙지하고 실행하고 있는가					
	• 품질방침에 의거한 부서별 목표를 수립하여 실천하고 있는가					
	• 품질목표의 실행결과에 대한 평가를 하고 있는가					
	B 품질관리체계					
	• PPM추진시스템을 운영하고 있는가					
	• PPM체크시스템(Fool Proof)이 확립되어 있고 실천하고 있는가					
	• ISO시스템을 도입 · 시행하고 있는가					
	• 6시그마제도를 도입 · 시행하고 있는가					

진단항목	체크 사항	확인결과				
		A	B	C	D	F
		5	4	3	2	1
품질관리 (15)	C 분임조활동					
	• 분임조가 편성되어 활동을 하고 있는가					
	• 분임조활동을 통해 품질이 개선되고 있는가					
	• 분임조활동은 자발적으로 하고 있으며, 그 성과에 대한 포상을 하고 있는가					
	D 검사방법					
	• 검사기준이 명확하고 그 기준대로 시행되고 있는가					
	• 검사담당자의 교육은 정기적으로 실시하고 있는가					
	• 검사결과를 DB화하여 활용하고 있는가					
	E 불량처리					
	• 불량발생 예방활동이 체계적으로 이루어지고 있는가					
	• 불량발생시 근본적인 대책을 수립하여 시행하고 있는가					
	• 불량품은 적절하게 처리되고 있는가					
	F 품질보증체계					
	• 고객불만에 대한 정보가 관리되고 해당 부서에 피드백되고 있는가					
	• 재발방지책을 수립하고 그 시행결과를 분석하고 있는가					
	• 실질적인 품질검사가 이루어지고 있는가					
	• 품질에 관한 제반사항을 기록 · 관리하고 있는가					
소 계 (15)						
설비관리 (10)	A 설비/기술					
	• 설비계획은 장기생산계획에 의거하여 수립되고 있는가					
	• 설비정기검사를 실시하고 있는가					
	• 유휴설비로 인한 설비의 효율성이 떨어지지는 않고 있는가					
	• 고장조치 및 트러블 대책은 강구하고, 기록하고 있는가					
	• 5S운동을 체계적으로 수립하여 지속적인 활동을 하고 있는가					

진단항목	체크 사항	확인결과				
		A	B	C	D	F
		5	4	3	2	1
설비관리 (10)	B 열/동력관리					
	• 열 · 동력관리 방법을 강구하고 있는가					
	• 열 · 동력의 사용상황의 통계자료는 있는가, 그 절감을 위한 적절한 대책을 취하고 있는가					
소 계 (10)						
작업환경 (10)	A 작업환경					
	• 작업환경의 정비 · 정돈은 충분히 이루어지고 있는가 – 불용품이 산란하게 방치되어 있지 않는가 – 재공품이나 치공구의 정비방법은 적절한가 – 통로를 막고 있지 않는가					
	• 작업대의 높이나 원재료, 공구 등의 배치는 능률적으로 되어 있는가					
	• 작업장의 환경조건은 적정히 유지되고 있는가 • 환경조건의 불비로 능률의 저하나 불량품의 증가는 없는가					
	B 안전/위생					
	• 안전이나 위생에 관해 문제가 되는 점은 없는가					
	• 운반구의 이용은 충분히 이루어지고 있는가 – 인력운반이 과다하지 않는가 – 전문 준비공이나 운반공이 있는가					
소 계 (10)						
외주관리 (10)	A 외부방침					
	• 외주방침은 확립되어 있는가(외주방침, 외주형태).					
	B 외주업체 선정의 적정성					
	• 외주업체의 선정은 적정한가					
	• 외주단가의 결정은 합리적으로 하고 있는가					
	C 외주업체 지도					
	• 외주업체의 지도육성이 체계화되어 있는가					

진단항목	체크 사항	확인결과				
		A	B	C	D	F
		5	4	3	2	1
외주관리 (10)	D 수입검사의 적정성					
	• 수입검사는 엄격하게 하고 있는가(불량률이나 품질에 문제는 없는가).					
소 계 (10)						
구매관리 (10)	A 구매조직의 적정성					
	• 구매조직이나 업무분담은 적당한가					
	B 구매계획의 적정성					
	• 구매계획(자재계획)은 생산계획과 적합하게 하고 있는가. 또한 납기관리는 적절하게 하고 있는가					
	• 구매에 있어서 원재료 등의 시장조사를 충분히 하고 있으며, 더욱 좋은 조건으로 구입을 하고 있는가					
	C 구매방식의 적정성					
	• 구매방식은 적절한가(집중구매방식, 분산구매방식 등을 잘 조화시켜 융통성 있게 하고 있는가).					
	• 구매에 있어 자재납품업체에 대하여, 고과(考課)를 시행하여 항상 우수한 업체로부터 구매하도록 하는 효과적인 관리를 하고 있는가					
	D 자재표준화					
	• 자재들은 표준화되어 있는가					
	• 자재의 보관 및 정리를 적절히 하고 있는가					
	E 재고의 적정성					
	• 재고량은 적절히 컨트롤되고 있는가(최대재고, 최적재고량을 파악하고 관리되고 있는가).					
	• 장기재고 원재료는 없는가, 이에 대한 처리는 적절하게 하고 있는가					
소 계 (10)						
재고관리 (10)	A 매입과 재고의 조정					
	• 매입과 재고와의 조정은 잘 이루어지고 있는가					
	• 매출액에 대한 재고의 비율은 적정한가					

진단항목	체크 사항	확인결과				
		A	B	C	D	F
		5	4	3	2	1
재고관리 (10)	• 적정재고량을 정하고 있는가					
	B 자금과 재고의 조정					
	• 자금과 재고와의 발란스는 좋은가					
	• 계속적인 재고기록과 현품재고조사는 병행하고 있는가					
	C 제품수불					
	• 제품수불 관리체계가 확립되어 있는가					
	• 제품의 수불이 언제든지 파악할 수 있도록 되어 있는가					
	• 관리책임자가 있는가					
	• 적절한 기준에 의하여 제품분류가 이루어지고 있는가					
	D 제품보관					
	• 제품보관 장소와 출고와의 관계가 잘 이루어지고 있는가					
	• 보관시설은 적정한가, 또 제품 품질유지를 위한 보관방법이 강구되고 있는가					
	E 재고조사					
	• 재고조사를 실시하고 재고량을 확실히 파악하고 있는가					
	• 반품처리는 기록하고, 전표처리 등 적절하게 이루어지고 있는가					
	F 반품과 불량품의 처리					
	• 반품, 불량품처리는 적절히 이루어지고 있는가					
	G 제품보관					
	• 불용재고(원부자재, 재공품, 반제품, 완제품 등) 자산은 없는가					
소 계 (10)						
총 계 (100)						

생산관리 부문 정량평가 체크리스트

단위/ %, 회, 백만원, 인, 지수

지표명	공 식	산출비율	업계평균	평가지수	판정지수	100	80	60	40	20
					등급	A	B	C	D	F
원재료 회전율	$\frac{\text{매출액}}{\text{원재료}}$	회	회							
재고자산 회전율	$\frac{\text{매출액}}{\text{재고자산}}$	회	회							
1인당 생산액	$\frac{\text{생산액}}{\text{종업원수}}$	백만	백만							
재공품 회전율	$\frac{\text{매출액}}{\text{재공품}}$	회	회							
고정비 비율	$\frac{\text{고정비}}{\text{매출액}}\times 100$	%	%							
설비자산 회전율	$\frac{\text{매출액}}{\text{(유형자산-건설중인자산)}}$	회	회							
연구개발 비비율	$\frac{\text{연구개발비}}{\text{매출액}}\times 100$	%	%							
원재료비 비율	$\frac{\text{원재료비}}{\text{제조원가}}\times 100$	%	%							
제조경비 비율	$\frac{\text{제조경비}}{\text{제조원가}}\times 100$	%	%							
노무비 비율	$\frac{\text{노무비}}{\text{제조원가}}\times 100$	%	%							
계(100)		/	/	/	합 계		평균		등급	
판정										

㈜ 1. 평가지수 산출방법 : 산식 '산출비율÷동업계평균비율×100', 그러나 (▼)표시가 있는 지표는 낮을수록 양호하므로 역방식으로 산출(동업계평균비율 ÷ 산출비율×100)

2. 동업계 평균비율은 한국은행발간 '기업경영분석' 참조

3. 기업경영분석에 동업계평균비율이 없는 지표(비율)은 당해기업의 직전년도의 비율을 산정하여 이를 동업계평균비율로 간주하여 계산한다.

Chapter 16

경영분석

01 경영분석의 개요 · 750

02 재무비율 분석 · 761

03 손익분기점분석 · 777

04 원가분석 · 785

01 경영분석의 개요

경영분석(business analysis)은 기업의 회계자료인 재무제표와 경영성과에 영향을 미치는 각종 관련 자료를 기초로 기업의 과거와 현재의 재무상태와 경영성과를 분석하고, 미래의 상태를 예측하여 이용자들의 경영 관련 의사결정에 유용한 정보를 제공하기 위한 활동이라 할 수 있다. 현대적 의미의 경영분석은 재무자료나 비재무자료인 질적 정보를 분석하여 어느 정도의 경영성과를 달성했으며, 현재에는 어떤 상태에 있으며, 미래의 경영상태는 어떠할 것인가를 파악하는 것이다.

경영 상태를 분석하는 방법에는 기업의 경영실태를 나타내는 재무상태표 · 손익계산서 등의 재무제표에 의한 정량분석과 사업전망 · 경영진의 경영능력 등 계량화할 수 없는 사항을 분석하는 정성분석 방법이 있다. 그러나 정성분석방법은 분석기준에 따라 평가결과가 달라질 수 있는 등 객관적인 분석이 어려워 재무제표를 기초로 한 정량분석방법이 많이 이용된다. 따라서 경영분석이라 함은 재무실적 또는 동종업체의 경영실적 등과 비교하여 봄으로써 기업이 이익을 많이 내고 있는지, 재무구조가 견실하여 불경기에도 잘 견디어 낼 수 있는지, 매출이 잘 늘어나 장래성이 있는지, 그리고 현금흐름이 원활한지 등을 종합적으로 살펴보는 것을 말한다.

1. 경영분석의 의의

경영분석의 좁은 의미는 기업의 재무제표를 비롯한 회계자료를 분석하여 과거 경영의 실태나 업적을 평가하고 현재 실태를 파악하려는 활동이다. 그러므로 재무상태표, 포괄손익계산서, 현금흐름표, 자본변동표, 주석 등 기업의 재무제표에 대한 분석과 내용이 같다. 경영분석의 넓은 의미는 기업의 내 · 외부 관계자(경영자, 투자자, 금융기관 등)가 경제적 의사결정에 필요한 정보를 획득할 목적으로 기업과 관련된 자료를 수집, 분석하는 활동을 말한다. 이와 같은 분석을 통해 이해관계자들은 현재의 경영실태를 파악하는 것은 물론이고 미래의 경영성과까지 예측하고자 한다. 넓은 의미로 정의되는 경영분석에는 회계자료의 분석은 물론 경영성과에 영향을 미치는 각종 요인들과 관련된 비회계자료의 분석과 질적 자료의 분석이 포함된다. 이 경우에는 국내외의 경제동향, 자본시장동향, 산업동향 등

기업외적 환경에 대한 분석에서부터 제품 구성, 연구개발력, 경영전략, 경영자원, 경영활동 등 기업내적요인에 대한 분석까지 다루게 된다.

2. 경영분석의 목적

경영분석의 공통적인 목적은 기업의 성장성 · 수익성 그리고 안정성 및 유동성을 파악하고자 하는 것이다. 다시 말해 위험과 이익 정도를 성장성을 고려하여 파악하고자 한다.

성장성이란 기업의 영업신장능력을 말하는 것으로 매출액 증가율로 측정한다. 일정수익만 유지된다면 기업의 목표는 수익성보다는 성장성에 우선을 두게 된다.

수익성이란 그 기업 활동의 성과를 나타내는 수익성의 정도를 말한다. 즉 기업이 일정한 자본으로 어느 정도의 이익을 올렸느냐 또는 올릴 수 있겠느냐 하는 것을 분석하는 것이다. 수익성 평가는 매출액순이익률 · 총자본영업이익률(ROA) 및 자기자본수익률(ROE)등을 중심으로 이익의 안정성을 측정한다.

안전성이란 기업의 경영활동을 지속적으로 할 수 있나 하는 것을 재무구조를 고려하여 검토하는 것으로써 건전성이라고도 한다. 재무적으로 건전치 않으면 흑자도산의 원인이 되며, 대표적 비율은 부채비율 · 자기자본비율이며, 고정장기적합율 · 차입금의존도 등이 보조 지표로서 활용된다.

유동성이란 기업의 단기지급능력을 의미한다. 여러 가지 형태의 타인자본과 유동부채를 지급하기 위해서는 이에 상응한 현금 · 예금 또는 기타 유동자산이 있어야 지급능력을 유지하고 신용을 지킬 수 있다.

경영분석을 수행하는 주체는 기업의 현재와 미래의 재무상태와 경영성과에 관심을 가지고 있다. 이들은 기업 내에서 경영을 담당하고 있는 경영자일 수도 있으며, 기업 외부의 이해관계자일 수도 있다. 기업의 이해관계들이 곧 경영분석의 주체이기 때문에 분석주체가 누구냐에 따라 경영분석의 목적이 달라진다. 기업의 이해관계자는 내부 이해관계자와 외부 이해관계자로 구분된다. 내부 이해관계자는 경영자이며, 외부 이해관계자는 금융기관 · 신용평가기관 · 투자자 · 고객 · 정부 등이 포함된다. 따라서 경영분석은 분석주체에 따라 내부분석과 외부분석으로 구분된다.

내부분석

내부분석은 경영자가 경영관리의 차원에서 필요한 정보를 얻기 위한 목적으로 수행하는 경영분석을 말한다. 따라서 내부분석의 목적은 기업의 실체를 파악하는 데 그치지 않고 의사결정에서 요구되는 정보를 얻는 데 있다. 내부분석의 목적을 구체적으로 살펴보면 다음과 같다.

첫째, 경영계획을 수립하거나 경영활동을 통해 어느 부분이 취약하고 어느 부분이 비교우위에 있는가를 파악하여, 취약한 부분을 보완하는 한편 비교우위에 있는 부분을 강화시킴으로써 경쟁력을 높일 수 있다.

둘째, 경영전략을 수립하는데 필요한 정보를 얻기 위하여 경영분석을 한다. 이와 같은 목적에서 수행되는 경영분석은 주로 경쟁력 · 기술수준 · 연구개발능력 · 조직의 효율성 등에 초점을 두고 있다.

셋째, 기업가치를 극대화시키기 위하여 어떤 방법으로 자금을 조달하고 어느 사업에 투자해야 할 것인가를 결정해야 한다. 이와 같은 의사결정에서 요구되는 정보를 얻기 위해서 경영분석을 한다. 경영자는 기업의 내적 · 외적 환경요인을 전제로 하여 기업을 경영하고 있기 때문에 환경변화에 대처할 수 있는 경영정책이나 경영전략의 수립에 필요한 정보를 보다 신속하게 수집할 수 있는 데이터베이스를 구축하고 있어야 한다. 이와 같은 데이터베이스의 구축은 효율적이고 신속한 경영분석을 가능하게 하는 기초가 된다.

외부분석

외부분석은 기업의 외부 이해관계자가 수행하는 경영분석을 말한다. 금융기관 · 신용평기기관 · 소비자 · 행정기관 등 주체별로 경영분석의 목적을 살펴보면 다음과 같다.

첫째, 금융기관이나 신용평가기관은 기업의 신용도를 평가하기 위한 목적으로 경영분석을 한다. 신용평가기관은 회사채나 기업어음을 발행하고자 하는 기업의 요청으로 그 기업의 채무불이행위험의 정도에 따라 평가된 신용등급을 투자자에게 제공하고 있다. 이와 같은 신용등급은 증권투자에 대한 중요한 정보로 이용된다.

둘째, 원자재 · 부품 등을 납품하는 회사의 입장에서는 거래대상 기업의 단기 채무지급능력 등에 관한 면밀한 분석이 필요하다. 경영활동이 부실하여 파산하는 경우도 있지만 거래대상 기업의 부도에 영향을 받아 파산하는 경우가 상당한 비중을 차지하고 있다. 따라서 거래처가 주체가 되어 수행하는 경영분석에서는 부도가능성에 대한 정보를 얻기 위하여 거래대상 기업의 다양한 재무자료를 평가한다.

셋째, 기업의 투자자는 당해기업의 재무상태와 경영성과를 판단하기 위해서 투자수익성과 투자안전성을 측정 · 분석하여야 한다. 투자자가 투자대상기업의 경영분석을 할 수 있는 방법으로서는 증권회사 · 경제신문이나 경제방송 · 경제잡지 · 경영연구소 등을 통해서 정보를 입수하여 판단 할 수 있다.

셋째, 고객들도 나름대로 경영분석을 통하여 제품의 품질과 사후서비스의 가능성을 평가한 후 제품을 구매하는 경향이 있다. 대부분의 소비자들이 유명제품을 선호하는 이유는 유명회사일수록 사후서비스에 대한 보장을 받을 수 있다는 신뢰감이 작용하기 때문일 것이다.

3. 경영분석의 방법

경영분석의 방법은 의사결정 목적에 따라 달라진다. 재무제표만을 분석함으로써 필요한 정보를 얻을 수 있는가 하면, 재무제표 이외에 다양한 경제 · 산업 및 기업 관련 자료를 분석해야만 필요한 정부를 얻을 수 있는 경우도 있다. 경영분석에서 이용되는 분석방법은 크게 재무분석과 비재무분석으로 구분된다. 재무분석은 재무제표 등 회계자료를 대상으로 하는 분석방법으로 비율분석 · 실수분석 · 지수분석 · 통계분석 등으로 구분된다.

■ 비율분석

비율분석은 재무비율을 표준비율과 비교하여 필요한 정보를 얻는 데 이용되는 방법이다.

■ 실수(實數)분석

실수분석은 재무제표상에 표시된 각 항목의 값을 그대로 이용하는 방법을 말한다. 예를 들어 경제적 또는 논리적인 연관성이 있는 두 개의 항목을 비교하는 비교분석, 재무제표 항목의 증감액을 분석하여 각 항목이 어떤 원인에 의해서 변동하였는가를 평가하는 증감분석, 수익과 비용 또는 현금수입과 지출이 균형을 보이고 있는가를 분석하는 균형분석 등이 실수분석에 이용되고 있다.

■ 지수분석

지수분석은 주요 재무비율을 선정하여 산업에 대한 상대적인 비율을 산출한 후 각각에 부여된 가중치에 따라 가증평균지수를 계산하여 기업의 재무상태와 경영성과를 종합적으로 평가하는 방법을 말한다.

■ 통계분석

통계분석은 재무비율의 유용성을 높이기 위해 계량적인 분석을 통하여 필요한 정보를 가공하는 방법을 말한다.

■ 비재무분석

비재무분석은 재무제표에는 표시되지 않지만 기업의 재무상태와 경영성과에 중대한 영향을 미치는 기업 내·외의 질적 요인을 분석하는 것을 말한다. 전체 경제활동의 동향이나 방향을 파악하는 데 이용되는 경제분석, 산업의 특성이나 산업동향을 파악하는 데 이용되는 산업분석, 제품구성·경쟁력·기술수준 등과 같은 질적 요인의 분석을 통하여 기업의 경영능력을 파악하는 데 이용되는 기업분석 등이 비재무분석의 수단으로 이용된다.

| 경영분석을 위한 자료 |

구 분	종 류	내 용
회계적 자료	재무상태표	재산상태(자산 · 부채 · 자본)
	손익계산서	경영성과(수익 · 비용 · 이익)
비회계적 자료	기초자료/경영전략자료	연혁 · 경영진 · 주주 · 장단기경영계획 등
	조직 및 인사자료	조직구조 · 인원현황 · 인사고과제도 · 내부통제제도 등
	생산 및 연구개발자료	생산능력 · 기술수준 · 품질관리 · 공정관리 · 신제품개발 등
	마케팅자료	제품라인 · 판매실적 · 유통경로 · 가격전략 · 판매촉진
	재무자료	사업계획서의 재무계획 · 자금계획 · 예산계획

4. 경영분석기법

경영분석이 시작된 초기에는 주로 외부분석이 주류를 이루었던 반면에 이 시기에는 경영관리의 차원에서 경영분석이 수행되기 시작하였다. 많은 기업이 생존을 위한 방어적인 경영활동을 추구함에 따라 유동성 확보에 관심을 갖기 시작하면서 여러 형태의 경영분석기법이 개발되는 한편 종래의 비율분석기법들이 체계적으로 정리되었다. 뇌펠에 의해서 개발된 손익분기점분석 기법이 이익관리에, 그리고 원가분석 기법이 원가관리에 이용되기 시작하였다. 또한 비율분석의 체계가 정립되기도 하였다. 이처럼 재무비율을 이용한 경영분석기법이 다양하게 개발되면서 내부이해관계자와 외부이해관계자들 사이에서 널리 이용되어 왔다. 경영분석기법은 현상파악을 위한 분석 그리고 미래예측을 위한 분석으로 양분화할 수 있으며, 분석기법은 비율분석 · 실수분석을 주로 현상파악을 위해 사용한다. 미래예측분석은 레버리지 · 질적 요인분석 등 분석 내용에 맞게 사용해서 현실적인 예측을 하는 것이 중요하다고 할 수 있다. 현상파악을 위한 분석의 경우 기술적으로 간편하고 시간이나 비용 면에서도 절감 효과를 볼 수 있지만 아무래도 질적인 측면을 무시하고 재무제표 한계

| 경영분석기법 목적과 내용 |

<table>
<tr><th>분석목적</th><th colspan="2">분석기법</th><th>분석내용</th></tr>
<tr><td rowspan="9">현상파악을 위한 분석</td><td rowspan="6">비율분석</td><td rowspan="3">구성비율법</td><td>총자산을 100으로 한 구성비</td></tr>
<tr><td>총자본을 100으로 한 구성비</td></tr>
<tr><td>매출액을 100으로 한 구성비</td></tr>
<tr><td>관계비율법</td><td>각 항목 간의 상대적 비율</td></tr>
<tr><td>추세분석법</td><td>기간별 비율 비교분석</td></tr>
<tr><td>상호비교법</td><td>기업간 비율 비교분석</td></tr>
<tr><td rowspan="3">실수분석</td><td>현금흐름분석</td><td>일정기간의 현금유입과 유출</td></tr>
<tr><td>손익분기점분석</td><td>매출 · 고정비 · 변동비의 분석</td></tr>
<tr><td>비교재무제표분석</td><td>기간별 수치 비교분석</td></tr>
<tr><td rowspan="5">미래예측을 위한 분석</td><td colspan="2" rowspan="2">레버리지분석</td><td>매출과 영업이익의 변화분석</td></tr>
<tr><td>영업이익과 주당이익의 변화분석</td></tr>
<tr><td colspan="2">정성요인분석(비재무적분석)</td><td>기업분석 · 산업분석</td></tr>
<tr><td colspan="2">재무예측분석</td><td>계량적 분석 · 추정재무제표분석</td></tr>
<tr><td colspan="2">부실기업분석</td><td>계량적 분석 · 비계량적분석</td></tr>
</table>

점을 가지고 있다. 반대로 미래예측을 위한 분석은 주관적 요소들이 개입될 수 있고 기법이 어렵기 때문에 난이도가 높은 편이다.

비율분석

비율 분석법은 재무제표상에 표시되는 둘 이상의 수치 사이에서 일정한 비율을 산출하고, 그 비율로서 경영의 상태나 성과를 판단하려는 것이다.

■ 구성비율분석

구성비율분석의 특징은 기업 전체의 구성 상태를 개관할 수 있으며, 각 항목의 비중, 즉 상대적 지위를 파악할 수 있고, 재무 혹은 수익과 비용의 구성내용을 파악할 수 있으며, 각 항목이 점유하는 비중으로 인해서 경영관리상의 문제점을 알 수 있다. 또한 규모의 대소와 기간의 상이에 의한 비교장애를 어느 정도 제거할 수 있으며, 동종 타 기업과의 상호비교, 자사의 기간비교에 의한 비교 · 검토를 할 수 있다.

- 백분율대차대조표 : 대차대조표의 차변합계와 대변회계를 각각 100%로 하고 각 구성항목을 백분율로 표시한 대차대조표이다.
- 백분율손익계산서 : 총매출액을 100%로 하고 매출원가 · 매출총이익 · 판매비와 일반관리비 · 영엽이익 · 영업외수익 · 영업외비용 등의 손익계산서상의 각 항목을 백분율로 표시한 손익계산서이다.
- 백분율제조원가명세서 : 제조원가명세서상의 당기총제조비용을 100%로 하고, 재료비 · 노무비 그리고 경비 등 각 비용요소들을 백분율로 표시한 제조원가명세서를 말한다.

■ 관계비율분석법

상관관계란 개념을 달리하는 상위숫자와 그 구성부분인 하위숫자를 관계한 것이며, 이 관계항목의 백분비를 상관관계비율 이라고 한다. 발생관계라 함은 개념을 달리하면서 동위의 숫자를 관계한 것이다. 이 관계항목의 백분비를 발생관계비율이라고 한다.

- 정태비율과 동태비율
  - 정태비율 : 어느 시점에서의 재무구조의 내용을 표시하는 것으로 기업의 재

무구조는 대차대조표에 의해서 표시하다. 따라서 대차대조표상의 각 항목간의 관계비율이다.

Tip 정태비율의 유형

유동비율 · 당좌비율 · 현금비율 · 받을계정비율(매출채권 대 재고자산비율) · 지급계정비율(매입채무 대 재고자산비율) · 매출채권 대 매입채무비율 · 부채비율 · 유동부채비율 · 고정부채비율 · 유동자산 대 고정자산비율 · 고정비율 · 고정장기적합률

- 동태비율 : 일정기간 내의 활동상황의 내용을 표시하는 것으로 활동비율이라고도 한다.

Tip 동태비율의 유형

자본이익률 · 총자본이익률 · 경영자본이익률 · 자기자본이익률 · 납입자본이익률 · 매출액이익률 · 매출액총이익률 · 매출액영업이익률 · 매출액경상이익률 · 매출액당기이익률 · 수익비용률 · 자본회전율 · 총자본회전율 · 경영자본회전율 · 자기자본회전율 · 타인자본회전율 · 납입자본회전율 · 고정자산회전율 · 재고자산회전율 · 매출채권회전율

실수분석

실수에 의한 분석법은 기본적인 분석법이다. 이 분석법에는 단순분석 · 증감분석 · 균형분석의 세 가지 방법이 있다.

■ 단순분석

- 공제법
  - 관계있는 두 항목의 실수를 상호공제하여 차액을 구하고 그 관계항목에 대해서 분석 · 비교하는 방법을 말한다.
  - 금융기관에 의해서 기업의 지불능력을 판단하기 위해 사용되는 분석이다.
- 절하법
  - 대차대조표상의 자산을 기업이 강제적으로 청산당해 매각할 때를 가정하여 소유재산액을 평가 · 분석하여 분석 · 비교하는 방법이다.
  - 처분가치로써 기업의 담보능력을 판단한다.
- 항목별 분석법 : 항목이 갖는 의미, 성질 혹은 평가를 개별적으로 검토하여 그것에 의해서 기업의 양부를 분석 · 판단한다.

■ 증감분석

- 비교대차대조표 분석
  - 비교대차대조표에는 재무상태의 변화가 표시된다.
  - 각 항목의 증감을 분석함으로써 자본의 조달원천과 그 운용상태의 이동결과를 명확히 할 수 있다.
- 비교손익계산서 분석 : 각 항목의 증감을 분석함으로써 당해 기간의 각 손익항목은 기간 중의 활동상황을 표시하기 때문에 증감의 비교에 의해서 경영성적을 판단하기는 쉽다.
- 재무상태변동표 분석 : 일정한 기간상의 대차대조표의 각 항목실수에 대해서 비교하여 그 증감에 의해서 재무상황을 동태적으로 분석 · 비교하는 방법

■ 균형분석

- 손익분기점분석
  - 손익분기점은 수익으로 비용이 회수되는 점을 말하며 매출액 혹은 판매량으로 표시한다.
  - 고정비 : 일정기간에 비용요소의 총액이 조업도(매출액 · 생산액 혹은 판매량 · 생산량)의 변화에도 불구하고 어느 일정액만큼 고정하여 발생하는 것을 말한다(감가상각비 · 조세공과 · 화재보험료 · 부동산임차료 등).
  - 변동비 : 일정기간에 비용요소의 총액이 조업도의 증감변화에 따라 변동하여 발생하는 것을 말한다(직접재료비 · 시간외수당 · 능력급의 노무비 · 외주공임 등).

손익분기점(매출액) = 고정비÷(1 - 변동비/매출액)

- 자본회수점분석
  - 자본회수점이란 자본 또는 자산이 매출액에 의해서 1회 회수될 때의 매출액 혹은 자본을 말한다.
  - 고정적 자본 : 매출액이나 생산액(판매량 · 생산량)의 증감과 관계없이 고정적으로 보유하는 자산의 고정액 또는 기준액을 말한다.
  - 변동적 자본 : 매출액과 생산액의 증감에 관련하여 변동적으로 보유되는 자산의 변동되는 금액이다

자본회수점 = 고정적 자본÷(1 - 변동적 자본/매출액)

지수분석법

지수분석법은 동종개념의 동일지위에 있는 비율을 사용하여 중요도를 분석하는 방법이다. 이는 실수분석과 비율분석의 구성비율과 관계비율에 의한 것보다 비교하는 숫자간의 차이 정도를 알 수 있게 된다.

■ 표준비율법

여러 가지 비율에 대하여 일정한 표준이 되는 비율을 설정하여 그 표준이 되는 비율과 개개의 비율을 검토하여 양부를 판단하는 방법이다.

- 산술평균법(비율평균법) : 동종기업의 실제비율을 평균하여 표준으로 하는 방법이다.

$$M = \frac{X_1 + X_2 + X_3 + \cdots\cdots + X_n}{N} = \frac{\Sigma X}{N}$$

- 산술평균법(항목병균법) : 합계한 대차대조표로부터 산출된 비율을 표준으로 하는 방법이다. 즉 동종기업의 대차대조표의 각 항목을 각기 합계하여 하나의 대차대조표로 작성하고 거기에 의하여 산출한 비율을 표준비율로 한다.
- 병수법 : 동종기업으로부터 산출한 병수를 표준으로 하는 방법이다. 동종기업이 표시하는 다수의 비율이 어떤 점에 집중하는 경향이 있는가, 그 집중점으로 보이는 것, 즉 병수(mode) 혹은 근사치를 구하여 이것을 표준비율로 한다.
- 중위수법 : 동종기업으로부터 산출한 비율의 중위수치를 표준으로 하는 방법이다. 동종기업의 다수의 비율을 그 크기의 순서에 따라 그 중간에 위치한 숫자를 표준비율로 한다.
- 병용법 : 산술평균법(비율평균법이나 항목평균법 중 선택) · 병수법 · 중위수법에 의한 세 수치를 합계하여, 이것을 다시 산출 평균하여 얻은 수치를 표준비율로 삼는 방법이다.
- 4분위법 : 동종기업으로부터 산출한 비율을 대소 순서로 배열하고, 이것에서 상위 4분위수 · 하위 4분위수를 구하여 이것에 의해서 표준이 되는 비율을 구하는 방법이다.

■ 지수비율법

표준비율로서 산출한 각종 비율에 중요도에 따라 미리 점수를 주고 그 총점수를 100점이 되도록 정한 다음에, 실제로 산출한 비율과 이 표준비율과의 관계를 구하여 실제로 산출한 비율의 득점을 계산하여 그 총계가 기준득점 100점이 되는가 어떤가를 판단하는 방법이다. 지수분석방법의 문제점은 다음과 같이 요약할 수 있다.

- 비율의 가중치 부여에 가급적으로 객관적 타당성이 유지되어야 한다.
- 지수작성에 요하는 노력과 비용이 그 효용에 의하여 보상되도록 제반 조건에 정비되어야 한다.
- 지수법은 기타 비율법이나 분석방법과 병용해서 사용해야 한다.

비재무적분석

비재무적 분석이란 재무제표에 기재되지 않았으나 재무상황 및 경영성적에 큰 영향을 미치는 사업체 외의 질적 요인분석을 말한다. 비재무자료 분석은 재무제표상에 표시되지 않지만, 기업경영에 중대한 영향을 미치는 질적 자료를 분석하는 것을 말한다. 비재무자료에는 다음과 같은 사항들이 있다.

- 경영자의 창의성
- 종업원의 성향
- 제품의 품질
- 경제상황
- 경영관리시스템
- 사회적 책임
- 산업분석
- 업계지위 및 경쟁력
- 영업효율성
- 기업평가 정보
- 언론
- SNS
- 주식가치평가(PER · EPS · 배당성향 등)

02 재무비율 분석

재무비율이란 재무제표 내에서 서로 상관관계가 있는 항목들의 비율을 산출하여 낸 것으로 대차대조표 · 손익계산서 · 이익잉여금 등에 의해 기업의 재무상태와 경영실적을 파악하는 경영상태 분석도구의 역할을 하며, 재무비율분석은 여러 가지 재무비율을 이용하여 이를 분석 · 평가하는 방법이다. 흔히 재무비율분석을 약칭하여 비율분석이라고 부르기도 한다. 기업의 이해관계자들은 비율분석을 통하여 의사결정에 유용한 정보를 얻고 있다. 재무비율은 경제적 의미와 논리적 관계가 분명한 재무제표의 한 항목을 다른 항목에 대한 상대적 비율로 나타낸 것이다. 따라서 비율분석은 재무비율의 경제적 의미를 분석하여 기업의 재무 상태와 경영성과를 평가하는 기법이라 할 수 있다.

1. 재무비율분석의 의의

재무제표는 수많은 항목으로 구성되어 있으며 이와 같은 항목들을 이용하여 다양한 재무비율을 계산할 수 있다. 그러나 의미 있는 재무비율을 얻기 위해서는 논리적이거나 경제적인 관계가 분명한 항목끼리 연결시켜 재무비율을 산출해야 한다. 비율분석은 개별항목에 대한 분석을 통하여 탐지하기 어려운 기업의 재무적 건강상태와 건강 상태의 변화가능성을 파악하는 데 이용된다. 경영자들은 경영실적 평가와 경영의 합리화, 자금조달결정 또는 투자결정 등에 필요한 정보를 얻기 위하여 비율분석을 실시한다. 한편 투자자들은 투자하고자 하는 기업의 미래수익, 배당지급능력, 또는 투자위험 등을 파악하기 위하여 비율분석을 하며, 금융기관은 거래처의 원리금 상환능력 또는 수익성 등을 파악하기 위하여 비율분석을 실시하게 된다. 그 밖에 정부나 공공기관 등은 기업의 경영실태를 파악하여 산업의 구조조정 또는 중소기업 육성 등과 같은 산업정책을 수립하는 데 필요한 정보를 얻기 위하여 비율분석을 이용한다. 재무비율의 타당성은 구성항목의 수치에 대한 신뢰성에 따라 좌우된다. 그러므로 기업의 내부통계시스템이 불완전하여 회계자료의 신뢰성에 문제가 있는 경우에는 재무비율의 신뢰성에도 문제가 제기될 수 있다. 대부분의 재무비율은 재무제표의 한 항목을 다른 항목으로 나누어 측정된다. 이 경우 재무비율의 분자 항에 영향을 미치는 요인이 분모 항에도 영향을 미치기 때문에 재무비율의 해석에 유의하여야 한다.

2. 비율분석의 목적

비율분석의 목적은 다양한 기업의 이해관계자들이 의사결정에 필요한 목적과 적합한 정보를 얻는 데 있다. 이와 같은 목적에서 비율분석을 효과적으로 수행하기 위해서는 첫째 재무비율을 구성하는 항목의 미래추정치가 필요하며, 둘째 어떤 요인들이 재무비율에 영향을 미치고 있는가를 파악해야 하며, 셋째 비율분석의 결과를 올바르게 해석해야 한다. 재무비율은 전반적인 경제상황, 산업에서의 지위, 경영정책과 회계처리방법 등에 따라 영향을 받는다. 특히 다양한 회계처리방법 또는 회계변경 등이 재무비율에 영향을 미치기 때문에 여러 기업의 재무비율을 상호 비교하거나 또는 안기업의 재무비율을 기간별로 상호 비교하는 것 또한 쉽지 않다. 이와 같은 비교가능성 또는 일관성의 결여는 비율분석의 결과를 해석하는 데 심각한 영향을 미칠 수 있다. 그러므로 재무비율을 구성하는 각 항목의 값이 타당하고 일관성이 있는가를 확인하여야 한다.

재무비율분석은 객관적인 표준비율과 비교함으로써 의미 있는 정보를 얻을 수 있으며, 일정기간 동안 비율의 변화추세를 관찰함으로써 유용한 정보를 얻을 수 있다. 재무비율은 재무제표상의 두 항목을 대응시킴으로써 측정할 수 있기 때문에 수없이 많은 재무비율을 계산할 수 있다. 이와 같이 수많은 재무비율을 계산하는 일은 시간적 또는 경제적 효과면에서 볼 때 무의미한 일이다. 따라서 분석목적에 적합한 적절한 수의 재무비율을 선정하여 분석해야 한다.

3. 표준비율

재무비율을 이용하여 기업의 재무 상태와 경영성과를 평가할 때 비교 평가의 기준이 되는 재무비율을 표준비율이라 한다. 표준비율로 이용되는 재무비율은 산업평균비율 · 경쟁기업의 재무비율 · 경험적 비율 · 과거평균비율 등이 있다.

산업평균비율

산업평균비율은 표준산업분류와 같은 일정한 기준에 따라 산업을 분류하여 그 산업에 속해 있는 모든 기업의 재무비율을 평균한 값이다. 산업평균비율은 재무비율의 비교기준인 표준비율로 가장 널리 사용되고 있다. 산업평균비율을 표준비율로 이용하는 경우 재무비율을 산업평균비율과 비교함으로써 재무 상태와 경영성과가 양호한지 또는 불량한지를 평가할 수 있다.

우리나라의 산업별 평균비율은 한국은행의 기업경영분석에서 얻을 수 있다. 기업경영분석에 수록된 산업평균비율은 기업규모에 따라 가중 평균한 비율을 의미한다. 경쟁기업의 재무비율 또는 산업 내의 대표적인 기업의 재무비율을 표준비율로 이용할 수 있다. 다양한 업종의 사업부를 운영하고 있는 기업의 재무비율을 분석할 때는 특정산업의 평균비율을 표준비율로 이용하는 데 어려움이 있다. 이와 같은 경우에는 산업평균비율보다 영업활동의 특성 또는 규모면에서 유사한 경쟁업체의 재무비율을 표준비율로 이용하는 것이 바람직할 것이다. 산업평균비율을 표준비율로 사용할 경우 다음과 같은 몇 가지 점을 유의해야 한다.

첫째, 대부분의 기업이 하나의 제품만을 생산하지 않고 여러 형태의 제품을 생산하고 있기 때문에 특정산업으로 분류하는 것은 현실적으로 어렵다는 점이다.

둘째, 산업평균비율은 영업특성, 영업규모 및 회계처리방법 등이 유사한 기업들을 하나의 산업으로 분류하여 평균비율을 측정해야 한다는 점이다. 그러나 현실적으로 영업특성 · 영업규모 및 회계처리방법 등의 유사성을 충족시키는 기업을 찾기가 어렵다.

셋째, 원재료 · 생산공정 또는 최종제품 등에 따라 산업의 분류방법이 다양하므로 분석목적에 따라 적합한 방법으로 산업을 분류해야 한다는 점이다.

경험적 재무비율

경험적 재무비율은 오랜 기간에 걸쳐 체험적으로 터득된 이상적인 재무비율을 의미한다. 경험적 비율은 특정국가의 정치 경제적 특성 · 사회 문화적 특성 · 금융환경 · 그 국가의 특정기업이 속해 있는 산업과 기업규모 등에 따라 영향을 받을 수 있다. 그리고 분석자의 입장에 따라 경험적 비율의 적정수준이 다를 수 있기 때문에 절대적인 기준에 따라 경험적 비율을 설정하는 것이 오히려 적합하지 않을 수도 있다.

과거평균비율

분석기업의 과거평균비율을 표준비율로 이용할 수 있다. 과거평균비율을 표준비율로 이용함으로써 그 기업의 재무상태 및 경영성과의 변동추세뿐만 아니라 특정비율의 변동원인도 쉽게 파악할 수 있게 된다.

4. 재무비율분석지표

유동성지표

유동성비율은 기업이 단기에 상환해야 하는 부채에 대한 변제능력을 평가하는 재무비율을 의미한다. 유동성비율의 지표로는 유동비율과 당좌비율이 있는데, 유동성비율은 유동부채에 대해서 유동자산이 차지하는 비율을 나타내며, 유동자산을 유동부채로 나누어 계산한다. 당좌비율은 유동자산에서 재고자산을 차감한 후에 그 값을 유동부채로 나누어 계산하는데, 유동비율보다 기업의 단기채무지급능력을 더욱 엄격하게 평가하기 때문에 당좌비율을 산성시험비율이라고도 한다.

■ 유동비율

기업의 단기지급능력의 척도로서 기업이 보유하고 있는 유동자산으로 단기 지급의무를 이행할 수 있는 능력을 나타낸다. 재무상태표에서 유동성배열에 의하여 자산 및 부채 항목을 세분하여 구분 표시하는 이유는 이와 같은 유동성을 용이하게 파악할 수 있기 위함이다. 유동성 즉 유동비율은 유동자산과 유동부채의 비율로써 측정한다. 유동성은 특히 중요한데 이는 지급불능의 원인이 어디에 있던지 기업이 만기가 도래하는 지급의무를 이행하지 못하였을 때에는 영업활동의 중단을 초래하기 때문이다. 일반적으로 200% 이상이면 만족한 수준으로 유동자산 중에는 쉽게 현금화할 수 없는 재고자산이 포함되었기 때문에 유동부채의 두 배 정도의 유동자산을 보유하여야 안전하다는 경험적 판단이다.

$$\frac{\text{유동자산}}{\text{유동부채}} \times 100$$

■ 당좌비율

당좌비율이란 기업의 단기유동성을 평가하는 지표 중 하나로 기업의 유동화하기 쉬운 자산이 얼마나 단기채무에 충당될 수 있는가를 측정하는 비율이라고 할 수 있다. 당좌자산은 유동비율 설명 시 언급했었던 유동자산에서 재고자산을 제외한 것이다.

재고자산은 일반적으로 판매라는 과정을 거쳐야 하는데, 만약 기업이 현금이 필요하여 재고자산을 빨리 현금화해야 하는 상황이라면 실제 가격보다 낮게 처분해야 할 개연성이 크다. 이 경우 기업이 보유하고 있는 재고자산의 현금가치가 얼마정도인지는 쉽지 않을 뿐만 아니라, 경우에 따라서는 재고자산이 쉽게 처분되지 않을 수도 있기 때문에 유동비율보다 더 보수적인 당좌비율에서는 재고자산이 제외되는 것이다.

$$당좌비율 = \frac{(유동자산 - 재고자산)}{유동부채} \times 100$$

활동성지표

활동성지표는 기업이 소유하고 있는 자산들이 얼마나 효율적으로 이용되고 있는가를 추정하는 비율로써 일정기간의 매출액을 각종 주요자산으로 나누어 산출한다. 기업의 활동을 대표하는 것은 매출액이며 이를 뒷받침하기 위해 투자된 구체적인 형태의 자산이 외상매출대금 · 재고자산 · 총자산 등이다. 자산 · 부채 · 자본의 회전율은 기업에 투하된 자본이 얼마나 활발하게 운용되었는가를 나타내는 비율로서 이를 활동성분석이라고 한다.

■ 총자산회전율

총자산회전율은 총자본회전율이라고도 부르며, 매출액을 총자산으로 나누어서 측정하는 비율이다. 이 비율은 기업이 보유하고 있는 총자산이 1년 동안 몇 번 회전하였는가를 나타내므로 자산이용의 능률을 총괄적으로 나타내는 지표이다. 총자산회전율이 높으면 유동자산 · 고정자산 등이 효율적으로 이용되고 있다는 것을 뜻하고, 회전율이 낮으면 과대투자나 비효율적 투자를 하고 있다는 것을 의미한다. 이 비율은 매출액순이익률과 함께 기업의 총투자에 대한 수익률(ROI)을 결정하는 중요한 요인이 된다.

$$총자산회전율 = \frac{매출액}{총자산}$$

■ 자기자본회전율

자기자본과 순매출액과의 관계를 표시하는 비율로써 자기자본의 회전속도를 표시한다. 이 비율에 의해 자기자본의 활용도를 측정 · 검토하여 그 활동성의 양호 여부를 판단하게 된다. 이 비율이 높을수록 자기자본의 이용도, 즉 자기자본의 활동성이 양호하다는 것을 나타낸다. 일반적인 판단기준으로서의 일정한 표준비율이 없으므로 당해 기업의 과거기간의 평균비율 또는 동종 동 규모 기업의 실제평균비율과 비교하여 측정된다. 또한 자기자본회전율이 높다는 것은 수익성 증대의 가능성이 높다는 것을 의미하기도 한다. 그러나 이 비율이 현저하게 높을 경우에는 외상매출의 과대현상 또는 자기자본의 과소현상이라는 재무 위험도 내포하고 있다.

$$\text{자기자본회전율} = \frac{\text{매출액}}{\text{평균자기자본}}$$

■ 매출채권회전율

매출채권의 현금화 속도를 측정하는 지표로서 매출액을 매출채권으로 나뉘어서 구한다. 매출채권회전율이 높다는 것은 매출채권이 순조롭게 회수되고 있음을 나타내고, 반대로 이 회전율이 낮게 되면 매출채권의 회수기간이 길어지므로 그에 따른 대손발생의 위험이 증가하고 수익감소의 원인이 된다.

$$\text{매출채권회전율} = \frac{\text{순매출액}}{\text{평균매출채권}} \times 100$$

■ 매출채권평균회전일수

이 비율은 매출채권회전기간이라고도 하며, 매출채권의 평균회수기간 또는 매출채권의 발생에서 회수까지의 평균지속기간을 나타낸다. 신용공여기간에 관한 기업방침과 비교할 경우 이 비율은 신용 부문의 효율성을 나타내는 척도가 된다. 대체적으로 평균회수기간이 빠를수록 매출채권의 관리가 효율적으로 이루어지고 있다는 것을 의미하지만, 특정기업의 신용정책에 의한 목표회수기간이나 판매조건 등을 함께 고려하여 최종적인 평가를 내리는 것이 타당하다. 매출채권평균회수기간은 다음 두 단계로 계산된다. 아래 산식에서 매출채권평균잔액은 기초와 기말의 매출채권을 합한 후에 2로 나누어 산출한다.

$$1일평균순매출액 = \frac{연간순매출액}{365일}$$

$$평균회수기간 = \frac{매출채권평균잔액}{1일평균순매출액}$$

■ 재고자산회전율

재고자산회전율이란 매출액의 재고자산에 대한 비율로써 재고자산의 현금으로 변화되는 속도를 나타내며, 유동성과 자본배분 상태를 측정하는 지표로 이용된다. 연간매출액을 평균 재고자산으로 나눈 것으로써 재고자산의 회전속도, 즉 재고자산의 당좌자산으로 변화하는 속도를 나타낸다. 일반적으로 이 비율이 높을수록 자본수익률이 높아지고 매입채무가 감소되며, 상품의 재고손실을 막을 수 있어 보험료·보관료를 절약할 수 있다. 그러나 과대하게 높을 경우에는 원재료 및 제품 등의 부족으로 계속적인 생산 및 판매 활동에 지장을 초래할 수도 있다.

$$재고자산회전율 = \frac{매출원가}{평균재고자산}$$

수익성지표

수익성은 안정성과 함께 기업이 추구해야 할 중요한 재무적 특성이 된다. 수익성이 확보되어야 기업은 영업활동으로부터 이익과 현금흐름을 창출할 수 있으며 미래 성장가능성을 확보할 수 있기 때문이다. 수익성지표는 재무상태표 항목과 손익계산서 항목간의 비율에 의하여 혹은손익계산서 항목간의 비율로 계산하는데 주로 기업의 경영성과를 표시하는 재무비율이다.

■ 총자산순이익률(ROA)

기업이 수익을 창출하기 위하여 조달한 총자본을 얼마나 효율적으로 이용하고 있는지를 평가하는 비율을 총자본이익률이라고 한다. 분자인 영업이 익에는 재무비용이 제외되어 있다. 따라서 기업 간의 자본구조의 차이에 관계없이 기업 간의 효율성을 비교하기가 용이하다. 총자산이익률은 기업경영의 효율성을 나타내는 지표로써 ROA가 높다는 것은 기업이 가지고 있는 자기자본과 부채를 이용하여 총자산 대비 높은 영업수익률을 기록하고 있다는 것이다. 따라서 총자산이익률을 통해서 모든 자산의 순이익을 어느 정도 나타내는지 알 수 있는 지표이다.

$$\text{총자산순이익률} = \frac{\text{영업이익}}{(\text{기초자산} + \text{기말자산}) \div 2} \times 100$$

■ 자기자본순이익률(ROE)

자기자본순이익률(ROE)는 자기자본으로 얼마만큼의 이익을 올렸는지 나타내는 수익성지표로써 일정기간동안 기업이 거둔 기간이익을 출자된 자본으로 나눠어 백분율로 나타낸 것으로 이 비율이 높을수록 영업성과가 뛰어나게 된다. 자기자본이익률이라고도 한다.

$$\text{자기자본순이익률} = \frac{\text{순이익}}{(\text{기초자산} + \text{기말자산}) \div 2} \times 100$$

■ 매출액총이익률

매출액총이익률은 매출액에 대한 매출총이익의 비율로서 기업의 수익성의 판단자료로서 쓰인다. 매출액에서 매출원가를 뺀 것을 총이익이라고 한다. 이 총이익이 매출액의 몇 퍼센트에 해당하는가를 나타내는 것이 매출액총이익률이다.

$$\text{매출액총이익률} = \frac{\text{매출총이익}}{\text{매출액}} \times 100$$

■ 매출액영업이익률

매출액에 대한 영업이익의 관계를 나타내는 비율로써 영업이익은 매출이익에서 영업비를 공제해서 계산한다. 따라서 영업외활동인 재무활동의 영향을 받지 않고 영업활동만의 성과를 나타내는 것으로 중요시 된다.

$$매출액영업이익률 = \frac{영업이익}{매출액} \times 100$$

■ 매출액판매관리비율

영업이익과 판매비와 일반관리비는 반비례적인 관계이기 때문에 영업이익을 볼 때 판관비의 분석을 빼놓을 수 없다. 이 분석에 따라 기업의 영업 정책의 특징 등 비용구조를 알 수 있다. 판매비에는 광고선전비와 같은 영업 정책에 따라 결정되는 비용이나 판매운임과 같이 매출액에 비례하여 발생하는 변동비가 있다. 그리고 일반관리비의 대부분은 임차료 및 감가상각비와 같이 매출액이 증감과는 무관하게 발생하는 고정비이다. 매출액판관비율의 분석은 시계열 분석, 즉 과거 실적과의 비교를 통한 증감률 분석이 중요하다.

$$매출액판매관리비율 = \frac{판매관리비}{매출액} \times 100$$

■ 매출액순이익률

매출액순이익률은 매출액에 대한 최종적인 경영성과인 당기순이익의 비율을 나타내는 지표이다. 즉 제품이나 상품의 최종적인 수익성을 측정하는 지표이다. 일반적으로 최종적인 이익인 매출액순이익률이 높다는 것은 기업의 마진율이 그만큼 높다는 것을 뜻한다. 그러나 매출액순이익률이 높더라도 그 이유가 고정자산이나 투자자산을 처분함으로써 특별한 이익이 과다하게 발생하여 높은 경우에는 양호하다고 할 수 없다. 왜냐하면 이는 매년 경상적으로 나타나는 이익이 아니라 특별한 이익을 계상한 것이기 때문이다. 따라서 매출액순이익률을 분석하기에 앞서 매출액경상이익률을 검토하는 것이 바람직하다.

$$매출액순이익률 = \frac{순이익}{매출액} \times 100$$

■ 금융비용부담률

금융비용이 매출액에서 차지하는 비중을 나타내는 지표로서 이 비율이 낮을수록 기업경영이 안정적이라 볼 수 있다. 금융비용에는 대출이자 · 회사채이자 등이 포함되며 금융비용 대 매출액은 차입금평균이자율과 차입금의존도가 높을수록 높고 총자산회전율이 높을수록 낮다. 금융비용부담률이 낮으면 낮을수록 재무구조가 탄탄한 것이라고 할 수 있다. 그리고 전기에 비하여 이상하게 많이 증가 했다면 기업의 사정이 어려워졌다고 볼 수 있다. 한 기간의 비율만으로는 비교대상이 없기 때문에 전기나 산업표준 · 경쟁기업 등의 동일 지표를 비교해 보는 것이 중요하다.

$$금융비용부담률 = \frac{매출액}{이자비용} \times 100$$

$$= \frac{이자비용}{차입금(평균)} \times \frac{차입금(평균)}{총자산(평균)} \times \frac{총자산(평균)}{매출액} \times 100$$

■ 이자보상비율

기업이 부채에 대한 이자지급 의무를 이행할 수 있는 능력을 보기 위한 지표다. 영업이익을 지급이자 비용으로 나누어 산출한다. 이자보상비율이 1 미만일 때는 갚아야 할 이자비용보다 기업이 벌어들인 영업이익이 더 적었다는 뜻이다. 즉 지급이자비용이 영업이익을 넘는 것을 뜻하므로 이자지급 능력에 문제가 있다고 판단할 수 있다

$$이자보상비율 = \frac{영업이익}{금융비용}$$

■ 배당성향

배당이란 기업이 일정기간 동안 발생시킨 이익 중 일부를 주주에게 분배하는 것이다. 따라서 배당성향이란 당기순이익 중 현금으로 지급된 배당금의 총액비율을 말한다. 배당성향이 높을수록 기업이 벌어들인 이익을 주주에게 그만큼 많이 돌려준다는 것을 의미하므로 주주 친화적이라고 말 할 수 있다.

$$\text{배당성향} = \frac{\text{배당금}}{\text{당기순이익}}$$

■ EBIT 대 매출액

이자 및 법인세차감전 순이익(EBIT)은 기업의 경영성과를 평가하는 데 있어서 타인자금을 사용하는 기업이 금융비용 발생으로 타인자금을 사용하지 않는 기업보다 수익성이 낮게 평가되는 것을 방지하기 위해 도입된 개념이다. EBIT는 영업활동을 통하여 벌어들인 현금창출능력을 나타내는 수익성지표로써 실제 기업이 영업을 통하여 얼마나 수익을 거두고 있는지 정확하게 분석할 수 있다는 장점이 있다.

$$\text{EBIT} = \text{당기순이익} + \text{법인세비용} + \text{이자비용}$$

■ 경제적 부가가치(EVA)

EVA란 기업이 경제활동을 하면서 실질적으로 창출한 부가가치를 말한다. 모든 기업 활동에는 음과 양의 현금흐름이 발생된다. 경제적 부가가치란 양의 현금흐름에서 음의 현금흐름을 뺀 실질적인 부가가치를 말한다. 기업이 자기자본과 타인자본을 조달하여 재화와 용역을 생산하고 이를 판매하여 발생한 총매출에서 원재료·인건비 등의 비용을 차감하면 영업이익이 발생한다. 이 영업이익에서 세금을 차감하면 세후영업이익이 되며 이 세후영업이익에서 타인자본 비용과 자기자본비용을 차감하면 이것이 경제적 부가가치이다. 중요한 점은 자기자본비용도 차감해야 한다는 것이다, 왜냐하면 자기자본의 사용에도 실질적 비용이 발생되기 때문이다.

$$
\begin{aligned}
\text{경제적 부가가치(EVA)} &= \text{세후순영업이익} - \text{자본비용} \\
&= \text{세후순영업이익} - \text{투자자본} \times \text{가중평균자본비용} \\
&= (\text{투자자본수익률} \times \text{가중평균자본비용}) \times \text{투자자본}
\end{aligned}
$$

성장성지표

성장성지표는 경영성과나 재무상태 등의 전기 대비 당기 증감비율을 계산하는 것이므로 수익성지표와 같이 단기적인 결과에 따라 쉽게 변하는 성향을 갖는다. 이러한 점은 안전성지표와는 차별화되는 특성이라고 할 수 있다. 기업의 성장성이 높다는 것은 미래의 잠재력이 높다는 의미이긴 하지만 기업의 규모가 커짐에 따라 설비투자 등을 위한 시설자금과 영업활동을 위한 운전자본에 대한 수요도 늘어나게 된다. 따라서 기업의 성장성은 안정적인 자금의 조달이 가능할 때 그 의미를 갖게 되며, 미래의 수익성이나 안정성도 확보할 수 있게 된다. 이는 기업의 매출액이나 자산 등이 전년보다 얼마만큼 증가 혹은 감소했는가를 측정하는 지표로서 미래 기업의 잠재력을 측정할 수 있는 중요한 재무비율이다.

■ 총자산증가율

총자산증가율은 경영활동을 위해 기업이 보유하고 있는 자산총액이 전년도에 비해 어느 정도 증가하였는가를 나타내는 비율로서 기업의 전체적인 성장규모를 측정하는 지표이다. 보통 회사의 영업활동이 활발하게 이루어지는 경우 유동자산이나 재고자산이 증가하므로 인해 총자산이 증가하는 경우가 있으나 막대한 설비투자 등으로 인해 증가하는 경우도 있으므로 총자산증가율의 원인을 분석할 때는 어떠한 자산이 증가하였는지 그 요인을 상세히 분석해야 한다. 일반적으로 총자산증가율이 20% 이상이면 그 회사의 성장규모는 양호하다고 본다.

$$
\text{총자산증가율} = \frac{(\text{당기말총자산} - \text{전기말 총자산})}{\text{전기말총자산}} \times 100
$$

■ 매출액증가율

기준연도의 매출액에 대한 비교연도 매출액의 증가율로써 기업이 일정 기간 동안 얼마나 성장하고 있는가를 검토하는 성장성 분석에 사용된다.

$$매출액증가율 = \frac{(당기매출액 - 전기매출액)}{전기매출액} \times 100$$

■ 영업이익증가율

영업이익이란 기업이 영업활동에서 얻은 수익으로써 매출액에서 매출원가 · 일반관리비 · 판매비를 뺀 것이다. 기준연도의 영업이익에 대한 비교연도 영업이익의 증가율로써 이것은 기업이 일정기간 동안 얼마나 영업활동 결과 영업이익이 향상되고 있는가를 검토하는 성장성 분석에 사용된다.

$$영업이익증가율 = \frac{(당기영업이익 - 전기영업이익)}{전기영업이익} \times 100$$

■ 재고자산증가율

재고자산은 기업이 제품을 생산하는 과정에서 판매되지 않고 남아 있는 원재료 · 재공품 · 완제품 및 상품 등을 말한다. 재고자산은 운전자산에 속하는데 적정 재고자산 비율을 유지하면 문제가 되지 않는다. 재고자산이 얼마나 빠르게 순환하는지를 알려주는 재고자산회전율 추이를 봐야 한다. 매출액 대비 재고자산 비율이 갑자기 높아지는 경우 그 원인을 파악해야 한다. 매출감소 · 거래처 주문취소 · 경기회복에 대비한 재고확대 · 원재료 가격상승에 따른 물량확보 등이 재고자산 변동원인에 해당된다.

$$재고자산증가율 = \frac{당기말재고자산}{전기말재고자산} \times 100 - 100$$

■ 유동자산증가율

기업이 정상적인 영업활동을 위해 보유하고 있는 현금이나 예금 · 매출채권 등이 전년도에 비하여 어느 정도나 증가하였는가를 나타내는 지표이다. 일반적으로 매출이 급격히 상승하면 유동자산은 따라서 증가한다.

$$유동자산증가율 = \frac{당기말유동자산}{전기말유동자산} \times 100 - 100$$

■ 유형자산증가율

총자산이 어떠한 요인에 의해서 증감하였는지를 상세하게 분석하기 위해서는 총자산을 구성하는 세부 항목별 증감사항을 살펴볼 필요가 있다. 유형자산증가율은 유형자산에 대한 투자가 전년도에 비해 얼마만큼 활발하게 이루어졌는가를 나타내는 지표이다.

$$유형자산증가율 = \frac{당기말유형자산}{전기말유형자산} \times 100 - 100$$

■ 자기자본증가율

기업이 영업활동을 위해 필요한 자산을 취득하기 위해서는 자금조달이 이루어지며, 이는 부채나 자기자본으로 대체가 가능하다. 만약 총자산이 크게 늘어나면서 이에 대한 자금을 부채로 조달하였다면 총자산증가율에 비해 자기자본증가율은 적게 나타난다. 반면에 자기자본의 증가율이 높게 나타나면 자산의 취득자금을 유상증자나 영업활동에서 벌어들인 이익으로 조달한 것이 된다.

$$유동자산증가율 = \frac{당기말유동자산}{전기말유동자산} \times 100 - 100$$

레버리지분석

레버리지(leverage)란 말은 원래 지렛대의 작용, 지렛대의 힘의 뜻이지만 원래의 뜻에서 목적달성을 위해서 추가된 수단으로 변하였다. 이를 기업경영의 측면에서는 레버리지란 기업의 목표를 보다 쉽게 달성하기 위해서 추가된 수단을 의미한다. 기업은 추가된 수단에 비하여 그 결과가 보다 확대되어 나타나기 때문에 레버리지를 이용하게 된다. 이러한 확대현상을 레버리지 효과라고 한다.

레버리지는 크게 세 가지가 있다. 손익계산서상의 회계이익은 영업이익(EBIT)과 당기순이익(EAT)으로 대별된다. 이익에 영향을 끼치는 가장 기본적인 변수는 매출액이므로 매출액 · 영업이익 · 당기순이익은 기업의 단기적 목표와 직결되는 요소들이다.

■ 영업레버리지

영업레버리지는 매출액의 변화율에 대한 영업이익의 변화율을 의미하는 탄력성의 개념이다. 매출액과 영업이익 사이의 관계에서 영업이익을 확대시킬 목적으로 고정자산을 보유하여 고정영업비용을 부담하는 것을 말한다. 왜냐하면 영업이익증가율은 매출액증가율 × 영업레버리지도 이기 때문이다. 또한 영업레버리지도는 공헌이익을 총이익으로 나눈 값이기도 하다.

$$\text{영업레버리지도} = \frac{\text{영업이익변화율}}{\text{매출액변화율}}$$

$$= \left(\frac{\text{전기영업이익}}{\text{당기영업이익}}\right) \div \left(\frac{\text{전기매출액}}{\text{당기매출액}}\right)$$

$$= \frac{\text{공헌이익}}{\text{총이익}}$$

■ 재무레버리지

재무레버리지는 영업이익과 당기순이익 사이의 관계에서 당기순이익을 확대시킬 목적으로 타인자본을 이용함으로써 고정재무비용을 부담하는 것을 말한다. 고정재무비용이 존재할 경우 영업이익의 변화율에 대하여 주주에게 귀속되는 주당이익의 변화율이 보다 확대되어 나타나게 되는데 이러한 현상을 재무레버리지효과라고 한다. 따라서 고정재무비용의 크기 여하가 재무레버리지효과를 크게 하거나 작게 한다. 재무레버리지도는 영업이익의 변화율에 대한 주당순이익의 변화율의 비율로 측정한다.

$$\text{재무레버리지도} = \frac{\text{주당순이익변화율}}{\text{법인세차감전순이익}}$$

$$= \left(\frac{\text{전기주당순이익}}{\text{당기주당순이익}}\right) \div \left(\frac{\text{전기세전순이익}}{\text{당기세전순이익}}\right)$$

■ 결합레버리지

결합레버리지는 영업레버리지와 재무레버리지를 결합한 것으로서 매출액과 당기순이익 사이의 관계에서 당기순이익을 증가시키기 위해서 추가된 수단 즉 고정자산과 타인자본의 이용으로 인한 고정비용의 부담을 말한다. 결합레버리지는 매출액 1%의 변화율에 대한 EPS의 변화율을 나타낸다. 영업레버리지가 1차적으로 영업이익의 변화율을 확대하게 되면 그 확대된 영업이익의 변화율에 대하여 2차적으로 재무레버리지가 작용함으로써 주당이익의 변화율을 더욱 확대하게 한다. 이와 같이 적은 매출액의 변화가 영업레버리지 및 재무레버리지의 상승작용을 거쳐 매우 큰 폭의 주당이익변화로 연결되는 효과를 결합레버리지 효과라고 한다.

$$\text{결합레버리지} = \text{영업레버리지} \times \text{재무레버리지}$$

$$= \frac{\text{주당순이익의 변화율}}{\text{매출액의 변화율}}$$

03 손익분기점분석

손익분기점(Break-Even Point : BEP)이란 기업경영에 있어서 수익총액과 비용총액이 일치하게 되는 이익도 손실도 없는 매출액 또는 조업도를 말한다. 손익분기점은 어느 정도의 매출을 실현하여야만 이익도 손실도 아닌 분기점에 도달할 수 있는 것이며, 분기점 도달시점은 영업개시 후 언제가 될 것이냐가 분석의 핵심과제가 되는 것이다. 손익분기점분석은 사업성패의 관건인 동시에 자금수급계획의 지침이기도 하다. 매출이 손익분기점에 이르기 전까지나 손익분기점에 이른 후에도 일정기간 동안은 자금의 투입만이 이루어지기 때문에 동 기간 동안 소요될 자금을 미리 확보하지 않으면 사업이 정상궤도에 오르기 전에 실패하고 마는 결과를 가져올 수 있는 것이다. 따라서 손익분기점분석은 자금조달계획을 미리 수립하기 위한 척도로서 활용할 수 있다. 또한 손익분기점 산출 후 손익분기점 달성시점을 재조정할 필요성이 있는 경우 판매수량 · 금액 · 고정비 · 변동비 등의 타당성을 검토함은 물론 이들 요소로부터 경비의 절약방안 등을 강구할 수 있어서 손익분기점 자체를 재조정할 수도 있다.

1. 손익분기점분석의 의의

손익분기점의 평가기준은 그 평가목적에 따라서 다양하다. 단순히 손익분기점매출액을 산출하는 경우에는 손익분기점에 이르는 매출액 규모의 산출에 그 목적이 있으며, 이 손익분기점매출액을 산출하면 이를 근거로 하여 어느 시점에 이익실현이 가능한지를 예측해 볼 수 있는 것이다. 손익분기점에도 2가지 개념이 있는데 이는 제품 BEP와 기업 BEP이다. 제품 BEP이란 영업이익이 영이 되는 매출을 의미하고, 기업BEP란 경상이익이 영이 되는 매출을 의미한다. 손익분기점은 수익과 손실의 분기점을 나타내므로 손익분기점분석은 곧 기업의 매출액과 이익과의 관계를 분석하는 것이며 이는 경영자의 의사결정과 계획 및 통제를 수행하는 매우 중요하고 유익한 것이 된다.

여기서 한 가지 중요한 것은 산출량의 증가는 곧 총비용의 증가로 연결되나 산출량의 증가에 따라 산출 1단위량에 대한 총비용의 증가는 감소한다고 하는 것이다. 이것은 어느 일정기간 동안의 산출량증가에 대해 고정비는 변함없이 일정한 반면 변동비는 증가하기 때문이다. 따라서 단순히 이익 대 매출액의 비율만으로 경영통제를 하려 할 경우에는 앞에서 언급한 고정비의 영향요인이 간과되기 때문에 경영활동의 통합적 성과를 종합적으로 평가하는데 많은 문제점이 뒤따른다.

반면 손익분기점 분석은 추가적인 판매나 비용이 이익에 미치는 영향을 강조함으로써 경영자로 하여금 자기의 의사결정이 가져올 한계적 성과에 관심을 가지게 된다. 이와 같은 이유로 해서 손익분기점 분석은 유용한 통제기법의 하나라고 할 수 있다.

2. 손익분기점분석의 중요성

기업의 투자규모의 증대됨에 따라 기업은 목표이익의 책정 · 비용의 제한 · 제품의 가격정책 결정 등에 관해 계획 · 분석 · 통제의 필요성이 대두된다. 제품의 사업성을 검토하거나 사업계획서에 기업이 판매하는 제품에 대한 사업성을 나타낼 때 가장 많이 쓰이는 것이 바로 손익분기점분석이다. 손익분기점이란 총수익과 총비용이 일치되는 시점을 말하며 이 포인트에 도달하는 기간이 얼마나 걸리는가를 평가하는데 유용한 경영분석방법으로 사용되고 있다.

경영관리 측면에서도 손익분기점 이전과 이후의 전략이 같을 수는 없다. 사업에 있어서의 우선순위는 물론 경영자의 관심과 활동방향도 달라지는 시점이라고 할 수 있다. 또한 손익분기점은 초기사업자금을 자체적으로 조달할 수 있는지의 여부와 기업이 도약할 수 있는 갈림길이 된다는 점에서 그 중요성이 매우 크다고 할 수 있다.

손익분기점 분석을 하는 이유는 수익과 비용의 구조를 파악하고 어떤 요인이 순수익에 얼마만큼의 영향을 주는지를 파악하여 대략적인 실적의 방향을 파악하는 데 있다. 그렇기 때문에 손익분기점을 분석함에 있어 중요한 것은 정확한 금액을 계산하는 것이 아니라 대략적으로 기업의 비용구조를 이해하는 도구로 살펴봐야 한다. 손익분기점분석의 선행조건은 다음과 같이 요약할 수 있다.

- 원가와 수익의 행태는 선형이다.
- 모든 원가는 고정비와 변동비로 분해된다.
- 고정비는 일정하다.
- 변동비는 조업도에 비례한다.
- 제품의 판매가격은 일정하다.
- 원가요소의 가격은 일정하다.

- 단일제품을 생산한다. 생산과 능률은 일정하다.
- 수익과 원가는 조업도(예 매출수량, 생산량) 기준에 따라 비교된다.

3. 고정비와 변동비의 분해

손익분기점을 산출하기 위해서는 먼저 총비용을 조업도와의 관계에서 변동비와 고정비로 구분하는 것이 선행되어야 한다. 고정비란 조업도의 변화와 관계없이 고정적으로 발생하는 비용을 의미하고, 변동비란 조업도의 변화에 따라 이에 비례하여 발생하는 비용을 말한다. 그러나 현실적으로 비용분해를 명확하게 구분하여 분류하기란 쉬운 일이 아니다. 원가를 집계하고 계산하는 방법에 따라서 고정비와 변동비가 달라지고도 한다. 일반적으로 조업도의 변화에 따른 고정비와 변동비의 형태는 다음과 같다.

■ 고정비의 원가형태

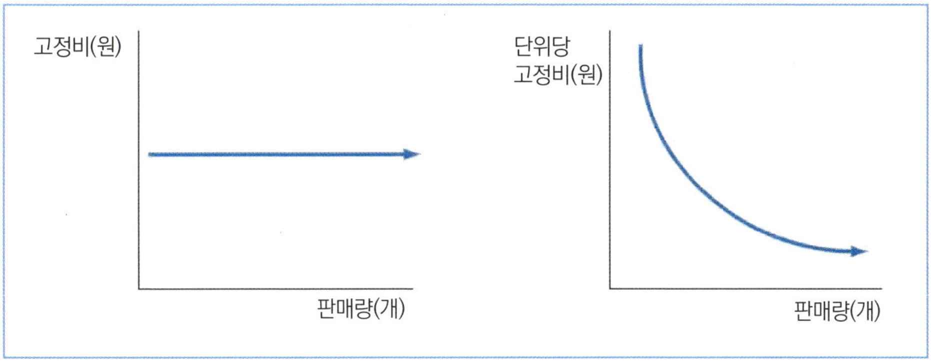

■ 변동비의 원가형태

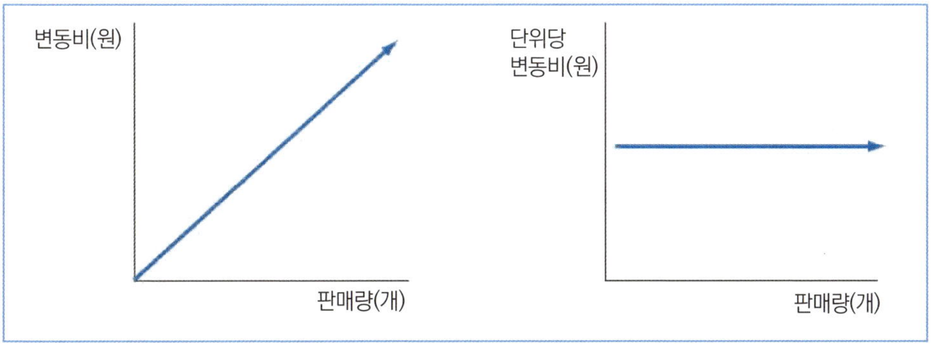

■ 총원가의 원가형태

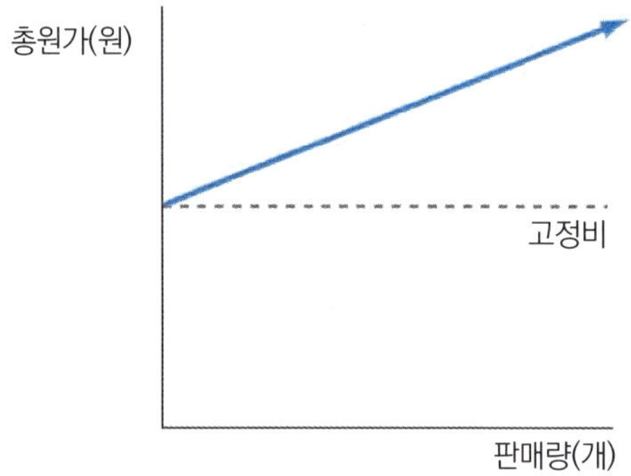

손익분기점분석에서 비용을 고정비와 변동비로 구분하는 것은 조업도의 변화에 따른 이익의 변화를 분명하게 보여주고 기업의 의사결정은 매출액 · 가격 · 생산량과 판매량 등을 기초로 이루어지는 경우가 많기 때문에 손익분기점분석이 이와 관련된 정보를 제공하는데 매우 유용한 수단이 된다.

| 비용분해도 |

과목별			비용분해			특기사항
			고정비	변동비	준변동비	
제조비용	재료비			●		
제조비용	노무비		●	▲		▲시간외근무수당
제조비용	경비	수도광열비			●	생산량비례 증가분
제조비용	경비	임차료	●			
제조비용	경비	포장비		●		
제조비용	경비	수선비	●			
제조비용	경비	보험료	●			
제조비용	경비	여비교통비	●			
제조비용	경비	통신비	●			
제조비용	경비	접대비	●			
제조비용	경비	보관운반비		●		
제조비용	경비	소모품비	●			
제조비용	경비	시험연구비	●			
제조비용	경비	감가상각비	●			
제조비용	경비	세금과공과	●			
제조비용	경비	잡비	●	●		
제조비용	경비	외주가공비	▲	●		▲금형 등
제조비용	소계					

과 목 별		비용분해			특기사항
		고정비	변동비	준변동비	
일반관리판매비	급 료	●			
	복 리 후 생 비	●			
	수 도 광 열 비	●			
	여 비 교 통 비	●			
	접 대 비	●			
	세 금 과 공 과	●			
	수 선 비	●			
	판 매 수 수 료		●		
	운 반 비		●		
	광 고 선 전 비	●			
	판 매 촉 진 비		●		
	감 가 상 각 비	●			
	기 부 금	●			
	소 모 품 비	●			
	사 무 용 품 비	●			
	잡 비	●			
	소 계				
합 계					

4. 손익분기점의 산출

손익분기점분석의 모형은 기본적으로 주어진 매출액 · 가격조건 · 고정비와 변동비에 더하여 '순이익=0'이라는 점에서 출발하여 유도된다. 손익분기점을 산출하는 방법으로는 등식법과 공헌이익법을 통하여 손익분기점을 분석한 후, 이를 응용하여 손익분기점판매수량 · 손익분기점매출액 등을 계산할 수 있음은 물론이고, 판매가격 · 고정비나 변동비의 변화에 따른 손익분기점의 변화도 계산할 수 있다. 다음은 이 두 방법에 의한 손익분기점의 산출에 관한 설명이다.

$$\text{BEP(손익분기점)} = \text{F(고정비)} \div \left(1 - \frac{\text{V(변동비)}}{\text{S(매출액)}}\right)$$

$$= \text{F(고정비)} \div \text{공헌이익(부가가치)율}$$

손익분기점 도표

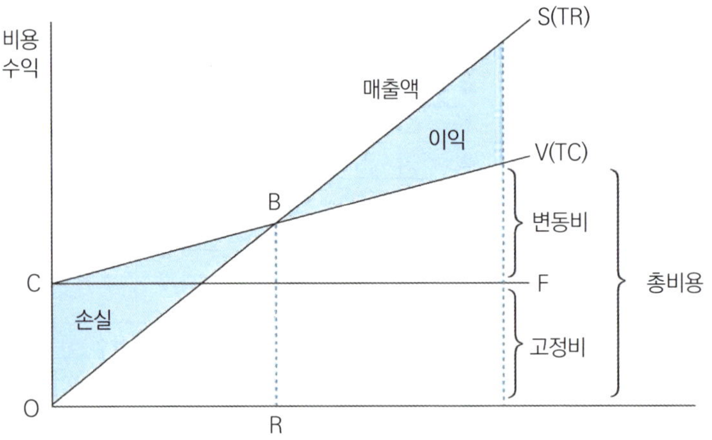

등식법

등식법은 손익분기점에서 '순이익=0'이 되고, 한편 매출액은 판매량×가격이며, 변동비는 판매량×단위당 변동비용으로 계산할 수 있다.

순이익 = 매출액 - 매출원가 - 판매관리비

= 매출액 - (변동비 + 고정비)

손익분기점매출액 = [(총비용 - 순이익) = 0이 되는 매출액]

[(총비용 - 순이익) = 0이 되는 매출액] = [(가격 - 단위당변동비) × 판매량] - 고정비

따라서 판매량 × 가격 = 판매량 × 단위당 변동비율 + 고정비이다.

고정비 = 판매량 × 가격 - 단위당 변동비율이며

판매량 = 고정비 ÷ (가격-단위당 변동비)이란 등식이 성립한다.

• 목표이익을 ○○○원으로 할 때 이 목표이익 달성을 위한 매출액의 산출

$$\text{매출액} = (\text{고정비} + \text{목표이익 ○○○원}) \div \left(1 - \frac{\text{변동비}}{\text{매출액}}\right)$$

• 목표매출액 ×××원일 때 예상손익 규모의 산출

$$\text{예상손익} = \text{목표매출액 xxx원} \times \left(1 - \frac{\text{변동비}}{\text{매출액}}\right) - \text{고정비}$$

• 목표매출액 xxx원일 때 목표이익 ○○○원을 달성하기 위한 비용절감 목표액산출

$$\text{비용절감목표액} = (\text{고정비} + \text{목표이익 ○○○원}) - \text{목표매출액xxx원} \times \left(1 - \frac{\text{변동비}}{\text{매출액}}\right)$$

공헌이익법

공헌이익법은 손익분기점에서 총 공헌이익이 고정비와 일치한다는 사실에 초점을 맞추어서 총 공헌이익과 고정비가 일치하는 판매량이나 매출액을 계산하는 방법으로써 이를 한계이익법이라고도 한다.

$$
\begin{aligned}
\text{공헌이익} &= \text{매출액} - \text{변동비} \\
\text{단위당 공헌이익} &= \text{단위당 판매가격} - \text{단위당변동비} \\
\text{손익분기점매출수량} &= \text{고정비} \div (\text{단위당판매가격} - \text{단위당변동비}) \\
&= \text{고정비} \div \text{단위당공헌이익}
\end{aligned}
$$

- 목표이익을 달성하기 위한 매출액의 산출

목표매출액 = (고정비 + 목표이익) ÷ 한계이익률

- 판매가격을 인상하거나 인하할 경우 미치는 영향도

손익분기점매출액 = 고정비 ÷ { 1 - [변동비 ÷ 매출액 × (1 ± 가격변경률)] }

- 변동비의 변화를 줄 경우 영향도

손익분기점매출액 = 고정비 ÷ { 1 - [변동비 ÷ 변동비율 × (1 ± 변경률)] }

- 고정비의 변화를 줄 경우 영향도

손익분기점매출액 = (고정비 + 변동액) ÷ 한계이익률

이 같은 손익분기점의 산출방법은 변동비 위에 고정비를 표시하는 그래프가 공헌이익의 개념을 강조하고 있기 때문에 일반적으로 이 방법이 많이 사용된다.

04 원가분석

원가분석이란 원가자료에서 얻은 수치를 비교·분석하여 원가차이 또는 원가변동의 정도와 원인을 검토하는 방법이다. 원가분석에는 두 가지의 관점으로 나누어 볼 수 있다. 첫째는 실제원가를 분석하여 원가발생의 원인·원가의 변동경위·조업도에 대한 의존성을 연구하는 그것과 둘째로 실제원가와 견적원가 또는 표준원가를 비교하여 원가차이를 분석하는 것이 있다. 또 실제원가의 비교분석방법은 타 기업의 원가와 비교하는 것과 자사의 내부 자료에 의하여 분석하는 것으로 나누어진다. 따라서 원가수치를 분석하여 경영활동의 실태를 파악하고 이에 대한 해석을 내리는 것을 원가분석이라고 한다.

1. 원가의 개요

원가(cost)란 특정목적을 달성하기 위해 소멸된 경제적 자원의 희생을 화폐가치로 측정한 것으로써 기업이 수익을 획득하기 위해서 특정물품이나 서비스를 구매하거나 제조하는 데에 지출되는 금액 등이 원가가 된다. 원가는 경영자의 의사결정 목적에 따라 여러 가지로 분류할 수 있다.

- 원가행태에 따른 분류 : 변동원가와 고정원가
- 추적가능성에 따른 분류 : 직접원가와 간접원가
- 제조활동에 따른 행태별 분류 : 직접재료원가와 직접노무원가 및 제조간접원가
- 수익과의 대응관계에 따른 분류 : 제품원가와 기간원가
- 의사결정과의 관련성에 따른 분류 : 관련원가와 매몰원가, 회피가능 원가와 회피불능원가
- 자산과의 관련성에 따른 분류 : 미소멸원가와 소멸원가
- 통제가능성에 따른 분류 : 통제가능원가와 통제불능원가
- 시점에 따른 분류 : 역사적 원가와 예정원가

원가행태에 따른 분류

조업도 수준의 변동에 따라 일정하게 변화하는 원가 발생액의 변동양상을 의미하는 원가행태에 따라 원가는 변동원가와 고정원가로 분류된다.

■ 변동원가

조업도의 변동에 따라 총원가가 직접적으로 비례하여 증감하는 원가를 변동원가라고하며, 이는 다시 순수변동원가와 준변동원가로 세분된다.

■ 고정원가

조업도의 변동에 관계없이 총원가가 일정하게 발생하는 원가를 고정원가라고 하며, 이는 다시 순수고정원가와 준고정원가로 세분된다.

추적가능성에 따른 분류

원가가 발생한 경로를 최종 제품으로까지 추적하여 해당 제품별로의 집계가능성에 따라 원가는 직접원가와 간접원가로 분류된다.

■ 직접원가

특정원가대상에 대해 직접 추적할 수 있는 원가인 직접재료원가와 직접노무원가 등을 직접원가라고 한다.

■ 간접원가

여러 원가대상과 관련하여 발생하므로 특정원가대상에 개별적으로 추적이 어려운 제조간접원가 등을 간접원가라 한다.

제조활동에 따른 행태별 분류

제조원가란 제조활동에 소요되는 모든 원가로서 일반적으로 직접재료원가 · 직접노무원가 · 제조간접원가로 분류된다.

■ 직접재료원가

특정제품에 직접적으로 추적할 수 있는 원재료 사용액을 의미한다. 직접재료의 변동원인이 재료소비량의 증감에 있을 경우 그 증감원인은 일반적으로 작업손실 · 도난 · 재질 · 작업방법 등에 기인하는 경우가 많으며, 재료가격이 변동하고 있을 경우에는 그 원인이 재료의 시장가격의 변동 · 재질의 변화 · 구매방법 등의 원인에 기인한 경우가 많다.

■ 직접노무원가

특정제품에 직접적으로 추적할 수 있는 노동력의 사용액을 의미한다.

직접노무비의 변동요인이 제품단위당 직접시간의 변화에 기인하는가를 조사해서 분석 · 검토하여야 하고, 직접노무비의 변동원인이 임률의 변화에 기인하는가를 조사 분석하여야 한다.

■ 제조간접원가

직접재료원가와 직접노무원가를 제외한 모든 요소의 사용액을 의미한다.

제조간접비의 고정비적 요소의 변동에 의한 원가의 증감원인은 일반적으로 가격변동과 조업도의 변동에 기인하는 경우가 많으며, 제조간접비의 변동비적 요소의 변동에 의한 원가의 증감원인은 일반적으로 가격변동 · 소비의 절약상태 · 조업도의 변동에 기인하는 경우가 많다.

수익과의 대응관계에 따른 분류

■ 제품원가

판매목적으로 구입하거나 제조한 제품에 부과할 수 있는 원가를 제품원가라고 한다. 한편 제품원가는 판매시점까지 비용화가 이연되기 때문에 재고가능원가라고도 한다.

■ 기간원가

제품원가 이외의 모든 원가를 기간원가라고 하며 발생한 기간에 비용으로 처리한다.

의사결정과의 관련성에 따른 분류

■ 관련원가와 매몰원가

의사결정에 필요한 원가를 관련원가라고 하며 이미 발생한 원가로서 대안 간에 차이가 발생하지 않는 원가를 매몰원가라고 한다.

■ 회피가능원가와 회피불능원가

특정대안을 선택하지 않음으로써 절약되는 원가를 회피가능원가라고 하며 특정대안을 선택하지 않아도 계속 발생되는 원가를 회피불능원가라고 한다.

■ 기회원가

선택된 대안 이외의 다른 대안 중 최선의 대안을 선택했더라면 얻을 수 있었던 최대이익 또는 최소비용을 기회원가라고 한다.

자산과의 관련성에 따른 분류

원가는 미래에 경제적 효익을 제공할 수 있는 용역잠재력을 갖는지의 여부에 따라 미소멸원가와 소멸원가로 분류된다.

통제가능성에 따른 분류

특정한 경영자가 특정한 원가를 관리할 수 있는 권한의 존재 여부에 따라 원가를 통제가능원가와 통제불능원가로 분류한다.

■ 통제가능원가

특정기간에 특정한 경영자가 발생에 영향을 미칠 수 있는 원가를 통제가능원가라고 하며 이는 경영자의 성과를 평가할 때 반드시 고려해야 한다.

■ 통제불능원가

특정한 경영자가 발생을 통제할 수 없는 원가를 통제불능원가라고 하며 이는 그 경영자의 성과를 평가할 때 배제해야 한다.

시점에 따른 분류

■ 역사적 원가

역사적 원가란 재화나 용역이 교환된 시점에서 결정된 원가로서 취득원가라고도 한다.

■ 예정원가

예정원가란 앞으로 발생될 것으로 기대되는 미래원가를 추정과 분석을 통해 예측한 원가를 말한다.

2. 원가분석의 의의

원가분석은 원가계산의 결과로 얻어진 원가계산 자료를 분석 · 비교하여 판단하는 것을 말한다. 즉 원가계산에 의해서 얻어진 원가계수를 기간적으로 비교하거나, 타 기업의 원가계수 또는 표준원가계수와 자사의 원가계수를 상호 비교하여 원가차이 및 원가변동의 정도와 그 원인을 분석 · 비교해서 검토하는 방법이다. 그러므로 원가분석은 원가계산의 이용에 대한 절차라고 할 수 있다. 재무분석에서 대차대조표를 구성비율법에 의해서 자산구성비율과 자본구성비율 등을 산출해서 분석하는 절차와 같이 원가분석도 제품원가를 재료비 · 노무비 · 경비 등과 같이 원가요소별로 분해하여 그 구성 비율을 구하는 절차라고 정의할 수 있다. 그러나 종합된 원가계수를 구성요소별로 분해하는 것만으로써는 기업의 원가를 파악 · 검토해서 원가분석을 하였다고 볼 수는 없다. 이와 같은 절차는 원가분석을 위한 준비 절차라고 보아야 한다.

일반적으로 원가분석은 원가요소의 구성 비율을 타 기업의 수기간의 원가계수 또는 표준원가계수 또는 예정원가계수와 비교 · 검토하는 수속과 절차이므로 원가분석은 원가비교라고 보는 것이 타당하다. 그러므로 원가분석을 원가비교라고도 한다. 경영분석을 재무분석과 원가분석으로 구분하는 것은 기업회계를 재무회계와 원가회계로 그 영역구분을 하고 있기 때문이다. 종래에 경영분석이라고 하면 재무제표의 분석이라고 보는 것이 일반적이다. 그러나 경영분석의 목적이 외부적 목적에 의한 외부분석으로부터 내부적 목적에 의한 경영자적 입장에서 분석하는 기업의 내부분석으로 이행함에 따라, 재무분석에서도 원가분석의 중요성이 인정된다. 따라서 원가분석도 경영분석의 한 영역을 형성하게 된다.

원가분석은 원가계산에 의해서 얻어진 원가계수를 분석 · 비교해서 판단하는 방법이고, 비용분석은 손익계산서에 계상된 비용계수를 분석 · 비판하는 방법이다. 이 원가분석방법과 비용분석방법은 수익에 대응하는 비용을 분석한다는 점에서는 동질성을 지니고 있다. 즉 원가분석은 원가계산에 의해서 얻어진 제조비용인 총제조원가계수를 분석 · 비교하는 방법이고, 비용분석은 제조원가 외에 손익계산서에 계상된 제비용까지 분석하는 것이므로, 결국 이들 양자는 다 같이 수익에 대응하는 비용이 분석대상이라는 점에서 일치한다고 본다. 그러나 이들 양자의 상이점은 다음과 같다.

첫째, 원가분석에서는 제조원가와 판매비 및 일반관리비가 분석대상이 되지만 비용분석에서는 그 분석대상인 손익계산서에는 당해 연도의 수익에 부과되어야 할 모든 비용이 계상되므로 제조원가와 판매비 및 일반관리비, 그리고 원가성이 없는 영업외비용까지도 포괄되어야 한다. 따라서 원가분석은 비용분석보다도 그 분석대상의 범위가 좁은 것이다.

둘째, 원가분석의 대상인 원가계산서상의 원가와 비용분석의 대상인 손익계산서상의 매출원가는 기간적으로 일치하지 않는다. 즉 원가계산서 상에서는 주로 일정기간에 발생한 원가만을 취급하여 원가분석의 대상이 되므로 당연히 제품 · 재공품 · 반제품 등의 원가가 포함되게 된다. 이에 대해서 손익계산서상의 매출원가는 그 기간 중의 매출원가이므로 이 매출원가에 포함되는 것은 그 기간 중의 발생원가뿐만 아니라 그 기간 이전의 발생원가도 포함하게 된다. 그러나 그 기간의 발생원가 중에서 제품 · 재공품 · 반제품의 잔액은 자산으로서 대차대조표에 계상되므로 비용분석의 대상이 될 수 없다.

셋째, 원가분석에서는 부문별 원가분석과 제품별 원가분석을 하지만 비용분석에서는 부문별 비용분석과 제품별 비용분석은 하지 않는 것이 일반적이다.

3. 원가분석의 목적

원가분석의 목적은 분석주체에 따라 각기 상이하다. 분석주체는 내부목적으로서의 경영자와 외부목적으로서의 기업이해관계자로 구별된다. 원가분석은 일반적으로 내부목적으로서 경영자의 입장에서 분석하는 것이 보통이며, 때에 따라서는 기업외부에 의해서 분석하기도 한다. 경영자의 입장에서 원가분석을 하는 주된 목적은 다음과 같다.

- 원가관리 또는 원가의 최소화를 기하기 위한 원가분석
- 경영의사결정을 위한 원가분석
- 예정원가를 책정하기 위한 원가분석

이상 세 가지 목적 중에서 특히 중요시되고 있는 것은 원가관리 또는 원가최소화에 의해서 원가관리를 효과적으로 달성하기 위한 것에 있다. 이 경우에 특히 유의하여야 할 것은 원가관리를 위한 원가분석이라고 하면 실제원가와 예정원가의 차이분석이라고 이해하기 쉽다는 점이다. 즉 실제원가와 예정원가를 비교해서 원가차이 발생의 원인과 그 원인을 제거하기 위해서 원가분석을 하는 것이라고 이해하기 쉽다.

그러나 예정원가계산제도를 실시하지 않고 있는 경우에도 실제원가만을 기간비교 또는 상호비교하여 원가관리수단으로 이용하고 있다. 이러한 방법은 원가관리의 효과가 실제원가와 예정원가의 차이분석만은 못하다고 하더라도 원가관리의 개선방안으로서 오늘날 널리 이용되고 있는 실정이다.

또한 경영의사결정을 위한 원가분석의 목적은 최대 유리한 제품의 생산결정과 판매방법의 결정 또는 생산시설을 신규설비로 교체하는 문제와 부분품의 자체생산 여부의 문제 및 기타 생산 면에서의 개별계획까지 포함하게 된다. 그러므로 원가분석은 경상적인 원가계산제도로부터 얻을 수 있는 원가계수뿐만 아니라 일시적인 특별계산을 필요로 하는 경우가 많다. 따라서 경영의사결정을 위한 원가분석 또는 원가비교는 특수원가조사 또는 비교원가조사라고도 한다.

외부목적으로 기업외부에 의해서 하는 원가분석의 주체는 투자가 · 여신공여자 · 노동조합 · 각 연구기관 · 국가와 공공단체의 기관 · 신문 · 잡지 등 여러 가지가 있는데 이들의 분석목적도 각기 상이하다. 그러나 이들의 공통적인 목적이라고 할 수 있는 것은 수익성을 측정 · 분석하는 경우에 손익계산서로부터 구할 수 있는 매출총이익률과 매출원가율의 내용을 더욱 자세하게 측정 · 음미하며, 그 불량상태 또는 적 · 부 상태를 판단하는 데 있는 것이라고 할 수 있다. 그러나 내부목적에 의해서 경영자가 분석하는 원가분석의 경우와 같은 자세한 원가계산 자료를 얻을 수 없으므로 세밀한 원가분석이 불가능하다.

원가분석의 전제

원가분석은 그 분석목적에 따라 효과적인 판단을 할 수 있기 위해서는 원가분석에 이용되는 원가계수의 정확성과 원가계수의 비교가능성이 유지되어야 한다. 기업 간의 원가비교, 즉 상호원가비교에서 원가계산 자료가 공개되어야 원가분석 또는 원가비교가 가능하게 되는 것이며, 일반적으로

원가계산 자료는 기업의 대외비로 관리되고 있어 공개하지 않는다. 그러므로 원가계수의 정확성과 그 비교가능성이 원가분석의 전제조건으로 된다.

원가계수의 정확성은 원가계수가 진실성을 내포하고 있어야 한다는 것을 의미한다. 그러므로 이것은 기업회계기준의 진실성의 원칙과 동일하다. 따라서 원가계산서와 그 계산자료는 진실성의 원칙에 의해서 작성된 것으로 보기 때문에 원가분석에서 중시되고 있는 것은 원가계수가 비교가능성을 유지하고 있어야 한다는 점이다. 즉 원가계산서와 그 계산자료가 진실성의 원칙에 입각해서 작성되었다고 하더라도 그것이 비교가능성을 유지하고 있다고 단언할 수는 없다. 원가계수가 비교 가능한 것이라면 정밀하게 분석하였다고 하더라도 분석목적에 적합한 효과적인 판단을 내릴 수 없게 될 것이다.

따라서 비교가능성을 유지하기 위한 조건으로서는 비교자료가 통일되어야 하고, 비교를 방해하는 제반 요인이 제거되어야 한다. 비교자료의 통일화는 원가계산제도의 통일화를 의미한다. 즉 결정과목의 분류 · 배열법 · 평가기준 · 원가계산 기간 등이 통일되어야 한다.

비교방해요인

비교방해요인에는 실제원가계산에 많은 영향을 미치고 있는 경영구조의 상이 · 가격변동 · 조업도의 상이 등이 있다.

■ 경영구조의 상이

경영구조의 상이로는 입지조건 · 기업형태 · 재무구조 · 제조공정 · 구입방법 · 판매방법 · 경영규모 등의 비교방해요인을 열거할 수가 있다. 이들 경영구조의 상이가 원가분석에서 중요한 방해요인으로 되는 것은 상호비교에 의한 원가분석의 경우이다. 그러므로 이들 비교방해요인을 제거 또는 조정해서 원가분석을 하여야 한다. 예를 들면 경영규모의 상이는 동종 · 동규모기업의 외부표준과 비교함으로써 비교방해요인을 제거할 수 있다.

■ 가격변동

가격변동에 의한 비교방해요인을 제거하기 위해서는 재료소비가격을 물가지수에 의해서 수정 · 계산하여야 하고, 임율 등은 일정한 계산기준을 설정하여야 한다.

■ 조업도의 상이

조업도의 상이에 의한 비교방해요인을 제거하기 위해서는 실제조업도의 원가를 조업도의 100%인 완전조업도 수준의 원가로 환산해서 비교 · 분석하든가, 또는 원가요소를 고정비와 변동비로 분류하여 비용항목별로 비교분석하는 방법을 강구하여야 할 것이다.

이상에서 본 바와 같이 원가계수의 비교가능성을 유지하여 실효성 있는 원가분석을 위해서는 원가계산제도가 통일되어야 함은 물론 비교를 방해하는 제반 요인을 제거함과 동시에 진실성의 원칙에 입각해서 작성된 원가계수가 되어야 한다.

4. 원가분석의 방법

원가분석은 원가비교를 의미하므로 원가분석방법은 원가비교방법이 된다. 이러한 원가분석방법에 있어서 일반적으로 많이 이용되고 있는 방법에는 원가요소비교 · 원가부문비교 · 제품원가비교 · 기간비교 · 상호비교 · 표준과 실제비교 등이 있다.

원가요소 비교

원가요소 비교는 일정기간에 생산을 위해서 소비된 가치, 즉 기간원가를 원가요소별로 집계하여 기간비교 또는 상호 비교하는 것을 말한다.

- 실수법에 의한 원가요소의 비교방법은 원가요소의 실수를 가지고 기간비교하거나 상호비교해서 원가구성상태의 양부 또는 적부를 판단하는 방법이다.
- 구성비율법에 의한 원가요소의 비교방법은 각 원가요소의 제조원가에 대한 구성비율 또는 총원가(제조원가에 일반관리비와 판매비를 가산한 원가)와 매출액에 대한 원가구성비율을 산출한다.
- 추세법에 의한 원가요소의 비교방법은 원가구성상태의 변동원인과 그 양부를 정확하게 파악하기 위해서는 각 비용항목의 지수를 산출하여 분석 · 검토하여야 한다.

원가 부문 비교

원가 부문 비교는 원가 부문별로 집계된 일정기간의 원가요소를 동일기업의 과거기간의 원가요소와 기간비교를 한다든가 또는 타 기업(또는 타 공장)의 동종원가 부문의 원가요소가 상호비교를 하는 방법을 말한다.

- 원가 부문 개개의 원가요소에 대해서 비교하는 방법
- 원가 부문의 부문비 합계액으로 비교하는 방법
- 원가 부문 비교는 원가 부문별 원가요소의 비교이기 때문에 기업의 원가관리상 단순한 원가요소비교보다는 한층 유리한 결론을 얻을 수 있다.

제품원가비교

제품원가비교는 제품 일정단위당의 원가요소를 기간비교 또는 상호 비교함으로써 제품원가를 분석하는 방법으로 판매가격을 결정할 때나 유리한 제품생산의 선정 시에 중요한 자료로 이용되므로 요소별로 원가를 파악해서 계산하지 않는다면 제품원가를 비교분석은 그 이용가치가 없게 된다.

특히, 제품 단위원가를 비교하는 경우 유의하여야 할 점은 조업도의 차이가 제품원가에 미치는 영향이다.

기간비교

기간비교는 기업 내의 동일공장이나 동일원가 부문 또는 한 기업의 전월원가와 당월원가를 비교 · 검토해서 원가의 증감변화 상태를 관찰하는 것이다. 이와 같은 기간비교에 의한 원가분석방법은 실수(實數) 또는 비율에 의해서 수기간의 원가의 증감변화 상태를 분석 · 판단하는 방법으로 널리 이용되고 있다. 이 기간비교방법은 재무분석에서 많이 이용되고 있기는 하지만 원가분석의 경우에는 이 기간비교만으로는 당월의 원가를 과거의 실제원가와 비교해서 그 양부 또는 적부를 판단하는데 불과하므로 경영관리의 도구로서는 효과적인 역할을 자 하지 못하는 경우도 있을 수 있다.

상호비교

상호비교는 기업의 하나의 공장, 개별원가 부문 또는 원가의 동일기간의 타 공장, 타 원가 부문 또는 타 기업의 원가와 비교하여 그 원가차이를 분석 · 검토하는 방법을 말한다. 상호비교에 의한 원가분석의 경우에는 자사의 원가계산 자료는 용이하게 입수할 수 있으나 타 기업의 원가계산 자료는 입수하기가 곤란하고, 또한 타 기업의 원가계산 자료를 입수할 수 있다고 하더라도 원가계산제도와 그 방법이 진실성과 비교가능성을 유지하지 못하였을 경우에는 유효한 원가분석을 할 수 없는 단점이 있다. 그러나 원가분석에서 이 상호비교방법을 많이 이용하고 있다.

표준과 실제비교 표준과 실제비교는 실제원가와 표준원가를 비교해서 그 원가차이를 분석·검토하는 방법이다. 이것을 일반적으로 원가차이분석이라고 한다. 실제원가와 표준원가와의 차이분석은 부문별로 원가차이를 산정해서 그 차이 발생의 원인을 규명하는 것이 일반적인 분석방법이다. 그러므로 원가분석이라고 하면 일반적으로 이 표준과 실제비교분석을 의미하는 경우가 많다. 따라서 원가분석에서의 표준과 실제의 비교는 원가분석목표를 달성하기 위한 내부표준비교가 된다는 점에서 원가관리상 더욱 중요시되고 있다. 그 이유는 표준원가는 내부표준이 되기 때문이다.

원가분석상의 표준과 실제비교와 같은 방법은 재무분석에서는 찾아볼 수 없는 방법이다. 재무분석 상의 표준비율법은 실제 재무비율을 동일업종·동등한 규모·다수기업의 재무비율의 평균치와 비교한다고 하여도 그것은 단순히 동일업종과 동등한 규모의 타 기업에 비해서 양호한 상태인가 불량한 상태인가를 판단하는 방법에 불과하므로 그 평균치는 표준원가만큼의 규범성은 없다.

재무분석 상의 표준비율에 해당하는 것을 원가분석에서 찾는다면 그것은 지표비교이다. 지표비교는 동일업종과 동등한 규모로서 다수기업의 원가를 평균한 원가지표인 평균원가를 실제원가와 비교해서 판단하는 방법이다. 그러므로 기업의 실제원가를 동일업종·동등한 규모에 속한 타 기업의 평균원가와 비교·검토해서 그 상태를 판단하는 방법에 불과하므로 그 기업이 달성하여야 할 원가목표는 책정할 수 없다. 단지 평균원가에 미달된 기업의 원가개선 목표로서 이용할 수 있는 것이므로 그 규범성을 내포하고 있다.

이러한 의미에서 평균원가는 외부표준으로 되는데 대해서 표준원가는 내부표준으로 된다. 따라서 표준과 실제 비교방법은 내부표준 비교법인 것이다. 원가분석은 원가계산의 결과로 얻어진 원가계산 자료를 분석·비교해서 판단하는 것을 말하며, 이것은 원가관리·경영의사결정·예정원가책정 등을 위한 분석이다.

찾아보기

ㄱ

가격정보시스템 739
가치사슬분석 636
감사계획 192
감사규정 46
감사기술(Auditing Techniques) 114, 118
감사내부통제(Auditing Internal Control) 205
감사보고서 292
감사점검표(Check Point) 125
감사정보의 속성 137
감사조서 51, 129, 204
감사증거 84
감정(Appraisal) 22
개관 및 관찰 99
개별 감사계획 196
개별감사기술 116
거래처리시스템(TPS/운영통제) 511
거시감사 334
거시환경 감사 416
검증 128
검사(Examination) 22
견제기능 28
결합레버리지 776
경영감사 34
경영정보시스템(MIS/관리통제) 512
경영진단 600
경영진단구조 601
경제적 부가가치(EVA) 771
경험적 시사 121
경험적 재무비율 763
계산검증 99, 115
계수분석항목 675
계정대조(Checking Account) 115
계정분석(Account Analysis) 117
고객 세그먼트 630
고정비 711
고정원가 786
공급자의 교섭력 626
공정가치 222
공정통제 465
과거평균비율 763
관계비율분석법 756
관리(Control) 22
관리적 통제 감사 478
관세환급 234, 577
구매자의 교섭력 625
권고사항 299
권리증서 248
금융비용부담률 770
기술법(Narrative Description Approach) 148
기술표준 735
기존 경쟁자의 위협 627
기타유동부채 267
기타자산 235
기회원가 788

ㄴ

난수법(亂數法) 123
내부관리통제 145
내부통제(Internal Control) 175
내부통제제도 143
내부회계관리시스템 81
내부회계관리제도 174
내부회계통제 145

ㄷ

단기 감사계획 196
당좌비율 764
대손상각 229
대손충당금 228, 236
대체재의 위협 627
독립변수 428

ㅁ

매몰원가 788
매출액영업이익률 768
매출액총이익률 768
매출채권 233
매출채권잔액확인서 212
매출채권평균회전일수 766
매출채권회전율 766
무역금융 575
무형자산 252
문답서 108
문서검증 98
물리적 정보 139
물리적 증거 91
물적 유통 445
물품매도확약서(Offer Sheet) 580
미시감사 334

ㅂ

받을어음 232
배당성향 771
배치관리 336
범용감사소프트웨어 379
변동비 710
변동원가 786
변수표본감사 462
병행처리법 376
부가가치분석 484

부외부채 386
부정행위 행태 154
부정행위의 징후 152
부표 추적법 377
분석 128
분석적 검토 99
비교(Comparison) 117
비교분석 329
비교음미(Ratio Testing) 117
비업무용자산 254
비용수익분석 326
비용효과의 원칙 604
비율분석 753
비재무분석 754

ㅅ

사업구조분석 628
산업구조모형/산업환경분석 623
산업예측모형 623
생산성지표 709
생산효율 728
생산효율관리 484
설문분석 방법 678
설비효율 733
성과표준 326
성장성지표 710
속성표본감사 462
손상대상자산 258
손상차손 253, 260
손익분기점(Break-Even Point : BEP) 777
손익분기점분석 641
수요예측 427
수익성지표 708
수익인식기준 280
수출보험계약 576
수학적 확률론 120
시사(Test Checking, Testing) 117, 120
시장분석 434
시험자료법 376
실사(Physical inspection) 116
실수(實數)분석 753
실재성확인 262

ㅇ

안전성지표 709
양도성예금증서(CD) 217
열람(Review) 115
영업레버리지 775
예비조사 202
예비조사의 목적 134
예비조사표 134
예비진단 608
예비회의 136
외부감사인 182
외부조회대상 384
외상매출금 232
우발부채 275
원가분석 642
원천(Source) 85
위험관리 29
위험평가 146, 178
유동비율 764
유통능률 426
의사결정지원시스템(DSS) 512
이자보상비율 770
인사조직감사 322
인증 90
입증감사 380
입증시사 386
입증절차 381
입회(Observation) 116
입회확인 98

ㅈ

자기자본순이익률(ROE) 768
자기자본회전율 766
자본이용도의 분석 641
자본이익률분석 641
자본회수점분석 758
자산건전성분류 228
작업표준시간 484
작업표준화 728
잠재진입자의 위협 625
장기 감사계획 195
장기성 채권 230
장부대조(Checking Posting) 114
재고실사 242, 474
재고자산 238
재고자산회전율 767
재무레버리지 775
재평가모형 249
적시성(Timeliness) 85
적시성(適時性) 294
적절성(Relevance) 85
적하보험 576
전략적 인적자원관리 327
전략정보시스템(SIS) 512
전표대조(Checking Slips) 115
전환증권 265
점형표본법(Spot or Black Sampling) 123
정보시스템의 통제 519
정사(Complete Checking) 120
제조간접원가 787
조사(Investigation) 22
조정(Reconciliation) 117
조직진단 설문조사 678
조회확인 256
종속변수 428
중기 감사계획 196
중단사업손익 289
중역정보시스템(EIS/전략기획) 512
증빙대조(Vouching) 114

증언적 증거 91
지분법적용투자주식 223
지수분석 754
직무적 인격 79
진단제안서 609
질문서 105
질문서법(Questionaire Approach) 148

ㅊ

차입부채 264
채무조정 266
총자산순이익률(ROA) 767
총자산회전율 765
총합성의 원칙 604
층별표본법(Stratified Sampling) 123

ㅌ

통계분석 754
통계적 시사 121
통계적 표본추출 462
통사(Scanning) 115
통제환경 146, 178
통추출법(Systematic Sampling) 123
퇴직급여충당부채 270, 271
특수관계자 240

ㅍ

파생상품거래 276
판매촉진 수단 448
퍼실리테이터(Facilitator) 186
평가 129
표본감사 461
표적시장 417
표준감사부호(TICK MARK) 209
품질보증관리절차 493

ㅎ

현금실사표 212
현재가치 227
확인 128
확인 또는 조회(Confirmation) 116
확인서 102
환경통제 감사 480
회계정보시스템 376

기타

5 FORCE모형/경쟁구조분석 623
BCG 매트릭스 628
CSA(Control Self -Assessment) 184
EBIT 대 매출액 771
Flow-Chart법 149
GE 매트릭스 629
Marketing Concept 414
PEST분석/거시환경분석 621
SWOT분석 637

저자 약력

■ 남 영 호

- 경희대경영대학원 졸업
- 한국능률협회 지도위원 역임
- 한국상장회사협의회 감사회 전문위원 역임
- 주식회사 신동방 이사
- 삼부벤처캐피탈(주) 전무이사
- 현대아이티(주) 전무이사
- (현) Young 컨설팅그룹 LLC. 대표컨설턴트
- 원가관리사 / 경영진단사 / 경영정보관리사

〈주요저서〉

- 유통서비스의 소집단활동 / 한국능률협회
- 문제해결기법/한국능률협회
- 주먹구구론 돈 벌 수 없다 / 세명서관
- 소비자금융 중심의 여신금융실무 / 세명서관
- 전략사업계획서실무 / 세명서관
- 파이낸스금융 이론과 실무 / 세명서관
- 전략기획실무 / 세명서관
- 경영계획과 목표에 의한 성과관리 / 세명서관
- 전면개정7판 기업내부의 감사진단실무 / 세명서관
- M&A War Game 창과 방패 / 세명서관
- 개정증보4판 사업타당성분석 / 세명서관
- 기획실 업무편람 / 세명서관
- 사업계획 이론과 실무 / 세명서관
- 개정판 전략적 M&A 실무 / 세명서관

新 내부감사와 경영진단실무

2021년 5월 7일 초판 인쇄
2021년 5월 17일 초판 발행

지은이 | 남 영 호
발행인 | 오 영 환
발행처 | 세명서관
등행록 | 1989. 2. 20. 제2-409호

주 소 | 서울특별시 중구 다신로 22길 18 2층(신당동)
전 화 | (02) 2238-9055, 2235-9601
FAX | (02) 2234-9291
E-mail | semyoungbook@hanmail.net

값 80,000원 ISBN 978-89-89097-57-0 92320

• 잘못 만들어진 책은 교환해 드립니다.